"十三五"国家重点出版物出版规划项目

经济科学译丛

宏观经济学

政策与实践

（第二版）

弗雷德里克·S. 米什金 （Frederic S. Mishkin） 著

卢远瞩　田小叶　译

Macroeconomics

Policy and Practice

（Second Edition）

中国人民大学出版社

·北京·

《经济科学译丛》总序

　　中国是一个文明古国，有着几千年的辉煌历史。近百年来，中国由盛而衰，一度成为世界上最贫穷、落后的国家之一。1949 年中国共产党领导的革命，把中国从饥饿、贫困、被欺侮、被奴役的境地中解放出来。1978 年以来的改革开放，使中国真正走上了通向繁荣富强的道路。

　　中国改革开放的目标是建立一个有效的社会主义市场经济体制，加速发展经济，提高人民生活水平。但是，要完成这一历史使命绝非易事，我们不仅需要从自己的实践中总结教训，也要从别人的实践中获取经验，还要用理论来指导我们的改革。市场经济虽然对我们这个共和国来说是全新的，但市场经济的运行在发达国家已有几百年的历史，市场经济的理论亦在不断发展完善，并形成了一个现代经济学理论体系。虽然许多经济学名著出自西方学者之手，研究的是西方国家的经济问题，但他们归纳出来的许多经济学理论反映的是人类社会的普遍行为，这些理论是全人类的共同财富。要想迅速稳定地改革和发展我国的经济，我们必须学习和借鉴世界各国包括西方国家在内的先进经济学的理论与知识。

　　本着这一目的，我们组织翻译了这套经济学教科书系列。这套译丛的特点是：第一，全面系统。除了经济学、宏观经济学、微观经济学等基本原理之外，这套译丛还包括了产业组织理论、国际经济学、发展经济学、货币金融学、公共财政、劳动经济学、计量经济学等重要领域。第二，简明通俗。与经济学的经典名著不同，这套丛书都是国外大学通用的经济学教科书，大部分都已发行了几版或十几版。作者尽可能地用简明通俗的语言来阐述深奥的经济学原理，并附有案例与习题，对于初学者来说，更容易理解与掌握。

　　经济学是一门社会科学，许多基本原理的应用受各种不同的社会、政治或经济体制的影响，许多经济学理论是建立在一定的假设条件上的，假设条件不同，结论也就不一定成立。因此，正确理解掌握经济分析的方法而不是生搬硬套某些不同条件下产生的结论，才是我们学习当代经济学的正确方法。

本套译丛于1995年春由中国人民大学出版社发起筹备并成立了由许多经济学专家学者组织的编辑委员会。中国留美经济学会的许多学者参与了原著的推荐工作。中国人民大学出版社向所有原著的出版社购买了翻译版权。北京大学、中国人民大学、复旦大学以及中国社会科学院的许多专家教授参与了翻译工作。前任策划编辑梁晶女士为本套译丛的出版做出了重要贡献，在此表示衷心的感谢。在中国经济体制转轨的历史时期，我们把这套译丛献给读者，希望为中国经济的深入改革与发展做出贡献。

《经济科学译丛》编辑委员会

宏观经济学：政策与实践（第二版）

前　言

讲授宏观经济学从来没有像现在这样令人兴奋。近年来世界范围内的金融危机使得宏观经济学成为公众关注的焦点，促使全世界的宏观经济学教师重新思考这门课程的教学。现在学习中级宏观经济学课程的学生知道经济周期的相关性，作为第二次世界大战以来最严重的衰退的后果，经济周期正在影响着世界经济。经济艰难时期的不幸中的万幸是能够利用这种对经济周期的熟悉和近年来经济事件的丰富多彩性来增加宏观经济理论的活力。

《宏观经济学：政策与实践（第二版）》集中关注媒体和公众当前争论的政策议题。基于我在美联储任职期间在宏观经济政策制定上的专业知识，我强调政策制定者在实践中所采用的技巧。我把这种中级宏观经济学的应用型方法与仔细和详细建立所有模型结合在了一起。

第二版新在何处

除了读者可以预期到的将数据更新到了 2013 年外，本书的每一部分都增加了一些重要的新内容。

□ 辅以迷你讲座的改进版培生电子教材：一种新的学习方式

本书第二版的改进版培生电子教材可在 MyEconLab 教材资源上在线获得。教师和学生可以在电子教材上做标记、加书签、搜词汇和做笔记。更重要的是，电子教材提供了一种对现在的学生特别有用的新的学习方式。学生不但能够阅读教材中的内容，而且，只需点击图标，他们就能观看本书作者所做的上百个迷你讲座——对应于教材中的每幅分析型的图形。这些迷你讲座一步一步地绘制每幅图形，解释全面理解图形背后的理论所需的直觉。对那些通常在看到和听到经济分析而不是阅读经济分析时学得更好的学生来说，这些迷你讲座是非常宝贵的学习工具。

☐ 实时数据

学生用电子教材访问圣路易斯联邦储备银行 FRED 数据库可以看到最新的数据。此外，现在每章有一类全新的习题要求进行实时数据分析。这些习题要求学生从圣路易斯联邦储备银行 FRED 数据库站点下载数据，然后用该数据回答关于宏观经济学的当今热点问题。

在 MyEconLab 中，这些容易布置和自动评分的实时数据分析练习与联储数据库站点直接链接，从而每次该数据库发布新数据时学生都能看到。结果，实时数据分析练习给那些想在其宏观经济课程中使用最新数据的教师提供了一个很好的解决方案。这些练习将帮助学生更好地理解宏观经济学，使他们能够看到他们所学习的宏观经济学与现实世界的相关性。

☐ 非传统货币政策和零下限

近些年里，由于政策利率（在美国是联邦基金利率）降到了零，即达到了所谓的"零下限"，货币政策制定者进入了一个需要勇气的新世界，他们不得不借助于非传统货币政策。政策利率不能降到比零下限还低，这使传统货币政策不可行了。零下限下的非传统货币政策，如量化宽松，非常具有争议性，学生对此有着浓厚的兴趣。本书对这个主题进行了广泛的讨论，其中包括如下新内容：

- 一个新应用："量化宽松和货币供给，2007—2013 年"（第 5 章附录）。
- 关于零下限下的货币政策的新的一节，它使用动态总需求-总供给模型解释零下限如何影响货币政策的实施（第 13 章）。
- 一个新的政策与实践案例："安倍经济学和 2013 年日本货币政策的转变"（第 13 章）。
- 一个新的政策与实践案例："全球金融危机期间联储的非传统货币政策和量化宽松"（第 15 章）。
- 关于零下限下的财政乘数的新的一节，它解释为什么零下限下的财政乘数可能更大（第 16 章）。
- 关于名义 GDP 目标制的新的一节（第 21 章）。

☐ 关于经济周期分析的新内容

为了使学生更容易理解动态总需求-总供给模型，本版有大量关于经济周期分析的新内容。这些新内容包括：

- 关于经济周期的另一种观点的新的一节，它区分了长期趋势和对长期趋势的偏离，引入了产出缺口的概念（第 8 章）。
- 通过将金融摩擦作为使 IS 曲线和 AD 曲线发生移动的一个额外因素，在一开始就将金融摩擦的概念加入动态总需求-总供给模型（分别在第 10 章和第 12 章）。

- 阐明沿着 MP 曲线的运动和 MP 曲线的移动之间的区别的新的一节,并有两个新的政策与实践案例说明两者的区别:"沿着 MP 曲线的运动:2004—2006 年联邦基金目标利率的提高"和"MP 曲线的移动:2007—2009 年金融危机之初货币政策的自发放松"(第 10 章)。
- 新的参考资料:"'自发'的含义"(第 12 章)。
- 新的参考资料:"菲利普斯曲线与短期总供给曲线之间的关系"(第 11 章)。
- 新的参考资料:"泰勒规则和泰勒原理之间的区别"(第 13 章)。

□ 欧元危机

自 2010 年以来的欧元危机如同一部连续的戏剧,因此,本版包括了如下新内容:
- 关于主权债务危机的新的一节,它解释了这些危机的动态学(第 16 章)。
- 新的政策与实践案例:"欧洲主权债务危机"(第 16 章)。
- 新的政策与实践案例:"关于欧洲财政紧缩的争论"(第 16 章)。
- 新的政策与实践案例:"欧元会存活下去吗"(第 17 章)。

□ 经济增长

为了更好地激发对索洛模型的讨论,本版第 6 章从考察世界各地经济增长的介绍性小节开始。此外,我对第 6 章进行了重新组织,将增长核算放到了章末讨论,其目的是更好地引出关于经济增长动力的第 7 章。第 6 章增加了新的图形,说明当储蓄率、人口增长或技术变动时人均产出如何随时间变动。

□ 宏观经济学的微观经济基础和动态总需求-总供给模型之间的联系

为了说明本书第 7 篇的微观经济基础和动态总需求-总供给模型之间的联系,我增加了如下新内容:
- 新的应用案例:"消费者信心和经济周期"(第 18 章)。
- 新的应用案例:"股票市场崩盘和衰退"(第 19 章)。
- 关于自然失业率在 AD-AS 模型中的作用的新的一节(第 20 章)。

■ 特点

《宏观经济学:政策与实践(第二版)》有五个区别于其他宏观经济学教材的特点:(1)强调政策与实践,(2)采用宏观经济学的动态方法,(3)关注金融与宏观经济学的相互作用,(4)关注经济增长,(5)国际视角。

□ 政策与实践

本书通过提供适于讨论宏观经济学领域最令人兴奋的当下主要政策争论的理论框架来强调宏观经济学的政策与实践。讲授宏观经济学的最佳方法是通过持续地让学生接触应用和案例来使他们真正理解作为基础的理论。

分散在各章的 30 多个应用案例向学生展示了如何将经济理论应用于真实世界。这些应用案例包括对 1965—1982 年的大通胀、2007—2009 年的金融危机、石油价格冲击对实际工资和股市的影响、为什么收入不平等随时间而增加、为什么一些国家富裕而另一些贫穷等的讨论。此外，超过 30 个政策与实践案例探讨了实际政策及其执行的具体例子。这些案例包括诸如美联储如何运用泰勒规则、2007—2009 年金融危机期间非传统货币政策的使用、政治性经济周期和理查德·尼克松（Richard Nixon）、欧元是否会存活下去、中国的独生子女政策等话题。这些应用案例和政策与实践案例为研究时事、美国和全球问题、历史事件提供了极其重要的视角。

□ 宏观经济学的动态方法

分析今天的热点政策议题要求用研究人员和政策制定者所使用的模型来思考宏观经济理论。《宏观经济学：政策与实践（第二版）》的中心建模元素是强大的动态总需求-总供给（AD-AS）模型，该模型强调通货膨胀和经济活动的相互作用。在这一模型中，处于纵轴位置的是通货膨胀率（而不是价格水平）。

鉴于这一模型的至关重要性，我将在第 9～13 章一步一步地建立该模型。

- 第 9 章建立了动态总需求-总供给模型的第一个区块 IS 曲线。
- 第 10 章描述了货币政策制定者如何利用货币政策曲线（MP 曲线）设定实际利率。货币政策曲线描述了通货膨胀率和实际利率之间的关系。接下来，本章利用 MP 曲线和 IS 曲线来推导总需求曲线。
- 第 11 章利用菲利普斯曲线来推导总供给曲线。
- 第 12 章把前面几章中的区块组合在一起来建立总需求-总供给模型。在分析美国和国外的经济周期波动的应用中，本章立即用到了这一模型。
- 第 13 章转到另一个视角，展示了总需求-总供给模型如何能够帮助我们理解政策制定者尝试稳定通货膨胀和产出波动时面临的议题。

因此，将通货膨胀率置于纵轴的总需求-总供给模型是分析短期波动的唯一引擎。这种排他性的关注和仔细地建立一个单一模型会使学生从中受益：持续地依赖动态 AD-AS 模型加强了他们对该模型的理解，给他们提供了用于所有分析的统一框架。

为什么是动态 AD-AS 框架？ 动态 AD-AS 模型包括 IS-LM 模型的许多基本要素。它推导了 IS 曲线（第 9 章）并通过货币需求和货币供给的相互作用说明了货币市场中利率的决定（第 10 章）。可是，相对于 IS-LM 框架和传统的总需求-总供给框架，动态 AD-AS 模型有几个优势：

- 动态 AD-AS 框架关注通货膨胀和产出的相互作用，这正是媒体和政策制定者的关注点。与此相反，传统的总需求-总供给分析关注价格水平和产出的相互作用。
- 动态 AD-AS 框架将货币政策宽松或紧缩描述成利率的变动，这正是中央银行实行货币政策的方式。与此相反，IS-LM 模型和传统的总需求-总供给模型将货币政策描述成货币供给的变动。世界上没有哪家中央银行是这样实行货币政策的。
- 动态 AD-AS 框架与学术文献中的现代宏观经济分析是一致的。
- 动态 AD-AS 框架允许我们对非传统货币政策和零下限问题等当前货币政策议题

进行简单分析。此外，它还允许我们对日本近来的货币政策转变（被称为安倍经济学）和为什么近年来财政乘数变得更大了等热门政策议题进行现代分析。

● 最后，尽管动态 AD-AS 框架是对过去的宏观经济学讲授方式所做的一个变化，但它实际上使学生学习宏观经济学变得更容易了，原因是学生只需要掌握一个模型而不是像传统的教学方法中那样需要掌握三个模型。传统的教学方法分别建立了 IS-LM 模型、传统的总需求-总供给模型和菲利普斯曲线。

▢ 金融和宏观经济的相互作用

2007—2009 年金融危机给世界经济带来了打击，清楚地揭示了金融和宏观经济之间的相互作用。关于金融和宏观经济的两整章提供了一种分析金融体系动态学和信息不对称等关键主题的连贯方法，证明了它们在宏观经济分析中的重要性。第 14 章 "金融体系和经济增长" 说明了一个运转良好的金融体系如何促进经济增长。该章还开发了将在第 15 章使用的工具。第 15 章 "金融危机和经济" 考察了金融体系的动荡如何影响总需求和经济，特别强调了 2007—2009 年金融危机的根源、影响和政策反应。另外还有一个网络章 "新兴市场经济体中的金融危机" 将对经济波动的分析扩展到近些年向外部世界开放市场的经济体。

▢ 关注经济增长

近些年关于经济增长的研究呈爆炸性增长，这是宏观经济学领域的一个令人兴奋的发展态势。这些研究与为什么有些国家经济缓慢增长和仍然贫穷而其他国家经济快速增长和繁荣兴旺的问题直接相关。我在第 6 章详细讨论了索洛模型，在第 7 章介绍了内生增长理论并说明了制度对经济增长的重要性。如同前面提及的那样，第 14 章包括了有关经济增长的额外内容。

▢ 国际视角

《宏观经济学：政策与实践（第二版）》整本书的主题覆盖和应用都结合了国际维度。例如，第 4 章在对储蓄和投资的相互作用进行分析时，将开放经济和封闭经济放在一起讨论，而不是分别在不同的章来讨论。国际贸易和净出口对总需求的影响作为第 4 篇的 AD-AS 模型的一部分得到了立即讨论，而不是作为单独的一章。本书还应用了总需求-总供给模型分析 2007—2009 年金融危机在英国、爱尔兰和中国产生的影响。关于新兴市场经济体的网络章提供了更多的国际视角。

▮ 灵活的结构

《宏观经济学：政策与实践（第二版）》一书提供了高度灵活的结构，教师可以采取许多不同的方法来使用本书以满足其课程需要。大多数教师会从讲授第 1～4 章开始。强调长期经济增长的教师接下来可以讲授第 5～7 章。想先讲授短期经济波动的教师则可以直接跳到第 4 篇。

大多数教师在他们的课程里都会讲授的核心章节是本书的前 4 篇第 1～13 章。对于后面的某些章，教师可以自由选择或者完全跳过，这使他们可以关注与他们的课程目标相匹配的宏观经济学的特定领域。对于具有不同教学重点的一个学期的课程，建议大纲如下（历时一个季度的课程一般会少选用 3～4 章可选性章节）：

- 从长期分析开始的课程：第 1～13 章，剩余 11 章中最多选用 6 章。（注：包括结束语和网络章，本书一共 24 章。）
- 从微观基础和长期分析开始的课程：第 1～3 章，第 18～20 章，第 4～13 章，剩余 8 章中最多选用 3 章。
- 从短期分析开始的课程：第 1～5 章，第 8～13 章，第 6～7 章，剩余 11 章中最多选用 6 章。
- 从微观基础和短期分析开始的课程：第 1～3 章，第 18～20 章，第 4～5 章，第 8～13 章，第 6～7 章，剩余 8 章中最多选用 3 章。
- 关注现代经济周期分析的微观基础的课程：第 1～3 章，第 18～20 章，第 4～5 章，第 8～13 章，第 21～22 章，剩余 8 章中最多选用 2 章。
- 强调国际内容的课程：第 1～13 章，第 17 章，关于新兴市场经济体的网络章，剩余 9 章中最多选用 4 章。
- 强调金融内容的课程：第 1～15 章，剩余 9 章中最多选用 4 章。

☐ 激发兴趣的特征

激发学生学习宏观经济学的兴趣意味着通过各种各样的教学特征使学习过程生动起来。

每章开始的**预览**告诉学生本章的内容有哪些、为什么本章的特定主题很重要，以及它们与本书的其他主题如何相互联系。

应用案例将每章的分析应用于解释重要的现实情况。

政策与实践案例研究实际政策的具体例子及其实施情况。

新闻中的宏观经济学向学生介绍相关的新闻文章和新闻每天报道的数据，解释如何阅读这些文章和数据。

参考资料强调有趣的材料，包括历史事件和近来的事件。

汇总表是概括关键要点的有用的学习工具。

带有详细标题的**图表**表明了各变量间的相互关系，对阐释政策分析很重要。箭头指导学生分析曲线移动的意义。

由本书作者准备的**迷你讲座**可以从网上的 MyEconLab 教材资源上通过电子教材访问。作者对本书的所有解析图形都准备了迷你讲座，逐步讨论这些图形。

每章末尾的**本章小结**列举了该章的主要内容。

关键术语是一些重要的词语或词组，在首次定义它们时，以黑体字表示。

每章末尾的**复习题、习题**和**数据分析题**指导学生掌握该章的内容，特别强调实际应用。

□ 辅助资源* 简化讲授和学习

本书配套有各种综合性的辅助资源供教师和学生使用。

MyEconLab 使用创新的学习工具和丰富的在线内容，是本书最重要的评估和辅导体系。《宏观经济学：政策与实践（第二版）》一书的 MyEconLab 教程包括了本书所有复习题和习题。作为一个特别的特征，所有的政策与实践案例及应用案例也都可以在 MyEconLab 中找到，并且每个案例都有 3～4 道问题来测试学生对关键概念的理解。这些练习题在每章中名为"应用"的部分可以找到。

学生与 MyEconLab。 MyEconLab 的在线家庭作业和辅导体系使学生可以通过与本书的在线和互动版本相关的学习和练习工具以及其他媒体工具来掌控自己的学习。借助精心编排的 MyEconLab，学生可以就学过的内容进行练习，测试自己的理解程度，之后，按照 MyEconLab 基于学生测试成绩为学生生成的学习计划安排学习。

教师与 MyEconLab。 MyEconLab 提供了灵活的工具使教师可以方便有效地定制适合需要的在线课件。教师可以创建和安排考试、测验或者家庭作业。MyEconLab 通过自动打分和在一本在线成绩簿中的跟踪结果来节约教师的时间。教师们在注册 MyEcon-Lab 之后就可以下载辅助材料了。

MyEconLab 的其他特征

● 每周新闻更新。每周从报纸或期刊上摘录一篇最新的相关文章，并配备了供讨论的问题。

如想获取更多信息和办理注册，请访问 www. myeconlab. com。

为教师提供的其他资源。 教师手册是由密苏里大学的马丁·佩雷拉（Martin Pereyra）和作者准备的在线辅助材料，提供了各章概要、大纲和目标以及各章末尾复习题和习题的答案，还包括本特利大学的阿龙·杰克逊（Aaron Jackson）提供的数据分析题的答案。此外，教师手册还包括与每一章的应用案例和政策与实践案例相匹配的资源，包括教师在课堂上可以使用的和学生进行讨论的问题，如报纸和期刊文章及宏观经济数据等有趣的外部参考资料；另外有相关现实例子的网站链接。教师手册可以从 www. pearsonglobaleditions. com/mishkin 获得，既有 Microsoft Word 格式的，又有 PDF 格式的。

幻灯片 是由得克萨斯 A&M 大学科珀斯克里斯蒂分校的吉姆·李（Jim Lee）准备的，提供了本书所有的图形和表格以及与本书结构和顺序一致的简单讲义。它们包括每章涵盖的主题、关键概念、方程以及应用案例和政策与实践案例。

动画式幻灯片 是由本书作者准备的，可以从 www. pearsonglobaleditions. com/mishkin 获得。这些幻灯片提供了解析图形，可以完全由用户操控。教师可以使用教材中所有重要图形的逐步动画对他们的幻灯片进行定制设计。

题库 的第一版是由德保罗大学的保罗·库比克（Paul Kubik）、得克萨斯理工大学的维克托·瓦卡塞尔（Victor Valcarcel）和得克萨斯大学奥斯汀分校的布莱恩·特林克（Brian Trinque）准备的，布莱恩·特林克为第二版做了更新。它为每一章都提供了 75

* 中国人民大学出版社并未购买这些辅助资源的版权。——出版者注

前言

道选择题和10道简答题。这些问题涵盖了每章所有的主题，包括数值计算、图表分析和概念题。此外，这些问题与MyEconLab是兼容的，遵循国际商学院协会（AACSB）的标注程序。题库的Microsoft Word格式文件可以从www.pearsonglobaleditions.com/mishkin获得，计算机化的TestGen格式文件可以在TestGen命题软件中使用。这一命题软件允许教师在题库中编辑、添加或删除问题，分析测验结果，组织测验和学生成绩的数据库，使用起来富有灵活性和便捷性。

为学生提供的其他资源。本书的配套网站www.pearsonglobaleditions.com/mishkin提供了关于多个主题的网上附录，以及一个网络章"新兴市场经济体中的金融危机"。

弗雷德里克·S. 米什金

目　录

宏观经济学：政策与实践（第二版）

目
录

目录

第1篇

导　言

我们从宏观经济学研究的导言开始。第 1 章描述了宏观经济学家寻求答案的问题和寻求解释的数据，提出了本书余下各章关注的关键政策问题：穷国如何能够致富？储蓄太低了吗？政府预算赤字重要吗？降低通货膨胀的代价有多大？我们如何才能降低金融危机发生的可能性？稳定化政策应该有多积极？宏观经济政策应该遵循规则吗？全球贸易不平衡是危险的吗？第 2 章考察了经济学家如何定义和衡量最重要的宏观经济数据。

在保持对关键政策议题和政策制定者在实践中使用的技术的关注的同时，我们还将在政策与实践案例中分析如下具体例子：

- GDP 能买到幸福吗
- 政策和生活成本的高估

第1章

宏观经济学的政策与实践

 预览

你毕业后的职业规划是什么？除了你的成绩和专业选择之外的很多因素都会影响你最终选择的道路。当你从大学毕业时，工作机会会很多，还是高失业率（如同 2007—2009 年衰退后所发生的情况）会使找工作变得困难？总体价格会快速上升从而你需要更多的钱来支付明年的费用吗？美元的价值会下降进而使得出国旅行更加昂贵吗？你应该为现有的高政府预算赤字担心吗？更进一步想，经济会在接下来的 30 年里快速增长从而你的后代会比你更加富有吗？我们将在本书探讨这些问题的答案所蕴含的经济学思想。

在本章中，我们为你探索宏观经济学的政策与实践做好准备。我们首先考察宏观经济学家做些什么以及他们寻求解释哪些数据，然后预览整本书要探索的政策议题。

宏观经济学实践

正式地说，**宏观经济学**（macroeconomics）是对一国或一个地区的整体经济的经济活动和价格的研究。宏观经济研究大量应用**微观经济学**（microeconomics），即对个体企业、家庭或市场的行为的研究。①

□ 过程：建立宏观经济模型

宏观经济学家力图运用经济理论来解释整体经济如何运行。一个**经济理论**（eco-

---

① 我们将在本书第 18～20 章探索宏观经济学的微观经济基础。

nomic theory）是解释某一特定经济现象的一个逻辑框架。经济理论涉及建立**经济模型**（economic model），即用数学或图表形式对经济现象进行简化表示。经济理论或模型的建立通常需要五个步骤：

1. 确定感兴趣的经济问题。例如，宏观经济学家可能想要理解为什么失业率会随时间上升或下降，或者为什么工人的实际工资（用工资实际能够买到的产品和服务来表示）在某些时期比在其他时期上升得更快。

2. 指定模型要解释的变量以及解释这些变量的变量。宏观经济学家想要解释的变量被称为**内生变量**（endogenous variable），因为这些变量是要在他建立的模型内部解释的（从而有一个前缀"endo"）。然后，他将确定一组被称为外生变量的因素。**外生变量**（exogenous variable）用于解释内生变量，但是被视为给定的，从而被认为在模型外部决定（这正是为什么有一个前缀"exo"）。

例如，在解释内生变量失业率时，宏观经济学家可能指定消费者的乐观情绪或政府支出作为给定的外生变量。或者如果宏观经济学家对解释内生变量实际工资增长感兴趣，他可能选择技术进步率或工会力量作为外生变量。图1-1说明了一个宏观经济模型中内生变量和外生变量之间的关系。

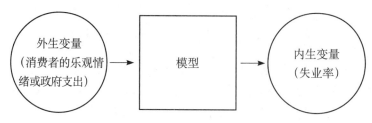

图 1-1　宏观经济模型中的变量

模型是一组方程或图形分析，它把内生变量（由模型解释的变量）的变动解释成外生变量（不由模型决定的、被视为给定的因素）变动的结果。

3. 假定用一组方程或图形分析来将外生变量的变动与内生变量的变动联系起来。例如，我们可能创造一个公式来表示在其他条件不变的情况下政府支出增加10％会如何改变失业率。这个公式就是我们的模型。

4. 将模型的结论与实际发生的情况相比较。例如，如果模型被设计用来解释失业率，那么我们将比较模型的预测和前些年的实际失业数据。如果结论与历史数据不匹配，就要回到第2步，对模型进行改动。

5. 如果数据得到很好的解释，运用模型做进一步的预测，例如一年后失业率会达到多少，并就降低失业率提供政策建议。

不断重复将模型与实际数据相比较并改进模型的过程会提出新的经济问题并推进宏观经济学的知识。在学习本书的过程中，我们将考察数据和宏观经济模型的互动，强调宏观经济学领域是如何随时间逐步演化的。我们也将通过考察贯穿每一章的关于美国和世界经济的众多应用案例来看看宏观经济模型对数据的解释程度。

□ 目的：解释宏观经济数据

宏观经济学家和宏观经济模型特别关注三个经济数据序列：实际国内生产总值、失业率和通货膨胀率。我们依次来看这些数据序列。

实际 GDP。实际 GDP（real gross domestic product，real GDP，即实际国内生产总值）测度一个经济在一段固定时期（通常为一年）生产的实际产品和服务的产出。如同我们在第 2 章将要看到的，实际 GDP 也等于经济中每个人和企业实际收入的总量。

图 1-2 显示了美国经济 1900—2013 年的人均实际 GDP。该图有两个重要的属性。（考虑到美元购买力的变化，我们将所有产品和服务按 2011 年不变美元计算。）第一，注意到图 1-2 中的人均实际 GDP 随时间大幅增长。1900 年美国人均收入大约为 5 000 美元。现在，这一数字增长超过 9 倍，接近 50 000 美元。现在的美国人的收入比他们的曾祖父母高得多，随着时间的推移变得越来越富有。什么解释了收入的这种上升？本书第 6、7 和 14 章的主题——经济增长——是宏观经济学最重要的话题之一。

第二，注意到图 1-2 中人均实际 GDP 随时间的增长并不稳定，而是围绕一个趋势波动。实际 GDP 的波动被称为**经济周期**（business cycle），它代表了经济活动周期性的上下运动，区别于规则性的运动。当经济活动下滑和人均实际 GDP 下降时，就出现了**衰退**（recession）。在图 1-2 中，衰退时期用阴影部分标记出来，可以看到，衰退频繁出现。当实际 GDP 下降严重时，这样的衰退被称为**萧条**（depression）。最著名的萧条是从 1929 年持续到 1933 年的大萧条。是什么引起衰退和（特别是）萧条是宏观经济学中另一个研究得最多的问题。我们在第 8～13 章研究经济活动的短期波动。

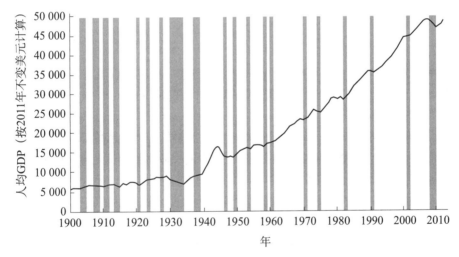

图 1-2　美国人均实际 GDP，1900—2013 年

由于经济周期波动，人均实际 GDP 随着时间大幅增长但增长得并不平稳。我们用阴影部分代表衰退。萧条是实际 GDP 的严重下降，最著名的是大萧条（1929—1933 年）。

资料来源：Federal Reserve Bank of St. Louis，FRED Database. http：//research. stlouisfed. org/fred2/；1960 年以前的数据见 Maddison，Angus. *Historical statistics*. http：//www. ggdc. net/maddison/。

到目前为止我们只考察了美国的人均实际 GDP。图 1-3 比较了若干国家的人均实际 GDP。正如你所看到的，不同国家之间有着天壤之别。卢旺达的人均实际 GDP 只略高于 600 美元，不到美国人均实际 GDP 的 1/80。宏观经济学家研究影响实际 GDP 随时间变动的因素。例如，韩国 1960 年的人均实际 GDP 只有 1 500 美元，比玻利维亚还要低。现在，玻利维亚仍然贫穷，但韩国已经进入了富裕国家行列，其人均实际 GDP 排进了所有国家的前 1/4。韩国通过很高的经济增长率扭转了其发展前景。在第 6、7 和 14 章，我们将关注为什么有些国家如此富裕而其他国家如此贫穷以及国家如何能够改善其发展前景。

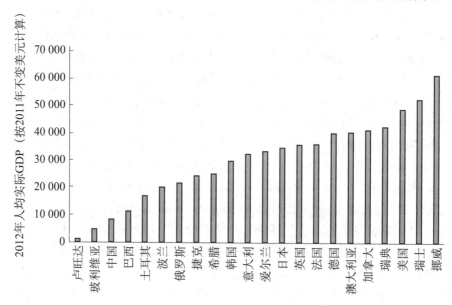

图 1-3　2012 年人均实际 GDP 的跨国比较

人均实际 GDP 在不同国家千差万别。卢旺达人均实际 GDP 只略高于 600 美元，美国人均实际 GDP 接近 50 000 美元，前者不到后者的 1/80。

资料来源：World Bank. World development indicators. http：//data. worldbank. org/indicator/.

失业率。失业率（unemployment rate）衡量在某一特定时点没有工作而正在寻找工作的人在劳动力中所占的百分比。当失业率高时，家庭蒙受收入损失，甚至可能无法满足对食品和住房的基本需要。

图 1-4 显示了美国 1929—2013 年的失业率。注意失业率总是高于零，这说明甚至在经济景气时也总是存在一些失业。此外，图 1-4 中的失业率大幅波动且在标记为衰退的阴影部分急剧上升。在大萧条时期的 1933 年，失业率爬升到了 25%。最近的 2007—2009 年衰退被称为"大衰退"，尽管它没有大萧条那么严重，但失业率的上升幅度仍然是自第二次世界大战之后最大的，失业率上升了 6 个百分点，最高超过了 10%。劳动市场发生的什么事情推高了经济活动收缩时期的失业率？我们将在第 9～12 章和第 20 章寻找这一问题的答案。

图 1-5 比较了不同国家过去 10 年的平均失业率。希腊的失业率超过 12%，是瑞士的近 4 倍，这表明不同国家的失业率差别很大。我们将在第 20 章研究劳动市场的哪些特征导致了一些国家有着高平均失业率而另一些国家则有着低平均失业率。

通货膨胀率。通货膨胀（inflation）或**通货膨胀率**（inflation rate）告诉我们价格的总体水平上升得有多快。注意图 1-6 中二战前的通货膨胀率平均大约为零，常常为负。通货膨胀率为负的状况被称为**通货紧缩**（deflation）。20 世纪 60 年代后期通货膨胀率上升，且在后来持续到 20 世纪 80 年代早期的这一时期里保持在高位，经济学家常常把这一时期称为大通胀。我们将在第 9～13 章讨论通货膨胀的起因及其历史峰值。

变动的价格水平使消费者、企业和政府的决策复杂化了，这种不确定性能够阻碍经济增长。考虑一家商店的所有者，他发现可以提价并获得更多利润。该所有者可能会断

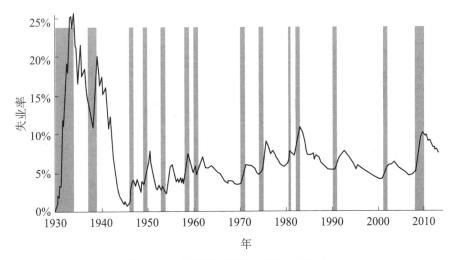

图 1 - 4　美国的失业率，1929—2013 年

失业率总是高于零，大幅波动，在用阴影部分标记的衰退期间急剧上升。

资料来源：Federal Reserve Bank of St. Louis，FRED Database. http：//research. stlouisfed. org/fred2/. 1948 年以前的数据见 National Bureau of Economic Research. Macro history database，income and employment，www. nber. org/databases/macrohistory/contents/chapter08. html。

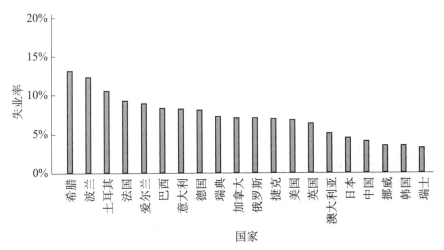

图 1 - 5　2003—2013 年平均失业率的跨国比较

过去 10 年很多国家的平均失业率显示出很大的差异。例如，希腊的失业率超过 12%，瑞士的为 3.1%，前者是后者的近 4 倍。

资料来源：International Monetary Fund. http：//www. imf. org/external/data. htm.

定产品需求在上升并投资扩大店面。如果总体价格水平在上升而产品需求并没有改变，那么扩大店面的结果就会事与愿违。

图 1 - 7 显示，过去 10 年若干国家的平均通货膨胀率有很大的差别。是什么使得一些国家比其他国家更易于遭受通货膨胀？一些国家经历了超高的通货膨胀率，这被称为**恶性通货膨胀**（hyperinflation）。津巴布韦（图中没有显示出来）是最近的经历了恶性通货膨胀的国家的例子，其年通货膨胀率剧增到超过 2 000 000%。为什么一些国家会经历恶性通货膨胀？在第 5 章和第 16 章，我们将探究这些问题。

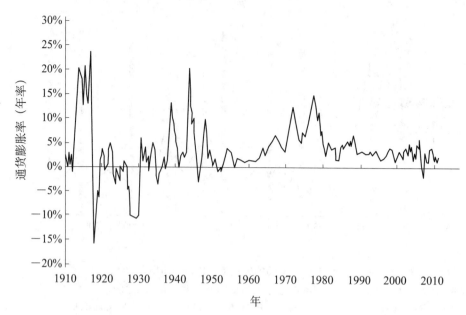

图 1-6　1910—2013 年美国的通货膨胀率

第二次世界大战前的平均通货膨胀率大约为零。20 世纪 60 年代后期通货膨胀率上升，且在后来持续到 20 世纪 80 年代早期的这一时期里保持在高位，这一时期被称为大通胀。

资料来源：Federal Reserve Bank of St. Louis, FRED Database. http：//research. stlouisfed. org/fred2/.

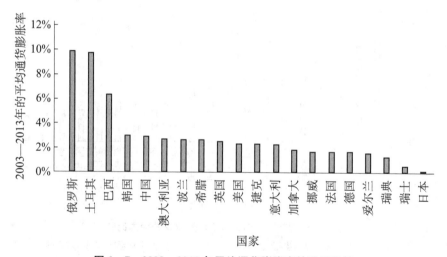

图 1-7　2003—2013 年平均通货膨胀率的跨国比较

过去 10 年的平均通货膨胀率在国家间的差异很大。按年率计，大部分国家的平均通货膨胀率低于 5%，但有些国家则远高于 5%，如土耳其和俄罗斯。

资料来源：International Monetary Fund. http：//www. imf. org/external/data. htm.

宏观经济政策

建立经济模型和分析关键数据所需的细致工作并不只是学术活动：基础目标是决定

什么政策能产生更好的宏观经济结果。我们将考察数量众多的关于宏观经济政策实践的具体例子，这些例子出现在全书的政策与实践案例中。现在我们通过预览宏观经济学家特别关注的几个政策议题来为此做好准备。

☐ 穷国如何能够致富

高经济增长能够使穷国致富，这是一个很简单的见解。但是，设计旨在实现经济增长的政策是宏观经济学家面临的最大挑战之一。如果提高穷国的增长率很简单的话，政策制定者就能够消除很多世界贫困。这么做甚至可能有助于建立一个没有恐怖主义威胁的更稳定的世界。

很多问题对刺激增长的政策而言很重要。一国的哪些制度促进经济增长？鼓励建立一个更有效的金融体系的政策会显著提高经济增长率吗？教育在经济增长中扮演什么角色？鼓励研发的政策对促进经济增长有多重要？尽管这些问题的答案并不总是清晰的，但我们在第 6、7 和 14 章将会看到，关于旨在实现高经济增长的政策，宏观经济学仍然能够提供许多见解。

☐ 储蓄太低了吗

如图 1-8 所示，美国公民的储蓄占收入的百分比——被称为美国的个人储蓄率——在 1975—2007 年急剧下降，但是在金融危机和 2007—2009 年衰退期间上升。大多数国家的储蓄率明显高于美国，包括中国在内的一些国家的储蓄率高达 50% 以上。图 1-9 比较了若干国家过去 10 年的平均国民储蓄率（包括政府储蓄在内）。

我们在第 4、6 和 16 章将会看到，更高的储蓄率会转换成更高的投资，而更高的投资能够促进经济增长和提高实际 GDP 的长期水平。当家庭储蓄很低时，它们缺乏应对严重的经济低迷所需的缓冲。在最近的衰退中，许多美国家庭的储蓄是如此之少以至它们发现自己支付不起账单而只能宣告破产。

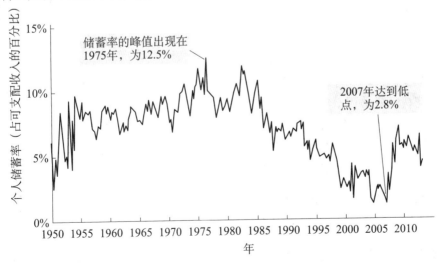

图 1-8　美国的个人储蓄率，1950—2013 年

美国的个人储蓄率在 1975—2007 年急剧下降，但是在金融危机和 2007—2009 年衰退期间上升。

资料来源：Federal Reserve Bank of St. Louis，FRED Database. http：//research. stlouisfed. org/fred2/.

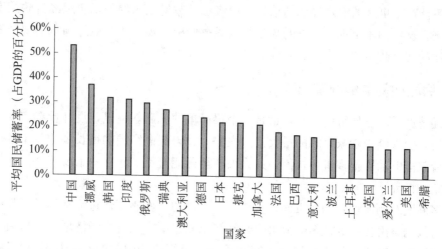

图 1-9　若干国家的平均国民储蓄率

大多数国家的平均国民储蓄率明显高于美国，包括中国在内的一些国家的储蓄率高达 50% 以上。

资料来源：National Saving Rate，% of GDP，2011；World Bank，World development indicators. http：//data.worldbank. org/indicator/.

我们在第 4 和 18 章将会看到，如果储蓄的收益高的话，家庭就会储蓄得更多。税收政策是提高储蓄收益的一种方式。例如，对于那些把钱存入 401（k）之类的储蓄工具的家庭，政府可以降低它们的收入税。或者，政府可以通过全国性的销售税来提高消费的成本或给缴纳雇员养老金的企业减税。

☐ 政府预算赤字重要吗

如图 1-10 所示，在经历了 2007—2009 年衰退后，美国的**政府预算赤字**（government budget deficits），即政府支出超出收入的部分，扩大到了 GDP 的 10% 以上，达到第二次世界大战后的最高水平。从那时起，巨额预算赤字引起许多评论员担忧美国的未来并提出了激烈的措施。预算赤字会导致政府破产吗？它们会使后代承受更高的税收以偿还为这些赤字融资所发行的债务吗？政府会印钞来为其挥霍无度融资和引起通货膨胀失控吗？

为了减少赤字，一些人提议收紧**财政政策**（fiscal policy），即政策制定者提高税收，削减政府花费，或采用双管齐下的决策。其他人则说预算赤字不会构成危险，并警告说，更为紧缩的财政政策的危害可能超过了其好处。为了控制赤字，激烈的措施是必需的吗？美国近来大规模的预算赤字加上世界上许多其他国家也面临相似的困境使得有关政府预算赤字的争论愈加重要。我们将在第 16 章讨论这一问题。

☐ 降低通货膨胀的代价有多大

在 20 世纪 70 年代末之前，美国和许多其他国家的通货膨胀率超过 10%，这一时期常常被称为大通胀时期。一些宏观经济学家提出了对抗通货膨胀的政策；许多其他宏观经济学家则认为，这些措施会降低产出和引发高失业率，因而会很痛苦。在 2007—2009 年的大衰退期间，通货膨胀率降到了零。但是，许多宏观经济学家担心在经济开始复苏

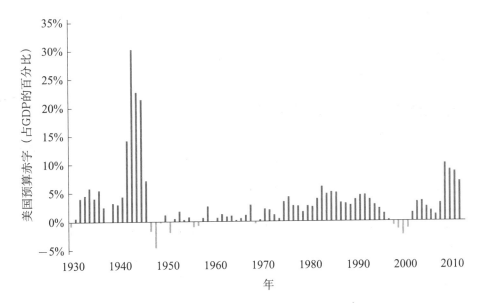

图 1 - 10　美国政府预算赤字，1930—2013 年

在 20 世纪 90 年代一段短的预算盈余时期之后，政府预算赤字开始增加。这些赤字在 2007—2009 年的严重衰退之后规模更大了，超过了 GDP 的 10%。

资料来源：Federal Reserve Bank of St. Louis，FRED Database. http：//research. stlouisfed. org/fred2/.

时价格会飞涨。

保持通货膨胀的可控性这一工作对美联储和其他**中央银行**（central bank）——监控银行体系的政府机构——的使命是关键性的。中央银行也实施**货币政策**（monetary policy），即对经济中的货币数量和利率进行管理。给定对抗通货膨胀的挑战，中央银行行长花费大量时间于探讨旨在控制价格水平的货币政策框架。我们将在本书的第 13 和 22 章考察保持低通货膨胀水平的代价有多大以及如何实施旨在遏制通货膨胀的货币政策。

□ 我们如何才能降低金融危机发生的可能性

从 2007 年开始，美国和世界上许多其他国家经历了一场重大的**金融危机**（financial crisis），即以**资产**（assets，包括债券、股票、艺术品、土地等在内的财产）价格暴跌和公司破产为特征的金融市场的大规模崩溃。如同我们在 2007—2009 年大衰退期间看到的那样，金融危机总是伴随着经济的急剧下滑。我们将在第 15 章讨论金融危机的起因和降低金融危机发生可能性的行动。

□ 稳定化政策应该有多积极

宏观经济政策的一个重要目标是最小化经济周期波动和稳定经济活动，通常被称为**稳定化政策**（stabilization policy）。被称为积极主义者的一组经济学家提倡只要出现过度失业就采取政策来加以消除。与此相反，被称为非积极主义者的另一组经济学家则主张经济有一种自我纠正的机制，这种机制将使处于衰退的经济迅速回归其健康状态。非积极主义者说，积极主义者的政策可能会在错误的时间生效，令经济活动和通货膨胀产生不合意的波动。积极主义者则认为什么也不做将会使太多人失业太长时间。

当衰退出现时，如同2007—2009年所发生的那样，积极主义者和非积极主义者之间的争论非常激烈。我们将在第13、21和22章详细考察这一问题。

□ 宏观经济政策应该遵循规则吗

关于稳定化政策的争论的另一个维度是政策制定者在实施政策时应该相机抉择（也就是说，做出他们认为对当前局势而言合适的反应）还是遵循规则（即提前具体说明政策如何对关于失业率和通货膨胀率等变量的数据做出反应的有约束力的计划）。如同我们在第21章分析预期在宏观经济政策中的作用时将要看到的那样，相机抉择政策可能导致一组产生坏的长期结果（如高通货膨胀）的短期政策。遵循规则的政策确保政策基于适当的长期考虑，使得好的长期结果更可能出现，从而能够避免这些坏结果。可是，规则也可能使政策制定者墨守成规，而且经济结构的改变可能使规则过时。规则被制定出来是用来被打破的吗？

宏观经济学中关于遵循规则还是相机抉择的争论由来已久，它是本书第21和22章重点关注的内容。

□ 全球贸易不平衡是危险的吗

在21世纪第一个10年，美国经济的运行一直伴有大量贸易赤字，美国人从国外购买的产品和服务比外国人从美国购买的要多得多。流入美国的大规模资本给美国的花费提供了资金，特别是来自中国的资本，该国有着大量的贸易盈余。这些全球贸易不平衡使得美国对外国人的负债日益增加，提供的资本流入促进了房地产市场的繁荣。随后在2006年后发生的房地产市场的萧条是导致2007—2009年大衰退的一个关键因素。

我们将在第4和16章探究是什么引起了全球贸易不平衡，看看什么样的政府政策可以用来改善全球贸易不平衡。我们还将在第15章看到为什么这些不平衡可能是危险的以及为什么它们可能对金融危机（如2007—2009年期间的危机）起到推波助澜的作用。

我们将如何学习宏观经济学

我希望本章列出的这些政策议题已经激发了你的兴趣，让你相信学习宏观经济学是一件值得做的事情。

□ 强调政策与实践

本书将通过建立几个宏观经济模型来向你介绍宏观经济学的政策与实践，以帮助你理解总体经济是如何运行的。由于离开实践的理论是毫无用处的，所以本书将强调宏观经济学的政策与实践。为此，本书既使用在大量应用中建立的模型（在行文中，本书中的应用是与正文隔开的），也用到前面提及的政策与实践案例。现实例子的采用将有助于你认识到经济学远非抽象的理论：经济学是一种强大的思维方式，有助于你更好地理解世界和你自己面临的经济选择。

□ 结束语

到现在为止，我作为一个职业宏观经济学家已经超过 30 年了。当我在作为本科生学习一门与你现在正在学习的课程相仿的课程〔由本书中多次提及的著名经济学家罗伯特·索洛（Robert Solow）讲授〕时，我就爱上了宏观经济学。在一些激动人心的时期，我有机会作为一个美联储官员把我的知识应用于政策与实践：1994—1997 年我担任纽约联邦储备银行的执行副总裁和研究主任，2006—2008 年我担任美联储理事会理事。我希望你对本书各章的学习有助于你理解整体经济环境正在发生的事情，并且也许还有助于你培养对我生命中大部分时间里都置身其中的宏观经济学学科的热情。

本章小结

1. 宏观经济学的实践涉及考察宏观经济数据然后建立经济理论或模型来加以解释。宏观经济学家力图解释的关键的宏观经济数据序列是实际 GDP、失业率和通货膨胀率。

2. 宏观经济学家最关注的几个政策问题如下：储蓄太低了吗？我们如何才能帮助穷国致富？政府预算赤字重要吗？降低通货膨胀的代价有多大？我们如何才能预防金融危机？稳定化政策应该有多积极？宏观经济政策应该遵循规则吗？对于全球贸易不平衡，我们能做些什么？我们将在接下来的章节里讨论所有这些政策问题。

3. 本书将通过建立几个宏观经济模型并将模型应用于现实的例子和数据来为你介绍宏观经济学的政策与实践。

关键术语

宏观经济学	微观经济学	经济理论
经济模型	内生变量	外生变量
实际 GDP	经济周期	衰退
萧条	失业率	通货膨胀
通货膨胀率	通货紧缩	恶性通货膨胀
政府预算赤字	财政政策	中央银行
货币政策	金融危机	资产
稳定化政策		

预览

1. 什么宏观经济状况、问题和事件会影响你的未来?

宏观经济学实践

2. 经济模型中的内生变量和外生变量有什么区别?

3. 经济模型应该通过的主要检验是什么?

4. 宏观经济学家对哪三个宏观经济数据序列特别感兴趣? 为什么?

5. 什么是经济周期? 宏观经济学家特别关注经济周期的哪个部分? 为什么?

6. 通货膨胀和通货紧缩时期整体价格水平如何变动?

宏观经济政策

7. 什么是一国的储蓄率? 为什么中国和美国的储蓄率区别如此之大 (见图 1-9)?

8. 什么是政府预算赤字? 为什么宏观经济学家关注预算赤字?

9. 解释财政政策和货币政策的差别。欧洲中央银行可以采用其中哪种政策?

10. 什么是稳定化政策? 关于它的使用,宏观经济学家有哪两个维度的重要争论? 这些争论的参与方是谁?

11. 什么是全球贸易不平衡? 为什么经济学家关注全球贸易不平衡?

■ **习题**

宏观经济学实践

1. 经济学之外的学科也使用模型,基于对环境的假设和外生变量的变化来解释内生变量的行为。假定你要建立一个将儿童肥胖和糖尿病联系起来的模型。

   (a) 哪个变量是外生变量? 哪个变量是内生变量?

   (b) 你能想到其他外生变量吗?

2. 假定你的模型预测过重儿童在成年后患糖尿病的风险高 80%。如果数据显示,过重儿童患糖尿病的风险与你的模型预测不一致(也就是说,数据显示概率低于 80%),你下一步会怎么做?

3. 下表显示了西班牙 2007—2012 年期间按年率计算的季度实际 GDP 增长率(罗马数字指代季度)。

变量	2007 I	2007 II	2007 III	2007 IV	2008 I	2008 II
实际 GDP (%)	7.6	7.3	6.5	6.4	5.6	4.6

变量	2008 III	2008 IV	2009 I	2009 II	2009 III	2009 IV
实际 GDP (%)	3.1	0.5	−0.1	−4.1	−4.5	−3.3

变量	2010 I	2010 II	2010 III	2010 IV	2011 I	2011 II
实际 GDP (%)	−1.5	−0.2	0.0	0.4	0.5	0.5

变量	2011 III	2011 IV	2012 I	2012 II	2012 III	2012 IV
实际 GDP (%)	0.6	0.0	−0.7	−1.4	−1.6	−1.9

   (a) 作图表示实际 GDP 增长率。你能发现数据有什么趋势吗?

   (b) 基于上述数据,你能确定衰退的开始时间(哪一年哪个季度)吗?

4. 在 2007 年危机之前,西班牙的失业率低于 10%,在 2012 年年末它上升到了约 25%。谈谈如此大的失业率变动的经济和社会后果。

宏观经济政策

5. 在 20 世纪 70 年代期间，大多数拉美国家有着巨额预算赤字。由于这些国家通过印钞（增加货币供给）来为这些赤字融资，产生了很高的通货膨胀率。结果，在 20 世纪 80 年代期间实际 GDP 下降或停止增长。谈谈预算赤字、通货膨胀和实际 GDP 增长之间的关系。

6. 假定某国内战爆发，引起了混乱，摧毁了该国的大部分基础设施（如道路、企业和电信设施）。

   (a) 这对经济增长有什么影响？

   (b) 你认为内战会如何影响向该国投资的激励？

7. 最近的金融危机导致美国和欧洲都实行了扩张性财政政策，以抵消对经济的不利影响。欧洲政府预算赤字的增加导致了高公共债务（以及所谓的主权债务危机）。政府可以做些什么来降低它们的赤字和减少其债务？政府已经采取了哪些措施？

8. 美国近些年的储蓄率一直很低，甚至为负。如果这种局面持续，对未来的子孙后代意味着什么？

9. 根据英国国会下议院 2011 年 6 月的一项记录，

从 2007 年 9 月开始，英国政府一边在处置处于危机中的具体银行，一边在处理货币和银行系统中更大范围的问题。关于英国政府的经济活动的这句表述显示它采取的是积极主义者的政策还是非积极主义者的政策？

10. 2007 年年底，一场金融危机重创了英国经济。在这场危机之后，为了促进经济复苏，英格兰银行向英国经济提供了流动性，采取了宽松的货币政策。这些政策措施会影响未来的通货膨胀和个人对未来通货膨胀的预期吗？

11. 考虑养育子女这一艰巨的任务。这一任务最被广泛认可的一个挑战是适当平衡规则和机动决策。不断打破规则可能会给小孩传递错误的信息，而每次严格实施规则可能导致过度惩罚。关于宏观经济政策实施的争论与这一例子并没有太大差别。

    (a) 谈谈你对 2009 年《美国复苏与再投资法案》的看法。这一法案可以被认为是相机抉择政策吗？

    (b) 这一组政策可能影响金融中介或其他主要经济主体的动力吗？

数据分析题

1. 对以下每对变量，从圣路易斯联邦储备银行 FRED 数据库获取数据，用 Excel 画出两个变量的散点图。指出外生变量和内生变量，说明它们是否相关。

   (a) 个人收入（PINCOME）和个人消费支出（PCEC），使用自 1980 年第 1 季度以来的季度数据。

   (b) 非农业就业人口（PAYEMS）和 M1 货币供给（M1SL），使用自 2000 年 1 月以来的月度数据。

   (c) 个人储蓄率（PSAVERT）和美国 10 年期国债利率（GS10），使用自 1980 年 1 月以来的月度数据。

2. 访问圣路易斯联邦储备银行 FRED 数据库，计算 GDP 增长率和通货膨胀率。当计算通货膨胀

率时，使用个人消费支出价格指数（PCECTPI）的数据。对于每个序列，使用自 2000 年第 1 季度以来的数据，将单位调成"与前一年相比的百分比变化"。注意，美国官方认为处于衰退的季度有 2001 年第 2 季度—2001 年第 4 季度、2008 年第 1 季度—2009 年第 2 季度。

   (a) 哪个时期的通货膨胀率最高？哪个时期最低？什么时候发生了通货紧缩（如果有的话）？

   (b) 哪个时期的 GDP 增长率最高？哪个时期最低？

   (c) GDP 增长、通货膨胀率和衰退之间有什么关系（如果有的话）？

3. 访问圣路易斯联邦储备银行 FRED 数据库，获取以下国家自 2000 年以来的年失业率数据：

美国（USAURNAA）、加拿大（CANUR-NAA），英国（GBRURNAA）、日本（JPNUR-NAA）和德国（DEUURNAA）。将数据下载到一个 Excel 表格，使用"增加数据序列"功能将这五个国家的数据画在一幅图中。注意美国在 2001 年和 2008—2009 年各经历了一次衰退。

(a) 哪个国家在什么时候的失业率最高？哪个国家在什么时候的失业率最低？

(b) 计算美国衰退年份的平均失业率和非衰退年份的平均失业率。孰高孰低？这符合你的预期吗？

(c) 观察失业率的图形。哪些国家看起来有相似的趋势？哪些国家不同于其他国家？

4. 访问圣路易斯联邦储备银行 FRED 数据库，获取以下国家用 2011 年不变美元表示的人均实际 GDP（一个常见的生活水平衡量指标）数据：美国（USARGDPC）、日本（JPNRGD-PC）、英国（GBRRGDPC）和韩国（KORRG-DPC）。将自 1990 年以来的数据下载到一个 Excel 表格。最后一个国家选择中国。中国的人均实际 GDP 必须使用人均名义 GDP 和一个价格测度构造出来。为此，下载中国的人均名义 GDP（PCAGDPCNA646NWDB）和一个中国价格水平的测度（CHNCPIALLAINMEI）的数据。一旦中国的数据被下载到一个 Excel 表格，新建一列"人均实际 GDP"，它等于人均名义 GDP 除以价格水平再乘以 100。最后把中国的人均实际 GDP 数据加入前面包含了四个国家的数据的 Excel 表格中，画一幅图形表示出这 5 个国家自 1990 年至今的人均实际 GDP。

(a) 哪个国家当前的生活水平最高？哪个国家最低？

(b) 在这段时期里，韩国的生活水平相对于日本和英国发生了怎样的变化？

(c) 自 1990 年以来中国的生活水平相对于其他国家发生了怎样的变化？

第2章

衡量宏观经济数据

 预览

我们很容易认为宏观经济数据是理所当然的，特别是当印刷媒介和电子媒介用经济事实和数据对我们进行狂轰滥炸的时候。当最近的衰退在 2007 年刚开始时，最新发布的经济统计指标迅速昭示经济正在走弱。与此相反，当 20 世纪 30 年代的大萧条刚开始时，经济学家并没有立即接触到昭示局势严重性的数据。经济学家意识到，为了更好地告知公众和指导政策制定者，更好的数据很有必要。西蒙·库兹涅茨（Simon Kuznets）和他在美国商务部的同事等经济学家在 20 世纪 30 年代构建了国民收入和产品账户（National Income and Product Accounts）。这一被称为国民收入核算的东西听起来可能不是那么令人兴奋——毕竟谁会认为核算令人兴奋呢，但是它被称为 20 世纪最伟大的发明之一。[①] 1971 年，西蒙·库兹涅茨因其提出的国民收入核算体系而被授予了诺贝尔经济学奖。

我们在本章考察经济学家如何定义和衡量宏观经济学中最重要的数据，这些研究领域对你全面理解宏观经济学至关重要。在本章，我们考察如下问题：我们如何衡量经济活动，具体来说，如何衡量国内生产总值（经济活动的一个广泛测度）？什么是国内生产总值的关键组成部分？我们如何衡量通货膨胀？通货膨胀告诉了我们生活成本上升得有多快吗？什么是失业？我们如何衡量它？什么是利率？利率的哪些测度是宏观经济学中最重要的？

[①] Paul Samuelson and William Nordhaus, "GDP: One of the Great Inventions of the Twentieth Century," *Survey of Current Business* (January 2000): 6 – 9.

衡量经济活动的价值：国民收入核算

国内生产总值（gross domestic product，GDP），一个经济生产的产品和服务的总价值，是对经济活动最广泛的测度。我们把一年中生产的所有产品和服务——如手机、汽车、教科书、DVD、计算机、理发和摇滚音乐会——的价值加总在一起得到 GDP。美国商务部下属的经济分析局（Bureau of Economic Analysis）根据人口普查局（Census Bureau）和劳工统计局（Bureau of Labor Statistics）等其他政府机构提供的数据每个季度计算一次 GDP。美国 2013 年的 GDP 大约为 16.8 万亿美元，也就是人均约 5.3 万美元。

有几种不同的定义和方法来衡量 GDP。我们最初的 GDP 定义是就生产的产品和服务而言的。我们还将就支出和收入来定义 GDP：GDP 是经济中所有人的总收入，也是在经济中的产品和服务上的总支出。这些不同的 GDP 定义是等价的，原因是经济中的总收入必然等于总支出，而总支出又等于总生产。这一推理符合直觉，因为经济中的每一个产品或每一次服务都有一个买者和一个卖者。当你在本地理发店为理发支付 15 美元时，你的 15 美元支出就是理发师的 15 美元收入，他生产了价值 15 美元的理发服务。

国民收入核算（national income accounting），即用于衡量经济活动及其组成部分的核算体系，显示了衡量 GDP 的支出法、收入法和生产法之间的关系。我们将国民收入核算表示为**国民收入核算基本恒等式**（fundamental identity of national income accounting）：

总生产＝总支出＝总收入 (1)

方程(1)是说，在计算 GDP 时，三种方法——生产法、支出法或收入法——中的任何一种应该给出同一答案。下面让我们用每一种方法来计算 GDP 以细化我们给出的 GDP 的定义。

衡量 GDP：生产法

在**生产法**（production approach）中，我们将 GDP 定义为在某一固定时期内经济当期新生产的所有最终产品和服务的当前市场价值。

☐ 市场价值

经济生产数不清的产品和服务。这一事实提出了一个古老的问题："我们如何比较苹果和橙子呢？"如果经济生产 10 亿个苹果和 20 亿个橙子，这与它生产 20 亿个苹果和 10 亿个橙子同样成功吗？如果苹果和橙子的经济价值相等，每个为 1 美元，答案是肯定的：所生产的苹果和橙子的总量和总价值相等，为 30 亿美元。由于不同产品和服务的价格相等极为罕见，我们使用国民收入核算，它对产品或服务的经济价值的计算基于其市场价值，也就是其售价。为了计算经济中产出的价值，你用每种产品和服务的当期市场价格衡量其价值，然后把结果加总起来。在苹果和橙子的这个例子中，GDP 的计算如下：

GDP＝苹果的价格×苹果的数量＋橙子的价格×橙子的数量

如果苹果和橙子的售价为 1 美元，那么苹果和橙子的总产出在两种情况下确实是相等的，为 30 亿（＝20 亿×1＋10 亿×1＝10 亿×1＋20 亿×1）美元。但是，如果苹果的售价为 50 美分，橙子的售价为 2 美元，那么苹果和橙子的总产出在两种情况下就不相等。在第一种情况下，总产出为 30 亿（＝20 亿×0.50＋10 亿×2）美元，而在第二种情况下为 45 亿（＝10 亿×0.50＋20 亿×2）美元。

非市场化的产品和服务。 遗憾的是，并不是经济中生产的所有产品和服务都在市场上出售从而存在一个市场价格，这给国民收入核算中精确计算 GDP 带来了不便。这些非市场化的产品和服务必然有一些没有被纳入 GDP 测度。如果家庭内部或由朋友提供的许多家庭服务——打扫卫生、做饭、照顾小孩——易于测度的话，那么这些家庭服务就会被纳入 GDP。

地下经济。 地下经济生产的非市场化产品和服务也没有被计入 GDP。在**地下经济**（underground economy）中，产品和服务的生产被隐藏起来以便不让政府发现，或者是因为本身非法（毒品或卖淫），或者是因为生产这些产品和服务的人想逃避所得税（例如收取现金并在纳税时不予申报的木匠）。在一些国家，地下经济（有时也被称为黑市经济）规模很大；它占整个经济的百分比在不同国家间差异很大。意大利是富裕国家中的一个例子，它因逃税而臭名昭著，因此相较于其他国家而言，该国 GDP 可能因其规模庞大的地下经济而被低估。

非市场化的产品和服务的估算价值。 许多其他非市场化的产品和服务虽然缺少市场价格，但通过确定一个估算价值被计入 GDP。**估算价值**（imputed value）是对不在市场上销售的产品或服务的价格的估算。例如，GDP 的一个重要组成部分是住房服务。当你租同事的公寓时，存在一个你支付的市场价格，因此易于包含在 GDP 中。但是，如果你自己拥有公寓呢？就像租户一样，住房业主获得住房服务。为了计算这些服务的价值，商务部——计算 GDP 的部门——假设住房业主实际上给自己支付租金。住房业主的估算价值就是市场上可比住房的租赁价格。

非市场化产品和服务的存在表明 GDP 是经济中生产的产出的一个不完美的测度。政府提供的产品和服务是不在市场交易的 GDP 的一个特别庞大的组成部分，如国防、警察、消防和教育。标准的做法是按这些产品和服务的提供成本来计算其价值。例如，开具交通罚单的警官的估算价值就是他执行交通任务时被支付的工资。

▢ 最终产品和服务

产品和服务的生产通常是分阶段的。我们把产品和服务分成两种类型：**中间产品和服务**（intermediate goods and services）在生产阶段完全耗尽了，而**最终产品和服务**（final goods and services）是生产过程的终端产品。

举例来说，假定英特尔生产了价值 400 美元的微处理器，这些微处理器被用于 Mac 的生产，苹果公司销售 Mac 的价格为 1 500 美元，将 Mac 运送到你购买 Mac 的电脑商店的成本是 50 美元。400 美元的微处理器是中间产品，50 美元的运送服务是中间服务，1 500 美元的 Mac 是最终产品。将所有这些产品和服务都包括在 GDP 中合理吗？不合理。我们仅仅将 1 500 美元的最终产品 Mac 包括在 GDP 中。否则，由于生产 Mac 所使用的中间产品和服务的成本已经被包括在最终产品的价格中，会出现重复计算。也就是说，GDP 应该只包括最终产品和服务的市场价值。

增加值技巧和 GDP。计算经济中生产的所有最终产品和服务的价值的一种重要的技巧是使用增加值。**增加值**（value added）是指企业产出的价值减去企业购买的中间产品的价值。通过加总每家企业的增加值，我们得到了所生产的产品和服务的最终价值。在我们的 Mac 例子中，微处理器生产商的增加值是 400 美元而运输企业的增加值是 50 美元（假定它没有使用任何中间产品）。苹果公司的增加值是 Mac 的最终价格减去中间产品的成本，即 1 500 美元减去 400 美元的微处理器成本和 50 美元的运输成本，也就是 1 050 美元。每家企业的增加值之和——（1 050＋400＋50）美元——是 1 500 美元，和最终产品 Mac 的价值相等。现在想象将经济中所有增加值加总在一起得到经济中最终产品和服务的总价值。这一方法可能包括经济中所有最终产品和服务，但适当地排除了中间产品和服务。

资本品和 GDP。关于何时将产品归类为中间产品或最终产品，存在一些微妙之处。假定一个机器人被制造出来用于安装新汽车的挡风玻璃。它是一种中间产品还是最终产品？尽管机器人被用于帮助生产新汽车，但在生产新汽车的过程中它并不会被耗尽，而会在很多年里继续安装挡风玻璃。机器人是一种**资本品**（capital good），即在当期生产出来的用于其他产品生产的产品，并且在其他产品的生产阶段不会被耗尽。我们将新资本品归类为最终产品，从而包括在 GDP 中，这是因为资本品没有被包含在生产其他最终产品的支出中，但其生产无疑是经济活动的一部分。

存货投资和 GDP。存货（inventory）——企业持有的原料、半成品以及未出售的制成品——是另一种类型的当期未被耗尽的产品。在给定时期（比如说一年）里存货的变动被称为**存货投资**（inventory investment）。出于与将资本品包括在 GDP 中相同的原因，我们将存货投资包括在 GDP 中：存货水平的增加意味着经济活动的增加。例如，假定年初时苹果公司手头有价值 10 亿美元的微处理器和 10 亿美元的 Mac 计算机成品，加在一起是 20 亿美元的存货。年终时，它的库存有价值 15 亿美元的微处理器和 15 亿美元的 Mac 计算机成品。其存货水平从 20 亿美元增加到 30 亿美元，增加了 10 亿美元。这增加的 10 亿美元存货是该年的存货投资，我们把它计入 GDP。

☐ 新生产的产品和服务

GDP 应该只包括当期新生产的产品和服务；它排除了以前时期生产的产品和服务。如果你从一家旧车店买了一辆用了 3 年的旧车，汽车生产并没有增加：旧车的成本没有被包括在 GDP 中。在原来的车主购买这辆车（新车）时，该车已经计入 GDP 了。可是，卖这辆旧车给你的汽车经销商所提供的服务的价值被包括在 GDP 中。

☐ 固定时期

我们计算一个固定时期（如一个季度或一年）的 GDP。例如，2014 年的 GDP 告诉我们 2014 年生产的最终产品和服务的价值。GDP 是一个**流量**（flow），即每单位时间内的数量，而不是一个**存量**（stock），即某一给定时点的数量。注意存量概念不应与普通股（如一股 IBM 的股票）这一术语相混淆。存量与流量的概念在经济学中至关重要，这在参考资料"存量与流量"中进行了讨论。

尽管从本节的讨论中我们看到衡量 GDP 的技术困难很严重，但是正如下面的政策与实践案例所表明的，存在一个更深层次的问题：GDP 是否为经济运行提供了一个合适的测度？

GDP 能买到幸福吗

在最富裕国家名单的靠前位置，不会出现不丹这个国家。但是，1972 年不丹国王宣称，如果不是用国内生产总值而是用纳入了诸如精神和文化等因素的"国民幸福总值"（gross national happiness）来衡量，不丹这个南亚的弹丸小国的排名会高得多。当时，他的想法在大多数经济学家听来很滑稽。但是，这么多年过去了，许多政府开始承认，GDP 是一个虽然很有用但不适当的福利衡量指标。

从 1990 年开始，联合国根据一种被称为人类发展指数的指标来对各国进行排名。这一指数是预期寿命、识字率、入学率和 GDP 的联合。根据这一指标，2012 年美国排名第 3 位，排在挪威和澳大利亚之后，而这两个国家的人均 GDP 比美国都要低（不丹排在第 140 位）。2008 年，由诺贝尔经济学奖得主约瑟夫·斯蒂格利茨（Joseph Stiglitz）领导的一个法国经济委员会号召对 GDP 进行重大修订和建立新一代的国家统计量来衡量诸如政治自由、人身安全、工作和生活的平衡等因素。这一提议被经济合作与发展组织（OECD，一个由世界上最富裕的国家组成的机构）接受了。尽管有了这些努力，人均 GDP 仍然是被最广泛接受的国家福利的衡量指标。

▶ 参考资料　　　　　　　　　存量与流量

我们在本书中将讨论许多宏观经济变量，其中有些是存量，有些是流量。在我们学习宏观经济学时，理解两者的差别对避免混淆是至关重要的。

为了看出存量和流量的差别，考虑如图 2-1 所示的浴盆这一经典例子。存量和流量显然是相关的：存量常常是流量随着时间的积累。如果水龙头打开半小时，流量是每分钟 1 加仑且浴盆一开始是空的，那么浴盆中的水的存量将是 30 加仑，即 30 分钟×1 加仑/分钟。本章我们讨论的最重要的流量变量是 GDP，它总被认为是每年或每季度生产的数量。下面是一些相关的存量和流量的例子：存货投资是流量，它的积累是存货的存量；储蓄是流量，它的积累是人的财富；固定投资是流量，它的积累是经济的资本存量。

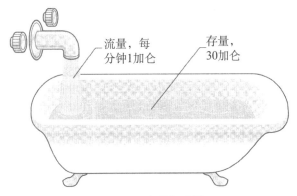

流量，每分钟 1 加仑　　　存量，30 加仑

图 2-1　存量与流量

水龙头中流出来的水的数量是流量（每分钟 1 加仑），而浴盆中水的数量是存量（30 加仑）。

衡量 GDP：支出法

我们现在转向计算 GDP 的第二种方法：在**支出法**（expenditure approach）中，GDP 是经济在当期生产的最终产品和服务上的总花费。支出法使得我们能够得到关于支出的不同组成部分的信息，这些不同组成部分加总起来就是 GDP。国民收入账户把支出分成四种基本类型：消费支出、投资、政府购买（支出）和净出口。我们将逐一讨论每种类型的支出。在**国民收入恒等式**（national income identity）中，国民收入账户把这四种类型的支出加总得到 GDP：

$$Y = C + I + G + NX \tag{2}$$

其中，$Y =$ GDP $=$ 总生产（产出）；$C =$ 消费支出；$I =$ 投资；$G =$ 政府对产品和服务的购买；$NX =$ 净出口 $=$ 出口$-$进口。

方程（2）是宏观经济学最基本的方程之一，我们将在本书很多地方用到它。表 2-1 给出了美国经济的这四个组成部分和一些子组成部分的 2012 年年度数据。

表 2-1	2012 年 GDP 及其组成部分	
	单位：10 亿美元	占 GDP 的百分比（%）
个人消费支出（C）	**11 286**	**68.7**
耐用消费品	1 231	7.5
非耐用品	2 595	15.8
服务	7 459	45.4
投资（I）	**2 500**	**15.2**
固定投资	2 018	12.3
存货投资	13	0.14
住房投资	469	2.9
政府购买（G）	**3 151**	**19.2**
联邦政府	1 275	7.8
州政府和地方政府	1 875	11.4
净出口（NX）	**−516**	**−3.1**
出口	2 214	13.5
进口	2 730	16.6
总计＝GDP（Y）	**16 420**	**100.0**

注：由于四舍五入，各个数字加起来可能不等于总计。

资料来源：Bureau of Economic Analysis, Table 1.1.5. www.bea.gov/national/nipaweb/SelectTable.asp? Selected=Y.

☐ 消费支出

消费支出（consumption expenditure）也称为**个人消费支出**（personal consumption expenditure）和**消费**（consumption），它是在当期生产的消费者产品和服务上的总支出。消费支出是 GDP 的最大组成部分，2012 年占到了 GDP 的 68.7%（见表 2-1）。我

们把它分成三种基本类型：

1. 耐用消费品，即消费者购买的能够持续使用很长时间的产品，如汽车、电子产品和家用电器。

2. 非耐用品，即寿命短暂的消费品，如食物、住房服务（但不是购买住房，那是投资的一部分）、汽油和衣服。

3. 服务，即消费者购买的个体和企业为消费者所做的工作，如理发、教育、保健、坐飞机和金融服务。

▢ 投资

投资（investment）是在用于未来一段时间内生产产品和服务的当期生产的资本品上的支出。2012 年投资占 GDP 的 15.2%。我们把它分成三种基本类型：

1. 固定投资，也称企业固定投资，是企业在设备（如机器、计算机、家具和卡车）和建筑物（如工厂、商店和仓库）上的支出。

2. 存货投资，即企业持有的存货的变动。如果存货增加，存货投资为正；但如果存货减少，存货投资就为负。

3. 住房投资，即家庭对新住房和公寓的购买。（我们不把已有住房的购买纳入 GDP，因为它们是在早些时候生产的。）住房和公寓是家庭的资本品，因为住房提供了未来一段时期内的一项服务（头上的屋顶）。确实，对我们大多数人来说，住房是我们一生中购买的最重要的东西。

▶ **参考资料**　　　　　**词汇"投资"的含义**

经济学家对"投资"这个词汇的使用和其他人有些差异。当经济学家以外的人说他们在投资时，他们通常是指购买普通股票或债券，这些购买并不必然涉及新生产的产品和服务。但是，当经济学家说到投资支出时，他们是指购买诸如新机器或新住房等实物资产，这些购买要加入 GDP 中。

▢ 政府购买

政府购买（government purchases）是联邦政府、州政府和地方政府在当期生产的产品和服务上的支出。2012 年政府购买占 GDP 的 19.2%。尽管大部分媒体的注意力集中在联邦政府的支出上，但是正如你在表 2-1 中能够看到的，州政府和地方政府的支出比联邦政府要多。

政府消费与政府投资。出现在 GDP 中的政府购买包括对产品（高速公路、军事设施和计算机）和服务（国家公园的护林员、治安、卫生保健和教育）的购买。我们把卫生保健和治安等寿命短暂的产品和服务的政府购买称为**政府消费**（government consumption），而把在建筑物和计算机等资本品上的支出称为**政府投资**（government investment）。

转移支付和 GDP。政府对社会保障、医疗和失业保险津贴等的支付是从社会的一部分（健康的劳动者）向另一部分（老年人、病人和失业者）的**转移支付**（transfer）。由于这些支付并不用来交换产品与服务，它们不计入政府购买 G 和 GDP 中。政府债务支付的利息也不用来交换产品与服务，因此我们将它们从政府购买 G 和 GDP 中排除。

□ 净出口

净出口（net export）等于出口减去进口，也就是说，出口的（卖到其他国家的）当期生产的产品和服务的价值减去进口的（从国外购买的）产品和服务的价值。明白为什么出口应该被包括在 GDP 中是很容易的。但是为什么我们必须减去进口才能正确衡量 GDP 呢？答案是，在进口品上的支出被包括在了消费支出、投资和政府购买中，但进口品不是在美国生产的。[①]

近些年的净出口是负的，2012 年为 GDP 的 -3.1%，这是因为美国公民购买的外国产品和服务比外国人购买的美国产品和服务要多。例如，2012 年出口为 GDP 的 13.5%，进口为 GDP 的 16.6%，前者比后者低很多。我们也把净出口称为**贸易余额**（trade balance）；2012 年的负贸易余额在媒体中常常被表述成美国有着庞大的贸易赤字。

□ GDP 支出组成部分随时间的变动

图 2-2 显示了不同的支出组成部分占 GDP 的百分比在过去 63 年间是如何变动的。从图 2-2 可以很明显地看出四个有趣的事实。

1. 美国消费支出占 GDP 的份额从 1970 年到 2013 年稳步上升，从占 GDP 的 63% 上升到接近 70%。为什么消费支出份额显示出这种正的趋势是宏观经济学家寻求解释的问题之一，我们在第 18 章将会回到这个问题。

2. 投资比 GDP 的其他组成部分的波动要大得多。我们将在第 19 章对此进行解释。由于投资的高度波动性，即使投资相对于 GDP 的平均规模仅为消费支出的 1/3，它在解释经济活动的波动时所起的作用仍然很大。

3. 尽管有人宣称政府规模扩大了，但是政府购买在过去 63 年间实际上保持得相当稳定，占 GDP 的 20% 左右。不包括在政府购买中的转移支付相对于政府购买在增长，这给了我们政府规模扩大了的印象。

4. 在大多数年份里，美国的净出口为负，存在贸易赤字。就在几年前，贸易赤字爬升到了超过 GDP 的 5%。

正如标题为"支出组成部分的国际比较"的参考资料所表明的，不同国家的 GDP 组成部分的规模各不相同。

---

① 明白为什么进口品必须从出口中减掉从而将净出口作为 GDP 的一个组成部分还有另一种方式：注意到国内产出等于在国内生产的（用下标 d 标记）产品上的消费、投资和政府购买加上外国对国内生产的产品的支出（即出口，EX）：

$$Y = C_d + I_d + G_d + EX$$

总消费支出、投资和政府购买还有另外一个组成部分：外国生产的产品，即进口品（用下标 im 表示），因此把这些项加上然后再减去它们意味着我们可以将 GDP 重写为如下形式：

$$Y = (C_d + C_{im}) + (I_d + I_{im}) + (G_d + G_{im}) + EX - (C_{im} + I_{im} + G_{im})$$

接下来，由于我们可以将总消费支出、投资和政府购买写成 $C = C_d + C_{im}$，$I = I_d + I_{im}$，$G = G_d + G_{im}$，而总进口是 $IM = C_{im} + I_{im} + G_{im}$，因此，进行替换后我们可以写成：

$$Y = C + I + G + EX - IM$$

由于净出口等于出口减去进口（即 $NX = EX - IM$），因此我们可以把上式重写为：

$$Y = C + I + G + NX$$

宏观经济学：政策与实践（第二版）

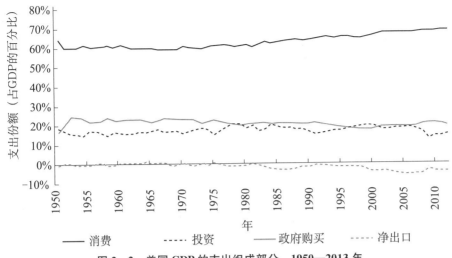

图 2-2 美国 GDP 的支出组成部分，1950—2013 年

在过去 63 年间，美国消费支出占 GDP 的份额稳步上升，投资比 GDP 的其他组成部分的波动要大得多。政府购买在过去 63 年间保持得相当稳定，占 GDP 的 20％左右，而净出口在零左右或为负，贸易赤字随着时间的推移在恶化。

资料来源：Federal Reserve Bank of St. Louis，FRED Database. http：//research. stlouisfed. org/fred2/.

▶ **参考资料**　　　　　　**支出组成部分的国际比较**

如图 2-3 所示，其他国家的消费、投资、政府购买和净出口占 GDP 的份额与美国很不相同。美国与图中所有其他国家的差异在于：消费的份额最高，投资的份额低，净出口的份额为负。中国的引人注目之处在于：消费的份额最低和投资的份额最高。

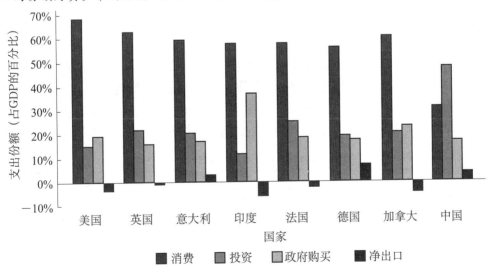

图 2-3 不同国家的支出组成部分的份额

美国与所有其他国家的差异在于：消费的份额最高，投资的份额低，净出口的份额为负。中国有着最低的消费份额和最高的投资份额。

资料来源：经济发展与合作组织（OECD），中国的数据来自国家统计局的估计。数据是 2010 年度的。

衡量 GDP：收入法

衡量 GDP 的第三种方法，**收入法**（income approach），涉及加总经济中的家庭和企业收到的所有收入，包括利润和政府税收。

□ 收入的类型

表 2-2 显示了 2012 年美国收入的主要类型。我们将依次讨论每种主要类型。

1. 雇员报酬，包括雇员（不包括自雇人员）的工资和薪金及福利津贴，福利津贴包括健康险和养老金。如表 2-2 所示，雇员报酬是最大的收入种类，2012 年占 GDP 的 53.2％。尽管工资和薪金占 GDP 的比例在下降，但是由于工资和薪金下降的份额被雇员福利津贴的增加抵消了，雇员报酬占 GDP 的比例随着时间的推移几乎保持不变。

2. 其他收入，包括自雇人员的收入、个人从出租财产收到的收入（包括书和音乐的版权收入）以及个人从企业和外国得到的净利息（利息收入减去他们支付的利息）。此外，其他收入这一类别还包括销售税这样的间接企业税，这是因为这些税收需要被加到企业的净收入中以得到其总收入。2012 年其他收入占 GDP 的 20.4％。

3. 公司利润，由公司的利润组成。2012 年它占 GDP 的 12.4％。

4. 折旧，是指资本因磨损或因过时而报废带来的价值损失。为了得到企业的净收入，需要减去折旧，因此为了计算总收入，我们不得不把它加回到 GDP。如果我们不把折旧加回到 GDP，那么我们把该测度称为**国内生产净值**（net domestic product）。2012 年折旧占 GDP 的 15.6％。

5. 净要素收入，等于外国人付给美国居民的工资、利润和租金（被称为要素收入）减去美国居民付给外国人的要素收入。当美国居民从国外得到的要素收入高于他们付出去的数量时，他们的总收入上升。净要素收入通常很小。2012 年，它为 GDP 的－1.6％，表明美国居民从外国人那里收到的收入少于他们付给外国人的收入，从而对 GDP 的贡献为负。

表 2-2	2012 年 GDP 的收入法计算	
	单位：10 亿美元	占 GDP 的百分比（%）
雇员报酬	8 787	53.2
其他收入	3 370	20.4
公司利润	2 047	12.4
总计＝国民收入	**14 204**	**86.0**
折旧	2 575	15.6
总计＝国民生产总值（GNP）	**16 779**	**101.6**
净要素收入	－257.0	－1.6
总计＝国内生产总值（GDP）	**16 420**	**100.0**

注：由于统计出入被忽略了，数字加起来可能不等于总计。

资料来源：Bureau of Economic Analysis, Table 1.12 and 1.7.5. www. bea. gov/national/nipaweb/SelectTable. asp? Selected＝Y.

□ 收入衡量指标

通过加总表 2-2 中不同的项目，我们得到国民收入账户中报告的几个收入衡量指标。我们将前三项加总得到**国民收入**（national income）。然后再加上折旧得到**国民生产总值**（gross national product，GNP），它衡量了美国居民赚到的总收入。[①]可是，这一收入的一部分并非在国内生产，而是从国外的生产中赚取的工资、租金和利润。为了得到国内生产的总产品的衡量指标，即国内生产总值（GDP），我们不得不把净要素收入（为负）加入国民生产总值（GNP）中，如表 2-2 所示。2012 年美国的 GDP 是 16.4 万亿美元。

私人可支配收入，即私人部门拥有的可供支出的收入数量，是另一个重要的收入衡量指标，它是私人部门支出水平的关键决定因素。**私人可支配收入**（private disposable income）等于私人部门收到的收入加上政府向私人部门的支付再减去付给政府的税收。更精确地说，

$$私人可支配收入＝GDP ＋ 净要素收入 ＋ 从政府收到的转移支付$$
$$＋ 政府债券支付的利息－税收 \qquad (3)$$

政府也有可供支出的可支配收入，即**政府收入净额**（net government income），它可以表示为：

$$政府收入净额＝税收－转移支付－政府债券支付的利息 \qquad (4)$$

把方程（3）和（4）加在一起，我们看到私人可支配收入加上政府收入净额等于 GDP 加上从外国人那里获得的净要素收入，即国民生产总值（GNP）。

实际 GDP 与名义 GDP

现在我们已经确定了宏观经济学家如何决定 GDP 的规则，让我们考察如何运用这一数据进行分析。细化 GDP 数据涉及将经济活动的变动与价格的变动分离开来。

□ 名义变量

到目前为止，我们讨论的所有的收入、支出和生产变量都是按当期市场（名义）价格来衡量的，称为**名义变量**（nominal variable）。市场价格使我们能够加总不同的产品和服务以得到 GDP 的测度，更精确地说应该称为**名义 GDP**（nominal GDP）。可是，诸如名义 GDP 等名义变量有一个巨大的缺点：它们没有告诉我们在价格随着时间变动的情况下经济活动在发生什么变化。例如，如果经济中所有产品和服务的价格都翻倍，那么，名义 GDP 也会翻倍，但实际生产的产品数量及经济活动将保持不变。当你看到名义 GDP 增加时，它可能是由于产品和服务的数量在上升，也可能是由于产品和服务的

[①] 由于统计出入项目通常很小，我们忽略了统计出入，即基于生产的 GDP 测度和基于收入的 GDP 测度之差。2012 年的统计出入是 1 017 亿美元，占 GDP 的 0.6%。

价格在上升，或者两者同时上升。

□ 实际变量

用实际产品和服务的数量来表示的经济变量的一种测度被称为**实际变量**（real variable）。告诉我们经济活动随着时间如何变动的 GDP 测度是实际 GDP，它是用不变价格而非当期价格计算的所生产的产品和服务的价值，而名义 GDP 则是用当期价格计算的。换句话说，实际 GDP 是对经济中价格的平均水平——即**价格水平**（price level）——的变动进行了调整的 GDP 测度。实际 GDP 告诉我们经济中生产的产出（实际的产品和服务）的总量。我们可以将实际 GDP 和名义 GDP 之间的关系写成如下方程：

$$实际 GDP = \frac{名义\ GDP}{价格水平} \tag{5}$$

或

$$名义\ GDP = 价格水平 \times 实际\ GDP \tag{6}$$

为了计算 2014 年的实际 GDP，让我们回到只生产苹果和橙子的经济的例子。我们可以把所有的价格设定为它们在被称为基年的某一给定年份（如 2005 年）的值来计算 GDP：

2014 年的实际 GDP = 2005 年苹果的价格 × 2014 年苹果的数量

+ 2005 年橙子的价格 × 2014 年橙子的数量

如果 2005 年苹果的售价为 50 美分和橙子的售价为 2 美元，2014 年每种水果的产量为 10 亿个，那么实际 GDP 的计算如下：

2014 年的实际 GDP = 0.50 美元 × 10 亿 + 2 美元 × 10 亿 = 25 亿美元

如果 2015 年苹果的产量上升到 20 亿个，橙子的产量上升到 15 亿个，那么 2015 年的实际 GDP 的计算如下：

2015 年的实际 GDP = 2005 年苹果的价格 × 2015 年苹果的数量

+ 2005 年橙子的价格 × 2015 年橙子的数量

= 0.50 美元 × 20 亿 + 2 美元 × 15 亿 = 40 亿美元

由于我们在这些计算中把价格固定为它们的基年值，我们看到只有在生产的产品和服务的数量变动时实际 GDP 才会变动。如果 GDP 的某种测度是经济活动的精确衡量的话，这一关系正是我们所想要的：实际 GDP 的变动提供了关于经济福利是否改善的信息，而名义 GDP 通常则没有提供这一信息。经济学家按照基年价格来表述实际 GDP。例如，我们会说，2015 年的实际 GDP 按 2005 年不变价格计算为 40 亿美元。

如果你只是查看关于 GDP 的原始数据，你可能会得到每年冬天经济进入衰退这样一个结论，因为在寒冷和下雪的月份里实际生产的产出倾向于下降。为了得到一个更加清晰的评价，经济统计量都是经过**季节性调整**（seasonally adjusted）的，这意味着经济学家运用高级统计技术调整数据以剔除通常的季节性波动。

□ 实际 GDP 的连锁加权衡量

如果一些重要产品的价格相对于其他产品的价格大幅变动，那么在计算实际 GDP

时价格选取固定的一年作为基年会得到具有误导性的结果。例如，在 2005—2011 年间，电脑的价格下降得比其他产品快得多。如果把 2005 年作为基年，那么相对于把更近的一年作为基年来说，电脑在实际 GDP 计算中的权重就太大了。1996 年，经济分析局决定解决这个问题，其解决办法是使用实际 GDP 的**连锁加权衡量**（chain-weighted measures）。在这种方法中，基年连续地变动。这意味着实际 GDP 一年间——例如，从 2014 年到 2015 年——的百分比变动是用 2014—2015 年期间产品和服务的平均价格来计算的，也就是说，基年是 2014—2015 年的平均。然后，对于 2015—2016 年这一时期，实际 GDP 的变动是用 2015—2016 年的平均作为基年来计算的。通过这种方式，计算每一年的实际 GDP 变动所使用的基年都往前推一年。在计算出这些增长率之后，我们把它们"连"在一起——也就是说，每年实际 GDP 水平以这样计算出来的增长率增长，以便任何两个时期的实际 GDP 水平可以相互比较。本质上，这一过程每年都更新了产品和服务的相对价格，以便它们的价格不会太过时。[①]

衡量通货膨胀

通货膨胀是我们在第 1 章介绍的主题之一，它是宏观经济学家研究的最重要的变量之一。衡量通货膨胀涉及价格水平的不同衡量指标，我们称之为**价格指数**（price index）。我们首先来看 GDP 平减指数，这是因为从我们计算的实际 GDP 就可以直接得到它。我们接下来讨论个人消费支出（PCE）平减指数和居民消费价格指数，后者是媒体报道中应用最广泛的价格指数。

☐ GDP 平减指数

注意方程（5）或方程（6），我们可以把价格水平写成名义 GDP 和实际 GDP 之比：

$$价格水平 = \frac{名义\ GDP}{实际\ GDP} \tag{7}$$

名义 GDP 与实际 GDP 之比被称为 **GDP 平减指数**（GDP deflator），又称 **GDP 隐性价格平减指数**（implicit price deflator for GDP）。名字"平减指数"源于这样一个事实：这一衡量指标平减名义 GDP 以得到实际 GDP，正如我们在方程（7）中看到的那样。

GDP 平减指数的计算总是使其在基年的值等于 100。因此，我们这样计算某一给定年份的 GDP 平减指数：

$$年份\ y\ 的\ GDP\ 平减指数 = 100 \times \frac{年份\ y\ 的名义\ GDP}{年份\ y\ 的实际\ GDP} \tag{8}$$

例如，如果 2015 年的名义 GDP 为 15 万亿美元，以 2005 年不变美元表示的 2015 年

---

① 对于名义 GDP 和 1996 年前计算实际 GDP 的程序，国民收入恒等式 $Y = C + I + G + NX$ 成立。但是，连锁加权实际 GDP 的组成部分实际值加起来并不确切等于实际 GDP。如果你对查看这些 GDP 组成部分的份额感兴趣，那么你应该用名义值进行计算。如果你对每种类型支出的经济活动如何增长感兴趣，那么你应该查看实际的连锁加权衡量。

实际 GDP 为 12 万亿美元，那么，若以 2005 年为基年，2015 年的 GDP 平减指数为 $100\times$（15 万亿美元/12 万亿美元）$=125$，这意味着用 GDP 平减指数衡量的价格水平从 2005 年到 2015 年上升了 25％。

□ PCE 平减指数

另一个广泛采用的（特别是被美联储采用的）价格水平衡量指标是**个人消费支出平减指数**〔personal consumption expenditure（PCE）deflator〕，其计算方法与 GDP 平减指数一样，只不过是对 GDP 的个人消费支出组成部分进行计算。

$$\text{年份 } y \text{ 的 PCE 平减指数} = 100 \times \frac{\text{年份 } y \text{ 的名义 PCE}}{\text{年份 } y \text{ 的实际 PCE}} \tag{9}$$

由于个人消费支出（PCE）是基于消费品价格的，它与我们下面要讨论的居民消费价格指数所衡量的东西更为接近。

□ 居民消费价格指数

居民消费价格指数（consumer price index，CPI）是消费者产品和服务平均价格的一种测度。把它想成是一种生活成本指数。劳工统计局（美国劳工部的一个部门）每月计算 CPI。与此相对，GDP 平减指数由经济分析局每个季度计算一次，而 PCE 平减指数由同一组织每月计算一次。

决定产品篮子。劳工统计局搜集成千上万种产品和服务的价格。它怎么把所有这些价格进行平均以得到一个价格指数呢？由于有些产品和服务的价格对消费者的预算比其他产品和服务重要得多，因此简单的平均是不准确的。例如，一个典型消费者花在汽油上的支出比在苹果等物品上的支出要多得多。解决方案是，劳工统计局通过支出调查决定人们实际上购买哪些产品和服务，然后编选一个典型城市消费者购买的"产品篮子"。例如，劳工统计局可能确定一个典型城市消费者每周购买 10 加仑汽油和 2 个苹果。它把每一个数量乘以每一个当期价格，然后将其与用基年价格计算的值相比较。根据定义，基年的指数值为 100。

计算 CPI。为了说明问题，假定典型消费者的产品篮子由 10 加仑汽油和 2 个苹果组成。以 2005 年为基年，2014 年的 CPI 的计算方法如下：

$$2014 \text{ 年的 CPI} = 100 \times \frac{10 \times 2014 \text{ 年每加仑汽油的价格} + 2 \times 2014 \text{ 年每个苹果的价格}}{10 \times 2005 \text{ 年每加仑汽油的价格} + 2 \times 2005 \text{ 年每个苹果的价格}}$$

尽管居民消费价格指数吸引了媒体的很多注意力，但是它可能严重高估了生活成本，这产生了重要的政策启示。

政策与实践

政策和生活成本的高估

大多数劳动合同用到 CPI，一些政府支付——如社会保障津贴——的决定也用到 CPI。CPI 中的重大测量误差可能有着重要的政策启示，特别是在 CPI 的增加高估了生活成本的增加的情况下。考虑如下三种情形：

1. 假定政府按照 CPI 来指数化其支付，以便支付以与 CPI 相同的百分比自动上升。如果 CPI 的增加高估了生活成本的增加，那么可能会有大量的过多支付。

2. 如果 CPI 通货膨胀率高估了真实的通货膨胀率，那么政策制定者采取的旨在降低 CPI 通货膨胀率的措施可能超出需要，比如说，通过提高利率过度收紧货币政策。

3. 如果 CPI 高估了生活成本的增加，那么家庭的实际收入就会被低估。CPI 所表明的家庭状况差于实际情况，这可能导致诸如通过税收体系进行收入再分配等政策行动。

在 1995 年，由斯坦福大学的迈克尔·波斯金（Michael Boskin）领导的一个政府委员会研究了 CPI 通货膨胀衡量指标的精确性。该委员会 1996 年的报告得出的结论是，CPI 的增加高估了生活成本的增加，其量级为 1 个百分点，可能会更高一点。怎么会这样呢？第一，对于突然变得昂贵的产品，消费者能够找到替代品。第二，价格的增加常常反映了产品质量的提高，而 CPI 常常忽略了这一事实。第三，新产品的出现能够改善消费者的选择和降低生活成本，而这在 CPI 中也没有反映出来。例如，在 20 世纪 80 年代，一个六口之家可能需要买两辆车。随着面包车的出现，这样一个家庭就可以只买一辆车，其支出就可以减少。

作为对波斯金委员会的发现的反应，劳工统计局改变了它构建 CPI 的方式以降低替代偏差和质量调整偏差。不过，研究者仍然认为 CPI 通货膨胀率存在偏差，估计其量级为每年 0.5~1 个百分点。[①]

通货膨胀率

我们将通货膨胀率精确定义为一段特定时期内价格水平变动的百分比。我们将它写成如下形式：

$$\pi_t = \frac{P_t - P_{t-1}}{P_{t-1}} = \frac{\Delta P_t}{P_{t-1}} \tag{10}$$

其中，π_t=时期 t 的通货膨胀率；P_t=t 时的价格水平；P_{t-1}=$t-1$ 时的价格水平。

如果价格水平——无论我们用 GDP 平减指数、PCE 平减指数和 CPI 中的哪一个价格指数来衡量——在一年间从 100 上升到 102，那么通货膨胀率是 2%［=（102－100）/100=0.02］。如果下一年价格水平上升到 103，那么该年的通货膨胀率是 1%［=（103－102）/102=0.01］。

图 2-4 显示了美国 1950—2013 年期间的通货膨胀率，正如该图所示，不同的价格指数有时候的确会导致不同的通货膨胀率。不过，运用这些不同测度计算的通货膨胀率的运动的确相当接近并告诉了我们相似的故事：在 20 世纪 70 年代和 80 年代初，通货膨胀率急剧上升，后来情况出现了逆转。

---

① David Lebow and Jeremy Rudd, "Measurement Error in the Consumer Price Index: Where Do We Stand?" *Journal of Economic Literature* (March 2003): 159-201; Robert J. Gordon, "The Boskin Commission Report: A Retrospective One Decade Later," NBER Working Paper No. 12311, June 2006.

图 2 – 4　用不同价格指数计算的美国的通货膨胀率，1950—2013 年

GDP 平减指数、PCE 平减指数和 CPI 有时候的确会导致不同的通货膨胀率。不过，运用这些不同测度计算的通货膨胀率的运动的确相当接近并告诉了我们相似的故事：在 20 世纪 70 年代和 80 年代初，通货膨胀率急剧上升，从 20 世纪 80 年代末开始出现下行趋势。

资料来源：Federal Reserve Bank of St. Louis，FRED Database. http：//research. stlouisfed. org/fred2/.

□ 百分比变动方法和通货膨胀率

或者，我们也可以利用如下事实得到通货膨胀率：多个变量的乘积的百分比变动近似等于每个变量的百分比变动之和。对于两个变量的乘积的情况，我们把这一事实写成如下形式：

$$x \times y \text{ 的百分比变动} = x \text{ 的百分比变动} + y \text{ 的百分比变动} \tag{11}$$

将这一事实运用于方程（6）（该方程是说名义 GDP 等于价格水平乘以实际 GDP），我们得到：

名义 GDP 的百分比变动＝价格水平的百分比变动＋实际 GDP 的百分比变动

价格水平的百分比变动是通货膨胀率，而名义 GDP 和实际 GDP 的百分比变动是这些变量的增长率。结果，我们可以将上一个方程改写为如下形式：

$$\text{名义 GDP 的增长率} = \text{通货膨胀率} + \text{实际 GDP 的增长率} \tag{12}$$

如果实际 GDP 的增长率为 3％，通货膨胀率为 2％，那么名义 GDP 的增长率近似为 5％。或者，通过重新整理方程（12）并从两边减去实际 GDP 的增长率，我们得到：

$$\text{通货膨胀率} = \text{名义 GDP 的增长率} - \text{实际 GDP 的增长率} \tag{13}$$

通过计算名义 GDP 和实际 GDP 的增长率，我们能够确定根据 GDP 平减指数计算的通货膨胀率。在前面的例子中，我们用 5％的名义 GDP 的增长率减去 3％的实际 GDP 的增长率就得到了通货膨胀率为 2％。

宏观经济学：政策与实践（第二版）

衡量失业

失业率是受到最密切跟踪的经济统计量之一，这是因为它表明了劳动市场的状况以及经济对其资源——在这个例子中是指劳动——利用的程度。

失业率（或平民失业率）是平民人口（不包括部队服役人员和囚徒）中想工作却没有岗位从而处于失业状态的人所占的百分比。劳工统计局每月从对大约 6 万个家庭的调查中计算失业率（参见新闻中的宏观经济学专栏"失业与就业"）。该调查把每个成年人（16 岁及以上）归为如下三种类型之一：

1. 就业者：如果一个人在过去的一周内正在工作（无论是全职还是兼职），或者只是由于疾病、假期而临时缺勤或由于坏天气而无法去上班，那么该人就被归入此类。

2. 失业者：如果一个人在过去的一周没有工作，但在过去的四周内在找工作，或者正在等候回到之前被解雇的岗位，那么该人就被归入此类。

3. 不属于劳动力者：如果一个人在过去的一周没有工作，并且在过去的四周内没有找工作，那么该人就被归入此类。

不属于劳动力者有两种类型。想工作但放弃寻找工作的人被称为**失去信心的工人**（discouraged workers）。另一种类型是自愿离开劳动力大军的人，如全职学生、退休者或选择待在家里（照顾小孩或料理家务）的人。

劳动力（labor force）被定义为：

$$劳动力 = 就业者人数 + 失业者人数 \tag{14}$$

失业率的计算如下：

$$失业率 = \frac{失业者人数}{劳动力} \tag{15}$$

尽管失业率的这种测度是媒体所报告的标准测度，但是衡量失业率远非直截了当。前面所描述的报告失业率的标准方式并没有给出劳动市场状况的完整图景。由于找不到工作而离开劳动力大军的工人没有被算作失业者，即使他们想工作而且明显在受苦。类似地，那些想全职工作但只能找到兼职工作（每周少于 40 小时）的工人则被算作就业者。事实上有理由把这些类型的工人看成失业者。因此，劳工统计局计算了额外的失业衡量指标，在这些指标的计算中，失去信心的工人、准待业工人和兼职工人算作失业者。劳工统计局发现，这一失业率测度（用 U-6 表示）常常比最通常报道的失业率要高很多。例如，2013 年 6 月常规衡量的失业率平均为 7.8%，但更宽泛的 U-6 衡量指标平均为 14.3%，它所描绘的劳动市场状况的图景要可怕得多。

另外两个重要的统计量是**劳动力参与率**（labor-force participation rate），即成年平民人口中劳动力所占百分比：

$$劳动力参与率 = \frac{劳动力}{成年人口} \tag{16}$$

以及**就业比**（employment ratio），即成年平民人口中就业者所占百分比：

$$就业比 = \frac{就业者}{成年人口} \tag{17}$$

图 2-5 的饼状图把 2013 年 6 月的成年平民人口分成了三种类型。根据这些数据，我们能够计算该月的劳动力、失业率、劳动力参与率和就业比。

劳动力 = 1.448 亿 + 0.123 亿 = 1.571 亿

失业率 = 0.123/1.571 = 7.8%

劳动力参与率 = 1.571/2.456 = 64.0%

就业比 = 1.448/2.456 = 59.0%

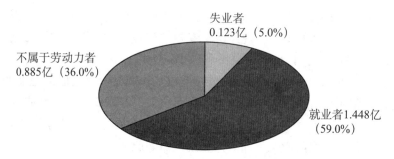

失业者
0.123亿（5.0%）

不属于劳动力者
0.885亿（36.0%）

就业者1.448亿
（59.0%）

图 2-5　2013 年成年平民人口中的失业

本饼状图把 2013 年 6 月的成年平民人口基于就业状态分成了三种类型。

资料来源：Federal Reserve Bank of St. Louis，FRED Database. http：//research. stlouisfed. org/fred2/.

因此，数据告诉我们，64.0% 的人口属于劳动力，59.0% 为就业者，5.0% 为失业者，失业率为 7.8%。正如我们将在第 20 章看到的，过去 50 年间劳动市场发生了巨大的变化，男人的劳动力参与率随着时间在下降而女人的劳动力参与率在上升。

新闻中的宏观经济学

失业与就业

劳工统计局每月发布一个被称为"就业形势"的报告（可在 www.bls.gov/news. release/empsit. nr0. htm 找到），该报告包含关于劳动力、就业和失业率的数据。该报告按照年龄和族裔报告统计量，从而我们能够利用两种不同的调查来计算不同人口部分的失业率。

媒体报告的和前面正文中描述的失业率基于对 6 万个家庭的家庭调查。另一种调查——机构调查——搜集来自大约 15 万个商业机构填写的关于就业、平均小时收入和周收入以及工作时间的问卷。有时这两种调查所描绘的劳动市场状况大相径庭。例如，根据机构调查，2001 年衰退后的一年半时间是一种"失业型复苏"，就业下降了 100 万个岗位。相反，家庭调查表明，同一时期就业增加了超过 100 万个岗位。

为什么这两种调查有时候会给出对劳动市场状况的不同描述呢？第一个原因是，家庭调查计算的是工人而非岗位，而机构调查则正好相反。如果一个工人有两份工作，在机构调查中他会被算两次，但在家庭调查中则不会。第二个原因是，家庭调查把自我雇用算作工作，但机构调查则不会。第三个原因是，机构调查比家庭调查规模更大：它覆

宏观经济学：政策与实践（第二版）

盖了更多的工人。两种调查的结果差异说明，经济统计量永远不是完全准确的，我们在解释它们时必须总是小心谨慎。

衡量利率

利率是宏观经济学家研究的另一重要变量，因此理解如何衡量利率很重要。**利率**（interest rate）是借款的成本，或为租赁资金支付的价格（通常表示成租赁 100 美元每年的租金百分比）。例如，如果你借 100 美元给一个朋友，对方同意一年后还 105 美元——5 美元作为租赁 100 美元的租金而 100 美元作为贷款的偿还，那么利率为 5%。

□ 利率的类型

有许多不同类型的债务证券，其中债券是最重要的。**债券**（bonds）是在一个指定时期中定期提供支付的债务证券。经济中的利率各异，取决于证券的流动性（出售的便利性和快捷性）及其信用风险（关于你是否得到偿还的不确定性）。我们在新闻中的宏观经济学专栏"利率"中描述了你会在报纸上看到的一些最重要的利率。幸运的是，除了在异常时期，大多数利率同步运动，因此我们在本书中通常把所有利率视为等同。因此，我们只讨论一种利率。

新闻中的宏观经济学

利 率

有许多利率受到了媒体的大量关注。最重要的利率如下：

基本利率（prime rate）：贷给优质（信用良好的）借款企业的银行贷款基准利率。它是衡量企业从银行借款的成本的好指标。

联邦基金利率（federal funds rate）：银行间隔夜贷款（由于贷款是各银行在美联储的存款之间的转移，故称之为联邦基金）收取的利率。美联储以这一利率为目标来实施货币政策。

伦敦银行间同业拆借利率（London Inter-Bank Offered Rate，LIBOR）：伦敦的银行提供的银行间贷款的利率。它是衡量国际市场上短期利率动态的好指标。

国库券利率（treasury bill rate）：美国国库券（到期时间不到一年的政府债券）的利率。它是衡量短期利率运动的通用指标。

十年期国债利率（ten-year treasury bond rate）：美国到期时间为十年的国债的利率。它是衡量长期利率运动的通用指标。

联邦住房贷款抵押公司利率（Federal Home Loan Mortgage Corporation rate）：联邦住房贷款抵押公司担保的抵押贷款（常常被称为标准类抵押贷款）的利率。它是衡量住房抵押贷款成本的指标。

诸如《华尔街日报》（*Wall Street Journal*）这样的报纸每天都会报告这些利率。这些序列的历史数据可以参见圣路易斯联邦储备银行的 FRED 数据库（http：//research. stlouisfed. org/fred2/）。

□ 实际利率与名义利率

你在报纸上读到的利率是一种**名义利率**（nominal interest rate），这是因为它没有考虑到通货膨胀。**实际利率**（real interest rate）是贷款人为租赁其货币必须被支付的额外购买力的数量。因此，实际利率是为了精确反映真实的借款成本通过扣除预期的价格水平变动（通货膨胀）而调整了的利率。实际利率的这一定义被更精确地称为事前实际利率，这是因为它是对价格水平的预期变动进行调整。事前实际利率是对经济决策最重要的利率。当经济学家谈及"实际"利率时，往往指的是这种实际利率。对价格水平的实际变动进行调整的利率被称为事后实际利率。它描述贷款人在贷款这一事实之后获得的实际意义上的收益有多大。

费雪方程。费雪方程（Fisher equation）以 20 世纪最伟大的货币经济学家之一欧文·费雪（Irving Fisher）的名字命名，它精确地定义了实际利率。该方程规定，名义利率 i 等于实际利率 r 加上预期通货膨胀率 π^e [①]：

$$i = r + \pi^e \tag{18}$$

重新整理各项，我们发现实际利率等于名义利率减去预期通货膨胀率：

$$r = i - \pi^e \tag{19}$$

为了看出为什么这一定义有道理，让我们考虑这样一种情形：你以 4% 的利率（$i=4\%$）发放了一笔一年期贷款，预期价格水平在这一年间上升 6%（$\pi^e=6\%$）。这笔放贷的结果是，在年末你在实际意义上——也就是说，按照你能够购买的实际产品和服务来说——损失了 2%。在这种情况下，费雪定义表明，按照实际产品和服务来说你赚取的利率为：

$$r=4\%-6\%=-2\%$$

作为贷款人，在这一情况下，你显然不太想放贷，因为从实际产品和服务的意义上来说你赚取的利率为 -2%。与此相反，如果你是借款人，你的处境就会很好，这是因为到年末你需要偿还的数量从实际产品和服务的意义上来说少了 2%——作为借款人的你在实际意义上赚了 2%。当实际利率低时，借款和投资的激励更高，贷款的激励更低。

□ 实际利率与名义利率的重要区别

相较于名义利率，反映借款真实成本的实际利率可能是衡量借款、投资和贷款的激励的一个更好的指标。也就是说，实际利率看起来是对人们会如何受到**信贷市场**

---

① 方程（18）中的费雪方程实际上是一种近似。费雪方程更精确的表述如下：
$$i = r + \pi^e + r \times \pi^e$$
这是由于
$$1+i = (1+r)(1+\pi^e) = 1+r+\pi^e+r \times \pi^e$$
从两边减去 1 就得到第一个方程。对于 r 和 π^e 的较小取值，$r \times \pi^e$ 这一项是如此之小以至在正文中的方程（18）中我们可以忽略它。

（credit markets）——家庭和企业相互之间获得资金（信贷）的市场——状况影响的最好的指标。图 2 - 6 呈现了 1955—2013 年间 3 个月期美国国库券（到期时间为 3 个月的短期政府债券）名义利率和（事前）实际利率的估计值。该图说明名义利率和实际利率通常并非同向运动。（世界上其他地方的名义利率与实际利率也是如此。）特别地，在 20 世纪 70 年代，美国的名义利率较高，实际利率却非常低，甚至常常为负。如果按照名义利率的标准来判断，由于借款成本高，你可能会认为这一时期信贷市场的银根很紧。然而，实际利率的估计值却表明你的判断是错误的。从实际意义上来说，借款成本事实上很低。

学习定义以及如何衡量数据并不总是最激动人心的。但是，我们在本章所学习的知识对理解本书其余部分考察的宏观经济现象是至关重要的。

图 2 - 6 实际利率和名义利率（3 个月期国库券），1955—2013 年

名义利率和实际利率通常并非同向运动。在 20 世纪 70 年代，美国的名义利率较高，（事前）实际利率却非常低，甚至常常为负。

资料来源：Federal Reserve Bank of St. Louis，FRED Database. http：//research. stlouisfed. org/fred2/；实际利率运用弗雷德里克·S. 米什金 1981 年的论文（The real interest rate：An empirical investigation. *Carnegie-Rochester Conference Series on Public Policy* 15：151 - 200）所列出的程序计算得到。

本章小结

1. 国内生产总值（GDP）是经济中新生产的所有最终产品和服务的总市场价值。我们有三种方式衡量 GDP：生产法、支出法和收入法。

2. 生产法通过加总在某一固定时期内经济新生产的所有最终产品和服务的市场价值来衡量 GDP。

3. 支出法通过加总在经济当期生产的最终产品和服务上的总花费来衡量 GDP。这一方法把支出分成四种基本类型：消费支出、投资、政府购买和净出口。国民收入核算基本恒等式告诉我们，GDP 等于消费支出、投资、政府购买和净出口之和，即 $Y=C+I+G+NX$。

4. 收入法通过加总经济中的家庭和企业收到的所有收入，包括利润和政府税收，来衡量 GDP。在这种方法中，有八种类型的收入：雇员报酬、自雇人员收入、租金收入、净利息收入、间接企业税、公司利润、折旧和净要素收入。

5. 解释 GDP 要求区分实际 GDP 和名义 GDP。实际 GDP 提供了最多关于经济活动水平的信息，等于对价格水平变动进行调整后的名义 GDP。

6. 通货膨胀率是用价格指数衡量的价格水平在某一特定时期变动的百分比。最常用的价格指数有居民消费价格指数（CPI）、GDP 平减指数和个人消费支出（PCE）平减指数。通货膨胀率、名义 GDP 和实际 GDP 之间的关系是：名义 GDP 的增长率等于通货膨胀率加上实际 GDP 的增长率。

7. 失业率是平民人口中想要工作但处于失业状态的人所占的百分比。劳动力参与率是成年平民人口中劳动力所占的百分比，就业比是成年平民人口中就业者所占的百分比。

8. 实际利率等于名义利率减去预期通货膨胀率，即 $r=i-\pi^e$。相较于名义利率，它更好地衡量了借款、投资和贷款的激励，它也是衡量信贷市场紧缩状况的一个更准确的指标。

关键术语

国内生产总值（GDP）	国民收入核算	国民收入核算基本恒等式
生产法	地下经济	估算价值
中间产品和服务	最终产品和服务	增加值
资本品	存货	存货投资
流量	存量	支出法
国民收入恒等式	消费支出	个人消费支出
消费	投资	政府购买
政府消费	政府投资	转移支付
净出口	贸易余额	收入法
国内生产净值	国民收入	国民生产总值（GNP）
私人可支配收入	政府收入净额	名义变量
名义 GDP	实际变量	价格水平
季节性调整	连锁加权衡量	价格指数
GDP 平减指数	GDP 隐性价格平减指数	个人消费支出平减指数
居民消费价格指数（CPI）	失去信心的工人	劳动力
劳动力参与率	就业比	利率
债券	名义利率	实际利率
费雪方程	信贷市场	

复习题

衡量经济活动的价值：国民收入核算

1. 什么是国民收入核算基本恒等式？它的重要性体现在哪里？

衡量 GDP：生产法

2. 定义 GDP，然后回答如下问题。给定两个国家（如西班牙和法国）不但生产的同种产品和服务（如理发）的数量各不相同，而且生产不同的产品和服务（如只有西班牙才有斗牛），为什么可以比较它们的 GDP？

3. 区分流量和存量这两种类型的衡量指标。GDP 是哪种类型的衡量指标？

4. 为什么在衡量 GDP 的生产法中，对资本品和存货的处理方式与对中间产品的处理方式不一样？

衡量 GDP：支出法

5. 国民收入恒等式的四种支出组成部分是哪些？当比较印度和中国的数据时（见图 2-3），对于这些组成部分，你有什么想法？

衡量 GDP：收入法

6. 包括在国民收入中的主要收入类型是哪些？为什么国民收入不等于 GDP？

实际 GDP 与名义 GDP

7. 宏观经济学家如何区分变量的名义值与实际值？名义 GDP 还是实际 GDP 提供了对经济活动和经济福利变动的更好描述？为什么？

8. 描述 GDP 平减指数和个人消费支出平减指数。

衡量通货膨胀

9. 居民消费价格指数是用一个典型城市消费者购买的产品篮子构建的。你认为这个篮子在每个国家都相同吗？请解释。

衡量失业

10. 失业率衡量什么？由谁来计算？如何计算？

衡量利率

11. 解释名义利率和实际利率之间的差别，以及事前和事后实际利率之间的差别。

习题

衡量经济活动的价值：国民收入核算

1. 假设一个家庭的总收入等于总支出是否正确？对于整个经济呢？

衡量 GDP：生产法

2. 潘多拉（Pandora）居民对他们的环境（例如森林、泉水、可呼吸的空气等）的估值是乌托邦（Utopia）居民的两倍。假定两个国家所有产品和服务的增加值增加相同数量，但是对环境有负效应（例如污染）。

(a) 根据衡量 GDP 的生产法，这是好事还是坏事？

(b) 两个国家居民的境况必然更好吗？哪个国家肯定受益更多？

(c) 乌托邦的居民很关心收入分配，而收入分配对潘多拉的居民则不是那么重要。如果增加值的增加导致财富进一步集中，这对问题（b）的答案有何影响？

衡量 GDP：支出法

3. 考虑衡量 GDP 的支出法。对于以下每种情形，确定交易是否影响 GDP；如果影响的话，它将包括在 GDP 的哪一种支出类型中？

(a) 一个家庭购买了一栋建于 2005 年的住房。

(b) 一个家庭购买了新生产的洗碗机。

(c) 一个农民购买了一辆拖拉机来种田。

(d) 一个残疾人收到来自美国政府的转移支付。

(e) 美国国防部购买了刚在巴西建造的十架直升机。

衡量 GDP：收入法

4. 利用如下基于 2013 年第 1 季度 BEA 数据的表格（单位：10 亿美元），计算 (a) 和 (b)：

(a) 其他收入；

(b) 净要素收入。

雇员报酬	8 737
公司利润	2 021
国民收入	14 313
国内生产总值	16 535
国民生产总值	16 772
支付给世界上其他地区的要素收入	237

实际 GDP 与名义 GDP

5. 意大利的名义 GDP 在 2011—2012 年间增加了约 1%。这一信息足以让我们就该经济体在该段时期是否经济增长做出定论吗？给定通货膨胀率为 3%，我们可以对该经济体的经济增长给出什么结论？意大利的生活水平在 2011—2012 年间提高了吗？

衡量通货膨胀

6. 英国国家统计局确定 CPI 产品篮子，它假设酒精和香烟占英国总消费支出的约 5%。

   (a) 在其他条件不变的情况下，如果酒精和香烟的价格上升 20%，CPI 会上升多少？

   (b) CPI 正确地衡量了烟酒不沾的英国公民的生活成本的真实变动吗？

7. 假定苹果公司制造了能够知道与你对话的人是否说谎的新一代 iPhone 产品。假设该产品的价格比当前市场上出售的 iPhone 产品的价格要高，谈谈你对 CPI 正确衡量生活成本相应变化的能力的看法。

衡量失业

8. 利用下表计算巴西的如下统计量：

   (a) 劳动力；

   (b) 劳动力参与率；

   (c) 失业率。

成年人口（百万）	140
失业者（百万）	7
就业者（百万）	88

9. 参考上题的数据，假设有 300 万失业者丧失信心了，决定不再找工作。计算巴西的新失业率。

衡量利率

10. 2008 年年初法国的名义长期利率为 4%，通货膨胀率为 3%，这高于欧洲中央银行 2% 的目标，但预计仍将保持在 3% 的水平。如果你以该利率从法国巴黎银行获得一笔贷款，计算该银行的事前实际利率。给定通货膨胀率在 2009 年年底降到了 0，该银行的事后实际利率为多少？作为借款人的你从通货膨胀率的下降中受益了吗？

数据分析题

1. 访问圣路易斯联邦储备银行 FRED 数据库，找到美国国内生产总值（GDP）和国民生产总值（GNP）最新的数据。

   (a) 利用最新的数据计算净要素收入。

   (b) 基于最新的数据，解释美国企业在国外的生产比外国企业在美国的生产更多还是更少。

2. 访问圣路易斯联邦储备银行 FRED 数据库，找到美国名义 GDP（GDP）和实际 GDP（GDPC1）最新的数据以及之前一年的数据。

   (a) 计算最近两年的 GDP 平减指数，把答案表示成相对于基年的数字，基年的数字为 100。

   (b) 利用问题（a）的答案，计算最新一年的通货膨胀率。

   (c) 现在，计算最新一年实际 GDP 和名义 GDP 的增长率。这些数值与问题（b）的答案有何关系？

3. 访问圣路易斯联邦储备银行 FRED 数据库，找到美国最新的失业率（UNRATE）、劳动力参与率（CIVPART）和劳动力（CLF16OV）数据。计算不属于劳动力者人数、失业者人数、就业者人数和就业比。

4. 美国财政部发行通货膨胀指数化国债（Treasury Inflation Indexed Securities，TIIS），这是对通货膨胀进行调整的债券，因此，其收益率可以被大致解释成实际利率。访问圣路易斯联邦储备银行 FRED 数据库，找到如下 TIIS 的数据，将它们的收益率与最新的名义收益率进行比较，回答如下问题。

   ● 5 年期美国国债（DGS5）和 5 年期 TIIS（DFII5）；

   ● 7 年期美国国债（DGS7）和 7 年期 TIIS（DFII7）；

   ● 10 年期美国国债（DGS10）和 10 年期 TIIS（DFII10）；

   ● 20 年期美国国债（DGS20）和 20 年期 TIIS（DFII20）；

● 30 年期美国国债（DGS30）和 30 年期 TIIS（DFII30）。

（a）在 2007—2009 年的大衰退之后，5 年、7 年、10 年甚至 20 年期 TIIS 的收益率都一度变成负数。这怎么可能？

（b）对以上每一组债券，计算收益率差（DGS5－DFII5，等）。两者之差代表什么？

（c）基于问题（b）的答案，各组债券的收益率之差的差别大吗？解释它们之间的差别的规模。

第 2 篇

宏观经济学基础

我们现在将转向构建一些基本框架，这些基本框架将作为我们在本书其余部分的分析的基石。第 3 章提供了理解生产从而理解经济的生产能力的框架。第 4 章及其附录描述了储蓄和投资之间的关系以及该关系如何影响经济中财富的数量和实际利率。第 5 章考察了货币、通货膨胀和名义利率之间的联系，讨论了为什么通货膨胀是有成本的。该章附录概述了货币供给是如何被决定的。

为了在理论和实践之间建立重要的联系，我们将考察如下应用案例：

■ 为什么一些国家富裕而另一些贫穷
■ 解释实际工资增长
■ 石油价格冲击、实际工资和股票市场
■ 美国如何成为世界上最大的净债务国
■ 双赤字
■ 检验货币数量论
■ 检验费雪效应
■ 量化宽松和货币供给，2007—2013 年

在保持对关键政策议题和政策制定者在实践中使用的技术的关注的同时，我们还将在政策与实践案例中分析如下具体例子：

■ 刺激储蓄的政府政策
■ 挤出和对 2009 年财政刺激方案的争论
■ 津巴布韦的恶性通货膨胀

第3章

总生产和生产率

 预 览

　　你只要出国旅游，就会发现生活水平存在显著的差别。欧洲人和美国人生活得差不多好，但是如果你去撒哈拉以南非洲地区，你就会看到赤贫，人们的生活缺乏住房、医疗保健产品和有营养的食物等必需品。尽管尼日利亚有着石油财富，但是一个普通美国人生产的东西是一个普通尼日利亚人的 15 倍以上。为什么美国人富有而尼日利亚人贫穷？为了回答这样的问题，我们首先需要理解为什么有的国家生产得比其他国家多。一个经济的生产能力 ——它创造产品和服务的能力——对其公民的福利是至关重要的。

　　本章提供了一个理解综合（总体）经济的生产的框架。在考察了基本的生产要素之后，我们将看看什么决定了要素的价格和要素产生的收入，以及要素收入在国民收入中的份额。

总生产的决定因素

　　正如你在第 2 章学到的，实际 GDP 衡量了一个经济生产的产品和服务的数量。决定实际 GDP 的因素有：（1）进入生产过程的投入——或称**生产要素**（factors of production）——的数量；（2）生产函数，它告诉我们由给定数量的生产要素可以生产出多少产出。

□ 生产要素

在现代经济中，两种最重要的生产要素是劳动和资本。经济学家通过加总人们工作的小时数来衡量**劳动**（labor），我们将用 L 来代表劳动。可是，为了简化贯穿本章的讨论，我们将假定每人工作的小时数相等，从而我们可以用工人人数作为劳动投入的单位。**资本**（capital）是工人用来生产产品和服务的建筑物和设备，如工厂、卡车和电脑，我们将用 K 来代表资本。资本用实际意义上——也就是说，不变美元——的资本存量的价值来衡量。现在，我们将忽略其他生产要素，如原料、能源和土地，以便我们可以先建立一个基本框架。

经济学家常常在模型中的字母上方加一横杠来表示变量是外生的，也就是说将它视为给定的。我们在本书也采用这一惯例。本章中我们将假设经济体中可用的资本和劳动数量是固定的，因此有：

$$K = \overline{K}$$
$$L = \overline{L}$$

在后面的一些章里，我们将放宽这一假设，让这些变量随时间变动。为了简化，我们现在还将假设经济体中的所有资本和劳动都得到了充分利用。稍晚一些时候我们将会看到当人们失去工作和工厂闲置时，生产要素并没有得到充分利用。

生产函数

给定劳动和资本的数量，一个经济能够生产多少产出呢？总生产函数给出了答案。**总生产函数**（aggregate production function），也叫**生产函数**（production function），是对任何给定数量的要素投入（如 K 和 L）能够生产多少产出 Y 的一种描述。我们将生产函数表示如下：

$$Y = F(K, L) \tag{1}$$

其中，F 代表将 K 和 L 转换成一定数量实际产出的函数。

柯布-道格拉斯生产函数

我们可以通过指出两个观察到的事实来获得生产函数的基本思想。第一，利用相同数量的资本和劳动，一个有效率的发达经济体通常比一个无效率的原始经济体生产的产出要多。第二，美国经济中劳动和资本收入的份额随时间保持相对稳定，分别在 70% 和 30% 左右。这一事实我们以后会更深入地剖析。[①] **柯布-道格拉斯生产函数**（Cobb-Douglas production function）包含了这两个思想：

$$Y = F(K, L) = AK^{0.3}L^{0.7} \tag{2}$$

变量 A 表示**生产率**（productivity）或者更精确地说是**全要素生产率**（total factor productivity），它告诉我们资本和劳动具有多高的生产性。换句话说，它告诉我们经济用一单位的资本和一单位的劳动能够生产多少产出。如果全要素生产率 A 上升 5%，那么，在生产函数为柯布-道格拉斯生产函数形式的条件下，利用同样数量的劳动和资本，经济生产的产品和服务总量就会增加 5%。

---

① 更一般形式的柯布-道格拉斯生产函数写成 $Y = F(K, L) = AK^{\alpha}L^{1-\alpha}$。正如本章后面将证明的，$K$ 的指数 α 等于国民收入中资本的份额，而 L 的指数 $1-\alpha$ 等于国民收入中劳动的份额。$\alpha = 0.3$ 的取值基于研究人员从历史数据中得到的估计值。

我们也可以从经济体中工人的视角来看生产率。我们将**劳动生产率**（labor productivity）定义为每单位劳动生产的产出数量。经济学家通过将产出除以劳动投入的数量来衡量劳动生产率。这一直截了当的过程导致新闻媒体选择报道劳动生产率而非全要素生产率。但是，劳动生产率有其缺陷。例如，甚至在劳动和资本的总生产率下降时，劳动生产率也可能上升。例如，如果微软在每个工作用的小隔间都放置超自动的咖啡机，那么工人生产的软件可能会比以前多一点儿。但是，我们很难论证咖啡机这种资本的使用在生产软件中是有效率的。与劳动生产率不同，全要素生产率考虑了资本和劳动组合起来的生产性有多高。在整本书中，当我们讨论生产率时，我们总是指全要素生产率。

我们能够直接衡量产出（Y）、资本（K）和劳动（L）的实际水平。但不能直接衡量全要素生产率A。谢天谢地，借助于代数，当Y、K和L的值给定时，我们通过将方程（2）的两边除以$K^{0.3}L^{0.7}$就可以求得A，即[1]

$$A = \frac{Y}{K^{0.3}L^{0.7}} \tag{3}$$

假定经济体的产出（Y）按不变（实际）美元计算为10万亿美元，资本（K）为10万亿美元，劳动（L）为100百万（即1亿，下面的计算用到的数字为100，以百万为单位，本章后面的工人数量均以百万为单位）工人。那么我们可以按如下方式计算A：

$$A = \frac{10}{10^{0.3} \times 100^{0.7}} = 0.20$$

于是，生产函数为：

$$Y = 0.20 \times K^{0.3}L^{0.7} \tag{4}$$

应用☞

为什么一些国家富裕而另一些贫穷

生产函数是我们在宏观经济学的学习中要用许多次的强大的概念。这里我们用它来回答一个基础问题：为什么一些国家富裕而另一些贫穷？

我们用人均收入来衡量一个国家有多富或多穷。为了简单起见，我们将假定每个公民都工作，从而人均收入与每个工人的平均收入（产出）Y/L相同。（虽然不是每个公民都工作，但每个工人的平均收入的差别提供了一个对人均收入差别的很好的测度，因此我们做出这一简化假设。）用y表示工人人均收入。通过将方程（2）表示的柯布-道格拉斯生产函数两边除以L，我们得到工人人均收入[2]：

$$y = Y/L = AK^{0.3}L^{0.7}/L = AK^{0.3}/L^{0.3} = Ak^{0.3} \tag{5}$$

其中，$k=K/L$＝工人人均资本。

因此，方程（5）告诉我们，工人人均收入等于全要素生产率A乘以工人人均资本

---

[1] 正如我们将在第6章所讨论的，全要素生产率的这种衡量被称为"索洛残差"。

[2] 注意$y=Y/L$也是劳动生产率，因此方程（5）不但提供了关于人均收入增长源泉的信息，它还告诉我们关于劳动生产率增长源泉的信息。从而，方程（5）证明，劳动生产率增加可能是由于全要素生产率A的增加，也可能是由于工人人均资本k的增加。

的 0.3 次方。假设工人数和人口相等，那么生产函数表明人均收入的差异有两个源泉：（1）经济体的生产效率，用全要素生产率 A 表示；（2）人均资本的数量，用 k 表示。

因此，方程（5）激发了对长期经济增长的研究，你将会在本书的第 3 篇看到这样的研究。第 6 章考察了什么决定了人均资本的数量，而第 7 章考察了技术和制度如何影响经济体的生产效率。

对生产函数的分析暗示，为了使一个国家变富，政策制定者应该提高生产效率和人均资本。但是哪一个应该有更高的优先级呢？

表 3-1 让我们能够区分生产率和资本水平对一个经济体的相对财富的影响。该表显示了 10 个国家相对于美国的人均收入（美国所有各项的值均设定为 1.00）。正如第 2 列所示，日本的 k 值为 1.05，表明日本的人均资本比美国高 5%。第 3 列表明，如果日本和美国经济具有同样的生产性（从而我们可以假定两国都有 $A=1.00$，因此 y 等于 $k^{0.3}$），那么我们将会预期日本的人均收入比美国高 1%（$k^{0.3}=1.01$）。但是，正如第 4 列所示，日本的全要素生产率 A 实际上只是美国的 70%。结果，如第 5 列所示，按照方程（5）（$y=Ak^{0.3}$）计算出来的日本的人均产出实际上只有 0.71，比美国低 29%。换句话说，日本的人均收入比美国低是因为该国经济的生产率更低，而不是因为人均资本更低。

表 3-1   不同国家相对于美国的人均收入

国家	人均资本	$k^{0.3}$	全要素生产率 A	人均收入，$y=Ak^{0.3}$
尼日利亚	0.02	0.31	0.18	0.05
印度	0.06	0.44	0.19	0.08
中国	0.26	0.67	0.28	0.19
巴西	0.25	0.66	0.33	0.22
阿根廷	0.36	0.74	0.46	0.34
意大利	0.93	0.98	0.70	0.68
日本	1.05	1.01	0.70	0.71
法国	0.81	0.94	0.79	0.74
英国	0.61	0.86	0.88	0.76
德国	0.83	0.94	0.86	0.81
美国	1.00	1.00	1.00	1.00

资料来源：Penn World Tables in Federal Reserve Bank of St. Louis，FRED Database，http：//research. stlouis-fed. org/fred2/. 数据是 2011 年的。从 1960 年开始，资本的计算方式是上期资本减去折旧再加上投资。初始资本采用永续盘存法计算。人均资本是相对于美国的一个比值。人均收入是人均 GDP 相对于美国的比值。全要素生产率等于人均收入除以 $k^{0.3}$（第 3 列）。

表 3-1 顶部的穷一些的国家告诉我们的故事则有些不同。例如，中国的人均资本要少得多，只有美国的 26%。这一事实部分地解释了为什么中国比美国穷。但是，生产率也起了很大的作用。正如第 3 列所示，如果中国和美国具有相同的生产率，那么中国的人均收入就会是美国的 67%。实际上，由于中国的全要素生产率只有美国的 28%，中国的人均收入就只有美国的 19%。

注意，表 3-1 中的第 4 列通常是一个比第 3 列小的小数，这表明更低的人均收入更多的是源于低全要素生产率而非低资本。因此，我们对表 3-1 的分析得到了如下结论：

其他国家相对于美国的人均收入差别更多地是由更低的生产率而不是更低数量的人均资本造成的。

□ 柯布-道格拉斯生产函数的特点

柯布-道格拉斯生产函数有两个特别有吸引力的特点，这两个特点使它在宏观经济学的研究中起着突出的作用。它们是：（1）规模报酬不变；（2）边际产量递减。我们依次解释这两点并用历史数据来考察它们。

规模报酬不变。柯布-道格拉斯生产函数有着**规模报酬不变**（constant returns to scale）的性质：如果你将所有要素投入增加相同的百分比，那么产出也以该比例增加。简单地说，投入加倍会使产出加倍，这很符合直觉。如果一家公司的一个满员的工厂一个月能够生产 1 000 辆汽车，那么两个相同的满员的工厂一个月应该能够生产 2 000 辆汽车。

我们能够用如下的方式验证柯布-道格拉斯生产函数的确有着规模报酬不变的性质。把 $2\overline{K}$ 和 $2\overline{L}$ 代入方程（4）：

$$Y = F(2\overline{K}, 2\overline{L}) = 0.20 \times (2\overline{K})^{0.3} \times (2\overline{L})^{0.7}$$
$$= 0.20 \times 2^{0.3} \times 2^{0.7} \times \overline{K}^{0.3}\overline{L}^{0.7} = 2^{0.3+0.7} \times F(\overline{K}, \overline{L})$$
$$= 2^{1.0} \times F(\overline{K}, \overline{L}) = 2 \times F(\overline{K}, \overline{L})$$

边际产量递减。柯布-道格拉斯生产函数还有**边际产量递减**（diminishing marginal product）的性质：在所有其他要素投入的数量不变的条件下，额外一单位要素投入带来的产出增量〔它的**边际产量**（marginal product）〕随着该要素投入数量的增加而减少。为了说明问题，我们写出在劳动投入数量给定（比如说 100 百万工人）时的生产函数。

$$Y = 0.20 \times K^{0.3} \times (100)^{0.7} = 0.20 \times K^{0.3} \times (25.1) = 5.0 \times K^{0.3} \qquad (6)$$

图 3-1 画出了将产出和资本联系起来的生产函数 F。注意，生产函数是向上倾斜的：当资本增加时，产出也随之上升。而且，当资本增加时，斜率 $\Delta Y/\Delta K$ 下降。例如，从点 1 到点 2，资本存量从 5 万亿美元上升到 6 万亿美元，变化为 $\Delta K = 1$ 万亿美元。然后，资本的这一上升导致产出从 8.1 万亿美元上升到 8.6 万亿美元，变化为 $\Delta Y = 0.5$ 万亿美元。那么，点 1 处的斜率为 0.5（$\Delta Y/\Delta K = 0.5/1.0$）。现在，让我们来看点 3 处的斜率。在该点，资本存量为 9 万亿美元，产出为 9.7 万亿美元。从该点到点 4，资本存量上升了 1 万亿美元，产出上升到 10 万亿美元。那么，点 3 处的斜率为 0.3（$\Delta Y/\Delta K = 0.3/1.0$），比点 1 处的斜率 0.5 要小。

生产函数的斜率 $\Delta Y/\Delta K$，即**资本的边际产量**（marginal product of capital, MPK），表明在其他投入不变的条件下每一单位额外资本带来的产出增量。因此，描述生产函数的另一种方式是，当资本存量增加时，资本的边际产量下降。换句话说，存在资本的边际产量递减。

我们能够证明当另一种投入——劳动——增加时也存在同样的影响。我们写出在资本投入数量给定（比如说 10 万亿美元）时的生产函数。

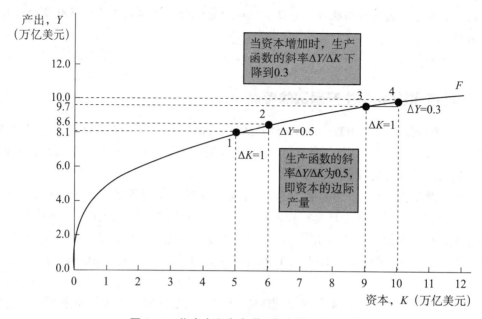

图 3-1 将产出和资本联系起来的生产函数

劳动数量为 100 百万工人时的生产函数。它向上倾斜：当资本增加时，产出也随之上升。它的边际产量递减：当资本增加时，斜率 $\Delta Y/\Delta K$ 下降。

$$Y = 0.20 \times 10^{0.3} \times L^{0.7} = 0.20 \times 2.0 \times L^{0.7} = 0.4 \, L^{0.7} \qquad (7)$$

图 3-2 画出了该生产函数。

图 3-2 显示了当资本存量固定为 10 万亿美元时将产出和劳动联系起来的生产函数 F。正如图 3-2 所示，生产函数的斜率 $\Delta Y/\Delta L$，即**劳动的边际产量**（marginal product of labor, *MPL*），表明在资本存量固定为 10 万亿美元的条件下每一单位额外劳动带来的产出增量。例如，显然，从点 1 到点 2，劳动数量从 50 百万工人上升到 60 百万工人，变化为 $\Delta L=10$ 百万工人。然后，劳动的这一上升导致产出从 6.2 万亿美元上升到 7.0 万亿美元，变化为 $\Delta Y=0.8$ 万亿美元。那么，点 1 处的斜率为 0.08（$\Delta Y/\Delta L=0.8/10$）。在点 3 处，劳动数量为 90 百万工人，产出为 9.3 万亿美元。从该点到点 4，劳动数量上升了 10 百万工人，产出上升到 10 万亿美元。那么，点 3 处的斜率为 0.07（$\Delta Y/\Delta L=0.7/10$），比点 1 处的斜率 0.08 要低。正如资本的边际产量递减一样，劳动的边际产量也递减，也就是说，当劳动投入的数量增加时，劳动的边际产量下降。随着任意一种投入的增加，在另一种投入保持不变的条件下，该投入的边际产量下降。

为了说明问题，考虑如果你不得不用很少的资本——比如说只有笔和纸——来写一篇学期论文会发生什么情况。由于手写论文很费时间，你可能只有很少的时间来做研究，写出的论文只有 5 页纸，质量也不会很高。如果有一台台式机，你能写出一篇 10 页纸的更高质量的论文，得到一个更好的成绩。如果你除了这台台式机外还有一台笔记本电脑，那么由于你甚至在离开家时也能把你的奇思妙想输入电脑，你会更加具有生产性从而可能写出 12 页纸的论文。注意增加第一台电脑使你多写了 5 页纸，而增加第二台电脑则只增加了 2 页纸。资本的边际产量仍然为正，但是正如生产函数所表明的，边际产量下降了。

宏观经济学：政策与实践（第二版）

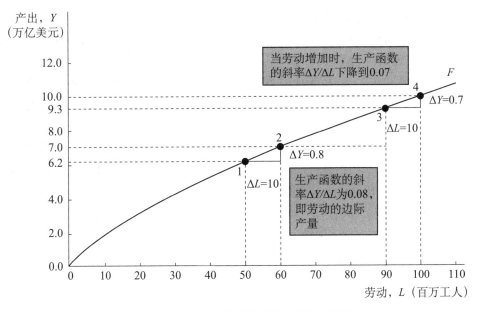

图 3-2　将产出和劳动联系起来的生产函数

资本存量为 10 万亿美元时的生产函数。它向上倾斜：当劳动增加时，产出也随之上升。它的边际产量递减：当劳动增加时，斜率 $\Delta Y/\Delta L$ 下降。

计算资本和劳动的边际产量。 运用一点儿微积分，我们能够从方程（6）和（7）计算资本和劳动的边际产量。[1] 资本和劳动的边际产量如下[2]：

$$MPK = 0.3Y/K \tag{8}$$

$$MPL = 0.7Y/L \tag{9}$$

生产函数的变动：供给冲击

到目前为止我们一直假设一个经济的生产函数随时间保持恒定。可是，生产函数可以移动，我们称之为**供给冲击**（supply shock），即一个经济以相同数量的资本和劳动所生产的产出发生变动。换句话说，供给冲击涉及全要素生产率 A 的变动。**正向（有利）供给冲击**［positive（or favorable）supply shock］导致给定数量的资本和劳动所生产的产出数量增加，而**负向（不利）供给冲击**［negative（or adverse）supply shock］导致给定数量的资本和劳动所生产的产出数量下降。负向冲击不那么常见，但是也可能出现，例如，如果繁重的政府监管使经济的生产性降低，就会出现负向冲击。

---

① 方程（8）直接来自方程（6）对 K 求导。

$dY/dK = 0.3 \times 5.0 K^{(0.3-1)} = 0.3 \times 5.0/K^{0.7} = 0.3 \times 5.0 Y/(5.0 \times K^{0.3} K^{0.7}) = 0.3 \times Y/K$

方程（9）直接来自方程（7）对 L 求导。

$dY/dL = 0.7 \times 0.4 L^{(0.7-1)} = 0.7 \times 0.4/L^{0.3} = 0.7 \times 0.4 Y/(0.4 \times L^{0.7} L^{0.3}) = 0.7 \times Y/L$

② 这些计算可以用于说明边际产量如何随着 A、K 或 L 的变动而变动。用方程（2）所示的生产函数代替 Y，得到 $MPK = 0.3 A K^{0.3} L^{0.7}/K = 0.3 A L^{0.7}/K^{0.7}$。当 K 增加时，分母增加，从而资本的边际产量 MPK 必然减小，这说明资本的边际产量递减。另外，如果 A 或 L 增加，那么分子增加，从而资本的边际产量增加。类似地，$MPL = 0.7 A K^{0.3} L^{0.7}/L = 0.7 A K^{0.3}/L^{0.3}$。当 L 增加时，分母增加，从而劳动的边际产量 MPL 减小，这说明劳动的边际产量递减。如果 A 或 K 增加，那么分子增加，从而劳动的边际产量增加。

供给冲击的类型。供给冲击有几种类型，我们将依次讨论。

1. 技术冲击：诸如速度更快的计算机芯片的开发之类的技术进步能够提高全要素生产率，从而生产函数中的参数 A 变大。

2. 自然环境冲击：暴风雪、干旱、洪水、地震和飓风能够使建筑活动陷于停滞，降低给定资本和劳动水平能够生产的产出。异常暖和的冬天可能会有相反的影响。

3. 能源冲击：能源是与资本或劳动分离的另一种重要的生产要素。当能源供给被扰乱时——例如，当 OPEC 削减石油的生产以提高价格时，企业使用更少的能源，引起经济从给定数量的资本和劳动所生产的产出量下降。

供给冲击的影响。通过考虑一场扰乱了全球石油供应的中东战争，我们可以清楚地看出供给冲击对总生产函数的影响。这一负向供给冲击降低了任意给定数量的资本和劳动所生产的产出量，因此引起 A 的减小。结果，在图 3-3（a）和图 3-3（b）中，生产函数从 F_1 向下移动到 F_2。此外，正如你能够从图 3-3 中看到的，对于任何给定数量的资本或劳动，比如说 K_1 和 L_1，当从点 1 移动到点 2 时，生产函数的斜率也减小，也就是说，资本和劳动的边际产量都下降。[1] 当负向供给冲击引起给定数量的资本和劳动能够生产的产出水平下降时，方程（8）和（9）中的分子的下降意味着资本和劳动的边际产量都下降。

因此，供给冲击有如下的影响：负向供给冲击引起总生产函数向下移动，也引起资本和劳动的边际产量下降。反向推理一下，我们还有如下结论：正向供给冲击引起总生产函数向上移动，提高了资本和劳动的边际产量。

(a)联系产出和资本的生产函数

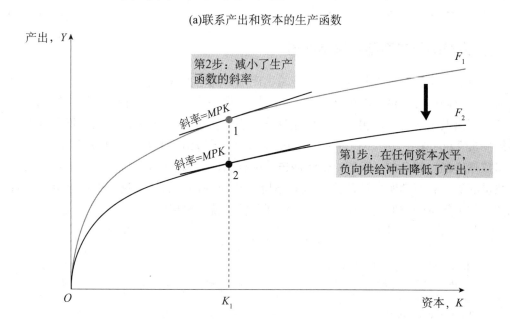

① 我们也可以直接从方程（8）和（9）确认斜率的这种减小。方程（8）和（9）表明，由于 Y 出现在两个方程的分子中，当 Y 随着生产函数曲线的下移而下降时，资本和劳动的边际产量也下降。

宏观经济学：政策与实践（第二版）

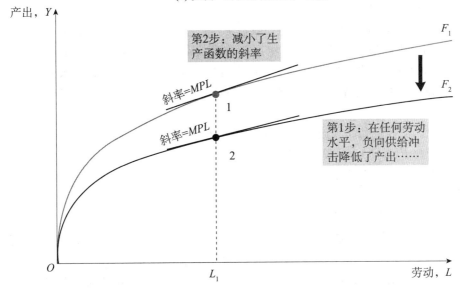

(b)联系产出和劳动的生产函数

图3-3 生产函数对负向供给冲击的反应

在图（a）和图（b）中，负向供给冲击使生产函数从 F_1 向下移动到 F_2。当生产函数从 F_1 移动到 F_2 时，在任何给定的资本水平下，比如说 K_1，图（a）中生产函数的斜率——资本的边际产量——减小。当生产函数从 F_1 移动到 F_2 时，在任何给定的劳动水平下，比如说 L_1，图（b）中生产函数的斜率——劳动的边际产量——减小。

要素价格的决定

生产函数使我们能够对工资水平和资本的租赁成本做出一些有趣的预期。这还将帮助我们理解为什么经济将国民收入分配给工人和资本所有者。我们在一个经典框架下进行这一分析。该框架假设经济有着完全竞争并处于其长期均衡水平。我们所说的**完全竞争**（perfect competition）是指由于企业不够大型或不够有势力而不能对它们的产品或服务收取高于市场价格的价格，它们都将价格视为给定。此外，企业也不够有势力而不能给工人支付低于市场工资的工资，工会等工人团体也不够有势力而不能获得高于市场工资的工资。我们所说的长期均衡是指所有想工作的人都能找到工作，所有工厂和其他资本都得到了利用，从而劳动和资本的供给量等于需求量。当然，这些假设不见得在每个国家每个时刻都成立，但是它们是理解要素价格如何决定的有用的基准。

资本和劳动的需求

企业使用的资本和劳动越多，它们能生产和销售的产出也就越多。但是，增加额外的资本和劳动也增加了成本，从而降低了利润。

经济利润。经济利润（economic profit）等于销售产品和服务所得的收益减去投入的成本。① 经济利润的关键组成部分包括如下几项：

1. 销售产品和服务所得的收益。它等于产品和服务的价格平均水平 P 乘以销售的产品和服务的数量 Y；利用生产函数，收益 $P \times Y$ 可以写成 $P \times F(K, L)$。

2. 使用资本的成本。它等于为租用资本所支付的价格 R 乘以资本量 K，也就是 RK。② 为租用资本所支付的价格常常被称为**资本的租赁价格**（rental price of capital）。

3. 劳动的成本。它等于劳动的价格即**工资率**（wage rate）W 乘以劳动的数量 L，也就是 WL。

我们把名义经济利润（或成本）写成如下形式：

$$P \times F(K, L) - RK - WL$$

可是，企业和家庭关心的是用能够购买的东西表示出来的利润，也就是实际经济利润。我们将前面的表达式除以 P 来得到实际经济利润 Π：

$$\Pi = F(K, L) - (R/P)K - (W/P)L$$

我们将**资本的实际租赁价格**［real rental price（or cost）of capital］定义为用产品和服务来表示的资本的租赁价格，即资本的名义租赁价格除以价格水平，也就是 $r_c = R/P$。类似地，**实际工资率**（real wage rate）是用产品和服务来表示的工资，即名义工资除以价格水平 $w = W/P$。③ 因此，实际经济利润的表达式可以写成：

$$\Pi = F(K, L) - r_c K - wL \tag{10}$$

运用微积分或直觉，我们可以通过 K 和 L 的选择来最大化实际经济利润函数④；这里我们采取直觉路线。利润最大化首先意味着企业想使用使资本的边际产量等于资本的实际租赁价格的资本量：

$$MPK = r_c \tag{11}$$

利润最大化也意味着企业想雇用使劳动的边际产量等于实际工资率的劳动量：

$$MPL = w \tag{12}$$

让我们先来考察方程（11）所示的结果。当企业的资本太少时——考虑只有初级工厂的贫穷非洲国家的企业，通过给它们的工厂配备机器和其他资本，它们能生产和销售的数量就会多得多。收益的增加就会大大超过资本本身的成本。或者说，正如经济学家可能会说的那样，资本的边际产量超过资本的实际租赁成本，$MPK > r_c$，从而增加更多的资

---

① 注意，由于大多数企业自身拥有资本，所以经济利润不同于会计利润。因此我们将使用资本的成本 RK 加入经济利润中以确定会计利润。

② 资本的实际租赁价格的概念在直观上被认为是一单位资本的所有者每期从使用该单位的个人或公司收到的租金支付。例如，一个学生为其公寓所支付的租金就是该公寓作为资本的租赁价格。类似地，工资率是一个工人每期供给其劳动收到的租金。

③ 由于资本的实际租赁价格和实际利率尽管相关但的确有区别，我们将资本的实际租赁价格表示成 r_c，区别于表示实际利率的 r。本书后面都将采取这样的表示方式。

④ 为了得到一阶条件，我们将方程（10）所示的利润函数对 K 和 L 求偏导数，令其等于零。对于 K，我们有：
$$\partial\Pi / \partial K = \partial Y / \partial K - r_c = MPK - r_c = 0$$
重新整理各项，得到对资本的一阶条件如下：
$$MPK = r_c$$
同样的计算应用于 L，我们有：
$$\partial\Pi / \partial L = \partial Y / \partial L - w = MPL - w = 0$$
重新整理各项，得到对劳动的一阶条件如下：
$$MPL = w$$

宏观经济学：政策与实践（第二版）

本提高了利润。随着企业增加更多的资本，资本边际产量递减的影响开始生效，从而每单位额外的资本所增加的收益越来越少。最终，随着更多的资本被加入进来，资本的边际产量正好等于资本的实际租赁成本，$MPK = r_c$。在这一点，企业会停止增加资本，因为再增加资本会降低利润。

如果企业在这一点之后继续增加资本从而经济中出现资本过剩，会是什么情况呢？在这一点，资本的边际产量将会很低，低于资本的实际租赁成本，$MPK < r_c$。企业可以通过减少资本量来增加它们的利润，这是因为这些资本的成本高于其产生的额外收益。因此，企业将继续削减资本量，直到资本的边际产量 MPK 上升到等于资本的实际租赁成本 r_c，即方程（11）成立。

同样类型的论证解释了为什么方程（12）所示的条件也成立。如果企业的工厂里只有很少的劳动，那么劳动的边际产量将高于实际工资率，即 $MPL > w$。增加工人提高了利润，这是因为这些工人生产的产出带来的额外收益会超过其工资成本。然后，企业会继续增加工人直到劳动的边际产量下降到等于实际工资率，即方程（12）成立，$MPL = w$。类似地，如果劳动的边际产量低于实际工资率，$MPL < w$，那么企业将理性地解雇工人，因为额外的工人产生的收益低于其工资成本。企业会解雇足够的工人以提高劳动的边际产量 MPL 直到其等于实际工资水平 w。

我们可以用一种略有不同的方式总结从方程（11）和（12）所示的利润最大化条件得到的结论：企业需求额外数量的每种生产要素（劳动和资本）直到该要素的边际产量下降到其实际要素价格。

需求曲线分析。 在图 3-4（a）和图 3-4（b）中，我们作图画出劳动和资本的边际产量。MPL 和 MPK 曲线是向右下方倾斜的：随着要素量的增加，边际产量递减意味着该要素的边际产量下降。由于要素的需求量由边际产量等于实际要素价格决定，边际产量曲线表明了在任何给定实际要素价格下投入的需求量。因此，劳动的边际产量曲线也是劳动的需求曲线，从而我们在图（a）中将它标记成 MPL 和 D^L，而资本的边际产量曲线也是资本的需求曲线，我们在图（b）中将它标记成 MPK 和 D^K。

☐ 资本和劳动的供给

由于我们已经确定了企业需求的资本量和劳动量并画出了需求曲线，我们现在考虑供给。

回忆供给曲线表示要素供给量和任意给定实际要素价格之间的关系。正如我们早些时候提及的，我们将假定资本和劳动的数量固定为 $\bar{K}$ 和 $\bar{L}$。那么，对于任意给定的要素价格，这些要素的供给量都保持不变。我们在图 3-4（a）和图 3-4（b）中绘制出劳动和资本的供给曲线，它们分别是数量固定为 $\bar{L}$ 和 $\bar{K}$ 的垂线，标记为 S^L 和 S^K。

☐ 要素市场均衡

正如你会从你学过的经济学原理课程回忆起来的那样，有了供给曲线和需求曲线，我们现在能够研究市场均衡。在市场均衡处，在某一给定价格下，企业愿意购买（需求）的数量等于生产要素所有者愿意出售（供给）的数量。在要素市场，当要素需求量等于要素供给量时，市场均衡就实现了。劳动市场的均衡意味着：

$$D^L = S^L \tag{13}$$

对于资本市场，它意味着：

$$D^K = S^K \tag{14}$$

在图 3-4（a）和图 3-4（b）中，两个市场的均衡都在 E 点达到，在均衡点，实际工资率为 w^*，资本的实际租赁价格为 r_c^*。

(a) 劳动市场

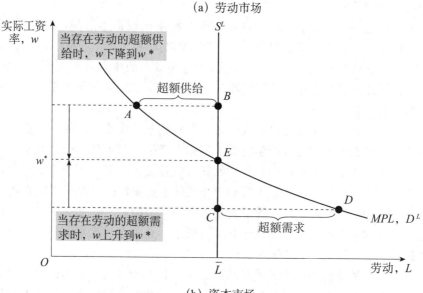

(b) 资本市场

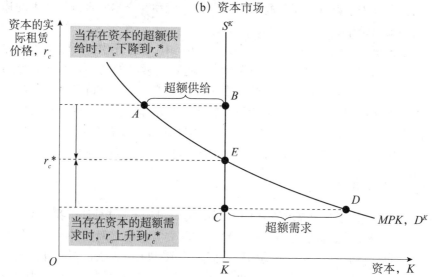

图 3-4 要素市场的供给和需求分析

    劳动和资本的边际产量曲线是向下倾斜的，它们也是劳动和资本的需求曲线。图（a）和图（b）中的均衡都在 E 点达到，在该点，要素需求量等于要素供给量。图（a）中的均衡实际工资率为 w^*，图（b）中的资本的均衡实际租赁价格为 r_c^*。当实际要素价格高于均衡价格时，在 B 点的供给量高于在 A 点的需求量，从而存在超额供给，这引起要素价格下降，如图中向下的箭头所示。当实际要素价格低于均衡价格时，在 C 点的供给量低于在 D 点的需求量，从而存在超额需求，这引起要素价格上升，如图中向上的箭头所示。

    超额供给。市场均衡的概念很有用，这是因为市场有向其移动的倾向。在图 3-4（a）和图 3-4（b）中，注意当实际要素价格高于均衡价格时会发生什么：在 A 点的需求量低于在 B 点的供给量。我们把这种要素需求量低于供给量的状况称为**超额供给**

宏观经济学：政策与实践（第二版）

（excess supply）。由于要素所有者想出售的要素数量高于企业需求的数量，要素的价格将下降，这正是图 3-4（a）和图 3-4（b）中画出向下的箭头的原因。只要要素价格仍然高于均衡价格，要素的超额供给就会继续存在，价格就会继续下降。只有要素价格达到图 3-4（a）和图 3-4（b）中的 w^* 和 r_c^* 时，价格的下降才会停止。

超额需求。 现在让我们看看在图 3-4（a）和图 3-4（b）中的 C 点和 D 点要素价格低于均衡价格时将会发生什么。要素需求量超过要素供给量，因此我们处于**超额需求**（excess demand）的状况。现在，企业想购买的要素数量超过要素所有者想出售的数量，驱动要素价格上升，如图 3-4（a）和图 3-4（b）中向上的箭头所示。当要素的超额需求在均衡价格处消除时，价格才会停止上升。

国民收入的分配

由于我们理解了生产要素的收益是如何决定的，我们能够得到关于经济如何将国民收入分配给工人和资本所有者的一些结论。

在实际意义上支付给劳动的收入，即实际劳动收入，等于实际工资乘以劳动量。正如我们前面所证明的，实际工资率等于劳动的边际产量，$w=MPL$。因此，

$$实际劳动收入 = wL = MPL \times L$$

从方程（9）我们知道 $MPL=0.7Y/L$，用它代替前面方程中的 MPL，我们得到：

$$实际劳动收入 = 0.7(Y/L) \times L = 0.7Y \tag{15}$$

类似地，在实际意义上支付给资本所有者的收入，即实际资本收入，等于资本的实际租赁价格乘以资本量，r_cK。资本的实际租赁价格等于资本的边际产量，$r_c=MPK$，因此，

$$实际资本收入 = r_cK = MPK \times K$$

从方程（8）我们知道 $MPK=0.3Y/K$，用它代替前面方程中的 MPK，我们得到：

$$实际资本收入 = 0.3(Y/K) \times K = 0.3Y \tag{16}$$

正如你可能预期的那样，实际劳动收入和实际资本收入加在一起就得到 Y（$=0.7Y+0.3Y$），即经济中生产的总产出量。我们在第 2 章看到，经济中生产的总产出量等于国民收入，即实际劳动收入和实际资本收入之和。因此，

$$国民收入=Y=0.7Y+0.3Y=实际劳动收入＋实际资本收入 \tag{17}$$

因此，国民收入被划分为劳动报酬和资本报酬，这些报酬的多少由劳动和资本的边际产量决定。

考察收入如何被分配给资本和劳动的另一种方式是考察国民收入的份额，这涉及将方程（15）和（16）除以 Y：

$$劳动收入份额=wL/Y=0.7Y/Y=0.7 \tag{18}$$
$$资本收入份额=r_cK/Y=0.3Y/Y=0.3 \tag{19}$$

劳动收入份额 0.7 是我们在方程（2）定义的柯布-道格拉斯生产函数中劳动的指数数值，而资本收入份额 0.3 是该生产函数中资本的指数数值。最为重要的是，如果柯布-道格拉斯生产函数是正确的，那么国民收入中劳动收入和资本收入的份额甚至在总收入水平上升和下降时都不会改变。根据柯布-道格拉斯生产函数做出的这一预测正是我们在数据中所看到的：在过去 60 年中，国民收入中的劳动份额一直非常稳定，占国民收入的 70% 左右。

柯布-道格拉斯生产函数有着合乎情理的性质：总生产的规模报酬不变。此外，它与如下的经验事实相一致：在过去 60 年中，尽管经济显著增长，但国民收入分配给资本和劳动的份额保持得相当稳定。正如以下两个应用所示，柯布-道格拉斯生产函数还能够帮助解释实际工资增长和石油价格冲击对股票市场的影响。

应用 ☞

解释实际工资增长

尽管美国工人的工资在过去几十年里上升了，工资的变化率随时间的变动却相当大。正如表 3-2 所表明的，实际工资——包括健康险和养老金等非薪酬性质的报酬——在 1959—1972 年平均增长了 2.3%，但在接下来的 20 年里则平均只增长了 0.7%。之后，1995—2012 年的实际工资增长加速了，平均每年达到 1.3%。什么解释了实际工资的趋势增长率的变动呢？

我们对要素价格决定的分析提供了答案。正如方程（9）所示，实际工资由劳动的边际产量决定：$w = MPL = 0.7Y/L$。单位劳动产量 Y/L 这一项是劳动生产率[①]，实际工资与劳动生产率成比例这一事实意味着实际工资和劳动生产率的增长率应该近似相等。确实，表 3-2 中的数字证实了这种关系。注意实际工资增长率和劳动生产率增长率之间非常紧密的对应关系。随着劳动生产率增长率从 2.9% 下降到 1973 年后的 1.4%，实际工资增长率从 2.3% 下降到 0.7%。随着劳动生产率增长率从 1.4% 爬升到 1995 年后的 2.5%，实际工资增长率从 0.7% 跳到了 1.3%。

经济学家对 1973 年后劳动生产率增长减速的原因争论不休。一个可能的因素是那段时间前后发生的能源价格突然上升。1995 年后，受益于个人电脑和信息技术，生产率的增长加速了。尽管我们不完全确定是什么决定了劳动生产率的趋势增长率，但是实际工资的趋势增长率的变动显然与劳动生产率的趋势增长率相关。

表 3-2　　　　　　　　　美国劳动生产率和实际工资的增长率

时期（年）	劳动生产率增长率（%）	实际工资增长率（%）
1959—1972	2.9	2.3
1973—1994	1.4	0.7
1995—2012	2.5	1.3

资料来源：Bureau of Labor Statistics. http://www.bls.gov/data.

---

①　为了简化起见，我们使用了工人人数作为劳动单位。可是，由于人们工作的时间数随时间变动，更准确的做法是将劳动量定义为工作小时的总数，它等于工人人数乘以工人工作的平均小时数。在这种情况下，用于计算劳动生产率的劳动单位是工作小时，从而劳动生产率用每工作小时的产出来衡量。

石油价格冲击、实际工资和股票市场

在过去 40 年里美国经济经历了三次石油价格冲击。在每次冲击后，实际工资和股票市场价格都会下降。我们的要素价格供给和需求分析有助于解释为什么石油价格的突然上升可能引发这些结果。

我们在早些时候看到，负向供给冲击降低了在任何给定资本和劳动水平下劳动的边际产量（见图 3-3）。因此，劳动需求曲线从 D_1^l 向左下方移动至 D_2^l，如图 3-5（a）所示。由于劳动供给固定为 $\bar{L}$，劳动市场的均衡从点 1 移动到点 2，实际工资从 w_1 下降到 w_2。我们的供求分析所做出的预期得到了数据的证实。在 1973—1974 年第一次石油价格冲击之后，实际工资下降了 1.9%。当 1979—1980 年第二次石油价格冲击到来时，实际工资再次下降了 1.1%。最近的一次石油价格冲击发生在 2007—2008 年，其后实际工资下降了 2.4%。

负向供给冲击也降低了资本的边际产量，因此资本需求曲线从 D_1^K 向左下方移动至 D_2^K，如图 3-5（b）所示。由于资本供给短期内是固定的，我们会预期资本的实际租赁价格从 r_{c1} 下降到 r_{c2}。将普通股看做对企业资本所产生收入的索取权：资本实际租赁价格的下降意味着，当从资本得到的实际收入已经下降时，股票市场价格将会下降。确实，这正是实际发生的情况。在 1973—1975 年，在第一次石油价格冲击之后，股票市场价格下跌了大约 25%。在 1979—1980 年的第二次石油价格冲击之后，股票市场价格再次下跌，1980—1981 年间下跌了 7%。最近的 2007—2008 年的石油价格冲击则伴随着 2007—2009 年股票市场价格 50% 的下跌。尽管股票市场价格的这种急剧下跌要归因于该时期的金融危机，但是石油价格冲击可能加剧了损失。

如果你是一位投资者或一名工人——你很可能很快就会具有这两种身份，那么你不会欢迎石油价格冲击这样的事件。

(a) 负向供给冲击对劳动市场的影响

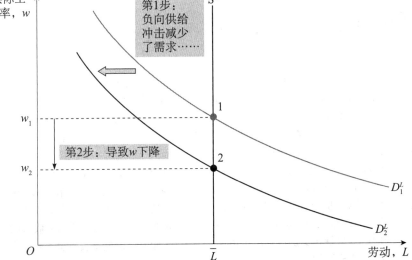

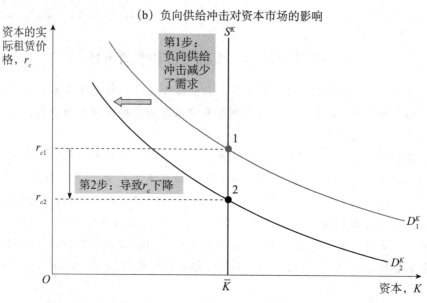

(b) 负向供给冲击对资本市场的影响

图3-5　负向供给冲击对实际工资和资本的实际租赁价格的影响

负向供给冲击降低了在任何给定资本和劳动水平下劳动的边际产量。在图（a）中，劳动需求曲线从D_1^l向左下方移动至D_2^l，在新均衡点2，实际工资从w_1下降到w_2。负向供给冲击也导致资本边际产量的下降，在图（b）中，资本需求曲线从D_1^K向左下方移动至D_2^K。在新均衡点2，资本的实际租赁价格从r_{c1}下降到r_{c2}，导致股票市场的下跌。

🗆 结束语

　　我们对生产函数和要素价格决定的分析为考察长期宏观经济问题——包括第3篇中国家间的相对财富和增长率——铺平了道路。它也是本书第4篇的基石，该篇聚焦于经济中的短期波动。这一分析将告诉我们当资源被充分利用时，也就是处于充分就业状态时，经济能够生产多少产出。

📊 本章小结

1. 总生产函数告诉我们，经济从任何给定数量的要素投入（资本和劳动）生产多少产出。柯布-道格拉斯生产函数$Y = AK^{0.3}L^{0.7}$表现出规模报酬不变的性质：当所有要素投入增加相同的百分比时，总产出也以完全相同的百分比增加。柯布-道格拉斯生产函数也表现出边际产量递减的特征：在其他要素不变的条件下，某一要素投入的边际产量随其数量的增加而下降。正向供给冲击导致任何给定的资本和劳动组合所生产的产出数量和要素边际产量增加，而负向供给冲击则正好相反。

2. 利润最大化表明企业需求的每种生产要素（劳动和资本）的数量会使其边际产量正好等于其实际要素价格，也就是$MPK = R/P = r_c$和$MPL = W/P = w$。因此，每种要素的边际产量曲线也是每种要素的需求曲线。要素价格由每种要素的需求和供给曲线的交点决定。

3. 国民收入被划分为资本报酬和劳动报酬，这些报酬的多少由资本和劳动的边际产量决定。国民收入中资本收入和劳动收入的份额甚至在收入水平随时间增长时也不变动。

关键术语

生产要素	劳动	资本
总生产函数	生产函数	柯布-道格拉斯生产函数
生产率	全要素生产率	劳动生产率
规模报酬不变	边际产量递减	边际产量
资本的边际产量	劳动的边际产量	供给冲击
正向供给冲击	有利供给冲击	负向供给冲击
不利供给冲击	完全竞争	经济利润
资本的租赁价格	工资率	资本的实际租赁价格
实际工资率	超额供给	超额需求

复习题

总生产的决定因素

1. 总生产函数描绘了什么关系？生产函数的哪些变量是内生的，哪些是外生的？

2. 全要素生产率与劳动生产率有什么不同？

3. 解释柯布-道格拉斯生产函数中的每个符号或每一项。生产函数中的哪个元素不能直接衡量？它应该怎么衡量？

4. 解释使柯布-道格拉斯生产函数对宏观经济学家特别有用的两个特征。

5. 2011 年 3 月的地震导致了日本福岛核灾难。这次地震可以被认为是一个供给冲击吗？请解释。

要素价格的决定

6. 完全竞争对发达国家和欠发达国家都是一个合理的假设吗？

7. 解释企业利润函数中的每一项。

8. 企业在决定每种投入使用多少以最大化利润时遵循什么规则？

9. 为什么要素需求和供给曲线有其各自特定的斜率？

10. 许多评论员认为，中国的低工资是由于存在劳动的超额供给。解释在存在超额供给的要素市场中该要素的均衡价格是如何被确定的。

国民收入的分配

11. 什么决定了国民收入在劳动报酬和资本报酬之间的分配？

习题

总生产的决定因素

1. 考虑如下生产函数 $Y = F(K, L) = A(2K + 3L)$。该生产函数的规模报酬不变吗？〔提示：分别用 $2K$ 和 $2L$ 替换 K 和 L，检查是否有 $F(2K, 2L) = 2F(K, L)$。〕

2. 考虑如下生产函数 $Y = F(K, L) = AK^{0.4}L^{1.0}$。

   (a) 计算劳动的边际产量。

   (b) 对于该生产函数，劳动的边际产量递减吗？

3. 假定方程（2）代表墨西哥和西班牙两国的生产函数。利用以下信息回答后面的问题。

国家	L=人口 （百万人）	K=资本 （万亿美元）	Y=产出 （万亿美元）
墨西哥	105	0.18	1.0
西班牙	45	0.74	1.7

（a）利用方程（3）计算两国的全要素生产率。

（b）计算两国的人均收入。

（c）解释人均收入的差别。

4. 下图代表了西班牙的橄榄油生产函数。假定异常的不利天气状况（如强冰雹）导致产量低于预期。

（a）在同一幅图中画出新生产函数。

（b）对资本的边际产量的影响是什么？

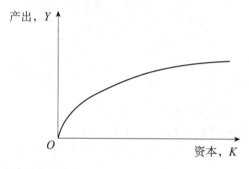

要素价格的决定

5. 新加坡的大士（Tuas）地区的一家快餐食品厂雇用了 100 个工人和 20 台机器。现在，劳动的边际产量为 6 美元，资本的边际产量为 15 美元。假设劳动和资本的市场价格分别为 3 美元和 25 美元。回答以下问题：

（a）该企业在最大化利润吗？

（b）该企业应该改变其雇用的工人和资本吗？如果答案为是，应该如何改变？

6. 假设劳动的边际产量由如下表达式给出：

$$MPL = \frac{52}{L^{0.3}}(L \text{ 的单位为百万人})$$

（a）当 $L=80$ 百万人时，劳动的边际产量是多少？

（b）确定劳动供给等于 100 百万人时（$\bar{L}=100$）的均衡实际工资。

7. 假设资本的边际产量由如下表达式给出：

$$MPK = \frac{60}{K^{0.7}}(K \text{ 的单位为万亿美元})$$

（a）画出资本的需求曲线，求出资本供给为 10 万亿美元时的均衡资本实际租赁价格。

（b）假定经济中出现了正向供给冲击，现在 $MPK = \frac{70}{K^{0.7}}$。画出新的资本需求曲线，求出新的均衡资本实际租赁价格。

国民收入的分配

8. 2010 年德国的 GDP 大约为 3.3 万亿美元，总劳动收入为 2.145 万亿美元。假设德国经济可以用柯布-道格拉斯生产函数代表，劳动和资本的指数值分别为多少？

9. 假定你在某一国家的统计部门工作。下图画出了该国劳动和资本收入份额在不同时间的估计值。你的老板认为柯布-道格拉斯生产函数可能很好地代表了该国收入。他的看法对吗？

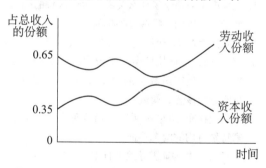

10. 假定如下柯布-道格拉斯生产函数代表了智利的经济：$Y=F(K，L)=AK^{0.4}L^{0.6}$。假设智利的国民收入等于 1 700 亿美元，计算实际劳动收入和实际资本收入。

数据分析题

1. 访问圣路易斯联邦储备银行 FRED 数据库，找到美国名义工资（COMPNFB）和 CPI 指数代表的价格（CPIAUCSL）的数据。使用该网站的频率设定把数据序列转换为年度数据，对两

宏观经济学：政策与实践（第二版）

个序列都把单位调成"与前一年相比的百分比变化"。

(a) 计算自 1980 年以来每年名义工资的百分比变化和根据 CPI 计算出来的平均通货膨胀率。该时期的通货膨胀对购买力产生了怎样的影响？

(b) 用问题（a）的答案计算每年的平均实际工资增长率。

(c) 下载劳动生产率的一个衡量指标——人均产出（PRS85006163）——的数据，使用年度频率设定和以"与前一年相比的百分比变化"为单位，计算自 1980 年以来平均每年的劳动生产率增长率。将结果与问题（b）的答案及表 3-2 进行比较，谈谈对劳动生产率增长率和实际工资增长率之间关系的看法。

2. 人均 GDP 可以表示成 GDP/人口＝GDP/工人人数×工人人数/人口，即人均 GDP＝劳动生产率×劳动力参与率。访问圣路易斯联邦储备银行 FRED 数据库，找到美国非农企业人均产出（PRS85006163）和劳动力参与率（CIVPART）的数据。

(a) 计算从 2000 年到最新数据年份间人均产出（PRS85006163）的总百分比变化和劳动力参与率（CIVPART）的百分点变化。

(b) 这两个数据序列的运动对人均 GDP 增长有什么启示？

3. 尽管劳动的边际产量 MPL 和劳动生产率明显不同，但它们密切相关，其运动应该相似。访问圣路易斯联邦储备银行 FRED 数据库，找到美国非农部门的时均产出（OPHNFB）和时均实际薪酬（COMPRNFB）的数据。用"增加数据序列"功能将两个数据序列画在一幅图中。

(a) 一般地，劳动生产率指标（OPHNFB）在衰退和扩张期间分别怎样运动？实际薪酬指标（COMPRNFB）呢？

(b) 假设人均产出是劳动的边际产量的一个好的代替指标，问题（a）的答案与你预期的劳动市场的运动一致吗？请简要解释。

第4章 封闭经济和开放经济中的储蓄和投资

预览

　　近些年来，美国工人的储蓄占收入的比例很低。确实，2013年美国私人储蓄率，即美国人每年储蓄的收入百分比，降到了自第二次世界大战后的最低水平。美国家庭的储蓄习惯很有限，同时美国政府的花费一直比其税收收益高得多，这导致高政府预算赤字和严重为负的政府储蓄率。这些低储蓄率和政府预算赤字对美国经济意味着什么？入不敷出会使这个国家在未来更穷吗？如果是的话，政府如何能够鼓励更多的私人储蓄呢？我们应该担心政府预算赤字会减少资本存量和导致大的国际贸易不平衡吗？

　　在本章，我们通过描述储蓄和投资之间的关系来回答这些问题。我们采用长期的视角，在此视角中工资和价格具有灵活性。我们将会看到，更低的储蓄会导致更低的工资，降低资本存量的增长并且确实使美国未来更穷。我们还将看到，更低的储蓄会导致更多地从外国借款，要求未来偿还更多的债务，而这会减少美国人的财富。

储蓄和财富之间的关系

　　有零花钱和储蓄罐的小孩都直观地知道收入、储蓄和财富是紧密相关的。随着时间的推移，一个零花钱很少的小孩也能用25美分的硬币填满储蓄罐，只要他在漫画书和糖果上少花点钱和多存点钱。

　　类似地，在成年人的世界里，财务上的成功不仅是指收入。我们也需要考虑**财富**（wealth），即一个人拥有的资产（如债券、股票、住房和艺术品）减去其负债（也就是其欠款的数量，如抵押贷款、汽车贷款和信用卡欠款）。一个刚从法学院毕业、在一家顶尖律师事务所工作、年薪15万美元还背负着助学贷款的律师肯定不如一个拥有每年

宏观经济学：政策与实践（第二版）

能带来 12.5 万美元收入的 200 万美元信托基金的富家孩子富裕。

上面所说的对一个小孩、成年人或家庭是如此，对一个国家也是如此。为了对一国经济进行完整的描述，我们需要知道一国在一段具体时期内的收入或 GDP，及其**国民财富**（national wealth），即该国在某一特定时点持有的资产减去其负债。正如孩子和储蓄罐的例子，储蓄率高的国家会随着时间的推移积累国民财富。我们首先来看看三个在宏观经济学中有着显著位置的国民储蓄衡量指标。

□ 私人储蓄

私人储蓄（private saving）等于私人可支配收入减去消费支出。我们计算私人可支配收入 Y_D 的方法是用 GDP（用 Y 表示）减去净税收（用 T 表示，即税收减去政府转移支付再减去对债务的利息支付）：

$$Y_D = Y - T \tag{1}$$

因此，我们可以把私人储蓄 S_P 写成可支配收入 $Y-T$ 减去消费支出 C：

$$S_P = Y - T - C \tag{2}$$

我们从可支配收入减去消费支出，这是因为消费支出代表了为了满足当前需要所产生的花费，而这种花费不会使未来收入更高从而不会增加财富。投资是私人支出的另一个组成部分，它包括对资本品的购买，而对资本品的购买确实会增加未来收入和财富。因此，我们不从可支配收入中减去投资。

私人储蓄率（private saving rate）是私人储蓄占私人可支配收入的比例，即 S_P/Y_D。正如你可以在图 4-1 中看到的，自 20 世纪 80 年代以来私人储蓄率大幅下降，这产生了严重的宏观经济问题，我们将在本书后面予以研究。

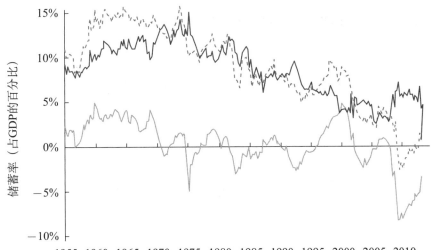

图 4-1 美国储蓄率的三种衡量指标，1955—2013 年

私人储蓄率从 20 世纪 80 年代到 21 世纪第一个 10 年的中期大幅下降，此后维持在低位。从 21 世纪第一个 10 年早期开始，政府储蓄率为很大的负数，这导致国民储蓄率下降。

资料来源：Federal Reserve Bank of St. Louis, FRED Database. http://research.stlouisfed.org/fred2/.

□ 政府储蓄

政府购买有两个组成部分：**政府投资**（government investment），即政府在高速公路和学校等增加资本存量和促进经济增长的资本品上的支出，和**政府消费**（government consumption），即政府为了满足当前需要所产生的花费。两者分别用 I_G 和 C_G 表示。换言之，

$$G = C_G + I_G$$

政府储蓄（government saving）S_G 等于净政府收入减去政府消费。实际上，我们可以把净政府收入看做扣除转移支付后的税收 T，因此我们可以把政府储蓄写成：

$$S_G = T - C_G$$

判断何为政府消费和何为政府投资并不是明确的。例如，政府为战争购买的军事设备可以被看做是为了国家的长期繁荣而进行的投资，也可以被看做是为了满足当前需要而产生的短期支出，并没有多少长期利益。因此，在 1996 年以前，国民收入账户把政府消费和投资一起计入政府购买 G。由于这些模糊性，在整本书中，我们将采用老的政府储蓄定义，即从净税收中减去政府购买：

$$S_G = T - G \tag{3}$$

政府税收收入减去其支出等于它的**预算盈余**（budget surplus），即 $T-G$。这一数量和政府储蓄是相等的。当政府支出超过政府收入时，我们说政府预算有赤字；正如方程（3）所表明的，政府储蓄为负，即 $S_G < 0$。注意，在图 4-1 中，从 2001 年到 2013 年，政府储蓄率为很大的负数。

□ 国民储蓄

我们通过加总私人储蓄和政府储蓄来计算**国民储蓄**（national saving）。将方程（2）和（3）相加，消去 T，就得到国民储蓄 S：

$$S = S_P + S_G = Y - C - G \tag{4}$$

换言之，国民储蓄等于 GDP 减去在当前需要上的支出，后者包括消费支出和政府购买。**国民储蓄率**（national saving rate）是政府和家庭储蓄占国民收入的份额，即 S/Y。由于私人储蓄和政府储蓄相对于收入都在下降，因此国民储蓄率也在下降，如图 4-1 所示。为了保持本章后面的部分在术语使用上的简便，除非描述某一特定类型的储蓄，我们在使用储蓄（S）这一术语时都是指国民储蓄。

许多政府担心各自国家的低储蓄率会使国家在未来更穷，我们在下面的政策与实践案例中加以讨论。

政策与实践

刺激储蓄的政府政策

政府有四种主要的方法来刺激储蓄。

对消费征税。 高消费税鼓励消费者少花费和多储蓄，从而积累财富。但是你怎样对消费征税呢？一种直截了当的方法是征收全国性的销售税。例如，如果你不得不为你购买的每件物品付 5% 的税，那么你在购买时就会三思，可能会决定储蓄更多。美国的大多数

州征收销售税，但是没有全国性的销售税。与销售税相似的是**增值税**（value-added tax），它是对企业销售产品和服务所得与其成本之差所征收的税收。正如我们在第 2 章所看到的，一种产品的所有增加值之和等于该产品的最终价值。结果，对所有企业征收的增值税与对消费者为该产品所付价格征收的税有相同的效应，因此应该以完全相同的方式鼓励储蓄。大多数欧洲国家以及加拿大都有增值税，这就是为什么这些国家的储蓄率高于美国的原因之一。许多认为美国国民储蓄率太低的经济学家都是增值税或全国性销售税的支持者。

为储蓄提供税收激励。1974 年，美国政府创立了被称为个人退休账户（Individual Retirement Accounts，IRAs）的避税账户，给将钱存入储蓄账户的家庭减税。家庭存入这些账户的收入免征收入税，从而降低了家庭的税负。因此，这一减税方法鼓励了家庭储蓄更多，提高了国民储蓄。这些减税方法对总体储蓄的效果是有争议的。如果家庭在没有 IRAs 这样的避税账户时也会储蓄相同的金额，那么 IRAs 存款就不会显著影响国民储蓄。

增加储蓄收益。增加普通股票这样的资产的收益的措施加大了对家庭储蓄的激励。例如，2003 年，布什当局提议降低对投资者的资本所得（即股票或住房等资产的售价和买价之差）所征收的税收，随后该法案获得通过。此外，布什当局降低了支付给普通股票的某些类型红利的收入税率。

减少预算赤字。减少预算赤字提高了国民储蓄，但是近些年出现的情况正好相反。由于政治家们对政府支出没有节制，世界上许多国家的预算赤字飙升。

储蓄的用途

储蓄去了哪里？利用第 2 章讨论的国民收入恒等式，$Y = C + I + G + NX$，我们可以找到答案。用 $C + I + G + NX$ 代替方程（4）中的 Y，我们得到

$$S = (C + I + G + NX) - C - G = I + NX \tag{5}$$

我们把方程（5）称为**储蓄用途恒等式**（uses-of-saving identity），它告诉我们储蓄要么被用作投资——获得资本品和增加资本存量，要么被用作净出口——将产品卖给外国人以交换外币资产。换句话说，一个储蓄的国家能够投资于本国资本存量或从外国人那里获取资产。

从方程（5）两边减去 I，我们可以将该恒等式改写为：

$$S - I = NX \tag{6}$$

资本净流出＝贸易余额

资本净流出。我们把储蓄和投资之差 $S - I$ 这一项称为**资本净流出**（net capital outflow，或国外净投资），因此方程（6）是**资本净流出恒等式**（net capital outflow identity）。如果储蓄高于投资，那么超额储蓄就被投资到国外，从而构成资本净流出，也就是说，从国内经济流向外国人的资本超过从国外流向国内经济的资本。相反，如果投资高于储蓄，那么投资超出储蓄的部分就通过从国外借款来融资。我们可以说资本净流出为负，或者说存在资本流入。

贸易余额。我们还把方程（6）中的净出口项 NX 称为贸易余额。[①] 当一国的 NX 为

---

① 贸易余额与你从媒体报道上所听到的另一个概念——经常账户余额——密切相关。经常账户余额等于贸易余额加上外国人支付给本国居民的净要素报酬以及单向转移支付净额。由于净要素报酬和单向转移支付净额都很少，我们可以把经常账户余额和贸易余额视为等同。

正时，贸易余额为正，我们说该国有**贸易盈余**（trade surplus）。如果中国卖给国外的产品和服务比它买的要多，那么方程（6）所示的资本净流出恒等式告诉我们，中国在输送资本到国外，而这些资本为外国人对中国产品和服务的净购买提供了资金。相反，如果一国的 NX 为负，正如美国许多年来的现实情况，我们说该国有**贸易赤字**（trade deficit）。美国人从国外购买的产品和服务比外国人从美国购买的要多，产生了负的贸易余额。要使方程（6）成立，我们必须有资本净流入，资本净流入为美国人从国外购买产品和服务提供了资金。**国际收支平衡表**（balance of payments accounts），即记录与一国（私有部门和政府）和外国之间资金移动有直接关系的所有收支的簿记系统，定期报告贸易余额（参见新闻中的宏观经济学专栏"国际收支平衡表"）。

例子：资本净流出和贸易余额之间的联系。为了说明方程（6）即资本净流出恒等式所示的资本净流出和贸易余额之间的关系，让我们考虑苹果电脑公司以 100 英镑的价格卖一部 iPod 给一个英国消费者时会发生什么情况。按照现行汇率，比如说 1 英镑值 2 美元，iPod 的价值为 200 美元。现在，美国净出口和美国贸易余额都上升了 200 美元，而苹果公司则发现它在英国的银行账户多了 100 英镑。考虑苹果公司的如下选项：

1. 苹果公司将 100 英镑留在英国的银行。苹果公司实质上给了英国的银行一笔 100 英镑的贷款（值 200 美元），因此资本净流出为 200 美元，正如方程（6）即资本净流出恒等式所表示的那样。

2. 为了寻求更高的收益，苹果公司用这 100 英镑购买了一家英国公司——如劳斯莱斯——的股票。苹果公司的钱现在被用于为劳斯莱斯的活动融资，这是资本净流出的另一种形式。

3. 苹果公司将这 100 英镑用于在英国设立一家苹果的商店。因此，苹果公司增加了它所持有的英国的资产，这造成了资本净流出。

4. 苹果公司将这 100 英镑存在本地的美国银行。资本净流出仍然存在——这家美国银行将把这 100 英镑用于某些用途，如贷款给一家英国公司。

在所有的四种情形中，资本净流出恒等式都成立：与净出口增加 200 美元相匹配的是资本流出增加 200 美元。

新闻中的宏观经济学

国际收支平衡表

美国商务部的一个部门——经济分析局（Bureau of Economic Analysis, BEA）——编制关于国际收支平衡表的季度数据。BEA 大约每个季度末之后的两个半月发布数据，每年 6 月修订数据以纳入更完整和准确的信息。你可以在 BEA 的网站 www.bea.gov 找到这些数据，只要点击"国际"（International）标题下的"国际收支平衡表"（Balance of Payments）就行了。

尽管 BEA 只是每季度编制完整的国际收支平衡表，但是它每月编制和发布贸易余额的数据，发布时间大约在所报告月之后的一个月到一个半月。由于净出口是 GDP 的一个重要组成部分并且可以告诉我们资本净流出的状况，贸易余额数据的公布常常受到媒体的大量关注。

□ 储蓄和财富之间的联系

由于方程（5）所示的储蓄用途恒等式和方程（6）所示的资本净流出恒等式显示了储蓄如何与财富相联系，这两个恒等式很重要。正如我们已经指出的，储蓄要么被用于投资，要么被用于净出口。当储蓄被用于净出口时，方程（6）所示的资本净流出恒等式显示，存在资本净流出，美国人增持的外国资产比外国人增持的美国资产要多。所持有的净国外资产（美国人拥有的外国股票、债券、银行账户、工厂等减去外国人持有的美国资产）被称为**国外资产净额**（net foreign assets），国外资产净额的增加显然是财富的增加。

尽管储蓄和财富之间有直接的联系，但是即使没有储蓄，财富也可能变动。例如，我们在图 4-1 看到美国人近年来的私人储蓄率很低。这意味着美国的个人财富没有增加吗？正如图 4-2 所表明的，答案并非如此。尽管从 2001 年到 2007 年私人储蓄率很低，但是美国人的财富相对于可支配收入稳步增加。相反的情况有时候确实也会发生。例如，2008 年美国人的身家暴跌，而私人储蓄率则大幅上升。

图 4-2　美国的财富-收入比，1955—2013 年

财富受所持有资产的价值的高度影响：从 2001 年到 2007 年，尽管私人储蓄率很低，股票市场和房地产市场的繁荣增加了美国人的财富-收入比，而 2007—2009 年的危机则导致财富急剧下降，随后股票市场复苏时财富温和上升。

资料来源：Federal Reserve Bank of St. Louis, FRED Database. http://research.stlouisfed.org/fred2/.

如何解释这些不与储蓄相联系的财富的运动呢？答案是，资产的估值在短期大幅波动。在储蓄很低的 2001—2007 年，股票市场和房地产市场都很繁荣，从而美国人持有的股票和住房的价值显著上升。因此，即使美国人储蓄得很少，财富也大幅增加。相反，2008 年的股票市场和房地产市场暴跌，这导致美国人的个人财富在私人储蓄率开始上升的情况下仍然下降了 20% 以上。21 世纪第一个 10 年的证据表明，财富的变动能够影响储蓄，这一联系在第 18 章考察什么决定消费时我们将进一步讨论。

第 4 章　封闭经济和开放经济中的储蓄和投资

69

美国如何成为世界上最大的净债务国

直到 20 世纪 80 年代，美国都是世界上最大的净债权国，美国人拥有的国外资产远多于外国人拥有的美国资产。可是，正如图 4-3 所表明的，从 20 世纪 70 年代末开始，相对于美国 GDP 的国外资产净额开始以相当稳定的速率下降。到 2012 年，国外债务净额——美国欠外国人的债务减去外国欠美国人的债务，国外资产净额的相反数——超过 3.9 万亿美元，约为 GDP 的 25%。美国是如何从世界最大的净债权国变成最大的净债务国的呢？

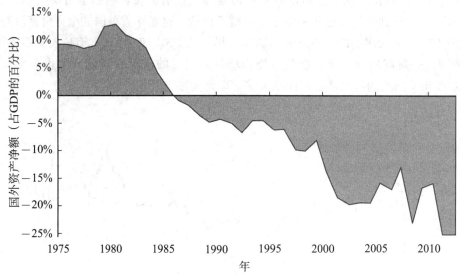

图 4-3　美国的国民国外资产净额，1975—2012 年

从 20 世纪 70 年代末开始，国外资产净额占美国 GDP 的百分比开始以相当稳定的速率下降，到 2012 年国外资产净额达到了 GDP 的−25%。

资料来源：Bureau of Economic Analysis. www. bea. gov/international/index. htm/iip.

资产净流出恒等式提供了见解。具体来说，方程（6）表明，贸易余额 NX 等于资本净流出 $S-I$。图 4-4 显示了 1960—2013 年美国国民储蓄、投资和贸易余额的趋势。从 1960 年到 20 世纪 70 年代中期，储蓄和投资的运动大体上很同步。正如我们能够从图 4-4 中看到的，储蓄一般保持在高于投资的水平，从而贸易余额为盈余。从 20 世纪 80 年代早期开始，美国的国民储蓄开始显著下降，从接近 GDP 的 10% 下降到 2009 年的零以下，而投资下降得少得多。贸易余额急剧变成赤字，2005 年达到顶峰，为 GDP 的 6.1%。

资本净流出恒等式表明，从 20 世纪 80 年代开始的大规模贸易赤字导致了大量资本流入美国，使得美国人持有的国外资产净额减少。图 4-3 支持了这种关系：国外资产净额在 1986 年变成负数，随后继续下降。如图 4-4 所示，贸易赤字在近些年终于开始减少。不过由于贸易余额仍然为负，国外资产净额继续下降。国外资产净额的这种下降何时将会转向谁也说不准。但是，有一点很清楚：美国在很长一段时期内仍将是这个世界的债务国。

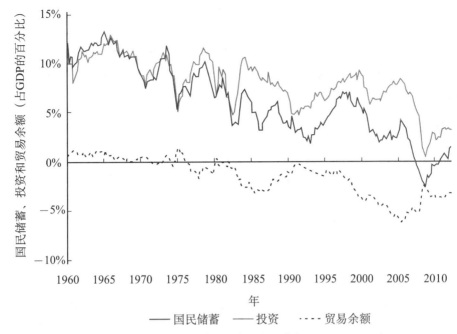

图 4 - 4　美国的国民储蓄、投资和贸易余额，1960—2013 年

从 20 世纪 60 年代到 70 年代，贸易余额为盈余，储蓄略高于投资。从 20 世纪 80 年代早期开始，美国的贸易余额转变为赤字，国民储蓄开始显著下降，从接近 GDP 的 10％下降到 2007 年后的零附近，而投资下降得少得多。

资料来源：Federal Reserve Bank of St. Louis，FRED Database. http：//research. stlouisfed. org/fred2/.

封闭经济中的储蓄、投资和产品市场均衡

我们现在来看储蓄和投资两者在长期的联系。在长期，所有价格都具有灵活性，对外部冲击做出充分调整，从而总产出由第 3 章的生产函数决定。通过提出产品市场处于均衡时会发生什么这一问题，我们来考察储蓄和投资之间的联系。为了简化问题，我们从一个封闭经济开始。**封闭经济**（closed economy）是一个不进行国际贸易从而净出口为零（$NX=0$）的经济。

储蓄和投资方程

由于封闭经济的净出口为零，GDP 有三个组成部分：消费支出 C、投资 I 和政府购买 G。封闭经济中对产品和服务的总需求是 $C+I+G$。如果产出市场处于均衡，那么这一需求将等于生产的产出和服务数量 Y。因此，当条件

$$Y = C + I + G \tag{7}$$

满足时，产品市场处于均衡。当我们从方程（7）两边减去 C 和 G 并从方程（4）注意到国民储蓄 S 等于 $Y-C-G$ 时，我们可以将产品市场均衡条件改写为：

$$S = Y - C - G = I \tag{8}$$
$$\text{储蓄} \quad = \quad \text{投资}$$

实际利率，即对通货膨胀进行调整的借款成本，使得储蓄和投资的市场处于均衡。这一利率也描述了储蓄的实际收益，它进行调整以维持均衡，即合意储蓄等于合意投资。现在，我们分别来看储蓄和投资以明白它们如何与实际利率相关。

□ 储蓄

我们将在第 18 章详细探讨决定消费支出的因素。现在，我们将假设消费者想花费的数量是三个因素的函数：可支配收入（$Y-T$）、实际利率（r）和自发消费（$\bar{C}$）。**自发消费**（autonomous consumption）是与可支配收入和实际利率都不相关的消费支出的数量。我们可以将消费支出与可支配收入和实际利率之间的关系写成如下的形式：

$$C = \bar{C} + C(Y - T, r) \tag{9}$$
$$\qquad\qquad + \quad -$$

$Y-T$ 下面的正号表明消费支出随着可支配收入的增加而增加，而 r 下面的负号表明消费支出随着实际利率的上升而下降。随着可支配收入的上升，消费者有更多的收入可以花费，这增加了他们合意的消费支出数量。实际利率上升鼓励消费者更多地储蓄和更少地消费，因为他们可以从储蓄中获得更高的收益。

我们把政府财政政策视为外生变量，这意味着财政政策由政治考虑来决定，超出了我们模型的范围。

$$G = \bar{G} \tag{10}$$
$$T = \bar{T} \tag{11}$$

为了简化，我们还将资本和劳动水平视为外生的，固定为 $\bar{K}$ 和 $\bar{L}$。我们可以把这些要素代入第 3 章描述的生产函数以决定长期总产出水平。因此，长期总产出也是一个外生变量，我们将它固定为 $\bar{Y}$。将这些写在一起就是

$$Y = F(\bar{K}, \bar{L}) = \bar{Y} \tag{12}$$

注意到储蓄 $S = Y - C - G$ 并将方程（9）～（12）代入，我们可以将合意的储蓄量表述成

$$S = \bar{Y} - \bar{C} - C(\bar{Y} - \bar{T}, r) - \bar{G} \tag{13}$$

现在，我们已经建立了一个关于合意储蓄的完整经济模型，有 4 个外生变量（$\bar{Y}$、$\bar{C}$、$\bar{T}$ 和 $\bar{G}$）和 4 个内生变量（实际利率 r、消费 C、合意投资 I 和合意储蓄 S）。注意 r 的变动如何改变 C 的水平，而 C 又如何影响储蓄率。如果 r 上升，消费支出下降。更低的消费意味着更高的储蓄。从而，我们可以说 r 与 C 负相关，C 与储蓄负相关。因此，r 与储蓄正相关。储蓄和实际利率之间的正相关关系产生了图 4-5 中向右上方倾斜的储蓄曲线 S。S 的斜率与我们关于利率如何通过使消费更加昂贵而影响储蓄的直觉相符合。

□ 投资

正如我们从第 3 章对资本边际产量的讨论中得到的结论，只要企业和家庭预期投资

宏观经济学：政策与实践（第二版）

所得超过资本的租赁成本也就是投资所需贷款的利率成本,企业和家庭就会进行投资。我们用实际产品和服务的价值来看待投资的收益和成本,因此与投资决策最相关的利率是实际利率。例如,假定福特公司在考虑购买价值 10 万美元的用于汽车喷漆的机器人,该机器人将使实际意义上的利润每年增加 10 000 美元。如果福特公司购买该机器人所需的 10 万美元贷款的实际利率为 6%,它每年要支付 6 000 美元的利息。净收益是每年 4 000 美元。福特公司进行这笔投资是合理的,因此它会进行投资,购买机器人。相反,如果实际利率是 15%,那么为该笔购买融资的成本是每年 15 000 美元。10 000 美元的利润还不够弥补这一成本,因此福特公司不会进行这笔投资。类似地,假定你在考虑购买一栋 10 万美元的房子。当实际利率低——比如说为 6%——时,你购买的可能性会比实际利率为 15% 时更高。当利率较低时你支付的实际利息为每年 6 000 美元,而当利率较高时为每年 15 000 美元。

若家庭和企业有充足的资金从而不必借款,实际利率对家庭和企业的投资决策还重要吗?答案是肯定的。例如,如果福特公司有 10 万美元从而无须贷款去购买机器人,情况会如何呢?若不购买机器人,福特公司可以购买债券等资产。如果债券的实际利率高,比如说 15%,那么福特公司购买债券每年将获得 15 000 美元的实际收益,这比从购买机器人能够获得的 10 000 美元要高。因此,与前面一样,它不会进行这笔投资。倘若实际利率为 6%,那么福特公司购买机器人获得的 10 000 美元超过购买债券能获得的 6 000 美元,因此它将投资购买机器人。

从我们的分析可得到如下结论:随着实际利率的下降,家庭和企业更可能进行投资,因此经济中的合意投资水平将上升。我们把合意投资水平随着实际利率的下降而增加表示成图 4-5 中标记为 I 的向下倾斜的曲线,该曲线可以写成如下的投资函数:

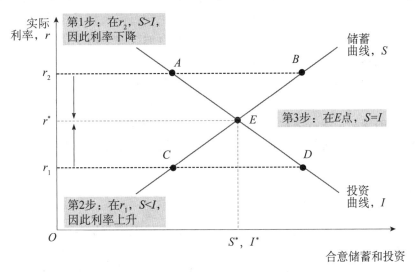

图 4-5 储蓄-投资图:产品市场的均衡

产品市场均衡出现在储蓄曲线和投资曲线的交点 E,该点的实际利率为 r^*。在利率 r_2,A 点的合意投资少于 B 点的合意储蓄:潜在的投资者愿意借款的数量少于储蓄者愿意放贷的数量,因此实际利率下降到 r^*。类似地,如果利率为 r_1,那么 D 点的合意投资多于 C 点的合意储蓄:投资者想要借款的数量多于储蓄者想要放贷的数量,实际利率将上升到 r^*。

$$I = \bar{I} + I(\underset{-}{r}) \tag{14}$$

其中，$\bar{I}$ 是**自发投资**（autonomous investment），即与实际利率无关的投资，r 下方的负号表明投资随着实际利率的上升而下降。

□ 产品市场均衡

产品市场均衡的条件 $S=I$ 出现在图 4-5 中储蓄曲线和投资曲线的交点，我们把该图称为**储蓄-投资图**（saving-investment diagram）。使产品市场保持均衡的实际利率为 r^*。如果利率高于 r^*，如 r_2，那么 A 点的合意投资少于 B 点的合意储蓄，产品市场不会处于均衡。在这样的条件下，潜在的投资者愿意借款的数量少于储蓄者愿意放贷的数量，因此放贷者愿意降低利率以更多地放贷。因此实际利率下降，如向下的箭头所示。类似地，如果利率低于 r^*，如 r_1，那么 D 点的合意投资多于 C 点的合意储蓄，投资者想要借款的数量多于储蓄者想要放贷的数量，因此实际利率将上升，如向上的箭头所示。只有实际利率为图中 E 点的 r^* 时，产品市场才处于均衡，实际利率将保持不变。

封闭经济中对储蓄和投资变动的反应

经济如何对储蓄和投资的变动做出反应呢？为了考察这个问题，我们通过图形来看储蓄和投资水平的变动。正如你在经济学原理课程上学习供给和需求时学到的，区分沿着曲线的运动和曲线自身的移动总是很重要的。只有曲线的移动才导致均衡数量和价格的变动。这一见解也适用于对储蓄和投资的分析。

我们已经看到，储蓄的合意数量由 $\bar{Y}$、$\bar{C}$、$\bar{T}$、$\bar{G}$ 和 r 决定。由于长期总产出的水平 $\bar{Y}$ 由经济中的资本和劳动量以及可获得的技术决定，我们把 $\bar{Y}$ 视为给定。当实际利率变动时合意储蓄的变动是沿着储蓄曲线的运动，不会引起储蓄曲线移动。但是，$\bar{C}$、$\bar{T}$ 和 $\bar{G}$ 的变动能够影响合意储蓄的数量，从而使储蓄曲线发生移动。首先我们来看看自发消费变动时会发生什么。

□ 储蓄的变动：自发消费

如果消费者变得更加乐观，比如说他们认为未来的工作前景会更好，他们可能决定在任何水平的实际利率或可支配收入下都支出更多。结果，自发消费支出 $\bar{C}$ 会上升。或者，消费者偏好的变动可能使家庭变得轻率和无节制，因此自发消费可能上升，在任何给定实际利率下消费者会更少储蓄。然后，储蓄曲线将如图 4-6（a）所示向左移动，从 S_1 移动到 S_2，均衡将从点 1 移动到点 2。自发消费的上升将引起储蓄和投资数量下降到 S_2 和 I_2，均衡实际利率将上升到 r_2。

相反，如果消费者变得更加悲观或更为保守，从而想储蓄更多，那么自发消费将下降，在任何给定实际利率下的储蓄都将上升。在这种情况下，储蓄曲线将如图

4-6（b）所示向右移动，从 S_1 移动到 S_2，储蓄和投资将上升到 S_2 和 I_2，均衡实际利率将下降到 r_2。因此，我们有如下结果：在长期，自发消费的上升引起储蓄和投资下降以及实际利率上升，而自发消费的下降引起储蓄和投资上升以及实际利率下降。

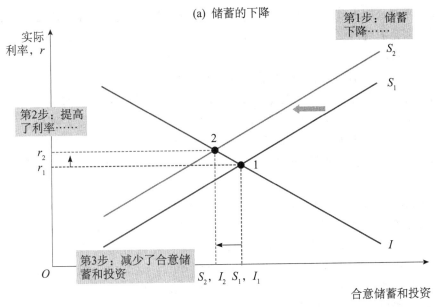

(a) 储蓄的下降

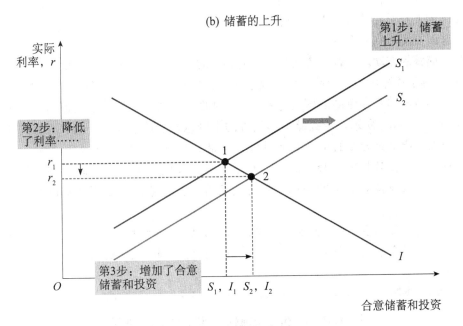

(b) 储蓄的上升

图 4-6 对储蓄变动的反应

自发消费支出、政府支出或税收等因素变动导致的储蓄变动使图（a）和图（b）中的储蓄曲线发生移动。在图（a）中，储蓄的减少引起储蓄和投资的数量下降到 S_2 和 I_2，均衡实际利率上升到 r_2。在图（b）中，储蓄的增加引起储蓄和投资的数量上升到 S_2 和 I_2，均衡实际利率下降到 r_2。

□ 储蓄的变动：财政政策的影响

财政政策的变动——如税收 T 或政府购买 G 的变动——也能影响在任何给定实际利率下合意储蓄的数量，因此使储蓄曲线发生移动。

税收的变动。 如果政府提高税收，那么家庭可供支出的收入更少，因此在任何给定实际利率下都会消费得更少。结果是，在任何给定实际利率下，储蓄 $S=Y-C-G$ 将增加，储蓄曲线将向右移动，如图 4-6（b）所示，从 S_1 移动到 S_2。均衡将从点 1 移动到点 2。税收的增加将引起储蓄和投资的数量上升到 S_2 和 I_2，均衡实际利率将下降到 r_2。相反，如果政府降低税收，那么家庭将有更多的可支配收入，降低任何给定实际利率下的储蓄。在这种情况下，储蓄曲线将如图 4-6（a）所示从 S_1 向左移动到 S_2：储蓄和投资将下降到 S_2 和 I_2，均衡实际利率将上升到 r_2。因此有如下结论：在长期，税收增加使得储蓄和投资上升，实际利率下降，而税收降低使得储蓄和投资下降以及实际利率上升。

政府购买的变动。 现在假定政府决定增加其购买水平。由于 $S=Y-C-G$，政府支出的增加将导致在任何给定实际利率下储蓄的下降，从而储蓄曲线将向左移动，如图 4-6（a）所示。储蓄和投资将下降到 S_2 和 I_2，均衡实际利率将上升到 r_2。我们把从储蓄-投资分析得到的这一结果称为**挤出**（crowding out），这是由于政府支出的增加导致私人投资下降。相反，如果政府削减支出，那么储蓄曲线将向右移动，如图 4-6（b）所示：储蓄和投资将上升，均衡实际利率将下降。因此，我们有如下的结论：在长期，政府支出的上升引起储蓄和投资下降以及实际利率上升，而政府支出的下降引起储蓄和投资上升以及实际利率下降。

政府储蓄的变动。 理解财政政策变动的影响的另一种方式是认识到政府储蓄是 $S_G=T-G$，它等于预算盈余。因此，由税收增加或者政府支出减少导致的预算盈余的上升会导致更高的政府储蓄和更高的国民储蓄 S。[①] 因此，更高的预算盈余使储蓄曲线向右移动，如图 4-6（b）所示，导致储蓄和投资的上升以及实际利率的下降。相反，由税收下降或政府支出上升导致的预算赤字引起政府储蓄下降，如图 4-6（a）所示。储蓄曲线向左移动，储蓄和投资下降，而实际利率上升。我们将关于财政政策的结果总结如下：在长期，政府预算赤字的增加（政府负储蓄）引起储蓄和投资下降以及实际利率上升。

由于政府预算赤字能够导致私人投资的挤出和更高的实际利率，运用财政政策来刺激经济的尝试具有很大的争议，如下面的政策与实践案例所表明的那样。

政策与实践

挤出和对 2009 年财政刺激方案的争论

2009 年年初，根据奥巴马当局的提议，国会通过了一个 7 870 亿美元的财政刺激方

宏观经济学：政策与实践（第二版）

---

① 尽管税收的上升增加了政府储蓄 $S_G=T-G$，但是它降低了私人储蓄 $S_P=Y-T-C$。然而，政府储蓄与税收是一对一地增加，而私人储蓄的下降则低于一对一，这是由于税收的上升导致消费下降从而 $T+C$ 的上升少于 T 的增加。因此，在任何给定实际利率下政府储蓄的增加导致国民储蓄 $S=S_G+S_P$ 的上升。

案，旨在推动经济从始于 2007 年的衰退中复苏。由于疲软的经济已经导致税收收益降低，这一增加的支出把预算赤字推高到超过 1 万亿美元。结果，相对于 GDP 的赤字水平达到了 50 年的最高水平。该财政刺激方案的批评者担心，庞大的政府预算赤字将导致利率的上升和投资的下降。他们担心资本存量的缓慢增长将降低美国经济未来的生产能力，使国家整体变穷。

尽管 2009 年财政刺激方案有着增加就业和提高产量的潜在好处（见第 9 章和第 13 章），我们的储蓄-投资分析表明，我们应该严肃地对待这些批评。如果财政刺激方案造成经常性的庞大的政府预算赤字和政府负储蓄，那么它会使储蓄曲线向左移动，如图 4-6 (a)所示，这在长期将导致投资的挤出和更高的实际利率。即使奥巴马财政刺激方案在短期能够成功地刺激美国经济（一个我们在后面的章里将讨论的主题），如果它导致持续的巨额预算赤字，那么它对美国经济也会有重要的负面长期后果。储蓄-投资分析表明，政府在考虑使用财政刺激方案来管理经济时千万不能忘记预算赤字的长期后果。

☐ 自发投资的变动

合意投资随着实际利率的变动而变动，这是沿着投资曲线的运动，不会改变均衡实际利率水平。可是，与实际利率无关的合意投资——自发投资 $\bar{I}$ ——的变动确实会引起投资曲线的移动，这导致均衡实际利率的变动。

自发投资和投资曲线的移动有几个理由。首先，企业可能变得对未来更加乐观，因此预期投资收益更高。在任何给定利率下，它们更可能找到有利可图的项目，合意投资会上升。结果是投资曲线向右移动，如图 4-7 所示，从 I_1 移动到 I_2。或者，税法的变动，例如规定当企业在实物资本上进行投资时给企业减税的**投资税收抵免**（investment tax credit），鼓励企业在任何给定利率水平下扩大投资，也使投资曲线向右移动。

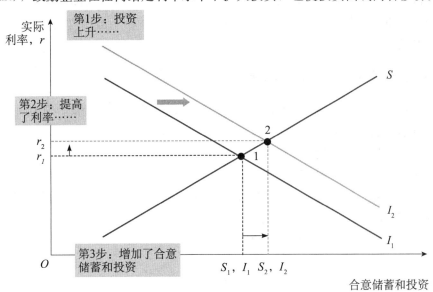

图 4-7 对投资上升的反应

投资的上升（由于企业乐观情绪的增加或者鼓励投资的税法变动）使投资曲线移动到 I_2，均衡移动到点 2，储蓄和投资上升到 S_2 和 I_2，均衡实际利率上升到 r_2。

注意图 4-7 中投资曲线的右移引起均衡从点 1 移动到点 2。储蓄和投资将分别上升到 S_2 和 I_2，均衡实际利率也将上升到 r_2。企业乐观情绪的增加或增加自发投资的税法变动引起储蓄、投资和实际利率上升。类似的推理表明，当企业变得更加悲观或政府提高投资税从而降低了自发投资时，投资曲线向左移动，因此储蓄、投资和实际利率将下降。

开放经济中的储蓄、投资和产品市场均衡

现在我们可以对储蓄-投资图进行修改来分析开放经济中会发生什么。**开放经济**（open economy）就是开放贸易和跨国资本流动的经济。

□ 完全资本流动性和开放经济

我们将假设开放经济对国内和外国居民之间的双向资本流动没有任何限制，这一情形被称为**完全资本流动性**（perfect capital mobility）。在这种情形下，国内实际利率 r 必须等于**世界实际利率**（world real interest rate）r^w，即世界市场通行的实际利率。

$$r = r^w \tag{15}$$

如果国内实际利率 r 高于世界实际利率 r^w，那么在没有资本流动障碍的条件下，国内居民（包括政府）将只会以世界实际利率 r^w 从国外借款。或者，如果国内实际利率低于世界实际利率，那么国内居民将只会借款给外国人，赚取世界实际利率 r^w。由于借款和贷款只会在世界实际利率 r^w 下发生，因此国内实际利率将不会偏离世界实际利率，如方程（15）所示。

□ 开放经济中的产品市场均衡

在一个存在国际贸易的开放经济中，净出口 NX 不再是零。因此，现在一个开放经济中产品和服务的总需求等于 $C+I+G+NX$。如果产品市场处于均衡，那么这一需求将等于生产的产品和服务数量 Y。因此，当如下条件满足时，

$$Y = C + I + G + NX \tag{16}$$

产品市场处于均衡。从方程（16）两边减去 C 和 G 并由方程（4）可知国民储蓄 $S=Y-C-G$，我们可以将开放经济中的产品市场均衡条件改写为：

$$S = Y - C - G = I + NX \tag{17}$$

$$\text{储蓄} \qquad = \text{投资} + \text{净出口}$$

通过从两边减去 I，我们可以将产品市场均衡条件写成：

$$NX = S - I \tag{18}$$

$$\text{净出口} = \text{储蓄} - \text{投资}$$

它看起来像是方程（6）所示的资本净流出恒等式，但它现在是一个均衡条件。

小型开放经济中的储蓄、投资和贸易余额

我们现在将考察一个小型开放经济。**小型开放经济**（small open economy）是指一个开放贸易和跨国资本流动的经济，但该经济相对于世界经济而言很小，以至该经济发生的任何事情对世界实际利率没有任何影响。对于一个小型开放经济，我们可以将记为 r^w 的世界实际利率视为给定。

我们从小型开放经济开始，这是因为分析很直截了当以及许多结果能推及如美国或欧元区（采用欧元作为通货的欧洲国家）那样的大型开放经济。**大型开放经济**（large open economy）是指一个开放贸易和资本流动的经济，但该经济足够大以至其储蓄和投资决策确实影响世界实际利率。我们将在本章后面和本书配套网站上的一个附录中讨论大型开放经济。

□ 小型开放经济中的产品市场均衡

我们首先来确定小型开放经济中产品市场处于均衡时的储蓄和投资。图 4-8 采用的储蓄-投资图与我们在分析封闭经济时用到的相似，储蓄和投资曲线与图 4-5 中的相同。注意，与封闭经济不同，当储蓄等于投资时产品市场并未处于均衡。相反，当合意储蓄减去合意投资等于净出口时，即方程（18）成立时，产品市场处于均衡。

产品市场均衡：贸易盈余。 假定世界利率为图 4-8 中的 r_1^w，高于储蓄和投资曲线的交点对应的利率 r_E，也就是该经济为封闭经济情况下的实际利率。在国内实际利率等于 r_1^w 的条件下，B 点的合意储蓄高于 A 点的合意投资，两者之差为正的净出口。小型开放经济中的产品市场均衡时的实际利率为 r_1^w，经济中存在值为 NX_1 的贸易盈余。国内居民贷款给外国人，因此由于储蓄超过投资，存在资本净流出。资本净流出和给外国人的贷款意味着国内居民通过获取更多的国外资产净额增加财富。

为了更好地理解小型开放经济中的产品市场均衡，让我们将小型开放经济中的状况与封闭经济进行比较。在一个封闭经济中，在实际利率为 r_1^w 时，由于额外储蓄没有别的地方可去，实际利率会下降到 r_E 以使储蓄等于投资。可是，在一个小型开放经济中，由于国内居民不愿意以比从国外能够得到的实际利率更低的实际利率贷款，国内实际利率不能下降到 r_1^w 以下。相反，正如图 4-8 所表明的，国内居民将把超额储蓄——也就是值为 NX_1 的贸易盈余——贷给外国人。

产品市场均衡：贸易赤字。 但是，如果图 4-8 中的世界利率下降到 r_2^w，低于 r_E，从而国内实际利率下降到 r_2^w，又会怎么样呢？现在投资上升到 D 点，高于 C 点的储蓄，因此 $S-I$（大小为 NX_2）为负数，这意味着经济存在贸易赤字。现在，国内居民需要借入数量为贸易赤字的款项来为经济所从事的超额投资筹措资金，因此存在资本净流入。当国内居民从国外借款和存在资本净流入时，国外资产净额和国家的财富都将减少。

什么会引起世界实际利率从 r_1^w 下降到 r_2^w 呢？答案存在于我们对封闭经济的分析中。把作为一个整体的世界经济看做一个封闭经济：当合意的世界储蓄等于合意的世界投资

时，世界经济的产品市场处于均衡。这样，图4-5至图4-7的分析可以应用于世界经济，因此对于作为一个整体的世界，自发消费支出、投资和财政政策的变动决定了实际利率。从而，对封闭经济的分析告诉我们，世界储蓄的上升——来自世界自发消费支出的减少、世界上政府总花费的减少或世界税收的上升——或世界投资的减少都将导致世界实际利率从 r_1^w 下降到 r_2^w。

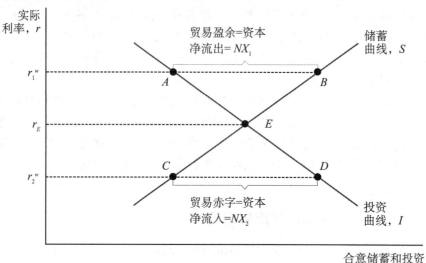

图4-8 小型开放经济中的储蓄-投资图

在世界实际利率下，当合意储蓄减去合意投资等于净出口时，产品市场处于均衡。在世界利率 r_1^w 下，B 点的合意储蓄高于 A 点的合意投资：两者之差为正的净出口。当小型开放经济中的产品市场达到均衡时，实际利率为 r_1^w，经济中存在值为 NX_1 的贸易盈余。在世界利率 r_2^w 下，现在投资上升到 D 点，高于 C 点的储蓄，净出口等于 NX_2，它为负数：存在资本净流入和贸易赤字。

世界经济和小型开放经济之间的联系

由于图4-8显示世界实际利率从 r_1^w 到 r_2^w 的下降导致投资的增加以及净出口和资本净流出的减少，我们有如下结论：世界储蓄的增加（来自世界自发消费支出的减少、世界税收的上升或世界上政府总支出的减少）或世界投资的减少引起国内实际利率下降、国内投资上升和资本净流出（净出口）下降。因此，（除本国外）世界上其他地方的状况是一国投资、贸易余额和资本流动的重要决定因素。

小型开放经济中对储蓄和投资变动的反应

由于我们理解了如何决定储蓄、投资和贸易余额，我们可以考察当国内储蓄或投资变动时会发生什么。

国内储蓄的变动

正如我们在对封闭经济的分析中看到的，自发消费支出的下降或政府储蓄的上升

（产生于税收的上升或政府支出的下降）引起储蓄曲线向右移动，如图 4-9 所示，从 S_1 移动到 S_2。在世界和国内实际利率保持在 r_1^w 不变的条件下，合意储蓄的数量从 B_1 增加到 B_2。A 点和 B_2 点之间的距离大于 A 点和 B_1 点之间的距离，因此 $S-I$ 增加了，从而使净出口从 NX_1 提高到 NX_2，增加了贸易盈余。更高数量的超额储蓄导致给外国人的贷款增加，从而资本净流出增加，国外资产净额也增加。结果如下：小型开放经济中储蓄的增加（由自发消费支出下降、税收上升或政府支出下降导致的政府储蓄的上升）导致更高的贸易余额（贸易盈余的增加或贸易赤字的缩减）和资本净流出的增加。类似的推理表明，储蓄的减少导致贸易余额的下降（贸易盈余的缩减或贸易赤字的增加）和资本净流出的减少。

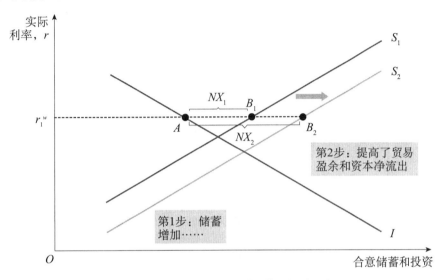

图 4-9　小型开放经济中对储蓄增加的反应

储蓄的增加（来自自发消费支出的下降或政府储蓄的上升）引起储蓄曲线从 S_1 移动到 S_2。在世界和国内实际利率保持在 r_1^w 不变的条件下，合意储蓄的数量从 B_1 增加到 B_2。净出口上升到 NX_2，增加了贸易盈余和资本净流出。

对储蓄曲线移动的反应与在封闭经济中有什么不同呢？以由储蓄曲线的右移代表的储蓄增加为例。在封闭经济中，这导致实际利率下降和投资上升。在小型开放经济中，国内和世界实际利率不会变化。结果，储蓄曲线的右移不会导致投资的变动；相反，超额储蓄外溢导致净出口和资本净流出增加。可是，在封闭经济和开放经济中，储蓄的增加都导致财富增加。在封闭经济中，储蓄增加引起的投资增加导致资本存量增加，这增加了经济的生产能力从而使国家更加富裕；在小型开放经济中，它导致国外资产净额增加，这也使国家更加富裕。

应用☞

双赤字

1979—1983 年，由于各级政府（包括联邦政府、州政府和地方政府）的总预算赤字从 GDP 的 2％以下上升到接近 6％（见图 4-10 中的深灰色柱），美国政府储蓄急剧下降。从 1979 年开始，始于卡特总统主政时期的国防建设导致联邦政府支出增加。接着，里根总统当局通过的1981年《经济复苏法案》急剧削减了收入税率，导致税收收入下降了2％。由此导致的政府预算赤字对贸易赤字有什么冲击呢？

我们在图4-9中的分析表明，政府储蓄的这种下降将导致储蓄减少（由储蓄曲线的左移来表示），从而贸易余额减少。果然，美国经济开始出现庞大的贸易赤字，正如我们可以在图4-10中看到的那样。

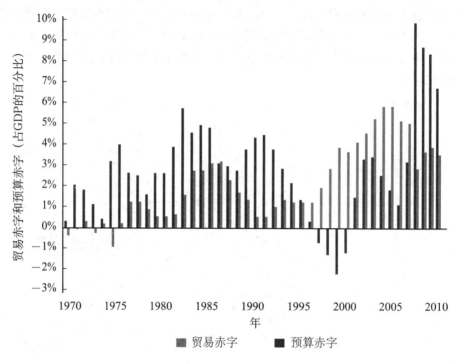

图4-10 双赤字，1970—2013年

1979—1983年，当政府预算赤字从GDP的2％以下上升到接近6％（深灰色柱）时，美国政府储蓄急剧下降。同时，美国经济开始出现庞大的贸易赤字（浅灰色柱），导致双赤字。可是，在克林顿主政期间的20世纪90年代后期，联邦政府预算和各级政府的总预算都出现了盈余，而贸易赤字继续上升。

资料来源：Federal Reserve Bank of St. Louis，FRED Database. http：//research. stlouisfed. org/fred2/.

经济学家把贸易赤字和政府预算赤字同时出现的现象称为**双赤字**（twin deficits），我们的储蓄-收入分析揭示了为什么双赤字会发生。可是，双赤字现象并不是对贸易赤字的唯一解释。例如，我们在图4-10中看到，在克林顿主政期间的20世纪90年代后期和21世纪第一个10年初期，联邦政府预算和各级政府的总预算都出现了盈余，而贸易赤字继续上升。我们的分析意味着，诸如消费者支出和投资意愿等其他因素也影响贸易余额。确实，在20世纪90年代后期的繁荣期间，私人储蓄下降而投资激增。可是，我们的模型意味着那一时期的预算盈余阻止了贸易赤字变得更大。

□ 投资的变动

假定企业变得更加乐观，因此自发投资上升。投资曲线向右移动，如图4-11所示，从 I_1 移动到 I_2。在不变的国内和世界实际利率 r_1^w 下，合意投资从点 A_1 增加到点 A_2，因

宏观经济学：政策与实践（第二版）

此，储蓄和投资之差现在减少，导致净出口从 NX_1 下降到 NX_2。更少的超额储蓄和更低的贸易盈余意味着国内居民可借给外国人的更少，从而资本净流出减少。自发投资的增加引起贸易余额下降（贸易盈余缩减或贸易赤字增加）并降低了资本净流出。资本净流出在这种情况下减少，但财富并不下降：尽管国外资产净额的持有量比资本净流出不减少时要低，但是国外资产净额持有量的减少被投资增加导致的更高的国内资本存量抵消了。

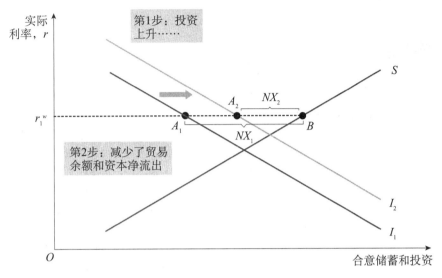

图 4 - 11　小型开放经济中对投资上升的反应

　　如果乐观的企业决定增加投资，投资曲线从 I_1 右移到 I_2。合意投资从点 A_1 增加到点 A_2，储蓄和投资之差现在减少，导致净出口从 NX_1 下降到 NX_2 和资本净流出减少。

大型 vs 小型开放经济

　　我们对小型开放经济的分析忽略了美国这样的大型开放经济中储蓄和投资变动对世界利率的影响。大型开放经济中的储蓄-投资分析比我们已经分析的封闭经济和小型开放经济更复杂，因此，此处我们将考察大型和小型开放经济中储蓄和投资曲线移动的影响之差别。（本书的配套网站 www. pearsonglobaleditions. com/mishkin 有一个本章的附录，对大型开放经济中储蓄和投资的影响做了全面的分析。）

　　小型和大型开放经济框架之间的差异是，储蓄和投资的移动的确影响大型开放经济中的国内实际利率，但不影响小型开放经济中的国内实际利率。造成这一差异的原因是，世界利率会受大型开放经济国内储蓄和投资移动的影响，但不受小型开放经济国内储蓄和投资移动的影响。在大型开放经济中，合意储蓄的上升导致国内实际利率的下降，而合意投资的上升导致国内实际利率的上升。因此，对国内实际利率和储蓄与投资的实际水平的这种影响与我们在封闭经济中发现的结果相似。

　　用这种方式来看结果导致如下结论。我们可以把大型开放经济看成是小型开放经济和封闭经济的混合：储蓄和投资移动对贸易余额和资本净流出的影响与在小型开放经济中相同，而对国内实际利率和储蓄与投资的实际水平的影响与在封闭经济中相同。由于这一原因，许多经济学家用本章介绍的简单小型开放经济和封闭经济两种框架讨论在美国这样的大型开放经济中发生的事情。当分析是什么决定了贸易余额和资本净流出时，小型开放经济框架给出了正确的答案；当分析是什么决定了国内实际利率和储蓄与投资的实际水平时，封闭经济模型给出了正确的答案。

本章小结

1. 三个储蓄衡量指标在宏观经济学中有着显著地位：私人储蓄（$S_P = Y - T - C$）、政府储蓄（$S_G = T - G$）和国民储蓄（$S = Y - C - G = S_P + S_G$），国民储蓄是前两者之和。储蓄用途恒等式表明储蓄与财富相联系，这是因为储蓄要么被用作投资——它增加了资本存量，要么被用作净出口——它增加了一国的国外资产净额。资本净流出恒等式告诉我们，资本净流出（即储蓄和投资之差）等于净出口：$S - I = NX$。

2. 在一个封闭经济中，当储蓄等于投资（$S = I$）时，即在储蓄曲线和投资曲线的交点，产品市场处于均衡。

3. 储蓄的增加（来自自发消费支出的下降、政府购买的减少或税收的增加）使储蓄曲线向右移动，导致更低的实际利率和更高的储蓄与投资。自发投资的增加使投资曲线向右移动，导致投资、储蓄和实际利率上升。

4. 在一个开放经济中，国内实际利率等于世界实际利率。当净出口等于储蓄减去投资（$NX = S - I$）时，产品市场处于均衡。

5. 世界储蓄的增加或世界投资的减少引起国内实际利率下降、国内投资上升和资本净流出（净出口）下降。

6. 小型开放经济中储蓄的增加导致更高的贸易余额和资本净流出的增加。合意投资的增加引起贸易余额下降并降低了资本净流出。

7. 大型开放经济是小型开放经济和封闭经济的混合：储蓄和投资移动对贸易余额和资本净流出的影响与在小型开放经济中相同，而对国内实际利率和储蓄与投资的实际水平的影响与在封闭经济中相同。

关键术语

财富	国民财富	私人储蓄
私人储蓄率	政府投资	政府消费
政府储蓄	预算盈余	国民储蓄
国民储蓄率	增值税	储蓄用途恒等式
资本净流出	资本净流出恒等式	贸易盈余
贸易赤字	国际收支平衡表	国外资产净额
封闭经济	自发消费	自发投资
储蓄-投资图	挤出	投资税收抵免
开放经济	完全资本流动性	世界实际利率
小型开放经济	大型开放经济	双赤字

储蓄和财富之间的关系

1. 描述国民储蓄的两个组成部分，解释储蓄如何影响国民财富。

封闭经济中的储蓄、投资和产品市场均衡

2. 什么决定了国民储蓄和投资的合意数量？合意储蓄和合意投资要满足什么关系才能使产品市场达到均衡？这一条件如何实现？

封闭经济中对储蓄和投资变动的反应

3. 什么引起合意储蓄增加？合意储蓄的增加在封闭经济中有什么影响？

4. 什么是挤出？

开放经济中的储蓄、投资和产品市场均衡

5. 开放经济中的产品市场均衡与封闭经济中的有什么不同？哪两个国家可以分别被归类为开放经济和封闭经济？

6. 什么决定了世界实际利率？为什么国内实际利率必须和世界实际利率相等？

小型开放经济中的储蓄、投资和贸易余额

7. 你会用本章建立的小型开放经济模型来分析瑞士和欧元区吗？请解释。

8. 什么决定了小型开放经济有贸易盈余还是贸易赤字？

9. 如果国内储蓄增加，小型开放经济中会发生什么？

小型开放经济中对储蓄和投资变动的反应

10. 如果中国国内储蓄下降，中国的贸易余额和资本净流出会发生什么变化？

大型 vs 小型开放经济

11. 国内储蓄和投资变动的影响在大型开放经济中与在小型开放经济和封闭经济中各有何相似之处？

■ **习题**

储蓄和财富之间的关系

1. 假定日本的 GDP 为 5 万亿美元，其国民储蓄率为 25%。

   (a) 计算日本的国民储蓄。

   (b) 如果私人储蓄为 8 000 亿美元，计算日本的政府储蓄。

封闭经济中的储蓄、投资和产品市场均衡

2. 何塞·路易斯工作了 30 年，存的钱足以买一栋房子了。他还没有决定是用这些资金在安达卢西亚买一栋海边的新房子，还是投资于西班牙政府债券。

   (a) 哪一个选项会增加经济的资本存量，哪一个不会？为什么？

   (b) 实际利率的上升会如何影响他的决策？

封闭经济中对储蓄和投资变动的反应

3. 假设希腊债务危机导致希腊政府违约，宣布不能给其现在的雇员提供养老金。用图形表示这一事件对产品市场的影响，并做出适当说明。

4. 2007—2009 年金融危机始于美国，但它迅速蔓延，重创了世界上所有的发达经济体。根据一些观察家的看法，各个国家和市场间广泛的相互联系助长了这次金融危机的蔓延（但有些人质疑这种看法）。你会怎么在产品市场的图形上表示这样一个负向冲击的影响？

5. 2010 年，戴维·卡梅伦成为英国首相，他领导的新联合政府立即宣布削减公共支出的计划，其目的是减少政府预算赤字。假定削减公共支出的计划取得了成功，你会如何用图形进行分析？

开放经济中的储蓄、投资和产品市场均衡

6. 假定日本的 GDP 为 5 万亿美元，其国民储蓄率为 25%。假设日本是一个开放经济。

   (a) 如果日本的净出口为 GDP 的 1%，计算日本的投资。

(b) 如果进口的价值为 6 500 亿美元，计算日本的出口。

7. 考虑如下关于一个小型开放经济的图形：
(a) 计算当世界实际利率为 7% 时的净出口和资本流出。
(b) 计算当世界实际利率为 5% 时的净出口和资本流出。

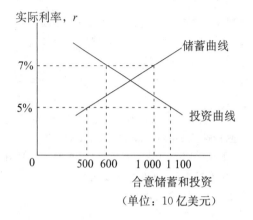

小型开放经济中对储蓄和投资变动的反应

8. 考虑一个当前有着贸易盈余的小型开放经济。利用小型开放经济中合意储蓄和投资的图形回答如下问题：
(a) 世界实际利率比该国在封闭经济情形下将会出现的实际利率高还是低？
(b) 自发投资的减少对贸易余额的影响是什么？

9. 谈谈自发投资的减少对财富的影响。区分两种情况：
(a) 该经济为封闭经济。
(b) 该经济为小型开放经济。

大型 vs 小型开放经济

10. 谈谈政府预算盈余的增加（或政府预算赤字的减少）对实际利率、合意储蓄和净出口的影响。区分两种情况：
(a) 大型开放经济。
(b) 小型开放经济。

数据分析题

1. 访问圣路易斯联邦储备银行 FRED 数据库，找到总私人储蓄（gross private saving, GP-SAVE）和总储蓄（gross saving, GSAVE）的数据并下载这些数据。
(a) 这些变量的最新数据与 5 年前相比发生了什么变化？
(b) 利用最新数据与 5 年前的数据，计算这两个时期的总政府储蓄（gross government saving）。
(c) 基于问题（b）的答案，政府现在有赤字、有盈余还是预算平衡？5 年前呢？

2. 访问圣路易斯联邦储备银行 FRED 数据库，找到出口（BOPXGS）和进口（BOPMGS）的数据。
(a) 计算最新数据当期的净出口。美国当前贸易平衡、有盈余还是有赤字？
(b) 上次美国有贸易盈余是什么时候？（为了回答这个问题，你需要下载这两个序列的数据并计算其差值。）从那时起，美国出现了资本净流入还是资本净流出？

3. 访问圣路易斯联邦储备银行 FRED 数据库，找到政府储蓄（GGSAVE）的数据。
(a) 描述从 2005 年到最新数据当期这段时期政府储蓄发生了什么变动。
(b) 基于问题（a）的答案，你预期实际利率应该发生什么变动？为什么？利用储蓄-投资图解释。
(c) 衡量实际利率的一种方法是使用通货膨胀指数化国债（TIIS）的利率。下载 10 年期 TIIS（DFII10）的数据。自 2005 年以来实际利率（DFII10）的走势如何？与你在问题（b）的预期一致吗？如果不一致，解释其原因。

网上附录"大型开放经济中的储蓄和投资"见本书的配套网站 www.pearsonglobaleditions.com/mishkin。

第5章

货币和通货膨胀

 预览

　　我的第一辆汽车，1976 年买的丰田卡罗拉（Toyota Corolla），只花了 3 000 美元多一点，而今天一辆丰田卡罗拉的价格为大约 15 000 美元。今天 10 美元的电影票在 1976 年只要不到 2 美元，那时，用 10 美元你能购买电影票、一份黄油爆米花、一杯软饮料，甚至还能事先吃点晚餐。今天的成本更高是通货膨胀——价格水平的总体上升——的结果。

　　如果用图形表示，过去半个世纪通货膨胀率的波动看起来像过山车一样。20 世纪 60 年代很长一段时间温和的价格变动让路于接下来 20 年通货膨胀率高企的时期。通货膨胀率在 1980 年达到顶峰，超过了 13%，这一时期被称为大通胀，随后通货膨胀率逐渐缓和。2009 年，价格水平下降得如此之快以至通货膨胀率事实上一度为负。

　　如何解释通货膨胀率的这些波动？政策制定者如何能够阻止价格水平过山车式的变动？50 多年前，经济学家米尔顿•弗里德曼曾经做出一个著名论断："通货膨胀时时处处都是一种货币现象。"[1] 他主张中央银行可以通过控制货币量来防止高通胀的出现。

　　在本章，我们将看到货币量的增长率在长期——当价格充分调整到均衡水平时——确实解释了通货膨胀，但在短期则解释得不是那么好。在本章开头，我们确切定义货币，描述现在它是如何被测度的。然后我们考察货币、通货膨胀和利率之间的联系，讨论通货膨胀带给家庭和企业的成本。

---

[1]　Milton Friedman, *Dollars and Deficits* (Upper Saddle River, NJ：Prentice Hall, 1968), 39.

什么是货币

为了避免混淆，我们必须弄清经济学家对货币一词的使用与通常的用法有什么不同。

☐ 货币的含义

当人们谈到货币时，他们通常是指**通货**（currency），即我们口袋中的纸币和硬币。如果一个粗鲁的人走到你跟前说"要钱还是要命"时，你很可能会交出所有的通货。相反，一个经济学家也许会问："你所说的'钱'究竟是指什么?"（这一反应也许会有可怕的后果。）

经济学家将**货币**（money）定义为在产品和服务支付以及债务偿还中被普遍接受的资产。由于支票作为购买的支付方式也被接受，支票账户中的存款也被认为是货币。甚至储蓄账户中的存款也可以作为货币，如果它们能迅速和轻易地转化为通货或支票账户存款的话。正如你能够看到的，对经济学家来说，单一而且精确的货币定义并不存在。

使事情变得更为复杂的是，货币一词还经常被作为财富的同义词使用。当人们说"唐纳德·特朗普非常富有，他有很多钱"* 时，他们的意思并不只是说他有大量支票账户存款余额，而且指他有股票、债券、房地产和酒店。经济学家会说唐纳德有大量**财富**（wealth），即所有用于价值储藏的财产。财富不仅包括货币，还包括其他资产，如债券、普通股、艺术品、土地、家具、汽车和房屋等财产。

人们还常常用货币一词指代经济学家所说的收入，例如，在"霍滕斯（Hortense）是一个理想的配偶，她有一份很好的工作，能赚很多钱"** 这句话中就是如此。回忆第 2 章我们讨论过的术语，**收入**（income）是指在单位时间段内收益的流量，而货币是存量概念：它是某一特定时点上一个确定的金额。如果霍滕斯告诉你她有 10 000 美元的收入，你无法判断她赚得多还是少，因为你不清楚这 10 000 美元是每年、每月还是每天的收入。但是，如果她告诉你她的皮包中有 10 000 美元，你很确切地知道她是什么意思。

☐ 货币的职能

在任何经济中，无论货币是贝壳、岩石、黄金还是纸张（参见参考资料"形式非同寻常的货币"），它都具有三种主要职能：交换媒介、计价单位和价值储藏。在这三种职能中，交换媒介最好地将货币与股票、债券和房地产等其他资产区别开来。

交换媒介。在我们的经济里几乎所有的市场交易中，以通货和支票形式出现的货币都是**交换媒介**（medium of exchange）：它被用来作为购买产品和服务的支付手段。货币作为交换媒介的用途通过最小化**交易成本**（transaction costs）——交易产品和服务所花费的时间和货币——促进了经济效率。如果没有货币，人们将进行物物交换，也就是说，将产品和服务直接与其他产品和服务交换。由于所有的交易都需要满足"需求的双

---

* 英文为 is rolling in money，用到 money 一词。——译者注

** 英文为 earns a lot of money，用到 money 一词。——译者注

向一致性"，这一过程高度缺乏效率。例如，一个经济学教授将不得不找到一位对知识很好奇的农夫，给他讲授供给和需求的知识以换取食物，否则就要自己种植食物。如果通过讲课得到货币，这个教授就可以去找任何一位农夫（或者农夫在超市的代理人）去购买食物。因此，通过消除交易成本和允许人们专门从事他们最擅长的工作，货币促进了经济效率。货币是经济顺利运行必不可少的润滑剂。

▶ 参考资料　　　　　　　　　**形式非同寻常的货币**

　　对货币的需要如此强烈以至除了最原始的社会以外几乎每个社会都发明了货币，许多看似奇怪的物体都被用作货币。美国印第安人用贝壳串珠作为货币，而早期的美国殖民者用大量的烟草和威士忌作为货币（因为无法获得本国即英国的通货）。雅浦岛上的居民则把一种直径达 12 英尺的大石轮作为货币。第二次世界大战期间的战俘营里的战俘发现物物交换如此缺乏效率以至他们在所有交易中都把香烟作为货币。[①] 历史上货币形式的多样性证明了人类的创造性以及工具和语言的发展。

　　计价单位。正如我们用磅来衡量重量和用英里来衡量距离一样，我们用货币来衡量产品和服务的价值。货币提供了一种**计价单位**（unit of account），即对经济中价值的衡量。用货币来表示所有产品和服务的价格比用其他产品和服务来表示要方便得多。如果经济学课程的价格用许多汉堡包来表示而汉堡包的价格用许多苹果来表示，那将是何其混乱！假定一个不喜欢汉堡包而喜欢苹果的教授想知道他在讲授一堂课后能买多少苹果，这个教授将需要一番复杂的计算，这一计算也许会让教授觉得用经济学课程交换到的汉堡包其实还是有吸引力的。

　　价值储藏。货币还有**价值储藏**（store of value）的职能，即随着时间的推移能维持的对购买力的储藏。价值储藏将购买力从获得收入之日起储蓄到支出之日。货币的这种职能十分有用，因为我们大部分人并不希望在获得收入后立刻将其全部花掉，而是更愿意等到我们有时间和意愿时再去花它。

　　股票、债券、房地产和珠宝也可以储藏财富，许多这样的资产随着时间还会升值。但是，货币作为一种价值储藏手段还是合意的，这是因为货币具有交换媒介的用途。这使货币在所有资产中是最具有**流动性**（liquid）的，这意味着货币无须转换为交换媒介就可以直接被用于购买行为。

中央银行和对货币供给的控制

　　我们现在简单地看一下经济中的货币量——也被称为**货币供给**（money sup-

---

　　① 参见 R. A. Radford，"The Economic Organization of a P. O. W. Camp，"*Economica* 12（November 1945）：189 - 201。这是一篇关于在艰难环境下货币发展的经典而又具有娱乐性的论文。

ply）——是如何被决定的（更详细的讨论见本章附录）。但是，在此之前，我们需要讨论货币供给过程中的关键参与者：美国中央银行，官方名称为**联邦储备体系**（Federal Reserve System），更常见的名称是**联储**（Fed）。它由 12 家联邦储备银行以及联邦储备体系理事会组成。[①] 除了实施货币政策，联储的任务还包括发行通货、清算支票和监管金融体系。

□ 联邦储备银行

联邦储备体系被分成 12 个地区。每个地区都有一个主要的联邦储备银行，这些银行在本地区的其他城市可能设有分行。我们把这些地区、联邦储备银行及其分行的地址表示在图 5-1 中。

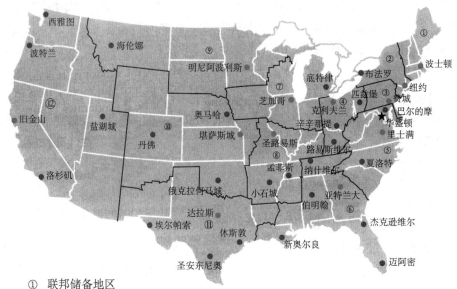

① 联邦储备地区
★ 联邦储备体系理事会
● 联邦储备银行所在城市
● 联邦储备银行分行所在城市
—— 联邦储备地区边界（阿拉斯加与夏威夷属12区）

图 5-1　联邦储备体系

联邦储备体系由 12 家联邦储备银行以及联邦储备体系理事会组成，理事会位于华盛顿。

资料来源：Federal Reserve Bulletin.

12 家联邦储备银行以如下两种关键方式参与货币政策：12 位联邦储备银行行长中的 5 位在联邦公开市场委员会各拥有 1 票表决权，**联邦公开市场委员会**（Federal Open Market Committee，FOMC）负责指导公开市场操作（买卖政府证券，以影响利率和银行体系流动性的数量）。纽约联邦储备银行在联邦公开市场委员会总是拥有 1 票表决权，

① 要想了解关于联邦储备体系和欧洲中央银行的结构的更多细节，参考弗雷德里克·S. 米什金所著的《货币金融学（第 10 版）》（*The Economics of Money*，*Banking and Financial Markets*，10th ed. Boston：Addison-Wesley，2013）一书第 13 章"中央银行和联邦储备体系"第 315～343 页。

这使它成为最重要的联邦储备银行。其他 4 票表决权在余下的 11 名地区储备银行行长之间每年轮流分配。

□ 联邦储备体系理事会

联邦储备体系的领导机构是由 7 名委员组成的**联邦储备体系理事会**（Board of Governors of the Federal Reserve System），其总部位于华盛顿。每名委员由总统任命，由参议院确认。理事会主席任期为 4 年，可连任。

理事会积极参与货币政策制定的相关决策。所有 7 位委员都是联邦公开市场委员会的成员，对公开市场操作的制定拥有投票权。由于联邦公开市场委员会中拥有投票权的成员只有 12 位（7 位委员与 5 位地区储备银行行长），联邦储备体系理事会拥有多数投票权。委员会主席就经济政策向美国总统建言献策，出席国会听证会，在新闻媒体中代表联邦储备体系发言。主席和其他委员在就经济事务与外国政府进行协商时还代表美国政府。理事会还聘请职业经济学家（多于单个联邦储备银行聘请的职业经济学家）为理事会的决策制定提供经济分析。

□ 联邦公开市场委员会

联邦公开市场委员会通常每年举行 8 次会议（大约 6 周一次），就影响货币供给和利率的公开市场操作做出决策。确实，报纸杂志上通常将联邦公开市场委员会称为"联储"：当媒体报道联储在开会时，实际上是指联邦公开市场委员会在开会。该委员会由联邦储备体系理事会的 7 位委员、纽约联邦储备银行行长和其他 4 位联邦储备银行行长组成。联邦储备体系理事会主席也是联邦公开市场委员会主席。虽然只有 5 位联邦储备银行的行长是公开市场委员会具有投票权的委员，但是其他 7 位联邦储备银行行长也列席公开市场会议并参加讨论。因此他们对委员会的决策也有一定的影响力。

直到近期，联邦储备体系在全世界中央银行中的重要性都无与伦比。然而，1999年欧洲中央银行的成立改变了这一状况。关于欧洲中央银行，参见参考资料"欧洲中央银行"。

▶ **参考资料**　　　　　　　　　**欧洲中央银行**

欧洲中央银行体系是以美国联邦储备体系为模式的。欧洲中央银行（European Central Bank，ECB）设在德国的法兰克福，其领导机构是一个执行委员会，该委员会的结构与联邦储备体系理事会类似。它有 6 位成员，其中包括一个行长和一个副行长，任期为 8 年，不得连任。国家中央银行（National Central Banks，NCBs）的作用类似于美国联邦储备银行。理事会（Governing Council）类似于联邦公开市场委员会。理事会由执行委员会和成员国国家中央银行的行长组成，每月开一次会，就货币政策做出决策。每个国家任命本国的国家中央银行行长，但执行委员会成员则由欧洲货币联盟所有成员国元首组成的委员会任命。

□ 控制货币供给

我们将在第 10 章和第 13 章讨论联储在货币政策中的作用。现在我们将提供关于联储如何控制经济中货币数量的一点直觉。联储对货币数量的控制主要是通过在**公开市场操作**（open market operation）中买卖政府债券。关于联储如何控制货币供给在本章附录中有更详细的讨论，但是现在我们将对这一过程提供一点直觉。当联储从一家银行购买政府债券时，它用美元进行支付，增加了银行中的美元数量。有了这额外的流动性，银行能够向家庭和企业提供更多的贷款，家庭和企业又将这些钱存入支票账户，提高了支票存款的水平。由于这些存款包括在货币供给中，公开市场购买增加了货币供给。类似的推理表明，当联储出售政府债券时，它从银行回笼美元，减少了货币供给。

衡量货币

我们前面对货币职能的讨论表明，货币是由人们的行为定义的。货币是人们相信在支付中会被其他人接受的东西。这一行为性定义没有告诉我们应该将经济中的哪些资产看做货币。为了衡量货币，我们需要一个确切告诉我们哪些资产应该包括在内的精确定义。

□ 联储定义的货币总量

中央银行定义货币的方法在不同经济中各不相同。货币供给——又称**货币总量**（monetary aggregates）——定义之间的差异源于货币持有者的行为模式、金融工具的创新和货币发行者的种类。由于这个原因，你永远不会发现一个中央银行完全照搬另一个中央银行采用的货币定义，但是通常来说，大多数中央银行定义的货币总量有从狭义到广义的多个范围。表 5-1 比较了联储、欧洲中央银行和中国人民银行是如何定义各自的货币总量的。

表 5-1 美国、欧元区和中国货币总量组成的比较

	美国	欧元区	中国
M1	通货 ＋旅行者支票 ＋活期存款 ＋其他支票存款	通货 ＋隔夜存款及类似存款	货币[b] 流通中的通货 ＋活期存款
M2	M1 ＋小额定期存款 ＋储蓄存款与货币市场存款账户 ＋零售货币市场共同基金份额	M1 ＋存款（2 年期） ＋3 个月后可赎回存款	准货币[c] 定期存款和定期存单 ＋储蓄存款 ＋其他存款
M3	不适用[a]	M2 ＋回购协议 ＋货币市场共同基金份额/单位 ＋最多长达 2 年的债务证券	不适用

a. 2006 年 3 月中旬联储停止计算 M3。

b. 中国的最狭义货币总量被称为"货币"而不是 M1。储蓄机构的通货和外币都不被包括在流通中的现金之中。

c. 中国的广义货币总量被称为"准货币"而不是 M2。它不包括所有狭义"货币"而只包括定期存款、储蓄存款和其他存款。中国人民银行也计算一个被称为"货币和准货币"的变量，这只是两个货币总量的简单相加。

M1。中央银行报告的最狭义的货币指标是 **M1**，它在大多数国家或多或少是相同的。它只包括流动性最高的资产：通货、旅行者支票、活期存款及支票账户存款。M1 组成部分中的通货只包括非银行公众所持有的纸币和硬币：ATM 机与银行金库中的现金则不被包括在内。令人惊奇的是，流通中的现金竟然有如此之多：平均每个美国公民超过 3 000 美元，平均每个欧元区公民超过 2 200 欧元（参见参考资料"美元和欧元究竟在哪里"）。M1 组成部分中的活期存款既包括不付息的企业支票账户，也包括银行发行的旅行者支票。M1 组成部分中的旅行者支票包括非银行机构所发行的旅行者支票。其他支票存款项目包括所有其他可以开具支票的存款，例如家庭持有的生息的支票账户。人们可以直接用这些资产作为交换媒介，因此它们显然属于货币。

M2。比 M1 更广义的货币总量在不同国家间差别相当大。即使如此，我们通常发现 **M2** 货币总量包括 M1，再加上几种流动性更差的资产类型，如货币市场存款账户。它还包括储蓄存款（可以在任何时候毫无成本地从银行取走）以及面值低于 10 万美元的定期存单。定期存单是指定期存款，这是因为它们只有在固定到期日被赎回才不会招致惩罚。只有美国把货币市场共同基金份额包括在 M2 中。货币市场共同基金份额是银行发行的零售账户，居民可以对该账户签发支票。

▶ **参考资料**　　　　　　　　**美元和欧元究竟在哪里**

美国公民人均持有 2 000 多美元现金，欧元区则人均持有 2 200 多欧元现金，这一事实令人惊奇。这些通货体积大、易于失窃、没有利息，因而持有太多是不合情理的。你认识口袋里装着这么多现金的人吗？我们有个疑问：所有这些美元和欧元究竟在哪里？谁持有它们？为什么持有它们？

犯罪分子持有大量现金。如果你从事非法活动，你就不会用支票进行交易，因为支票可以被追踪，因而可以作为潜在的强有力的证据来指控你。这就解释了为什么托尼·瑟普拉诺（Tony Soprano，美剧《黑道家族》男一号，黑手党老大）的后院中会有如此多现金。一些企业也愿意持有大量现金，因为现金交易难以被追踪，这样就可以避免申报需要缴税的收入了。

美国之外的人们通常也会持有美元和欧元。很多国家的人们由于时常经历高通货膨胀，本币的价值会受到侵蚀，因而他们不信任本国货币。欧盟和美国这全球两大经济体的通货已经成为两种主要的、受到广泛追逐的通货。外国人持有美元和欧元作为对这种通货膨胀风险的对冲。例如，对卢布的不信任导致俄罗斯人大量持有美元。

□ 联储在实践中对 M1 和 M2 的使用

但是联储用哪一个货币供给的衡量指标——M1 或 M2——来作为政策决策的依据呢？哪一个货币总量是更好的衡量指标并非显而易见。表 5-1 表明，这两个指标之间有重大的差别。但是，如果 M1 和 M2 倾向于平行运动，那么联储可以用任意一个货币总量的趋势来预测未来的经济绩效并制定政策。图 5-2 画出了 M1 和 M2 在 1960—2013 年的增长率。注意这两个货币总量在整个 20 世纪 80 年代的升降大致同步，在 20 世纪 70 年代的大通胀时期比通胀更温和的 20 世纪 60 年代有着更高的平均增长率。然而，这些货币总量的运动也存在明显的不一致。1992—1994 年间，M1 的增长率高，而 M2 的增长率则低得多。此外，注意 2004—2007 年间，M2 的增长率略微增加，而 M1 的增长率则急剧减速并变成负数。2009 年，M1 的增长率从 1 年前接近零飙升至超过 15％，而 M2 的增长率只是略微上升。给定这两个货币总量所告诉我们的关于近年来货币政策的故事存在如此大的差别，联储在实施货币政策时将注意力放在利率上而非货币供给上。

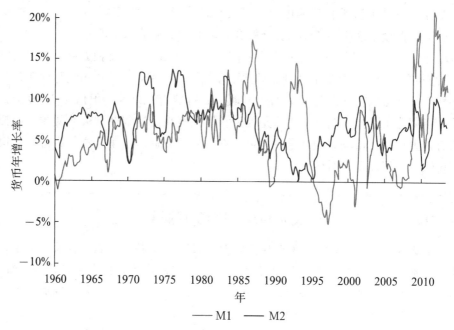

图 5 - 2　M1 和 M2 的增长率，1960—2013 年

M1 和 M2 增长率的升降大致相似。可是，有些时期它们的运动方向相反，如在 1992—1994 年和 2004—2007 年，提供的关于货币政策进程的信息相互冲突。

资料来源：Federal Reserve Economic Database（FRED）. Federal Reserve Bank of St. Louis. http：//research. stloui-sfed. org/fred2/categories/25.

货币数量论

现在我们对货币和货币供给有了清晰的理解，我们将考察货币供给的变动在短期和长期如何影响经济。我们先来看长期。我们使用的理论是货币数量论，该理论将一国的总收入与其货币供给联系在一起。它是**古典学派经济学家**（classical economists 或 classicals）提出的理论，古典学派经济学家假设工资和价格完全具有弹性，也就是说，它们会完全调整以达到供给等于需求的长期均衡。

美国经济学家欧文·费雪（Irving Fisher）在他 1911 年出版的颇具影响力的《货币

的购买力》（*The Purchasing Power of Money*）一书中对这一理论做了最清晰的阐述。费雪考察了货币总量 M（货币供给）与在经济中所生产出来的最终产品和服务上的总支出 $P \times Y$ 之间的联系，其中 P 代表价格水平，Y 代表总产出（收入）。（回忆第 2 章讲到总支出 $P \times Y$ 与经济的名义总收入即名义 GDP 相等。）

□ 货币流通速度和交易方程式

将 M 和 $P \times Y$ 联系起来的概念被称为**货币流通速度**（velocity of money），常简称为流通速度，是指每 1 美元在购买经济中所生产的产品和服务时每年使用或周转的平均次数。我们用总支出 $P \times Y$ 除以货币数量 M 来计算流通速度 V，即

$$V = \frac{P \times Y}{M} \tag{1}$$

例如，如果某年名义 GDP（$P \times Y$）为 10 万亿美元，货币数量为 2 万亿美元，那么货币流通速度就是 5，这意味着每 1 美元的钞票在购买经济体中的最终产品和服务中平均被使用了 5 次。

方程（1）两边同时乘以 M，我们就得到**交易方程式**（equation of exchange），该方程式将名义收入与货币数量和流通速度联系起来：

$$M \times V = P \times Y \tag{2}$$

交易方程式是说，货币数量乘以货币在某一给定年度被使用的次数必定等于名义收入（该年花费在产品和服务上的名义总收入）。[①]

可见，方程（2）只不过是一个恒等式，即由定义所规定的一种正确关系。例如，它并没有告诉我们当货币供给 M 变动时，名义收入（$P \times Y$）就会同向变动。例如，M 的上升可能被 V 的下降所抵消而使 $M \times V$ 及 $P \times Y$ 保持不变。把交易方程式（一个恒等式）转化为一个关于如何决定名义收入的理论要求理解决定货币流通速度的各个因素。

货币流通速度的决定因素。 欧文·费雪认为，货币流通速度是由经济中影响个体交易方式的制度决定的。例如，信用卡的引入使得成百万的美国购物者使用塑胶卡片而非现金，经济中需要的货币减少了。相同的名义收入水平需要的货币更少了，M 相对于 $P \times Y$ 下降，流通速度（$P \times Y$）/M 增加。相反，如果购买时用现金或支票存款（两者都是货币）进行支付更方便，那么由相同的名义收入水平所产生的交易就需要使用更多的货币，从而货币流通速度下降。费雪认为，由于经济的制度和技术特征只是逐渐地改变流通速度，所以他预期货币流通速度在短期内都相当稳定。

货币需求。 解释费雪的数量论的另一种方式是从**货币需求**（demand for money）——人们想要持有的货币数量——的角度。

因为货币数量论告诉了我们对于给定数量的名义支出需要持有的货币数量，所以实际上

---

① 实际上，费雪首先运用经济体中交易的名义价值 PT 表达了交易方程式：

$$MV_T = PT$$

其中，P 为每项交易的平均价格；T 为一年中所完成的交易数量；V_T（$=PT/M$）为货币的交易流通速度。由于交易的次数 T 难以衡量，数量论用总产出 Y 来表达，从而 $T = vY$，其中 v 为一个比例常量。用 vY 代替费雪交易方程式中的 T，就得到 $MV_T = vPY$，这又可以写成正文中的方程（2）（其中 $V = V_T/v$）。

它是一种货币需求理论。为了理解原因，我们在交易方程式的两边同时除以 V 得到下式：

$$M = \frac{1}{V} \times PY$$

当货币市场处于均衡时，货币供给等于货币需求，因此我们可以用 M^d 代替方程式中的 M。此外，由于货币数量论假设流通速度为常数，我们可以用常数 k 代表 $1/V$。经过替换以后，将上述方程两边除以 P，我们就得到了货币需求的数量理论：

$$\frac{M^d}{P} = k \times Y \tag{3}$$

这一方程告诉我们，对实际货币余额的需求——人们想要持有的用能够购买的产品和服务来表示的货币数量——与收入成比例。

□ 从交易方程式到货币数量论

费雪认为货币流通速度在短期相当稳定从而 $V = \bar{V}$。这一观点将交易方程式转化为**货币数量论**（quantity theory of money），该理论是说，名义收入（支出）仅仅由货币数量 M 的运动决定。

$$P \times Y = M \times \bar{V} \tag{4}$$

上面的数量论方程表明，当货币数量 M 翻倍时，$M \times \bar{V}$ 也翻倍，从而名义收入 $P \times Y$ 的值必然也翻倍。举例说明如下：假设货币流通速度为 5，名义收入（GDP）初始为 10 万亿美元，货币供给为 2 万亿美元。如果货币供给翻倍至 4 万亿美元，货币数量论告诉我们名义收入也将翻倍至 20 万亿美元（＝5×4 万亿美元）。

□ 古典二分法

由于古典学派经济学家（包括欧文·费雪）认为工资和价格是具有弹性的，所以他们相信，产品和服务的价格和要素价格在长期将完全调整到使每种产品或服务的供给等于需求的水平。正如我们在第 3 章看到的，这将意味着经济生产的产出水平将只由总生产函数和可获得的要素数量决定。结果，经济在长期生产的产品和服务数量不受价格水平的影响，实际工资和资本的实际租赁价格等实际要素价格也是如此。这一观点被称为**古典二分法**（classical dichotomy），这是因为该观点表明，在长期，经济的实际方面和名义方面（它随着价格水平的变动而变动）之间存在完全的分离（二分法）。

□ 数量论和价格水平

古典二分法告诉我们，我们可以将总产出视为给定，因此我们赋予货币数量论方程（4）中的 Y 一个常量 $\bar{Y}$。方程（4）两边同时除以 $\bar{Y}$，我们就可以将价格水平表示如下：

$$P = \frac{M \times \bar{V}}{\bar{Y}} \tag{5}$$

方程（5）所表示的货币数量论意味着，由于 $\bar{V}$ 和 $\bar{Y}$ 为常数，如果 M 翻倍，P 必然也翻倍。在我们的例子中，如果总产出为 10 万亿美元，货币流通速度为 5，货币供给为 2 万亿美元，则价格水平为 1.0。

$$P = 1.0 = \frac{2 \text{万亿美元} \times 5}{10 \text{万亿美元}} = \frac{10 \text{万亿美元}}{10 \text{万亿美元}}$$

当货币供给翻倍到 4 万亿美元时，价格水平也必然也翻倍到 2.0，原因是：

$$P = 2.0 = \frac{4\ \text{万亿美元} \times 5}{10\ \text{万亿美元}} = \frac{20\ \text{万亿美元}}{10\ \text{万亿美元}}$$

古典学派经济学家依赖货币数量论来解释价格水平的运动。在他们看来，货币数量的变动导致价格水平成比例的变动。

根据数量论的分析，由于一国中央银行控制货币供给，它决定了长期的总体价格水平。而且，中央银行调整货币供给的行为只改变价格水平，对实际变量没有影响，这一启示被经济学家称为**货币中性**（neutrality of money）。可是，正如我们在第 4 篇将会看到的，许多经济学家不相信货币中性在短期存在。

□ 数量论和通货膨胀

我们现在把货币数量论转化为一种通货膨胀理论。利用我们在第 2 章讨论的一个有益的数学事实——多个变量之积的百分比变动（％）近似等于每个变量的百分比变动之和，我们可以将交易方程式重写成如下形式：

$$\%\Delta M + \%\Delta V = \%\Delta P + \%\Delta Y$$

从上式两边减去％ΔY，注意到通货膨胀率 π 是价格水平的增长率即％ΔP，有：

$$\pi = \%\Delta P = \%\Delta M + \%\Delta V - \%\Delta Y$$

由于我们假设流通速度为常数，其增长率为零，因此货币数量论也是一种通货膨胀理论：

$$\pi = \%\Delta M - \%\Delta Y \tag{6}$$

由于用年率表示的一个变量的百分比变动等于该变量的增长率，这一方程也可以用语言表述如下：通货膨胀的数量理论表明，在长期，通货膨胀率等于货币供给增长率减去总产出的增长率。例如，如果总产出的增长率为 3％，货币增长率为 5％，那么通货膨胀率为 2％（＝5％－3％）。如果联储将货币增长率增加到 10％，那么方程（6）表示的通货膨胀的数量理论表明，通货膨胀率将上升到 7％（＝10％－3％）。

应用☞━━━━━━━━━━━━━━━━━━━━━━━━━━━━━━━━

检验货币数量论

现在我们已经完整地介绍了货币数量论，让我们用长期和短期的实际数据来检验这个理论。

长期的货币数量论。 货币数量论基于工资和价格都具有弹性这一假设，因此它提供了一种长期的通货膨胀理论。图 5-3（a）绘制了从 19 世纪 70 年代到 21 世纪第一个 10 年美国每个年代（10 年）的平均通货膨胀率对美国每个年代的平均货币（M2）增长率的图形。由于每 10 年期间总产出 Y 的增长率变动不大，方程（6）表明，10 年的通货膨胀率应该等于 10 年的货币增长率减去一个常数（总产出增长率）。因此，通货膨胀率和货币增长率之间应该有正相关关系，这一关系在图 5-3（a）中得到了证实。美国货币供给增长率更高的年代一般都有更高的平均通货膨胀率。

数量论也解释了不同国家长期通货膨胀率的差异吗？答案无疑是肯定的。图 5-3（b）绘制了几个国家在 2002—2012 年这 10 年期间的平均通货膨胀率对 10 年货币增长率的图形。注意，具有更高货币增长率的国家，如阿塞拜疆、土耳其、乌克兰和俄罗斯，往往有更高的通货膨胀率。

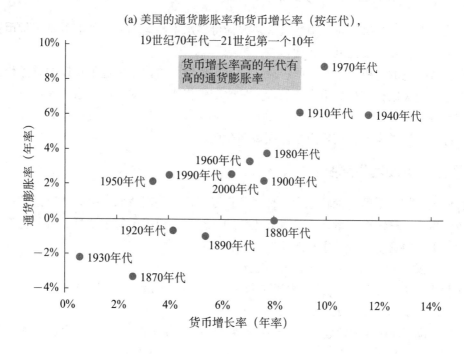

(a) 美国的通货膨胀率和货币增长率（按年代），
19世纪70年代—21世纪第一个10年

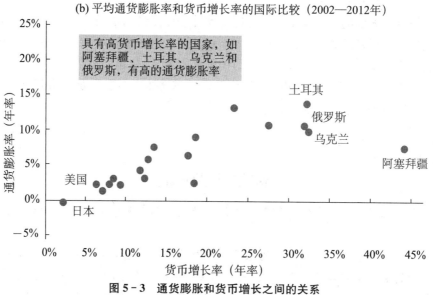

(b) 平均通货膨胀率和货币增长率的国际比较（2002—2012年）

图5-3 通货膨胀和货币增长之间的关系

在图（a）中，货币增长率更高的年代（20世纪10年代、20世纪40年代和20世纪70年代）通常有更高的平均通货膨胀率。这一关系在图（b）中也成立，该图考察了不同国家2002—2012年间10年的通货膨胀率和货币增长率。

资料来源：图（a），Milton Friedman and Anna Schwartz, *Monetary trends in the United States and the United Kingdom*：*Their relation to income*，*prices*，*and interest rates*，*1867 - 1975*，Federal Reserve Economic Database (FRED)，Federal Reserve Bank of St. Louis，http：//research. stlouisfed. org/fred2/。图（b），International Financial Statistics，International Monetary Fund. http：//www. imf. org/external/data. htm。

短期的货币数量论。货币数量论也对短期通货膨胀率的波动提供了很好的解释吗？图 5-4 通过绘制 1965—2013 年美国年度通货膨胀率对年度货币（M2）增长率的图形提供了货币增长和通货膨胀之间短期联系的证据。（货币供给滞后两年以便将货币增长的变动影响通货膨胀所花的时间考虑在内。）基于年度的通货膨胀和货币增长之间的关系一点儿都不强。在许多年份里，如 1965—1967 年*、1983—1985 年、2003—2005 年、2008—2009 年和 2011—2013 年，货币增长率高但通货膨胀率低。确实，在图 5-4 中很难看到货币增长率和通货膨胀率之间存在正相关关系。

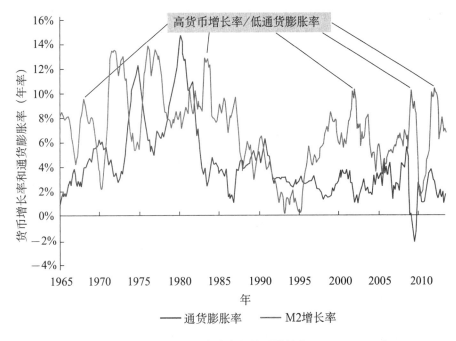

图 5-4 美国的年度通货膨胀率和货币增长率，1965—2013 年

美国年度通货膨胀率对两年前（考虑到从货币增长到通货膨胀的滞后效应）年度货币（M2）增长率的图形不支持通货膨胀和货币增长之间的短期联系。在许多年份里，如 1965—1967 年、1983—1985 年和 2003—2005 年，货币增长率高但通货膨胀率低。

资料来源：FRED，Federal Reserve Economic Data，Federal Reserve Bank of St. Louis；Bureau of Labor Statistics，http：//research. stlouisfed. org/fred2/.

结论如下：米尔顿·弗里德曼的名言"通货膨胀时时处处都是一种货币现象"在长期是准确的，但在短期并没有得到数据的支持。这一见解告诉我们，工资和价格具有完全弹性这一古典假设可能对于通货膨胀和总产出的短期波动并非一个好的假设。由于这一原因，在本书第 4 篇建立短期通货膨胀和产出波动的模型时，我们将放宽这一假设。

---

　* 原文此处为 1963—1965，图 5-4 的文字说明对应的年份为 1965—1967，在翻译时统一为 1965—1967。
——译者注

恶性通货膨胀

每月 50％以上（每年 1 000％以上）价格极快上升的时期被称为**恶性通货膨胀**（hyperinflation）时期。许多经济——包括贫穷的和发达的——在 20 世纪都经历了恶性通货膨胀，但是美国一直幸免于这种混乱。世界历史上最极端的恶性通货膨胀的例子之一发生在 21 世纪第一个 10 年的津巴布韦，下面的政策与实践案例将讨论这一例子。

政策与实践

津巴布韦的恶性通货膨胀

引起恶性通货膨胀发生的高货币供给增长的源泉通常是财政不平衡，我们将在第 16 章更加详细地讨论财政不平衡这一主题。始于 21 世纪第一个 10 年早期的津巴布韦的恶性通货膨胀也不例外。在农场被征用并再分配给该国总统罗伯特·穆加贝（Robert Mugabe）的支持者后，农业产出大幅下降，税收收入也随之大降。结果，政府的支出远远超过收入。政府本可以通过增税而获得收入来支付其支出，但是在经济萧条的状况下，通过这种方式获得收入很困难，而且在政治上也不受欢迎。或者，政府也本可以通过向公众借款来为其支出融资，但是在公众对政府缺乏信任的条件下，这个选项也不可行。那么，就只剩一种办法：印钞。政府简单地印刷更多通货（增加货币供给）并利用通货向个人和企业支付报酬，这样就可以支付其支出了。津巴布韦政府正是这么做的，货币供给开始快速增加。

正如数量论所预测到的，货币供给的急剧上升导致了价格水平的快速上涨。2007 年 2 月，该国中央银行——津巴布韦储备银行——宣布禁止许多商品涨价。尽管这种做法以前被许多经历了恶性通货膨胀的国家的政府尝试过，但是它从没有奏效过：当中央银行继续印钞时，惩罚通货膨胀并不能阻止通货膨胀。2007 年 3 月，通货膨胀率超过了 1 500％。到 2008 年，津巴布韦的官方通货膨胀率超过了百分之两百万（但是非官方的数据已超过百分之一千万）。2008 年 7 月，津巴布韦中央银行发行了新的 1 000 亿津巴布韦元。虽然有这么多的零，但这还不是印象最深刻的。一张这样的钞票甚至买不起一瓶啤酒。津巴布韦通货变得还不如卫生纸值钱。

2009 年，津巴布韦政府允许美元等外币用于所有交易，但是损害已经造成。通货膨胀严重破坏了该国经济，一个极度贫穷的国家变得更穷了。

通货膨胀和利率

正如我们在第 2 章讨论的，费雪方程规定，名义利率 i 等于实际利率 r 加上预期通货膨胀率 π^e：

$$i = r + \pi^e \tag{7}$$

根据古典二分法，r 这样的实际变量不受通货膨胀率或预期通货膨胀率的影响。确实，正如我们在第 4 章看到的，在工资和价格具有弹性的长期，实际利率由储蓄和投资的相互作用决定。因此，在长期，当通货膨胀的古典观点正确且实际利率水平给定时，我们将预期名义利率和预期通货膨胀率将一对一地变动，正如费雪方程所表明的那样。例如，如果实际利率为 2％，预期通货膨胀率为 3％，那么名义利率应该为 5％。如果预期通货膨胀率上升到 10％，那么名义利率将上升到 12％。

费雪方程和古典二分法产生了一种利率理论，即**费雪效应**（Fisher effect）：当预期通货膨胀率上升时，利率将上升。欧文·费雪是首先指出预期通货膨胀率和利率的这种关系的经济学家。

应用 ☞

检验费雪效应

根据费雪分析做出的预测对美国和国外的趋势描述得有多准确呢？注意，在图 5 - 5 （a）中，从 1955 年以来，来年美国的预期通货膨胀率和 3 个月期国库券的（名义）利率一起移动。随着预期通货膨胀率从 20 世纪 50 年代到 80 年代早期的上升，3 个月期国库券利率从 2％爬升到最高达 15％。当预期通货膨胀率在 20 世纪 90 年代中期下降到 2％~3％时，3 个月期国库券利率也下降到大约 5％。这一模式在大多数时期出现，但并非在所有时期都如此。例如，1981—1983 年，预期通货膨胀率急剧下降，但国库券利率并没有相应下降。此外，20 世纪 90 年代早期至 21 世纪第一个 10 年中期这一时期，通货膨胀率比国库券利率稳定得多。因此，美国的证据证明，名义利率和预期通货膨胀率同步上升这一根据费雪效应做出的预测在长期是准确的，但在更短的时期，预期通货膨胀率和名义利率并不总是同时运动。

对费雪效应预测的这种在长期的强相关关系的支持在图 5 - 5 （b）中得到了进一步的证实。该图选取了一些国家，标出了每个国家 2002—2012 年这 10 年期间的平均名义利率和同一 10 年期间的平均通货膨胀率。（10 年平均通货膨胀率是同一时期预期通货膨胀率的良好近似。）这两者之间存在相当密切的联系，诸如印度尼西亚这样具有高通货膨胀率的国家也有着高名义利率。

由于名义利率由通货膨胀预期决定，它们也是一种货币现象。通货膨胀的数量论表明，为了保持低名义利率，中央银行需要防止货币供给增长过快。难怪那些将赌注压在利率水平上的金融市场参与者会密切关注联储以判断联储是否会采取控制通货膨胀的政策。

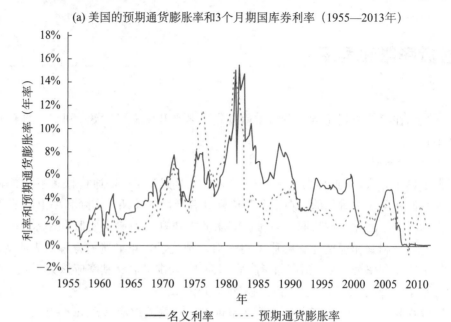

(a) 美国的预期通货膨胀率和3个月期国库券利率（1955—2013年）

名义利率　⋯⋯ 预期通货膨胀率

(b) 不同国家的平均通货膨胀率和名义利率（2002—2012年）

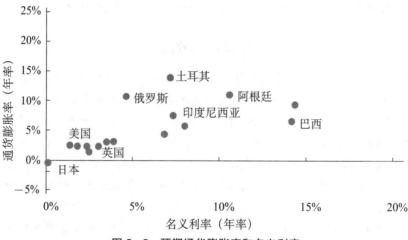

图 5-5　预期通货膨胀率和名义利率

　　在图（a）中，长期趋势与费雪效应一致，但是在有些较短的时期，国库券利率与预期通货膨胀率并不同时运动。图（b）也支持这种长期关系，该图标出了一些国家 2002—2012 年这 10 年期间的平均名义利率和平均通货膨胀率。

　　资料来源：图（a），FRED，Federal Reserve Economic Data，Federal Reserve Bank of St. Louis；Board of Governors of the Federal Reserve System；http：//research. stlouisfed. org/fred2/；预期通货膨胀率的估计运用了如下论文中介绍的程序：Mishkin，Frederic S. 1981. The Real Interest Rate：An Empirical Investigation. *Carnegie-Rochester Conference Series on Public Policy* 15；pp. 151-200。这一程序涉及把预期通货膨胀率作为过去的利率、通货膨胀率和时间趋势的函数来估计预期通货膨胀率。图（b），International Monetary Fund. International Financial Statistics. www. imfstatistics. org/imf.

宏观经济学：政策与实践（第二版）

通货膨胀的成本

本章到目前为止集中于通货膨胀的起因。但是，我们不得不问一个问题：它的后果是什么？通货膨胀给经济施加了两种类型的成本：预期到的通货膨胀的成本和未预期到的通货膨胀的成本。我们分别予以介绍。

□ 预期到的通货膨胀的成本

假定通货膨胀率长期维持在稳定且高达 10% 的水平，从而公众充分预期到 10% 的通货膨胀率。乍一看来，这一 10% 的通货膨胀率为什么会有成本呢？尽管你买的东西的价格每年会上升 10%，你预期你的雇主每年给你的报酬会上升 10% 以上，这将会阻止你的实际工资下降，让你能够购买同样数量的产品和服务。你的储蓄又如何呢？费雪效应的分析表明，名义利率应该上升以补偿每年价格水平的增加，因此你的储蓄账户赚取的实际利率也应该不受影响。

在一个古典二分法正确且通货膨胀对经济的实际方面没有影响的世界，充分预期到的通货膨胀不应该影响你的福利。可是，古典二分法甚至在长期也可能不是完全正确的，因此，充分预期到的通货膨胀可能是成本高昂的，原因有如下五条：

鞋底成本。 当通货膨胀率高时，名义利率上升以补偿价格水平的增加。结果，把现金放在口袋里的成本更高了，原因是现金不会赚取任何利息。例如，假设通货膨胀使名义利率从 7% 上升到 12%。放在你钱包里的现金如果存到银行的储蓄账户里，现在能够赚取的利息多了 5%，这可能促使你去一趟银行把现金存入银行账户。在往返银行路上所花的时间和汽油被经济学家称为**鞋底成本**（shoe-leather cost），因为这个词让人想起走太多路会磨损鞋子。在恶性通货膨胀期间，企业一天不止一次给工人支付报酬，家庭购物比正常情况下要频繁得多。这种无效率给经济施加了很高的鞋底成本。

菜单成本。 高通货膨胀，哪怕被完全预期到了，要求企业频繁地改变价格。因此，预期到的高通货膨胀导致与改变价格相联系的成本，这被称为**菜单成本**（menu cost）。菜单成本不只是印制新菜单的成本，还包括向客户宣传新价格、在产品上更换价格标签和告知销售人员的成本。

税收扭曲。 在实践中，税率不会对预期到的通货膨胀做出充分调整，这对投资者产生了一种成本。为了说明问题，假定价格水平翻倍，原来价值 1 000 美元的苹果电脑的股票现在的价值翻倍为 2 000 美元。当你卖掉该股票时，你的境况没有变好，因为你卖掉股票所获得的收入能够买到的产品和服务没有变化。但是，由于股票升值，你要交纳 15% 的资本利得税，即 150 美元。在通货膨胀率高的时候，这一税收扭曲也许会抑制投资。

相对价格变动性的增加。 由于在同一市场竞争的企业并不总是同时改变价格，更高的通货膨胀率会引起更高的相对价格变动性。由于相对价格更可能比在没有通货膨胀的情况下更高或更低，这种高变动性在经济中创造了无效率。例如，假设路易威登（Louis

Vuitton) 只在 11 月更新手提包的价格,克里斯汀·迪奥(Christian Dior)只在 1 月更新手提包的价格。在高通货膨胀率的年份,两种品牌的手提包的相对价格在 12 月会有严重扭曲,从而该月只有很少的消费者会买路易威登的手提包。当购买的时间安排因高通货膨胀率而产生扭曲时,经济中的资源配置就不恰当了。

美元标尺的丧失。 当价格波动时,企业和家庭就难以比较产品和服务的相对成本。如果丰田卡罗拉的价格从 15 000 美元增加到 16 500 美元,而戴尔电脑的价格从 800 美元上升到 880 美元,现在在买哪种产品更划算?并不是每个人都能立即明白两种产品的价格都上升了 10%,某些消费者也许会错误地认为相对价格发生了变动,从而做出错误的支出决策。不变的价格水平提供了一种美元标尺:一种简化的价格比较,在其中,一种产品的价格变动就是其实际价格的变动。标尺长度的一致性使得不同物体的大小易于比较。类似地,低通货膨胀率使得美元标尺保持在同一长度,使消费者能够轻易地比较产品和服务的价格,这对企业和家庭都是有利的。

☐ 未预期到的通货膨胀的成本

尽管预期到的通货膨胀可能是成本巨大的,意料之外的通货膨胀的成本甚至可能更高。未预期到的通货膨胀有以下几种成本。

不确定性的增加。 与你的预期相异的通货膨胀可能导致不正确的投资和储蓄决策,这些不正确的决策对你和经济都是成本高昂的。为了说明问题,让我们先来考察在通货膨胀率低于预期的情形下未预期到的通货膨胀率的成本。假定你预期下一年的通货膨胀率为 10%,但事实上出现的通货膨胀率要低一些,比如说 5%。考虑两笔金融交易:

1. 购买定期存单。如果定期存单支付的利率为 12%——10% 是对预期通货膨胀率做出的调整,2% 是实际利率,那么你将会有意外的收获。你赚取的实际利率不是 2%,而是 7%(=12%-5%)。如果你早知道你会赚取如此高的收益,你甚至会储蓄更多。你未能预见到更低的通货膨胀率,其成本是高昂的。

2. 办理汽车贷款。如果你以 12% 的利率办理汽车贷款,实际出现的通货膨胀率是 5% 而不是 10%,这笔贷款的实际成本现在是 7%(=12%-5%)而非你预期的 2%(=12%-10%)。如果你知道贷款的成本会那么高,你也许就不会借钱而会推迟购买汽车了。

现在,让我们考察当通货膨胀率高于预期的情形。假定实际出现的通货膨胀率比预期的高,比如说 15%。

1. 购买定期存单。你的定期存单赚取的实际收益将是 -3%(=12%-15%),你会希望你没有存这么多钱。

2. 办理汽车贷款。汽车贷款的实际成本将会非常低,为 -3%(=12%-15%),因此你会后悔没有借入更多的钱。

未预期到的通货膨胀也会扭曲关于工作多长时间和企业应该雇用多少劳动的决策。假定你和你的老板预期来年的通货膨胀率会增加 10%。你收到的工资会上涨 10%,以补偿预期的价格增加。实际出现的通货膨胀率为 5%,因此你的实际工资增加了 5%,这 5% 的增加是未预期到的,你会愿意增加工作时间。而你的老板付给你的实际工资比他预期的多了 5%,他希望减少你的工作时间,甚至后悔雇用你。

因此,未预期到的通货膨胀会导致许多有代价的决策,包括储蓄、投资以及供给或

宏观经济学:政策与实践(第二版)

需求的劳动量等决策，这会导致经济效率降低。而且，大多数人不喜欢不确定性，因此，未预期到的通货膨胀波动使你和你的老板的境况都变差。

相对价格变动性的增加。 我们已经看到，预期到的通货膨胀会导致价格变动性的增加，这使经济效率降低。这一问题在通货膨胀没有被预期到时甚至更加严重。当通货膨胀被预期到时，设定价格不那么频繁的企业发现，随着时间的流逝，它们的产品的相对价格变得更加不适当了。但是，由于它们预期一定数量的通货膨胀，它们具有制订计划以最小化由此产生的成本的某种能力。相反，如果通货膨胀没有被预期到，在企业设定的价格相对于其他价格在变动时，企业可能难以明白其中的缘由。例如，假定通货膨胀率为 15%，比一家企业预期的 10% 要高出 5%。当该企业提价 10% 时，它可能发现对其产品的需求暂时高于预期，从而可能增加生产。但是，实际上，对该产品的长期需求没有上升——短期需求增加是因为相对价格暂时下降了 5%，因此需求将下降到原来的水平。如果企业理解这一点，它也许就不会扩大生产了。因此，高于预期的通货膨胀可能导致生产过剩。

现在假定通货膨胀率为 5%，比一家企业预期的 10% 要低 5%。当该企业提价 10% 时，它会发现需求下降，从而可能削减生产。但是，对该产品的长期需求实际上并没有下降。该企业产品的相对价格只是暂时上升，而企业并不知情。这样的话企业也可能做出错误的生产决策。因此，未预期到的通货膨胀有可能急剧增加相对价格的变动性，带来经济的低效率和资源的大量不当配置。

当通货膨胀水平高时，通货膨胀的不确定性更高。 历史数据表明，当通货膨胀水平高时，通货膨胀的变动性也上升。经济学家还不是完全清楚为什么会这样，但是有可能是因为更高的通货膨胀水平增加了经济中的不确定性并导致未预期到的通货膨胀的大幅波动。我们已经看到，未预期到的通货膨胀的高不确定性和大幅波动对经济施加了很高的成本。因此，更高水平的通货膨胀提高了这些成本，这对经济的代价可能是很沉重的。

▌本章小结

1. 货币是在产品和服务支付以及债务偿还中被普遍接受的任何东西，它有三种职能：交换媒介、计价单位和价值储藏。

2. 联邦储备体系由 12 家地区联邦储备银行以及联邦储备体系理事会组成。联邦公开市场委员会大约每 6 周开一次会，就货币政策做出决策。联储主要通过政府债券的买卖（称为公开市场操作）控制货币供给。公开市场购买把美元投放到公众手里从而增加了货币供给，而公开市场出售则正好相反。

3. M1 是最狭义的货币指标，包括通货、旅行者支票、活期存款及其他支票账户存款。M2 包

括 M1 和流动性更差的其他资产：小额面值定期存款、储蓄存款、货币市场存款账户和货币市场共同基金份额。不同的货币衡量指标倾向于同时运动，但是有些时期情况并非如此。

4. 用交易方程式 $M \times V = P \times Y$ 表示的货币数量论表明，名义支出只由货币数量的运动决定。古典二分法表明，在长期，货币供给和价格水平的变动不影响实际变量，从而经济的实际方面和名义方面是完全分离的。数量论表明：(1) 由于 $P = (M \times \bar{V}) / \bar{Y}$，货币数量的变动导致价格水平成比例地变动；(2) 通货膨胀率等于货币供给增长率减去总产出增长率，即

$\pi = \%\Delta M - \%\Delta Y$。在长期，数量论的这些启示得到了数据的证实，但在短期则不然。

5. 在过去 100 年里许多国家都发生过恶性通货膨胀，最近津巴布韦的恶性通货膨胀是历史上最严重的恶性通货膨胀之一。

6. 费雪方程 $i = r + \pi^e$ 和古典二分法导致了如下结论：当预期通货膨胀率上升时，利率随之上升。这一预测在长期是正确的，但是在更短的时期内，预期通货膨胀率和名义利率并非总是同时运动。

7. 预期到的通货膨胀有 5 种成本：鞋底成本、菜单成本、税收扭曲、相对价格变动性的增加、美元标尺的丧失。未预期到的通货膨胀的成本可能更高，包括不确定性的增加和相对价格变动性的增加。当通货膨胀水平高时，通货膨胀不确定性也更高。

关键术语

通货	货币	财富
收入	交换媒介	交易成本
计价单位	价值储藏	流动性
货币供给	联邦储备体系（联储）	联邦公开市场委员会
联邦储备体系理事会	公开市场操作	货币总量
M1	M2	古典学派经济学家
货币流通速度	交易方程式	货币需求
货币数量论	古典二分法	货币中性
恶性通货膨胀	费雪效应	鞋底成本
菜单成本		

复习题

什么是货币

1. 描述货币在经济中执行的三种主要职能。

中央银行和对货币供给的控制

2. 中央银行控制货币供给。描述联邦储备体系和欧洲中央银行之间的相似性。

衡量货币

3. 什么是 M1 和 M2 货币总量？

货币数量论

4. 古典学派经济学家的什么关键假设为他们对货币和其他经济变量之间关系的分析提供了基础？

5. 货币流通速度和交易方程式之间的关系是什么？

6. 什么是古典二分法、货币数量论和货币中性？

7. 根据货币数量论，什么决定了通货膨胀率？这个理论的预测得到了图 5-3（b）中数据的证实吗？

恶性通货膨胀

8. 什么是恶性通货膨胀？简要描述津巴布韦的通货膨胀率是如何在 2007 年达到 1 500％的。

通货膨胀和利率

9. 什么是费雪效应？其重要性是什么？

通货膨胀的成本

10. 预期到的通货膨胀和未预期到的通货膨胀的成本有哪些？

宏观经济学：政策与实践（第二版）

106

习题

什么是货币

1. 在电影《基督山伯爵》（The Count of Monte Cristo，2002）中有这么一个场景：主角用一车皮银币和金币来为在法国的一处房产付款。在 19 世纪第一个 10 年，这种为房产付款的方法并不常见，但是金币和银币作为一种支付手段被广泛使用。

   (a) 你认为在购买住房时最可能使用的支付方法是什么，哪怕是在 19 世纪第一个 10 年也是如此？

   (b) 你认为为什么我们不再把银币和金币作为首选的支付方式？

2. 大多数英国酒吧接受用信用卡和借记卡付账，但对于小额付款，只接受现金的情形并非罕见。基于这一观察，评价通货和活期银行账户的流动性。

3. 大多数时候我们难以分离货币的三种职能。货币总是执行三种职能，但有时候我们特别强调其中的某一种。对于以下每种局面，指出被强调的货币职能是哪一种。

   (a) 布鲁克（Brooke）愿意接受货币作为她办理办公室日常事务的报酬，因为她知道她可以用那些货币购买产品和服务。

   (b) 蒂姆（Tim）要计算橙子和苹果的相对价值，因此他去查看用通货单位表示的两种产品的每磅的价格。

   (c) 玛丽亚（Maria）现在怀孕了。她预期她未来的支出会增加，决定增加储蓄账户里的余额。

衡量货币

4. 下表包含关于日本的货币总量的数据（单位：10 亿 2005 年不变美元）：

日期	M1	M2
2009 年	4 500	10 100
2010 年	4 700	10 500
2011 年	4 900	11 000
2012 年	5 100	11 400

   (a) 计算 2010 年、2011 年和 2012 年 M1 和 M2 的年增长率。

   (b) 给定日本的 GDP 在这些年里增长缓慢（充其量是如此），你认为这些增长率可能导致高通货膨胀吗？

5. 假设你的支票账户上有些闲置余额，现在你想赚取利息，于是决定开一张支票来购买部分货币市场共同基金份额。谈谈你的行动（所有其他条件不变）对 M1 和 M2 的影响。

货币数量论

6. 潘多拉（Pandora）的居民用石珠作为货币。平均来说，每串石珠每年用于交易的次数是 5 次。石珠的总供给量是 4 000 万串。

   (a) 根据货币数量论，潘多拉的总支出水平是多少？

   (b) 假定现在潘多拉的居民开始使用更少的货币进行相同数量的交易（也就是说，每个人需要携带的石珠更少了）。这对货币流通速度有什么影响？

7. 根据下表绘图，用横轴表示平均货币增长率，用纵轴表示平均通货膨胀率（数据来自国际货币基金组织，时间跨度为 2002—2012 年）。通货膨胀是用 CPI 衡量的，采用的货币总量是 M2。这些数据支持货币数量论吗？

	阿根廷	玻利维亚	智利	墨西哥
通货膨胀率	10.88%	5.59%	3.20%	4.36%
货币增长率	27.92%	34.12%	12.76%	11.44%

通货膨胀的成本

8. 在德国和法国这样的发达国家，许多银行向储户提供 24 小时网上服务。大多数发展中国家还不可能做到这样。这意味着不同国家有不同的鞋底成本吗？

9. 现在许多企业在网上公布产品目录和价格。此外，大多数零售商采用条形码来追踪存货和改变价格。谈谈这些技术对菜单成本的影响。

10. 假定亚历克斯（Alex）卖出他 10 年前买进的股票赚了 500 美元（名义资本利得）。在过去 10 年间，价格显著上升，这意味着 Alex 的实际资本利得只有 300 美元。假设资本利得税税率为 35%。

(a) 如果税收针对亚历克斯的名义资本利得，计算他的实际税后资本利得。

(b) 如果税收针对亚历克斯的实际资本利得，计算他的实际税后资本利得。

数据分析题

1. 访问圣路易斯联邦储备银行 FRED 数据库，找到 M1 货币存量（M1SL）、M1 货币流通速度（M1V）和实际 GDP（GDPC1）的数据。对于 M1SL 数据序列把频率调成季度，对于所有三个序列都把单位调成"与前一年相比的百分比变化"。

(a) 计算自 2000 年第 1 季度以来实际 GDP、M1 货币存量和货币流通速度的平均百分比变动。

(b) 基于问题（a）的答案，计算货币数量论预测的自 2000 年以来的平均通货膨胀率。

(c) 现在，找到 GDP 平减价格指数（GDP-DEF）并把单位调成"与前一年相比的百分比变化"，下载数据。计算自 2000 年以来的平均通货膨胀率。与问题（b）的答案进行对比，谈谈你的看法。

2. 访问圣路易斯联邦储备银行 FRED 数据库，找到 1 年期国库券利率（GS1）和 GDP 平减价格指数（GDPDEF）的数据。对于 GS1，把频率调成季度；对于 GDPDEF，把单位调成"与前一年相比的百分比变化"；下载这两个数据序列。对于如下的问题，假设通货膨胀率是通货膨胀预期的一个好的代理指标。

(a) 比较最新数据所在时期和 2005 年第 1 季度的通货膨胀率和利率。费雪效应成立吗？为什么？

(b) 比较最新数据所在时期和 1980 年第 1 季度的通货膨胀率和利率。费雪效应成立吗？为什么？

(c) 使用 Excel 的散点图功能画一幅散点图，横轴表示通货膨胀率，纵轴表示利率。使用自 1954 年第 1 季度到最新数据所在时期的数据。在图上画出这些数据的拟合（回归）线。从拟合线来看，费雪效应成立吗？请解释。

网上附录"大萧条时期的银行恐慌和货币供给，1930—1933 年"见本书的配套网站 www.pearsonglobaleditions.com/mishkin。

第 5 章
附录

货币供给过程

  预 览

作为对全球金融危机的反应，联储创立了借贷和大规模资产购买项目，这些项目将联储的资产负债表规模扩大到原来的四倍以上。许多评论家预测，联储资产负债表如此大规模的扩张将导致货币供给迅速增长，而后者又将导致高通货膨胀。然而这种情形并没有出现，货币供给仅仅温和增长，通货膨胀率实际上还下降了。为什么联储在扩张了其资产负债表的同时货币供给却没有急剧增加？联储为阻止货币供给的急剧增加采取了哪些政策？

为了回答这些问题和更好地理解联储如何控制货币供给，本附录概述了货币供给过程。

联储的资产负债表

在对货币供给过程的讨论中，我们首先来看看中央银行——在这里是联储——如何改变其资产负债表。资产负债表包括资产和负债。这里我们讨论一个简化的资产负债表，它只包括对理解货币供给过程至关重要的四个项目。

联邦储备体系

资产	负债
证券	流通中的通货
贴现贷款	准备金

□ 负债

流通中的通货和准备金常被称为联储资产负债表上的货币负债。在其他条件保持不变的情况下，其中任何一个项目的增加都会增加货币供给。联储的货币负债与美国财政部的货币负债（流通中的国库货币，主要是硬币）之和是**基础货币**（monetary base）。在讨论基础货币时，我们将只关注联储的货币负债，这是因为财政部的货币负债在基础货币中所占的比例不到 10%。

1. 流通中的通货。联储发行通货（你钱包中的那些灰绿色的纸张，顶部印有"联储银行券"字样）。流通中的通货是公众手中的通货的数量。存款机构所持有的通货也是联储的负债，但被算作准备金的一部分。

2. 准备金。所有银行都在联储拥有存款账户。**准备金**（reserves）包括在联储的存款和放在银行金库的通货，后者被称为库存现金。准备金是银行的资产但是是联储的负债，因为银行可以随时要求取款，而联储有义务付给银行联储银行券。准备金的增加会引起存款水平的增加，从而引起货币供给水平的增加。

总的准备金可以被划分为两类：联储要求银行持有的准备金（**法定准备金**，required reserves）和银行选择持有的额外准备金（**超额准备金**，excess reserves）。例如，联储也许要求存款机构每吸收 1 美元存款就必须将一部分（比如说 10 美分）作为准备金。这个以准备金形式持有的比率（10%）被称为**法定准备金率**（required reserve ratio），记为 rr。

□ 资产

资产项目的变动导致准备金的变动，从而导致货币供给的变动。联储的资产负债表中的两个关键项目如下：

1. 证券。这种类型的资产包括联储持有的证券（债券），它们大部分是由美国财政部发行的。联储通过购买证券为银行体系提供准备金，从而增加其持有的证券资产。联储持有的证券的增加导致货币供给的增加。

2. 贴现贷款。联储通过向银行发放贴现贷款为银行体系提供准备金。银行把它们所借入的贴现贷款称为"来自联储的借款"或者"借入的准备金"。这些贷款在银行的资产负债表上作为负债出现。贴现贷款的增加也可以是货币供给增加的来源。联储向银行发放这些贷款所收取的利率被称为**贴现率**（discount rate）。

对基础货币的控制

基础货币（又称为**高能货币**，high-powered money）等于流通中的通货 C 加上银行体系的总准备金 R。我们把基础货币 MB 表示为：

$$MB = C + R$$

联储通过在公开市场上买卖证券（被称为**公开市场操作**，open market operation）

和向银行发放贴现贷款来对基础货币实施控制。

□ 联储公开市场操作

联储主要通过公开市场操作来改变基础货币。联储对债券的购买被称为**公开市场购买**（open market purchase），联储对债券的出售被称为**公开市场出售**（open market sale）。

为了说明公开市场购买，假定联储从一家银行购买 100 美元的债券，并为此支付 100 美元的支票。为了分析这笔交易，我们使用一个被称为 **T 账户**（T-account）的工具，它是一个简化的资产负债表，其形式像字母 T，只列举了资产负债表中的资产和负债相对于某种初始状态所发生的变动。和资产负债表一样，T 账户的两边必须平衡。银行要么将支票存入它在联储的账户，要么将其兑换成通货，后者将被算作库存现金。任何一种行为都意味着银行的准备金增加了 100 美元，持有的证券资产减少了 100 美元。那么，银行体系的 T 账户如下：

银行体系

资产		负债
证券	−100 美元	
准备金	+100 美元	

同时，联储的负债方增加了 100 美元的准备金，资产方增加了 100 美元的证券，它的 T 账户如下：

联邦储备体系

资产		负债	
证券	+100 美元	准备金	+100 美元

这笔公开市场购买增加了 100 美元准备金，即公开市场购买的数量。由于流通中的通货没有变动，基础货币也增加了 100 美元，因此我们看到，基础货币与联储持有的证券一对一地变动。

□ 从存款到通货的转换

即使联储不进行公开市场操作，从存款到通货的转换也会影响银行体系的准备金。然而，这种转换不会影响基础货币。

让我们假定艾丽西亚（Alicia）（她在第一国民银行开设了一个 100 美元的支票账户）发现所有银行的柜员的态度都很恶劣，于是将这 100 美元的账户余额取现，撤销了其账户，并发誓再也不将钱存到银行了。这对非银行公众的 T 账户的影响如下：

非银行公众

资产		负债
支票存款	−100 美元	
通货	+100 美元	

银行体系失去了 100 美元存款，从而准备金减少了 100 美元：

银行体系

资产		负债	
准备金	－100 美元	支票存款	－100 美元

对联储而言，艾丽西亚的行动意味着公众持有的流通中的通货增加了 100 美元，而银行体系的准备金则减少了 100 美元。联储的 T 账户如下：

联邦储备体系

资产		负债	
		流通中的通货	＋100 美元
		准备金	－100 美元

这对联储的货币负债总量没有影响。基础货币不受艾丽西亚对银行体系的厌恶的影响，但是准备金受到了影响。从存款到通货的随机转换可能会导致准备金的随机波动。但对基础货币则不是如此，这使得基础货币是一个比准备金更为稳定的变量。

□ 贴现贷款

到目前为止，我们所考察的基础货币的变动仅仅是公开市场操作的结果。然而，当联储向银行发放贴现贷款时，基础货币也会受到影响。当联储向第一国民银行发放 100 美元的贴现贷款时，银行收到贷款资金，准备金就会增加 100 美元。下面的 T 账户说明了这笔贴现贷款对银行体系和联储的影响：

银行体系

资产		负债	
准备金	＋100 美元	贴现贷款（来自联储的借款）	＋100 美元

联邦储备体系

资产		负债	
贴现贷款（来自联储的借款）	＋100 美元	准备金	＋100 美元

现在，联储的货币负债增加了 100 美元，基础货币也增加了相同的数量。然而，如果银行偿付联储的贷款，因而来自联储的借款减少了 100 美元，银行体系和联储的 T 账户如下：

银行体系

资产		负债	
准备金	－100 美元	贴现贷款（来自联储的借款）	－100 美元

联邦储备体系

资产		负债	
贴现贷款（来自联储的借款）	－100 美元	准备金	－100 美元

这对联储的货币负债——从而对基础货币——的净影响是减少 100 美元。我们看到，基础货币与来自联储的借款也是一对一地变动。

☐ 对联储控制基础货币的能力的概述

我们已经证明，公开市场操作和贴现贷款是决定基础货币的两个主要因素。联储通过向债券市场交易商发布指令，完全控制了公开市场购买或公开市场出售的数量。但是，决定从贴现窗口借多少钱的是银行，尽管联储通过设定贴现率的确会影响银行的决策。

因此，我们可以将基础货币分为两部分：联储能够完全控制的一部分和控制不那么紧密的另一部分。控制不那么紧密的部分是由联储的贴现贷款所创造的基础货币的数量。基础货币的其余部分——被称为非借入基础货币——处于联储的控制之下，因为它主要来自公开市场操作。**非借入基础货币**（nonborrowed monetary base）等于基础货币减去银行持有的来自联储的借款（贴现贷款），我们把银行持有的来自联储的借款称为**借入准备金**（borrowed reserves）。

多倍存款创造：简化模型

当联储向银行体系供给 1 美元额外的准备金时，存款的增加是这一数量的数倍，这个过程被称为**多倍存款创造**（multiple deposit creation）。由于货币供给由通货和存款组成，多倍存款创造显示了基础货币的增加如何导致货币供给的多倍增加。

☐ 存款创造：单个银行

假定前面描述的 100 美元的公开市场购买是和第一国民银行进行交易的。在联储从第一国民银行购买 100 美元债券后，银行发现其准备金增加了 100 美元。为了分析银行将用这些额外的准备金做些什么，假设银行不希望持有超额准备金，因为银行从超额准备金赚的利息不够多。我们从如下 T 账户开始分析：

第一国民银行

资产		负债
证券	−100 美元	
准备金	+100 美元	

由于银行的支票存款没有增加，法定准备金仍然不变，因而银行发现 100 美元的额外准备金使超额准备金增加了 100 美元。假设银行决定发放与增加的 100 美元超额准备金等量的贷款。当银行发放这笔贷款时，它为借款人开设一个支票账户，把贷款资金存入这一账户。于是，银行的资产负债表有如下变动：负债增加了 100 美元的支票存款，同时资产增加了 100 美元的贷款。结果，T 账户如下：

第一国民银行

资产		负债	
证券	−100 美元	支票存款	+100 美元
准备金	+100 美元		
贷款	+100 美元		

银行的贷款行为创造了支票存款。由于支票存款是货币供给的一部分，银行的贷款行为事实上创造了货币。

在资产负债表目前的状态下，第一国民银行仍然持有超额准备金，因此可能希望额外发放贷款。然而，这些准备金不会在银行停留太久。借款人借入 100 美元的贷款，不是要让其在第一国民银行的账户上闲置的，而是用来从其他人和企业那里购买产品和服务。当借款人通过签发支票完成购买时，这些钱会被存入其他银行，100 美元的准备金也会离开第一国民银行。银行发放的贷款金额不能超过它发放贷款前所拥有的超额准备金。

第一国民银行最终的 T 账户如下：

第一国民银行

资产		负债
证券	−100 美元	
贷款	+100 美元	

第一国民银行将增加的 100 美元准备金转换为 100 美元的额外贷款加上流入其他银行的 100 美元的额外存款。（因为我们假设公众不愿意持有任何额外的通货，借款人把第一国民银行账户所签发的所有支票都存入银行而非转换为现金。）现在让我们看看在其他银行的这些存款会发生什么。

□ 存款创造：银行体系

为了简化分析，让我们假设第一国民银行所创造的 100 美元存款被存入 A 银行，这家银行和其他所有银行都不持有超额准备金。A 银行的 T 账户变为：

A 银行

资产		负债	
准备金	+100 美元	支票存款	+100 美元

如果法定准备金率 rr 为 10%，该银行的法定准备金就增加了 10 美元，剩余 90 美元是超额准备金。由于 A 银行（与第一国民银行一样）不愿意持有超额准备金，因此将超额准备金全部用于放贷。于是，它的贷款和支票存款都增加了 90 美元。当借款人花费这 90 美元的支票存款时，A 银行的支票存款和准备金将减少相同的金额。净结果是 A 银行的 T 账户变为：

A 银行

资产		负债	
准备金	+10 美元	支票存款	+100 美元
贷款	+90 美元		

如果从 A 银行借款的人花掉的 90 美元被存入另一家银行，比如说 B 银行，那么 B 银行的 T 账户为：

B 银行

资产		负债	
准备金	＋90 美元	支票存款	＋90 美元

银行体系的支票存款又增加了 90 美元，总增量达到 190 美元（A 银行的 100 美元加上 B 银行的 90 美元）。事实上，要得到关于存款总体扩张的同一结果，对 A 银行和 B 银行的区分并不是必要的。如果 A 银行的借款人签发支票给另一人，该人将支票存入 A 银行，那么同样的存款变动也会发生。B 银行的 T 账户同样适用于 A 银行，A 银行的支票存款将总共增加 190 美元。

B 银行想继续调整其资产负债表。它必须将 90 美元的 10%（即 9 美元）作为法定准备金，有 90 美元的 90%（即 81 美元）的超额准备金可以用于放贷。B 银行将向借款人发放 81 美元的贷款，借款人又会花费这笔贷款。B 银行的 T 账户变为：

B 银行

资产		负债	
准备金	＋9 美元	支票存款	＋90 美元
贷款	＋81 美元		

B 银行借款人支出的 81 美元又被存入另一家银行（C 银行）。结果，银行体系最初增加的 100 美元准备金所引起的支票存款增量迄今已经达到 271（＝100＋90＋81）美元。

按照同样的推理，如果所有银行都将超额准备金全部用于放贷，支票存款的增加将继续下去（在 C 银行、D 银行、E 银行等），如表 5A1-1 所描述的那样。因此，最初 100 美元准备金增量所引起的存款增量将是 1 000 美元：增加的倍数是 10 倍，即法定准备金率 10%（0.10）的倒数。

表 5A1-1　　存款创造（法定准备金率为 10%，准备金增加 100 美元）

银行	存款增加（美元）	贷款增加（美元）	准备金增加（美元）
第一国民银行	0.00	100.00	0.00
A 银行	100.00	90.00	10.00
B 银行	90.00	81.00	9.00
C 银行	81.00	72.90	8.10
D 银行	72.90	65.61	7.29
E 银行	65.61	59.05	6.56
F 银行	59.05	53.14	5.91
⋮	⋮	⋮	⋮
所有银行总计	1 000.00	1 000.00	100.00

如果银行选择将超额准备金用于购买证券，结果是相同的。如果 A 银行用超额准备金购买证券而非放贷，它的 T 账户如下：

A 银行

资产		负债	
准备金	＋10 美元	支票存款	＋100 美元
证券	＋90 美元		

当 A 银行购买 90 美元证券时，它签发 90 美元支票给证券的卖者，后者又把钱存入 B 银行。B 银行的支票存款增加了 90 美元，存款扩张的过程和前面是一样的。无论银行将超额准备金用于发放贷款还是购买证券，对存款扩张的影响都是相同的。

正如你可以看到的，单个银行创造的存款最多只是它的超额准备金数量。但是，随着每家银行发放贷款和创造存款，准备金转移到其他银行，获得准备金的银行用准备金发放额外的贷款和创造新的存款。这一过程一直持续，直到最初准备金的增加导致存款的数倍增加。

□ 对简化模型的批评

尽管我们的多倍存款创造模型看上去意味着联储对支票存款有着完全的控制，但是，实际上联储并没有这样的能力，原因有如下两个：

1. 如果贷款被作为现金持有而不被存入银行，那么贷款将不会导致多倍存款扩张，货币供给将不会像我们的模型预测的那样增加。

2. 如果银行没有将全部超额准备金用于发放贷款或购买证券，那么简化的多倍存款创造模型所预期的存款充分扩张就不会发生。

储户和银行的偏好对存款水平有着显而易见的影响，因此也对货币供给有着显而易见影响，我们的简化模型并没有对此予以考虑。

货币供给的决定因素

我们对简化模型的批判表明有必要拓展分析以考虑影响货币供给的所有因素。在假定其他所有因素不变的条件下，让我们依次看看每种因素的变动。

□ 非借入基础货币的变动

我们已经证明，联储的公开市场购买会增加非借入基础货币（MB_n），公开市场出售则会减少非借入基础货币。在其他所有变量不变的条件下，公开市场购买导致的 MB_n 的上升会增加基础货币和准备金的数量，从而多倍存款创造会发生，货币供给增加。类似地，公开市场出售引起的 MB_n 的下降会减少基础货币和准备金的数量，从而引起存款的多倍收缩，货币供给减少。我们有如下结论：货币供给与非借入基础货币 MB_n 正相关。

□ 来自联储的借入准备金的变动

来自联储的贴现贷款的增加提供了额外的借入准备金，从而增加了基础货币和准备金的数量，从而多倍存款创造会发生，货币供给增加。在其他所有变量不变的条件下，如果银行减少贴现贷款的水平，基础货币和准备金的数量就下降，货币供给减少。结果是：货币供给与来自联储的借入准备金 BR 的水平正相关。

□ 法定准备金率的变动

如果支票存款的法定准备金率上升而基础货币等其他所有变量不变,那么就会有较少的多倍存款扩张,从而货币供给下降。相反,如果法定准备金率下降,多倍存款扩张就会更多,货币供给上升。

我们现在可以得到如下结果:货币供给与法定准备金率 rr 负相关。联储以前有时会用法定准备金率来影响货币供给的规模。然而,近年来,法定准备金率在货币乘数和货币供给的决定中的重要性降低了。

□ 通货持有量的变动

正如以前所说明的,支票存款会经历多倍扩张而通货不会。因此,在基础货币和其他变量保持不变的条件下,当借款人把支票存款转换为通货时,货币供给中经历多倍扩张的部分转化为不经历多倍扩张的部分。多倍扩张的总体水平减少,货币供给下降。相反,如果通货持有量下降,通货转化为将会经历多倍存款扩张的支票存款,因此货币供给上升。这一分析表明,货币供给与通货持有量负相关。

□ 超额准备金的变动

当银行增加超额准备金的持有量时,这些准备金不再用于发放贷款,多倍存款创造过程就会停止,导致货币供给收缩。相反,如果银行选择持有更少的超额准备金,贷款和多倍存款创造就会增加,货币供给会上升。因此,货币供给与超额准备金的数量负相关。

□ 货币供给过程概览

我们现在有了一个货币供给过程的模型。在这个模型中,所有三种参与者——联邦储备体系、储户和银行——都对货币供给有着直接的影响。

为了便于学习,表 5A1 - 2 显示了货币供给对前面讨论的 5 个因素的反应,并给出了简明的推理过程。按照哪些参与者是变量背后的主要影响力量,我们对变量进行分组。例如,联储通过控制前三个变量(被称为"联储的工具")来影响货币供给,储户通过有关通货持有量的决策来影响货币供给,而银行通过有关超额准备金的决策来影响货币供给。然而,因为储户的行为影响银行对存款外流的预期,而正如我们后面会看到的,这一预期又会影响银行持有超额准备金的决策,所以我们将储户列为决定超额准备金的参与者之一。[1]

表 5A1 - 2 货币供给的反应

参与者	变量	变量的变动	货币供给的反应	原因
联邦储备体系	非借入基础货币	↑	↑	更多的 MB 用于存款创造
	借入准备金	↑	↑	更多的 MB 用于存款创造
	法定准备金率	↑	↓	更少的多倍存款扩张

---

[1] 这里的概念的一个有趣的应用"大萧条时期的银行恐慌和货币供给,1930—1933 年"可以在本章的网络附录找到,见本书配套网站 www.pearsonglobaleditions.com/mishkin。

参与者	变量	变量的变动	货币供给的反应	原因
储户	通货持有量	↑	↓	更少的多倍存款扩张
储户和银行	超额准备金	↑	↓	更少的贷款和多倍存款创造

注：这里只显示了变量上升（↑）的情况。变量下降对货币供给的影响与"货币供给的反应"一列表明的方向恰好相反。

货币乘数

到目前为止，本附录的分析足以帮助你理解货币供给过程是如何运行的。对于更倾向于数学分析的学生，我们可以利用一个被称为**货币乘数**（money multiplier）的概念推导出上述所有结论。我们用 m 表示货币乘数，它告诉我们基础货币的给定变动引起货币供给变动多少。货币供给 M（这里采用 M1 的定义）、货币乘数 m 和基础货币 MB 之间的关系如下[①]：

$$M = m \times MB \tag{1}$$

货币乘数 m 告诉我们基础货币的多少倍转化为货币供给。由于货币乘数大于 1，因此基础货币的另一个名字，高能货币，是符合逻辑的：基础货币每变动 1 美元所引起的货币供给的变动超过 1 美元。

□ 货币乘数的推导

让我们假设合意的通货持有量 C 和超额准备金 ER 与支票存款 D 同比例增长。换句话说，我们假设这些项目与支票存款的比率（即下列表达式中大括号里的部分）在均衡状态时为常数：

$c = \{C/D\}$ ＝通货比率

$e = \{ER/D\}$ ＝超额准备金率

我们将推导一个公式，它描述了储户决定的通货比率、银行决定的超额准备金率和联储设定的法定准备金率如何影响货币乘数 m。我们从下面的方程着手推导货币供给模型：

$$R = RR + ER \tag{2}$$

这个方程是说，银行体系的准备金总额 R 等于法定准备金 RR 和超额准备金 ER 之和。

法定准备金总额等于法定准备金率 rr 乘以支票存款 D：

$$RR = rr \times D$$

用 $rr \times D$ 替换方程（2）中的 RR 就得到如下方程，该方程将银行体系的准备金与它们能支持的支票存款和超额准备金联系起来：

---

① 对于货币供给采用 M2 的定义时货币乘数的推导，参见弗雷德里克·S. 米什金所著的《货币金融学（第 10 版）》一书第 14 章的网络附录，该附录可以在 http：//wps. aw. com/wps/media/objects/13761/14091673/appendi-xes/ch14apx2. pdf 找到。

$$R = rr \times D + ER$$

这里的关键要点是联储设定的法定准备金率 rr 小于 1。因此，1 美元的准备金能够支持大于 1 美元的存款，多倍存款扩张能够发生。

让我们看看在实践中这个过程是如何进行的。如果超额准备金为 0 美元（$ER = 0$ 美元），法定准备金率为 $rr = 0.10$，银行体系中的支票存款总额为 8 000 亿美元，那么支持这些存款所需要的准备金为 800 亿美元（$= 0.10 \times 8\,000$ 亿美元）。多倍存款创造使得 800 亿美元的准备金能够支持 10 倍的支票存款。

由于基础货币 MB 等于通货 C 和准备金 R 之和，在前一方程两边同时加上通货，我们可以得到一个将基础货币量与支票存款和通货的数量联系起来的方程：

$$MB = R + C = rr \times D + ER + C$$

这个方程显示了支持既定规模支票存款、通货和超额准备金所需的基础货币的数量。

为了用通货比率 $c = \{C/D\}$ 和超额准备金率 $e = \{ER/D\}$ 推导货币乘数的公式，我们改写最后一个方程，将 C 写成 $c \times D$，将 ER 写成 $e \times D$，有：

$$MB = rr \times D + e \times D + c \times D = (rr + e + c) \times D$$

接下来方程两边同时除以括号里的项，就可得到将支票存款 D 与基础货币 MB 联系起来的表达式：

$$D = \frac{1}{rr + e + c} \times MB \tag{3}$$

利用货币供给 M1 的定义，即将货币供给定义为通货加上支票存款（$M = D + C$），再次将 C 写成 $c \times D$，有：

$$M = D + c \times D = (1 + c) \times D$$

把这个方程中的 D 替换为方程（3）中的表达式，得到：

$$M = \frac{1 + c}{rr + e + c} \times MB \tag{4}$$

我们已经推导出了前面的方程（1）形式的表达式。正如你可以看到的，与 MB 相乘的比值为货币乘数，它告诉我们基础货币（高能货币）的给定变动引起货币供给变动多少。因此，货币乘数 m 为：

$$m = \frac{1 + c}{rr + e + c} \tag{5}$$

它是储户设定的通货比率 c、银行设定的超额准备金率 e 和联储设定的法定准备金率 rr 的函数。

□ 货币乘数背后的直觉

为了把握货币乘数的意义，让我们构建一个数值例子，赋予下列变量具有现实性的数值：

$rr =$ 法定准备金率 $= 0.10$

$C =$ 流通中的通货 $= 4\,000$ 亿美元

$D =$ 支票存款 $= 8\,000$ 亿美元

$ER =$ 超额准备金 $= 8$ 亿美元

$$M = 货币供给（M1）= C + D = 12\ 000\ 亿美元$$

根据这些数值，我们可以计算出通货比率 c 和超额准备金率 e：

$$c = \frac{4\ 000\ 亿美元}{8\ 000\ 亿美元} = 0.5$$

$$e = \frac{8\ 亿美元}{8\ 000\ 亿美元} = 0.001$$

从而，货币乘数的值如下：

$$m = \frac{1 + 0.5}{0.1 + 0.001 + 0.5} = \frac{1.5}{0.601} = 2.5$$

值为 2.5 的货币乘数告诉我们，给定支票存款的法定准备金率为 10%，储户的行为由 $c = 0.5$ 代表，银行的行为由 $e = 0.001$ 代表，基础货币增加 1 美元导致货币供给（M1）增加 2.5 美元。

注意，货币乘数小于简化模型中的存款扩张倍数（10）。虽然存款存在多倍扩张，但通货没有这样的扩张。因此，如果高能货币增量中的一部分转化为通货，这一部分就不会经历多倍存款扩张。在本章前面的简化模型中，我们没有考虑这种可能性，因此，准备金的增加导致了最大限度的多倍存款创造。然而，在现在的货币乘数模型中，由于 c 大于 0，当基础货币 MB 和支票存款 D 增加时，通货持有量的确上升了。如前所述，MB 增量转化为通货增量的部分没有乘数作用，因此在基础货币的增量中，只有一部分用于支持经历多倍扩张的支票存款。多倍存款扩张的总体水平必然更低，这意味着基础货币 MB 的给定增量所引起的货币供给 M 的增加小于本章前面简化模型所表明的数量。[①]

□ 货币供给对各因素变动的反应

为了完成我们的分析，我们需要注意基础货币可以被分成两个组成部分：非借入基础货币 MB_n 和借入的准备金 BR，即 $MB = MB_n + BR$。我们可以将方程（1）改写成如下形式：

$$M = m \times (MB_n + BR) \tag{6}$$

我们现在可以用代数来证明表 5A1-2 中的所有结果，该表显示了货币供给对各因素变动的反应。

正如你可以从方程（6）中看到的那样，由于货币乘数 m 大于 1，MB_n 或 BR 的增加会导致货币供给 M 的多倍扩张。在我们的数值例子中，我们利用方程（5）计算当 rr 从 10% 上升到 15% 时（其他所有变量保持不变）货币乘数变成多少。通过这样的计算，我们可以确定法定准备金率的上升如何减少货币供给。我们发现，货币乘数从 2.5 下降到：

$$m = \frac{1 + 0.5}{0.15 + 0.001 + 0.5} = \frac{1.5}{0.651} = 2.3$$

正如我们预测的那样，这个数值小于 2.5。

---

① 货币乘数更小的另外一个原因是，e 是大于 0 的固定小数，这意味着 MB 和 D 的增加导致更多的超额准备金。更多的超额准备金意味着用于支持支票存款的准备金增加得不会像超额准备金不变时那么多。因此，支票存款和货币供给的增加较少，货币乘数较小。然而，e 常常非常小（大约为 0.001），这个比率对货币乘数的影响可能很小。但的确存在 e 大得多的时期（例如大萧条和最近时期），这时 e 对降低货币乘数有着更为重要的作用。

类似地，在我们的数值例子中，我们计算当通货比率 c 从 0.50 增加到 0.75 时货币乘数变成多少。我们可以看出，通货水平的上升降低了货币供给。货币乘数从 2.5 下降到：

$$m=\frac{1+0.75}{0.1+0.001+0.75}=\frac{1.75}{0.851}=2.06$$

最后，我们计算当 e 从 0.001 上升到 0.005 时货币乘数变成多少。我们可以看出，超额准备金的增加降低了货币供给。货币乘数将从 2.5 下降到：

$$m=\frac{1+0.5}{0.1+0.005+0.5}=\frac{1.5}{0.605}=2.48$$

注意，虽然超额准备金增加到原来的 5 倍，但货币乘数下降得很少。之所以如此，是因为 e 被假设为很小（对很多美国货币史来说，这是一个合理的假设）从而它的变动对货币乘数的影响很小。然而，的确存在这样的时期，特别是大萧条时期和最近时期，这一比率要高得多，此时它的变动对货币供给和货币乘数有重大的影响。

上面的例子说明，法定准备金率、通货比率和超额准备金率的下降都会导致货币乘数下降。因此，在所有其他一切都不变的条件下，每种情况下的货币供给都将下降。

应用☞

量化宽松和货币供给，2007—2013 年

当 2007 年秋季全球金融危机爆发时，联储开启了借贷和大规模资产购买项目以支持经济。到 2013 年 6 月，这些证券的购买导致美联储的资产负债表规模扩大到了原来的四倍以上，基础货币增加了 287%。这些借贷和资产购买项目被称为"量化宽松"，它导致了基础货币的大幅增加。第 13 章还会进一步讨论量化宽松。正如我们在这个附录中的分析所表明的，基础货币的大量增加有可能导致货币供给的大量增加。然而，正如图 5A1-1 所示，在基础货币增加超过 276% 时[*]，M1 货币供给上升了不到 90%。我们的货币供给模型如何解释这个情况呢？

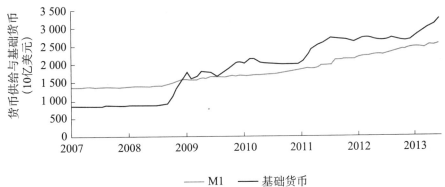

图 5A1-1 M1 与基础货币，2007—2013 年

尽管基础货币增加了 270% 以上，但货币供给上升不到 90%。

资料来源：Federal Reserve Bank of St. Louis，FRED Database. http：//research. stlouisfed. org/fred2/.

[*] 原文如此！之前提到的数字为 287%。——译者注

图 5A1-2 显示了 2007—2013 年期间公众持有的通货相对于支票存款的值（通货比率 c）和银行持有的超额准备金相对于支票存款的值（超额准备金率 e）。我们看到，在此期间通货比率下降，我们的货币供给模型表明这将提高货币乘数和货币供给，原因是它将增加存款扩张的总体水平。但是，c 下降的影响将被超额准备金率 e 的大幅上升完全抵消，超额准备金率在此期间上升了 1 000 倍。

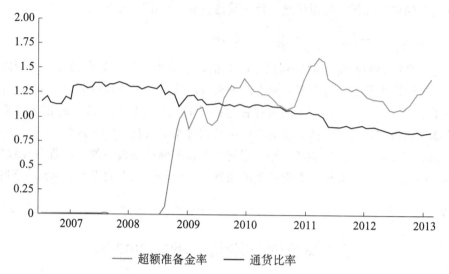

图 5A1-2　超额准备金率与通货比率，2007—2013 年

在量化宽松期间，通货比率 c 下降，而超额准备金率 e 上升了 1 000 倍。

资料来源：Federal Reserve. www. federalreserve. gov/releases.

什么解释了超额准备金率 e 的这一大幅上升呢？联储的行动所创造的准备金比银行满足准备金要求所需的要多得多。为了使银行愿意持有如此大幅增加了的准备金，市场利率必须充分低以至持有超额准备金对银行来说没有什么成本。事实上，自从联储从 2008 年开始给这些准备金支付利息后，准备金的利息常常超过银行在联邦基金市场上放贷能够收取的利率。因此，银行愿意持有大量超额准备金，这就解释了超额准备金率的大幅上升。正如我们的货币供给模型所预测的，e 的大幅增加将降低货币乘数，因此，尽管基础货币出现了大幅增加，但货币供给只有轻微的扩张。

小结

1. 货币供给过程中的三个参与者是中央银行、银行（存款机构）和储户。

2. 联储资产负债表中的四个项目对于理解货币供给过程至关重要，它们是流通中的通货和准备金这两个负债项目（共同构成基础货币）与证券和贴现贷款这两个资产项目。

3. 联储通过公开市场操作和向银行发放贴现贷款来控制基础货币，它对基础货币的控制强于对准备金的控制。

4. 单个银行最多可以放贷的数量等于其超额准备

金，从而创造等量的存款。银行体系能够创造多倍存款扩张，这是因为随着每家银行发放贷款和创造存款，准备金流入其他银行，获得准备金的银行用准备金发放贷款和创造新的存款。在简化的多倍存款创造模型中，银行不持有超额准备金，公众不持有通货，支票存款增加的倍数等于法定准备金率的倒数。

5. 简化的多倍存款创造模型有严重的缺陷。储户增加通货持有量的决策或银行持有超额准备金的决定会导致存款的扩张少于简化模型的预测。所有三个参与者（中央银行、银行和储户）对货币供给的决定都很重要。

6. 货币供给与非借入基础货币 MB_n（由公开市场操作决定）和来自联储的借入准备金 BR（贴现贷款）的水平正相关。货币供给与法定准备金率 rr、通货持有量以及超额准备金负相关。货币供给过程的模型考虑了货币供给过程中所有三个参与者的行为：联储通过公开市场操作、贴现贷款和设定法定准备金率影响货币供给；储户通过对关于通货持有量的决策影响货币供给；银行通过关于超额准备金的决策（储户关于存款外流的决策也会影响到银行关于超额准备金的决策）影响货币供给。

7. 基础货币与货币供给通过货币乘数的概念相联系，货币乘数告诉我们基础货币的既定变动引起货币供给变动多少。

关键术语

基础货币	准备金	法定准备金
超额准备金	法定准备金率	贴现率
高能货币	公开市场操作	公开市场购买
公开市场出售	T 账户	非借入基础货币
借入准备金	多倍存款创造	货币乘数

复习题和习题

1. 什么是基础货币？联储如何影响其规模？

2. 假定联储从美国银行购买美国财政部证券。根据多倍存款创造的简化模型，这一公开市场购买如何影响货币供给？该简化模型的两个基本假设是什么？

3. 列举影响货币供给的五个因素。对于每个因素，解释货币供给过程的参与者——联储、储户和银行——中的哪种或哪几种控制或影响该要素，该要素如何影响货币供给以及为什么。

4. 运用如下信息决定联储的资产负债表，计算联储的货币负债：

   流通中的通货＝7 500 亿美元

   银行体系的准备金＝8 500 亿美元

   联储持有的证券＝4 500 亿美元

   贴现贷款＝11 500 亿美元

5. 联储将 2 亿美元的政府债券卖给一家银行，该银行用它存在联储的准备金进行支付。运用联储和银行体系的 T 账户描述这一公开市场出售的影响。这一交易对联储的货币负债的影响是什么？

6. 一些发展中国家遭受过银行危机，在危机中储户损失了部分甚至全部存款（存款保险在一些国家不存在）。这类危机降低了储户对银行体系的信心。在这样的国家，关于银行危机的谣言对支票存款有什么影响？对准备金和基础货币有什么影响？

7. 联储宣布废除许多近来全球金融危机最困难时期创造的旨在向金融中介发放贷款的借贷工具，如短期标售工具（term auction facility, TAF）。废除这些借贷工具对基础货币有什么影响？

8. 假定联储执行1亿美元的公开市场购买。假设法定准备金率为10%，在以下每种情况下，这一公开市场购买有什么影响？
   (a) 只有一家银行，该银行决定不把超额准备金用于放贷。
   (b) 只有一家银行，该银行决定把超额准备金全部用于放贷。
   (c) 有许多家银行，所有银行都把超额准备金全部用于放贷。

9. 在很特别的条件下，银行想从联储借款，不是把这些资金用于放贷，而是以超额准备金的形式持有。以超额准备金的形式持有的贴现贷款增加对基础货币和货币供给有什么影响？

10. 给定如下的通货比率、超额准备金率和法定准备金率，计算货币乘数（即填充下表），解释为什么当通货比率或超额准备金率上升时货币乘数下降。

通货比率	0.5	0.7	0.5
超额准备金率	0.01	0.01	0.9
法定准备金率	0.08	0.08	0.08
货币乘数			

11. 在1930—1933年大萧条期间，银行恐慌导致通货比率和超额准备金率大幅上升，同时基础货币上升了20%。解释银行和储户的行为如何导致了通货比率和超额准备金率的急剧增加，运用货币乘数模型解释为什么尽管在此期间基础货币上升了20%，但货币供给实际上还下降了25%。

数据分析题

1. 访问圣路易斯联邦储备银行FRED数据库，找到如下指标的最新数据：通货（CURRNS）、支票存款总额（TCDSL）、准备金总额（RESBALNS）和法定准备金（RESBALREQ）。
   (a) 计算通货比率 c 的值。
   (b) 使用RESBALNS和RESBALREQ计算超额准备金的数量，然后计算超额准备金率 e 的值。
   (c) 假设法定准备金率 rr 等于11%，计算货币乘数 m 的值。

2. 访问圣路易斯联邦储备银行FRED数据库，找到M1货币存量（M1SL）和基础货币（AMBSL）的数据。
   (a) 利用最新数据和5年前的数据，计算现在和5年前货币乘数的值。
   (b) 基于问题（a）的答案，1亿美元的公开市场购买在现在和5年前对M1货币供给的影响分别有多大？

第 3 篇

长期经济增长

本部分将探讨宏观经济学中最核心的问题之一：为什么有些国家经济增长缓慢且仍然贫穷，而其他国家经济增长速度快且繁荣兴旺？第 6 章及其附录建立了索洛增长模型，它是关于经济增长的所有现代研究所使用的基本模型。第 7 章通过更加详细地考察技术进步和制度的发展如何促进经济增长，深入地探究经济增长的源泉。

　　为了在理论和实践之间建立重要的联系，我们将考察如下应用案例：

■ 趋同的证据，1960—2012 年

■ 战后时期美国的增长率

■ 人口增长会提高生活水平吗

　　在保持对关键政策议题和政策制定者在实践中使用的技术的关注的同时，我们还将在政策与实践案例中分析如下具体例子：

■ 中国的独生子女政策和其他限制人口增长的政策

■ 增加人力资本的政府措施

■ 世界银行的《营商环境报告》

■ 外国援助有效吗

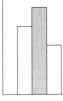

第6章

增长的源泉和索洛模型

 预览

    在韩国繁荣的首都首尔，身背笔记本电脑的学生们可能很难理解他们祖父母辈所熟悉的那个国家。1960 年，韩国还处于经济瘫痪的状态，首尔则是一个贫困且拥挤的城市，一片片废木材搭建而成的棚户区随处可见。普通工人每天的工资仅有 5 美元（用现在的货币计算）。西方经济学家们曾断言说韩国振兴的希望非常渺茫。今天，我们可以看到这样的评价是多么离谱。在接下来的 50 年里，韩国跻身于世界上最富有的国家之列，现在已是万亿美元经济体俱乐部的成员之一。现在的韩国人开着昂贵的轿车，坐在有空调的办公室里工作，收入是生活在 1960 年的先辈们的收入的 10 多倍。

    美国也曾经历过这般非凡的经济增长。1870 年的美国普通公民生活在现在我们认为极度可怜的贫困里，没有室内卫生设备及电力照明。那时，用现在货币计算的人均收入不足 3 000 美元，而如今人均收入已经超过 40 000 美元。

    韩国与美国的经济增长步伐是高度非典型的。考虑海地的例子。1960 年时海地的 GDP 水平与韩国差不多。然而，在经过通货膨胀调整之后，今天海地人的收入实际上比 50 年前更少了。宏观经济学最重要的目的之一就是找出韩国和美国等国家经济繁荣而海地等国家经济却停滞不前的原因。正如诺贝尔经济学奖获得者罗伯特·卢卡斯（Robert Lucas）所说："这些（关于经济增长的）问题对人类福利的影响是惊人的。"[1]

    本章我们将首先考察世界各国的经济增长，接着，我们将探究索洛增长模型及其局限性，该模型是关于经济增长的所有现代研究的基础。最后，我们将讨论增长核算，它表明我们需要超越索洛模型以更加详细地探究技术和制度在促进经济增长中的作用，这

---

    [1] Robert Lucas，Jr.，"On the Mechanics of Economic Development," *Journal of Monetary Economics* 22 (1988)：5.

也是我们将在第 7 章分析的主题。

世界各国的经济增长

图 6-1 展示了自 1960 年以来 12 个国家的人均实际 GDP 水平，这 12 个国家分布在世界的不同地区，包括北美洲、欧洲、非洲、亚洲、拉丁美洲及加勒比海地区。

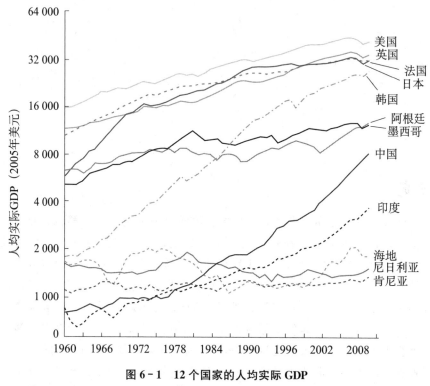

图 6-1　12 个国家的人均实际 GDP

除了海地，所有国家在 1960—2010 年期间经济都有增长。其中法国、英国、日本、中国、韩国和印度都显示出向美国的人均实际 GDP 的趋同，其余的国家并没有经历趋同：墨西哥和阿根廷的人均收入相对于美国基本保持不变，而肯尼亚、尼日利亚和海地都经历了"经济增长灾难"（海地尤为严重），其人均实际收入相对于美国都下降了。

注：图中纵轴使用了比例刻度，相等的距离表示相等的百分比变化，所以曲线的斜率表示经济增长的速度。

资料来源：Penn World Tables in Federal Reserve Bank of St. Louis, FRED Database. http://research.stlouisfed.org/fred2/.

从这个图中我们有以下几条发现：
- 美国在这几十年里一直是最富有的国家，保持着稳定的经济增长速度。
- 除了海地，所有的国家都经历了经济增长。
- 开始时人均实际 GDP 最高的两个欧洲国家——法国和英国——一直在追赶美国。这种现象被称为**趋同**（convergence），也就是说，具有不同的初始人均收入水平的国家会趋向于相似的人均收入水平。
- 日本、中国、韩国以及（最近的）印度等亚洲国家都经历了所谓的"快速趋同"，经济增长十分迅猛，以至它们相对于美国的人均收入水平都不止翻番了。这些创造了增长奇迹的国家成功地使超过 10 亿人口脱离了深度贫困（日收入少于 1 美元），这是一项非凡的成就。

● 拉丁美洲的墨西哥和阿根廷并没有经历趋同，它们相对于美国的人均收入水平几乎没有变化。

● 尽管自 1960 年以来肯尼亚和尼日利亚这两个非洲国家的经济有所增长，但是还是经历了所谓的"经济增长灾难"，导致它们相对于美国的人均收入下降了超过一半。

● 加勒比海地区的海地经历了最严重的经济增长灾难，其 2011 年的人均实际 GDP 比 1960 年的还低。

索洛增长模型

我们对图 6-1 的讨论引出了几个关于经济增长的问题。我们怎么解释随着时间的推移大多数国家都经历了经济增长呢？为什么有些国家表现出了趋同而其他国家没有呢？为什么有的国家创造了增长奇迹而有的国家遭遇了增长灾难呢？回答这些问题的起点是**索洛增长模型**（Solow growth model）。这一模型解释了储蓄率和人口增长如何决定资本积累，而资本积累又如何决定经济增长。罗伯特·索洛在 50 多年前建立了此模型，并因此获得了诺贝尔经济学奖。[1]

□ 索洛增长模型的区块

索洛增长模型有以下几个区块：生产函数、投资函数、资本积累方程以及对稳定状态的描述。我们接下来依次考察这些区块。

生产函数。索洛增长模型从第 3 章讨论的规模报酬不变的柯布-道格拉斯总体生产函数开始：

$$Y_t = F(K_t, L_t) = AK_t^{0.3}L_t^{0.7} \tag{1}$$

其中，

$Y_t = t$ 时的产出

$K_t = t$ 时的资本存量

$L_t = t$ 时的劳动

$A = $ 现有的技术（以全要素生产率衡量）

方程（1）告诉我们，给定生产要素的数量和现有技术，我们可以生产出多少产出 Y。注意我们在方程（1）中引入了一种新的符号——时间下标 t，它表明变量在 t 时的值。时间下标是很重要的，因为随着时间发生的变化是经济增长讨论的核心。我们将会在参考资料"时间下标"中更详细地讨论这个符号。

---

[1] 参见 Robert M. Solow, "A Contribution to the Theory of Economic Growth," *Quarterly Journal of Economics* (February 1956)：65-94。

索洛增长模型以工人人均的形式对经济进行考察。如果 t 时的产出是 Y_t，那么工人人均产出就是 Y_t/L_t，我们将它表示成小写字母 y_t。运用同样的方式处理，工人人均消费支出可以表示为 $c_t = C_t/L_t$，工人人均投资则表示为 $i_t = I_t/L_t$。工人人均资本量，$k_t = K_t/L_t$，在索洛模型中起着很突出的作用，我们称其为**资本与劳动之比**（capital-labor ratio）。为了将方程（1）转换成工人人均形式，我们在方程的两边同时除以 L_t：

$$y_t = \frac{Y_t}{L_t} = \frac{A K_t^{0.3} L_t^{0.7}}{L_t} = \frac{A K_t^{0.3}}{L_t^{0.3}} = A k_t^{0.3} \tag{2}$$

索洛模型假设 A 是外生的或是已经给定的，所以它并没有涉及任何有关技术是如何随时间改变的问题。

图 6-2 是工人人均生产函数的图形表示。注意工人人均生产函数是向右上方倾斜的，这表明当工人人均资本增加时，每个工人生产的产量也随之增加。该曲线向外凸的形状告诉我们：资本与劳动之比的增加所带来的产量增加是递减的。工人人均生产函数的这些特征与我们在第 3 章学到的总体生产函数的特征是相似的。

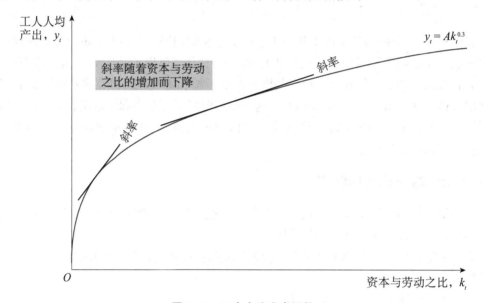

图 6-2　工人人均生产函数

工人人均生产函数是一条向右上方倾斜的曲线。由于资本的边际产量是递减的，所以工人人均生产函数的斜率随着资本与劳动之比的增加而减小。

宏观经济学：政策与实践（第二版）

▶ **参考资料**　　　　　　　　**时间下标**

时间下标 t、$t-1$ 以及 $t+1$ 告诉我们事情发生在哪个时期。在之前的章节里，我们用符号表示变量时并没有明确说明它们具体发生的时间，如用 K、L 和 Y 表示资本、劳动和总产出。时间下标使得这些变量的时间更加具体了，例如，K_t、L_t 以及 Y_t 是指 t 时期的资本、劳动以及总产出水平。t 可以是一年、一个季度或一个月。

投资函数。为了简化我们对产品和服务的需求的分析，我们将假设经济是封闭的且政府支出为零。若用工人人均形式来表示，这就意味着对产出的总需求等于工人人均消费加上工人人均投资：

$$y_t = c_t + i_t \tag{3}$$

在建立模型时，索洛假设消费者每年的储蓄占收入的比例即**储蓄率**（saving rate）固定为 s，从而工人人均储蓄 $y_t - c_t$ 为：

$$y_t - c_t = sy_t \tag{4}$$

从方程（3）中我们知道 $i_t = y_t - c_t$，因此：

$$i_t = sy_t \tag{5}$$

我们在第 4 章就已经看到，在封闭经济中投资等于储蓄。方程（5）正是这一我们已经很熟悉的结果。这个方程告诉我们：投资与产出成比例，且这一比率为 s。

将工人人均生产函数 $y_t = Ak_t^{0.3}$ 代入方程（5），我们就可以得到**投资函数**（investment function）。它揭示了当投资等于储蓄时，工人人均投资与工人人均资本存量的关系。[1]

$$i_t = sAk_t^{0.3} \tag{6}$$

我们在图 6-3 中画出了投资曲线，也就是 i_t 随 k_t 的变化关系。它有着与图 6-2 所示的生产函数曲线相似的向外凸的形状，它总是位于生产函数曲线的下面，因为储蓄率总是介于 0 与 1 之间。

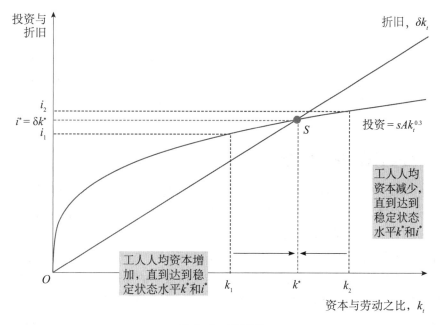

图 6-3　索洛图

在投资曲线和折旧曲线的交点 S，资本与劳动之比达到稳定状态。如果工人人均资本最初在 k_1，工人人均资本随时间增长到 k^*。如果工人人均资本最初在 k_2，工人人均资本随时间下降到 k^*。

资本积累。两种力量决定了资本存量的变化：投资和折旧。**投资**（investment）是指对新工厂和机器的购买，这些购买增加了资本存量。**折旧**（depreciation）是指机器和

第
6
章

增
长
的
源
泉
和
索
洛
模
型

---

① 本章讲的投资函数与在第 4 章和第 9 章讲的投资函数有所不同，因为本章的投资函数假设当储蓄等于投资时产品市场处于均衡状态。

工厂由于长时间使用而产生的资本磨损。索洛模型假设资本每年按一定比例 δ 磨损，这一比例被称为**折旧率**（depreciation rate）。例如，如果平均每单位资本能够使用 20 年，那么这个经济的折旧率就为每年 5%，也就是 $\delta=0.05$。因为我们假设折旧的数量是资本的一个常数比例，所以工人人均折旧就等于 δk_t。在图 6-3 中，我们以工人人均资本为横轴、工人人均折旧为纵轴画出了折旧曲线，它是一条斜率为 δ 的直线。

资本积累——工人人均资本存量的变化，即 $\Delta k_t = k_{t+1} - k_t$——等于新的资本投资 i_t 减去原有资本在使用过程中的磨损或折旧 δk_t：

$$\Delta k_t \qquad = \qquad i_t \qquad - \qquad \delta k_t \qquad\qquad (7)$$

工人人均资本存量的变化＝工人人均投资－工人人均折旧

方程（7）被称为**资本积累方程**（capital-accumulation equation），它表示资本存量的变化等于投资减去折旧。将该方程中的投资用投资函数代替，我们可以将方程重新写成：

$$\Delta k_t = sAk_t^{0.3} - \delta k_t \qquad\qquad (8)$$

稳定状态。稳定状态或简称**稳态**（steady state）是指工人人均资本 k_t 不再变化时的状态。因此，在稳定状态时，我们会有 $\Delta k_t = 0$：

$$0 = sAk_t^{0.3} - \delta k_t$$

在上面方程的两边同时加上 δk_t，我们就可以得到描述稳定状态的条件：

$$sAk_t^{0.3} = \delta k_t \qquad\qquad (9)$$

投资 ＝折旧

换句话说，当工人人均资本存量处在稳定状态时，投资与折旧是相等的。我们通过画出投资曲线和折旧曲线来图示这种关系，在图 6-3 中，在两条曲线的交点处，工人人均资本达到了稳定状态，我们将它标记为 k^*。我们称图 6-3 为**索洛图**（Solow diagram）。

□ 索洛增长模型的动态学

如果经济投资超过折旧带来的减少，资本存量就会增加。另外，如果资本存量的折旧超过投资，资本存量则会下降。投资、折旧与资本之间这种直觉上的关系有助于解释资本与劳动之比如何达到其稳定状态 k^*。

假定一个经济的初始资本与劳动之比为 k_1，小于 k^*。如图 6-3 所示，此时投资 i_1 超过折旧 δk_1，因此 Δk_t 为正，k_t 上升。如向右的箭头所表明的那样，工人人均资本会一直上升，直到 $\Delta k_t = 0$。此时，投资 $sAk_t^{0.3}$ 等于折旧 δk_t，投资曲线与折旧曲线相交于点 $k_t = k^*$。

现在假定一个经济的初始资本与劳动之比为 k_2，大于 k^*。如图 6-3 所示，此时投资 i_2 低于折旧 δk_2，因此 Δk_t 为负，k_t 下降。如向左的箭头所表明的那样，工人人均资本会一直减小，直到 $\Delta k_t = 0$。此时，投资曲线与折旧曲线相交于点 $k_t = k^*$。

我们可以进一步分析当 k_t 向稳定状态移动时工人人均产出如何变化。直观地，我们知道当初始资本小于其稳定状态水平时，工人人均资本会随着时间的推移而上升，直到达到稳定状态。当工人人均资本增加时，工人人均产出也会增加。当 k_t 达到稳定状态时，工人人均产出 y_t 也会达到它自己的稳定状态。

在图 6-4 中，通过在索洛图的基础上加入生产函数 $y_t = Ak_t^{0.3}$，我们用图形来表示这一关系。如果初始工人人均资本为 k_1，工人人均产出为 $y_1 = Ak_1^{0.3}$，如点 1 所示。然而，由于 $k_1 < k^*$，工人人均资本会上升到 k^*，随着时间的变化，工人人均产出上升到 $y^* = Ak^{*0.3}$，到达 S 点（S 代表稳定状态）。

工人人均消费又会如何呢？因为 $y_t = c_t + i_t$，工人人均消费为产出曲线与投资曲线之间的差值，如图 6-4 所示。注意，当收入增长到 y^* 时，消费也会上升。通过方程我们能更直接地看清这种关系，因为 $i_t = y_t - c_t = sy_t$，所以：

$$c_t = (1-s)y_t$$

因此当 y_t 增加时，工人人均消费 c_t 也会增加，直到达到稳定状态，此时，$y_t = y^*$，$c^* = (1-s)y^*$。另外，如果初始工人人均资本为 k_2，工人人均产出为 $y_2 = Ak_2^{0.3}$，如点 2 所示，那么工人人均资本会下降。随着时间的推移，工人人均产出下降到 y^*。类似地，工人人均消费 c_t 会减少直到 $c^* = (1-s)y^*$。

索洛模型的动态学使我们对稳定状态有了一个充分的理解。在稳定状态，$k_t = k^*$，$c_t = c^*$，$y_t = y^*$，它是当初始状态偏离这种状态时经济就会向其移动并保持在那儿的那种状态。换句话说，稳定状态是经济在长期向其收敛的状态，因此是经济的长期均衡状态。我们在参考资料"稳定状态的'浴盆模型'"中会进一步给出有关稳定状态的经济学直觉。

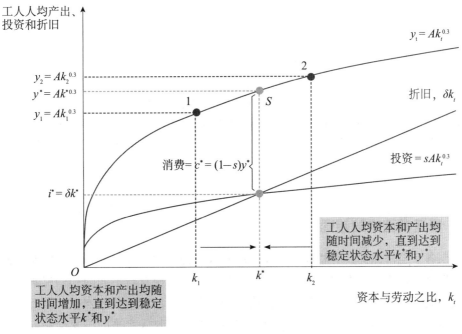

图 6-4　索洛模型中的产出与消费

工人人均资本的稳定状态水平 k^* 在投资曲线 $i_t = sAk_t^{0.3}$ 与折旧曲线 δk_t 的交点上达到。当工人人均资本达到 k^* 时，工人人均产出为 S 点的 y^*，工人人均消费为 c^*。

▶ **参考资料**　　　　**稳定状态的"浴盆模型"**

在第 2 章，我们用浴盆进行类比说明了存量与流量的不同。同样的类比对为索洛模型中的稳定状态提供经济学直觉也非常有用。

在索洛模型中，流入浴盆的流量是投资量 $sAk_t^{0.3}$，在图 6-5 中我们用从水龙头流出的水量表示。从浴盆流出的是折旧 δk_t，图中我们用从排水口排出的水表示。盆中的水代表工人人均资本存量 k_t。如资本积累方程［方程（8）］所表明的那样，当投资大于折旧时，$sAk_t^{0.3} > \delta k_t$，流入浴盆的水量大于排出的水量，因此盆中水的存量 k_t 就会上升。同理，当投资小于折旧时，$sAk_t^{0.3} < \delta k_t$，流入浴盆的水量小于排出的水量，因此盆中水的存量 k_t 就会下降。只有当投资等于折旧时，$sAk_t^{0.3} = \delta k_t$，流入浴盆的水量与排出的水量相同，水的存量才会停止下降或上升，因此处于一个稳定状态，$k_t = k^*$。

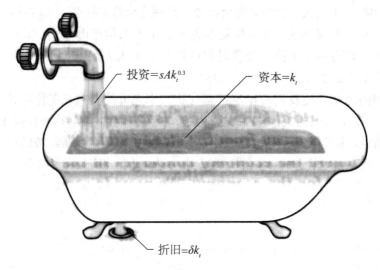

图 6-5　稳定状态的"浴盆模型"

从水龙头里流入浴盆的水量代表投资量 $sAk_t^{0.3}$，而从排水口排出的水量则代表折旧 δk_t，盆中的水量代表资本存量 k_t。当盆中的水量不再增加或减少时，就达到了稳定状态 k^*，此时流出的水量等于流入的水量，也就是 $sAk_t^{0.3} = \delta k_t$。

☐ 索洛模型中的趋同

如果各个经济体都具有相同的总体生产函数、相同的工人与人口之比以及相同的储蓄率，那么从索洛模型中我们可以知道：这些经济体即便有着不同的初始资本与劳动之比，也会向着同一个稳定状态趋同，最终达到一个相似的人均收入水平。因此，相似的经济体将会经历趋同——也就是说具有不同的初始人均收入水平的国家会趋向于相似的人均收入水平。那些拥有低的工人人均资本和低的工人人均产出的国家，$k_t < k^*$ 且 $y_t < y^*$，将会经历经济增长，因为 k_t 和 y_t 会上升，直到达到稳定状态水平 k^* 和 y^*。

应用 ☞

趋同的证据，1960—2012 年

让我们来检验趋同理论的正确性，方法是考察如下两组国家在 1960—2012 年的经济增长：一组为一些富裕国家，另一组为许多富裕国家与贫困国家的混合。从图

宏观经济学：政策与实践（第二版）

6-6 (a)可以看出，有强有力的证据表明属于经济合作与发展组织（OECD）的富裕国家之间出现了趋同。在 1960 年有着高人均 GDP 的国家，如瑞典和美国，在 1960—2012 年间往往有着低增长率。而在 1960 年时人均 GDP 低的国家，如日本、韩国、希腊和葡萄牙，则有着高增长率。在经历了战争毁灭性的破坏后，这种趋同现象表现得尤其明显，正如参考资料"战争、破坏和增长奇迹"所说明的那样。

(a) OECD国家之间的趋同

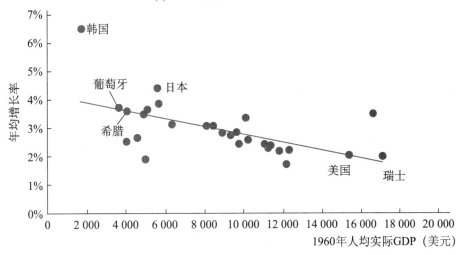

(b) 105个国家之间的趋同

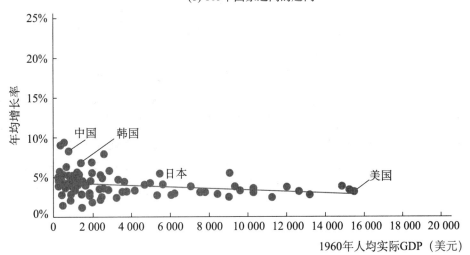

图 6-6　1960—2012 年趋同的证据

图（a）提供了在 OECD 国家之间存在趋同现象的有力证据。在 1960 年有着高人均 GDP 的国家，如瑞典和美国，在 1960—2012 年间往往有着低增长率。而在 1960 年时人均 GDP 低的国家，如日本、韩国、希腊和葡萄牙，则有着高增长率。图（b）试图在更多（105 个）国家之间发现趋同现象。然而数据显示初始人均实际 GDP 水平与 1960—2012 年间的增长率几乎没有什么关系。

资料来源：Penn World Tables. http：//pwt. econ. upenn. edu/php ＿ site/pwt ＿ index. php；The World Bank. World Development Indicators. http：//data. worldbank. org/data-catalog.

然而，当我们在图 6-6 (b) 中将国家的样本扩充到共 105 个富裕国家和贫困国家时，趋同现象就不存在了。我们几乎看不到初始人均实际 GDP 水平与 1960—2012 年间的增长率之间有任何关系。很多国家，如海地，一开始很穷，且现在依然很穷。而另一些国家，如日本和韩国，一开始很穷，但变成了富裕国家。除向稳定状态趋同的理论外，必然还有其他东西解释这些结果。答案是许多经济体并非相似，正如我们将在第 7 章中详细说明的，它们的差别主要源于生产率上的差别，而索洛模型却将各个经济体的生产率视为相等。[①]

▶ **参考资料**　　　　　　　战争、破坏和增长奇迹

第二次世界大战彻底摧毁了德国和日本的一些城市，那里的人们穷困潦倒，城市的资本存量所剩无几。当战争结束的时候，德国人的收入不到美国人的 1/4，而日本人的人均收入只有美国人的 15%。

索洛增长模型预测，在工人人均资本存量很低的经济体中，工人人均资本存量将经历相当迅速的增长，向稳定状态趋近，这会使工人人均收入快速增长。历史证明了这一预测，德国和日本都经历了战后的增长奇迹。日本在 1948—1972 年间人均 GDP 年均增长率超过了 8%，而联邦德国则达到了近 6%。

到 1972 年时，两国的人均收入都已达到非常接近美国的水平，这意味着它们非常接近稳定状态。就像索洛模型预测的那样，自此以后，两国的经济增长开始减速，新的增长速度与其他富裕国家更加接近。

研究还表明这种趋同在一个国家的不同地区也存在。一个生动的例子便是第二次世界大战结束时发生在广岛和长崎的核爆炸。由于核爆炸造成的巨大破坏，这两个城市的资本存量相对于日本其他城市而言急剧减少。然而在 15～30 年内，这两个城市均经历了经济的迅速增长，在规模和人均收入方面都逐步与在第二次世界大战中受损更小的日本其他地区趋同。类似的高速增长也出现在越南战争中发生严重爆炸的广治省。在战争结束 30 年后，该省的人均收入赶上了越南其他地方。[②]

[①]　趋同理论适用于那些拥有相同生产函数、相同人口增长率以及相同储蓄率的"相似"经济体。如果各经济体的生产函数、人口增长率和储蓄率不同，索洛模型依然表明它们会朝着稳定状态移动，只不过各经济体有着不同的稳定状态。描述这一点的另一种方式是，索洛模型预测不相似的经济体间会出现条件性趋同，即这些经济体会向各自的特定稳定状态趋同，各自的特定稳定状态由各自的生产函数、人口增长率和储蓄率决定。

[②]　参见 Donald R. Davis and David Weinstein, "Bones, Bombs and Break Points: The Geography of Economic Activity," *American Economic Review* 92 (December 2002): 1269-89; and Edward Miguel and Gerard Roland, "The Long-Run Impact of Bombing Vietnam," NBER Working Paper No. 11954, January 2006。

宏观经济学：政策与实践（第二版）

索洛模型中储蓄率的改变

我们在第4章看到，家庭储蓄意愿的改变会影响投资。索洛增长模型可以推出同样的结果，并且索洛增长模型还表明了储蓄率的改变将如何影响资本积累和产出水平。

假定美国经济处于资本量为 k_1^* 的稳定状态，此时消费者突然决定必须为了养老更多地储蓄。这种储蓄意愿的增加使储蓄率从 s_1 提高到 s_2，投资函数则由 $s_1 Ak_t^{0.3}$ 向上移动到 $s_2 Ak_t^{0.3}$，如图6-7（a）所示。现在，在初始资本水平 k_1^* 点，投资大于折旧，因此 Δk_t 为正，工人人均资本存量 k_t 开始增加。如图中向右的箭头所表明的那样，k_t 会一直上升，直到达到 k_2^*。在 k_2^*，投资重新等于折旧，因此经济达到了新的稳定状态。在新的稳定状态，由于工人人均资本更高了，工人人均产出最终也上升到 $y_2^* = Ak_2^{*\,0.3}$。储蓄率的增加导致工人人均资本和工人人均产出稳定状态水平的上升。[1]

对于当储蓄率从时期0的 s_1 增加到 s_2 时资本与劳动之比和工人人均产出如何随时间变化，图6-7（b）提供了另一种阐述方式。在时期0，工人人均资本是 k_1^*，人均产出是 $Ak_1^{*\,0.3}$。随着储蓄率增加到 s_2，从资本积累方程可知，$\Delta k_t = s_2 Ak_t^{0.3} - \delta k_t$ 是正的，这是因为在这时的工人人均资本存量水平上，投资函数 $s_2 Ak_t^{0.3}$ 高于折旧曲线 δk_t，如图6-7（a）所示。因此，正如我们在图6-7（b）看到的，k_t 和 y_t 都开始增加。然而，随着 k_t 增加，图6-7（a）表明投资函数 $s_2 Ak_t^{0.3}$ 和折旧线 δk_t 之间的距离在缩小，所以 Δk_t 减少，这导致 k_t 和 y_t 的增速减慢，如图6-7（b）所示。最终，当 k_t 达到 k_2^* 时，投资函数 $s_2 Ak_t^{0.3}$ 和折旧曲线 δk_t 相交，如图6-7（a）所示。这时 Δk_t 下降到0，k_t 不再增加。由此，在图6-7（b）中，k_t 保持在 k_2^* 而 y_t 保持在 $Ak_2^{*\,0.3}$，因为它们都处于稳定状态。

虽然索洛增长分析表明当经济朝稳定状态移动时工人人均资本和产出的增长率会暂时性地增加，但该分析并不表明这些增长率永久性地增加。一旦经济达到稳定状态，工人人均资本和产出的增长率就重新回到零。因此，储蓄率的改变只会影响工人人均资本和产出的水平，并不会影响这些变量长期的增长率。换句话说，当储蓄率改变时，索洛模型只有水平效应没有增长效应。这一特征源于递减的资本边际产量。当资本上升时，资本的生产性下降：在储蓄率变化后，经济最终达到一个资本与劳动之比仍为常数的稳定状态。

在各个国家中工人与人口之比相似的假设下，我们将可以预期：一个国家的国民储蓄率越高，从而相对于收入而言投资水平越高，它的人均收入就会越高。图6-8用近百个国家的数据画出了人均收入与储蓄率的关系图。注意尼加拉瓜储蓄率很低，人均收入也很低，而新加坡储蓄率很高，人均收入也很高。正如索洛增长理论预测的那样，有高储蓄率的国家一般都会有高的人均收入。[2]

---

[1]　尽管更高的储蓄率 s 会使工人人均产出增加，但工人人均消费并不一定会随着储蓄率的增加而增加。正如本章网络附录"资本与劳动之比的黄金定律"所讨论的，存在一个使得工人人均消费达到最大值的储蓄率水平。该网络附录可以在 www.pearsonglobaleditions.com/mishkin 找到。

[2]　虽然图6-8中的证据支持了索洛模型的预测，但是储蓄率与人均收入的正相关性也可能是反向因果关系的结果：那些收入远高于维持生计水平的富裕人口能够储蓄得更多。

(a) 索洛图

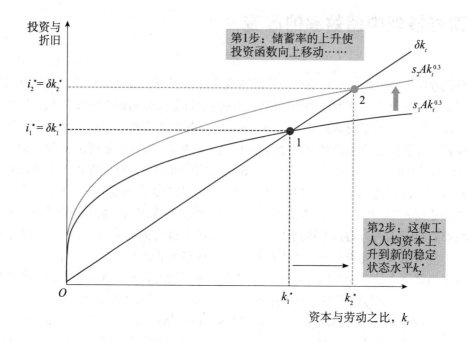

第1步：储蓄率的上升使投资函数向上移动……

δk_t

$s_2 A k_t^{0.3}$

$s_1 A k_t^{0.3}$

$i_2^* = \delta k_2^*$

$i_1^* = \delta k_1^*$

第2步：这使工人人均资本上升到新的稳定状态水平k_2^*

O

k_1^* k_2^*

资本与劳动之比，k_t

(b) 资本与劳动之比和工人人均产出随时间的变化

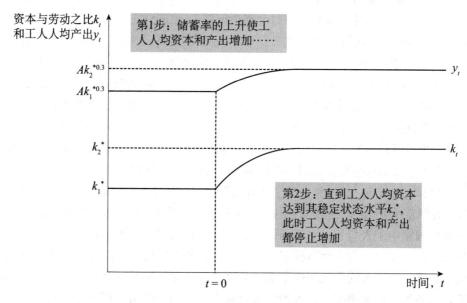

资本与劳动之比k_t和工人人均产出y_t

第1步：储蓄率的上升使工人人均资本和产出增加……

$A k_2^{*0.3}$

$A k_1^{*0.3}$

y_t

k_2^*

k_1^*

k_t

第2步：直到工人人均资本达到其稳定状态水平k_2^*，此时工人人均资本和产出都停止增加

$t = 0$

时间，t

图 6-7 对储蓄率增加的反应

在图（a）中，随着储蓄率从 s_1 增加到 s_2，投资函数从 $s_1 A k_t^{0.3}$ 向上移动到 $s_2 A k_t^{0.3}$。在初始时工人人均资本水平为 k_1^*，投资大于折旧，因此工人人均资本 k_t 上升，直到达到 k_2^*。在 k_2^*，投资等于折旧，因此经济达到了其稳定状态。图（b）显示了资本与劳动之比和工人人均产出随时间的相应变化。在时期 0，k_t 和 y_t 都开始增长，但是它们的增长率是递减的。最终，当 $k_t = k_2^*$ 以及 $y_t = A k_2^{*0.3}$ 时，资本与劳动之比和工人人均产出会因达到稳定状态而停止增长。

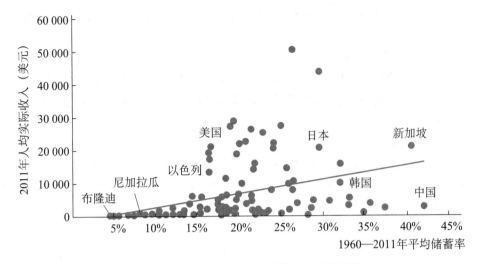

图 6-8　人均收入与储蓄率的关系：国际证据

利用近百个国家的人均收入与储蓄率数据作图所得到的图形支持了索洛模型的预测：储蓄率更高的国家人均收入也更高。储蓄率高的国家，如新加坡和韩国，人均收入也高。而储蓄率低的国家，如尼加拉瓜和布隆迪，人均收入也低。

资料来源：Penn World Tables in Federal Reserve Bank of St. Louis，FRED Database. http：//research. stlouisfed. org/fred2/；and The World Bank. World Development Indicators. http：//data. worldbank. org/data-catalog.

索洛模型中的人口增长

在我们已经建立起的索洛模型框架中，达到稳定状态的经济停止了增长。然而，自现代以来，在世界上的几乎任何地方经济增长都一直在持续。出现这种矛盾必然是因为我们的模型还不够完善。因此，在本节中，我们将在索洛模型中加入劳动力增长，然后在下一节中加入技术增长。

□ 人口增长与稳定状态

随着时间的推移，人口增长会使劳动力规模增大，推动经济增长。我们假设工人与人口之比为常数，因此劳动力大军中工人的数量就会按照人口总体的增长率增长，这一增长率为常数 n。在美国，n 大约为 1%。

当工人的数量在增长而资本存量保持不变时，**资本稀释**（capital dilution），即劳动力的增长导致工人人均资本减少，就会出现。举例来说，如果工人数量每年增长 1%，那么若要使资本与劳动之比保持不变，机器的数量每年就必须增长 1%。换句话说，净投资就必须为资本存量的 1%。而如果净投资为 0，工人人均资本存量就会每年减少 1%。

通过从方程（8）所表示的资本积累公式中减去资本稀释 nk_t，我们可以表示这种效应[①]：

$$\Delta k_t = sAk_t^{0.3} - \delta k_t - nk_t = sAk_t^{0.3} - (\delta + n)k_t \qquad (10)$$

人口增长影响资本积累的方式跟折旧基本相同。折旧降低了工人人均资本存量 k_t 是因为资本存量的磨损和损耗，人口增长则是通过增加每单位资本的工人数量而降低了工人人均资本存量 k_t。

在加入人口增长后，稳定状态方程仅有细微的变化。首先，我们在分析中将折旧率 δ 换成 $\delta + n$。然后，在索洛图中我们用反映折旧和资本稀释的项 $(\delta + n)k_t$ 替换折旧项 δk_t。图 6 - 9 是修正后的索洛图，它表明现在资本与劳动之比的稳定状态水平 k^* 位于投资函数与 $(\delta + n)k_t$ 曲线的交点。和以前一样，经济总是朝着稳定状态值 k^* 移动：

1. 当资本与劳动之比小于 k^* 时，如 k_1，投资大于 $(\delta + n)k_t$，所以 k_t 上升。
2. 当资本与劳动之比大于 k^* 时，如 k_2，投资小于 $(\delta + n)k_t$，所以 k_t 下降。

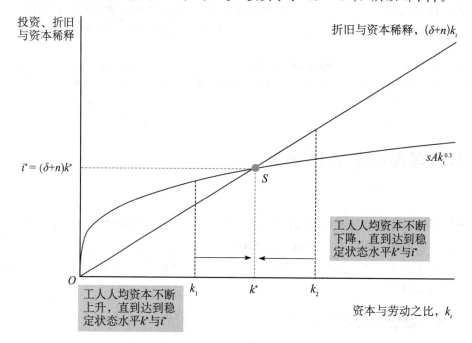

图 6 - 9　有人口增长的索洛图

资本与劳动之比的稳定状态水平 k^* 位于投资函数与 $(\delta + n)k_t$ 曲线的交点 S。如果资本与劳动之比小于 k^*，如 k_1，那么投资大于 $(\delta + n)k_t$，k_t 上升。如果资本与劳动之比大于 k^*，如 k_2，那么投资小于 $(\delta + n)k_t$，k_t 下降。

在稳定状态，k_t 为常数，但产出、资本、劳动力均以 n 的增长率增长。当工人数量以速率 n 增加时，资本存量也以相同的速率 n 增长，从而资本与劳动之比为常数。在资

[①]　我们可以用微积分正式地推导出这个方程。资本与劳动之比的变化率为 $dk/dt = d(K/L)/dt$，利用微积分中的链式法则，可得 $dk/dt = (1/L)\,dK/dt - (K/L^2)\,dL/dt$。给定 $dK/dt = I - \delta K$ 和 $(dL/dt)/L = n$，通过一些合适的代数运算就可以得到方程（10）。

本和劳动的增长速率均为 n 的条件下，产出也会以相同的速率增长。[①]

在索洛模型中加入人口增长可以帮助我们解释经济如何能够保持总产出的增长，但它无法解释为什么人均产出也会保持增长。在模型中，即便加入人口增长，资本与劳动之比最终仍要达到稳定状态值 k^*，工人人均产出也会停留在稳定状态值 $y^* = Ak^{*0.3}$。

□ 人口增长的变化

当人口增长率突然上升时，人均产出会怎样变化呢？在这种情况下，经济中工人数量增加而资本数量不变，每位工人使用的资本就会减少。于是，工人人均产出下降。因此，索洛模型表明高的人口增长率会降低人们的平均生活水平。

我们将这一结果在图 6-10 中表示出来。当人口增长率从 n_1 上升到 n_2 时，图 6-10 (a) 中的折旧与资本稀释曲线从 $(\delta+n_1)k_t$ 向上移动至 $(\delta+n_2)k_t$。此时，在原稳定状态 k_1^* 处，投资小于折旧与资本稀释之和 $(\delta+n_2)k_t$，所以 $\Delta k_t < 0$。资本与劳动之比下降，最终移动至 k_2^*。虽然在稳定状态下产出和资本的增长率都从 n_1 上升到了 n_2，但是工人人均产出下降了，即 $y_2^* = Ak_2^{*0.3}$ 小于 $y_1^* = Ak_1^{*0.3}$。

图 6-10 (b) 表明了当人口增长率上升时资本与劳动之比和工人人均产出是如何随时间变化的。在时期 0，工人人均资本是 k_1^*，人均产出是 $Ak_1^{*0.3}$。随着人口增长率上升到 n_2，从资本积累方程可知，$\Delta k_t = sAk_t^{0.3} - (\delta+n_2)k_t$ 是负的，这是因为在这时的工人人均资本水平上，投资函数曲线 $sAk_t^{0.3}$ 低于 $(\delta+n_2)k_t$ 线，如图 6-10 (a) 所示。因此，正如我们在图 6-10 (b) 中看到的，k_t 和 y_t 都开始下降。然而，随着 k_t 的减少，图 6-10 (a) 表明投资函数 $sAk_t^{0.3}$ 和 $(\delta+n_2)k_t$ 线之间的距离在缩小，所以 Δk_t 的绝对值变小，这导致 k_t 和 y_t 下降得越来越慢，如图 6-10 (b) 所示。最终，当 k_t 下降到 k_2^* 时，投资函数曲线 $sAk_t^{0.3}$ 和 $(\delta+n_2)k_t$ 线相交，如图 6-10 (a) 所示。这时 Δk_t 下降到 0，k_t 不再下降。由此，在图 6-10 (b) 中，k_t 保持在 k_2^* 而 y_t 保持在 $Ak_2^{*0.3}$，因为它们都处于稳定状态。

只要劳动力与人口按同样的速率增长，索洛模型就表明在稳定状态下更高的人口增长率降低了工人人均产出水平。

□ 人口增长和人均实际 GDP

是否有证据支持索洛模型中"更高的人口增长率会导致一国平均每个人变得更贫穷"的结论呢？图 6-11 是用近 100 个国家的数据以人口增长率为横轴和人均实际 GDP 为纵轴画出的散点图。它为索洛模型的这一命题提供了支持。人口增长率低的国家，如意大利和日本，相比于人口增长率高的国家，如科特迪瓦和苏丹，有着更高的人均收入。

这种观点使得一些政策制定者提倡限制人口增长的政策，正如下面的政策与实践案例所表明的那样。然而对这样的政策的看法却有很大的争议。许多经济学家认为并不是低的人口增长率导致了高的人均收入，相反，是高的人均收入导致了低的人口增长率。当

---

① 为证明资本和产出的增长速率都和劳动相同，等于 n，注意人均资本 $k_t = K_t/L_t$，其中 L_t 为人口数。因为在稳定状态下，k_t 是常数 k^*，所以分子 K_t 的增长速度必须跟分母 L_t 相同，即为 n。类似地，因为在稳定状态下，k_t 是常数 k^*，$y_t = Y_t/L_t$ 也应该是常数，因此分子 Y_t 的增长速度也必须跟分母 L_t 相同，即也为 n。

（a）索洛图

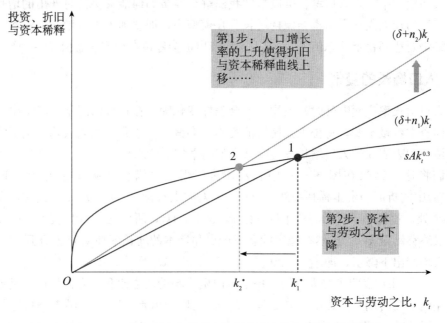

（b）资本与劳动之比和工人人均产出随时间的变化

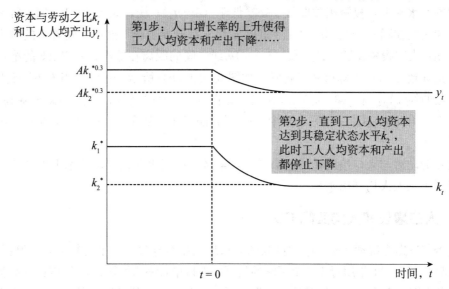

图 6-10　对人口增长率上升的反应

在图（a）中，当人口增长率从 n_1 上升到 n_2 时，折旧与资本稀释曲线 $(\delta+n)k_t$ 从 $(\delta+n_1)k_t$ 向上移动至 $(\delta+n_2)k_t$。在原稳定状态 k_1^* 处，投资小于折旧与资本稀释之和 $(\delta+n)k_t$，所以资本与劳动之比下降，最终移动至 k_2^*。图（b）显示了资本与劳动之比和工人人均产出随时间的相应变化。在时期 0，k_t 和 y_t 都开始下降，但是它们下降的速度逐渐变缓。最终，当 $k_t=k_2^*$ 以及 $y_t=Ak_2^{*0.3}$ 时，资本与劳动之比和工人人均产出会因达到稳定状态而停止下降。

人们变得富有之后，他们更偏向于要更少的孩子，且更有条件控制生育，因此生育率下降。我们在下一章中要介绍的其他经济增长模型中得到了一个不同于索洛模型的观点：它们暗示更高的人口增长率由于刺激了技术进步因而实际上可以产生更高的人均收入。

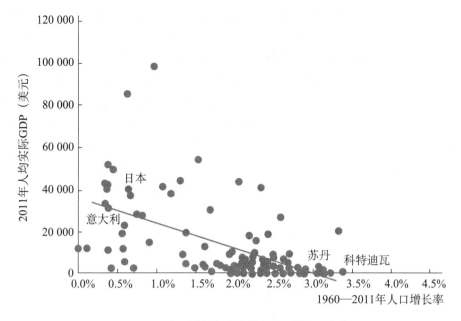

图 6－11　人口增长与人均收入关系的国际证据

用近 100 个国家的数据以人口增长率为横轴和人均实际 GDP 为纵轴画出的散点图为索洛模型的命题即更高的人口增长率会导致一国人均收入更低提供了一些支持。人口增长率低的国家，如意大利和日本，相比于人口增长率高的国家，如科特迪瓦和苏丹，有着更高的人均收入。

资料来源：The World Bank. World Development Indicators. http：//data. worldbank. org/data-catalog.

政策与实践

中国的独生子女政策和其他限制人口增长的政策

许多国家，特别是那些穷的国家，都实施着限制人口增长的政策。其中一些国家实施着强制绝育的极端政策；另一些国家则采用了更温和的政策，例如为公民提供节育条件，或通过各种方式鼓励小型家庭。在这些限制人口增长的政策中，最闻名于世的要数中国政府的独生子女政策，这一政策开始于 1979 年。这一政策的实施使中国的生育率下降了70%以上，但也引起了很大的争议。很多人认为独生子女政策干预了公民的繁衍决策。

索洛模型中的生产率增长

到目前为止，我们对索洛模型的讨论还没有解释为什么经济会呈现出生活水平随着时间持续提高这一景象。为了解释这一点，我们需要在索洛模型中加入生产率 A 的增长。

□ 技术增长和稳定状态

在索洛模型中加入生产率增长是非常直截了当的。表示资本积累的方程（10）依然成立，因此索洛图不会产生根本变化。现在，让我们来考虑一下，如果超快记忆芯片的出现引起电脑技术出现突破从而使得生产率从 A_1 提高到 A_2，经济会发生什么样的变化。因为生产率提高了，从而在工人人均资本存量 k_t 的每个水平下，工人人均产出增加，于是图 6-12（a）中的投资曲线从 $sA_1k_t^{0.3}$ 上移到 $sA_2k_t^{0.3}$。在任何水平的 k_t 下，投资的上升意味着在原来的资本与劳动之比稳定状态水平 k_1^* 处投资大于折旧与资本稀释之和，因此 $\Delta k_t > 0$，k_t 上升。只有在 k_t 上升到新的稳定状态 k_2^* 时，投资等于折旧与资本稀释之和，$\Delta k_t = 0$，k_t 才会停止增长。现在的工人人均产出 $y_2^* = A_2k_2^{*0.3}$ 比原来更高了，这有两个原因。第一，生产率 A_2 比原来高，如图 6-12 所表明的那样；第二，k_2^* 比 k_1^* 大。换句话说，生产率的提高对人均产出的直接影响因资本与劳动之比上升所产生的额外正向影响而得到扩大。

这一结果也可以从图 6-12（b）中看出。当生产率在时期 0 增长到 A_2 时，y_t 立即上升到 $A_2k_1^{*0.3}$。此外，$\Delta k_t = sA_2k_t^{0.3} - (\delta + n)k_t$ 是正的，这是因为在这时的工人人均资本水平上，投资函数 $sA_2k_t^{0.3}$ 高于 $(\delta + n)k_t$ 线，如图 6-12（a）所示。因此，正如我们在图 6-12（b）中所看到的，k_t 和 y_t 都开始上升。然而，随着 k_t 的增加，图 6-12（a）表明投资函数 $sA_2k_t^{0.3}$ 和 $(\delta + n)k_t$ 线之间的距离在缩小，所以 Δk_t 的绝对值变小，这导致 k_t 和 y_t 上升得越来越慢，如图 6-12（b）所示。最终，当 k_t 达到 k_2^* 时，投资函数 $sA_2k_t^{0.3}$ 和 $(\delta + n)k_t$ 线相交，如图 6-12（a）所示。这时 Δk_t 下降到 0，k_t 不再增加。由此，在图 6-12（b）中，k_t 保持在 k_2^* 而 y_t 保持在 $A_2k_2^{*0.3}$，因为它们都处于稳定状态。

索洛模型并没有解释为什么生产率 A 会随时间增长。它只是得出结论：当给定一个不变的生产率增长率 g 时，工人人均产出和工人人均资本都将以一个大于 g 的稳定速率增长。在本章末的附录中，我们将用代数的方法求解索洛模型，并发现在生产函数为柯布-道格拉斯生产函数时工人人均产出和工人人均资本将会以 $1.43g$ 的速率增长。也就是说，生产率增长 1％ 会导致生活水平提高 1.43％，这意味着存在 43％ 的扩大效应。

索洛模型总结

索洛模型已经被证明是宏观经济学中最经得起时间考验、最有用的模型之一。现在，我们将进行回顾，总结索洛模型中的结论并讨论其局限性。

□ 索洛模型：结论

索洛模型描述了几个变量的稳定状态 k^*、c^* 以及 y^*，经济在长期将向稳定状态运动。从这一分析可以得到四个基本结论：

1. 当生产函数和储蓄率都相似时，初始人均收入低的经济体将会有较高的增长率，而初始人均收入高的经济体增长率较低。

2. 更高的储蓄率，从而相对于收入而言更高的投资水平，会提高工人人均资本和工人人均收入，但并不影响这些经济变量的长期增长率。

(a) 索洛图

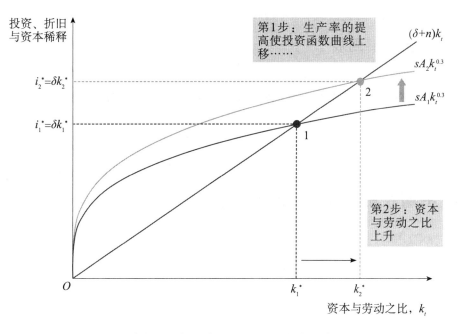

(b) 资本与劳动之比和工人人均产出随时间的变化

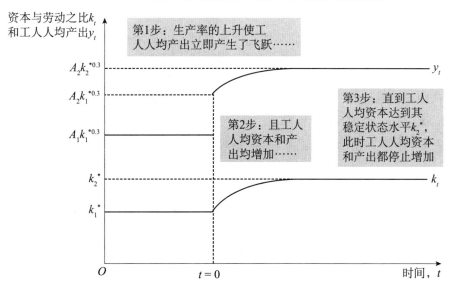

图 6 - 12　对生产率增加的反应

在图（a）中，当生产率从 A_1 提高到 A_2 时，投资曲线从 $sA_1 k_t^{0.3}$ 上移到 $sA_2 k_t^{0.3}$。在原来的资本与劳动之比稳定状态水平 k_1^*，投资大于折旧与资本稀释之和，所以 k_t 上升，直至达到新的稳定状态 k_2^*，此时投资等于折旧与资本稀释之和。图（b）显示了资本与劳动之比和工人人均产出随时间的相应变化。在时期 0，y_t 立即增大到 $A_2 k_1^{*0.3}$。此外 k_t 和 y_t 都开始上升，但是它们上升的速度逐渐变缓。最终，当 $k_t = k_2^*$ 以及 $y_t = A_2 k_2^{*0.3}$ 时，资本与劳动之比和工人人均产出会因达到稳定状态而停止增长。由于在生产函数上移的同时资本与劳动之比的稳定状态水平也上升，所以稳定状态的工人人均产出的增长大于生产率 A 的增长。

3. 更高的人口增长率会降低人均收入水平。

第 6 章　增长的源泉和索洛模型

145

4. 生产率的提高对人均收入具有扩大效应，这是因为生产率通过生产函数对人均收入有直接影响，同时通过提高资本与劳动之比对人均收入还有额外的正向影响。

□ 索洛模型：局限

我们的分析得到的结论表明索洛模型可以帮助我们理解为什么一些国家富有而另一些国家贫困。然而，它却没有很好地解释现代经济的一个核心特征：生活水平的持续提高。在索洛模型中只有生产率的增长能够解释生活水平的持续提高。但是，生产率的增长是外生的，即是由模型之外的因素决定的。直白地说，索洛模型并没有讨论生产率增长。

▌经济增长的源泉：增长核算

我们已经看到，索洛增长模型并没有解释生产率的增长，但是在解释经济增长方面，生产率增长相对于资本积累和劳动力增长有多重要呢？为了回答这个问题，我们需要采用一种叫做"增长核算"的方法来考察经济增长的源泉。

我们把生产函数写成一种使我们能够确定经济增长的源泉的形式。

□ 增长核算方程

从本章开头方程（1）表示的总体生产函数可知，决定产出水平的因素有三个：资本存量 K；劳动的数量 L；以及技术水平（生产率）A。但是，当 A、K 和 L 中任何一个变量增长时，Y 会怎样变化呢？运用一些基础的数学知识，我们就能改写方程（1），表示出产出增长率与生产函数中各变量增长率之间的关系：

$$g_Y = g_A + 0.3g_K + 0.7g_L \qquad (11)$$

其中，$g_Y = \dfrac{\Delta Y}{Y} = $产出增长率；$g_A = \dfrac{\Delta A}{A} = $技术增长率（全要素生产率）；$g_K = \dfrac{\Delta K}{K} = $资本增长率；$g_L = \dfrac{\Delta L}{L} = $劳动增长率。

方程（11）是**增长核算方程**（growth accounting equation），它是生产函数的增长率版。该方程表明产出增长率等于全要素生产率加上来自资本和劳动增长的贡献。[①]

---

① 为了推导增长核算方程，我们先把 Y 的变化写成如下形式：

$$\Delta Y = \frac{\partial Y}{\partial A}\Delta A + \frac{\partial Y}{\partial K}\Delta K + \frac{\partial Y}{\partial L}\Delta L$$

由于 $\dfrac{\partial Y}{\partial A} = K^{0.3}L^{0.7} = \dfrac{AK^{0.3}L^{0.7}}{A} = \dfrac{Y}{A}$，我们把前一方程写成：

$$\Delta Y = (Y/A)\times\Delta A + MPK\times\Delta K + MPL\times\Delta L$$

将我们在第 3 章中算出的 MPK 和 MPL 代入，并在等式两边同时除以 Y，我们得到：

$$\frac{\Delta Y}{Y} = \frac{\Delta A}{A} + 0.3\frac{\Delta K}{K} + 0.7\frac{\Delta L}{L}$$

再根据文中的定义，上式可以写成：

$$g_Y = g_A + 0.3g_K + 0.7g_L$$

我们也可以用第 2 章讨论的两个数学事实来推导这个等式：当一个变量是一些变量的乘积时，这个变量的增长率等于那些变量的增长率之和；一个变量的幂的增长率等于这个变量的增长率乘以指数。

增长核算方程保留了资本与劳动的边际产量递减这一有用的性质。如果资本增长 5%，产出仅会增长 $0.3\times5\%=1.5\%$。如果劳动增长 5%，产出也仅仅会增长 3.5%（$=0.7\times5\%$）。然而，正如我们在学习生产函数时看到的一样，生产率并不受边际产量递减的影响。如果新的发明使得全要素生产率增长 5%，产出也会增长 5%。

□ 实践中的增长核算

增长核算方程中的三项对产出的增长有贡献：

来自生产率增长的贡献[①]$=\Delta A/A$

来自资本增长的贡献 $=0.3\Delta K/K$

来自劳动增长的贡献 $=0.7\Delta L/L$

因为直接测度全要素生产率很困难，所以我们必须从对 Y、K 以及 L 的测度中计算出它的值。为此我们使用方程（12），它是通过从方程（1）中解出时期 t 的 A 得到的：

$$A_t = \frac{Y_t}{K_t^{0.3} L_t^{0.7}} \tag{12}$$

我们也将 A_t 称为**索洛残差**（Solow residual），因为它代表了生产函数中未被解释的部分（残差）且罗伯特·索洛在增长核算中首次用到它。

有了 A、K 和 L 的值，我们就可以比较它们在不同时间点上的值以及计算每个变量的增长率。比如说，在计算索洛残差后，我们可以得到一年内生产率的增长率 $\Delta A/A=1.5\%$，资本存量的增长率 $\Delta K/K=2.0\%$，劳动投入的增长率 $\Delta L/L=1.0\%$。

利用方程（11），我们知道生产率增长为同一时期的产出增长贡献了 1.5%。来自资本增长率的贡献为 $0.3\times\Delta K/K=0.3\times2.0\%=0.6\%$，来自劳动增长率的贡献为 $0.7\times\Delta L/L=0.7\times1.0\%=0.7\%$。因此，产出的增长率为 $1.5\%+0.6\%+0.7\%=2.8\%$。注意，在产出的增长中超过一半的增长来自生产率增长的贡献（1.5% 比 2.8% 的一半要大），而剩下的部分则来自资本和劳动增长的贡献。

应用☞

战后时期美国的增长率

让我们将增长核算的方法应用到美国经济，确定在第二次世界大战后美国经济增长的源泉。图 6-13 把 1948—2011 年分为三个时期：1948—1973 年、1974—1995 年以及 1996—2011 年。对于每个时期，最左边的柱体代表产出增长率，之后从左至右依次代表来自资本、劳动和生产率增长率的贡献。

直到 1973 年，美国经济以接近 4.0% 的增长率快速增长，但之后增长速度明显减缓，1974—1995 年的增长率只有 2.9%。什么可以解释这一期间增长率的减缓呢？不会是资本增长，因为它对产出增长的贡献仅仅略微下降，从 1.2% 下降到了 1.0%；也不会是劳动增长，因为它对产出增长的贡献同样仅仅略微下降，从 1.1% 降到了 1.0%。因

---

① 回忆第 3 章提到的，当谈到生产率时，我们往往是指全要素生产率这一广义的概念，而非劳动生产率。新闻媒体中提到的生产率常常是指劳动生产率。

此，产出增长率的减缓只可能是生产率的增长率下降的结果。确实如此，在 1973 年以前生产率的年增长率为 1.5%，而在 1974—1995 年期间却下降到了 0.9%。

经济学家们现在依然在热烈地讨论着这一期间生产率的增长率下降的原因。其中一些人认为是由于 1973 年石油价格开始上升以及这一期间美国在研发方面的支出占 GDP 的比重有所下降。也有一些人认为是由于经济从以制造业为主向以服务业为主过渡，以及环境方面的管制和其他政府管制增加。还有一个非传统的观点认为：信息技术的发展导致了一段产业结构调整的痛苦时期，暂时性地抑制了生产率增长。

从 1974—1995 年到 1996—2011 年，平均经济增长率进一步下降（从 2.9% 到 2.2%）。实际上，从前一时期到后一时期，资本存量增长率从 1.0% 上升到了 1.3%。而生产率的增长率只下降了一点点，从 0.9% 到 0.6%，所以这两个因素根本不足以导致经济增长率的大幅下降。两个时期之间经济增长率下降的主要原因是劳动增长率的锐减，从 1974—1995 年的 1.0% 下降到了 1996—2011 年的 0.3%。这一锐减的一个关键因素是后一时期男性参加工作的比例大规模下降，而女性参加工作的比例虽然在 20 世纪 90 年代末之前大幅上升，但在 2007 年开始大衰退之后不再上升，甚至出现了下降。关于这些劳动市场的新情况，我们会在第 20 章讲到。

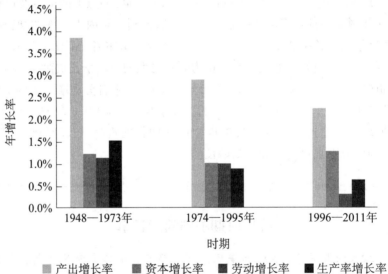

图 6-13　美国经济增长的源泉

在每个时期中，最左边的柱体代表产出增长率，之后从左至右依次代表来自资本、劳动和生产率增长的贡献。比较这三个时期，我们会发现产出增长率明显不同，这主要源于生产率增长率的变化。

资料来源：Bureau of Economic Analysis. www. bea. gov/national/nipaweb/SelectTable. asp？Selected ＝ N；and Economic Report of the President. www. gpoaccess. gov/eop/tables10. html. 生产率增长率是在资本的份额为 30% 的假设下按索洛残差计算的。

增长核算的跨国差别

增长核算表明不同的经济体的高产出增长常常有着显著不同的原因。为了说明这一点，考虑中国香港、新加坡、韩国和中国台湾的例子，它们因 1960 年后快速的经济增长而被称为"亚洲四小龙"。这些经济上的"小龙"遵循着截然不同的路径达到了繁荣。新加坡从 1960 年到 1990 年人均 GDP 每年以 7% 的速率增长，几乎所有的产出增长都是源于很高的资本增长率的贡献。相反，同一时期，中国香港人均 GDP 每年的增长率也达到了 6%，但其增长是由很高的生产率增长率（平均年增长率达到了 2%）所驱动的。[1] 中国香港和新加坡的居民现在已经跻身世界上最富有的人群之列。

在经济增长方面的研究力图解释国家之间增长率的这些差别。例如，布朗大学的戴维·韦尔（David Weil）将国家按照经济增长速度从最慢到最快分为五类。[2] 接下来，他利用方程（11）所表示的增长核算方程分别估计出这些国家经济增长中来自生产率增长和**要素积累**（factor accumulation）（即劳动和资本增长）的贡献。他发现，资本和劳动的增长每年对经济增长的贡献在增长最慢的国家只有 0.74%，而在增长最快的国家达到了 2.18%，差值为 1.44%。对于那些增长最慢的国家，生产率增长甚至是负的，每年使经济增长减少 1.31%。而在那些经济增长最快的国家，生产率增长为经济增长贡献了 1.22% 的增长率。生产率增长的贡献差值高达 2.53%——远远高于要素积累贡献的差值 1.44%。这些分析表明：在各个国家增长率的差别中，生产率增长是一个比要素积累更重要的来源。

在下一章，我们将探讨其他能同时解释生产率水平和生产率增长率的经济增长理论。我们已经看到，作为各个国家增长率差异的一个源泉，生产率增长比要素积累重要得多，因此同时解释生产率水平和生产率增长率的能力是非常关键的。

本章小结

1. 通过对世界各国经济增长的考察，我们发现几乎所有国家在 1960—2010 年期间都经历了经济增长。其中法国、英国、日本、中国、韩国以及印度都趋同于美国的人均实际 GDP，其余的国家并没有表现出趋同：墨西哥和阿根廷相对于美国的人均收入基本保持不变，而肯尼

---

[1] 若要了解关于为什么这两个地区的增长源泉如此不同的分析，可参见 Alwyn Young, "A Tale of Two Cities: Factor Accumulation and Technical Change in Hong Kong and Singapore," NBER Macroeconomics Annual 7 (1992): 13 - 54. 注意 Young 的结果是有争议的。参见 Chang-Tai Hsieh, "What Explains the Industrial Revolution in East Asia? Evidence from the Factor Markets," *American Economic Review* 92, no. 3（June 2002）: 502 - 526，作者论证了在新加坡的资本积累可能被高估了，因此新加坡的生产率的增长可能比 Young 认为的要高得多。

[2] 参见 David N. Weil，*Economic Growth*，2nd edition（Boston: Addison-Wesley，2009）的第七章。

亚、尼日利亚和海地都经历了"经济增长灾难"（海地尤为严重），其相对于美国的人均实际收入都减少了。

2. 索洛模型着力解释资本积累如何发生以及它在促进经济增长中所扮演的角色。模型显示，经济在长期会达到一个稳定状态，在这个稳定状态，资本与劳动之比的水平满足投资等于折旧与资本稀释之和的条件，即 $\Delta k_t = 0 = sAk_t^{0.3} - (\delta + n)k_t$。索洛模型的一个重要启示是存在趋同：有着不同人均收入水平的国家将会趋同于相似的收入水平。初始人均收入低的经济会有更高的增长率，而初始人均收入高的经济则会有更低的增长率。

3. 在索洛模型中，更高的储蓄率，从而相对于收入而言更高的投资水平，会提高工人人均资本和工人人均收入，但并不会影响这些经济变量的长期增长率。

4. 在索洛模型中，人口增长可以解释为什么经济会持续增长，却不能解释为什么人均产出会持续增长。更高的人口增长率降低了人均产出水平。

5. 生产率的提高所引起的产出增加超过生产率的增加。这是因为生产率的提高不但直接提高了产出，而且通过提高资本与劳动之比间接地提高了产出。

6. 增长核算基于生产函数的增长率版本。它表明GDP的增长源于三个因素的贡献：生产率增长的贡献，$\Delta A/A$；资本增长的贡献，$0.3\Delta K/K$；以及劳动增长的贡献，$0.7\Delta L/L$。增长核算方程是 $g_Y = g_A + 0.3g_K + 0.7g_L$，其中 $g_Y = \Delta Y/Y$，$g_A = \Delta A/A$，$g_K = \Delta K/K$，$g_L = \Delta L/L$。

7. 增长核算显示，在各个国家增长率存在差异的诸多源泉中，生产率增长比要素积累更为重要。

▐ 关键术语

趋同	索洛增长模型	资本与劳动之比
储蓄率	投资函数	投资
折旧	折旧率	资本积累方程
稳定状态	索洛图	资本稀释
增长核算方程	索洛残差	要素积累

▐ 复习题

索洛增长模型

1. 在工人人均生产函数中，什么决定了工人人均产出水平？在这些因素中，索洛模型把哪些作为外生变量？

2. 为什么工人人均生产函数有其特定的形状和斜率？

3. 什么决定了索洛增长模型中的工人人均投资量和资本积累？

4. 解释储蓄率在决定工人人均资本的稳定状态水平中的作用。给定第1章中提到的中国和美国之间储蓄率的差异，你预期美国和中国之中哪一国的工人人均产出的稳定状态水平更高？

索洛模型中储蓄率的改变

5. 目前法国的储蓄率高于发达国家的平均值。假设法国处于其稳定状态，请说明储蓄率的下降如何影响工人人均资本和产出的水平及其增长率。

索洛模型中的人口增长

6. 根据索洛模型，中国的独生子女政策如何影响工人人均资本和产出的稳定状态水平？

7. 在索洛增长模型中，哪些变量是外生的，哪些变量是内生的？

索洛模型中的生产率增长

8. 全要素生产率增长如何影响工人人均产出？

索洛模型总结

9. 索洛增长模型的四个基本结论是什么？此模型的主要弱点是什么？

经济增长的源泉：增长核算

10. 根据增长核算方程，经济增长的三种源泉是哪些？

习题

索洛增长模型

1. 假设工人人均生产函数为 $y_t = 2k_t^{0.5}$。储蓄率和折旧率的估计值分别为 0.2 和 0.04。

　(a) 计算该经济的稳定状态的资本与劳动之比。

　(b) 计算稳定状态的工人人均消费。

2. 2011 年 4 月日本发生的海啸是其历史上成本最高的民族灾难。下图描述了海啸发生之前的日本经济。假设在海啸发生之前日本的资本与劳动之比处于稳定状态。

　(a) 在同一幅图中，标出在海啸发生之后新的资本与劳动之比。

　(b) 描述在海啸发生后资本与劳动之比如何变化。

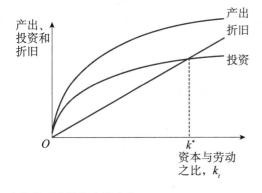

索洛模型中储蓄率的改变

3. 在 2007—2009 年金融危机发生之后，日本的储蓄率达到历史最低。根据索洛模型，储蓄率的上升会导致暂时性的经济增长，直到达到新的稳定状态（有更高的工人人均资本和产出）。你认为增加储蓄率总是有益的吗？你会把

99％的收入都储蓄起来吗？

索洛模型中的人口增长

4. 许多经济学家认为乌干达的高人口增长率是其生活水平低的原因。他们认为应该采取政策来降低生育率，从而降低人口增长率。运用索洛模型对此进行评论。

5. 最闻名于世的人口控制政策之一就是中国自 20 世纪 70 年代末开始实施的独生子女政策。谈谈这一政策的副作用。这一政策被认为是一项成功的政策，因为中国的生育率因此大幅度下降了。你认同这类人口控制政策吗？

6. 基于索洛模型关于人口增长的结论，谈谈移民对一个国家以下两个变量的影响：

　(a) 总产出水平。

　(b) 资本与劳动之比。

索洛模型中的生产率增长

7. 先画出美国稳定状态的资本与劳动之比，并将其标记为 k_{1900}^*（只需画出投资曲线和折旧与资本稀释曲线），然后，

　(a) 在同一幅图中，表示出下面两个事件的影响：

　　● 20 世纪早期大规模的移民潮；

　　● 由同一时期出现的新技术引起的生产率提高。

　(b) 考虑到美国 1900—1910 年间工人人均产出增长率为正，找出新稳定状态的资本与劳动之比，并将其标记为 k_{1910}^*。

索洛模型总结

8. 先用投资曲线和折旧与资本稀释曲线画出一个国家的稳定状态，然后在同一幅图上，做以下

事情：

（a）考虑这样一个移民潮的影响，这些移民比现有人口有着更高的储蓄率和更高的生育率。画出新的投资曲线和折旧与资本稀释曲线。

（b）找出新稳定状态的资本与劳动之比。它一定会比原来的稳定状态水平高或低吗？

经济增长的源泉：增长核算

9. 假定印度的经济可以用以下生产函数表示：$Y = AK^{1/3}L^{2/3}$。假设 2014 年印度的技术增长率（索洛残差）为 4%。资本和劳动投入的增

长率均为 3%。

（a）计算 2014 年印度的产出增长率。

（b）生产率增长对总产出增长的贡献是多少（用百分数表示）？

10. 根据增长核算方法，经济增长有哪些不同的源泉？假定两个国家在某年有相同的生产率增长率，但是总产出增长率不同。

（a）什么解释了这两个国家总产出增长率的差异？

（b）如何测度生产率？

数据分析题

1. 访问圣路易斯联邦储备银行 FRED 数据库，找到以下国家的人口和人均 GDP 数据，数据代码如下表所示。

国家	人口	人均 GDP
巴西	POPTOTBRA647NWDB	PCAGDPBRA646NWDB
加拿大	POPTOTCAA647NWDB	PCAGDPCAA646NWDB
中国	POPTOTCNA647NWDB	PCAGDPCNA646NWDB
埃及	POPTOTEGA647NWDB	PCAGDPEGA646NWDB
印度	POPTOTINA647NWDB	PCAGDPINA646NWDB
印度尼西亚	POPTOTIDA647NWDB	PCAGDPIDA646NWDB
日本	POPTOTJPA647NWDB	PCAGDPJPA646NWDB
墨西哥	POPTOTMXA647NWDB	PCAGDPMXA646NWDB
菲律宾	POPTOTPHA647NWDB	PCAGDPPHA646NWDB
美国	POPTOTUSA647NWDB	PCAGDPUSA646NWDB

（a）对以上每个国家，计算年均人口增长率。计算方法是，先计算总的人口增长率，再除以样本年数，样本要取到可获得数据的最新年份。

（b）对以上每个国家，比较年均人口增长率和可获得数据的最新年份的人均 GDP。创建一个表格来报告这些数据，在表格中将国家按照人口增长率从低到高排列。找出三个人口增长最快和三个人口增长最慢的国家，然后分组计算前三个和后三个国家的平均人口增长率和平均人均 GDP。这些结果跟你预期的一致吗？在你创建的国家列表中，有哪些国家不符合你预期的

模式？请你简要解释一下。

（c）绘出数据散点图（如果可能的话，向图中插入一条拟合线）。请谈谈你对人口增长率和人均 GDP 之间的关系的看法。

2. 访问圣路易斯联邦储备银行 FRED 数据库，找到以下变量的数据：实际 GDP（GDPCA）、劳动力（CLF16OV）和固定资本的实际消耗（A262RX1A020NBEA，它是资本存量的一个衡量指标）。把这些数据下载到一个 Excel 表格中；对于 CLF16OV，在下载前将频率设定为年度。在表格中，把每年的 GDPCA 和 A262RX1A020NBEA 除以 CLF16OV，从而得到工人人均实际 GDP 和工人人均资本。注意，工人人

均实际 GDP（产出）和工人人均资本的单位都是百万美元。

(a) 对于从 1960 年到可获得数据的最新年份的每一年，计算 $k^{0.3}$，并结合你得到的工人人均实际 GDP 序列，计算全要素生产率的一个衡量指标。

(b) 对于每个年代（1960—1969 年，1970—1979 年，1980—1989 年，1990—1999 年，2000—2009 年，2010 年至今），计算从年代初到年代末全要素生产率［利用问题 (a) 得到的数据］和工人人均资本的年均增长率。方法是用年代末的值减去年代初的值，再除以年代初的值，然后除以年代内的年份数（一个完整的年代包含 10 年）。

(c) 利用增长核算方程，对于每个年代计算出工人人均产出的平均增长率，然后计算 g_k，g_A，$0.3g_k$ 和 g_y 的各年代平均值。经济增长的哪种源泉看起来更加重要，是全要素生产率还是工人人均资本？请简要解释。

3. 访问圣路易斯联邦储备银行 FRED 数据库，找到有关净储蓄率（W207RC1A156NBEA）的数据，净储蓄率用净储蓄占国民收入的百分比表示。

(a) 计算 1960—1980 年的平均净储蓄率，以及从 1980 年到最新年份的平均净储蓄率。

(b) 根据问题 (a) 中的结果，你预期美国的人均实际 GDP 会发生什么变化？

(c) 将 1960—1980 年和 1980 年之后的平均净储蓄率与 1980 年和最新年份的人均实际 GDP（USARGDPC）分别进行比较。你得到的结果跟索洛模型的预测一致吗？为什么？

网络附录"资本与劳动之比的黄金定律"可以在本书的配套网站 www.pearsonglobaleditions.com/mishkin 找到。

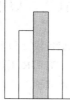

第6章
附录

索洛增长模型的代数形式

索洛模型的代数分析可以让我们直接得到本章正文中发现的所有结论。

求解稳定状态

加入人口增长率后的资本积累方程如下：

$$\Delta k_t = sAk_t^{0.3} - \delta k_t - nk_t = sAk_t^{0.3} - (\delta + n)k_t \tag{1}$$

稳定状态的条件为 $\Delta k_t = 0$，即：

$$sAk^{*0.3} = (\delta + n)k^* \tag{2}$$

求解 k^*，得到：

$$k^{*0.7} = k^{*(1-0.3)} = \frac{sA}{\delta + n}$$

$$k^* = \left(\frac{sA}{\delta + n}\right)^{1/0.7} = \left(\frac{sA}{\delta + n}\right)^{1.43} \tag{3}$$

将方程（3）代入工人人均生产函数后就得到工人人均产出 y^*：

$$y^* = A\left[\left(\frac{sA}{\delta + n}\right)^{1.43}\right]^{0.3} = A^{(1+1.43\times0.3)}\left(\frac{s}{\delta + n}\right)^{1.43\times0.3} = A^{1.43}\left(\frac{s}{\delta + n}\right)^{0.43} \tag{4}$$

小结

之前我们通过图形分析得到的以下两个结论　　现在可以从方程（3）和（4）直接得到：

宏观经济学：政策与实践（第二版）

1. 因为在方程（3）和（4）中储蓄率 s 在分子中，s 的上升表明 k^* 和 y^* 的值都增加，即更高的储蓄率会导致更高的资本与劳动之比和更高的工人人均产出。

2. 因为在方程（3）和（4）中人口增长率 n 在分母中，n 的上升表明 k^* 和 y^* 的值都下降，即更高的人口增长率会导致更低的资本与劳动之比和更低的工人人均产出。

在本章中提到的第三个结论也可以从方程（3）和（4）中直接得到。

3. 在方程（3）和（4）中，生产率 A 的指数为 1.43，因此，生产率增长 1% 会使资本与劳动之比和工人人均产出都增长 1.43%，有着 43% 的扩大效应。

复习题和习题

1. 如果工人人均产出函数为 $y_t = 2k_t^{0.3}$，用下表找出稳定状态下的资本与劳动之比和工人人均产出（即填充表格）：

s	储蓄率	0.3
δ	折旧率	0.05
n	人口增长率	0.02
A	技术	2
k^*	稳定状态下的资本与劳动之比	
y^*	稳定状态下的工人人均产出	

2. 参考上题的数据，假设现在储蓄率上升到了 50%。计算新稳定状态下资本与劳动之比和工人人均产出。用图形解释你的答案。

3. 参考第 1 题的数据，假设现在人口增长率上升到了 5%。计算新稳定状态下资本与劳动之比和工人人均产出。用图形解释你的答案，并与第 1 题中资本与劳动之比和工人人均产出进行比较。

4. 利用索洛模型的图形表示，解释为什么技术因素 A 的增加会使得资本与劳动之比和工人人均产出提高的比例大于技术进步的比例。

第7章 增长的动力：技术、政策和制度

 预览

在上一章，我们用索洛模型考察了资本积累在解释一些国家经历了快速的经济增长而另一些国家的经济却停滞不前、使其公民长期处于赤贫状态这一现象中所起的作用。但一个更深层次的问题依然存在：为什么一些国家的资本和生产率快速增长而其他国家没有？

为了回答这个问题，在本章我们首先讨论技术与我们在上一章中讨论过的资本和劳动等传统生产投入有何差别。之后我们将探讨促进生产率增长的政策，例如建设物理基础设施（道路和港口）、提高工人的知识和技能以及提供激励以刺激研究和开发。我们还将分析为什么正确的基本制度（包括产权和一个有效的法律体系）是获得资本和生产率的高增长从而获得经济增长的关键。日本、美国以及西欧国家等富国都有着能促进经济增长的强有力的制度，而非洲部分地区、中东和其他地方的穷国的制度框架则非常薄弱，使得这些国家中的很大一部分居民不必要地陷入了低收入水平状态。

最后，为了更深入地理解为什么能促进制度发展和生产率增长的政策对提高生活水平（经济增长）如此重要，我们发展了一种经济增长理论，这种理论通过技术进步内生地分析了生产率的变化。

作为生产投入的技术

增长核算和索洛增长模型的一个共同结论是：全要素生产率 A 的增长是经济增长的关键动力。到目前为止，我们一直只把资本与劳动作为生产投入，而生产率 A 被看成是外生的或给定的。现在，我们将这个假设放在一边，更仔细地考察 A，我们也可以认为

A 代表了技术。由于技术提高了资本与劳动的效率，我们可以将它看成是一种与资本和劳动相似的生产投入。

□ 技术与传统生产投入

为了解释什么引起了 A 随时间的增长，我们首先需要理解技术与传统生产投入存在的一个重要的不同之处。资本和劳动是物理事物或实物，而技术是指令、设计或想法的集合。实物的使用具有**竞争性**（rival），因为它们一旦被用于一项活动，就不可能同时被用于其他活动。相反，想法却可以被许多人同时在多种活动中使用，因此我们说它是**非竞争性**（nonrival）的。举例来说，你跟室友不可能在同一时间用同一台电脑写学期论文，你也不可能同时既写学期论文又在某个餐馆里等位。你的资本和劳动是实物。挂在网上的关于学期论文写作主题的建议是可能同时被全国很多学生使用的：它是一个想法。技术是想法的集合，这使它成为一种特别形式的资本，它是非物质的、非竞争性的且有着无休止的重复可用性。

□ 技术和排他性

一个伟大的想法——例如使用蚊帐驱蚊从而预防疟疾——可以在全世界广泛使用和提高每个地方的生活水平。而想法的非竞争性的不利方面是它具有很低的排他性。也就是说，一项技术不可能像工厂那样可以把门锁上和防止别人在未经授权的情况下使用。更正式地说，**排他性**（excludability）是指财产的所有者拒绝其他人在不付费的情况下使用该财产的能力。资本的所有者通过租赁具有排他性的物品来获取收益，因此资本投资可能会有高收益。相反，要阻止未经授权的使用者使用一项技术是非常困难的，这降低了开发技术带来的潜在收益。因此，这种非排他性就会抑制对技术的投资，这一点有着重要的政策启示，我们下面就会看到。

■ 促进生产率的政策

我们对索洛模型的分析表明能够促进储蓄和提高生产率的政策可以提高生活水平。我们已经在第 4 章讨论过刺激储蓄的政策了，现在我们关注刺激资本积累和生产率的政府政策。

□ 建设基础设施

因为像建设道路、港口和桥梁这种成本很高的项目对任何私人公司来说都是不合算的，所以这种责任往往会落在政府肩上。研究表明，对公共基础设施的投资产生了高经济收益，并提高了生活水平。[1]

---

[1] 例如，参见 David A. Aschauer, "Is Public Expenditure Productive?" *Journal of Monetary Economics* (March 1989) and John Fernald, "Roads to Prosperity? Assessing the Link Between Public Capital and Productivity," *American Economic Review* 89（3）：619 – 636。

但是政府应该投入多少用于物理基础设施建设呢？在 2009 年，奥巴马政府援引美国许多公路和桥梁的悲惨状况，作为其 2009 年经济刺激方案的理由。奥巴马政府认为，政府在基础设施上的支出下降太多，导致近些年出现了一些极具破坏力的桥梁坍塌的情况。然而，批评者对基础设施投资可以提高生产率和收入的证据进行了反驳。他们认为因果关系可能正好相反，政府在经济迅速增长的时期在基础设施上支出得更多。另外，他们还认为政府可能在基础设施项目上支出过多。企业总是有激励为政治运动提供捐款甚至行贿以便赢得基础设施建设的合约，这正是浪费性支出的原因之一。

美国州际高速公路系统是政府支出用于基础设施建设的一个成功例子。州际高速公路系统，正式名称为德怀特·艾森豪威尔全国州际和国防高速公路系统，是世界上最大的高速公路系统，道路长达近 5 万英里。它也是历史上最大的公共设施项目，耗资好几千亿美元（用现在的美元衡量）。艾森豪威尔政府寻求通过立法来创建这个系统，该系统从 1956 年开始，到 1990 年才基本完成。州际高速公路系统促进了旅游业的发展（几乎所有美国人的家庭度假都使用这个系统），同时大幅降低了从美国的一个地方向另一个地方运输货物的成本。如果没有州际高速公路系统，美国的生产率可能会低很多，美国人的生活方式跟现在也会有很大的不同。

□ 增加人力资本

到目前为止，我们在讨论经济增长时关注了生产的两个要素：实物资本和劳动。然而，另一种资本——**人力资本**（human capital）——工人通过教育和培训项目得到的知识和技术——对生产率也有非常重大的影响。例如，科学家们在发现新技术之前需要许多年的教育和实验室经历。研究发现，人力资本在解释各国之间人均 GDP 的差异上至少和实物资本一样重要。[1]

有了更高的教育水平和接受过更好的培训，工人就会更加具有生产性，从而得到更高的工资。当你知道你的大学教育会给你带来一个**大学溢价**（college premium）即大学毕业生相对于高中毕业生多得到的工资时，你当然会非常高兴。自 1980 年以来教育的收益得到了大幅度提升，大学溢价从 1980 年的 50% 上升到了现在的 80%。所以，待在学校认真学习是非常值得的。（我们将在第 20 章讨论为什么大学溢价会增长。）

政策与实践

增加人力资本的政府措施

在 20 世纪的大部分时间里，美国在教育其民众方面设定了全球的黄金标准。在引领全球免费提供基础教育的基础上，20 世纪初，美国又开始投入巨资普及高中教育。到 20 世纪中叶，美国的大学已经成为世界上最好的大学。在 20 世纪的很多时间里，世界上其他国家相对于美国落后很多。在 20 世纪 50 年代，欧洲的青少年中接受过中等学校教育的不到 40%，而美国的这一比例超过了 70%。

---

[1] 关于人力资本影响生产率和经济增长的研究的讨论，参见 David N. Weil, *Economic Growth* (Boston：Addison-Wesley，2008)。

宏观经济学：政策与实践（第二版）

如我们的生产率模型所预测的，通过教育支出进行的人力资本投资对经济增长产生了相当大的影响。在 1915—2005 年期间，美国劳动力教育水平的提高为人均实际 GDP 的增长贡献了约 15%，也就是为一年的经济增长贡献了 0.34 个百分点。数据强有力地证明，如果没有受到良好教育的大众，任何国家都很难在全球经济中占据一席之地。在一项对 114 个国家的研究中，哈佛大学的经济学家克劳迪亚·戈尔丁（Claudia Goldin）和劳伦斯·卡茨（Lawrence Katz）证实了中学的入学率和实际 GDP 存在正相关性。[1] 然而，他们也指出，仅有教育水平的提高也不能保证一个穷国能变富。

其他国家从美国的成功中得到了启示。今天，即使是穷国也会在教育上投入大量资金，欧洲等富裕地区则在教育成就上大体赶上了美国。在 2006 年的一项针对 26 个富裕国家的研究中，18 个国家的高中毕业以上学历人口在人口中的比例超过了美国。美国的教育成就在 20 世纪 70 年代开始停滞，这引发了一场关于美国是否已经达到了它在教育成就上的某种自然极限或者美国是否需要一项新的教育战略——也许将重点放在教育的质量，少关注一点教育的数量——的争论。

尽管如此，美国依然继续在教育方面投入大量资金。由联邦政府出资的启智项目（Head Start Program）拥有 70 亿美元左右的预算，该项目支持各地的学校和为贫穷的学前儿童提供儿童身心全面发展服务的其他组织，儿童身心全面发展服务有助于那些儿童在进入小学后取得成功。州政府和地方政府每年支出约 5 000 亿美元为 5 000 万儿童提供 12 年的免费公立学校教育。另外，政府还出资开办了许多大学，并为那些上不起大学的学生提供补助贷款。

在公共健康上的政府支出虽然不是直接的人力资本投资，但是它有着使工人更健康和更具有生产性的效果。例如，2009 年，美国政府为了控制猪流感的爆发在新的疫苗上花费了 10 亿美元。在卫生保健上的政府支出已经成为联邦政府预算中最大的支出项目之一，现在已经达到了每年近 10 000 亿美元。

☐ 鼓励研究和开发

技术对经济增长的重要性表明，国家可以通过增加用于研究和开发（R&D）的资源来提高生活水平。私人公司明白投资于研究的价值并在研究和开发中投入了大量的资金。例如，谷歌 2009 年在研究和开发上的投入为 28 亿美元，超过该公司一年收益的 12%。但是由于技术有非排他性的缺点——也就是说别人在没有付费的情况下也可以使用它，很多经济学家相信私人部门对研究和开发的投资会自然偏低。因此，政府对研究和开发的鼓励比政府在基础设施上的支出在经济学家中的争议要小一些。

政府对研究和开发的鼓励有三种基本方式：政府直接对研究和开发投资、政府税收激励以及专利。

政府直接对研究和开发投资。 政府可以通过在政府设施中从事研究和开发直接增加研究和开发。例如，许多技术创新都来自政府的实验室，如核电、喷气式飞机以及电子

---

[1]　Claudia Goldin and Lawrence F. Katz, *The Race Between Education and Technology* (Cambridge, Mass：Belknap Press of Harvard University Press，2008).

计算机。政府也会通过如国家科学基金会和国家卫生研究院等机构给大学和私人研究人员的基础研究提供资助。政府认识到研究型大学可以成为一些特定地区经济增长的重要源泉。例如波士顿因当地有许多顶尖的研究型大学（如哈佛大学、麻省理工学院、塔夫茨大学、波士顿大学和布兰德斯大学）而获益良多。类似地，著名的硅谷也是在斯坦福大学附近成长起来的。印度的高科技中心——班加罗尔——也是在极负盛名的印度科学研究所附近繁荣起来的。美国各州和地方政府以及联邦政府都会直接对研究型大学进行补贴。近些年，在注意到美国从对研究型大学的支持中所得到的益处后，欧洲也增加了对研究型大学的支持。

对研究和开发的税收激励。由于私人公司在从事可以立即用于发展新产品和技术的实际研究和开发方面可能比政府更有效率，因此政府也会通过对私人公司的研究实施免税政策的方式来鼓励研究和开发。美国对研究和开发的税收减免政策最早开始于 1981年的《经济复苏法案》。其后，美国国会对这些税收减免政策更新过几次。满足税收减免条件的公司可以享受的减税额为其研究支出超过某个基数部分的 20%，该基数由在一个基期内的历史支出决定。

几乎所有的发达经济体都为研究和开发提供某种形式的税收激励。这些激励的力度超过了税收减免，它们允许公司在计算税收时从收入中减去研究支出的 100% 甚至更多。其他激励则允许公司按比正常水平高的折旧率计算研究和开发所使用的机器和设备的折旧，从而减轻了公司的税收负担。

专利。另一种管理技术的非排他性的方法是通过专利体系授予发明人知识产权。**专利**（patents）体系赋予了发明人在一定时期内（通常是大约 20 年）独家享有使用权、生产权或授权他人使用的法律权利。例如，一个获得了某种降胆固醇药物的专利的制药公司可以在数十年里起诉任何未经允许就生产这种药物的公司或个人。这些产权帮助公司获得更多利润并收回在研究和开发中的投资，并鼓励其他企业和个人投资于研究和开发。

专利并不是一个新的想法。事实上，在美国建国时，《宪法》就授权国会制定法律，"通过确保作者和发明人在有限时间内对他们的著作和发明享有独占权来促进科学和实用艺术的进步"。例如，制药业的公司都在研究和开发上支出数十亿美元资金，开发立普妥（Lipitor）或达菲（Tamiflu）这样的药品，因为独家生产数年这些产品的权利可以为它们带来丰厚的利润。

专利体系的有效设计是非常关键的。如果太轻易地授予专利或者专利享有的时间太长，那么技术增长可能会变得缓慢，因为专利的所有者可能会拒绝分享他们的知识或在授权使用时收取令人望而却步的价格。近几年尤其令人担忧的是被形象地称为"专利流氓"（这些公司或个人将一些专利买断，然后向那些试图开发或使用类似技术的公司索要大笔金钱）的产生。另外，如果专利的权利很难得到实施，或专利不授予某些类型的发明，那么对研究和开发的投资就可能会不足。此外，发明人还可能不愿意在可以被公开获得的专利申请中和别人分享自己的想法，从而阻碍技术进步。举例来说，可口可乐公司选择了将公司的苏打配方保密，而非在专利申请中公开，因为公司不相信专利权足以阻止竞争者使用其配方。因此，未能为发明者提供充足权利的专利可能会让技术保留它的非排他性，从而削弱对研究和开发的激励和技术进步。

宏观经济学：政策与实践（第二版）

制度和产权

现在我们来分析制度在经济增长中的作用。**制度**（institutions）是指能支配个人和公司行为的一套规则、体制和惯例。其中，影响经济增长的最基础、最根本的制度是**产权**（property rights），即对财产的保护，以免它被政府和其他人征用。人们要求产权，这样才有激励去投资。不然的话，他们投资的成果（利润）可能会被别人轻易拿走。一个对其土地没有清晰的所有权，或整天担心武装掠夺者拿走自己的粮食和生产设备的农民不太可能会去购买足够的种子、肥料以及拖拉机来提高农业收成。可见薄弱的产权制度会导致低投资和低资本积累。

在本节中，我们会概述能够实施产权的法律体系的主要特征，并考察这些法律体系面临的主要障碍。

□ 法律体系和产权

发达国家（如美国）的居民往往认为产权是理所当然的。美国的开国元勋们和英国的先驱者们都认识到了产权对经济成功的重要性，因此大量的美国法律都保护私人财产。政府不能随心所欲地拿走你的财产；偷窃财产的人会被判刑入狱；未经所有人允许就使用其财产（包括物质财产和知识财产，知识财产是指基于某种想法的财产）的人会被法庭起诉。

产权是通过合法合同的订立与执行建立起来的。因此，为投资和资本积累提供激励所需的强有力的产权要求有一套运行迅速且成本低的法律体系。因对制度在经济发展中的作用做出突出研究贡献而获得诺贝尔经济学奖的道格拉斯·诺思（Douglass North）强调了法律体系对经济增长的重要性："社会缺乏有效和能低成本地执行合约的能力是第三世界在历史上停滞不前且当代仍不发达的最重要的原因。"[1] 一套有效的法律体系有几个要素：执行合约的能力、充足的资源和律师。

执行合约的能力。制定一个良好的法律体系是建立强有力产权的第一步。在这一方面，并非所有法律都一样。建立在**普通法**（common law）基础之上的法律体系起源于英国，在这一体系中，法律不断地被法官重新解释。这种普通法的法律体系被用于英国及其以前的一些殖民地地区，如美国、加拿大、澳大利亚和新西兰等以及印度和非洲的许多国家。另一种法律体系则是基于拿破仑法典，此法典首创于法国，这种法律体系主要通过法规的形式制定法律。在19世纪初拿破仑战争时期，拿破仑法律体系传播到欧洲大陆的很多地方。德国/瑞典法律体系则同时拥有拿破仑和英国普通法法律体系的元素，它们的法律通过法规的方式来制定，但法官可以对法规做大幅度的修改。

英国普通法体系在执行合约方面特别有效，因为它能够随着不断变化的经济环境而

---

[1] Douglass North, *Institutions, Institutional Change, and Economic Development* (Cambridge: Cambridge University Press, 1990), 54.

演化发展。在金融发展和经济增长方面，采用以英国普通法为基础的法律体系的国家的表现超过了采用以拿破仑法典为基础的法律体系的国家，而采用德国/瑞典法律体系的国家的表现则介于两者之间。[1]（表 7-1 列出了一些国家和地区的法律体系的风格。）另外，一个国家一开始采用何种法律体系也很重要，参考资料"地理、法律体系和经济增长"对此做了讨论。

表 7-1   **法律体系的起源**

英国普通法	拿破仑法典	德国/瑞典法律
澳大利亚	阿根廷	奥地利
博茨瓦纳	巴西	瑞士
加拿大	智利	德国
英国	科特迪瓦	丹麦
中国香港	埃及	日本
印度	西班牙	韩国
爱尔兰	法国	芬兰
牙买加	希腊	冰岛
新加坡	海地	中国台湾
美国	意大利	挪威
南非	土耳其	瑞典

资料来源：Thorsten Beck, Asli Demirguc-Kunt, and Ross Levine. "Law, Endowments, and Finance," *Journal of Financial Economics* 70 (2003), no. 2 (November)：137-181.

    充足的资源。一套运转良好的法律体系需要充足的资金用于法庭建设和培养合格的法官。例如，印度的法律体系是建立在英国普通法体系的基础之上的，这就意味着它应该对产权提供强有力的保护。然而，印度的法律体系资源匮乏且负担过重。在印度，解决一个法律诉讼会花上许多年的时间。高级法院积压的案件数以百万计，其中许多案件积压了十年之久甚至更长时间。在巴西，汉莎航空公司遇到的一起臭名昭著的非法解雇诉讼在几乎 1/4 个世纪的时间后仍未结案。

    聘用律师的机会。不管你是爱他们还是恨他们，律师对促进产权的发展是必不可少的。如果有人侵占了你的土地或没有经过你的允许就使用了你的财产，你会求助于律师来制止这些人。律师对保护你的投资来说也是必需的，而且你知道自己可以聘用律师来保护财产这一点也会鼓励你一开始就投资于财产。如果没有律师，投资就会很少甚至没有，经济增长也会非常缓慢。

▶ <u>参考资料</u>   **地理、法律体系和经济增长**

    地理因素在经济增长中扮演着重要的角色。靠近赤道处于热带气候下的国家的经济

---

[1] 参见 Rafael La Porta, Florencio Lopez-d-Silanes, Andrei Shleifer, and Robert W. Vishny, "Legal Determinants of External Finance," *Journal of Finance* 52 (1997)：1131-50；Rafael La Porta, Florencio Lopez-d-Silanes, Andrei Shleifer, and Robert W. Vishny, "Law and Finance," *Journal of Political Economy* 106 (1998)：1113-55；and Thorsten Beck and Ross Levine, "Legal Institutions and Financial Development," in *Handbook for New Institutional Economics*, eds. Claude Menard and Mary M. Shirley (Norwell MA：Kluwer Academic Publishers, 2005)。

宏观经济学：政策与实践（第二版）

增长速度会慢于那些远离赤道、气候温和的国家。[1]

处于热带气候下的殖民地，如加勒比、非洲和印度次大陆上的殖民地，因为由天然疾病造成的死亡率太高，因而没有大量欧洲人去定居。管理着这些国家的数量不多的欧洲人对法律体系进行了修正，以便他们能够剥削这些国家的资源和当地居民。结果，这些国家的法律体系在保护普通人的产权方面效率相当低下，当这些殖民地取得独立时，它们的法律体系成为增长的严重障碍。相反，在气候温和的地方，有更多欧洲人在殖民地定居，如在北美洲，他们有能力更好地抵制来自母国的剥削。（美国革命就是这一点的戏剧性体现。）独立之后，这些国家的法律体系有效地保护了产权并促进了经济的高速增长。事实上，由欧洲人管理殖民地模式的不同造成的法律体系质量的不同能够解释前殖民地之间人均收入差异的3/4。

这种殖民地管理模式的差异解释了为什么同是拥有起源于英国体系（它强调了对产权的保护）的法律体系的国家有着如此巨大的经济绩效差异。在美国、加拿大、澳大利亚和新西兰曾经居住着大批能够抵制剥削的欧洲人，结果就形成了非常有效的法律体系且走向了繁荣。相反，在牙买加、印度、巴基斯坦和尼日利亚等前英国殖民地，欧洲人只占了人口的一小部分，结果法律体系效率低且一直非常贫穷。

□ 有效产权面临的障碍

那些制定了强有力的产权法律的国家还必须执行法律才能保证经济中会有投资流。我们现在就来看看产权体系面临的一些障碍，包括腐败、成本高昂的法律程序以及贪婪的政府官员。

腐败。腐败是阻碍一套产权体系良好运行的主要障碍，在许多欠发达国家腐败非常盛行。如果法官可以被贿赂，那么产权就会被为法官的"服务"出最高价的那个人剥夺。如此一来，一个拥有好的想法或好的投资项目的企业家就没有办法保护他的想法和投资项目，因为那些有钱有势的人可以把法庭当成一种武器用于掠夺他人的成果并将其据为己有。如果一个政府官员只有在被贿赂后才允许你营商，那么他实际上剥夺了你的部分财产。腐败就像是经济的一种癌症：它减少了企业家投资和努力工作以获得利润的激励，从而使经济变得软弱、病态。腐败给企业家们带来了更多的不确定性，因为他们会担心贿赂的钱是否足够以及以后是否还有这种贿赂的必要。很多研究表明，相对GDP而言更低的投资和更缓慢的经济增长都和腐败的增加相联系。[2]

建立合法企业的巨大成本。在许多发展中国家，建立合法企业的巨大成本则是确定明晰产权的另一个障碍。在美国等国家，开一家合法的企业是一件非常简单的事情，只

---

① 参见 Daron Acemoglu, Simon Johnson, and James A. Robinson, "The Colonial Origins of Comparative Development: An Empirical Investigation," *American Economic Review* 91 (2001): 1369-1401; and William Easterly and Ross Levine, "Tropics, Germs and Crops: How Endowments Influence Economic Development," *Journal of Monetary Economics* 50 (2003)。

② 例如，参见 Paolo Mauro, "Corruption and Economic Growth," *Quarterly Journal of Economics* 110 (1995): 681-712; and Jakob Svensson, "Eight Questions about Corruption," *Journal of Economic Perspectives* 19, no. 5 (2005): 19-42。

需要填一张表、付少量的执照费就可以了。但是，正如秘鲁的经济学家赫尔南多·德索托（Hernando De Soto）在他的著作《资本的秘密》（*The Mystery of Capital*）一书中所记载的那样，在一个欠发达国家建立一家企业可能会是一场噩梦。[1] 在秘鲁合法注册一个只有一个工人的服装小作坊需要 289 个工作日，每个工作日工作 6 小时，总费用高达 1 231 美元（这个数字是最低月工资的 31 倍）。而在美国，建立一个类似的作坊只需几天时间，费用也只有在秘鲁的一小部分。也许秘鲁是一个极端的例子，但这种问题在欠发达国家是普遍的。注册合法企业的这些障碍使得只有富人才能经营合法企业，严重地阻碍了经济增长。

政策与实践

世界银行的《营商环境报告》

在赫尔南多·德索托关于在欠发达国家设立合法企业障碍方面的开创性研究的激励下，世界银行于 2003 年开始发行名为《营商环境报告》（*Doing Business*）的年度报告。最近的一篇报告涵盖了 180 多个国家的 10 项指标，这些指标采用两种类型的数据：(1) 阅读法律法规；(2) 时间和动作研究，后者考虑了官方收取的手续费，用来估计实现一个诸如建立一个合法的企业等目标所需要的时间成本和金钱成本。

《营商环境报告》为我们了解在世界各国营商的容易或困难程度提供了非常有用的指标，催生了大量关于营商障碍如何影响经济增长的研究。更为重要的是，《营商环境报告》鼓励了政府加强产权保护和降低企业经营难度。《营商环境报告》中的低排名促使许多国家对其管制措施进行改革，简化设立合法企业的程序和降低合约执行难度，从而提高了这些国家的排名。例如，一些国家，如哥伦比亚和埃及，在《营商环境报告》中的排名就因其采用了一项广泛的改革议程而迅速上升。许多经济学家都将世界银行的《营商环境报告》研究计划看做该组织促进穷国的经济增长和消除贫穷最有效的政策之一。

掠夺之手。仅仅是简单地制定保护产权的法律并不能保证它们能得到有效的执行。许多欠发达国家的政府官员为了个人利益可以剥夺别人的想法（非物质财产）、征用别人的商业或投资。津巴布韦的总统罗伯特·穆加贝（Robert Mugabe）征用国家的土地并将它们分给他的亲信，这些做法使该国陷入了贫困之中。当土地所有者的土地在没有充足的补偿的情况下就可能被夺走时，土地所有者将停止对土地的投资，农业收成就会下降。津巴布韦曾经在农产品的生产上非常成功，1990 年玉米的出口量高达 700 000 吨，而现在的出口量还不到这个数量的 1/20。哈佛大学的安德烈·施莱弗（Andrei Schleifer）教授和芝加哥大学的罗伯特·维什尼（Robert Vishny）教授曾用"掠夺之手"这个词来形容这种政府的经常性掠夺行为，这种政府因以各种形式从公民手中窃取财产而被冠上了"盗贼统治"之名。[2]

---

[1] Hernando De Soto，*The Mystery of Capital*：*Why Capitalism Triumphs in the West and Fails Everywhere Else*（New York：Basic Books，2000）.

[2] Andrei Shleifer and Robert W. Vishny，*The Grabbing Hand*：*Government Pathologies and Their Cures*（Cambridge，Mass.：Harvard University Press，1998）.

非洲大陆曾经是前欧洲殖民地，自从在 20 世纪 60 年代获得独立以来，盗贼统治在非洲特别普遍。非洲政府的盗贼行为在很大程度上解释了为什么非洲没有赶上其他地区经济增长的步伐，相反，在许多国家出现了人均收入的下降和贫困的增加。海地——美洲最贫穷的国家——也经历了类似的命运。老杜瓦利埃和小杜瓦利埃是 1957—1986 年海地的独裁者，他们在盗窃的规模上是臭名昭著的。海地多年的冲突和暴政阻碍了对更坚固的建筑材料的投资。于是，这些差劲的基础设施令数十万人在 2010 年的海地地震中断送了性命。作为对比，智利几个月后发生了强度更大的地震，但死亡人数只有海地的很小的一个比例，这很大程度上是因为智利在防震建筑上的大量投资。

如果武力统治（枪治）取代了法治，产权也不会存在。因为武力的威胁使侵略者能够夺取财产，所以持续的战争和叛乱都会使得产权名存实亡。我们通常用死伤人数考虑战争成本，但其经济成本也是巨大的。因为战争或叛乱的威胁使从生产性投资中获利变得非常困难，投资就不会发生。持续的战争状态以及数年的盗贼统治也有助于解释许多撒哈拉以南非洲地区国家从 20 世纪 60 年代获得独立以来可怕的增长经历。

政策与实践

外国援助有效吗

今天争论最激烈的政策议题之一便是富国是否应该增加对穷国的援助数量。目前富国给外国的经济发展提供的援助是微薄的：富国提供的外国援助占其国民总收入的比例还不到 0.2%，美国甚至不足 0.05%。哥伦比亚大学的杰弗里·萨克斯（Jeffrey Sachs）和他在联合国千年项目中的同事等著名经济学家认为，如果用于公共投资的外国援助资金加倍，形成一个对公共投资的"大推进"，则可以帮助非洲国家摆脱穷困陷阱。在《贫穷的终结》（The End of Poverty）一书中，萨克斯甚至认为，如果富国能将它们的对外援助预算在下一个十年提高到 1 350 亿~1 950 亿美元，那么全球的极端贫困状态都会被消除（极端贫困的定义为每天的收入少于 1 美元）。[1] 增加外国援助真的是让穷国摆脱贫困的答案吗？

很多经济学家对外国援助是否能帮助接受援助的国家持怀疑态度，因为他们担心这些外国援助会鼓励政府成为掠夺之手，或让政府不再有激励去制定能促进经济增长的政策。自 1960 年以来，进入非洲的外国援助已经超过了 5 000 亿美元，却鲜有成效。在《经济增长的迷雾》（The Elusive Quest for Growth）和《白人的负担》（The White Man's Burden）两本书中，纽约大学的威廉·伊斯特利（William Easterly）教授认为，外国援助通常没有用，因为它没有提供正确的激励。[2] 穷国收到的援助几乎总是到了政府手中，而管理这些政府的政治精英往往将这些资金装入了自己和朋友的口袋，或将其

---

[1] Jeffrey D. Sachs, *The End of Poverty: Economic Possibilities of Our Time* (London: Penguin Press, 2005). 萨克斯和像波诺（Bono）一样的摇滚明星等已经成功为最贫穷的国家争取到了减免债务这种形式的援助，他们认为只有当这些国家从繁重的债务负担中解脱出来时，才有能力将资源投入能促进发展的领域。

[2] William Easterly, *The Elusive Quest for Growth: Economists' Adventures and Misadventures in the Tropics* (Cambridge: Cambridge University Press, 2001); and *The White Man's Burden: Why the West's Efforts to Aid the Rest Have Done So Much Ill and So Little Good* (New York: Penguin, 2006).

用于捍卫他们的权力。事实上，对穷国的援助甚至可能会使情况恶化。在蒙博托（Mobutu Sese Seko）总统统治下的扎伊尔（刚果民主共和国）是一个特别臭名昭著的例子。在 25 年内，扎伊尔从几个国际组织那里得到一笔又一笔的贷款——仅从国际货币基金组织就得到 11 笔贷款（共计近 20 亿美元）。在蒙博托统治期间，扎伊尔接受的外国援助高达 200 亿美元，然而蒙博托洗劫了这个国家，使得这个资源丰富的国家沦落为世界上最贫穷的国家之一。在获得的资源不断增加的条件下，糟糕的政府更有可能维持下去。经验证据表明，当外国援助和自然资源为统治者提供了收买对手以及奖赏同盟者的方式时，盗贼统治更可能发生。[1]

但一些外国援助非常具有生产性。由外国援助出资的公共健康措施显著地提高了发展中国家的健康水平和预期寿命。[2] 马歇尔计划是被外国援助支持者引用的最成功的外国援助实例之一，这一计划曾在第二次世界大战后帮助欧洲实现了重建。然而，对马歇尔计划更深入的研究表明，它有效的原因并不是它给欧洲提供了大量的资金，而是因为它为欧洲国家提供了消除价格控制、进行财政整固、提高市场运转效率以及进行自由化贸易的激励。[3]

内生增长理论

为了更深入地理解是什么促进了经济增长，我们需要学习关于什么引起技术进步（即什么引起了 A 的增长）的理论。我们下面将概述这个理论，它被称为**内生增长理论**（endogenous growth theory），因为它解释了为什么技术进步内生地（从体系内部）促进了可持续的经济增长。由于保罗·罗默（Paul Romer）在这一理论的发展中起到了如此重要的作用，因此内生增长模型常常被称为**罗默模型**（Romer models）。[4]

在这里，我们概述罗默模型的简单版本，该模型强调了内生增长理论的很多重要启

[1] Daron Acemoglu, James Robinson, and Thierry Verdier, "Kleptocracy and Divide-and-Rule: A Model of Personal Rule," *Journal of the European Economic Association Papers and Proceedings* 2 (April-May 2004): 162 - 192.

[2] 即使在一个国家治理得很好的条件下，外国援助是否有助于减少贫困仍然是一个有争议的问题。例如，参见 Craig Burnside and David Dollar, "Aid, Policies, and Growth," *American Economic Review* 90, no. 4 (2000): 847 - 868。然而，William Easterly, Ross Levine, and David Rodman, "New Data, New Doubts: A Comment on Burnside and Dollar's 'Aid, Policies, and Growth' (2000)," National Bureau of Economic Research Working Paper 9846 (July 2003) 和 Raghuram G. Rajan and Arvind Subramanian, "Aid and Growth: What Does the Cross-Country Evidence Really Show?" National Bureau of Economic Research Paper 11513 (July 2005) 对 Burnside 和 Dollar 的结果提出了质疑，因为他们发现 Burnside 和 Dollar 的结果是不稳健的。

[3] Barry Eichengreen and Marc Uzan, "The Marshall Plan: Economic Effects and Implications for Eastern Europe and the Former USSR," *Economic Policy* 14 (1992): 13 - 77 and R. Glenn Hubbard and William Duggan, *The Aid Trap* (New York: Columbia Business School Press, 2009).

[4] 保罗·罗默最重要的贡献包含如下两项: Paul M. Romer, "Increasing Returns and Long-Run Growth," *Journal of Political Economy* 94 (October 1986): 1002 - 1037 and "Endogenous Technical Change," *Journal of Political Economy* 98, Part 2 (October 1990): S71 - S102.

示。我们拓展了上一章的索洛模型，使用了同样的区块，只不过添加了一个关键的特征——想法（主意）的生产。

☐ 劳动的配置

索洛模型假设所有的劳动都被配置于产品和服务的生产。罗默模型改动了这一假设，在此模型中，一部分劳动 L_P 用于生产产品和服务，剩下的劳动 L_A 用于生产新技术，我们称之为研究和开发。劳动的总量是固定的，为人口总量 $\overline{N}$。

我们可以将总劳动（假设等于人口总量 $\overline{N}$）写成如下形式：

$$\overline{N} = L_P + L_A \tag{1}$$

假设有常数比例 α 的人口参与研究和开发，所以有：

$$L_A = \alpha\overline{N} \tag{2}$$

上述两个方程意味着用于生产产品和服务的劳动数量为：

$$L_P = (1-\alpha)\overline{N} \tag{3}$$

☐ 生产函数

罗默模型中产品和服务的生产函数大体上与前一章中的柯布-道格拉斯生产函数一样。我们也加入时间下标 t 来反映变量随着时间的变化而变化。

$$Y_t = A_t K_t^{0.3} L_t^{0.7} \tag{4}$$

因为在方程（4）中的劳动只是劳动中用于产品和服务生产的部分，因此我们把 L_t 换成 L_P，得到：

$$Y_t = A_t K_t^{0.3} L_P^{0.7} \tag{5}$$

接下来，我们将方程（5）改写成工人人均的形式，正如我们在上一章对方程（2）所做的那样，但是我们必须注意这里除的工人人数是生产产品和服务的工人人数：

$$y_{Pt} = A_t k_{Pt}^{0.3} \tag{6}$$

注意，现在工人人均产出和资本都有两个下标，一个表明它们会随着时间的变化而变化，另一个表明它们现在是用生产产品和服务的工人来定义的：

$$y_{Pt} = \frac{Y_t}{L_P}$$

$$k_{Pt} = \frac{K_t}{L_P}$$

方程（6）中的生产函数与索洛模型中所使用的函数具有相同的形式，因此我们在前一章的分析也可以同样地应用到这里。

☐ 技术的生产

现在我们假设技术的生产有一个形式很简单的生产函数。技术的生产方式是在旧想法的基础上产生新想法，这与艾萨克·牛顿（Isaac Newton）的名言所表达的意思一致："如果我比别人看得更远，那是因为我站在了巨人的肩膀上。"另外，我们假设技术的增长与参与研究和开发的工人人数 L_A 成正比。因此，技术的生产函数如下：

$$A_{t+1} - A_t = \Delta A_t = \chi A_t L_A \tag{7}$$

其中 χ 表明劳动在生产想法方面多具有生产性。当 χ 增大时，参与研究和开发的单位劳动生产的知识会比以前更多。

注意技术 A_t 既用于生产更多的技术 ΔA_t ［在方程（7）中］，也用于生产产品和服务［在方程（5）和（6）中］。这怎么可能呢？技术是非竞争性的，一组想法可以被一次又一次地使用，同时用于生产新的技术以及产品和服务。罗默模型中想法与技术的这种非竞争性使得技术成为促进经济增长的组合拳。如果没有非竞争性，就像在索洛模型中那样，那么递减的资本收益最终会使人均产出达到一个没有增长的稳定状态。将非竞争性纳入经济模型中可以让我们解释人均收入的持续增长。

在方程（7）两边都除以 A_t，且用方程（2）中的 $\alpha \overline{N}$ 替代 L_A，我们就可以将技术的生产函数写成技术增长率 g_A 的形式：

$$\frac{\Delta A_t}{A_t} = g_A = \chi \alpha \overline{N} \tag{8}$$

这个技术生产函数告诉我们技术增长率与研究和开发的生产率 χ、参与研究和开发的人口比例 α 以及经济中的总人口数 $\overline{N}$ 成正比。

□ 罗默模型中的持续增长

有了这些模型的区块后，我们就可以看出人均收入的持续增长为何是罗默模型的一个启示。根据索洛模型，方程（6）的生产函数有一个稳定状态 k_P^*：

$$y_{Pt}^* = A_t k_P^{*0.3} \tag{9}$$

方程（9）告诉我们，尽管存在一个工人人均资本为 k_P^* 的稳定状态，但是由于 A_t 会随时间变化，y_{Pt}^* 仍然有时间下标，也会随时间变化。我们可以将这个生产函数写成人均产出形式，注意人均产出定义为 $y_t = Y_t / \overline{N}$，这又可以写成 $y_t = y_{Pt} \times (L_P / \overline{N})$。[1] 由方程（3）可得 $L_P / \overline{N} = 1 - \alpha$，在方程（9）两边乘以 $1 - \alpha$，我们可以得到 y_t 的表达式：

$$y_t^* = (1 - \alpha) A_t k_P^{*0.3} \tag{10}$$

由技术的生产函数我们可以得知 A_t 以一个常数增长率 g_A 增长，因此人均产出也增长。确实，根据前一章中我们对索洛模型的分析，A_t 增长率的效应会通过两种效应扩大，这两种效应是生产函数的直接效应和提高资本与劳动之比带来的额外的正效应。在第 6 章附录中，我们计算出对于此处使用的柯布-道格拉斯生产函数，扩大后的效应大小为 1.43。因此，在技术增长率为 g_A 时，人均产出的增长率就为 $1.43 g_A$。

在罗默模型中，人均产出保持增长，但增长率稳定。经济学家将这种不变速率的增长称为**平衡增长路径**（balanced growth path）。这个常数增长率与索洛模型相对，在索洛模型中人均产出最终会达到一个稳定状态，且自此以后不再增长。我们在图 7-1 中画出了罗默模型的平衡增长路径。纵轴是**比例刻度**（ratio scale）［又称**对数刻度**（logarithmic scale）］，这种刻度的相等距离反映了相等的百分比变化。当我们用比例刻度画一个变量随时间变化的曲线时，如果这个变量每年都按一个常数增长率增长，那么就会画出一条直线，且这条直线的斜率就是增长率。在图 7-1 中我们把人均产出 y_t 画成一条直线，其斜率为 $1.43 g_A$，表明人均产出以这个速率增长。

---

① 该表达式可以通过如下方法得到：$y_t = Y_t / \overline{N} = (Y_t / L_p) \times (L_p / \overline{N}) = y_{Pt} \times (L_p / \overline{N})$。

宏观经济学：政策与实践（第二版）

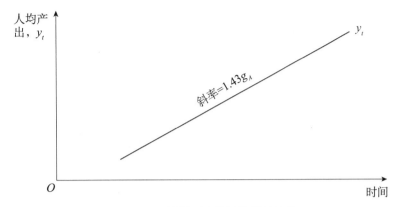

图 7-1 罗默模型中的平衡增长路径

人均产出以稳定速率 $1.43g_A$ 增长。当人均产出对时间以对数刻度作图时，它是一条斜率为 $1.43g_A$ 的直线。

影响内生增长的因素

在罗默模型中有三个因素会改变经济增长率：（1）参与研究和开发的人口比例 α；（2）研究和开发的生产率 χ；（3）经济中的人口总量 $\overline{N}$。现在就让我们依次看看增长会对每个因素的变化做出怎样的反应。

□ 参与研究和开发的人口比例 α 增加的影响

假定在时期 0，一个国家决定投入更多的资源用于开发技术。于是参与研究和开发的人口比例从 α_1 增加到 α_2。由方程（8）可知，技术增长率就会从 g_{A1} 上升到 g_{A2}。正如图 7-2 所示，这一技术增长率的增加最终会导致一个新的平衡增长路径，在新的平衡增长路径上人均产出的增长率由原来的 $1.43g_{A1}$ 上升到 $1.43g_{A2}$。然而，有两种对生产函数的额外影响必须考虑。

1. 随着更多的劳动参与研究和开发，生产产品和服务的劳动就少了。方程（10）表明这会使人均产出即刻下降，如图 7-2 所示。

2. L_P 的下降推高了资本与劳动之比 k_{Pt}。从对索洛模型的分析我们知道，随着时间的推移，k_{Pt} 会下降到一个稳定状态值 k_P^*，因此在这一期间增长率会小于长期增长率 $1.43g_{A2}$。在资本与劳动之比达到稳定状态的过程中，经济增长率会上升并最终达到长期增长率 $1.43g_{A2}$。然后，经济就会处于一个新的、更高的平衡增长路径。

我们在图 7-2 中画出了人均收入路径。这条路径背后的原因有点复杂。然而，分析得到的基本结论是相当直截了当的：当更多的资源用于研究和开发时，人均产出水平开始会下降，但人均产出的增长率则会永久性上升。因此，罗默模型的分析表明，增加参与研究和开发的人数存在一个权衡：短期生活水平下降，而长期生活水平则以一个更高的可持续的增长率增长。

内生增长理论为政府为什么应该投资于研究和开发提供了一个非常重要的依据。随着政府在研究和开发上支出的增多，投入技术生产上的资源就会增多，即 α 上升。由我们之前的分析可知，这将导致人均产出永久性地更快地增长。

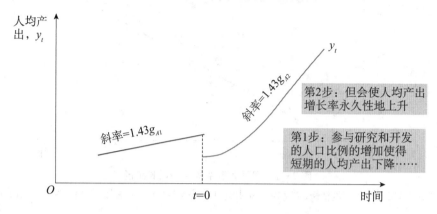

图 7-2　参与研究和开发的人口比例增加的影响

在时期 0，参与研究和开发的人口比例从 α_1 增加到 α_2，使得技术增长率从 g_{A1} 上升到 g_{A2}。在时期 0，人均产出有一个即刻的下降。因为部分工人从生产产品和服务转而去生产技术，资本与劳动之比 k_{Pt} 开始时会突然上升。然而，它之后会下降，最终回到稳定状态值 k_P^*，因此增长率在一段时间内会小于长期增长率 $1.43g_{A2}$。随着时间的推移，资本与劳动之比最终回到稳定状态，经济增长率也逐渐上升到 $1.43g_{A2}$，经济最终处于一个新的、更高的平衡增长路径。

□ 研究和开发的生产率 χ 变化的影响

在历史上某些时期，发明家们特别多产，使得研究和开发的生产率突然上升。现在就让我们用罗默模型来分析研究和开发的生产率 χ 的上升会如何影响人均收入的增长。假设在图 7-3 中标记的时期 0，χ 从 χ_1 上升到 χ_2。方程（8）所表示的技术生产函数告诉我们技术增长率从 g_{A1} 上升到 g_{A2}。因为在方程（10）所表示的生产函数中其他变量不变，所以稳定状态 k_P^* 保持不变，只有 A_t 会随着时间的变化而变化。人均产出的增长率从 $1.43g_{A1}$ 上升到 $1.43g_{A2}$。如图 7-3 所示，表示人均产出如何随时间增长的直线的斜率立即变大，表明经济在时期 0 立即移动到一个新的、更高的平衡增长路径。结论是，当研究和开发变得更加具有生产性时，人均产出就会以一个更高的速率增长。

内生增长理论的分析为那些旨在提高研究和开发的生产率的政府政策提供了强有力的支持。对教育的支出能够提高人力资本，使得在研究和开发部门工作的工人更加具有生产性，从而提高了 χ。正如我们在图 7-3 中看到的那样，这将引起人均产出增长率的提高，从而使得一国公民随着时间的推移变得更为富裕。

因为私人部门在开发新技术方面比政府更有效率，政府一般会通过税收激励去鼓励私人部门的研究和开发投入而非直接投入到研究和开发，这样就可以提高技术生产的效率，从而提高 χ 和促进经济增长。另外，鼓励私人部门的研究和开发投入的税收激励机制也会导致用于研究和开发的资源增加，这会增加 α，也促进了更高的人均产出增长。

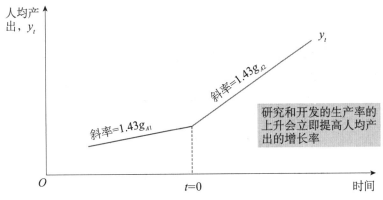

图 7 - 3　研究和开发的生产率上升的影响

在时期 0，研究和开发的生产率从 χ_1 上升到 χ_2，使得技术增长率从 g_{A1} 上升到 g_{A2}。因为生产函数中没有其他变量改变，所以稳定状态 k_P^* 保持不变且人均产出的增长率从 $1.43g_{A1}$ 上升到 $1.43g_{A2}$。y_t 有了更大的斜率，这就意味着经济立即移动到一个新的、更高的平衡增长路径。

□ 人口总量 $\bar{N}$ 增加的影响

在前一章的索洛模型中，我们可以看到人口的增加会导致资本稀释从而使生活水平降低。但是，与此相反，罗默模型发现人口的增加有助于提高生活水平。

为了说明这一点，我们假设在时期 0 出现了移民潮，使图 7 - 4 中的人口从 $\bar{N}_1$ 增加到 $\bar{N}_2$。与前面的例子一样，我们从方程（8）中再次看到技术增长率从 g_{A1} 上升到 g_{A2}。更多的劳动参与到新技术的生产中，因此与之前的分析相同，这将最终使经济达到一个新的平衡增长路径，在这条路径上人均产出的增长率从 $1.43g_{A1}$ 上升到 $1.43g_{A2}$。然而，人口的上升会使资本与劳动之比 k_{Pt} 立即下降，因此方程（10）表示的生产函数告诉我们人均产出开始会突然下降。因为 k_{Pt} 下降后低于稳定状态水平 k_P^*，它会开始上升，所以一段时间内人均产出的增长率会大于长期的增长率 $1.43g_{A2}$。随着时间的推移，资本与劳动之比向稳定状态水平移动，经济的增长率也逐渐下降到长期增长率 $1.43g_{A2}$。

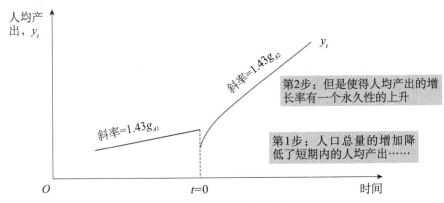

图 7 - 4　人口总量增加的影响

在时期 0，人口从 $\bar{N}_1$ 增加到 $\bar{N}_2$，技术增长率从 g_{A1} 上升到 g_{A2}。人口的上升会使资本与劳动之比 k_{Pt} 立即下降。因为 k_{Pt} 下降后低于稳定状态水平 k_P^*，它会开始上升，所以一段时间内人均产出的增长率会大于长期增长率 $1.43g_{A2}$。随着时间的推移，资本与劳动之比向稳定状态水平移动，经济的增长率也逐渐下降到平衡增长路径上的长期增长率 $1.43g_{A2}$。

我们在图7-4中表示了人均收入的路径，再一次地，图形背后的原理有点复杂。然而，基本结论成立：人口增长会使人均产出开始时有所下降，但是人均产出的增长率会永久性上升。因此罗默模型表明人口的增长在长期内会提高生活水平，尽管在短期内生活水平依然有所下降。但这个结论跟索洛模型的结论是完全不一样的。

应用 🖙

人口增长会提高生活水平吗

当一个国家的人口增加时，是会如索洛模型所预测的那样资本稀释导致生活水平下降呢，还是会如罗默模型所预测的那样更高的技术进步率提高了生活水平呢？可能听起来会觉得很奇怪，但这两个模型的结论可能都是对的。

罗默模型关于人口增长的乐观观点可能不太适用于单个国家。假定印度，一个人口快速增长的国家，发明了种小麦的新方法，这种方法帮助农民用更少的时间生产出更多的小麦。这种方法提高了印度的生活水平。然而，想法的非竞争性将会使这种技术传播到邻国并最终传遍全球。这种**技术外溢**（technological spillover）的现象也许可以解释为什么拥有高人口增长率的国家没有高的人均收入（参见前一章的图6-11）。如果生产率 A_t 在每个国家都是相似的，那么索洛模型的结果依然成立，人口的增加将会与更低的人均收入相联系。

然而，有证据表明，当将全世界看成一个整体时，罗默模型对人口增长影响的分析比索洛模型更合适。如图7-5所示，全球人口从基督纪元（公元）刚开始时的2亿多一点儿稳步增加到现在的70亿以上。在这段超长时期内，每年的人均GDP出现了非常大幅度的增长，从不足500美元增长到现在的7 000多美元。这个证据表明更多的人口数与更高的生活水平是有着正相关性的，正如内生增长理论所预测的那样。[1]

事实上，哈佛大学的迈克尔·克莱默（Michael Kremer）教授找到了一些有趣的和有说服力的证据表明更多的人口会刺激技术发展从而提高生活水平。[2] 公元前1万年左右极地冰帽的融化冲断了大陆桥，把世界分成若干不同的地区，这些地区在数千年中失去了相互联系。克莱默发现，最初拥有最多人口的地区，即欧亚-非洲大陆，比最初人口数排第二的地区（美洲）开发了更先进的技术并有着更高的人均收入。接下来，美洲人口最初比澳大利亚多，结果美洲的技术就更先进且生活水平更高。澳大利亚与塔斯马尼亚（Tasmania）之间的一个叫弗林德斯（Flinders）的小岛在各地区分离时有着最少的人口，最终技术水平也最低。事实上，弗林德斯岛上的人类在公元前3000年就灭绝了。因为这种分离是外生的，即是由人类控制能力范围以外的事件造成的，所以以上结果表明人口增长导致了更高的生活水平，如内生增长理论所预测的那样。

---

[1] 另外，也有可能因果关系是反过来的，即更高的人均收入导致了更多的人口总数；也就是说，当人类变得更富有之后，我们的人口规模就会增加。（经济学家总是能够解释两个方向，这一点众所周知。）

[2] Michael Kremer, "Population Growth and Technological Change: One Million B. C. to 1990," *Quarterly Journal of Economics* 108 (August 1993): 681-716.

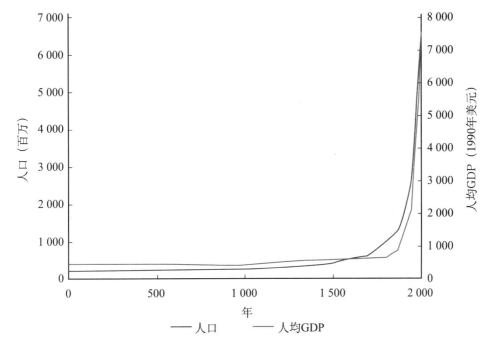

图 7 - 5　超长期内的世界人口和人均 GDP

　　全球人口从基督纪元（公元）刚开始时的 2 亿多一点儿稳步增加到现在的 70 亿以上，而每年的人均 GDP 出现了非常大幅度的增长，从不足 500 美元增长到现在的 7 000 多美元。更多的人口数与更高的生活水平相联系，正如内生增长理论所预测的那样。

　　资料来源：Maddison，Angus. *Historical Statistics*，population and per capita GDP levels，1 - 2006. www. gg-dc. net/maddison.

□ 罗默模型与储蓄

　　索洛模型的一个核心特征是储蓄的上升会导致更高的人均收入水平和短暂的经济增长，却不会引起经济持续增长。罗默模型有着同样的结论——储蓄不会促进内生增长——如图 7 - 6 所说明的那样。

　　当储蓄率在时期 0 上升时，因为在方程（8）所表示的技术生产函数里没有一个变量发生了变化，所以技术增长率没有改变，依然是 g_A。但是，随着时间的推移，更高的储蓄会引起更多对资本的投资，提高了资本与劳动之比 k_{Pt}。方程（10）所表示的生产函数告诉我们此时人均产出会增加，所以在一段时间内其增长率会高于长期增长率 $1.43g_A$。当资本与劳动之比达到一个更高的稳定状态值时，经济将回到平衡增长路径，在这条路径上人均产出的增长率依然是 $1.43g_A$。在图 7 - 6 中我们表示了在时期 0 时储蓄率上升对人均产出的路径的影响。这条路径表明更高的储蓄率将导致更高的人均产出，但不会提高经济可持续的增长率。

　　更复杂的技术生产模型将得到关于储蓄影响的更乐观的结论。在这些模型中，更高的储蓄率提高了稳定状态下的资本与劳动之比，也产生了对有助于提高生产率的资本如电脑和沟通设备的投资。（在我们建立的简单模型中，技术只是劳动的函数，并没有包含资本。）当储蓄率上升且资本存量增长时，越来越多的技术被生产出来，会使 A_t 和人均收入都更快地增长。[1]

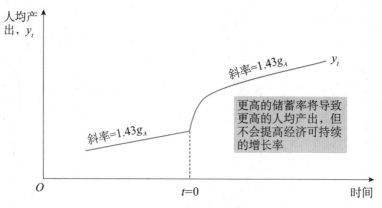

图 7-6　储蓄率上升的影响

在时期 0，储蓄率上升，技术增长率没有改变，依然是 g_A。更高的储蓄引起更多对资本的投资，提高了稳定状态下资本与劳动之比。人均产出会增加，在一段时间内其增长率会高于长期增长率 $1.43g_A$。当资本与劳动之比达到一个更高的稳定状态值时，经济将回到平衡增长路径，在这条路径上人均产出的增长率依然是 $1.43g_A$。

▌ 本章小结

1. 技术上的想法是生产的一种投入，具有非竞争性，即它们可以被无限制地反复使用。然而，因为阻止别人在未经允许的情况下使用是非常困难的，所以它们常常具有很低的排他性。因此，人们没有充足的激励去投资于技术。

2. 刺激生产率的政策包括：建设基础设施、提高人力资本、政府直接对研究和开发投资、对研究和开发的税收激励、专利。

3. 产权是经济增长所需要的最基本的制度，产权要求有：（1）一套有充足的资源和大量律师能确保合约执行的有效的法律体系；（2）没有腐败；（3）建立合法企业的成本低；（4）政府没有成为"掠夺之手"。

4. 内生增长理论用罗默模型解释了技术如何内生地提高以及如何导致持续的经济增长。它的几个关键方程是：参与研究和开发的人口比例，$L_A = a\overline{N}$；技术增长的生产函数，$\Delta A_t / A_t = g_A = \chi a \overline{N}$；人均产出形式的生产函数，$y_t^* = (1 - \alpha) A_t k_P^{*0.3}$。罗默模型得出了一条人均产出按稳定速率增长的平衡增长路径。

5. 应用罗默模型得到了以下几个结论：当研究和开发生产率更高时，人均产出以一个更高的速率增长。当更多资源参与研究和开发时，人均产出开始会下降，但最终人均产出的增长率会永久性上升。人口总量的增长一开始会降低人均产出，但人均产出的增长率会永久性上升。更高的储蓄率将导致更高的人均产出，但不会提高经济可持续的增长率。

---

① 对这些研究及其对增长理论的启示的讨论，参见 David Weil, *Economic Growth*, 2nd edition（Boston：Pearson, Addison-Wesley, 2008）; and Charles Jones, *Introduction to Economic Growth*（New York：Norton, 2002）。

关键术语

竞争性	非竞争性	排他性
人力资本	大学溢价	专利
制度	产权	普通法
内生增长理论	罗默模型	平衡增长路径
比例刻度	对数刻度	技术外溢

复习题

作为生产投入的技术

1. 作为生产的投入，技术与劳动和资本投入有何不同？

促进生产率的政策

2. 解释为什么建设基础设施对政府机构来说可能是促进生产率增长的一项好政策。

3. 为什么私人的研究和开发支出可能太低了？

4. 专利是什么？为什么政府要颁发专利？

制度和产权

5. 在发展中国家和发达国家，产权是如何影响经济增长的？

6. 有效产权面临的障碍有哪些？请解释。

内生增长理论

7. 罗默模型试图弥补索洛模型的什么缺点？

8. 为什么持续的人均增长在罗默模型中存在而在索洛模型中不存在？

影响内生增长的因素

9. 在罗默模型中，哪三个因素决定了经济的增长率？

10. 利用罗默模型解释研究和开发的生产率如何影响经济增长。

11. 在罗默模型中，总人口的增加随时间的推移如何影响人均产出的增长率？

12. 在罗默模型中，储蓄的增加有什么影响？

习题

作为生产投入的技术

1. 比较以下生产要素的竞争性和排他性：
   (a) 一个用于汽车框架焊接的机器人和一个用流水线生产汽车的想法；
   (b) 一个薄煎饼的菜谱和一个生产苏打饮料的配方。

促进生产率的政策

2. 英国政府宣布了一个名为"英国超快宽带前景"的计划，根据该计划，到2015年英国将建成欧洲最好的宽带网络。讨论这个计划是否有合理的依据。

3. 乌拉圭实施了"一个小孩一台笔记本电脑"的项目，这个项目给公立小学的每个小孩和老师提供一台笔记本电脑。谈谈这个项目对以下变量的影响：
   (a) 乌拉圭的人力资本存量；
   (b) 乌拉圭人均产出的增长率。

4. 在印度的主要城市建设下水道基础设施这样一

第 7 章 增长的动力：技术、政策和制度个公共项目会对经济增长和预期寿命产生什么影响？

5. 国际产权指数（IPRI）根据知识和实物产权的重要性和保护程度对各个国家进行排名。你觉得人均收入增长与 IPRI 排名有什么关系？为什么？

制度和产权

6. 透明国际组织构建了一个腐败感知指数（Corruption Perception Index，CPI），旨在测度"世界 180 个国家和地区公共部门腐败的感知程度"。CPI 的取值在 0（最腐败）到 100（最少腐败）之间。下表给出了几个国家的 CPI 和人均国民收入（GNI）。用纵轴表示 CPI，横轴表示人均 GNI，作图表示出这些国家。你能解释你在图中观察到的趋势吗？

国家	人均 GNI （2008 年，美元）	CPI（2009 年）
美国	50 610	73
法国	36 720	71
苏丹	2 030	13
印度	3 840	36
墨西哥	16 680	34

7. 腐败感知指数（CPI）衡量了人们对一国公共部门腐败程度的感知。该指数在 0 到 100 之间，指数越低表示越腐败。在 2012 年德国和俄罗斯的 CPI 得分分别是 79 和 28（资料来源：透明国际组织）。请谈谈你对这两个国家在执行产权方面的差异的看法。

8. 在关于外国援助的讨论中，你是更同意萨克斯（外国援助应该增加）还是伊斯特利（更多的外国援助只有更多的坏处而非好处）的观点？解释你的观点。

内生增长理论

9. 假定人口总量是 1 亿，其中 25% 参与研究和开发。用本章中概述的简化罗默模型计算：
   (a) 如果 $\chi = 0.000\ 5$，$A_t = 20$，技术的变化量（ΔA_t）；
   (b) 技术增长率；
   (c) 人均产出增长率。

影响内生增长的因素

10. 考虑世界经济。根据罗默模型的假设，分析工业革命对人均产出的世界增长率的影响。

11. 在 20 世纪 60 年代末，某国几乎所有的学者和研究人员都下乡去从事手工农业劳动了。根据罗默模型，分析这对人均产出增长率的影响。

12. 根据迈克尔·克莱默的研究，中国的独生子女政策可能会阻碍技术进步。试解释原因。

13. 讨论以下说法的正确性："与索洛模型不同的是，罗默模型认为储蓄率的改变不会影响可持续的人均产出增长率。"

数据分析题

1. 访问圣路易斯联邦储备银行 FRED 数据库，找到土耳其和韩国的劳动力、资本存量、GDP 以及价格水平的数据，数据代码如下表所示。通过添加数据序列（add data series）功能，把每个国家的数据分别下载到不同的表格中。

国家	GDP	资本存量	劳动力	价格指数
韩国	MKTGDPKRA646NWDB	KORGFCFADSMEI	KORLFTOTADSMEI	KORGDPDEFAISMEI
土耳其	MKTGDPTRA646NWDB	TURGFCFADSMEI	TURLFTOTADSMEI	TURGDPDEFAISMEI

   (a) 将 GDP 和资本存量分别转化为实际 GDP 和实际资本存量，方法是除以每年的价格指数再乘以 100。对每个国家都这样处理。

   (b) 将实际 GDP 和实际资本存量转化为工人人均的形式，方法是除以每年的劳动力数目，再计算每年的 $k^{0.3}$。对每个国家都这样处理。

   (c) 用人均产出数据和 $k^{0.3}$ 计算每年的全要素

生产率（A）。对每个国家都这样处理。

(d) 对于每个国家，计算 k 和 A 从 2000 年到可获得数据最新年份这一期间平均每年的增长率，方法是计算从 2000 年到最新年份这一期间变量的总百分比变化，然后除以这期间的年数。根据这两个国家的全要素生产率的增长率，你预期这两个国家的人均实际 GDP 会怎样变化？

(e) 根据你在问题（d）中的回答，用增长核算方程得到从 2000 年到最新年份人均实际 GDP 平均每年的增长率。

2. 美国的传统基金会（Heritage Foundation）每年发布的经济自由度指数（Heritage Index）提供了一个对各国总体经济自由度的综合数值测度，它反映了制度的优劣、政治自由、营商环境、法治程度以及许多其他方面（更多信息请看 heritage. org/index）。下表报告了 2000 年和 2013 年若干国家的经济自由度指数。指数接近 100 的国家被认为是"自由"国家；指数为 50 以下的国家则被认为对经济自由有所"抑制"。访问圣路易斯联邦储备银行 FRED 数据库，用所列出的数据代码，找到表中所列每个国家的人均实际 GDP 数据。美国和新加坡的人均实际 GDP 数据序列可以直接获得，而对于其他国家，这一数据必须用人均名义 GDP 和价格水平来构造，具体方法是将每年的人均名义 GDP 都除以价格水平再乘以 100。

国家	2000 年	2013 年	2000—2013 年的变化
新加坡	87.7	88.0	0.3
瑞士	76.8	81.0	4.2
美国	76.4	76.0	−0.4
格鲁吉亚	54.3	72.2	17.9
墨西哥	59.3	67.0	7.7
巴西	61.1	57.7	−3.4
俄罗斯	51.8	51.1	−0.7
阿根廷	70.0	46.7	−23.3

FRED 数据代码：

国家	人均实际 GDP	人均 GDP	价格指数
新加坡	SGPRGDPC		
瑞士		PCAGDPCHA646NWDB	DDOE01CHA086NWDB
美国	USARGDPC		
格鲁吉亚		PCAGDPGEA646NWDB	DDOE01GEA086NWDB
墨西哥		PCAGDPMXA646NWDB	DDOE01MXA086NWDB
巴西		PCAGDPBRA646NWDB	DDOE02BRA086NWDB
俄罗斯		PCAGDPRUA646NWDB	DDOE02RUA086NWDB
阿根廷		PCAGDPARA646NWDB	DDOE01ARA086NWDB

(a) 从表格中找出 2013 年经济自由度指数最高的三个国家以及最低的三个国家，计算这六个国家从 1980 年到可获得数据最新年份这一期间平均每年人均实际 GDP 的增长率，再算出指数最高的三个国家的平均值和指数最低的三个国家的平均值。请谈谈你对指数高低和人均实际 GDP 平均增长率之间的关系的看法。

(b) 找出从 2000 年到 2013 年经济自由度指数变化最大的三个国家和变化最小的三个国家，计算这六个国家 1995—2004 年（或者从可获得数据的最早年份到 2004 年）以及从 2005 年到可获得数据最新年份平均每年人均实际 GDP 的增长率，然后计算这两个时期人均实际 GDP 平均增长率之差。请谈谈你对经济自由度指数的变化大小及方向与人均实际 GDP 平均增长率变化之间的关系的看法。有哪些国家不符合你的预期呢？

(c) 问题 (a) 和 (b) 的答案如何帮助你解释全要素生产率的跨国差异？

3. 方程（8）所表示的技术生产函数可以被表示为 $A_{t+1} - A_t = \chi A_t \alpha_t \bar{N}_t$。假设 $\chi = 1$，α 和 $\bar{N}$ 都可以随时间变化，而且 $\bar{N}$ 代表劳动力而非人口总量。访问圣路易斯联邦储备银行 FRED 数据库，找到以下变量的数据：实际 GDP （GDPCA）、劳动力（CLF16OV）和固定资本的实际消耗（A262RX1A020NBEA，它是资本存量的一个衡量指标）。把这些数据下载到一个 Excel 表格中；对于 CLF16OV，在下载前将频率设置为年度。在表格中，对劳动力序列进行指数化，使其 1980 年的数据为 1，方法是对于 CLF16OV，将每一年的劳动力数目都除以 1980 年的劳动力数目。然后将每年的 GDPCA 和 A262RX1A020NBEA 均除以指数化的 CLF16OV，从而得到工人人均实际 GDP 和工人人均资本。注意，工人人均实际 GDP 和工人人均资本的单位都是百万美元。

(a) 使用上述技术生产函数表达式，将从事研究和开发工作的劳动比例 α_t 解出，也就是

将 α_t 写成所有其他变量的函数。

(b) 计算从 1980 年到最新年份每年的 $k^{0.3}$。用 $k^{0.3}$ 的值和转化后的工人人均实际 GDP 序列计算全要素生产率。

(c) 用你在问题 (a) 和 (b) 的答案计算从 1980 年到最新年份每年的 α。（注：能算出 α 的年数比数据年份总数少 1，因为你需要用头一年的全要素生产率来决定当前年份的 α。如果你算出的某些 α 值为负，请不要担心。）

(d) 计算 1980—1999 年和从 2000 年到最新年份这两段时期 α 的平均值，并谈谈你对这两个平均值的看法。根据内生增长模型，你对这两段时期人均实际 GDP 增长率有什么预期？

(e) 现在请计算出 1980—1999 年和从 2000 年到最新年份这两段时期人均实际 GDP 的平均年增长率。计算方法是用每段时期最后一年的数据减去最初一年的数据，然后除以最初一年的数据，再除以每段时期的年数。报告你计算的这两段时期 α 和 g_y 的平均值，然后联系你在问题 (d) 的预期，谈谈你的看法。

第 *4* 篇

经济周期：短期

在本书的这一部分，我们将从分析长期经济变化转向解释总产出、失业以及通货膨胀的短期经济波动。第8章通过描述经济周期的特点为短期经济波动的研究提供了介绍。然后，第9~12章建立了一个解释经济周期波动的基本模型：总需求和总供给模型，该模型的使用将贯穿本书。第13章使用这一模型来讨论宏观经济政策。

第9章首先建立了总需求和总供给模型的第一个区块，即 IS 曲线，这一曲线描述了当产品市场处于均衡时实际利率与总产出之间的关系。第10章及其附录描述了货币政策制定者怎样根据货币政策（MP）曲线——描述通货膨胀率与实际利率之间关系的曲线——来设定实际利率。接着，该章利用 MP 曲线和 IS 曲线来推导总需求曲线，它是描述通货膨胀率与总产出之间关系的总需求和总供给模型的一个关键组成部分。第11章利用菲利普斯曲线——描述失业率与通货膨胀率之间关系的曲线——推导出了总供给曲线，它是总需求和总供给模型的最后一个区块。

然后，第12章及其附录将以上所有区块组合在一起，得到了总需求和总供给模型。我们使用这一模型解释美国和国外的经济周期波动。本书这一部分的最后一章，第13章，通过考察政策制定者稳定通货膨胀和产出波动的政策选项，将政策制定者纳入了对经济周期的分析。

为了在理论和实践之间建立重要的联系，我们将考察如下应用案例：

- 越南战争，1964—1969 年
- 沃尔克反通货膨胀，1980—1986 年
- 负向需求冲击，2000—2004 年
- 负向供给冲击，1973—1975 年和 1978—1980 年
- 正向供给冲击，1995—1999 年
- 负向供给和需求冲击以及 2007—2009 年金融危机
- 英国与 2007—2009 年金融危机
- 中国与 2007—2009 年金融危机
- 大通胀
- 非传统货币政策和量化宽松

在保持对关键政策议题和政策制定者在实践中使用的技术的关注的同时，我们还将在政策与实践案例中分析如下具体例子：

- 2009 年的财政刺激方案
- 沿着 MP 曲线的运动：2004—2006 年联邦基金目标利率的提高
- MP 曲线的移动：2007—2009 年金融危机之初货币政策的自发放松
- 菲利普斯曲线权衡和 20 世纪 60 年代的宏观经济政策
- 联储对均衡实际利率 r^* 的使用
- 积极主义者和非积极主义者对奥巴马财政刺激方案的争论
- 联储对泰勒规则的使用
- 安倍经济学和 2013 年日本货币政策的转变

第8章

经济周期：导言

预览

在 2007 年的大衰退出现之前，时事评论员们对于美国经济的持续强劲增长感到非常惊奇。除了从 2001 年 3 月到 11 月期间出现的唯一温和的经济下滑外，美国经济已经实现了连续 16 年的增长，这导致一些经济学家宣称经济周期——总体经济的上下波动——已经离我们而去了。人们是否真的有可能免于之前几乎每一代人都经历过的漫长的经济惨痛期呢？

2007 年次级抵押贷款市场的崩溃彻底浇灭了这些希望。2007 年 12 月，美国经济急剧下滑。9 个月后，伴随着雷曼兄弟的破产，美国金融系统的崩溃变得特别严重，经济衰退也开始加速。

2008 年第 4 季度，美国 GDP 大幅下降，到 2009 年第 4 季度，想工作的人中有超过 10％找不到工作。（作为比较，在 1990—1991 年和 2001 年的衰退中，失业率的峰值分别为 7.8％和 5.8％。）人们已经绝口不提有关经济周期结束的事了，大家都明白，正如同死亡和税收一样，经济周期将永远伴随着我们。

本章将介绍经济周期的特点以及美国在过去 150 年中所经历的经济周期。我们将仔细探究决定经济周期的各种经济数据，例如国内生产总值和失业率。最后，我们将介绍两个经济学思想的流派：凯恩斯主义者和古典经济学。在政府应该如何应对经济周期的问题上，这两派的观点截然不同。在随后的章节里，我们将建立经济周期理论和用来解释这些波动的经济模型。

■ 有关经济周期的基本概念

阿瑟·伯恩斯（Arthur Burns）和韦斯利·米切尔（Wesley Mitchell）在他们的经

典著作《测度经济周期》(*Measuring Business Cycles*)[①] 中对**经济周期**(business cycle)做了如下定义:经济周期是总体经济活动的波动,在其中,许多经济活动以一种重复而非周期性的方式同时扩张和收缩。在本节,我们将仔细介绍阿瑟·伯恩斯和韦斯利·米切尔对于经济周期的这一定义,以此来指导我们对美国经济周期随时间变化的趋势的观察。

经济周期的图示

图 8-1 表示了经济活动随时间的变化,我们用它来说明经济周期。横轴上的 T 表示波浪线达到**谷底**(trough),即经济活动的低点,P 表示波浪线达到**顶峰**(peak),即经济活动的高点。从一个谷底 T 到一个顶峰 P 的时期被称为一个**经济周期扩张**[business cycle expansion,也被称为**繁荣**(boom)],而从一个顶峰 P 到一个谷底 T 的时期被称为一个**经济周期收缩**(business cycle contraction)。经济周期收缩也被许多经济学家称为衰退,在本书第 1 章中我们曾经将衰退定义为经济活动下滑和实际 GDP 下降的时期。特别严重的经济周期收缩被称为萧条。

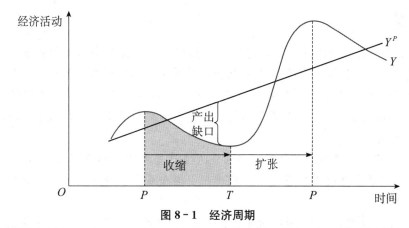

图 8-1　经济周期

直线表示潜在产出水平,曲线表示实际的总体经济活动。曲线和直线之间的差异就是产出缺口。经济周期的顶峰用横轴上的 P 表示,谷底用 T 表示。从一个谷底 T 到一个顶峰 P 的时期被称为一个经济周期扩张,从一个顶峰 P 到一个谷底 T 的时期被称为一个经济周期收缩,图中用阴影表示。注意经济周期收缩和经济周期扩张的程度和持续时间并不相同。

正如阿瑟·伯恩斯和韦斯利·米切尔所指出的,经济周期会重复出现,但强度和时间间隔不一定相同。经济周期的可变性使其很难被预测。

看待经济周期的另一个视角

另一种考察经济周期的方式是把总产出分成两部分:长期趋势和对该趋势的短期偏离。

长期趋势。在长期达到的产出水平被称为**潜在产出**(potential output),它只有在所有的价格都充分调整以使得所有资源都充分利用时才出现。潜在产出在图 8-1 中以 Y^P

---

① Arthur Burns and Wesley Mitchell, *Measuring Business Cycles* (New York: National Bureau of Economic Research, 1946).

表示。正如我们在第 3 章看到的，这种长期产出水平是由技术水平、经济中的资本存量以及劳动供给量决定的。由于技术、资本和劳动一般被认为是随时间稳定增长的，所以潜在产出有平滑上升的趋势，正如图 8-1 中的直线所示。（理解为什么潜在产出会随时间增长涉及对经济增长的研究，我们在第 6 章和第 7 章已经学习过。不过，经济周期分析直接认为潜在产出是给定的。）

对长期趋势的短期偏离。对经济的冲击，比如消费者和企业的乐观情绪爆发、政府支出突增以及石油价格冲击，都可以导致总体经济活动在短期内偏离其潜在水平。这种偏离在图 8-1 中表示为 $Y-Y^P$，被称为**产出缺口**（output gap）。经济周期也可以被描述为产出缺口的上下波动，而我们将在接下来的章节看到，产出缺口在经济周期模型中扮演着非常重要的角色。

由于不容易判断资源是否已经被充分利用，所以产出缺口是很难测算的，这是政策制定者面临的一大挑战。因此，对于潜在产出的估算往往是不准确的。确实，正如我们将在第 13 章看到的，20 世纪 70 年代的高通货膨胀可以归咎于货币政策制定者在测算产出缺口时犯的错误。

▶ <u>参考资料</u>　　　　　　　　　　　**经济周期时间的界定**

当你询问布朗克斯（Bronx）的一个机械工对经济形势的看法时，他会立即告诉你经济形势的好坏而无须任何图表。同样地，经济学家们也依赖判断和经济分析来确定经济衰退的开端。

所有的衰退都伴有全面的经济下滑。这种全面的经济下滑可以以多种形式出现，从工业产量的下滑到消费支出的减少。衰退的开始经常是一段较长时期的实际 GDP 下降，但也不总是这样。在 2001 年的衰退中，GDP 从来没有连续两个或两个以上季度下降。在最近的衰退中，GDP 在 2008 年最后 3 个月首次下降前，经济已经恶化了至少一年。结果，界定经济周期顶峰和谷底的权威机构，美国国家经济研究局（NBER）把这次衰退开始的时间定为 2007 年 12 月。

你也许惊讶于 NBER 并非一个政府部门——实际上它是一个私人的非营利组织。伯恩斯和米切尔在撰写关于经济周期的书时就在 NBER 工作。依照 NBER 的传统，他们的经济周期界定委员会会仔细考察多种经济活动的数据。[①] 表 8-1 列出了 NBER 所界定的从 1854 年开始的历次经济周期的时间，我们在后面还会提到这个表格。

表 8-1　　　　　　　　　　　　　**NBER 界定的经济周期时间**

谷底	经济周期扩张（从谷底到顶峰所经历的时长，单位：月）	顶峰	经济周期收缩（从顶峰到谷底所经历的时长，单位：月）
1854 年 12 月	30	1857 年 6 月	18
1858 年 12 月	22	1860 年 10 月	8

---

① 经济周期界定委员的成员名单和它用于界定经济周期顶峰和谷底的标准可以从 NBER 网站 www.nber.org/cycles/recessions.html 获得。NBER 在界定经济周期时特别强调以下数据序列：（1）个人实际收入；（2）就业；（3）工业产量；（4）零售与制造业销售额；（5）实际 GDP。

谷底	经济周期扩张（从谷底到顶峰所经历的时长，单位：月）	顶峰	经济周期收缩（从顶峰到谷底所经历的时长，单位：月）
1861 年 6 月	46（美国内战）	1865 年 4 月	32
1867 年 12 月	18	1869 年 6 月	18
1870 年 12 月	34	1873 年 10 月	65
1879 年 3 月	36	1882 年 3 月	38
1885 年 5 月	22	1887 年 3 月	13
1888 年 4 月	27	1890 年 7 月	10
1891 年 5 月	20	1893 年 1 月	17
1894 年 6 月	18	1895 年 12 月	18
1897 年 6 月	24	1899 年 6 月	18
1900 年 12 月	21	1902 年 9 月	23
1904 年 8 月	33	1907 年 5 月	13
1908 年 6 月	19	1910 年 1 月	24
1912 年 1 月	12	1913 年 1 月	23
1914 年 12 月	44（第一次世界大战）	1918 年 8 月	7
1919 年 3 月	10	1920 年 1 月	18
1921 年 7 月	22	1923 年 5 月	14
1924 年 7 月	27	1926 年 12 月	13
1927 年 11 月	21	1929 年 8 月	43（萧条）
1933 年 3 月	50	1937 年 5 月	13（萧条）
1938 年 6 月	80（第二次世界大战）	1945 年 2 月	8
1945 年 10 月	37	1948 年 11 月	11
1949 年 10 月	45（朝鲜战争）	1953 年 7 月	10
1954 年 5 月	39	1957 年 8 月	8
1958 年 4 月	24	1960 年 4 月	10
1961 年 2 月	106（越南战争）	1969 年 12 月	11
1970 年 11 月	36	1973 年 11 月	16
1975 年 3 月	58	1980 年 1 月	6
1980 年 7 月	12	1981 年 7 月	16
1982 年 11 月	92	1990 年 7 月	8
1991 年 3 月	120	2001 年 3 月	8
2001 年 11 月	73	2007 年 12 月	18
2009 年 6 月	—		—

资料来源：NBER 网站，www.nber.org/cycles/main.html。

□ 经济变量的联动和时序

随着时间的推移，许多经济活动同时扩张和收缩。个体经济变量的这种联动在阿瑟·伯恩斯和韦斯利·米切尔的经济周期定义中非常重要。

经济变量的联动。 经济学家使用特定的术语来描述变量在经济周期中的运动。**顺周期的**（procyclical）经济变量在经济周期扩张时上升，在经济周期收缩时下降，也就是说，与总体经济活动同方向运动。与之相对，**逆周期的**（countercyclical）经济变量与总体经济活动的运动方向相反，也就是说，在扩张中下降，在收缩中上升。若一个变量的上下运动与经济周期的上下运动不一致，则这一变量是**非周期的**（acyclical）。

变量的时序。经济学家也用宏观经济变量相对于经济周期的时序来刻画不同的变量。**领先变量**（leading variable）先于经济周期转折点达到顶峰或谷底。**滞后变量**（lagging variable）的转折点在经济周期改变方向之后才出现。**同步变量**（coincident variable）与经济周期同时到达顶峰和谷底。

领先经济指标。一些经济变量的时序和周期性使它们成为总体经济的有用的估计。一个私立经济研究组织，美国经济咨商局（the Conference Board），将 10 个变量组合成了**领先指标指数**（index of leading indicators），一些经济学家使用这一指数来预测经济的变动。（参见新闻中的宏观经济学"领先经济指标"。）

新闻中的宏观经济学

领先经济指标

美国经济咨商局每月公布的领先指标指数几乎在每次衰退发生前都下降，这提高了该指数作为预测经济周期的工具的可信性。但是仍然存在一些很好的理由质疑这一指数的预测能力。

首先，美国经济咨商局在可以获得更精确的数据时会定期修正这一指数，有时候更精确的数据会滞后若干个月。用于计算这一指数的初始数据预测衰退的能力不如修正后的数据。其次，美国经济咨商局的经济学家会随着时间的推移改变这一指数的组成部分，这改进了该指数的历史记录。对于该指数表现好坏的正确检验应该只使用当时可获得的即时数据。这样的研究证明这一指数在预测衰退这方面远不像修正后的数据所显示的那么精确。[①]

宏观经济变量和经济周期

接下来，我们将详细考察重要的宏观经济变量在经济周期过程中的运动。在后面几章，我们会探究这些变量周期性波动的来源以建立关于经济周期的理论。

□ 实际 GDP 及其组成部分

实际 GDP 是一个如此宽泛的衡量总体经济活动的指标以至有些时候它被看做是经济周期的代理变量。图 8-2 绘出了实际 GDP 的年增长率，阴影部分表示衰退时期（从顶峰到谷底）。值得注意的是，1973—1975 年、1981—1982 年和最近 2007—2009 年的衰退是自第二次世界大战后最为严重的几次。但是这几次衰退的严重程度都无法与

---

① Francis Diebold and Glenn Rudebusch，"Forecasting Output with the Composite Leading Index：A Real-Time Analysis," *Journal of the American Statistical Association*（September 1991）：603-610.

1929—1933 年大萧条和 1937—1938 年衰退相提并论。

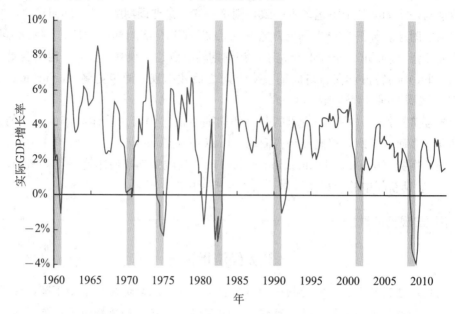

图 8 - 2　实际 GDP 增长率，1960—2013 年

本图显示了实际 GDP 相对四个季度前的增长率，衰退（从顶峰到谷底）用阴影表示。1973—1975 年、1981—1982 年和 2007—2009 年的衰退是自第二次世界大战后最为严重的，1960—1961 年、1969—1970 年、1990—1991 年和 2001 年的衰退则温和得多。

资料来源：Federal Reserve Bank of St. Louis，FRED Database. http：//research. stlouisfed. org/fred2/.

正如你可以从图 8 - 3 中看到的，实际 GDP 的两个组成部分——实际消费支出和投资——是顺周期和同步的。投资支出比消费支出的波动更大。在衰退中，投资都是下降的，有些时候下降的比例多达 25％。相反，消费支出在 1969—1970 年和 2001 年的衰退中仍然保持增长，但是在 2007—2009 年的衰退中急剧下降。

□ 失业

在衰退时期，企业雇用更少的工人和部分裁员。毫不令人奇怪，失业率是高度逆周期的，正如图 8 - 4 所表明的那样。由于我们仍无法完全弄清失业率到底是领先还是滞后于经济周期，因而美国经济咨商局没有对其时序进行归类。

□ 通货膨胀

价格水平的增长率通常在经济扩张时期升高而在经济衰退时期降低，因而通货膨胀是一个顺周期的变量，正如我们在图 8 - 5 中所看到的那样。然而，通货膨胀率是一个滞后变量——它会在某个经济周期的顶峰后继续上升一段时间，也会在经济周期的谷底后继续下降一段时间。

□ 金融变量

像股票和债券这样的金融资产也会随着经济周期运动。可能最为大众所熟知的金融

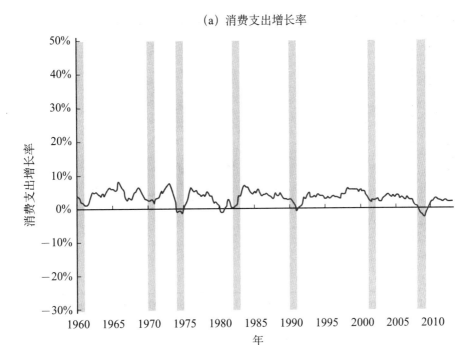

(a) 消费支出增长率

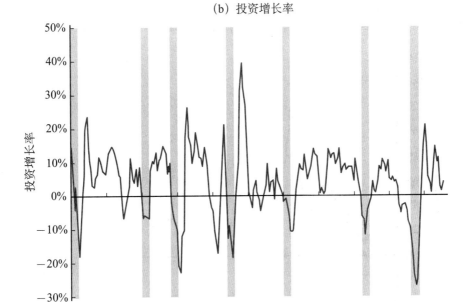

(b) 投资增长率

图 8 - 3　消费支出和投资增长率，1960—2013 年

本图显示了实际消费支出和投资的年增长率。（阴影部分表示衰退。）消费支出［图（a）］和投资［图（b）］都是顺周期的同步变量，但是投资的波动比消费支出大得多。

资料来源：Federal Reserve Bank of St. Louis，FRED Database. http：//research. stlouisfed. org/fred2/.

变量就是股票市场（见图 8 - 6），股票市场会在经济周期的顶峰到来之前达到最高点，在经济走出衰退之前就开始上涨。当然，股票价值的降低并不总是意味着衰退即将到来。如同诺贝尔经济学奖得主、经济学家保罗·萨缪尔森（Paul Samuelson）一句著名的俏皮话所说的那样："华尔街的指数预测出了过去五次衰退中的九次。"①

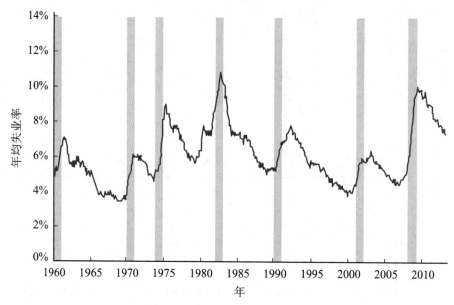

图8-4 失业率，1960—2013年

阴影部分表示衰退，它们表明失业率是高度逆周期的变量。

资料来源：Federal Reserve Bank of St. Louis，FRED Database. http：//research. stlouisfed. org/fred2/.

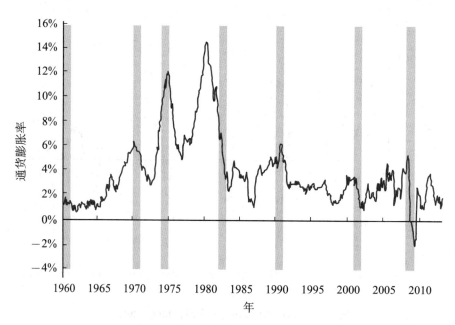

图8-5 通货膨胀率，1960—2013年

阴影部分表示衰退，它们表明通货膨胀率是顺周期的滞后变量。

资料来源：Federal Reserve Bank of St. Louis，FRED Database. http：//research. stlouisfed. org/fred2/.

---

① *Newsweek*，September 19，1966.

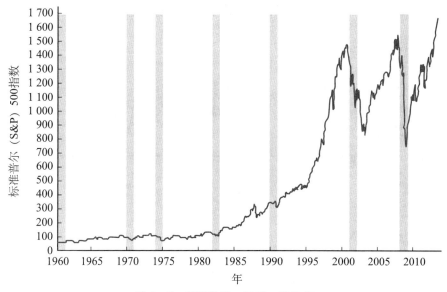

图 8-6　股票价格，1960—2013 年

阴影部分表示衰退，它们表明股票价格（标准普尔 500 指数）是顺周期的领先变量。

资料来源：Federal Reserve Bank of St. Louis，FRED Database. http：//research. stlouisfed. org/fred2/.

美国短期政府债券（国库券）的利率既是逆周期的，也是一个领先变量，如图 8-7 所示。经济学家也会通过观察利差——两种利率之差——来寻找经济周期的线索。图 8-8（a）显示，长期和短期政府债券的利差是一个领先变量并且是逆周期的，是一个很好的预测衰退的指标。图 8-8（b）表示的是公司债券和政府债券的利差。由于公司有时会出现资金短缺和停止支付利息，因而投资者通常会要求公司债券支付高于政府发行的债券的利率。当经济更疲软和公司更可能发生资金短缺的情况时，公司债券和政府债券利率的利差会急剧升高。这就是我们在图 8-8（b）中看到这一利差在衰退期间上升的原因。

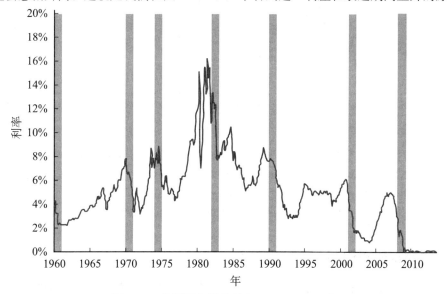

图 8-7　美国国库券的利率，1960—2013 年

利率（3 个月的国库券利率）是逆周期的领先变量（阴影部分表示衰退）。

资料来源：Federal Reserve Bank of St. Louis，FRED Database. http：//research. stlouisfed. org/fred2/.

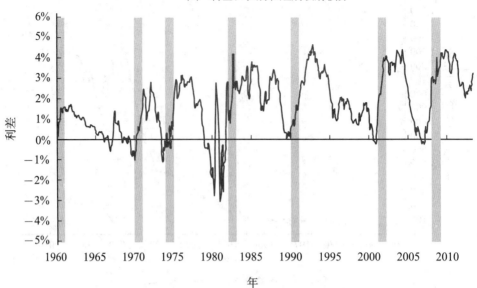

(a) 利差：长期和短期政府债券

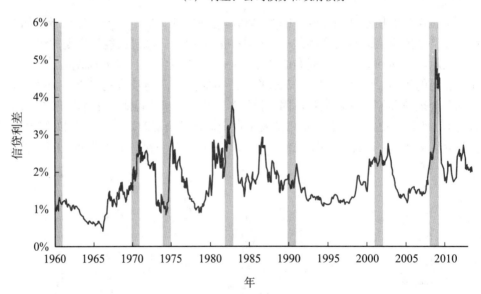

(b) 利差：公司债券和政府债券

图 8-8　信贷利差以及长期和短期政府债券的利差，1960—2013 年

图 (a) 表明长期和短期政府债券的利差是逆周期的领先变量，而图 (b) 表明信贷利差（公司债券与政府债券的利差）是逆周期的同步变量。两张图的阴影部分都表示衰退。

资料来源：Federal Reserve Bank of St. Louis，FRED Database. http：//research. stlouisfed. org/fred2/.

☐ 国际性经济周期

在一个高度全球化的经济中，某个经济体的命运常常与其他经济体的命运相互交织。当美国这样的大型经济体出现繁荣时，对国外产品的需求会增加，这导致国外经济体也出现繁荣。毫不令人奇怪，世界其余国家的经济周期波动与美国这一世界最大经济体的波动是相关的，正如图 8 - 9 所表明的那样。

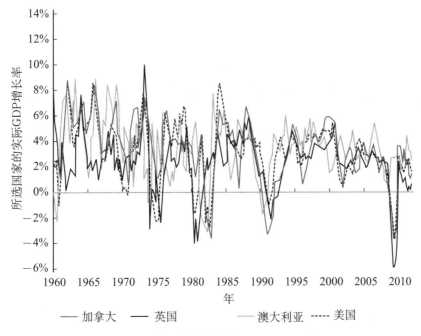

图 8 - 9　国际性经济周期，1960—2013 年

本图表示了实际 GDP 的年增长率。一般来说，不同国家的经济周期同步运动。

资料来源：International Monetary Fund. International Financial Statistics. http：//www. imfstatistics. org/imf/.

可是，有那么一段时间，一些经济体，尤为突出的是中国，在美国经济增长减缓的情况下仍然保持快速增长。一些经济学家开始谈论经济周期的不同步性。但是，2007—2009 年的衰退在世界范围内蔓延，关于经济周期的不同步性的言论又逐渐消退了。

全世界的金融市场随着时间的推移也变得更加一体化了。一个经济体的金融崩溃经常会蔓延到另一个经济体。这就是 2008 年秋季所发生的事，当时美国雷曼兄弟公司的破产导致了一场全球范围的金融危机，各国股票价格持续下降，信贷利差急剧升高。金融崩溃在国家间的蔓延为经济周期在国家间的相关性提供了另一个原因。当金融市场状况在许多国家同时恶化时，对这些经济体的负向冲击导致了经济的同时收缩。

美国经济周期简史

2007—2009 年衰退的严重程度震颤了美国人的心灵并且也让人们开始质疑美国作为世界经济模范的地位。"美国时代"——美国经济占世界经济主导地位的时期——也许结束了。

为了透视当前的经济周期，让我们回顾一下美国在过去 150 年中所经历的经济周期。我们将参考图 8 - 10 所描述的自 1890 年以来的美国经济走势，该图显示了实际 GDP 年增长率、失业率和通货膨胀率。我们还将参考 NBER 对经济扩张和衰退的记录（见表 8 - 1）。

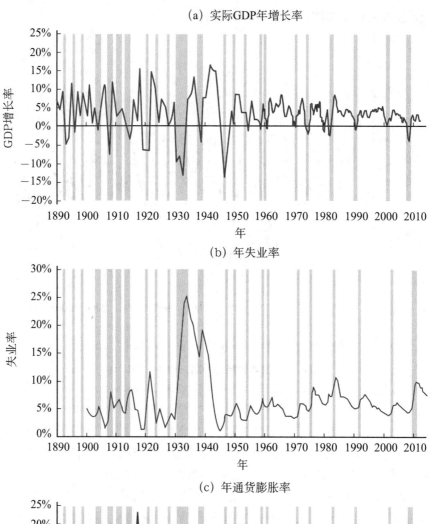

(a) 实际GDP年增长率

(b) 年失业率

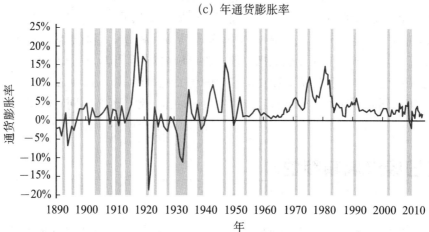

(c) 年通货膨胀率

图 8-10　美国经济周期：长期视角，1890—2012 年

图（a）显示实际 GDP 的年增长率，图（b）显示年失业率，图（c）显示年通货膨胀率。

资料来源：Balke，Nathan and Robert J. Gordon. 1986. Appendix B historical data. In *The American business cycle*：*Continuity and change*，781－850. National Bureau of Economic Research，Inc.（1890—1983 period）；and Bureau of Economic Analysis. National Income and Product Accounts. http：//www. bea. gov/national/nipaweb/SelectTable. asp? Selected＝ N, U. S. Census Bureau, at http：//www2. census. gov/prod2/statcomp/documents/CT1970p1－05. pdf and Bureau of Labor Statistics，at http：//data. bls. gov/cgi-bin/surveymost? ln.

宏观经济学：政策与实践（第二版）

□ 第一次世界大战之前

美国在 1914 年第一次世界大战开始之前就已经是世界经济强国，但也经历了许多经济衰退。从 1873 年 10 月到 1879 年 3 月持续 65 个月的经济收缩是美国历史上迄今为止持续时间最长的衰退（见表 8-1）。这一衰退期被很多研究经济周期的历史学家归类为萧条，它发端于一家广受赞誉的金融公司——杰伊·库克金融公司（Jay Cooke & Co.）——的倒闭。当时资产价格猛跌，许多银行和非金融机构都倒闭了。价格水平开始下降，通货紧缩——通货膨胀率为 0 或者为负——在该世纪余下的时间里一直在持续。[1] 在 1893 年，一连串的银行倒闭引发了一次严重的、持续了 17 个月的衰退，将失业率推到了 15% 以上。在 1907 年，在尼克伯克信托公司（Knickerbocker Trust）——纽约最大的金融机构之一——破产之后，出现了又一次严重的衰退。作为对 1907—1908 年衰退的反应，美国国会建立了联邦储备体系。

□ 两次世界大战之间的时期和大萧条

在第一次世界大战结束后，联储旨在遏制通货膨胀的货币政策行动导致了一次急剧的短时期的经济衰退。这一经济衰退从 1920 年持续到 1921 年，将失业率推到了 10% 以上。在这次衰退后出现了一段被称为"咆哮的 20 年代"的时期，其特征是经济增长强劲且通货膨胀率很低。

20 世纪 20 年代末开始了美国历史上最严重的经济收缩——大萧条。当银行无法还清储户和其他债权人的债务因而停止营业时，**银行破产**（bank failures）就发生了。由于许多存款被转换成通货，公司失去了惯常的信贷来源，银行破产导致了美国货币供给的急剧收缩。结果，GDP 下降超过 25%，失业率急剧增加到 25%（见图 8-10）。通货紧缩也悄然发生，价格水平下降了将近 30%。

大萧条对失业率在严重的经济衰退后下降得有多快提供了见解。在 1933—1937 年期间，实际 GDP 强劲增长，增长率平均达到了 9%，然而失业率仍然在 15% 左右徘徊。1937 年 5 月，又一次经济收缩发生了，失业率又回到了 20% 以上。由于在这 10 年期间失业率从来没有真正地回到正常水平，因而一些经济史学家将整个 20 世纪 30 年代看做大萧条时期。

随着 1939 年第二次世界大战在欧洲的爆发，美国经济开始出现繁荣。到 20 世纪 40 年代中期，失业率急剧下降到了 2% 以下。考虑到上一个 10 年中 25% 的失业率，我们也就不再惊奇为什么那一代有许多人总是将战争与良好的经济时期联系在一起了。

□ 第二次世界大战之后

第二次世界大战后的前二三十年是美国经济的好时期。在 1945—1973 年期间，美国经济以高增长、通货膨胀总体水平低和温和衰退为特征。所有的衰退持续时间都不到

---

① 严重的经济收缩与金融危机（以资产价格暴跌和公司破产为特征的金融市场的大规模崩溃）的相互联系在美国历史上不断出现。我们将在第 15 章更加深入地探讨这一主题。

一年，失业率从未超过 7%，如图 8 - 10 所示。

由于战争时期扩张的推动，从 1961 年 2 月到 1969 年 12 月出现了长达 106 个月的经济扩张，这导致许多经济学家断言经济周期结束了。经济扩张产生了通货膨胀压力，推高了通货膨胀率，最高达到了 14% 以上。高通货膨胀率一直持续到 20 世纪 80 年代早期，因而经济学家称 20 世纪 70 年代的这一时期为**大通胀**（Great Inflation）。经济增长减缓，失业率缓慢上升。衰退变得更加严重，而复苏则更加温和。在 1973—1975 年的衰退中，翻了四倍的石油价格相当于对整个经济征税，使经济陷入一次严重的衰退，失业率达到了 8% 以上。从 1980 年 1 月到 1980 年 7 月，新的石油价格冲击再次使经济陷入衰退。在仅仅 12 个月的经济复苏期之后——这是美国历史上最短的经济扩张，联储将**联邦基金利率**（federal funds rate）（银行之间的隔夜拆借利率）提高至两位数水平，力图终止长时间的两位数的通货膨胀率。利率的收紧使得经济陷入了（在当时看来）自第二次世界大战以来最为严重的衰退，失业率上升到 10% 以上。

□ 大稳健

1984—2007 年期间仅仅发生了两次衰退：一次从 1990 年 7 月持续到 1991 年 3 月，另一次从 2001 年 3 月持续到 2001 年 11 月。这两次衰退都仅仅持续了 8 个月，是历史上有记录的最短的衰退（见表 8 - 1）。而且，从 1991 年 3 月到 2001 年 3 月持续了 120 个月的经济扩张是美国历史上最长的扩张。美国和国外的实际 GDP 及其组成部分还有通货膨胀率的波动性都下降了，这一时期被称为**大稳健**（Great Moderation）。哈佛大学的詹姆斯·斯托克（James Stock）和普林斯顿大学的马克·沃特森（Mark Watson）观察到此时美国许多经济变量的波动（用标准差衡量）减少了 20%～40%，其中实际 GDP 减少了 33%，通货膨胀率减少了 50%。[1] 当时经济学家和媒体评论员都宣称一个新的稳定时期已经到来。

□ 2007—2009 年大衰退

2007 年 8 月，次级住房抵押贷款（信用记录较差的借款者所获得的抵押贷款）的大面积违约引发了金融危机，大稳健时期也就戛然而止。这一危机导致了 2008 年美国家庭财富减少了 11 万亿美元以上。失业率上升超过 5 个百分点，从 2007 年第 1 季度的 4.5% 上升到 2009 年第 4 季度的 10%。（在 1981—1982 年的衰退中，失业率只上升了略超过 3 个百分点，从 7.4% 上升到 10.7%。）2007—2009 年的衰退是自第二次世界大战以来最严重的衰退，它与大萧条相比虽然相形见绌，但是它清楚地表明经济周期仍将是经济学家和政策制定者首要关注的问题。

在本书后面的一些章节里，我们将考察 2007—2009 年大衰退的原因以及政策制定者做出的反应所产生的影响。

---

[1] James Stock and Mark Watson, "Has the Business Cycle Changed and Why?" *NBER Macroeconomics Annual* (Cambridge, Mass.: MIT Press, 2002), 159 - 218.

宏观经济中的时间跨度

对经济周期的研究集中关注我们刚刚描述的短期经济波动。经济在长期——也就是长得多的时间跨度——发生的事情进一步指导着我们对经济周期的研究。我们现在概览一下短期与长期的区别以及经济学家基于他们对每个时期对经济整体表现的影响赋予的权重所使用的模型。

□ 凯恩斯主义者和古典经济学关于经济波动的观点

约翰·梅纳德·凯恩斯（John Maynard Keynes）是一位伟大的经济学家，他在20世纪30年代将宏观经济学发展成为一个独立的领域。当时盛行的（古典）观点认为，当条件改变时经济会快速地移动到长期均衡。凯恩斯对这一观点提出了质疑。他主张短期经济波动应当成为宏观经济学家的主要关注点，因为到达长期需要很长的时间。凯恩斯把他的这一思想精妙地总结成一句被广为引用（也常被误解）的话："在长期，我们都死了。"

凯恩斯和他的追随者——被称为**凯恩斯主义者**（Keynesians）——主张政府应当实施积极的政策以稳定经济波动。另一些经济学家——经常被称为古典主义者——坚持认为经济能够相当快速地移动到长期。例如，正如我们在第5章所看到的那样，古典主义者认为货币量的上升会导致价格水平的立即上升，但是不会导致经济活动的扩张。因而他们认为政府应当集中关注促进经济长期高增长的政策，如保持低通货膨胀率。凯恩斯主义者也意识到经济在长期发生的事情也是非常重要的：即使长期需要很长一段时间才能达到，经济在许多年里的平均增长率对于一国国民的福利仍然有着巨大的影响。

□ 短期与长期

短期如何区别于长期？经济学家通过聚焦于价格在长期和短期对经济状况的变化做出的不同反应来区分长期与短期。在长期，产品和服务的价格以及劳动力的价格（工资）会一直调整到它们的长期均衡水平，即使需求等于供给的水平，因而我们将这些价格描述成具有完全弹性。那些认为价格可以快速地调整到长期均衡水平的经济学家喜欢使用在本书第2篇和第3篇所建立的**古典模型**（classical model）来分析宏观经济问题，这些古典模型使用了弹性价格的框架。第5章的讨论表明，弹性价格的框架具有古典二分法的特征，即实际变量和名义变量完全分离。诸如通货膨胀和货币供给等名义变量的变动对诸如总产出（实际GDP）、实际利率、储蓄或投资等实际变量不会产生任何影响。在表现出古典二分法特征的弹性价格模型中，对于给定数量的资本和劳动，总产出只由生产函数决定，利率只由储蓄和投资的相互作用决定。

聚焦于短期的凯恩斯主义经济学家观察到价格对于供给与需求变化的反应缓慢。他们在模型构建中讨论了**黏性价格**（sticky price）的作用，黏性价格随着时间缓慢调整到它们的长期均衡水平。在价格没有调整到长期均衡的短期，古典二分法不再成立。货币政策影响通货膨胀和包括总产出、实际利率、储蓄和投资等在内的实际变量。我们通常把假设价格缓慢调整（黏性价格）的模型称为**凯恩斯主义模型**（Keynesian model），因为正是约翰·梅纳德·凯恩斯首次建立了古典二分法不成立的宏观经济模型。作为参考，表 8-2 比较了关注长期的经济模型和关注短期的经济模型之间的关键区别。

表 8-2   长期模型与短期模型比较

	长期模型	短期模型
价格	具有完全弹性，迅速地向长期均衡调整	具有黏性，缓慢地向长期均衡调整
模型类型	古典	凯恩斯主义
实际变量与名义变量的关系	古典二分法，两者完全分离	古典二分法不成立
模型的元素	给定资本和劳动的数量，生产函数决定总产出数量；利率由储蓄和投资的相互作用决定	货币政策影响实际变量（总产出、实际利率、储蓄和投资）
政策的关注点	经济增长	稳定实际 GDP 和失业率的波动
本书的核心章节	第 3~7 章	第 9~13 章

▌ 价格黏性

为了理解价格黏性产生的原因，我们首先需要考察市场结构和比较有关市场如何运行的两种观点：完全竞争和垄断竞争。然后，我们将考察价格黏性的来源以及关于它们的作用的经验证据。

☐ 完全竞争与垄断竞争

古典模型包含你在其他经济学课程中见到的传统的供给和需求分析。在这些模型中，我们假设经济参与者是价格接受者，他们唯一的决定是买多少产品和卖多少产品。而且，我们假设他们购买的是标准化的产品，例如常见交易类型大豆和美国国库券这样的金融工具。假定一个卖家试图对他持有的大豆收取一个略微高于其竞争者的价格，或者一个买家想要以一个低于市场价格的价格购买国库券。由于均衡价格普遍存在，这两个经济参与者都可能被迫离开市场。在卖方和买方都是价格接受者的市场存在**完全竞争**（perfect competition）。

然而，大多数的产品和服务都不是标准化的。企业在买或卖方面具有一定的市场（垄断）力量。即使企业所在市场有大量的竞争，企业仍然可以设定价格，这样的市场状况就是**垄断竞争**（monopolistic competition）。许多经济学家，特别是凯恩斯主义者，都关注垄断力量的重要性。例如，笔记本电脑市场是高度竞争的，但是笔记本电脑制造商仍然具有很大的市场力量。如果戴尔将自己笔记本电脑的价格提高至高于惠普的价格，你也许会转而购买惠普笔记本电脑，然而许多其他的消费者由于钟爱戴尔笔记本电脑的某些独特性能仍然会购买戴尔笔记本电脑。

□ 价格黏性的来源

当市场条件改变时，为什么垄断竞争市场中的企业（如戴尔）仍然在一段时期内保持自己产品的价格不变呢？为了回答这个问题，我们现在讨论价格黏性的来源。

菜单成本。菜单成本（menu cost），即企业改变其产品价格所承担的成本，是价格黏性的一种来源。调整价格的这种成本的得名是由于餐馆在改变价格后不得不印一份新菜单从而产生成本。然而，菜单成本所指的范围广泛得多：经理必须为销售员拟定新的准则，做广告将新的价格告知客户，对货架上的产品重新标价和更换价格标签。菜单成本是价格黏性的一种重要来源，这有以下几个原因：

1. 改变价格是一个很复杂的过程，涉及许多隐藏的成本。

2. 由于搜集信息的代价很高，因而企业和家庭也许在做决策时会选择**理性疏忽**（rational inattention）：不会频繁做价格决策。因为做定价决策需要时间和努力，所以这样的行为被认为是理性的。企业在一年中可能只会有几次审查定价条件，家庭可能不会立即注意到价格的下降，这使企业降价的可能性更低。

3. 经常性地更改价格可能会造成客户流失。例如，如果你的食品杂货商经常变动价格，这会使你很难为每周的花费做预算，那么你也许会选择另外一家商店。

乍看之下，菜单成本似乎很小。毕竟，有了电脑，在今天，印制新菜单的成本相当低。然而一项关于几个大型连锁超市菜单成本的有趣研究显示了菜单成本的复杂性和规模。[①] 一家普通商店的菜单成本很大：每年约为 105 000 美元，这是一家普通商店收益的 0.7%、净利润的 35%。

即使是很小的菜单成本也会导致相当程度的价格黏性。在一个垄断竞争市场中，如果戴尔将其笔记本电脑的价格定得略高，那么它的市场份额最终会被它的竞争者所占有。但是在短期内，需求几乎不会改变，即使是很小的菜单成本都会超过降价的好处。将这一结果与完全竞争市场进行比较。例如，如果一个农民将其每蒲式耳大豆的价格定得高了 10 美分，那么他立即就会发现几乎没有人会来购买他的大豆，他将被迫以很高的成本贮藏大豆。当市场条件发生改变后，出售大豆的农民将不得不立即调整价格，所以大豆的价格是具有完全弹性的。

另外，在面对宏观经济冲击时，很小的菜单成本也会导致价格黏性，哪怕当单个产品市场的变化造成的外部冲击到来时没有多少价格黏性。戴尔可能会十分迅速地对电脑市场的变化——例如苹果公司研发了一款更加时髦的电脑——做出反应，但是当货币政策改变时它不会调整价格。货币政策对于戴尔产品需求的影响是很微弱的，不会像戴尔自己的产品市场变化的影响那么大。

交错定价。另一种价格黏性的来源是交错定价现象。**交错定价**（staggered price setting）是指竞争者在不同的时间间隔调整价格。即使消费者对新电脑的需求突然上升，如果戴尔知道惠普在 1 月 15 日前不会更新自己的价格，那么戴尔也不会在 1 月 1 日提高价格。然后，如果惠普知道戴尔在 2 月 1 日前不会提高价格，那么惠普可能也不愿意在

[①] Daniel Levy, Mark Bergen, Shantanu Dutta, and Robert Venable, "The Magnitude of Menu Costs: Direct Evidence from Large Supermarket Chains," *Quarterly Journal of Economics* 112 (August 1997): 791-825.

1月15日提价。交错定价与同步定价相比，将使得电脑价格调整更加缓慢。因此，交错定价减慢了价格调整速度，增加了价格黏性。

□ 有关价格黏性的经验证据

经验证据倾向于表明在市场中存在很大的价格黏性。例如，一项由普林斯顿大学的艾伦·布林德（Alan Blinder）进行的研究曾经询问了一些企业设定价格的频率。布林德发现只有10％的企业每周调整一次价格，而接近40％的企业一年才调整一次价格，接近10％的企业调整价格的频率少于一年一次。[1] 其他一些研究考察了实际的价格变化。现在在国际清算银行工作的史蒂芬·切凯蒂（Stephen Cecchetti）发现，杂志价格变化对通货膨胀来说很不频繁：在通货膨胀率为4％的条件下，杂志平均每6年才改变价格。[2] 更加非同寻常的例子是可口可乐，其价格在70余年时间里都保持在每瓶5美分。[3]

然而，并不是所有的研究都表明价格是黏性的。罗切斯特大学的马克·比尔斯（Mark Bils）和斯坦福大学的彼得·克莱诺（Peter Klenow）发现350种产品价格改变的平均时间间隔只有4.3个月，比艾伦·布林德和史蒂芬·切凯蒂的研究结果要短得多。[4] 但是，这些频率较高的价格调整也没有排除相对于宏观经济冲击的价格黏性。例如，加拿大央行的珍·博伊文（Jean Boivin）、哥伦比亚大学的马克·吉安诺尼（Marc Giannoni）和欧洲工商管理学院的伊利安·米霍夫（Ilian Mihov）发现，产品的价格相对货币政策的冲击具有很大的黏性，相反，这些产品的价格相对来自自身市场的、影响这些产品与其他产品的相对价格的供给和需求的冲击会迅速做出反应。[5]

我们研究经济周期的路线图

在接下来的第9～12章，我们将仔细地建立一个基本的模型：总需求和总供给（AD-AS）模型。在这个模型中，价格是具有黏性的。我们将在本书剩下的许多章节中利用这一基本模型来讨论经济周期的波动和回答在本章中提出的许多问题。

最初关于AD-AS模型的讨论将不包括一组重要的经济主体——政策制定者，而政

① Alan S. Blinder, "On Sticky Prices: Academic Theories Meet the Real World," in *Monetary Policy*, ed. N. G. Mankiw (Chicago: University of Chicago Press, 1994), 117 - 154.

② Stephen G. Cecchetti, "The Frequency of Price Adjustment: A Study of the Newsstand Prices of Magazines," *Journal of Econometrics* 31 (1986): 255 - 274. Anil Kashyap, "Sticky Prices: New Evidence from Retail Catalogs," *Quarterly Journal of Economics* (February 1995): 245 - 274. 上述研究发现了相似的证据支持零售目录中的单件产品价格调整的低频率。

③ Daniel Levy and Andrew Young, "The Real Thing: Nominal Price Rigidity of the Nickel Coke, 1886 - 1959," *Journal of Money, Credit and Banking* 36 (2004): 765 - 799.

④ Mark Bils and Peter Klenow, "Some Evidence on the Importance of Sticky Prices," *Journal of Political Economy* (October 2004): 947 - 985.

⑤ Jean Boivin, Marc Giannoni, and Ilian Mihov, "Sticky Prices and Monetary Policy: Evidence from Disaggregated U. S. Data," *American Economic Review* 99, no. 1 (2009): 350 - 384.

宏观经济学：政策与实践（第二版）

策制定者在经济周期波动中起着重要的作用。我们将在第 13 章中讨论政策制定者的目标以及稳定经济波动的政策与实践，把政策制定者纳入 AD-AS 模型框架中来。在第 15 章，我们将利用 AD-AS 模型考察金融危机怎样影响经济周期。在第 21 章和第 22 章中，我们将进一步拓展 AD-AS 模型以纳入预期在宏观经济政策中的作用和讨论现代的经济周期理论。这些现代理论中有些假设了价格黏性从而是凯恩斯主义理论，另外一些假设价格快速调整从而是古典主义理论。最后，通过考察关于经济周期的现代思考和指出经济学家已经达成共识和尚存在的分歧，本书的结束语部分结束了我们的分析。

本章小结

1. 经济周期是指总体经济活动的波动。在其中，许多经济活动同时扩张和收缩。经济周期可以用产出缺口的波动来刻画，产出缺口是指实际产出和长期潜在产出之差 $Y-Y^P$。

2. 在经济周期中，宏观经济变量可能是顺周期的、逆周期的或非周期的。它们还可能是领先的、滞后的或者同步的。在 1984—2007 年期间，经济活动的波动性减弱，这段时期被称为大稳健。

3. 在美国过去的 150 年中，经济周期一直存在。虽然最近的 2007—2009 年的衰退是自第二次世界大战后最为严重的衰退，但是 1873—1879 年、1929—1933 年和 1937—1938 年出现了更加巨大、持续时间更长的经济收缩。

4. 在长期，经济中的价格可以一直调整到均衡水平，具有完全弹性。短期则与长期不同，因为在短期中，至少某些价格是具有黏性的，即这些价格不会立即进行调整。古典主义经济学家认为经济迅速向长期移动，因而建议政府应该关注促进经济增长的政策，例如保持低通货膨胀率。凯恩斯主义经济学家则认为到达长期需要很长的时间，因而倡导政府采取积极的政策以稳定经济波动。

5. 在垄断竞争中，企业作为买方或卖方具有一定的垄断力量，这使它们即使在自身市场存在大量竞争时也可以设定价格，因此价格是黏性的。由于菜单成本或交错定价，价格的调整是很缓慢的。

关键术语

经济周期	谷底	顶峰
经济周期扩张	繁荣	经济周期收缩
潜在产出	产出缺口	顺周期的
逆周期的	非周期的	领先变量
滞后变量	同步变量	领先指标指数
银行破产	大通胀	联邦基金利率
大稳健	凯恩斯主义者	古典模型
黏性价格	凯恩斯主义模型	完全竞争
垄断竞争	菜单成本	理性疏忽
交错定价		

复习题

有关经济周期的基本概念

1. 什么是经济周期？

宏观经济变量和经济周期

2. 区别顺周期的和逆周期的经济变量。

3. 区别领先变量、滞后变量和同步变量。

4. 将以下的经济变量划分为顺周期的或逆周期的变量，以及领先变量、滞后变量或同步变量：实际消费支出、实际投资支出、失业率、通货膨胀率、股市指数、美国政府长期债券与短期债券利率之差、公司债券与政府债券利率之差。

美国经济周期简史

5. "大通胀"和"大稳健"分别是指什么？

宏观经济中的时间跨度

6. 经济学家怎样区分灵活的价格和工资以及黏性的价格和工资？

7. 在宏观经济分析中，短期和长期的区别是什么？宏观经济学家为何要区分这两种时间跨度？

8. 大多数发达国家的政府为了应对 2007—2009 年的金融危机都采取了一系列财政刺激措施，这些措施反映了凯恩斯主义的宏观经济学观点还是古典主义的宏观经济学观点？

价格黏性

9. 凯恩斯主义和古典主义宏观经济学家对价格和工资的弹性有着不同的观点，你认为哪种观点在分析美国和德国时更合适？在分析埃塞俄比亚和多哥时呢？请解释。

10. 菜单成本对于黏性价格的产生有什么作用？

习题

有关经济周期的基本概念

1. 指出下图中的（1）经济扩张时期（以从谷底到顶峰的月份衡量）和（2）经济收缩时期（以从顶峰到谷底的月份衡量）。

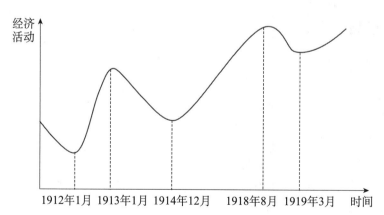

经济活动

1912年1月 1913年1月 1914年12月　1918年8月 1919年3月　时间

2. 2012 年 4 月：英国经济重回衰退，GDP 在第 1 季度下降了 0.2%。宏观经济学家对这一说法会有何评论？

3. NBER 经济周期界定委员会宣布在 2007 年 12 月美国经济进入了衰退。凯斯-希勒房价指数（一个被广泛使用的住房价格衡量指标）从

宏观经济学：政策与实践（第二版）

2000 年 1 月到 2006 年 4 月在上升。从那以后到 2009 年 5 月，这一指数下跌了超过 30%，然后保持平稳，最后在 2012 年年初开始上升。根据这一信息回答以下问题：

(a) 住房价格是逆周期的、非周期的还是顺周期的变量？

(b) 住房价格是领先变量、滞后变量还是同步变量？

4. 根据下表给出的信息回答如下问题。假设经济周期完全由实际 GDP 的变动决定：

(a) 指出这一期间的顶峰和谷底；

(b) 谈谈对通货膨胀率和股票价格指数的时序的看法。

时间	实际 GDP（10 亿美元）	失业率（%）	通货膨胀率（%）	股票价格指数
1 月	10 100	4.5	3.4	8 800
2 月	10 500	4.7	3.6	8 400
3 月	9 850	5.2	3.8	8 000
4 月	9 250	5.9	4	8 600
5 月	9 950	6.3	3.7	9 300
6 月	11 200	6.1	3.5	10 100

5. 根据第 4 题所提供的数据回答如下问题：

(a) 在同一幅图上画出实际 GDP 和股票价格指数。

(b) 在同一幅图上画出失业率和通货膨胀率。

(c) 观察实际 GDP 和失业率，你认为经济何时达到了谷底？解释原因。

(d) 观察这四个指标，你是否同意只衡量一个变量的变动就可以确定经济周期？

宏观经济变量和经济周期

6. 将如下变量归类到顺周期的、逆周期的或者非周期的变量，以及领先变量、滞后变量或者同步变量：实际 GDP、消费支出、投资、失业率、通货膨胀率、股票价格、利率、信贷利差。

7. 在 2003 年，芝加哥大学的罗伯特·卢卡斯声称预防萧条的核心问题已经得到解决，言下之意是他预期经济大起大落的行为——这是资本主义经济的一大特点——将会减少。那么自

2007 年以来经济周期的周期性和持续性是不是表明他的话是错的？

宏观经济中的时间跨度

8. 讨论如下说法："当凯恩斯说'在长期，我们都死了'时，他的意思是我们应当仅仅关注短期，而不必在意我们的行动的任何长期后果，原因是在长期我们都已死了，因而我们不必在意长期后果。"

价格黏性

9. 对于下列每种产品，判断出售它们的市场类型是完全竞争还是垄断竞争。

(a) 奶制品（例如，牛奶、奶酪等）；

(b) 汽车。

10. 假定澳大利亚总理邀请你建立一个经济模型来代表澳大利亚经济，你会使用古典主义方法还是凯恩斯主义方法？请解释原因。

11. 你认为每小时的工资（即劳动的价格）是相对有弹性的还是相对黏性的？请解释原因。

数据分析题

1. 访问圣路易斯联邦储备银行 FRED 数据库，找到以下变量的数据：经济衰退的时间界定（USRECQ），实际 GDP（GDPC1），实际消费（PCECC96）和实际私人国内投资（GPDIC1）。

(a) 根据经济衰退的时间（USRECQ）界定数

据，最近一次经济衰退何时开始？何时结束？把频率设置为季度，报告衰退起止时间的年份和季度。

(b) 对于上述数据序列，计算问题（a）中经济衰退期间每个季度实际 GDP、实际消

费以及实际私人国内投资与上一个季度相比的年化增长率，然后对经济衰退后的所有季度（直到可获得数据的最新季度）做同样的计算。计算每个季度与上一个季度相比的年化增长率的方法是先计算与上一季度相比的百分比变化，然后乘以4来"年化"。现在，分别计算这些变量在衰退期间和衰退后的平均增长率。

(c) 根据你在问题（b）中的答案，判断实际GDP、实际消费、实际私人国内投资分别是顺周期的、逆周期的还是非周期的变量。

2. 访问圣路易斯联邦储备银行 FRED 数据库，找到以下变量的数据：经济衰退的时间界定（USREC），失业率（UNRATE），非农业就业人口（PAYEMS）和平均失业时长（UEMPMEAN）。

(a) 根据经济衰退的时间界定数据（USREC），最近一次经济衰退何时开始？何时结束？把频率设置为月度，报告衰退起止时间的年份和月份。

(b) 计算从经济衰退第一个月到最后一个月失业率总百分比变化，以及从经济衰退结束后第一个月到可获得数据最新月份的失业率总百分比变化。失业率是顺周期的、逆周期的还是非周期的变量？

(c) 根据 PAYEMS，分别计算在衰退期和衰退后到可获得数据最新月份这两段时期里工作岗位数总的净增加或减少。非农业就业人口是顺周期的、逆周期的还是非周期的变量？

(d) 根据最近一次经济衰退的时间界定，找出在经济衰退起点附近 UEMPMEAN 开始上升的时间和此时的数值，然后再找出在经济衰退结束后 UEMPMEAN 达到顶峰的时间和此时的数值。根据你的结果，平均失业时长（指失业持续的平均周数）是顺周期的、逆周期的还是非周期的变量？是领先变量、滞后变量还是同步变量？

3. 访问圣路易斯联邦储备银行 FRED 数据库，找到以下变量的数据：经济衰退的时间界定（USREC），消费者情绪指数（UMCSENT），工业产量（INDPRO），实际零售与食品服务销售额（RRSFS）。

(a) 根据经济衰退的时间界定数据（US-REC），最近一次经济衰退何时开始？何时结束？

(b) 根据消费者情绪指数（UMCSENT），分别计算该指数在衰退期和衰退后到可获得数据最新月份这两段时期里的平均值。消费者情绪指数是顺周期的、逆周期的还是非周期的变量？

(c) 对于工业产量（INDPRO），分别计算该指数在衰退期和衰退后到可获得数据最新月份这两段时期里的百分比变化。工业产量是顺周期的、逆周期的还是非周期的变量？

(d) 对于实际零售与食品服务销售额（RRS-FS），分别计算该数据在衰退期和衰退后到可获得数据最新月份这两段时期里的百分比变化。零售与食品服务销售额是顺周期的、逆周期的还是非周期的变量？

(e) 根据整个数据序列，判断 UMCSENT、INDPRO 和 RRSFS 是领先变量、滞后变量还是同步变量。

4. 访问圣路易斯联邦储备银行 FRED 数据库，找到实际 GDP（GDPC1）和 GDP 平减价格指数（GDPDEF）的数据。将单位设置为"与前一年相比的百分比变化"，从而将这两个指标分别转化为实际 GDP 增长率和通货膨胀率。把这两个数据序列下载到 Excel 表格里。

(a) 对于实际 GDP 增长率和通货膨胀率，分别计算以下时期的平均值和标准差：1970—1982 年（大通胀），1983—2007 年（大稳健），以及 2008 年至可获得数据的最新年份。在 Excel 中，这些计算通过"＝average（）"和"＝stdev（）"命令很容易实现。

(b) 以上哪个时期实际 GDP 的平均增长率最高，哪个时期最低？哪个时期实际 GDP 的增长率的波动最大？

(c) 以上哪个时期通货膨胀率最高，哪个时期最低？哪个时期通货膨胀率的波动最大？

第 9 章

IS 曲线

预览

在大萧条到来之前，大部分经济学家都信奉我们在本书第 2 篇和第 3 篇所讨论的古典模型，在这些模型中，总产出即使在短期也是由经济用给定数量的资本和劳动能够生产多少来决定的。大萧条对这些古典模型的正确性提出了挑战：资本和劳动并没有改变很多，但是总产出急剧下降了 30%，失业率升高到 25%。为了解释在大萧条期间总产出下降得如此剧烈的原因，约翰·梅纳德·凯恩斯在他 1936 年出版的具有革命性意义的著作《就业、利息和货币通论》（*The General Theory of Employment, Interest, and Money*）中提出了一个新概念：总需求，即经济需求的产出总量。他认为总产出的短期变动，例如大萧条期间的总产出的下降，是由总需求的变动决定的。总需求的概念在总需求-总供给（*AD-AS*）模型中起关键作用，而 *AD-AS* 模型是解释总产出短期波动的基本宏观经济模型。我们将在第 9～12 章建立这一模型。

在本章，我们将建立理解总需求所需的第一个区块：*IS* 曲线，它描述了当产品和服务市场（更简单地称其为产品市场）处于均衡时实际利率与总产出之间的关系。我们首先推导出 *IS* 曲线，然后解释引起 *IS* 曲线移动的因素。在理解了 *IS* 曲线后，我们可以考察在大萧条期间经济收缩得如此严重的原因以及 2009 年的财政刺激方案如何影响经济。在后面几章中，我们使用 *IS* 曲线来理解货币和财政政策在经济波动中的作用。

计划支出

我们的分析从讨论计划支出的概念开始。**计划支出**（planned expenditure）是指家庭、企业、政府和外国人想花在国内生产的产品和服务上的支出总量。相反，实际支出是指他们实际花费的数量，它等于经济生产的总产出量。凯恩斯认为**总需求**（aggregate demand）——经济需求的产出总量——与计划支出相等。正如我们稍后就会看到的，当产品市场处于均衡时，即当在产品和服务上的计划支出等于产品和服务的实际产出时，计划支出解释了总产出的水平。

总计划支出（总需求）是以下四种类型的支出之和：

1. **消费支出**（consumption expenditure，C），对消费者产品和服务（如汉堡包、iPods、摇滚音乐会、看医生等）的总需求。

2. **计划投资支出**（planned investment spending，I），企业在新实物资本（如机器、计算机、工厂）上的总计划支出加上在新住房上的计划支出。

3. **政府购买**（government purchase，G），各级政府在产品和服务（如航天飞机、政府官员、公文程序等）上的支出，但不包括转移支付。

4. **净出口**（net export，NX），在本国产品和服务上的国外净支出，等于出口减去进口。

我们用如下方程代表总计划支出 Y^{pe}：

$$Y^{pe} = C + I + G + NX \tag{1}$$

支出的组成部分

为了理解什么决定了经济中的总计划支出，让我们详细考察它的每个组成部分。

□ 消费支出

什么决定了你在消费产品和服务上的支出？你的收入可能是最重要的因素；如果你的收入提高了，你愿意花更多钱。凯恩斯进行了类似的推理：消费支出与可支配收入相关。**可支配收入**（disposable income）是指可供花费的总收入，它等于总收入（如我们在第 2 章所看到的那样，总收入等于总产出 Y）减去税收 T，即 $(Y-T)$。[1]

消费函数。凯恩斯把可支配收入 Y_D 与消费支出 C 之间的关系称为**消费函数**（consumption function），将其表示为：

$$C = \bar{C} + mpc \times Y_D \tag{2}$$

或者

$$C = \bar{C} + mpc \times (Y-T)$$

其中 $\bar{C}$ 表示**自发消费支出**（autonomous consumption expenditure）——外生的（独立于模型中的变量，例如可支配收入和利率）消费支出数量。自发消费支出与消费者对他们未来收入和家庭财富的乐观程度有关。消费者越乐观，支出就越高（这一主题我们将在

---

[1] 更准确地说，税收 T 表示税收减去净转移支付（政府支付给家庭和企业的款额，实际上为负税收）。政府转移支付的例子有社会保障支付和失业保险支付。

宏观经济学：政策与实践（第二版）

第 18 章详细讨论）。

mpc 表示**边际消费倾向**（marginal propensity to consume），它反映可支配收入增加 1 美元所引起的消费支出的增加量。凯恩斯假设 mpc 是一个介于 0 和 1 之间的常数。例如，如果可支配收入增加 1 美元，消费支出增加了 0.6 美元，那么 $mpc=0.6$。

消费支出和实际利率。凯恩斯假设消费支出仅仅与收入线性相关。然而正如我们将在第 18 章详细讨论的那样，消费支出应该与实际利率负相关：当实际利率更高时，储蓄的实际收益也更高，因此你会选择减少支出。

我们将消费函数进行如下改动，以便描述消费支出与实际利率 r 之间的负相关关系：

$$C = \bar{C} + mpc \times (Y - T) - cr \tag{3}$$

其中 c 是一个参数，用于衡量消费支出对实际利率的反应。方程（3）表明消费支出由三部分组成：自发消费、边际消费倾向与可支配收入的乘积以及表明实际利率的升高导致消费减少多少的一项。

□ 计划投资支出

投资支出是总支出的另一个关键组成部分。有两种类型的投资：固定投资和存货投资。

固定投资。固定投资（fixed investment）是指企业在设备（机器、计算机、机场）和建筑物（工厂、办公楼、购物中心）上的计划支出和居民在新住房上的计划支出。

存货投资。存货投资（inventory investment）是指企业在额外持有的原料、部件和制成品上的支出，用给定时期（如一年）所持有的这些存货项目的变动来计算。

与固定投资相比，存货投资占投资支出的份额小得多。我们之所以在这里对其进行详尽讨论，是因为它在总产出的决定中扮演着重要的角色。为了说明问题，考虑以下几种情形：

1. 假定在 2015 年 12 月 31 日，福特汽车公司在其工厂车库里有 100 000 辆汽车，准备运送到经销商那里。如果每辆车的批发价格是 20 000 美元，那么福特汽车公司就具有价值 20 亿美元的存货。如果到 2016 年 12 月 31 日，汽车存货增加到 150 000 辆，价值 30 亿美元，那么福特汽车公司在 2016 年的存货投资就是 10 亿美元，即在这一年中福特汽车公司存货价值的改变量（30 亿美元减去 20 亿美元）。

2. 现在假定到 2016 年 12 月 31 日，福特汽车公司的汽车存量减少到 50 000 辆，价值 10 亿美元，那么福特汽车公司在 2016 年的存货投资就为负的 10 亿美元，即在这一年中福特汽车公司存货价值的改变量（10 亿美元减去 20 亿美元）。

3. 如果在这一年中福特汽车公司持有的用于汽车生产的原材料和部件的数量增加，那么福特汽车公司在这一年也会有额外的存货投资。如果在 2015 年 12 月 31 日，福特汽车公司持有价值 5 000 万美元的用于汽车生产的钢材，在 2016 年 12 月 31 日，持有的钢材价值 1 亿美元，那么福特汽车公司在 2016 年就有价值 5 000 万美元的额外存货投资。

存货投资的一个重要特征是某些存货投资是非计划性的（相反，固定投资总是计划性的）。假定福特汽车公司在 2016 年 12 月 31 日发现自己所持有的汽车价值增加了 10 亿美元的原因是在 2016 年销售的汽车总价值比预期少了 10 亿美元。这 10 亿美元的存货投资对福特汽车公司来说就是非计划性的。在这种情形下，福特汽车公司生产的汽车数量多于它能够出售的数量，因而它会削减产量以避免继续积累销售不出去的汽车。正如我们将会看到的，调整产量以消除非计划性的存货投资对于总产出的决定具有重要作用。

计划投资支出和实际利率。作为计划支出 Y^{pe} 的一个组成部分，计划投资支出等于计划固定投资加上公司计划的存货投资。凯恩斯认为投资的实际利率是计划投资支出的一个重要决定因素。

为了理解凯恩斯的推理，我们需要明白，只要企业预期投资在实物资本上的收益大于为投资融资而贷款的利息成本，那么企业就会投资于实物资本（机器和厂房）。当实际利率较高时，例如10％，只有较少的实物资本上的投资收益会大于所借资金的10％的利息成本，因此计划投资支出将会很低。当实际利率较低时，例如1％，很多实物资本上的投资收益都大于所借资金的1％的利息成本。因此当实际利率即借款成本较低时，企业更可能进行实物资本投资，从而计划投资支出增加。①

即使一家公司拥有盈余的资金因而不需要通过借贷进行实物资本投资，它的计划投资支出仍然会受到投资的实际利率的影响。如果不进行实物资本投资，它可以购买证券，例如某公司的债券。如果这种证券的实际利率很高，例如10％，那么进行投资的机会成本（放弃的利息收入）就高。在这种情况下，由于公司很可能偏好于购买证券来获得10％的利息而不是进行实物资本投资，因此计划投资支出将会较低。当投资的实际利率和投资的机会成本下降到（例如）1％时，实物资本投资可能给公司带来比购买证券能得到的、微不足道的1％更高的收益，因而计划投资支出将增加。

计划投资支出和企业预期。凯恩斯还认为计划投资支出受到企业对未来的预期的高度影响。对于未来获利机会抱有乐观态度的企业愿意支出更多，而悲观的企业将会缩减投资支出。因此凯恩斯认为计划投资支出有一个被称为**自发投资**（autonomous investment）$\bar{I}$ 的组成部分，它是完全外生的（不能被模型中的产出和利率等其他变量所解释）。

凯恩斯认为自发支出的变化主要受到计划投资支出中这些不稳定的外生波动的影响。而计划投资支出中这些不稳定的外生波动受到乐观主义和悲观主义的情绪波动——凯恩斯称这些因素为**"动物精神"**（animal spirit）——的影响。凯恩斯的观点受到大萧条期间投资支出锐减的影响，他认为投资支出锐减是那次经济收缩的主要原因。

投资函数。结合凯恩斯理论中决定投资的两个因素，就可以得到一个投资函数，它描述了计划投资支出如何与投资的实际利率和自发投资相关。我们把投资函数写成如下形式：

$$I = \bar{I} - dr_i \qquad\qquad (4)$$

其中 d 是一个反映投资对于投资的实际利率 r_i 的反应程度的参数。

然而，投资的实际利率不仅反映了由央行控制的低风险短期债务证券的实际利率 r，也反映了金融摩擦 f。**金融摩擦**（financial friction）是指由妨碍金融市场有效运行的壁垒造成的实际借款成本的增加。（我们将在第14章和第15章详细讨论这些摩擦的来源。）金融摩擦使得贷方更难确定借方的信用水平。由于存在借方欠账不还的可能性，贷方需要提高贷款利率来保护自己的利益，这导致信贷利差——给企业提供的贷款利率与确定

① 我们将在第19章考察投资的模型，详细讨论实际利率与投资之间的关系。

会偿还的完全安全的资产的利率之差——的出现。因此，金融摩擦提高了投资的实际利率，所以：

$$r_i = r + \overline{f} \tag{5}$$

把方程（4）中投资的实际利率用方程（5）替代，得到：

$$I = \overline{I} - d(r + \overline{f}) \tag{6}$$

方程（6）表示投资与由自发投资所代表的企业乐观程度正相关，与实际利率和金融摩擦负相关。

□ 净出口

与计划投资支出一样，我们也可以认为净出口由两个部分构成：自发净出口和受实际利率变化影响的部分。

实际利率和净出口。实际利率通过汇率影响净出口的数量。**汇率**（exchange rate）是指一种通货（如美元）用其他通货（如欧元）来表示的价格。[①] 我们将在第 17 章考察一个解释汇率和实际利率关系的模型，但是现在我们只是概述一下这个模型的经济学直觉。当美国实际利率升高时，美元资产相对于国外资产来说收益率更高。于是，人们想持有更多的美元，这会提高美元的价值，从而增加美元相对其他通货的价值。因此，美国实际利率的升高会提高美元的价值。

美元价值的升高将导致美国出口品以国外货币衡量变得更加昂贵，因而外国的购买量会减少，从而使美国净出口减少。它也使得外国商品以美元计算变得更加便宜，因而美国进口量会上升，这也会降低美国净出口。因此，我们看到，实际利率的上升会导致美元价值的上升，进而导致美国的净出口下降。

自发净出口。出口量也受到国外消费者对国内商品的需求的影响，而进口量受到国内居民对外国商品的需求的影响。例如，如果中国的粮食收成不好，想要从美国购买更多的小麦，那么美国的出口将上升。如果巴西经济繁荣，那么巴西人就有更多的钱来买美国的产品，美国的出口将上升。另外，如果美国消费者发现智利的白酒很好并且想要购买更多，那么，美国的进口将上升。因而我们可以认为净出口除了由实际利率决定外，还由一个组成部分决定，被称为**自发净出口**（autonomous net export），$\overline{NX}$，它是被视为外生的（在模型之外决定的）净出口水平。[②]

净出口函数。把净出口的这两个组成部分组合在一起，就得到净出口函数：

$$NX = \overline{NX} - xr \tag{7}$$

其中 x 是一个参数，表明净出口如何对实际利率做出反应。这个方程告诉我们，净出口

---

① 如果政府将汇率钉住另一种通货，因此汇率固定，这被称为固定汇率制（见第 17 章），那么实际利率不会像方程（7）所示的那样直接影响净出口，有 $NX = \overline{NX}$。

② 外国总产出在模型之外决定，因此它对于净出口的影响也是外生的，是影响自发净出口的一个因素。美国国内产出 Y 也可以影响净出口，因为更高的国内可支配收入增加了在进口品上的支出，从而导致净出口下降。为了将这个因素纳入 IS 曲线，我们可以以将方程（7）所示的净出口函数改成如下形式：

$$NX = \overline{NX} - xr - iY$$

这里 i 是在进口品上支出的边际倾向。如果使用这个方程而非方程（7）来推导本章后面的方程（12），那么方程（12）中的 mpc 应该用 $mpc - i$ 来取代。

与自发净出口正相关，与实际利率负相关。

☐ 政府购买和税收

现在我们把政府考虑进来。政府通过两种方式影响计划支出：政府购买和税收。

固定值的政府购买。正如我们通过计划支出方程（1）所看到的，政府购买直接被加入计划支出当中。这里我们假设政府购买也是外生给定的，因而将政府购买写成如下形式：

$$G = \overline{G} \tag{8}$$

该方程表明政府购买被设定为一个固定数量 $\overline{G}$。

税收。正如我们前面所讨论的那样，可支配收入等于收入减去税收（$Y-T$），而可支配收入会影响消费支出，因此政府通过税收也会影响支出。对于给定的收入水平，更高的税收 T 降低了可支配收入，因此导致消费支出下降。在像美国这样的国家，税法是相当复杂的，因此为了简化模型，我们假设政府的税收是外生的并且为一固定值 $\overline{T}$[①]：

$$T = \overline{T} \tag{9}$$

产品市场均衡

凯恩斯认为当经济中的产出总量等于计划支出总量（总需求）时，经济就达到了均衡状态，即：

$$Y = Y^{pe} \tag{10}$$

当这一均衡条件被满足时，对产品和服务的计划支出等于实际生产的数量。由于不存在非计划的存货投资，生产者可以卖掉其所有产出，因而没有理由对其生产进行调整。这一分析解释了为什么可以通过讨论影响计划支出的每个组成部分的因素确定总产出的水平。

☐ 求解产品市场均衡

在理解了影响计划支出组成部分的因素之后，我们可以弄清怎样决定总产出。利用计划支出方程（1），将均衡条件方程（10）改写成：

$$Y = C + I + G + NX \tag{11}$$

这一均衡条件表明总产出是消费支出、计划投资支出、政府购买和净出口之和。

现在我们可以利用消费、投资和净出口函数，即方程（3）、（6）和（7），并结合方程（8）和（9），来决定总产出。将所有这些方程代入均衡条件得到下式：

$$Y = \overline{C} + mpc \times (Y - \overline{T}) - cr + \overline{I} - d(r + \overline{f}) + \overline{G} + \overline{NX} - xr$$

---

① 为了简单起见，我们在这里假设税收与收入无关。然而由于税收会随着收入的上升而上升，我们可以用如下更具现实性的税收函数来描述税收：

$$T = \overline{T} + tY$$

如果使用这个方程而非方程（9）来推导本章后面的方程（12），那么方程（12）中的 mpc 应该用 $mpc(1-t)$ 来取代。

将上式进行整理，我们可以得到：

$$Y = \overline{C} + \overline{I} - d\overline{f} + \overline{G} + \overline{NX} - mpc \times \overline{T} + mpc \times Y - (c + d + x)r$$

再将上式两边同时减去 $mpc \times Y$：

$$Y - mpc \times Y = Y(1 - mpc) = \overline{C} + \overline{I} - d\overline{f} + \overline{G} + \overline{NX} - mpc \times \overline{T} - (c + d + x)r$$

接着将上式两边同时除以（$1-mpc$），我们就得到一个解释当产品市场处于均衡时总产出如何被决定的方程①：

$$Y = [\overline{C} + \overline{I} - d\overline{f} + \overline{G} + \overline{NX} - mpc \times \overline{T}] \times \frac{1}{1 - mpc} - \frac{c + d + x}{1 - mpc} \times r \qquad (12)$$

□ *IS* 曲线的推导

我们将方程（12）称为 **IS 曲线**（IS curve），它表示当产品市场处于均衡时总产出和实际利率之间的关系。方程（12）由两部分组成。由于 mpc 介于 0 和 1 之间，因而 $1/(1-mpc)$ 是一个正值，故方程（12）的第一项告诉我们，对于任何给定的实际利率，自发消费、自发投资、政府购买、自发净出口的增加以及税收或金融摩擦的减少都会导致产出的增加。换句话说，第一项告诉了我们 IS 曲线如何移动。方程（12）的第二项告诉我们，实际利率的上升会导致产出的下降，这是沿着 IS 曲线的运动。

理解 *IS* 曲线

为了更加深入地理解 IS 曲线，我们将分几个步骤推进。在这一节，我们将首先探讨 IS 曲线背后的直觉，然后讨论一个数值例子。我们还将看到 IS 曲线如何与第 4 章的储蓄-投资图相关。然后，在下一节，我们将概述导致 IS 曲线移动的因素。

□ *IS* 曲线告诉了我们什么：**直觉**

IS 曲线是产品市场处于均衡时各点的轨迹。对于每个给定的实际利率水平，IS 曲线告诉我们总产出必须是多少才能使产品市场处于均衡。当实际利率上升时，消费支出、计划投资支出和净出口都下降，这又会降低计划支出；结果，总产出必须更低才能等于计划支出和满足产品市场均衡。因此 IS 曲线是向下倾斜的。

□ *IS* 曲线告诉了我们什么：**数值例子**

利用如下的数值例子，我们还能看到 IS 曲线告诉了我们什么。在这个例子中，方程（12）中的外生变量和参数的具体取值如下：

$\overline{C} = 1.3$ 万亿美元

$\overline{I} = 1.2$ 万亿美元

---

① 注意方程（12）中与 $\overline{G}$ 相乘的项 $1/(1-mpc)$ 被称为支出乘数，而与 $\overline{T}$ 相乘的项 $-mpc/(1-mpc)$ 被称为税收乘数，由于 $mpc<1$，税收乘数的绝对值小于支出乘数的绝对值。我们将在第 16 章更加详细地讨论这些乘数。

$\overline{G} = 3.0\,万亿美元$

$\overline{T} = 3.0\,万亿美元$

$\overline{NX} = 1.3\,万亿美元$

$\overline{f} = 1$

$mpc = 0.6$

$c = 0.1$

$d = 0.2$

$x = 0.1$

有了这些数值，我们可以将方程（12）写成：

$$Y = [1.3 + 1.2 - 0.2 + 3.0 + 1.3 - 0.6 \times 3.0] \times \frac{1}{1-0.6} - \frac{0.1+0.2+0.1}{1-0.6} \times r$$

对上式进行简单的计算，我们可以得到如图 9-1 所示的 IS 曲线：

$$Y = \frac{4.8}{0.4} - \frac{0.4}{0.4} \times r = 12 - r \tag{13}$$

当实际利率 $r = 3\%$ 时，均衡产出 $Y = 12 - 3 = 9$ 万亿美元。* 我们在图 9-1 中将实际利率和均衡产出的这个组合表示为 A 点。当实际利率 $r = 1\%$ 时，均衡产出 $y = 12 - 1 = 11$ 万亿美元，我们在图 9-1 中用 B 点表示。将这些点联结起来的直线就是 IS 曲线，正如你所看到的，它是向下倾斜的。

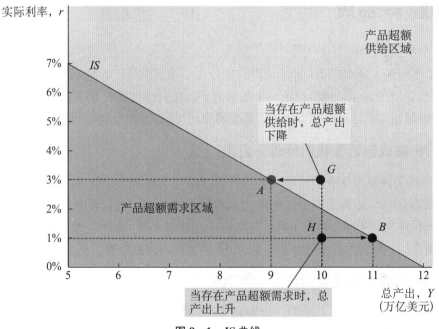

图 9-1　IS 曲线

向下倾斜的 IS 曲线表示产品市场处于均衡时的点，例如图中的 A 点和 B 点。注意产出会发生必要的变动以便回到均衡。例如，在浅色阴影部分的 G 点，存在产品的超额供给，因而企业会减少生产，导致总产出下降到 A 点的均衡水平。在深色阴影部分的 H 点，存在产品的超额需求，因而企业会增加生产，总产出会增加，达到 B 点的均衡水平。

---

* 当将 $r = 3\%$ 代入方程（13）时，实际上代入的是 $100 \times r$，即去掉百分号的部分，全书其余类似地方同理。——译者注

□ 经济为什么会向均衡运动

只有当经济有向均衡运动的趋势时，均衡的概念才是有用的。让我们首先考虑如果经济在 IS 曲线的右边（浅色阴影部分）将会发生什么，此时存在产品的超额供给。当在图 9-1 中的 G 点时，实际产出（10 万亿美元）大于计划支出（9 万亿美元），因而企业将会有未售出的存货。为了避免积累未销售出去的产品，企业将减少生产。只要产量高于均衡水平，产出就会超过计划支出，企业就会继续削减产量，使总产出向均衡水平移动，正如图 9-1 中从 G 点到 A 点的向左的箭头所表明的那样。只有当经济移动到 IS 曲线上的 A 点时，产出才不会有进一步变动的趋势。

如果总产出低于均衡水平，此时存在产品的超额需求（由 IS 曲线的左边深色阴影部分表示），又会发生什么情况呢？在图 9-1 中的 H 点，实际产出（10 万亿美元）低于计划支出（11 万亿美元），因此企业将会增加产量，原因是存货的减少超过企业的意愿。这样总产出就会增加，如图中向右的箭头所示。当经济移动到 IS 曲线上的 B 点时，产出将不再具有进一步变动的趋势。

□ *IS* 曲线得名的由来及其与储蓄-投资图之间的关系

为了了解 IS 曲线得名的由来，我们需要明白，IS 曲线所表示的产品市场均衡与第 4 章所讨论的合意投资 I 等于合意储蓄 S 所表示的产品市场均衡是相同的。[①]（换个说法，我们在本章所讨论的产品市场均衡与我们在第 4 章利用储蓄-投资图讨论的产品市场均衡是相同的。）

为了解释清楚，我们来看政府购买和净出口都为 0（$G=0$，$NX=0$）的情形。此时产品市场均衡条件为：

$$Y = C + I$$

从上述方程两边同时减去 C，得到：

$$Y - C = I$$

由于储蓄 S 等于 $Y-C$，经过替换后有：

$$S = I$$

因此当 $I=S$ 时，产品市场达到均衡，这也是 IS 曲线得名的原因。

IS 曲线是合意投资等于合意储蓄时的均衡，认清这一点为我们提供了推导 IS 曲线的另一种方法：利用我们在第 4 章介绍的储蓄-投资图。考虑图 9-2（a）所示的储蓄-投资图。储蓄曲线向上倾斜，这是因为随着实际利率的上升，消费支出下降而储蓄 $S=Y-C$ 上升。投资曲线向下倾斜，这是因为随着实际利率的上升，计划投资下降。

在任何给定的实际利率水平 r，当总产出 Y 上升时，消费的上升量将会小于 Y 的上

---

① IS（投资-储蓄的英文缩写）曲线的首次使用是在约翰·希克斯（John Hicks）的一篇著名论文中："Mr. Keynes and the Classics: An Suggested Interpretation," *Econometrica* (1937): 147-159。

升量，这是因为边际消费倾向小于 1。因此，在任何给定的实际利率水平 r，Y 的上升会导致 $S＝Y－C$ 的上升。正如我们在图 9 - 2（a）中所看到的，当产出上升时，储蓄曲线将从 S_1 向右移动到 S_2。图 9 - 2（a）证明，当均衡产量从 Y_1 上升到 Y_2 时，实际利率从 r_1 下降到 r_2。图 9 - 2（b）画出了从图 9 - 2（a）中的均衡点点 1 和点 2 得到的 r 和 Y 的组合。于是，图 9 - 2（a）中从点 1 到点 2 的运动导致了图 9 - 2（b）中沿着向下倾斜的 IS 曲线的运动。

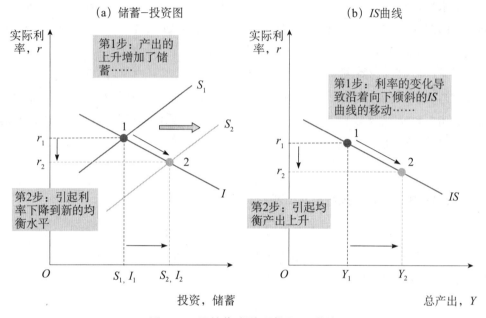

图 9 - 2 用储蓄－投资图推导 IS 曲线

图（a）和图（b）表示了储蓄和投资之间的关系以及 IS 曲线对产出增加的反应。图（a）中储蓄曲线从 S_1 向 S_2 的向右移动降低了实际利率，图（b）画出了从图（a）中的均衡点点 1 和点 2 得到的 r 和 Y 的组合。可以看到，实际利率的下降引起了沿着 IS 曲线到新的均衡点点 2 的运动。

导致 IS 曲线移动的因素

我们已经知道 IS 曲线描述了产品市场的均衡点——处于均衡的实际利率和总产出的组合。当自发因素（独立于总产出和实际利率的因素）发生改变时，IS 曲线将会发生移动。注意实际利率的变动导致的均衡产出的变动仅仅是沿着 IS 曲线的运动。相反，当在每个实际利率水平下均衡产出都变动时，IS 曲线发生了移动。

在方程（12）中，我们确定了六个可能使计划支出发生移动从而影响均衡产出水平的自发因素变量。虽然方程（12）直接告诉了我们这些因素如何导致 IS 曲线发生移动，我们仍将讨论关于每个自发因素为何导致 IS 曲线移动的经济学直觉。

☐ 政府购买的变化

让我们来看看如果政府购买从 3 万亿美元上升到 4 万亿美元将会发生什么情况。这表示在图 9-3 中，IS_1 所表示的 IS 曲线与我们在图 9-1 中得到的相同。我们将 4 万亿美元的政府购买代入方程（12）来确定 IS_2 曲线的方程：

$$Y = [1.3 + 1.2 - 0.2 + 4.0 + 1.3 - 0.6 \times 3.0] \times \frac{1}{1 - 0.6} - r = \frac{5.8}{0.4} - r = 14.5 - r$$

根据这些结果，当实际利率 $r = 3\%$ 时，均衡产出 $Y = 14.5 - 3 = 11.5$ 万亿美元，在图 9-3 中我们用 C 点表示。当实际利率 $r = 1\%$ 时，均衡产出增加到 $Y = 14.5 - 1 = 13.5$ 万亿美元，用 D 点表示。因此，政府购买的增加将使 IS 曲线从 IS_1 向右移动到 IS_2。

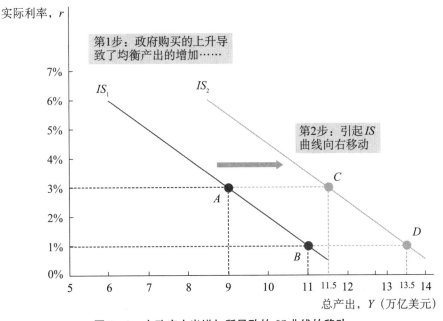

图 9-3　由政府支出增加所导致的 IS 曲线的移动

IS_1 表示我们在图 9-1 中所推导得到的 IS 曲线。IS_2 反映了 1 万亿美元的政府购买的增加。政府购买的增加导致总产出增加，使 IS 曲线从 IS_1 向右移动到 IS_2，移动的幅度为 2.5 万亿美元。

政府购买增加将导致 IS 曲线向右移动的经济学直觉是：政府购买的增加引起在任何给定实际利率水平下计划支出的增加。由于当产品市场处于均衡时总产出等于计划支出，因此导致计划支出上升的政府购买的增加也导致均衡产量上升，从而使 IS 曲线向右移动。反过来，政府购买的减少导致计划支出在任何给定实际利率水平下都下降，引起 IS 曲线向左移动。

应用 ☞

越南战争，1964—1969 年

在 20 世纪 60 年代早期，美国卷入越南战争的程度开始升级。1964 年后，美国展开了全面战争。从 1965 年开始，战争导致的军费开支的增加提高了政府购买的数量。政策制定者如何利用对 IS 曲线的分析来指导政策呢？

政府购买的上升导致 IS 曲线从 IS_{1964} 向右移动到 IS_{1969}，如图 9-4 所示。由于在这一时期联储决定将实际利率固定在 2%，均衡产出从 1964 年的 3 万亿美元（以 2000 年美元计算）上升到 1969 年的 3.8 万亿美元，失业率从 1964 年的 5% 稳步下降到 1969 年的 3.4%。然而，政府购买的上升对经济产生的影响并非都好：政府购买的增加和实际利率的固定导致经济过热，经济过热最终引起高通货膨胀。（我们将在接下来的章节中讨论经济过热和通货膨胀之间的关系。）

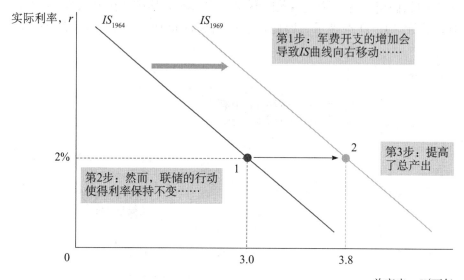

图 9-4　越南战争

从 1965 年开始，军费开支的上升导致 IS 曲线从 IS_{1964} 移动到 IS_{1969}。由于在这段时期联储决定将实际利率保持在 2% 不变，均衡产出从 1964 年的 3 万亿美元（以 2000 年美元计算）上升到 1969 年的 3.8 万亿美元，这为通货膨胀率的上升创造了条件。

□ 税收的变化

让我们来看看如果政府把税收从 3 万亿美元提高到 4 万亿美元将会发生什么情况。这表示在图 9-5 中，IS_1 所表示的 IS 曲线与我们在图 9-1 中得到的相同。我们将 4 万亿美元的政府税收代入方程（12）来确定 IS_2 曲线的方程：

$$Y=[1.3+1.2-0.2+3.0+1.3-0.6\times4.0]\times\frac{1}{1-0.6}-r=\frac{4.2}{0.4}-r=10.5-r$$

当实际利率 $r=3\%$ 时，均衡产出 $Y=10.5-3=7.5$ 万亿美元，在图 9-5 中用 E 点表示。在这一实际利率水平，均衡产出从 A 点减少到 E 点，正如图中向左的箭头所示。类似地，当实际利率 $r=1\%$ 时，均衡产出减少到 $Y=10.5-1=9.5$ 万亿美元，引起从 B 点到 F 点的左移。税收增加的结果是 IS 曲线从 IS_1 向左移动到 IS_2。

宏观经济学：政策与实践（第二版）

因此，我们得到如下结果：在任何给定的实际利率水平下，税收的上升导致计划支出的下降，从而均衡产出下降，IS 曲线向左移动。反过来，在任何给定的实际利率水平下，税收的减少增加了可支配收入，导致计划支出和均衡产量上升，IS 曲线向右移动。

当经济陷入衰退时，政策制定者既运用税收也运用政府购买政策去刺激经济，正如下面的政策与实践案例所说明的那样。

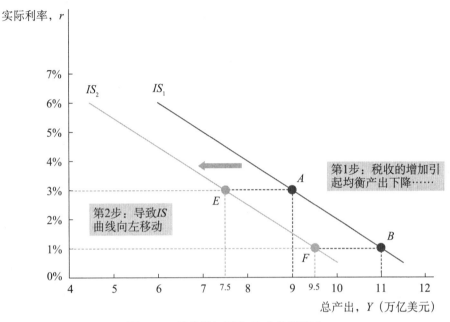

图 9 - 5　税收增加导致 IS 曲线的移动

IS_1 表示我们在图 9 - 1 中所得到的 IS 曲线。IS_2 反映了 1 万亿美元政府税收的增加。税收的增加使得总产出减少了 1.5 万亿美元，导致 IS 曲线从 IS_1 向左移动到 IS_2。

政策与实践

2009 年的财政刺激方案

在 2008 年秋季，美国经济正处于危机之中。在奥巴马新政府就职之前，失业率已经从衰退开始前 2007 年 12 月的 4.7% 上升到 2009 年 1 月的 7.6%。为了刺激经济，奥巴马政府提出了一个财政刺激方案。国会通过的财政刺激方案版本包括给家庭和企业减税 2 880 亿美元和增加 4 990 亿美元的联邦政府支出（包括转移支付）。正如我们的分析所表明的，这些减税和政府支出增加的本意是增加计划支出，从而提高在任何给定实际利率下的均衡总产出水平，促使 IS 曲线向右移动。遗憾的是，事情并没有像奥巴马政府所预期的那样发展。大多数的政府购买直到 2010 年后才生效，而自发消费和自发投资的减少远高于预期。金融摩擦的增加和对经济的担忧导致消费和投资低迷，财政刺激还未能抵消低迷的消费和投资对计划支出的影响，结果是计划支出不但没有上升反而出现了下降，IS 曲线并没有如希望的那样向右移动。虽然这一财政刺激方案的初衷是好的，但是 2009 年的失业率上升到了 10% 以上。然而，如果没有这些财政刺激政策，IS

曲线可能向左移动得更多，导致更高的失业率。

□ 自发支出的变化

正如你可以在方程（12）中所看到的，自发消费 $\overline{C}$、自发投资 $\overline{I}$ 和自发净出口 $\overline{NX}$ 都和 $\overline{G}$ 一样乘了一个系数 $1/(1-mpc)$。因此这些变量中任何一个的增加对 IS 曲线的影响都与政府购买的增加相同。由于这一原因，我们将这些变量统称为**自发支出**（autonomous spending），即与产出或实际利率等模型中的变量无关的外生支出。我们将直观地依次讨论这些变量的变动如何影响 IS 曲线。

自发消费。 在本章前面的部分，我们知道实际利率的变动会影响消费支出从而影响均衡的产出水平。消费支出的这种变动只是引起沿着 IS 曲线的运动而并非 IS 曲线本身的移动。假定由于股票市场的繁荣增加了消费者的财富或者经济中出现了正向的生产率冲击，消费者对于自己的未来收入前景变得更加乐观。这两个事件都是自发的，也就是说它们不受实际利率水平的影响。由此引发的自发消费的上升将提高任何给定实际利率水平下的计划支出和均衡产出，使 IS 曲线向右移动。反过来，自发消费支出的下降导致计划支出和均衡产出下降，使 IS 曲线向左移动。

自发投资支出。 与自发消费支出相同，实际利率变动所导致的计划投资支出的变动只是引起沿着 IS 曲线的运动而并非 IS 曲线本身的移动。与实际利率无关的计划投资支出的自发性上升——例如，由于在股票市场上涨后公司对投资的盈利能力变得更加有信心——将会提高计划支出。因此，自发投资支出的上升会提高任何给定的实际利率水平下的均衡产出，使 IS 曲线向右移动。另外，自发投资支出的下降导致计划支出和均衡产出下降，使 IS 曲线向左移动。

自发净出口。 与实际利率无关的净出口的自发性上升——例如，由于美国制造的手提包相对于法国制造的来说更加时髦，或者由于外国出现了经济繁荣因而购买更多的美国商品——会引起计划支出上升。因此，净出口的自发性上升会提高任何给定的实际利率水平下的均衡产出，使 IS 曲线向右移动。反过来，净出口的自发性下降会导致计划支出和均衡产出下降，使 IS 曲线向左移动。

□ 金融摩擦的变化

金融摩擦的增加，正如 2007—2009 年金融危机期间所发生的那样，会提高任何短期无风险债券利率水平 r 下的投资实际利率 r_i，从而导致投资支出和总需求下降。金融摩擦的增加会降低任何给定的实际利率水平下的均衡产出，使 IS 曲线向左移动。反过来，金融摩擦的下降导致计划支出和均衡产出上升，使 IS 曲线向右移动。

□ 导致 IS 曲线移动的因素的总结

为了便于学习，表 9-1 总结了每个因素使 IS 曲线怎样移动和移动发生的原因。如今，我们对于 IS 曲线已经有了全面的理解，我们在下一章可以利用这一区块考察货币政策和总需求曲线之间的关系。

宏观经济学：政策与实践（第二版）

表 9 - 1　　　　由 $\overline{C},\ \overline{I},\ \overline{G},\ \overline{T},\ \overline{NX}$ 和 $\overline{f}$ 的自发性变化所导致的 *IS* 曲线的移动

变量	变量的变动	*IS* 曲线的移动	原因
自发消费支出 $\overline{C}$	↑	→	$C\uparrow$，$Y\uparrow$
自发投资支出 $\overline{I}$	↑	→	$I\uparrow$，$Y\uparrow$
政府购买 $\overline{G}$	↑	→	$G\uparrow$，$Y\uparrow$
税收 T	↑	←	$T\uparrow\Rightarrow C\downarrow$，$Y\downarrow$
自发净出口 $\overline{NX}$	↑	→	$\overline{NX}\uparrow$，$Y\uparrow$
金融摩擦 $\overline{f}$	↑	←	$I\downarrow$，$Y\downarrow$

注：这里只显示了变量增加的情况。变量减少对计划支出和总产出的影响与最后两列表明的方向恰好相反。

本章小结

1. 总需求是指经济需求的产出总量，它与计划支出相同，是消费支出、计划投资支出、政府购买和净出口这四种类型的支出之和。我们将总计划支出用方程（1）表示：$Y^{pe} = C + I + G + NX$。

2. 消费支出可以用消费函数描述，消费函数表明消费支出随着可支配收入的增加而上升。消费支出、计划投资支出以及净出口都与实际利率负相关，与各自的自发部分（自发消费、自发投资和自发净出口）正相关。金融摩擦的增加会提高投资的实际利率，从而降低投资支出和总需求。政府可以通过提高支出或通过税收来影响计划支出，前者直接提高了计划支出，后者通过影响可支配收入从而影响消费支出间接影响计划支出。

3. 当总产出等于计划支出时产品市场处于均衡。

4. *IS* 曲线是产品市场处于均衡时实际利率和总产出的组合的轨迹。*IS* 曲线向下倾斜，原因是更高的实际利率会降低消费支出、计划投资支出和净出口从而降低均衡产出。

5. 当自发消费、自发投资、自发净出口或者政府购买等上升或税收下降、金融摩擦减少时，*IS* 曲线会向右移动。这六个因素相反方向的变动会引起 *IS* 曲线向左移动。

关键术语

计划支出	总需求	消费支出
计划投资支出	政府购买	净出口
可支配收入	消费函数	自发消费支出
边际消费倾向	固定投资	存货投资
自发投资	动物精神	金融摩擦
汇率	自发净出口	*IS* 曲线
自发支出		

复习题

计划支出

1. 计划支出的四个组成部分是什么？为什么凯恩斯主义者的分析强调这一概念？

支出的组成部分

2. 根据消费函数，哪些变量决定了在消费产品和服务上的总支出？消费与这些变量中的每一个如何相关？

3. 如果大众汽车投资新建一个工厂，那么这算是固定投资还是存货投资？

4. 如果欧洲央行宣布调高实际利率，这对投资支出会产生什么影响（假设对通货膨胀没有影响）？

5. 金融摩擦的增加如何影响计划投资支出？

6. 第4题中提到的利率升高将如何影响欧元区的净出口？

产品市场均衡

7. 产品市场处于均衡需要满足什么条件？

8. 如果非计划的存货投资是正值，那么总产出会怎么变动？如果非计划的存货投资是负值呢？

理解 *IS* 曲线

9. *IS* 曲线表示什么？为什么它向下倾斜？

导致 *IS* 曲线移动的因素

10. 哪些因素会导致 *IS* 曲线发生移动？

习题

计划支出

1. 在 2011 年年底，意大利 GDP 达到了 21 923.6 亿美元。给定消费支出为 13 499.5 亿美元，计划投资支出为 4 273.86 亿美元，政府最终支出为 4 478.68 亿美元。（资料来源：WDI.）

(a) 计算在净出口上的支出。

(b) 如果意大利进口的价值为 6 649.93 亿美元，计算意大利出口的价值。

支出的组成部分

2. 给定以下估计：

自发消费：16 250 亿美元

可支配收入：115 000 亿美元

如果可支配收入提高 1 000 美元导致消费支出增加 750 美元，使用方程（2）给出的消费函数计算消费支出。

3. 根据消费函数［由方程（2）给出］和以下估计，计算消费支出。

自发消费：14 500 亿美元

收入：140 000 亿美元

税收：30 000 亿美元

边际消费倾向：0.8

4. 假定戴尔公司在 2016 年 12 月 31 日时有 20 000 台电脑在公司的仓库中，准备运送给经销商，每台电脑的价值为 500 美元。到 2017 年 12 月 31 日，戴尔公司有 25 000 台电脑准备运送给经销商，每台价值 450 美元。

(a) 计算戴尔公司在 2016 年 12 月 31 日的存货。

(b) 计算戴尔公司在 2017 年的存货投资。

(c) 在经济衰退的早期阶段，存货支出会发生怎样的变化？

导致 *IS* 曲线移动的因素

5. 假定日本对来自中国的太阳能板进口征收反倾销税。给定这减少了日本对这些产品的进口，

(a) 讨论这一措施会对日本的 *IS* 曲线产生的影响。

(b) 把你的结果用图形表示出来。

6. 2009 年美国刺激方案中的一部分（930 亿美

元）是以税收抵免的形式支出的。然而，尽管当年利率没有发生大的变化，总产出并没有增加。利用"理解 IS 曲线"那一节的数值例子中的参数值，

(a) 计算自发消费支出需要减少多少才可以抵消 930 亿美元的减税所产生的影响。

(b) 把你的结果用图形表示出来（表示减税和自发消费支出的减少所产生的影响）。

7. 2013 年 6 月 19 日美国联邦公开市场委员会召开了会议。在会后的新闻发布会之后，有媒体报道称伯南克主席的表态表明联储提高利率的时间将早于预期。结果，美国 10 年期国债的收益率上升到接近 2.6％，是自 2011 年 8 月以来的最高水平。

(a) 讨论这将如何影响 IS 曲线。

(b) 把你的结果用图形表示出来。

根据以下信息回答第 8 题和第 9 题：

8. 假定英国媒体预期未来经济增长的前景更好，这将导致英国英镑升值和伦敦证券交易所的股票价格上升。请对以下问题进行讨论：

(a) 英镑升值对 IS 曲线的影响。

(b) 股票价格上升对 IS 曲线的影响。

9. 根据第 8 题的结果，这两个事件对 IS 曲线的综合影响是什么？

数据分析题

1. 访问圣路易斯联邦储备银行 FRED 数据库，找到如下变量的数据：个人消费支出（PCEC）、在耐用品上的个人消费支出（PCDG）、在非耐用品上的个人消费支出（PCND）、在服务上的个人消费支出（PCESV）。

(a) 总家庭支出的多大比例用于购买产品（包括耐用品和非耐用品）？

(b) 给定这些数据，当家庭总支出减少时，哪一部分受到的影响最大？请解释原因。

2. 访问圣路易斯联邦储备银行 FRED 数据库，找到如下变量的最新数据：个人收入（PINCOME）、个人可支配收入（DPI）和个人消费支出（PCEC）。

(a) 对于最近一个季度，计算个人收入和个人可支配收入之差。两者之差代表什么？

(b) 找到个人消费和可支配收入，分别计算最近四个季度这两个数据序列的平均值，然后再往前推四个季度，分别计算两个数据序列的平均值。分别算出个人消费和可支配收入在上述两段时期的平均值变化，再将这两个变化值相除得到比率。这个比率是多少？考虑到每 1 美元税收的减少能使可支配收入相应地增加 1 美元，关于减税对家庭支出的影响，你可以做出什么结论？

3. 访问圣路易斯联邦储备银行 FRED 数据库，找到以下变量的数据：实际私人国内投资（GDPIC1）、10 年期通货膨胀指数化国债（TIIS）的利率（FII10，实际利率的一个指标）和圣路易斯联储金融压力指数（STLFSI，金融摩擦的一个指标）。对于 FII10 和 STLFSI，将频率设置为季度，然后把数据下载到 Excel 表格中。对于每个季度，把 FII10 和 STLFSI 相加以创建该季度的投资实际利率 r_i。接下来分别计算投资和利率与前一季度相比的变化。

(a) 对于最近四个季度，计算投资的平均变化。

(b) 假设 r_i 的变动和投资的变动之间有一个季度的时滞，也就是说，如果当前季度 r_i 变动了，那么它将影响下个季度的投资。利用最近一个季度之前四个季度的数据，计算有一个季度时滞的 r_i 的平均变化。

(c) 将问题（a）的答案除以问题（b）的答案得到一个比值。这个比值代表什么？请简要解释。

(d) 对 2008 年第 3 季度到 2009 年第 2 季度这段时期，重复问题（a）到问题（c）的计算。金融摩擦是如何帮助解释金融危机期间的投资行为的？当前时期投资函数中的系数和危机期间相比如何？请简要解释。

第10章

货币政策和总需求

 预览

在金融危机最严重的 2008 年 12 月，美联储的联邦公开市场委员会宣布了一个令人惊奇的大胆的政策决定，这个决定使市场陷入了狂热。联邦公开市场委员会把联邦基金利率——银行间隔夜拆借利率——降低了 75 个基点（0.75%），这使得联邦基金利率几乎下降到 0。全世界都想知道这一大胆的举措能否使经济走出衰退。这会提高股票市场的价格吗？会导致更高的通货膨胀率吗？

我们正一步步建立的总体经济的短期模型可以帮助我们分析中央银行的政策决定怎样影响经济运行。在本章，我们首先解释为什么货币政策制定者在通货膨胀率升高时提高利率，导致实际利率与通货膨胀率之间存在一种正相关关系，该关系被称为货币政策（MP）曲线。接着，利用 MP 曲线和上一章介绍的 IS 曲线，我们推导出总需求曲线，总需求曲线是本书剩余各章用于讨论短期经济波动的总需求-总供给模型框架的关键组成部分。

联储和货币政策

全世界的中央银行都使用一个非常短期的利率作为它们的主要政策工具。在美国，联储通过设定联邦基金利率——银行间隔夜拆借利率——来实行货币政策。例如，在 2013 年 9 月 1—18 日的联邦公开市场委员会（FOMC）会议之后，联储发布了一项声明："委员会决定将联邦基金利率的目标范围保持在 0～0.25%。"

联储通过改变它提供给银行系统的流动性来控制联邦基金利率。当它提供更多的流动性时，银行就拥有更多的货币用于拆借，这些过多的流动性会导致联邦基金利率下降。

当联储减少银行系统的流动性时，银行用于拆借的钱就少了，流动性的缺乏会导致联邦基金利率的上升。关于联储如何设定联邦基金利率的更多细节将在本章的末尾进行讨论，但就目前来说，只要知道联储有能力将联邦基金利率设定在它选择的任意水平上就够了。

联邦基金利率是一种名义利率，但是正如我们在上一章所学到的，是实际利率在影响家庭和企业的支出从而决定均衡产出水平。因此货币政策要通过实际利率来影响经济。那么，联储对联邦基金利率的控制如何能够使它对实际利率进行控制呢？

回忆第 2 章曾经提到的，实际利率 r 等于名义利率 i 减去预期通货膨胀率 π^e：

$$r = i - \pi^e$$

因此，只有在短期实际的和预期的通货膨胀率保持不变时，名义利率的变化才会改变实际利率。这正是我们可以用到第 8 章讨论过的价格黏性的地方。当价格具有黏性时，货币政策的变化对实际的通货膨胀和预期的通货膨胀不会产生即刻的影响。结果是，当联储降低联邦基金利率时，实际利率下降；当联储升高联邦基金利率时，实际利率上升。

虽然联储在短期能够决定实际利率，但是它在长期不能控制实际利率。注意到这一点是很重要的。在长期，价格是具有弹性的。回忆第 4 章曾经提到的，在长期，实际利率是由储蓄和投资的相互作用决定的，而不是由中央银行决定的。实际上，我们将会看到总需求-总供给模型在分析长期的经济时得到了完全相同的结论。

货币政策曲线

现在我们已经看到联储在短期如何控制实际利率。我们分析的下一步是考察货币政策如何对通货膨胀做出反应。**货币政策（MP）曲线**（monetary policy curve）表明了中央银行设定的实际利率与通货膨胀率之间的关系。我们可以将这一曲线用下式表示：

$$r = \bar{r} + \lambda\pi \tag{1}$$

其中 $\bar{r}$ 表示实际利率中由货币政策当局所设定的自发（外生）组成部分，它与当前通货膨胀水平无关，而 λ 衡量实际利率对通货膨胀率变化所做出的反应。

为了使我们关于货币政策曲线的讨论更加具体，图 10-1 表示了一个货币政策曲线的例子，其中 $\bar{r}=1.0$，$\lambda=0.5$：

$$r = 1.0 + 0.5\pi \tag{2}$$

在 A 点，通货膨胀率为 1%，联储将实际利率设定在 1.5%；在 B 点，通货膨胀率为 2%，联储将实际利率设定在 2%；在 C 点，通货膨胀率为 3%，联储将实际利率设定为 2.5%。经过 A、B 和 C 点的直线是货币政策曲线，这一曲线是向上倾斜的，表明当通货膨胀率上升时货币政策提高实际利率。

□ 泰勒原理：为什么货币政策曲线向上倾斜

为了明白为什么 MP 曲线向上倾斜，我们需要承认中央银行力图保持通货膨胀率稳定。为了稳定通货膨胀率，货币政策制定者遵循**泰勒原理**（Taylor principle），这一原理以斯坦福大学的约翰·泰勒（John Taylor）的名字命名。根据泰勒原理，货币政策制定者提高名义利率的量超过通货膨胀率的预期上升量，从而使在通货膨胀率上升时实际利

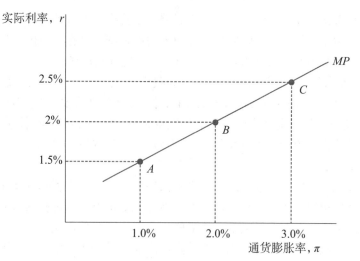

图 10 - 1 货币政策曲线

MP 曲线向上倾斜表明中央银行在通货膨胀率上升时提高实际利率，因为中央银行的货币政策遵循泰勒原理。

率也上升，正如 *MP* 曲线所表示的那样。[①] 约翰·泰勒和许多研究人员都发现，在实践中货币政策制定者倾向于遵循泰勒原理。

为了弄清为什么货币政策制定者遵循泰勒原理，这一原理使得更高的通货膨胀率导致更高的实际利率，考虑一下如果政策制定者不这么做而是允许实际利率在通货膨胀率上升时下降将会发生什么。在这种情况下，通货膨胀率的上升会导致实际利率的下降，实际利率的下降会导致总产出的增加，总产出的增加使得通货膨胀率进一步上升，这又会导致实际利率进一步下降，总产出进一步增加。我们可以将这一机制表示如下：

$$\pi \uparrow \Rightarrow r \downarrow \Rightarrow Y \uparrow \Rightarrow \pi \uparrow \Rightarrow r \downarrow \Rightarrow Y \uparrow \Rightarrow \pi \uparrow$$

结果是通货膨胀率将会持续上升，最终不受控制。实际上，这正是 20 世纪 70 年代发生的事，当时联储提高的实际利率的量没有通货膨胀率上升的量那么多，从而实际利率下降。通货膨胀率加速上升，超过了 10％。[②]

□ *MP* 曲线的移动

用通常的话来说，当联储提高实际利率时，我们称其收紧货币政策，当联储降低实际利率时，我们称其放松货币政策。可是，区分以下两者是很重要的：一是使货币政策曲线发生移动的货币政策的变动，我们称其为自发变动；二是由泰勒原理驱动的变动，表现为沿着货币政策曲线发生的运动，我们称其为对利率的自然调整。

中央银行会因为各种各样的原因对货币政策进行自发变动。中央银行可能希望改变当前的通货膨胀率。例如，为了降低通货膨胀率，中央银行可以将 $\bar{r}$ 升高 1 个百分点，从而在任何给定通货膨胀率下实际利率都上升了，我们把这样的政策称为**货币政策的自发收紧**（autonomous tightening of monetary policy）。这种货币政策的自发收紧将使货币政策曲线向上移动 1 个百分点，如图 10 - 2 所示，从 MP_1 移动到 MP_2，从而导致经济收缩和通货膨胀率下降。或者，中央银行可能有与通货膨胀无关的信息，而这些信息表明为了实现好的经

---

① 注意，泰勒原理与我们将在第 13 章描述的泰勒规则不同：泰勒原理并没为货币政策应该如何对经济条件做出反应提供精确的规则，而泰勒规则提供了这样的规则。

② 在第 12 章附录中我们将正式证明：当中央银行不遵循泰勒原理时，通货膨胀率具有不稳定性。

济结果必须对利率进行调整。例如，如果经济即将进入衰退，为了刺激经济和防止通货膨胀率下降，货币政策制定者想在任何给定的通货膨胀率下都降低实际利率，这被称为**货币政策的自发放松**（autonomous easing of monetary policy）。这种货币政策的自发放松将导致货币政策曲线向下移动（比如说）1个百分点，如图 10-2 所示，从 MP_1 移动到 MP_3。

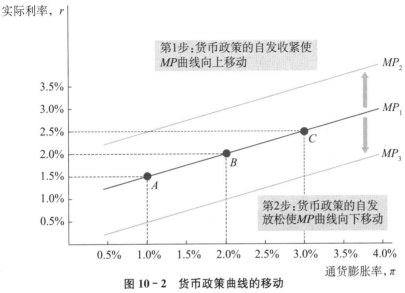

图 10-2　货币政策曲线的移动

货币政策的自发变动，例如中央银行在任何给定的通货膨胀率下改变实际利率，导致 MP 曲线发生移动。提高实际利率的货币政策的自发收紧使 MP 曲线移动到 MP_2，降低实际利率的货币政策的自发放松使 MP 曲线移动到 MP_3。

□ 沿着 *MP* 曲线的运动与 *MP* 曲线的移动

很多学生在理解后面的章节中将要学到的总需求-总供给（AD-AS）框架时遇到的一大阻碍就是区分沿着 MP 曲线的运动和 MP 曲线的移动。沿着 MP 曲线的运动——如图 10-1 中从 A 点到 B 点再到 C 点的运动——应被理解为是中央银行在通货膨胀率上升时提高利率的正常反应（也被称为内生反应）。所以我们可以把沿着 MP 曲线的运动看成是利率随着通货膨胀率的上升而上升，这也是中央银行面对通货膨胀率变化的自然反应。这样的反应不会使货币政策曲线发生移动。

另外，当中央银行在任何给定的通货膨胀率下都提高利率，也就是说，方程（1）中的 $\bar{r}$ 变大时，这就不是对高通货膨胀率的一个自然反应，而是货币政策的自发收紧。这种收紧使得 MP 曲线向上移动，如图 10-2 所示，从 MP_1 移动到 MP_2。

自发的货币政策变化和沿着货币政策曲线的运动之间的区别可以用以下两个政策与实践案例来加以说明。这两个案例概括了联储在 2004—2006 年和 2007 年秋天（2007—2009 年金融危机的开端）这两个时期采取的货币政策措施。

政策与实践

沿着 *MP* 曲线的运动：2004—2006 年联邦基金目标利率的提高

出于对通货紧缩——通货膨胀率为负——的担忧，联储在 2003 年 6 月至 2004 年 6 月一直将联邦基金利率控制在 1% 的低水平。然而，随着经济快速增长，通货膨胀的压力开始上升，于是联邦公开市场委员会在 2004 年 6 月的会议上决定将联邦基金利率上调 1/4 个百分点。而且，从那以后一直到 2006 年 6 月，联邦公开市场委员会将这一目标利率的上调变成了一个自然的过程，它在接下来的每一次会议上都将联邦基金利率上调相同的百分点（见图 10 - 3）。这些货币政策措施显然是沿着 *MP* 曲线的运动，类似于图 10 - 1 中从 *A* 点到 *B* 点再到 *C* 点的运动。

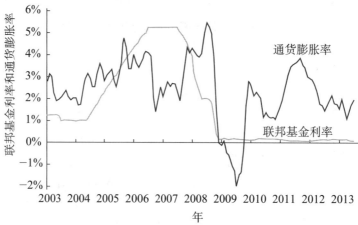

图 10 - 3　通货膨胀率与联邦基金利率，2003—2013 年

从 2004 年 6 月到 2006 年 6 月，由于通货膨胀率上升的压力，联储在每一次联邦公开市场委员会会议上都将联邦基金利率上调 1/4 个百分点。在 2007 年 9 月，联储开始激进地实施货币政策的自发放松，降低了其政策利率（联邦基金利率），尽管当时通货膨胀率维持在高位。

资料来源：Federal Reserve Bank of St. Louis，FRED Database. http：//research. stlouisfed. org/fred2/categories/118.

政策与实践

MP 曲线的移动：2007—2009 年金融危机之初货币政策的自发放松

在 2007 年 8 月金融危机刚开始时，通货膨胀率上升，经济增长势头还很强劲。沿着 *MP* 曲线的运动本来表明联储会继续提高利率，但是联储的做法正好相反：尽管通货膨胀率持续维持在高位，如图 10 - 3 所示，但联储开始激进地降低联邦基金利率。因此，联储的做法使货币政策曲线从 MP_1 向下移动到 MP_3，如图 10 - 2 所示。联储之所以采取货币政策的自发放松，是因为金融市场的崩溃对经济的负向外部冲击（详细情况见第 15 章）表明，尽管当前通货膨胀率高，但是经济在不久的将来很可能会变差并且通货膨胀率将会下降。确实，经济的发展正是如此：经济在 2007 年 12 月进入了衰退，通货膨胀率在 2008 年 7 月后急剧下降。

▌ 总需求曲线

我们现在可以推导当产品市场处于均衡时通货膨胀率与总产出之间的关系了。这一关系的图形表示就是**总需求曲线**（aggregate demand curve）。我们此前介绍的 *MP* 曲线显示了中央银行如何改变利率来对通货膨胀率的变化做出反应，并要遵循泰勒原理。我们在第 9

章所介绍的 IS 曲线说明了利率的变化反过来会影响均衡产出。有了这两条曲线，在公众对于通货膨胀率的预期以及货币政策立场给定的条件下，我们现在可以将总产出的需求量和通货膨胀率联系起来。总需求曲线是接下来的两章中我们要介绍的总需求-总供给分析的关键，总需求-总供给分析使我们能够解释总产出和通货膨胀率的短期波动。

□ 利用图形推导总需求曲线

利用设想的方程（2）所表示的 MP 曲线，我们知道当通货膨胀率从 1％上升到 2％再上升到 3％时，实际利率从 1.5％上升到 2％再上升到 2.5％。我们将这些点画在图 10-4（a）中，联结起来得到 MP 曲线。在图 10-4（b）中我们画出由第 9 章方程（13）所描述的 IS 曲线（$Y=12-r$）。当实际利率从 1.5％上升到 2％再上升到 2.5％时，均衡从点 1 移动到点 2 再移到点 3，总产出从 10.5 万亿美元下降到 10 万亿美元再下降到 9.5 万亿美元。换句话说，当实际利率上升时，消费、投资和净出口都下降，导致总需求的下降。图 10-4（a）和图 10-4（b）显示，当通货膨胀率从 1％上升到 2％再上升到 3％时，均衡从点 1 移动到点 2 再移到点 3，总产出从 10.5 万亿美元下降到 10 万亿美元再下降到 9.5 万亿美元，我们把通货膨胀率和总产出的组合画在图 10-4（c）中。

在图 10-4（c）中联结这些点的曲线就是总需求曲线 AD。对于任何给定的通货膨胀率，这一曲线表明了与这三个实际利率中每一个相对应的、与产品市场均衡一致的总产出水平。总需求曲线是向下倾斜的，这是因为，更高的通货膨胀率导致中央银行提高实际利率，从而降低计划支出，降低均衡时的总产出水平。

利用一些简单的代数计算（详见参考资料"用代数方法推导总需求曲线"），图 10-4 中所示的 AD 曲线可以写成如下数值形式：

$$Y = 11 - 0.5\pi \tag{3}$$

▶ **参考资料**　　　　　**用代数方法推导总需求曲线**

为了得到 AD 曲线的数值形式，我们首先列出前一章中方程（13）所给出的数值形式的 IS 曲线：

$$Y = 12 - r$$

接着我们将上式中的 r 用本章方程（2）所示的方程 $r=1.0+0.5\pi$ 代入，得到：

$$Y = 12 - (1.0 + 0.5\pi) = (12-1) - 0.5\pi = 11 - 0.5\pi$$

正如正文中所表述的那样。

类似地，我们可以利用第 9 章方程（12）所给出的代数形式的 IS 曲线来推导更一般形式的 AD 曲线：

$$Y = [\overline{C} + \overline{I} - d\overline{f} + \overline{G} + \overline{NX} - mpc \times \overline{T}] \times \frac{1}{1-mpc} - \frac{c+d+x}{1-mpc} \times r$$

接着将上式中的 r 用方程（1）所给出的 MP 曲线 $r = \bar{r} + \lambda\pi$ 代入，得到 AD 曲线的更一般的表达形式：

$$Y = [\overline{C} + \overline{I} - d\overline{f} + \overline{G} + \overline{NX} - mpc \times \overline{T}] \times \frac{1}{1-mpc} - \frac{c+d+x}{1-mpc} \times (\bar{r} + \lambda\pi) \tag{4}$$

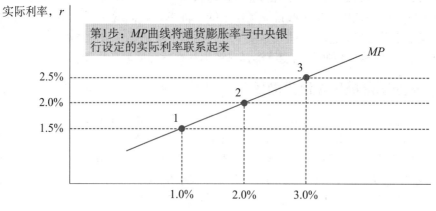

(a) MP曲线

实际利率，r

第1步：MP曲线将通货膨胀率与中央银行设定的实际利率联系起来

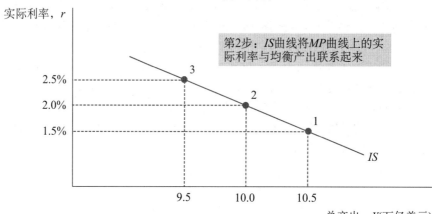

(b) IS曲线

实际利率，r

第2步：IS曲线将MP曲线上的实际利率与均衡产出联系起来

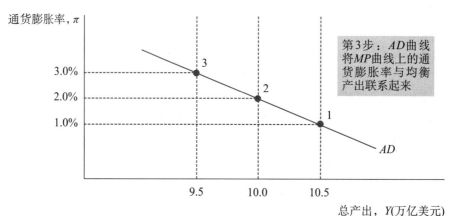

(c) 总需求曲线

通货膨胀率，π

第3步：AD曲线将MP曲线上的通货膨胀率与均衡产出联系起来

图 10-4 AD 曲线的推导

图 (a) 中的 MP 曲线显示当通货膨胀率从 1.0% 上升到 2.0% 再上升到 3.0% 时，实际利率从 1.5% 上升到 2.0% 再上升到 2.5%。图 (b) 中的 IS 曲线显示更高的实际利率导致更低的计划投资支出，从而总产出将从 10.5 万亿美元下降到 10.0 万亿美元再下降到 9.5 万亿美元。最后，图 (c) 绘制了以上三个实际利率所对应的均衡产出：联结这三个点的直线就是 AD 曲线，它是向下倾斜的。

□ 导致总需求曲线发生移动的因素

沿着总需求曲线的运动描述了当通货膨胀率变动时总产出均衡水平的变动。可是，当通货膨胀率之外的因素发生变动时，总需求曲线会发生移动。我们首先回顾一下导致 IS 曲线发生移动的因素，然后再来考虑导致 AD 曲线发生移动的因素。

IS 曲线的移动。 在第 9 章中我们看到有六种因素会导致 IS 曲线发生移动。可以证明，这些因素也会导致总需求曲线发生移动：

1. 自发消费支出；
2. 自发投资支出；
3. 政府购买；
4. 税收；
5. 自发净出口；
6. 金融摩擦。

我们在图 10-5 中考察这些因素的变动如何导致总需求曲线的移动。

假定通货膨胀率为 2.0%，因此图 10-5（a）中的 MP 曲线表明实际利率为 2.0%。图 10-5（b）中的 IS_1 曲线表明均衡产出水平为 A_1 点的 10 万亿美元，这对应着图 10-5（c）中 AD_1 曲线上 A_1 点所表示的均衡产出 10 万亿美元。现在假定（例如）政府购买增加了 1 万亿美元。图 10-5（b）显示在通货膨胀率和实际利率都保持在 2.0% 的条件下，均衡将从 A_1 点移动到 A_2 点，产出上升到 12.5 万亿美元[①]，因此 IS 曲线从 IS_1 向右移动到 IS_2。产出增长到 12.5 万亿美元意味着在通货膨胀率和实际利率保持不变的条件下，图 10-5（c）中的均衡也从 A_1 点移动到 A_2 点，因此 AD 曲线也从 AD_1 向右移动到 AD_2。

图 10-5 说明，任何使 IS 曲线发生移动的因素也会导致总需求曲线发生相同方向的移动。因此，导致自发消费支出或者计划投资支出上升的"动物精神"、政府购买的增加、税收的下降、金融摩擦的减小或者净出口的自发性增加，所有这些导致 IS 曲线向右移动的变化也会导致总需求曲线向右移动。相反，自发消费支出的下降、计划投资支出的下降、政府购买的减少、税收的上升、金融摩擦的增大或者净出口的下降将会导致总需求曲线向左移动。

MP 曲线的移动。 我们现在考察当 MP 曲线发生移动时，总需求曲线将发生什么变化。假定由于担心经济过热，联储决定自发地收紧财政政策，在任意给定的通货膨胀率下，将实际利率提高 1 个百分点。当通货膨胀率为 2.0% 时，实际利率从 2.0% 上升到 3.0%，如图 10-6 所示。在图 10-6（a）中 MP 曲线从 MP_1 向上移动到 MP_2。图 10-6（b）则显示当通货膨胀率为 2.0% 时，更高的利率导致均衡从 IS 曲线上的 A_1 点移动到 A_2 点，产出从 10 万亿美元下降到 9 万亿美元。产出下降是因为更高的实际利率导致消费、投资和净出口下降，这降低了总需求。相应地，在图 10-6（c）中均衡从 A_1 点移到 A_2 点，因此 AD 曲线从 AD_1 向左移动到 AD_2。

---

① 正如我们在第 9 章的数值例子中所看到的那样，政府购买增加 1 万亿美元导致在任何实际利率水平下均衡产出增加 2.5 万亿美元，这是当实际利率为 2.0% 时产出从 10 万亿美元增加到 12.5 万亿美元的原因。

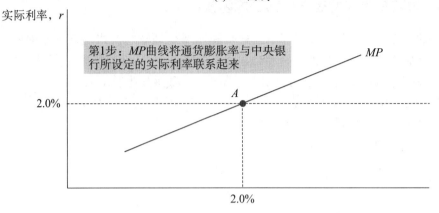

(a) MP曲线

实际利率，r

第1步：MP曲线将通货膨胀率与中央银行所设定的实际利率联系起来

MP

2.0%

A

2.0%

通货膨胀率，π

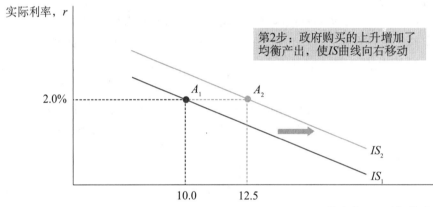

(b) IS曲线

实际利率，r

第2步：政府购买的上升增加了均衡产出，使IS曲线向右移动

2.0%

A_1 A_2

IS_2

IS_1

10.0   12.5

总产出，Y(万亿美元)

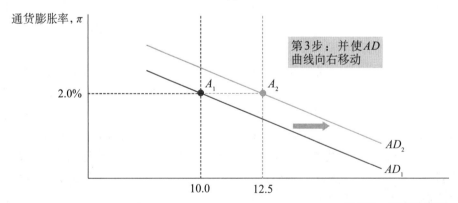

(c) 总需求曲线

通货膨胀率，π

第3步：并使AD曲线向右移动

2.0%

A_1 A_2

AD_2

AD_1

10.0   12.5

总产出，Y(万亿美元)

图 10 - 5 IS 曲线移动所导致的 AD 曲线的移动

在图（a）中，当通货膨胀率为2%时，货币政策曲线表明实际利率为2%。图（b）显示政府购买的上升导致 IS 曲线向右移动。在通货膨胀率和实际利率都为 2%时，均衡产出从 10 万亿美元上升到 12.5 万亿美元，这在图（c）中表示为从 A_1 点向 A_2 点的移动，总需求曲线从 AD_1 向右移动到 AD_2。任何导致 IS 曲线发生移动的因素都会导致 AD 曲线向相同的方向发生移动。

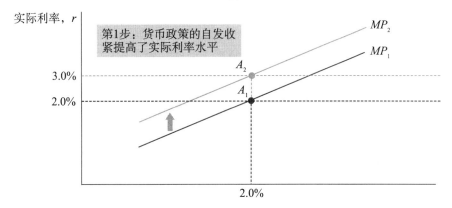

(a) MP曲线

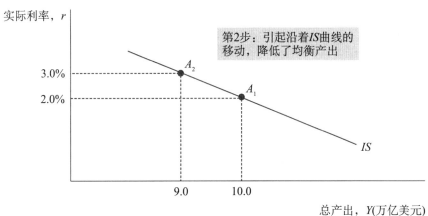

(b) IS曲线

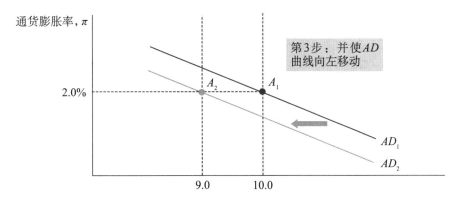

(c) 总需求曲线

图 10 - 6 货币政策的自发收紧所导致的 *AD* 曲线的移动

　　使实际利率在任意给定的通货膨胀率下都增加 1 个百分点的货币政策的自发收紧导致 *MP* 曲线从 MP_1 向上移动到 MP_2，如图（a）所示。当通货膨胀率为 2.0% 时，更高的实际利率 3% 会导致 *IS* 曲线上 A_1 点向 A_2 点的移动，产出从 10 万亿美元下降到 9 万亿美元。这一均衡产出的变化导致图（c）中从 A_1 点向 A_2 点的移动，使总需求曲线从 AD_1 移动到 AD_2。

从图 10-6 中我们可以得到如下结论：货币政策的自发收紧——在任何给定的通货膨胀率下实际利率都上升——将会导致总需求曲线向左移动。类似地，货币政策的自发放松将导致总需求曲线向右移动。

到目前为止，我们已经推导和分析了总需求曲线，它是在接下来两章中我们所考察的总需求和总供给框架中的重要组成部分。我们将在这一框架下使用总需求曲线来决定总产出和通货膨胀率，并考察引起这两个变量发生变动的一些事件。

货币市场和利率

在本章早些时候，我们对联储如何设定联邦基金利率只进行了一个简要的描述。现在，我们将通过使用流动性偏好理论来分析货币市场，对联储如何设定这种名义利率进行详细阐述。**流动性偏好理论**（liquidity preference framework）通过令货币供给等于货币需求来决定均衡名义利率。

□ 流动性偏好和货币需求

约翰·梅纳德·凯恩斯建立了一种货币需求理论，他将其称为流动性偏好理论，这一理论严格区分了名义量和实际量。货币的名义量用通货的单位表示，例如 500 亿美元。然而，流动性偏好理论考察的是用能够购买的实际产品和服务来表示的货币需求。因此，如果价格水平翻倍，那么同样的 500 亿美元只能购买一半数量的产品。凯恩斯认为，当人们决定想要持有多少货币（需求）时，他们考虑的是**实际货币余额**（real money balance），即实际意义上的货币量。

在这一模型中，对实际货币余额的需求取决于实际收入 Y 和名义利率 i。我们将凯恩斯的流动性偏好理论用以下方程表示：

$$\frac{M^d}{P} = L(i, Y) \qquad\qquad (5)$$
$$\quad\ -\ \ +$$

我们称方程（5）为**流动性偏好函数**（liquidity preference function）。i 下面的负号意味着当名义利率 i 上升时，对实际货币余额的需求下降；Y 下面的正号表示当收入 Y 上升时，对实际货币余额的需求也上升。（对凯恩斯货币需求理论和其他货币需求理论的更多讨论以及关于货币需求方面的经验证据，参见本章的附录部分。）

为什么对实际货币余额的需求与名义利率之间存在负相关关系呢？你在经济学原理课程中学到的机会成本的概念对这一关系提供了直觉解释。**机会成本**（opportunity cost）是指持有货币而不是债券等替代性资产而损失的收入数量。在凯恩斯的分析中，货币赚的利息很少（如果有的话），因为货币通常以通货的形式持有或者被存在支票账户中。因此，持有货币的机会成本是债券的名义利率 i。当利率 i 上升时，持有货币而非债券的成本就会增加，即机会成本增加，因而货币需求量会下降。注意，对实际货币余额的需求与名义利率 i 相关，而支出决策与实际利率相关。

实际货币余额与收入正相关，这有以下两个原因：

1. 当收入上升时，家庭和企业进行更多的交易，因此需要持有更多的货币以进行购买。

2. 更高的收入使家庭和企业更加富有，富有的人倾向于持有更多数量的各种金融资产，包括货币。

□ 货币需求曲线

我们分析的第一步是利用流动性偏好函数得到一条描述在收入等其他所有变量不变的条件下对实际货币余额的需求量与利率之间的关系的需求曲线。由于我们进行的是短期分析，我们将假设价格具有黏性，因此价格水平在短期固定为 $\bar{P}$。参看图 10-7，假定对于某一给定的收入水平，当利率为 i_1 时，人们想要持有的实际货币余额为 $M_1/\bar{P}$，标记为 A 点。正如流动性偏好函数所表示的那样，更低的利率鼓励家庭和企业持有更多的实际货币余额，因为持有货币的机会成本下降了。当利率下降到 i^* 时，对实际货币余额的需求量上升到 $\bar{M}/\bar{P}$，标记为 E 点。当利率下降到 i_2 时，货币的机会成本进一步下降，对实际货币余额的需求量继续升高到 $M_2/\bar{P}$，标记为 D 点。将 A 点、E 点和 D 点联结起来就得到了图 10-7 中的实际货币余额需求曲线 MD。这一曲线是向下倾斜的，因为当其他条件保持不变时，更低的利率会增加对实际货币余额的需求量。

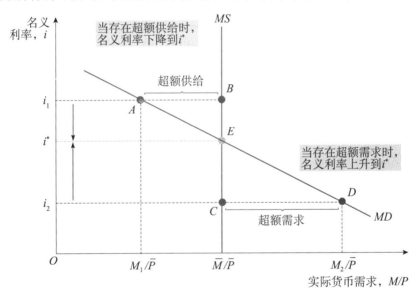

图 10-7 货币市场的均衡

实际货币余额需求曲线 MD 是向下倾斜的，原因是当利率即持有货币的机会成本下降时，货币需求量上升。实际货币余额的供给曲线 MS 是垂直的，原因是中央银行将货币供给固定在 $\bar{M}$ 且价格水平在短期给定为 $\bar{P}$，从而对于任意给定的利率，实际货币余额的供给固定在 $\bar{M}/\bar{P}$。在 MD 曲线和 MS 曲线的交点 E 点，货币市场达到均衡，均衡的名义利率为 i^*。

□ 货币供给曲线

中央银行，例如美国的联储，可以通过公开市场操作即买入或卖出政府证券将货币供给保持在它认为合意的水平附近，这一点我们在第 5 章已经讨论过了。设想联储从银行手里购买了价值 10 亿美元的政府证券（债券）。联储为所购买的证券进行支付的方式是向银行在中央银行开设的账户存入这 10 亿美元。这些存款，我们称之为**准备金**（reserves），代表银行系统增加的流动性。由于更多的准备金带来额外的流动性，银行可以贷给客户更多的钱，这会增加银行存款。由于这些存款包含在货币供给中，正如我们在第 5 章所看到的那样，公开市场购买会导致流动性的增加和货币供给的增加。类似的推理也告诉我们，政府证券的公开市场出售会带来流动性的减少和货币供给的减少。

如果联储将货币供给量固定在 $\bar{M}$，同时价格水平短期固定在 $\bar{P}$，那么无论利率是多少，实际货币余额供给量 M^s/P 都固定在 $\bar{M}/\bar{P}$。因此显示每一名义利率水平下实际货币余额供给量的供给曲线是一条垂直线，如图 10-7 所示的直线 MS。

☐ 货币市场均衡

正如你在经济学原理课程中学到的供给和需求分析告诉我们的那样，当在某一价格下人们想要购买的数量（需求量）等于供给的数量（供给量）时，市场均衡就达到了。当对实际货币余额的需求量等于实际货币余额的供给量时，货币市场达到了均衡：

$$\frac{M^d}{P} = \frac{M^s}{P} \tag{6}$$

在图 10-7 中，需求曲线 MD 和供给曲线 MS 在 E 点（字母 E 代表均衡 "equilibrium"）相交，在该点达到了均衡，均衡利率为 i^*。图 10-7 表明当利率太高或太低时，利率有回到均衡利率 i^* 的倾向。

对超额供给的反应。一旦人们对实际货币余额的需求得到了满足，他们就想把额外的货币变成其他资产，例如债券或者生息的银行账户存款。当利率高于均衡水平时，货币的超额供给就会产生。在图 10-7 中，当利率为 i_1 时，实际货币余额的供给量（B 点）大于实际货币余额的需求量（A 点）。当超额货币转变成其他资产时，银行和债券发行者会发现它们支付更低的利息仍然能够吸引同样多的客户。正如图中向下的箭头所示，这些资产的发行者将持续降低利率直到达到均衡水平 i^*，此时实际货币余额的超额供给就消除了。

对超额需求的反应。当人们想要持有的货币量大于可得的货币量时，他们将卖出其他资产或者从生息的银行账户中取出存款，直到他们合意的实际货币余额水平得到满足。当利率低于均衡利率 i^* 时，对货币的超额需求就产生了。在图 10-7 中，当利率为 i_2 时，D 点所对应的需求量大于 C 点所对应的供给量。人们会把所持有的债券和银行账户转换成货币，这使银行和债券发行者提高它们所提供的利率以获得新的融资来源。利率将持续上升直到达到均衡利率水平 i^*，此时对货币的超额需求就消除了。

☐ 均衡利率的变动

现在，我们可以将供给与需求框架运用于货币市场以分析利率发生变动的原因。为了避免混淆，我们需要谨记沿着需求（或供给）曲线的运动和需求（或供给）曲线本身的移动。当利率的变动引起需求量变动时，这时发生了沿着需求曲线的运动，例如图 10-7 中从 A 点移动到 E 点再到 D 点所发生的需求量的变化。相反，当利率之外的某些其他因素变动导致需求（供给）量在任何给定的利率水平都发生变动时，这时就发生了需求（供给）曲线的移动。当某种因素变动导致供给或需求曲线发生了移动，就会有一个新的均衡利率水平。

  导致需求曲线发生移动的因素。方程（5）所表示的流动性偏好函数表明名义利率 i 和实际收入 Y 决定了实际货币余额需求量。正如我们在图 10-7 中所看到的，i 的变化不会使需求曲线发生移动，而是导致沿着需求曲线的运动。Y 的变化则的确会使需求曲线发生移动，因为在任何给定的利率水平，实际货币余额需求量都会发生变化。图 10-8 显示了这一影响。当收入上升时，在某一利率水平，货币需求从初始的需求曲线上的 A_1 点移动（增加）到 A_2 点。在另一利率水平，货币需求量从初始的需求曲线上的 B_1 点增加到 B_2 点。对于初始的需求曲线 MD_1 上的其他所有点都进行同样的推理，我们可以看到需求曲线从 MD_1 向右移动到 MD_2。

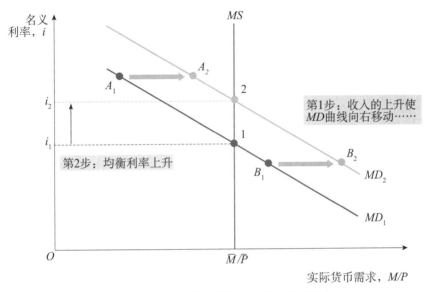

图 10-8　收入上升所导致的需求曲线的移动

  如果收入上升，由于在所有利率水平下需求量都发生了改变，需求曲线从 MD_1 向右移动到 MD_2。均衡从点 1 移动到点 2 并且利率从 i_1 上升到 i_2。

  由于货币余额供给量固定为 $\overline{M}/\overline{P}$，供给曲线稳定在 MS，需求曲线的向右移动会产生一个新的均衡，即 MD_2 曲线与供给曲线 MS 的交点，即图中的点 2。正如你可以看到的，均衡利率从 i_1 上升到 i_2。因此，当收入上升时（价格水平和货币量等其他所有变量保持不变），利率会上升。

  导致供给曲线发生移动的因素。实际货币余额的供给量 M^s/P 发生改变会导致供给曲线发生移动。货币余额的供给量变动的原因有二：（1）由联储供给的货币量 M^s 发生变化；（2）价格水平 P 发生变化。

  如果联储将货币供给从 $\overline{M}_1$ 提高到 $\overline{M}_2$，而价格水平固定在 $\overline{P}$，那么在任意给定的利率下，实际货币余额的供给量都上升。供给曲线从图 10-9（a）中的 MS_1 向右移动到 MS_2。均衡从点 1 移动到点 2，即供给曲线 MS_2 与需求曲线 MD 的交点，均衡利率从 i_1 下降到 i_2。当货币供给上升时（其他经济变量保持不变），利率将会下降。

  如果在货币供给保持不变的条件下价格水平从 $\overline{P}_1$ 上升到 $\overline{P}_2$，那么在任意给定的利率下，实际货币余额的供给量 M^s/P 都下降。供给曲线从图 10-9（b）中的 MS_1 向左移动

第 10 章　货币政策和总需求

到 MS_2。均衡从点 1 移动到点 2，均衡利率从 i_1 上升到 i_2。因此，当价格水平上升（货币供给量和其余变量均保持不变）时，利率将会上升。[①]

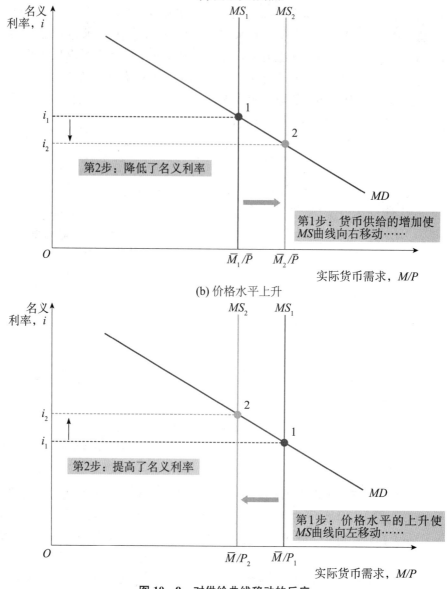

图 10-9　对供给曲线移动的反应

在图（a）中，当货币供给增加时，由于在所有利率水平下供给量都发生了改变，供给曲线从 MS_1 向右移动到 MS_2。均衡从点 1 移动到点 2，利率从 i_1 下降到 i_2。在图（b）中，当价格水平上升时，由于在所有利率水平下供给量都发生了改变，供给曲线将从 MS_1 向左移动到 MS_2。均衡从点 1 移动到点 2，利率从 i_1 上升到 i_2。

---

① 在货币供给和通货膨胀预期不变的条件下，这里所介绍的流动性偏好分析为泰勒原理提供了另外一种解释。通货膨胀率的上升意味着价格水平将比通货膨胀率不上升时更高，因此我们处于图 10-9（b）所描述的情况。当货币供给量相同时，实际货币余额的供给量下降，MS 曲线向左移动，进而名义利率和实际利率都上升（因为通货膨胀预期保持不变）。这一关系可以用如下示意图表示：

$$\pi \uparrow \Rightarrow \frac{M}{P} \downarrow \Rightarrow i \uparrow \Rightarrow r \uparrow$$

本章小结

1. 当联储通过向银行体系提供更多的流动性来降低联邦基金利率时，在短期实际利率会下降；当联储通过减少提供给银行体系的流动性来提高利率时，在短期实际利率会上升。

2. 货币政策（MP）曲线显示了由货币当局的行为所产生的通货膨胀率与实际利率之间的关系。货币政策遵循泰勒原理——更高的通货膨胀率导致更高的实际利率，这可以由沿着货币政策曲线的向上运动来表示。当货币政策制定者在任何给定的通货膨胀率下都提高实际利率时，货币政策的自发收紧就发生了，这会导致货币政策曲线的向上移动。当货币政策制定者在任何给定的通货膨胀率下都降低实际利率时，货币政策的自发放松就发生了，这会导致货币政策曲线的向下移动。

3. 总需求曲线告诉我们在任何给定的通货膨胀率下的均衡总产出（它等于产出的总需求量）。因为更高的通货膨胀率会导致中央银行提高实际利率，进而导致更低的均衡产出水平，所以总需求曲线是向下倾斜的。总需求曲线与 IS 曲线的移动方向相同，因此当政府购买上升、税收下降、"动物精神"鼓励了消费者和企业支出、金融摩擦减小或者自发净出口上升时，总需求曲线向右移动。货币政策的自发收紧，即在任何给定的通货膨胀率下实际利率都上升，导致总需求下降和总需求曲线的向左移动。

4. 流动性偏好理论分析了货币市场中实际货币余额的需求量和供给量的相互作用如何决定名义利率。这一理论表明当收入或者价格水平上升时，名义利率将会上升，而当货币供给增加时，名义利率将会下降。

关键术语

货币政策（MP）曲线
货币政策的自发放松
实际货币余额
准备金

泰勒原理
总需求曲线
流动性偏好函数

货币政策的自发收紧
流动性偏好理论
机会成本

复习题

联储和货币政策

1. 什么是实际利率？为什么联储可以在短期控制实际利率，但是在长期不能？

货币政策曲线

2. 什么是货币政策曲线？为什么它是向上倾

斜的？

3. 联储的货币政策的自发收紧和自发放松如何影响 MP 曲线？

总需求曲线

4. 什么是总需求曲线？为什么它是向下倾斜的？

5. 计划支出的变化如何影响总需求曲线?

6. MP 曲线和总需求曲线之间有什么关系?

货币市场和利率

7. 在凯恩斯的流动性偏好理论中,哪些变量决定了实际货币余额的需求量?对于这些变量中每一个的变动,实际货币余额的需求量如何做出反应?

8. 定义公开市场操作并解释这些操作如何影响货币供给。

9. 货币市场均衡的条件是什么?为什么货币市场会向均衡移动?

10. 在流动性偏好理论的框架下,什么可以提高均衡利率?

习题

货币政策曲线

1. 假设货币政策曲线为 $r=1.5+0.75\pi$。
   (a) 当通货膨胀率分别为 2%、3% 和 4% 时,计算实际利率。
   (b) 画出货币政策曲线并标出以上三个点。

2. 假设现在的货币政策曲线从第 1 题中给定的形式变为 $r=2.5+0.75\pi$。
   (a) 新的货币政策曲线代表了货币政策的自发收紧还是自发放松?
   (b) 在第 1 题所画的图中画出新的货币政策曲线。

总需求曲线

3. 假设货币政策曲线为 $r=1.5+0.75\pi$,IS 曲线为 $Y=13-r$。
   (a) 求出总需求曲线的表达式。
   (b) 当通货膨胀率分别为 2%、3% 和 4% 时,计算总产出。
   (c) 画出总需求曲线并标出问题(b)中的三个点。

4. 净出口是总需求的一个组成部分,其增加会使 IS 曲线向右移动。净出口的增加会影响货币政策曲线吗?请解释原因。

5. 假定日本到 2015 年时总产出仍然低于潜在水平,而日本中央银行决定以更高的就业率作为目标并认为通货膨胀率多年来较低且稳定,因而它不是一个紧要的问题。
   (a) 你预期货币政策将会收紧还是宽松?
   (b) 这对货币政策曲线和总需求曲线的影响是什么?

货币市场和利率

6. 假设对实际货币余额的需求为 $\frac{M^d}{P} = \frac{Y}{6} - 150i$(如果利率为 2%,那么公式中的 i 为 2)。假设 $Y = 129\,000$ 亿美元,因此 $\frac{M^d}{P} = \frac{12\,900}{6} - 150i$(以 10 亿美元为单位)。
   (a) 计算利率分别为 4%、3% 和 1% 时实际货币余额的需求量。
   (b) 以纵轴代表利率、横轴代表实际货币余额在图形上画出这些点。

7. 假定经济经历了总产出的收缩。这一事件将如何影响实际货币余额的需求函数?在第 6 题的问题(b)的图中画出原来的需求曲线和新的需求曲线(如果有必要的话)。

8. 假设对实际货币余额的需求为 $\frac{M^d}{P} = \frac{Y}{6} - 150i$。
   (a) 如果货币供给为 17\,000 亿美元,总产出为 129\,000 亿美元,计算均衡利率。
   (b) 如果货币供给为 17\,000 亿美元,总产出上升到 138\,000 亿美元,计算新的均衡利率。
   (c) 将上面的需求曲线和利率标示在同一幅图中。

9. 考虑货币市场。假定价格水平上升。如果中央银行控制货币供给不变,那么均衡利率将会怎么变化?描述一下是什么导致了最后的结果。

宏观经济学:政策与实践(第二版)

数据分析题

1. 美国财政部发行的通货膨胀指数化国债（TI-IS）的利率可以近似作为实际利率的一种测度。访问圣路易斯联邦储备银行 FRED 数据库，找到 5 年期 TIIS（FII5）和个人消费支出价格指数（PCECTPI，价格指数的一种测度）的数据。将 TIIS 的频率设置为季度，然后下载这两个数据序列。把价格指数转化为年化通货膨胀率，方法是计算每个季度的价格指数与上一个季度相比的百分比变化，再乘以 4。一定要乘以 100 使得我们得到的年化通货膨胀率是以百分之一为单位的。

   (a) 计算可获得数据的最近 4 个季度的平均通货膨胀率和平均实际利率，再算出这之前的 4 个季度的平均通货膨胀率和平均实际利率。

   (b) 分别计算问题（a）中两段时期之间平均通货膨胀率和平均实际利率的变化。

   (c) 利用问题（b）的答案，算出平均实际利率的变化和平均通货膨胀率的变化之比。这个比值代表什么？请你谈谈它与泰勒原理有什么关系。

2. 美国财政部发行的通货膨胀指数化国债的利率可以近似作为实际利率的一种测度。访问圣路易斯联邦储备银行 FRED 数据库，找到 5 年期 TIIS（FII5）和个人消费支出价格指数（PCECTPI，价格指数的一种测度）的数据。将 TIIS 的频率设置为季度，将 PCECTPI 的单位设置为"与前一年相比的百分比变化"。使用从 2007 年到最新年份的数据，将这两个序列画在同一幅图上。利用图形找出自发性货币政策发生变化的时期。简要解释你的推理。

3. 访问圣路易斯联邦储备银行 FRED 数据库，找到银行贷款基础利率（MPRIME）、联邦基金有效利率（FEDFUNDS）以及 3 个月期美国国库券的二级市场利率（TB3MS）的数据。使用可获得数据最新月份、1 年前同一月份、5 年前同一月份和 10 年前同一月份的数据。

   (a) 计算这些货币市场工具利率与 1 年前、5 年前以及 10 年前相比的变化。

   (b) 找到 M1 货币存量（M1SL）以及价格水平的一种测度 PCEPI 的数据。用这两个数据序列计算实际货币供给，然后计算实际货币存量与 1 年前、5 年前以及 10 年前相比的总百分比变化。

   (c) 比较这些时期内利率和实际货币供给增长率的变化趋势。结果与流动性偏好理论一致吗？请简要解释。

第 10 章
附录

货币需求

预览

在本附录中，我们更加详细地介绍凯恩斯和其他有关货币需求的理论。另外，我们还将考察关于货币需求的经验证据。

凯恩斯关于货币需求的理论

约翰·梅纳德·凯恩斯在其 1936 年的著作《就业、利息和货币通论》中放弃了我们在第 5 章所介绍的数量论观点——货币流通速度是一个常数，提出了一个强调利率重要性的货币需求理论。凯恩斯在其流动性偏好理论中提出了货币需求背后的三种动机：交易动机、预防动机以及投机动机。

□ 交易动机

在数量论的框架下，个人持有货币的原因是货币是一种用于进行日常交易的交易媒介。凯恩斯最初接受了数量论的观点：由交易动机引起的货币需求量与收入成比例。后来，他和其他经济学家发现新的支付方式——被称为**支付技术**（payment technology）——也会影响货币需求。例如，信用卡使消费者无须持有货币就能购买东西（哪怕是金额很小的支付）。通过投资者的经纪人账户进行的电子支付也会减少对货币的需求。当支付技术提高时，相对于收入来说，对货币的需求会减少。

实际上，经济学家几十年来一直在预测"无现金社会"的出现。在"无现金社会"中，货币需求将减少到 0。然而，向"无现金社会"发展的速度比许多人预测的要慢

宏观经济学：政策与实践（第二版）

得多。

□ 预防动机

凯恩斯也认识到人们为了满足未预期到的需求而持有货币。假定你一直在考虑购买一套新的 Wii 游戏系统并且现在发现这套系统正在折价销售，折扣幅度为 25%。如果你恰好为了这样的事件持有货币，那么你就可以立即购买这套系统。凯恩斯认为人们想持有的预防性货币余额也是与收入成比例的。

□ 投机动机

凯恩斯还认为人们选择持有货币是将其作为储存财富的一种方式，他将其称为投机动机。因为在凯恩斯的分析中货币的定义包括通货（不会带来利息收入）和支票账户存款（通常只有一点儿利息），因此他假设货币没有利息，从而相较于持有债券等其他资产来说，持有货币的机会成本是债券的名义利率 i。当利率 i 上升时，货币的机会成本就会上升（持有货币相对于持有债券来说变得更加昂贵），因此货币的需求量下降。

□ 综合三种动机

将持有货币的以上三种动机结合起来就得到了对实际货币余额的需求，凯恩斯将其称为流动性偏好函数，即第 10 章中的方程（5）：

$$\frac{M^d}{P} = L(i, Y) \tag{1}$$
$$\quad\quad\quad - \quad +$$

方程（1）说明对实际货币余额的需求与名义利率负相关，与实际收入正相关。

后来的凯恩斯主义经济学家，例如诺贝尔经济学奖得主詹姆斯·托宾，将这一分析进行了拓展，证明了在货币需求中利率所发挥的作用比凯恩斯所设想的还要大。他们证明出于交易动机和预防动机的货币需求也和利率负相关。[①]

凯恩斯的货币需求理论的一个重要启示是，货币流通速度不再是一个常数而是会随着利率的变化而波动。为了便于分析，我们将流动性偏好函数写成如下形式：

$$\frac{P}{M^d} = \frac{1}{L(i, Y)}$$

将上式两边同时乘以 Y，并且认识到可以将 M^d 替换成 M（因为当货币市场处于均衡时两者相等），我们就可以求解出货币流通速度：

$$V = \frac{PY}{M} = \frac{Y}{L(i, Y)} \tag{2}$$

我们知道货币需求量与利率负相关，即当 i 上升时 $L(i, Y)$ 下降，因此货币流通速

[①] 有三篇详细阐述有关货币需求的凯恩斯方法的著名文献：William J. Baumol, "The Transactions Demand for Cash: An Inventory Theoretic Approach," *Quarterly Journal of Economics* 66 (1952): 545 - 556; James Tobin, "The Interest Elasticity of the Transactions Demand for Cash," *Review of Economics and Statistics* 38 (1956): 241 - 247; James Tobin, "Liquidity Preference as Behavior Toward Risk," *Review of Economic Studies* 25 (1958): 65 - 86. 有关货币需求理论的进一步讨论，可参阅 David Laidler, *The Demand for Money*, *Evidence and Problems*, 4th edition (New York: Harper Collins, 1993)。

度上升。由于利率的波动幅度较大，因此凯恩斯的货币需求理论表明货币流通速度也会呈现大幅度的波动。故凯恩斯的货币需求理论对古典数量论的观点"名义收入主要由货币数量的运动决定"提出了质疑。

货币需求的资产组合理论

所谓的货币需求的**资产组合理论**（portfolio theories）与凯恩斯的货币需求理论相关，在该理论中，人们决定自己想持有多少某种资产（如货币）作为他们整体资产组合的一部分。[①]

□ 资产组合理论

资产组合理论提出了每种资产的需求量的四个决定因素：

1. 财富，个人所持有的资源总量，包括所有资产；
2. **预期收益**（expected return），一种资产相对于其他资产的预期收益；
3. **风险**（risk），一种资产相对于其他资产的收益所具有的不确定性程度；
4. **流动性**（liquidity），一种资产相对于其他资产而言转换为现金的难易程度和速度。

对一种资产的需求应该与财富正相关：随着财富的上升，投资者拥有更多的可用资源来购买资产。对一种资产的需求应该与该资产相对于其他资产的预期收益正相关，因为随着某种资产相对于其他资产的预期收益上升，该资产就变得更加具有吸引力。对一种资产的需求与风险负相关。大多数人不喜欢风险因此被称为是**风险厌恶**（risk averse）的，因而风险更高的资产吸引力相对更小。对一种资产的需求与流动性正相关，因为能够易于快速地转换成现金的资产更有吸引力。

□ 资产组合理论和凯恩斯流动性偏好理论

凯恩斯流动性偏好理论认为对实际货币余额的需求与收入正相关，与名义利率负相关。资产组合理论为这一结论提供了依据。收入和财富倾向于共同运动：当收入更高时，财富也可能更高，对实际货币余额的需求也将更高。

另外，随着利率的上升，货币的预期收益不发生变化。然而，债券——另一种可供选择的资产——的收益上升。因此，尽管货币的预期绝对收益不发生变化，货币相对于债券的预期相对收益会下降。换句话说，更高的利率会使货币的吸引力降低，因而对实际货币余额的需求会下降。

---

① 这是米尔顿·弗里德曼的著名论文 "The Quantity Theory of Money：A Restatement," in *Studies in the Quantity of Money*，ed. Milton Friedman（Chicago：University of Chicago Press，1956），3 - 21 所采用的方法。

□ 其他影响货币需求的因素

资产组合理论表明除了收入和名义利率外，其他因素也会影响货币需求。接下来我们将对这些因素依次进行讨论。

财富。资产组合理论指出随着财富的增加，投资者将具有更多的资源来购买资产，这会提高对货币的需求。然而，当收入保持不变时，更高的财富对货币需求只有很小的影响。一般来说，投资者在他们的投资组合中只会持有很少数量的货币，他们更加偏爱具有与货币相似的风险和流动性特征的生息资产，例如货币市场共同基金，而这些资产不包括在 M1 等货币衡量指标中。通货和活期存款有时被称为**劣势资产**（dominated assets），因为投资者能够持有其他收益更高且被认为同等安全的资产。

风险。很难想象还有一种风险比货币更低的资产。通货总是会被接受，除非发生了革命并且新政府拒绝接受原有政府的通货。只要有存款保险，银行存款就是安全的。可是，在资产组合理论中，风险总是通过与其他资产的比较来测度的。因此，如果股票市场的波动性变大，货币相对于股票来说风险就变小，因此对货币的需求会上升。另外，虽然货币从名义的角度来说是极其安全的，但是当通货膨胀率高度可变时，货币的实际收益（名义收益减去预期通货膨胀率）会变得高度可变。货币的实际收益的高度可变性会降低对货币的需求，因为人们会转而多持有其他资产，这些资产在通货膨胀率变动时其实际收益比货币的实际收益所受的影响小，因而被称为**通货膨胀对冲**（inflation hedge）。流行的通货膨胀对冲包括 TIPS（通货膨胀保值国债）、黄金和不动产。

其他资产的流动性。近些年来，金融创新导致了新的流动性资产的发展，例如货币市场共同基金或者住房净值信用额度——这一资产允许家庭开出由它们的住房作为抵押的支票。随着这些其他资产的流动性增加，货币的相对流动性下降，因此货币的需求也就下降。

□ 总结

我们利用凯恩斯的理论和资产组合的理论对货币需求的分析表明，有七种因素会影响货币需求：利率、收入、支付技术、财富、其他资产的风险、通货膨胀的风险和其他资产的流动性。为了便于学习，表 10A1－1 列出了货币需求对这些因素中每一个的变动所做出的反应，并且对背后的理由给出了简要的说明。

表 10A1－1 货币需求的决定因素

变量	变量的变化	货币需求的反应	原因
利率	↑	↓	持有货币的机会成本上升
收入	↑	↑	交易量增加
支付技术	↑	↓	交易中对货币的需要下降
财富	↑	↑	更多的资源作为货币的形式持有
其他资产的风险	↑	↑	货币的相对风险降低，因此货币的吸引力上升
通货膨胀的风险	↑	↓	货币的相对风险提高，因此货币的吸引力下降
其他资产的流动性	↑	↓	货币的相对流动性减小，因此货币的吸引力下降

关于货币需求的经验证据

现在我们考察在如下两个关键问题上的经验证据：货币需求量对利率的变化是否敏感？货币需求函数随着时间的变化是否稳定？这两个问题对不同的货币需求理论进行了区分，影响着它们关于货币量是不是总支出的主要决定因素的结论。

□ 利率和货币需求

我们已经证明，如果利率不影响货币需求，那么货币流通速度更可能是一个常数——或者至少是可预测的——从而数量论的观点"总支出由货币数量决定"更可能是正确的。然而，货币需求对利率越敏感，货币流通速度就越难以预测，货币供给与总支出之间的关系就变得更加不明晰。实际上，存在一种货币需求对利率具有超级敏感性的极端情况，这被称为**流动性陷阱**（liquidity trap）。在这种情况下，由于货币供给的变动对利率没有影响，传统的货币政策对总支出没有直接影响。[①]

关于货币需求对利率的敏感度的经验证据是相当一致的。两种极端的情况都得不到数据的支持：在名义利率高于0的情况下，货币需求对利率是敏感的，几乎没有经验证据证明流动性陷阱存在过。然而当名义利率降到0时，名义利率将不能再低了。在这种情形下，流动性陷阱就会产生，因为货币需求曲线是完全平坦的。实际上，这正是美国最近几年所发生的事实，也是联储诉诸非传统货币政策的原因。这部分内容我们会在第13章讲到。

□ 货币需求函数的稳定性

如果货币需求函数，如方程（1），是不稳定的并且如凯恩斯所认为的那样发生了大幅度的、不可预测的移动，那么货币流通速度就是不可预测的，货币量可能就不会像在数量论中那样与总支出密切相关。货币需求函数的稳定性对联储的政策应该以利率还是货币供给为目标也是决定性的。如果货币需求函数是不稳定的，从而货币供给与总支出的关系不密切，那么联储设定的利率所提供的关于货币政策立场的信息比货币供给量所提供的要多。

直到20世纪70年代早期，经验证据还是非常支持货币需求函数稳定性的。然而，在1973年之后，金融创新的加速改变了可以被用作货币的各种项目，从而导致所估计的货币需求函数很不稳定。货币需求函数的不稳定性又引发了对我们的理论与经验分析的准确性的质疑。这对货币政策的实施也有重要的启示，因为这对货币需求函数能否作

---

① 如果货币需求对利率变动超级敏感，那么利率的一个微小变动将会导致货币需求很大幅度的变动。因此，在这种情况下，第10章介绍的需求和供给图中的货币需求曲线是完全平坦的。于是，当货币供给变动导致货币供给曲线向左或向右移动时，货币供给曲线与平坦的货币需求曲线的交点所对应的利率保持不变。

宏观经济学：政策与实践（第二版）

为货币政策制定者的指导工具提出了质疑。特别地，由于货币需求函数变得不稳定了，货币流通速度也就变得更加难以预测。货币政策制定者已经发现货币供给量不能提供有关未来的经济走势的可靠信息，这使他们从设定利率的角度来考虑货币政策，正如货币政策曲线所显示的那样。货币需求函数的不稳定性因此导致了在货币政策实施中对货币供给的关注度的下降。

小结

1. 约翰·梅纳德·凯恩斯认为人们持有货币有三种动机：交易动机、预防动机和投机动机。他由此得到的流动性偏好理论认为货币需求中用于交易和预防的部分与收入成比例。然而，货币需求中用于投机的部分被认为对利率和关于未来利率走势的预期很敏感。因此，这一理论意味着货币流通速度是不稳定的从而不能被看做一个常数。

2. 资产组合理论表明货币需求不仅由利率、收入和支付技术决定——正如凯恩斯所分析的——也受到财富、其他资产的风险、通货膨胀的风险以及其他资产的流动性的影响。

3. 对于货币需求的研究有以下两个主要结论：货币需求对利率敏感，但是几乎没有证据显示除了名义利率下降到 0 的时候以外货币需求现在或者曾经对利率超级敏感（流动性陷阱）。自1973 年以来，货币需求被发现是不稳定的，最可能的不稳定性的来源是金融创新的加速。由于货币需求被发现是不稳定的且对利率是敏感的，因而货币流通速度不能被当做一个常数，并且也不容易被预测到。这导致了在货币政策实施中对货币供给的关注度下降。

关键术语

支付技术	资产组合理论	预期收益
风险	流动性	风险厌恶
劣势资产	通货膨胀对冲	流动性陷阱

复习题和习题

1. 在凯恩斯的对实际货币余额的需求的流动性偏好理论中，他认为人们持有货币有哪三种动机？根据这些动机，他认为哪些变量会决定货币需求？

2. 根据货币需求的资产组合理论，哪四个因素会决定货币需求？这些因素发生怎样的改变可以提高货币需求？

3. 哪些证据可以被用于评价货币需求函数的稳定性？对于货币需求函数的稳定性，这些证据说明了什么？这些证据又如何影响了货币政策的制定？

4. 假定一种新的支付技术允许人们使用美国国库

券进行支付（即美国国库券可以在需要进行支付时被立即兑换成现金，并且余额会被立即转移给收款人）。你认为这一支付技术将怎样影响货币需求中用于交易的部分？

5. 一些支付技术需要一些基础设施（例如，商户需要使用刷信用卡的机器）。在大多数发展中国家，这些基础设施不是不存在就是非常昂贵。在其他条件相同的情况下，你预期货币需求中用于交易的部分在发展中国家比在发达国家更大还是更小？

6. 在许多国家，人们都持有货币以满足保险市场通常不覆盖的各种可能情况下（例如，银行危机、自然灾害、健康问题、失业等）不可预期的需求。解释人们的这一行为对货币需求用于预防的部分所产生的影响。

7. 假定流动性偏好函数为 $L(i, Y) = \dfrac{Y}{8} - 1\,000i$。

根据下表，使用方程（2）计算货币流通速度：

	时期 1	时期 2	时期 3	时期 4	时期 5	时期 6	时期 7
Y（单位：10 亿美元）	12 000	12 500	12 250	12 500	12 800	13 000	13 200
利率	0.05	0.07	0.03	0.05	0.07	0.04	0.06

8. 作图表示上一题所得到的货币流通速度，谈谈你对货币流通速度的波动性的看法。

9. 根据货币需求的资产组合理论，解释以下事件将如何影响货币需求：

   （a）经济经历着经济周期收缩。

   （b）经纪人费用下降，使得债券交易更加便宜。

10. 假定一个给定的国家在很长时期内经历了低且稳定的通货膨胀，但是随后通货膨胀率上升并且在过去的十年中相对较高和难以预测。根据货币需求的资产组合理论，解释这一新的通货膨胀环境将怎样影响货币需求。如果政府决定发行通货膨胀保值国债，那么又将发生什么？

11. 考虑货币需求的资产组合理论。你认为在恶性通货膨胀时期（即每月的通货膨胀率超过50%），货币需求会受到怎样的影响？

12. 根据货币需求的资产组合理论，股票市场的崩盘会对货币需求产生什么样的影响？（提示：考虑股票市场崩盘所带来的股票价格波动性的增加以及股票持有者财富的下降。）

13. 假定某个国家 40 年的 M2 值和名义 GDP 的图形表明这两个变量密切相关。特别地，这两个变量的比值（名义 GDP/M2）的图形非常稳定并且容易预测。根据这些证据，你会建议这个国家的货币当局在货币政策实施中着眼于货币供给还是利率设定？请解释原因。

第11章

总供给和菲利普斯曲线

 预 览

在 20 世纪 60 年代，肯尼迪和约翰逊政府接受了诺贝尔经济学奖获得者保罗·萨缪尔森和罗伯特·索洛的建议，采用了扩张性的宏观经济政策，希望在通货膨胀率只提高一点儿的情况下，失业率能够永久性地降低。然而，现实让他们失望了：在 20 世纪 60 年代末期和 20 世纪 70 年代，通货膨胀率加速上升，而失业率仍然维持在让人不安的高位。为了理解他们的政策出错的原因，我们转向一个被称为菲利普斯曲线的概念，该曲线描述了失业率和通货膨胀率之间的关系。

在上一章，我们推导出了总需求曲线，这一曲线显示了当产品市场处于均衡时通货膨胀率与总产出水平之间的关系。但是我们怎样决定总产出和通货膨胀率呢？总需求曲线仅仅讲述了故事的一半：我们还需要考察由总供给曲线所提供的这两个变量之间的关系，这正是我们在本章中要讨论的内容。

菲利普斯曲线为总供给曲线提供了一些经济学直觉。首先，我们将看到经济学界关于菲利普斯曲线的观点随着时间是如何演变的以及该演变是如何影响关于宏观经济政策的思考的。接着我们将使用菲利普斯曲线推导总供给曲线，这使得我们可以完成基本的总需求-总供给框架，进而在下一章分析短期经济波动。

菲利普斯曲线

在 1958 年，新西兰的经济学家 A. W. 菲利普斯（A. W. Phillips）发表了一篇有名的实证论文，考察了英国失业率和工资增长率之间的关系。[1] 他发现，从 1861 年到 1957 年，低失业率的时期总是伴随着工资的快速增长，而高失业率的时期则以工资的低增长为特征。其他经济学家很快将他的研究应用于其他国家。由于在宏观经济问题中通货膨胀比工资增长更加重要，因此他们对失业率和通货膨胀率之间的关系进行了估计。他们发现，在许多国家，失业率与通货膨胀率之间存在负相关关系。这一关系很自然地以**菲利普斯曲线**（Phillips curve）而闻名。

菲利普斯曲线背后的思想是相当具有直觉性的。当劳动市场景气时，即失业率低时，企业可能很难雇用到符合条件的工人，甚至有可能很难留住现有的工人。由于劳动市场工人短缺，企业会提高工资以吸引需要的工人，并更快地提高产品的价格。

□ 20 世纪 60 年代的菲利普斯曲线分析

由于工资的上升对综合的通货膨胀率直接起作用，在 20 世纪 60 年代，菲利普斯曲线作为通货膨胀率波动的一种解释变得极其盛行，原因是它能够与数据很好地契合。正如图 11-1 （a）中的美国 1950—1969 年的通货膨胀率与失业率所显示的，失业率与通货膨胀率之间存在很清楚的负相关关系。那一时期的菲利普斯曲线似乎意味着失业率与通货膨胀率之间存在长期的权衡，也就是说，政策制定者可以选择会导致更高通货膨胀率的政策，最终失业率会持续地处于更低的水平。这一明显的权衡在 20 世纪 60 年代的政策循环中非常具有影响力，正如我们在下面的政策与实践案例中看到的那样。

政策与实践

菲利普斯曲线权衡和 20 世纪 60 年代的宏观经济政策

1960 年，保罗·萨缪尔森和罗伯特·索洛发表了一篇论文，论述了政策制定者应该怎样利用菲利普斯曲线进行权衡。政策制定者可以在两个相互冲突的目标——通货膨胀率和失业率——之间进行选择，决定他愿意接受多高的通货膨胀率以保持更低的失业率。[2] 事实上，萨缪尔森和索洛甚至认为政策制定者可以达到一个"非完美主义"的目标：3% 的失业率和他们认为可以忍受的每年 4%～5% 的通货膨胀率。这一想法对肯尼迪和随后的约翰逊政府具有很强的影响力，促进了 20 世纪 60 年代中期旨在刺激经济和降低失业率的政策的采用。起初，这些政策似乎是成功的，因为随后更高的通货膨胀率伴随着失业率的下降。然而，好景不长：从 20 世纪 60 年代末到 20 世纪 70 年代，通货膨胀率加速上升，而失业率仍旧维持在高位。

---

[1]　A. W. Phillips，"The Relationship Between Unemployment and the Rate of Change of Money Wages in the United Kingdom，1861-1957," *Economica* 25 （November 1958）：283-299.

[2]　Paul A. Samuelson and Robert M. Solow, "Analytical Aspects of Anti-Inflation Policy," *American Economic Review* 50 （May 1960，Papers and Proceedings）：177-194.

(a) 通货膨胀率与失业率，1950—1969年

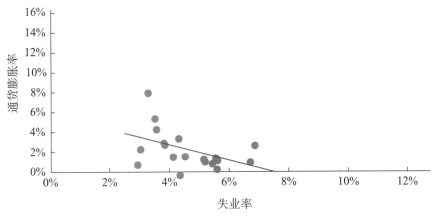

(b) 通货膨胀率与失业率，1970—2013年

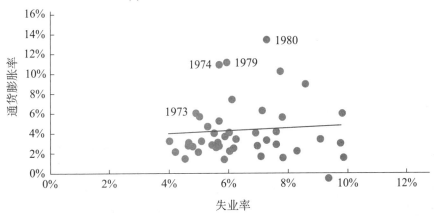

图 11-1　美国的通货膨胀率和失业率，1950—1969 年和 1970—2013 年

图（a）绘出了 1950—1969 年的通货膨胀率和失业率，它表明更高的通货膨胀率一般伴随着更低的失业率。图（b）显示在 1970 年后通货膨胀率和失业率之间的负相关关系消失了。

资料来源：Economic Report of the President. www. gpoaccess. gov/eop.

□ 弗里德曼-费尔普斯的菲利普斯曲线分析

在 1967 年和 1968 年，米尔顿·弗里德曼和埃德蒙·费尔普斯（Edmund Phelps）指出在菲利普斯曲线分析中存在一个严重的理论缺陷[①]：它与工人和企业关注实际工资（工资可以购买的实际产品和服务数量）而非名义工资的观点不一致。因此当工人和企业预期价格水平将上升时，他们将向上调整名义工资以便实际工资不会下降。换句话说，工资与综合的通货膨胀率将随着预期通货膨胀率的上升一对一地上升，并对劳动市

---

　　① 米尔顿·弗里德曼在 1967 年作为美国经济学会主席发表的演讲中阐述了他对菲利普斯曲线的批评，见 Milton Friedman, "The Role of Monetary Policy," *American Economic Review* 58（1968）：1-17。费尔普斯重新设计的菲利普斯曲线分析见 Edmund Phelps, "Money-Wage Dynamics and Labor-Market Equilibrium," *Journal of Political Economy* 76（July/ August 1968, Part 2）：687-711。

场的景气程度做出反应。另外，弗里德曼-费尔普斯的分析表明，在长期经济将达到所有的工资和价格都具有弹性时将会出现的失业水平，他们将这一失业水平称为自然失业率。[①] **自然失业率**（natural rate of unemployment）是充分就业时的失业率水平，因为即使在工资和价格具有弹性时仍然存在某些程度的失业，正如我们在第 20 章将说明的那样。

弗里德曼-费尔普斯的推理表明我们可以将菲利普斯曲线写成以下形式：

$$\pi = \pi^e - \omega(U - U_n) \tag{1}$$

其中，π 表示通货膨胀率，π^e 表示预期通货膨胀率，U 表示失业率，U_n 表示自然失业率，ω 表示通货膨胀率对 $U - U_n$ 的敏感程度。π^e 这一项的存在解释了为什么方程（1）也被称为**附加预期因素的菲利普斯曲线**（expectations-augmented Phillips curve）：它表明通货膨胀率与失业率和自然失业率之差（$U - U_n$）负相关，$U - U_n$ 是劳动市场景气程度的一个衡量指标，被称为**失业缺口**（unemployment gap）。

附加预期因素的菲利普斯曲线意味着长期的失业率将处于自然失业率水平，正如弗里德曼和费尔普斯从理论上证明的那样。由于在长期预期通货膨胀率必然趋向于实际通货膨胀率，因此方程（1）表明在长期 U 必然等于 U_n。

弗里德曼-费尔普斯所提出的附加预期因素的菲利普斯曲线表明在长期不存在失业率与通货膨胀率之间的权衡，因此这与古典二分法相一致，古典二分法认为价格水平的变化不应该影响实际经济。为了说明这一点，图 11-2 画出了附加预期因素的菲利普斯曲线，标记为 PC_1，图中该曲线用到的预期通货膨胀率和自然失业率分别为 2％和 5％。[PC_1 通过点 1，因为方程（1）表明当 $\pi = \pi^e = 2\%$ 时，$U = U_n = 5\%$，斜率为 $-\omega$。] 假定经济最初处在点 1 的位置，失业率等于自然失业率 5％，但是随后政府刺激经济的政策导致失业率下降到 4％，这一水平低于自然失业率。经济沿着 PC_1 移动到点 2，通货膨胀率上升到超过 2％，比如说达到 3.5％。接着，预期通货膨胀率也上升，因此附加预期因素的菲利普斯曲线将从 PC_1 向上移动到 PC_2。持续地刺激经济和将失业率保持在 4％这一低于自然失业率的水平的努力将导致实际的和预期的通货膨胀率进一步上升，导致附加预期因素的菲利普斯曲线向上移动到 PC_2 处，经济移动到点 3，该点的通货膨胀率现在为 5％。

什么时候附加预期因素的菲利普斯曲线会停止上移呢？只有当失业率回到自然失业率水平，即 $U = U_n = 5\%$ 时。假定当通货膨胀率为 10％时，失业率回到自然失业率水平，那么预期通货膨胀率也是 10％，因为通货膨胀率已经稳定在这一水平，附加预期因素的菲利普斯曲线到达图 11-2 中的 PC_3 处。经济现在将移动到点 4，在该点 $\pi = \pi^e = 10\%$，失业率达到自然失业率水平 $U = U_n = 5\%$。因此我们看到，在长期，当附加预期因素的菲利普斯曲线停止移动时，经济将达到点 1 或点 4 这样的点。因此，联结这些点的直线是**长期菲利普斯曲线**（long-run Phillips curve），我们在图 11-2 中将其标记为 LRPC。

---

① 正如我们在第 20 章将讨论的那样，经济中总会存在一些失业，要么是摩擦性失业——由于工人正在搜寻工作所产生的失业，要么是结构性失业——由于工人的技能和可供选择的工作之间的不匹配所造成的失业，这种失业也是劳动市场的一个结构性特征。因此即使在工资和价格完全具有弹性时，自然失业率也高于 0。

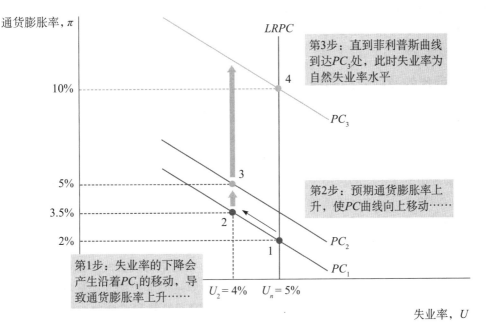

图 11-2　短期和长期的菲利普斯曲线

附加预期因素的菲利普斯曲线是向下倾斜的，因为对于任意给定水平的预期通货膨胀率来说，更低的失业率会导致更高的通货膨胀率。如果经济由于失业率的下降从 PC_1 上的点 1 移动到点 2，通货膨胀率上升。如果失业率保持在 4%，那么通货膨胀率会进一步上升，导致短期的附加预期因素的菲利普斯曲线向上移动到 PC_2，经济移动到点 3。最终当经济到达点 4 时，即当 $\pi = \pi^e = 10\%$ 时，因为失业率为自然失业率，附加预期因素的菲利普斯曲线 PC_3 将停止移动。联结点 1 和点 4 的直线是长期的菲利普斯曲线 $LRPC$，它显示对于任意的通货膨胀率水平，长期的失业率等于自然失业率。

图 11-2 可以使我们得到三个重要结论：

1. 在失业率和通货膨胀率之间不存在长期的权衡，这是因为，正如垂直的长期菲利普斯曲线所表明的，更高的长期通货膨胀率不会伴随着更低水平的失业率。

2. 在失业率和通货膨胀率之间存在短期的权衡，这是因为，在预期的通货膨胀率给定的条件下，政策制定者可以以稍高一些的通货膨胀率为代价达到更低的失业率，如图 11-2 中的点 2。

3. 存在两种类型的菲利普斯曲线：短期的和长期的。附加预期因素的菲利普斯曲线——PC_1、PC_2 和 PC_3——实际上是短期的菲利普斯曲线：它们是在预期通货膨胀率给定的条件下画出的，如果失业率对自然失业率的偏离导致通货膨胀率与预期通货膨胀率发生改变，这些曲线会发生移动。

□ 20 世纪 60 年代后的菲利普斯曲线

正如图 11-2 所表明的，附加预期因素的菲利普斯曲线显示，当任意一段时间内失业率都低于自然失业率时，失业率和通货膨胀率之间的负相关关系就瓦解了。弗里德曼和费尔普斯的分析得出的这一预测被证明是完全正确的。自 20 世纪 70 年代开始，在经历了一段很低失业率的时期之后，在 20 世纪 50 年代和 60 年代还很明显的失业率与通货膨胀率之间的负相关关系消失了，正如我们在图 11 - 1（b）中所看见的那样。毫不令人奇怪的是，考虑到弗里德曼与费尔普斯这一精妙的研究，他们两人都获得了诺贝尔经济学奖。

□ 现代的菲利普斯曲线

伴随着 1973 年和 1979 年石油价格的急剧上升，通货膨胀率急剧跳升 [见图 11 - 1（b）]，菲利普斯曲线的理论研究人员认识到他们不得不在附加预期因素的菲利普斯曲线中加入另一个特征。回忆第 3 章曾经提到的，供给冲击是指会改变使用相同数量的资本和劳动的经济所能生产的产出量对供给的冲击。这些供给冲击会转变成**价格冲击**（price shock），即独立于劳动市场的景气程度或预期通货膨胀率的通货膨胀率的变化。例如，当石油的供给量被限制时，正如 1973 年阿拉伯国家和以色列之间战争之后发生的那样，石油价格涨到了原来的 4 倍以上，企业不得不提高价格以反映生产成本的升高，因此推高了通货膨胀率。价格冲击也可能来自进口商品价格的上升或者成本推动冲击，**成本推动冲击**（cost-push shock）是指工人要求的工资增加超过生产率的提高，从而推高了成本和通货膨胀率。将价格冲击（ρ）加入附加预期因素的菲利普斯曲线中就得到了现代形式的短期菲利普斯曲线：

$$\pi = \pi^e - \omega(U - U_n) + \rho \tag{2}$$

现代的短期的菲利普斯曲线意味着工资和价格都是具有黏性的。工资与价格的弹性越大，它们和通货膨胀率对失业率与自然失业率之差的反应越大；也就是说，越有弹性的工资和价格意味着 ω 的绝对值越大，这也意味着短期的菲利普斯曲线越陡峭。如果工资和价格是完全灵活的，那么 ω 的值将变得很大以至短期菲利普斯曲线是垂直的，等同于长期的菲利普斯曲线。在这种情况下，不存在失业率和通货膨胀率之间短期或者长期的权衡。

□ 附加适应性（后顾）预期的现代的菲利普斯曲线

为了完成我们对菲利普斯曲线的分析，我们需要理解企业和家庭如何形成对通货膨胀率的预期。思考这一问题的一种简单方法是假设企业和家庭通过观察过去的通货膨胀率来形成预期。最简单的假设是：

$$\pi^e = \pi_{-1}$$

其中，π_{-1} 是指前一时期的通货膨胀率。这种预期的形式被称为**适应性预期**（adaptive expectation）或者**后顾预期**（backward-looking expectation），因为预期是根据观察过去来形成的，从而这种预期随时间的变动很缓慢。[①] 将方程（2）中的 π^e 替换成 π_{-1}，就可以得到如下短期菲利普斯曲线：

$$\pi \quad = \pi_{-1} \quad\quad\quad - \omega(U - U_n) \quad + \rho \tag{3}$$

通货膨胀率＝预期通货膨胀率－ω×失业率缺口＋价格冲击

这种形式的菲利普斯曲线相较于方程（2）所示的更加一般的菲利普斯曲线形式而

---

① 另外一种现代的预期形成方式利用了理性预期的概念，在这种方式中，预期的形成利用了所有可获得的信息，因此对新信息的反应可能更加迅速。我们将在第 21 章讨论理性预期和它们在宏观经济分析中的作用。

宏观经济学：政策与实践（第二版）

言具有两个优势。首先，它具有非常简单的数学表达形式，方便使用。其次，它提供了两个额外地说明价格具有黏性的更加具有现实性的原因。一个原因来源于通货膨胀的预期随着通货膨胀趋势的变化仅仅做出缓慢调整的观点：通货膨胀的预期因此是具有黏性的，这导致了某种程度的通货膨胀黏性。另外一个原因是菲利普斯曲线中过去通货膨胀的存在可以反映一些工资和价格的合同也许是后顾的这一事实，即这些合同是基于过去的通货膨胀趋势签订的，因此在短期通货膨胀率可能不会对通货膨胀预期的变化进行充分调整。

然而，方程（3）所表示的这种适应性预期形式的菲利普斯曲线有一个重要的劣势：它对于通货膨胀预期如何形成采取了一种非常机械的观点。更多的关于预期形成的精妙分析对宏观经济政策的实施具有重要的启示，正如我们将在第 21 章看到的那样。现在，我们将使用简单的附加适应性预期的菲利普斯曲线形式，谨记 π_{-1} 代表预期通货膨胀率。

看待附加适应性预期的菲利普斯曲线还有另外一种简便的方式。方程（3）的两边同时减去 π_{-1}，我们可以把方程（3）改写成如下形式：

$$\Delta \pi = \pi - \pi_{-1} = -\omega(U - U_n) + \rho \tag{4}$$

这种形式的菲利普斯曲线表明，负的失业率缺口（景气的劳动市场）会导致通货膨胀率上升，也就是通货膨胀加速。这一关系就是方程（4）所表示的菲利普斯曲线的形式经常被称为**加速主义的菲利普斯曲线**（accelerationist Phillips curve）的原因。在这一形式中，U_n 有另外的解释。由于当失业率等于 U_n 时，通货膨胀率会停止加速（变化），我们因此将 U_n 称为**非加速通货膨胀的失业率**（non-accelerating inflation rate of unemployment），或者更一般地称为 NAIRU。

总供给曲线

为了完成我们的总需求-总供给模型，我们需要使用对菲利普斯曲线的分析推导出**总供给曲线**（aggregate supply curve），总供给曲线代表了企业愿意生产的总产出量和通货膨胀率之间的关系。在典型的供给和需求分析中，我们只有一条供给曲线，但是在总需求和总供给的框架中不是这样。我们可以将短期和长期的菲利普斯曲线转换为短期和长期的总供给曲线。我们从考察长期总供给曲线开始。接着我们推导出短期总供给曲线，看看当经济从短期移动到长期时短期总供给曲线随着时间怎样移动。

长期总供给曲线

在长期，什么决定了经济可以生产的产出量呢？正如我们在第 3 章看到的那样，决定长期产出的关键因素是可用技术、经济中的资本量和长期的劳动供给量，这三个因素都与通货膨胀率无关。当失业率等于自然失业率时供给的总产出水平常常被称为**自然产出水平**（natural rate of output）。可是，自然产出水平更常见的说法是潜在产出（我们在第 8 章碰到过的一个术语），因为这是经济在长期可持续的产出水平。

之前的推理表明，由于长期的菲利普斯曲线是垂直的，所以长期总供给曲线也是垂直的。[1] 确实，长期总供给曲线（LRAS）是垂直的，固定在由 Y^P 表示的潜在产出水平上，比如说图 11-3 所画出的 10 万亿美元。思考垂直的长期总供给曲线的另外一种方式是，当工资和价格可以进行完全调整时，失业率和通货膨胀率之间的关系就会消失。我们在第 5 章和第 8 章所讨论的古典二分法表明，价格水平上发生的事情与实际经济中发生的事情是分离的。

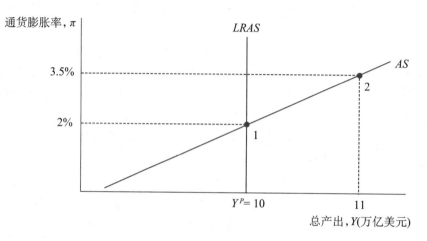

图 11-3　长期和短期总供给曲线

对于任意给定的通货膨胀率，总产出的供给量在长期都等于潜在产出，从而长期总供给曲线 LRAS 是一条固定在 Y^P 的垂直线。短期总供给曲线 SRAS 是向上倾斜的，这是因为，当 Y 相对于 Y^P 上升时，劳动市场变得更加景气，通货膨胀率上升。SRAS 和 LRAS 在点 1 处相交，此时当前的通货膨胀率等于预期的通货膨胀率。

□ 短期总供给曲线

通过将失业率缺口（$U-U_n$）替换成产出缺口，我们可以将现代的菲利普斯曲线转换成短期总供给曲线。我们在第 8 章讨论过产出缺口，它是指产出和潜在产出之差（$Y-Y^P$）。为此，我们需要使用经济学家阿瑟·奥肯——曾任经济顾问委员会主席，后来成为布鲁金斯研究所的经济学家——所发现的失业率与总产出之间的关系。[2] **奥肯定律**（Okun's law）描述了失业率缺口和总产出缺口之间的负相关关系。

奥肯定律。 奥肯定律说的是，产出每高于潜在产出 1 个百分点，失业率将低于自然失业率 0.5 个百分点。它可以写成如下的代数形式[3]：

$$U-U_n=-0.5\times(Y-Y^P) \tag{5}$$

---

① 更高的通货膨胀率会降低经济运行的效率，从而导致实际生产的产出量下降。在这种情况下，长期总供给曲线可能向下倾斜。这种观点不会严重改变总需求和总供给分析得到的基本启示，因此为了简化分析，我们将假设长期总供给曲线是垂直的。

② Arthur M. Okun, "Potential GNP: Its Measurement and Significance," in *Proceeding of the Business and Economics Section*: *American Statistical Association* (Washington, D. C.: American Statistical Association, 1962), pp. 98-103; reprinted in Arthur M. Okun, *The Political Economy of Prosperity* (Washington, D. C.: Brookings Institution, 1970), pp. 132-145.

③ 在奥肯定律中，总产出缺口 $Y-Y^P$ 是以百分比来表示的，因此 Y 和 Y^P 的单位将取自然对数。然而，为了使本章和后面几章中的代数运算保持简单，我们在奥肯定律的方程和短期总供给曲线的表达式中都不对 Y 和 Y^P 取对数，而是使用它们的水平值。

另一种思考奥肯定律的方式是：产出增加 1 个百分点导致失业率下降 0.5 个百分点。[1] 图 11 - 4 表明支持奥肯定律的经验证据是很强的，因为失业率的百分比变化和实际 GDP 增长率之间呈现明显的负相关关系。

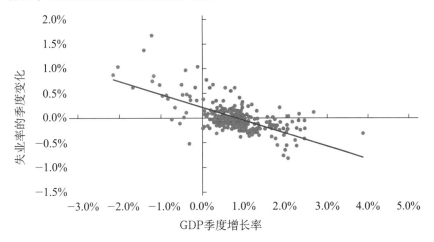

图 11 - 4　奥肯定律，1960—2013 年

描述失业率的百分点变化和 GDP 增长率之间关系的图形显示出一种线性关系，由图中斜率为 −1/2 的实线表示。

资料来源：1960—2013 年的失业率季度数据和 1960—2013 年的实际 GDP 增长率季度数据见美国劳工统计局数据及其经济分析。

为什么失业率下降量只有产出增加量的一半呢？当产出增长时，企业增加雇用的工人数量不会与产出增加相当，这种现象被称为劳动力积存。企业会迫使工人们更加努力地工作，延长他们的工作时间。而且，当经济扩张时，由于工作前景更好，更多的人会加入劳动力大军中，因此失业率的下降幅度会小于就业人数的上升幅度。

推导短期总供给曲线。 使用方程（5）表示的奥肯定律代替方程（2）表示的短期菲利普斯曲线中的 $(U-U_n)$，我们得到：

$$\pi = \pi^e + 0.5\omega(Y - Y^P) + \rho$$

将 0.5ω 替换成 γ——它描述了通货膨胀率对产出缺口的敏感程度——就得到了短期总供给曲线：

$$\pi \quad = \quad \pi^e \quad + \gamma(Y - Y^P) \quad + \rho \tag{6}$$

通货膨胀率 ＝ 预期通货膨胀率＋γ×产出缺口＋价格冲击

---

[1]　为了通过代数运算说明结果，我们将方程（5）取一阶差分，并且假设 U_n 保持不变（这是一个合理的假设，原因是自然失业率随着时间的变化是非常缓慢的）。因此，

$$\%\Delta U = -0.5 \times (\%\Delta Y - \%\Delta Y^P)$$

其中，%Δ 表示百分点的变动。由于潜在产出以每年大约 3% 这样一个相当稳定的速率增长，即 %ΔY^P＝3%，因此我们可以将奥肯定律写成如下形式：

$$\%\Delta U = -0.5 \times (\%\Delta Y - 3)$$

或者

$$\%\Delta Y = 3 - 2.0 \times \%\Delta U$$

因此，我们可以这样描述奥肯定律：产出（实际 GDP）每上升 1 个百分点，失业率会下降 0.5 个百分点。换句话说，失业率每上升 1 个百分点，实际 GDP 会下降 2 个百分点。

和我们在菲利普斯曲线分析中所做的一样，我们需要做出关于通货膨胀预期如何形成的假设，我们再次假设通货膨胀预期是适应性的，即 $\pi^e = \pi_{-1}$。于是，短期总供给曲线变成：

$$\pi = \pi_{-1} + \gamma(Y - Y^P) + \rho \tag{7}$$

假设上一年的通货膨胀率为 2%，从而 $\pi_{-1} = 2\%$，不存在供给冲击，即 $\rho = 0$，潜在产出 $Y^P = 10$ 万亿美元。另外假设描述通货膨胀率如何对产出缺口做出反应的参数 $\gamma = 1.5$。因此，我们就可以将短期总供给曲线写成如下形式：

$$\pi = 2 + 1.5(Y - 10) \tag{8}$$

如果 Y 等于潜在产出水平，$Y = Y^P = 10$ 万亿美元，那么总产出缺口 $Y - 10 = 0$。根据方程（8），在产出水平为 10 万亿美元从而产出缺口为 0 时，$\pi = 2\%$。我们在图 11 - 3 所示的短期总供给曲线 AS 上将这一点记为点 1。注意，在短期的供给曲线与长期的供给曲线的交点，当前的通货膨胀率等于预期的通货膨胀率，均为 2%。

现在假定总产出上升到 11 万亿美元。因为 $Y = 11$ 万亿美元 $> Y^P = 10$ 万亿美元，此时产出缺口为正，根据方程（8）可知，通货膨胀率将从 2% 上升到 3.5%，我们将这一点记为点 2。联结点 1 和点 2 的曲线就是短期总供给曲线 AS，它是向上倾斜的。向上倾斜背后的经济学直觉直接来自奥肯定律和菲利普斯曲线。当 Y 相对于 Y^P 来说上升且 $Y > Y^P$ 时，奥肯定律表明失业率会下降。随着劳动市场变得更加景气，短期的菲利普斯曲线告诉我们，企业将会以更快的速度提高工资。因此，企业又会以更快的速度提高价格，导致通货膨胀率上升。

我们对于短期供给曲线如何起作用的讨论表明，菲利普斯曲线与短期供给曲线之间存在密切的关系，正如参考资料"菲利普斯曲线与短期总供给曲线之间的关系"所讨论的那样。

▶ 参考资料　　**菲利普斯曲线与短期总供给曲线之间的关系**

方程（6）的推导说明短期总供给曲线实质上就是菲利普斯曲线，只不过把失业缺口换成了产出缺口。确实，只要谈起短期总供给曲线，我们就可以把它想成是菲利普斯曲线。但是，根据奥肯定律，失业缺口和产出缺口之间的关系是负向的，所以通货膨胀和失业缺口之间的负向关系意味着通货膨胀和产出缺口之间的正向关系。

短期总供给曲线中的黏性工资和黏性价格。 正如我们在前面所看到的，短期菲利普斯曲线意味着工资和价格是具有黏性的。由于我们是从菲利普斯曲线推导短期总供给曲线的，因此黏性工资和黏性价格也蕴含在短期总供给曲线中。在短期总供给曲线中，工资和价格越有弹性，通货膨胀率对产出缺口的反应也越大，即 γ 的值越高，这意味着短期供给曲线越陡峭。当工资和价格具有完全弹性时，γ 的值很大以至短期总供给曲线变成垂直线，从而等同于长期总供给曲线。完全具有弹性的工资和价格又一次将我们的分析带回古典框架中，在其中，总产出总是处于其潜在水平。

总供给曲线的移动

由于我们已经推导出长期和短期总供给曲线，因此我们可以探讨这些曲线发生移动的原因。

□ 长期总供给曲线的移动

在长期，产出的供给量由我们在第3章所考察的生产函数决定。生产函数表明有三个因素会导致潜在产出的变化，从而使长期总供给曲线发生移动：（1）经济中的资本总量；（2）经济中的劳动供给总量；（3）用劳动和资本来生产产品和服务的可用技术。当这三个因素中的任何一个增加时，潜在产出都会上升，长期总供给曲线从 $LRAS_1$ 向右移动到 $LRAS_2$，如图 11-5 所示。

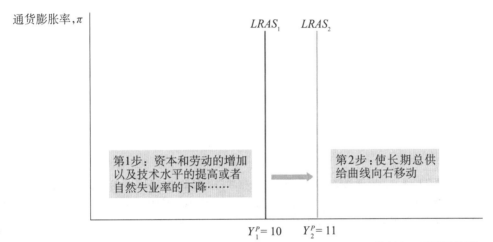

图 11-5　长期总供给曲线的移动

当（1）经济中的资本总量增加，（2）经济中的劳动供给总量增加，（3）可用技术水平提高，（4）自然失业率下降时，长期总供给曲线从 $LRAS_1$ 向右移动到 $LRAS_2$。这些变量的反向变动会导致 $LRAS$ 曲线向左移动。

由于以上三个因素通常会随着时间相当稳定地增长，因此 Y^P 和长期总供给曲线将以稳定的速率持续向右移动。为了使本章后面和接下来几章中的图形简单，当 Y^P 以稳定的速率增长时，我们就将 Y^P 和长期总供给曲线表示为固定的。

长期总供给曲线移动的另外一种来源是自然失业率的变化。如果自然失业率下降，劳动力被使用的程度就更充分，因此潜在产出会上升。所以，自然失业率的下降会将总供给曲线从 $LRAS_1$ 向右移动到 $LRAS_2$，如图 11-5 所示。自然失业率的上升会产生相反的影响，使长期总供给曲线向左移动。在第 20 章，我们将讨论导致自然失业率发生改变的因素。

□ 短期总供给曲线的移动

方程（6）所表示的短期总供给曲线方程的右边三项表明，存在三个因素会使短期总供给曲线发生移动：（1）预期通货膨胀率；（2）价格冲击；（3）持续的产出缺口。

预期通货膨胀率。即使我们在方程（6）中将预期通货膨胀率写成 π_{-1}，我们仍需要认识到预期通货膨胀率可能会因为与过去的通货膨胀率无关的原因而发生变化，这一点很重要。例如，如果联储新上任的主席并不认为通货膨胀代价高昂，因此愿意多忍受 2 个百分点的通货膨胀率，那么这会对预期通货膨胀率产生什么样的影响呢？家庭和企业将预期联储在未来会执行让通货膨胀率上升 2 个百分点的政策。在这样的情况下，预期通货膨胀率会上升 2 个百分点，短期总供给曲线会向左上方移动，如图 11-6 所示，从 AS_1 移动到 AS_2。

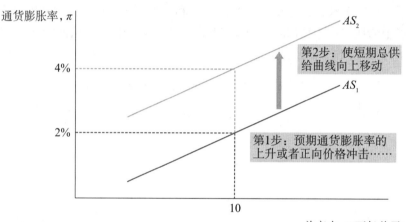

图 11-6　预期通货膨胀率的变化和价格冲击所导致的短期总供给曲线的移动

预期通货膨胀率上升 2 个百分点或者其值为 2 个百分点的正向价格冲击都会导致短期总供给曲线从 AS_1 向上移动到 AS_2。（预期通货膨胀率的下降或者负向价格冲击都会导致 AS 曲线向下移动。）

价格冲击。假定由于恐怖分子摧毁了许多油田，能源价格突然上升。这种供给的减少会导致方程（6）中的价格冲击项上升，因此短期总供给曲线会向左上方移动，如图 11-6所示，从 AS_1 移到 AS_2。

持续的产出缺口。我们已经看到更高的产出缺口会导致更高的通货膨胀率，导致沿着短期总供给曲线的运动。在图 11-7 中，我们用在最初的短期总供给曲线 AS_1 上从点 1 到点 2 的运动表示出了这一变化。可是，持续的产出缺口会通过影响预期通货膨胀率来导致总供给曲线发生移动。为了说明这一点，考虑如果经济总产出维持在 11 万亿美元＞Y^P＝10 万亿美元，产出缺口持续为正会发生什么。在最初的短期总供给曲线 AS_1 上的点 2，产出上升到 11 万亿美元，通货膨胀率从 2% 上升到 3.5%。下一期的预期通货膨胀率会上升到 3.5%，因此下一期的短期总供给曲线 AS_2 会向上移动到：

$$\pi = 3.5 + 1.5(Y - 10) \tag{9}$$

在点 3 处，如果产出保持在 11 万亿美元，那么方程（9）告诉我们通货膨胀率会上升到 5% ［＝3.5%＋1.5×（11－10）%］。正如图中垂直的箭头所示，短期总供给曲线将在下一期向上移动到 AS_3：

$$\pi = 5.0 + 1.5(Y - 10) \tag{10}$$

因此，我们发现只要总产出保持在高于潜在产出的水平，短期总供给曲线就会继续向左上方移动。

什么时候短期总供给曲线才会停止上升呢？只有当产出回到其潜在水平从而产出缺口消失时。假定当通货膨胀率为10%，总产出在点4的水平为$Y^P = 10$万亿美元时，总产出缺口消失了。现在预期通货膨胀率为10%且产出缺口为0，因此通过点4的总需求曲线AS_4就没有理由再发生移动了。

同样的推理表明，如果总产出在一段充分长的时期内保持在低于潜在产出的水平$Y < Y^P$，那么短期总供给曲线会向右下方发生移动。只有当产出回到潜在产出水平和经济回到长期总供给曲线上时，总供给曲线的向下移动才会停止。

现在我们已经完全理解了总供给曲线及其发生移动的原因。我们已经为在下一章建立总需求和总供给分析做好了所有的准备。

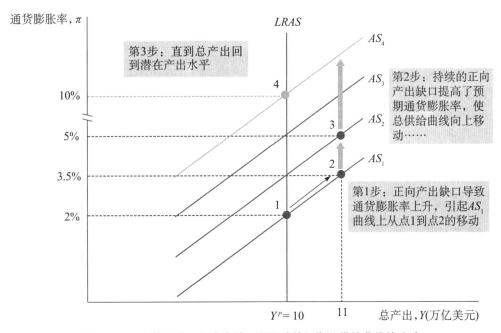

图11-7　由持续的正向产出缺口所导致的短期总供给曲线的移动

当产出为11万亿美元时，经济将沿着AS_1曲线从点1移动到点2，通货膨胀率上升到3.5%。如果产出继续保持在11万亿美元，此时产出缺口为正，那么短期总供给曲线向上移动到AS_2，然后移动到AS_3。当经济到达短期总供给曲线AS_4上的点4时，此时$\pi^e = 10\%$，总产出缺口为0，短期总供给曲线停止向上移动。

本章小结

1. 现代菲利普斯曲线 $\pi = \pi^e - \omega (U - U_n) + \rho$ 表明通货膨胀率与失业率缺口负相关，与预期通货膨胀率和价格冲击正相关。虽然长期的菲利普斯曲线是垂直的，即对于任何水平的通货膨胀率，失业率等于自然失业率，但是由给定预期通货膨胀率所决定的短期菲利普斯曲线是向下倾斜的（更低的失业率缺口会导致更高的通货膨胀率）。换句话说，在失业率和通货膨胀率之间不存在长期的权衡，但是存在短期的权衡。

2. 长期总供给曲线在潜在产出水平 Y^P 处垂直于横轴。短期总供给曲线 $\pi = \pi^e + \gamma(Y-Y^P) + \rho$ 向上倾斜，原因是当产出相对于潜在产出水平上升和劳动市场变得更加景气时通货膨胀率上升。假设通货膨胀率的预期是适应性的，从而 $\pi^e = \pi_{-1}$，短期总供给曲线可以被写成 $\pi = \pi_{-1} + $

$\gamma(Y-Y^P) + \rho$。

3. 四个因素会导致长期总供给曲线向右移动：（1）经济中资本总量的上升；（2）经济中劳动供给总量的上升；（3）使用相同数量的资本和劳动能够生产更多产出的更好的技术；（4）自然失业率的下降。三个因素会导致短期总供给曲线向上移动：（1）预期通货膨胀率的上升；（2）导致更高通货膨胀率的价格冲击；（3）正的产出缺口。

关键术语

菲利普斯曲线

附加预期因素的菲利普斯曲线

长期菲利普斯曲线

成本推动冲击

后顾预期

非加速通货膨胀的失业率（NAIRU）

自然产出水平

自然失业率

失业缺口

价格冲击

适应性预期

加速主义的菲利普斯曲线

总供给曲线

奥肯定律

复习题

菲利普斯曲线

1. 2007—2009 年的金融危机导致西班牙的失业率居高不下。根据短期菲利普斯曲线，你认为西班牙的政策制定者应该采取怎样的措施来降低失业率？

2. 长期菲利普斯曲线与短期菲利普斯曲线不同吗？这对第 1 题提到的西班牙政策制定者有何启示？

3. 根据附加预期因素的菲利普斯曲线，哪些因素决定了通货膨胀率？每个因素的变化会怎样影响短期菲利普斯曲线？

4. 什么是适应性预期？在菲利普斯曲线的分析中，适应性预期的假设有什么依据？

5. 根据现代菲利普斯曲线的分析，哪些因素决定了通货膨胀率？每个因素的变化怎样影响短期菲利普斯曲线？

总供给曲线

6. 总供给曲线描述什么关系？长期总供给曲线是怎样描述这一关系的？

7. 什么是奥肯定律？为了得到短期总供给曲线，我们如何将它与菲利普斯曲线分析相结合？

8. 为什么短期总供给曲线向上倾斜？

总供给曲线的移动

9. 除了新的资本之外，哪些因素会导致长期总供给曲线发生移动？

10. 哪些因素会导致短期总供给曲线发生移动？

菲利普斯曲线

1. 使用以下数据画出加拿大的菲利普斯曲线。你在图形中发现了支持菲利普斯曲线的证据吗？请解释原因。

	1960年	1961年	1962年	1963年	1964年	1965年	1966年	1967年	1968年	1969年
通货膨胀率（%）	1.4	1	1.1	1.6	1.9	2.3	3.8	3.6	4.1	4.6
失业率（%）	7	7.2	6	5.6	4.7	4	3.4	3.8	4.5	4.4

2. 下图显示了1970—2012年期间加拿大的通货膨胀率与失业率。该图显示了支持菲利普斯曲线的证据吗？

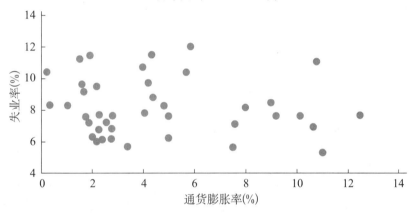

加拿大（1970—2012年）

3. 假定附加预期因素的菲利普斯曲线为 $\pi = \pi^e - 0.5(U - U_n)$。如果预期通货膨胀率为3%，自然失业率为5%，回答如下问题：

   (a) 根据以上菲利普斯曲线，计算失业率分别为4%、5%和6%时对应的通货膨胀率。

   (b) 画图表示问题（a）中的各点，标记出菲利普斯曲线。

   (c) 如果工资变得更加具有刚性，对菲利普斯曲线的斜率会产生什么影响？

4. 油价在2008年达到顶峰，超过130美元每桶，导致大多数发达国家的通货膨胀率上升。但是，失业率看起来并没有马上对这一冲击做出反应。使用现代的菲利普斯曲线解释在2008年通货膨胀率和失业率发生的变化。

总供给曲线

5. 假定奥肯定律可以用下式表示：$U - U_n = -0.75 \times (Y - Y^P)$。假设潜在产出以稳定的速率2.5%增长，自然失业率保持不变。

   (a) 计算当实际GDP减少1个百分点时，失业率增加多少。

   (b) 计算当失业率减少2个百分点时，实际GDP增加多少。

6. 假设奥肯定律由下式给出：$U - U_n = -0.75 \times (Y - Y^P)$，菲利普斯曲线为 $\pi = \pi^e - 0.6 \times (U - U_n) + \rho$。

   (a) 如果预期是适应性的，上一年的通货膨胀率为3%，潜在产出为10万亿美元，写出短期总供给曲线（假设 $\rho = 0$）。

   (b) 计算当产出分别为8万亿美元、10万亿美元和12万亿美元时所对应的通货膨胀率，并画出短期总供给曲线。

7. 根据上题得到的短期总供给曲线的表达式，在同一幅图中画出当价格冲击 $\rho = 2$ 时的新短期总供给曲线。计算当产出分别为 8 万亿美元、10 万亿美元和 12 万亿美元时所对应的通货膨胀率。

8. 虽然奥肯定律对不同国家都成立，但是，在劳动市场更灵活的国家，失业率对 GDP 的变化做出的反应更大。在最近的金融危机中，美国、德国和法国的实际 GDP 都下降。考虑到美国的劳动市场比欧洲的劳动市场更灵活，你预期这三个国家的失业率的增加量会相同吗？

总供给曲线的移动

9. 尽管尼泊尔的互联网普及率在迅速增长，但是到 2012 年，仍然只有不到 20% 的尼泊尔人能上网（资料来源：Nepal Telecommunication Authority）。假定 10 年后互联网将会在尼泊尔得到广泛使用。

    (a) 你认为这对尼泊尔的自然失业率会有影响吗？

    (b) 你认为这对长期总供给会有影响吗？

10. 如果公众预期未来的通货膨胀率会更高，那么这对短期总供给曲线将产生什么影响？用图表示你的答案。

数据分析题

1. 访问圣路易斯联邦储备银行 FRED 数据库，找到失业率（UNRATE）和个人消费支出价格指数（PCECTPI，价格指数的一种测度）的数据。将这两个数据序列的频率调成季度，将价格指数序列的单位调成"与前一年相比的百分比变化"。将两个数据序列下载到一个表格中。

    (a) 利用 2000 年到可获得数据最新季度的数据，绘制出季度失业率与通货膨胀率的散点图。标记出代表季度失业率与通货膨胀率的最新数据的点。这些数据是否支持通货膨胀率和失业率之间存在类似菲利普斯曲线的负相关关系？

    (b) 使用以上失业率和通货膨胀率数据，以失业率为自变量，在散点图中画出数据拟合（回归）直线。（你可以利用 Excel 的散点图功能来自动生成，或者你可以以用 Excel 中加载项 ToolPak 中的 Data Analysis 功能。）写出拟合线的方程。

    i. 根据拟合线，通货膨胀率平均要改变多少才能将失业率降低 1 个百分点？如果真的是这样，最新的通货膨胀率和失业率又将是多少？

    ii. 你估计出的菲利普斯曲线的预测能力怎么样？为什么说弗里德曼-费尔普斯曲线（或称现代的菲利普斯曲线）表现更好呢？

    请简要解释。

2. 访问圣路易斯联邦储备银行 FRED 数据库，找到潜在产出（GDPPOT）、实际 GDP（GDPC1）和个人消费支出价格指数（PCECTPI，价格指数的一种测度）的数据。将价格指数序列的单位调成"与前一年相比的百分比变化"。将这些数据序列下载到一个表格里。然后将每个季度的（现实的）实际 GDP 与潜在 GDP 的百分比差异作为对产出缺口的测度。

    (a) 找出从 2000 年到可获得数据的最新时期之中实际产出持续低于或者高于潜在产出的时期。（如果某段时期中只有单独一个季度低于潜在产出，而其余季度均高于潜在产出，这段时期也算作"持续高于潜在产出"；反之亦然。也就是忽略单独的反常季度。）

    (b) 对于问题（a）中找出的每段时期，计算从时期初到时期末的平均产出缺口以及通货膨胀率的百分点变化。

    (c) 你在问题（b）中得到的结果与加速主义的菲利普斯曲线一致吗？请简要解释。

3. 访问圣路易斯联邦储备银行 FRED 数据库，找到潜在产出（GDPPOT）、实际 GDP（GDPC1）、个人消费支出价格指数（PCECTPI，价格指数的一种测度）以及密歇根大学通货膨胀预期测度（MICH）的数据。将价格指数序列的单位调成"与前一年相比的百分比变化"，并将通货膨胀预期测度的频率调成季度。将所有数据序列下载到一个表格里。然后将每个季度的（现实的）实际 GDP 与潜在 GDP 的百分比差异作为对产出缺口的测度。

(a) 以通货膨胀预期和产出缺口测度为自变量（X 变量），以通货膨胀率为因变量（Y 变量），使用转化后的从 2000 年至今的上述数据做线性回归，从而估计短期总供给曲线。（你可以使用 Excel 加载项 ToolPak 里的 Data Analysis 功能。）

(b) 回归结果与短期总供给曲线模型一致吗？系数的值都合理吗？请简要阐释一下系数的含义。

(c) 你估计的短期总供给曲线有多大预测力？将你的结果与问题 1 的问题（b）相比较，并解释简单菲利普斯曲线估计的预测力和短期总供给曲线估计的预测力之间的差异。

(d) 根据最新数据和你的回归结果，如果政策制定者要填平产出缺口，通货膨胀率将会变化多少？

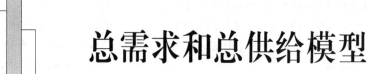

第12章

总需求和总供给模型

预览

在 2007 年和 2008 年，美国经济经历了一次巨大的风暴。石油价格涨到了原来的两倍以上，到 2008 年 7 月，达到了历史上的最高水平——超过 140 美元每桶，这使汽油价格超过了 4 美元每加仑。同时，在次级抵押贷款市场中信用记录差的借款人的违约使得金融市场无法运转并且导致消费者和企业支出下降。结果是，在通货膨胀率上升的同时经济出现了严重的收缩。

为了理解 2007—2008 年发生的事情对经济如何产生了消极的影响，我们现在将前三章所介绍的总需求和总供给概念结合在一起发展出一个基本的工具——总需求和总供给分析。与你们在之前的经济学课程中学到的供给和需求分析相同，当总需求和总供给曲线相交时，就达到了均衡。

在研究宏观经济的短期波动与分析总产出和通货膨胀率如何决定的过程中，总需求和总供给分析是一个非常有用的工具。这一分析可以帮助我们解释经济周期中的事件，例如 2007—2009 年严重的经济衰退。另外，在后面几章中，这一分析也将使我们能够评价关于经济政策应该如何实施的争论。

总需求和总供给曲线的简要回顾

首先，我们将对第 9~11 章所介绍的总需求和总供给模型的区块——总需求和总供给曲线——进行简要回顾。

宏观经济学：政策与实践（第二版）

□ 总需求曲线

回忆总需求曲线表明了当产品市场处于均衡时通货膨胀率和总产出之间的关系。产品市场处于均衡是指总产出等于产出需求总量。我们在第 10 章中看到，总需求曲线是向下倾斜的，这是因为通货膨胀率的升高导致货币政策当局提高实际利率以防止通货膨胀率螺旋式上升从而失控，这会降低计划支出（总需求）从而降低总产出的均衡水平。向下倾斜的总需求曲线反映了通货膨胀率与均衡产出之间的负相关关系，其机制如下所示：

$$\pi\uparrow \Rightarrow r\uparrow \Rightarrow I\downarrow, C\downarrow, NX\downarrow \Rightarrow Y\downarrow$$

□ 导致总需求曲线发生移动的因素

正如我们在第 10 章所看到的那样，七个基本的外生于模型的因素会导致总需求曲线移动到新的位置：（1）自发的货币政策；（2）政府购买；（3）税收；（4）自发净出口；（5）自发消费支出；（6）自发投资；（7）金融摩擦。（学生可能很难理解"自发"这个术语，所以我们会在参考资料"'自发'是什么含义"中进行讨论。）当我们考察每种因素时，我们要问的问题是在通货膨胀率不变的条件下，某个因素发生改变时会发生什么。为了便于学习，表 12 - 1 总结了这七个因素的变化所导致的总需求曲线的移动。

1. 自发的货币政策。当联储自发地收紧货币政策时，它提高了实际利率中的自发性部分 $\bar{r}$，即与当前的通货膨胀率水平无关的部分。在任何给定的通货膨胀率下为投资项目融资的实际利率都更高，这导致了投资支出和计划支出的下降。更高的实际利率也会导致更低的消费支出和更低的净出口。因此，在任何给定的通货膨胀率下，均衡总产出都下降，正如下面的机制所示：

$$\bar{r}\uparrow \Rightarrow I\downarrow, C\downarrow, NX\downarrow \Rightarrow Y\downarrow$$

因此，总需求曲线向左移动。

表 12 - 1   导致总需求曲线发生移动的因素

因素	因素的变化	需求曲线的移动
自发的货币政策，$\bar{r}$	↑	←
政府购买，$\bar{G}$	↑	→
税收，$\bar{T}$	↑	←
自发净出口，$\overline{NX}$	↑	→
自发消费支出，$\bar{C}$	↑	→
自发投资，$\bar{I}$	↑	→
金融摩擦，$\bar{f}$	↑	←

注：这里只列出了因素上升（↑）的情况。这些因素下降所产生的影响与"需求曲线的移动"一列所表明的方向恰好相反。

▶ **参考资料**　　　　　　　　**"自发"的含义**

　　当经济学家使用"自发"这个词时，他们是指变量中外生的部分（独立于模型中的其他变量）。例如，自发的货币政策是指实际利率中由中央银行设定的、与通货膨胀率或模型中的任何其他变量无关的部分。所以，与自发部分的变化相联系的不是沿着曲线的运动，而总是曲线的移动。因此，自发的货币政策会导致 MP 和 AD 曲线的移动，而不是沿着这些曲线的运动。

　　2. 政府购买。在任何给定的通货膨胀率下，政府购买的增加会直接加到计划支出中，因此均衡总产出水平上升：

$$\bar{G}\uparrow \Rightarrow Y\uparrow$$

结果是总需求曲线向右移动。

　　3. 税收。在任何给定的通货膨胀率下，税收的上升降低了可支配收入，这将导致更低的消费支出和计划支出，因此均衡总产出水平下降：

$$\bar{T}\uparrow \Rightarrow C\downarrow \Rightarrow Y\downarrow$$

在任何给定的通货膨胀率下，总需求曲线向左移动。

　　4. 自发净出口。在任何给定的通货膨胀率下，净出口的自发上升会直接加到计划支出中，因此会提高均衡总产出水平：

$$\overline{NX}\uparrow \Rightarrow Y\uparrow$$

结果是总需求曲线向右移动。

　　5. 自发消费支出。当消费者变得更加乐观时，自发消费支出就会上升，因此在任何给定的通货膨胀率下，消费者都花费得更多。计划支出因而上升，总产出的均衡水平也上升：

$$\bar{C}\uparrow \Rightarrow Y\uparrow$$

总需求曲线会向右移动。

　　6. 自发投资。当企业变得更加乐观时，自发投资会上升，因此在任何给定的通货膨胀率下，企业都花费得更多。计划投资上升，总产出的均衡水平也上升。

$$\bar{I}\uparrow \Rightarrow Y\uparrow$$

总需求曲线会向右移动。

　　7. 金融摩擦。投资的实际利率不仅反映了由中央银行设定的无违约风险债务工具的短期实际利率 r，也反映了金融摩擦 $\bar{f}$（由妨碍金融市场有效运行的壁垒造成的额外借款成本）。当金融摩擦增加时，投资的实际利率上升，从而在任何给定的通货膨胀率下，计划投资支出都下降，总产出的均衡水平也下降。

$$\bar{f}\uparrow \Rightarrow r_i\uparrow \Rightarrow I\downarrow \Rightarrow Y\downarrow$$

总需求曲线会向左移动。

□ 短期和长期总供给曲线

　　正如我们在前一章所看到的那样，总供给曲线，即描述总产出供给量与通货膨胀率之间关系的曲线，分为短期和长期两种形式。

宏观经济学：政策与实践（第二版）

由于在长期工资和价格是具有完全弹性的，因此长期总供给曲线由生产要素——劳动和资本——以及当时可用的技术和自然失业率决定。我们通常假设技术、生产要素和自然失业率与通货膨胀率无关。结果，长期总供给曲线是垂直的，固定在潜在产出 Y^P 处：高于或者低于这一水平的产出都会导致通货膨胀率进行调整，直到产出回到其潜在水平。

由于工资和价格对经济条件进行调整需要花费时间——毕竟它们是具有黏性的，因此在短期工资和价格不会进行充分调整以使得总产出维持在其潜在水平上。高于潜在水平的产出意味着劳动和产品市场景气，这会导致通货膨胀率上升到高于当前的水平。然而，与长期不同，这种上升在短期是有限的。结果，短期总供给曲线向上倾斜，但并不是垂直的：当产出相对于潜在水平上升时，通货膨胀率将上升到高于当前的水平。

□ 导致长期总供给曲线发生移动的因素

当自然失业率和技术受到冲击，或者影响经济能够生产的产出量的劳动和资本数量发生长期变化时，长期总供给曲线就会发生移动。由于技术水平是随着时间提高的，生产要素也会不断积累，因此 Y^P 会稳定地和逐渐地向右移动（为了简便，我们将在分析中忽视这种逐渐的移动）。

□ 导致短期总供给曲线发生移动的因素

三个因素会导致短期总供给曲线发生移动：（1）预期通货膨胀率；（2）价格冲击；（3）持续的产出缺口。为了便于学习，表 12-2 总结了这三个因素的变化所导致的短期总供给曲线的移动。

1. 预期通货膨胀率。当预期通货膨胀率上升时，工人和企业会将工资和价格提高得更多，导致通货膨胀率上升。因此，更高的预期通货膨胀率会导致短期总供给曲线向左上方移动。

2. 价格冲击。供给限制或者工人们要求更高的工资都会引起企业提高价格，这导致通货膨胀率上升和短期总供给曲线向左上方移动。

3. 持续的产出缺口。当产出相对于潜在水平保持在高水平时，产出缺口持续为正 $(Y>Y^P)$。劳动和产品市场将一直景气，这会导致通货膨胀率上升。只要产出缺口持续存在，下一期的通货膨胀率和预期通货膨胀率就会继续上升。正的产出缺口会导致短期总供给曲线向左上方移动。

表 12-2	导致短期总供给曲线发生移动的因素	
因素	因素的变化	供给曲线的移动
预期通货膨胀率，π^e	↑	↑
价格冲击，ρ	↑	↑
产出缺口，$(Y-Y^P)$	↑	↑

注：这里只列出了因素上升（↑）的情况。这些因素下降所产生的影响与"供给曲线的移动"一列所表明的方向恰好相反。

总需求-总供给分析中的均衡

我们现在可以将总需求和总供给曲线结合在一起来描述经济中的一般均衡。经济中的**一般均衡**（general equilibrium）是指在总产出的需求量等于总产出的供给量的点，所有市场同时处于均衡。一般均衡用图形表示就是总需求曲线与总供给曲线的交点。然而，回忆我们有两种总供给曲线：短期的和长期的。因此，在总供给和总需求分析中，存在短期的和长期的均衡。在这一节中，我们将讨论短期和长期均衡。在接下来的几节中，我们将考察导致均衡发生变动的总需求和总供给冲击。

☐ 短期均衡

图 12-1 显示了短期均衡，此时总产出的需求量等于总产出的供给量。在图 12-1 中，短期总需求曲线 AD 与短期总供给曲线 AS 相交于 E 点，此时的均衡产出为 $Y^* = 10$ 万亿美元，均衡通货膨胀率为 $\pi^* = 2\%$。（我们在参考资料 "确定均衡产出和通货膨胀率的代数方法" 中用代数方法推导了均衡产出和通货膨胀率。[①]）

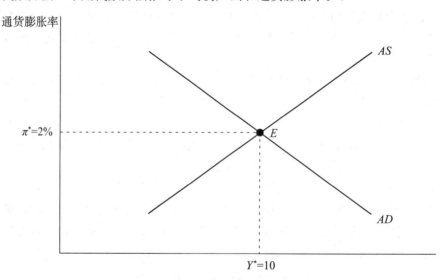

图 12-1 短期均衡

短期均衡出现在总需求曲线 AD 和短期总供给曲线 AS 的交点 E 点。

▶ 参考资料　确定均衡产出和通货膨胀率的代数方法

图 12-1 中的 AD 曲线是我们在第 10 章所讨论的总需求曲线：

---

① 本章的一个网络附录提供了 AD-AS 模型的一个更具一般性的代数分析，该网络附录可以在 www.pearsonglobaleditions.com/mishkin 找到。

宏观经济学：政策与实践（第二版）

$$Y = 11 - 0.5\pi \qquad\qquad\qquad (1)$$

AS 曲线是我们在第 11 章所描述的短期总供给曲线，其中上一期的通货膨胀率是 2%：

$$\pi = 2 + 1.5(Y - 10) \qquad\qquad\qquad (2)$$

为了用代数方法证明均衡时 $Y=10$ 万亿美元和 $\pi=2\%$，我们将方程（2）代入方程（1）中，得到：

$$Y = 11 - 0.5[2 + 1.5(Y - 10)] = 11 - 1 - 0.75Y + 7.5$$

将上式进行整理可以得到：

$$Y(1 + 0.75) = 17.5$$

将上式两边同时除以 1.75 就得到了均衡产出 $Y=10$ 万亿美元。接着将这一均衡产出的值代入方程（2）所表示的短期总供给曲线中就得到下式：

$$\pi = 2 + 1.5 \times (10 - 10) = 2$$

因此均衡通货膨胀率为 2%。

□ 长期均衡

在供给和需求分析中，一旦我们确定了需求量等于供给量的均衡后，通常不需要再做额外的分析。然而，在总供给和总需求分析中却不是这种情况。在总需求曲线和短期总供给曲线的交点，总产出需求量等于总产出供给量。如果此时产出不等于潜在产出水平（$Y^* \neq Y^P$），那么均衡将随着时间发生移动。为了理解其中的原因，回忆一下，如果当前的通货膨胀率水平不同于最初的水平，那么当工资和价格向新的预期通货膨胀率调整时，短期总供给曲线会发生移动。

□ 随时间变化的短期均衡

我们将讨论在两种情形下短期均衡如何随着时间发生变化：一种情形是短期均衡产出最初高于潜在产出水平（自然产出水平），另一种情形是短期均衡产出最初低于潜在产出水平。我们将再次假设潜在产出水平为 10 万亿美元。

在图 12-2（a）中，最初的均衡发生在点 1，即总需求曲线 AD 和最初的短期总供给曲线 AS_1 的交点。均衡产出水平 $Y_1=11$ 万亿美元，大于潜在产出水平 $Y^P=10$ 万亿美元。因此，失业率小于自然失业率，劳动市场过度景气。正如第 11 章中的菲利普斯曲线分析所表明的那样，在 $Y_1=11$ 万亿美元时，劳动市场的景气会推高工资，引起企业更快地提高价格。通货膨胀率因而会上升，高于最初水平 π_1。因此，在下一期，企业和家庭调整它们的预期，预期通货膨胀率更高了。工资和价格将提高得更快，同时总供给曲线将从 AS_1 向左上方移动到 AS_2。

点 2 所表示的新短期均衡是沿着总需求曲线向上移动所产生的结果，产出下降到 Y_2。然而，由于总产出 Y_2 仍然高于潜在产出水平 Y^P，工资和价格将会以更快的速率上升，因此通货膨胀率再次上升。预期通货膨胀率会进一步上升，最终导致总供给曲线向左上方移动到 AS_3。经济达到长期均衡，它位于垂直的长期总供给曲线（$LRAS$）上的点 3，产出等于 Y^P。由于此时均衡产出等于潜在产出水平，使通货膨胀率上升的压力不再存在，因此总供给曲线不会有进一步移动的趋势。

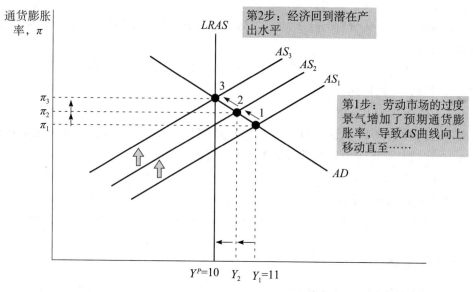

(a) 最初的短期均衡产出高于潜在产出水平

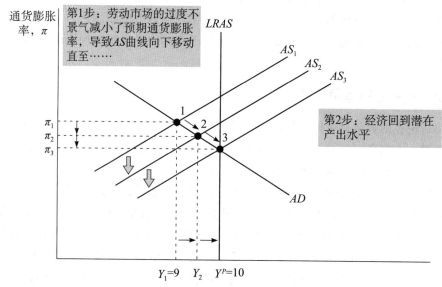

(b) 最初的短期均衡产出低于潜在产出水平

图 12-2　在总供给和总需求分析中向长期均衡的调整

在图（a）和图（b）中，最初的短期均衡点在 AD 和 AS₁ 的交点点 1。在图（a）中，最初的短期均衡产出高于潜在产出水平——长期均衡产出水平，因此短期总供给曲线向上移动直到达到 AS₃，此时产出回到了 Y^P。在图（b）中，最初的短期均衡产出低于潜在产出水平，因此短期总供给曲线向下移动直到总产出回到 Y^P。在图（a）和图（b）中，经济的自我纠正机制促使经济回到潜在产出水平。

图 12-2 (a) 中所示的移动过程表明，随着时间的推移，经济不会保持在高于潜在产出水平 10 万亿美元的产出水平上。具体来说，短期总供给曲线将向左移动，通货膨胀率会上升，导致经济（均衡）沿着总需求曲线向上移动，直到经济移动到长期总供给曲线上的点为止，此时产出等于潜在产出水平 $Y^P = 10$ 万亿美元。

在图 12-2 (b) 中，在最初的均衡点点 1 处，产出为 $Y_1 = 9$ 万亿美元，低于潜在产出水平。由于失业率现在高于自然失业率，所以劳动市场过度不景气。在产出水平为 $Y_1 = 9$ 万亿美元处，这种不景气降低了通货膨胀率，使得下一期的短期总供给曲线向右下方移动到 AS_2。

现在，均衡将移动到点 2，产出将上升到 Y_2。然而，由于总产出 Y_2 仍然低于潜在产出水平 Y^P，通货膨胀率会再次下降，导致总供给曲线向下移动，直到达到 AS_3 处。经济（均衡）沿着总需求曲线向下移动，直到达到长期均衡点点 3，即总需求曲线（AD）和供给量固定在 $Y^P = 10$ 万亿美元的长期总供给曲线（$LRAS$）的交点。在这个均衡点，和图 12-2 (a) 所示的情形一样，当总产出再次回到潜在产出水平时，经济停止移动。

□ 自我纠正机制

注意，在图 12-2 (a) 和图 12-2 (b) 中，无论最初的产出水平是多少，产出最终会回到潜在产出水平，这个特征被称为**自我纠正机制**（self-correcting mechanism）。自我纠正机制发生的原因是，随着时间的推移，短期总供给曲线向上或向下移动，以保证经济回到充分就业状态（总产出等于潜在产出水平）。

均衡的变动：总需求冲击

在理解了短期和长期均衡区别的基础上，我们现在可以分析需求冲击所带来的影响。**需求冲击**（demand shock）是指引起总需求曲线移动的冲击。图 12-3 画出了由正向需求冲击所引起的总需求曲线向右移动的影响。以下因素会产生正向需求冲击：

- 货币政策的自发放松（$\bar{r} \downarrow$，在任何给定的通货膨胀率下，实际利率下降）；
- 政府购买的增加（$\bar{G} \uparrow$）；
- 税收的减少（$\bar{T} \downarrow$）；
- 净出口的增加（$\overline{NX} \uparrow$）；
- 消费者和企业变得更加乐观导致的支出意愿的增加（$\bar{C} \uparrow, \bar{I} \uparrow$）；
- 金融摩擦的减少（$\bar{f} \downarrow$）。

图 12-3 显示经济最初处于长期均衡点点 1，在该点，最初的总需求曲线 AD_1 与短期总供给曲线 AS_1 相交，产出水平为 $Y^P = 10$ 万亿美元，通货膨胀率为 2%。假定总需求曲线向右移动到 AD_2，幅度为 1.75 万亿美元。经济沿着短期总供给曲线 AS_1 向上移动到点 2，产出和通货膨胀率都上升。通过代数运算，我们可以得到，产出上升到 11 万亿美元，通货膨胀率上升到 3.5%。然而，在长期，经济不会停留在点 2，因

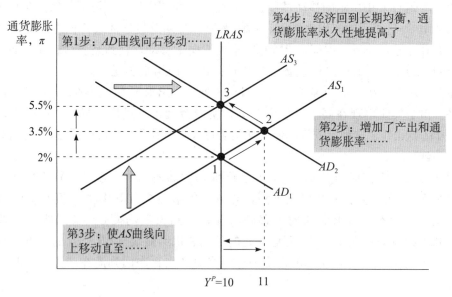

图 12 - 3 正向需求冲击

正向需求冲击会导致总需求曲线从 AD_1 向上移动到 AD_2，经济从点 1 移动到点 2，导致更高的通货膨胀率 3.5% 和更高的产出 11 万亿美元。由于产出高于潜在产出水平，短期总供给曲线开始向上移动，最终达到 AS_3。在点 3，经济回到了长期均衡，产出为 $Y^P = 10$ 万亿美元，通货膨胀率上升到 5.5%。

为在点 2 处产出水平 11 万亿美元高于潜在产出水平。通货膨胀率将上升，短期总供给曲线将最终向上移动到 AS_3。这样，经济（均衡）沿着 AD_2 曲线从点 2 向上移动到点 3，点 3 是长期均衡点，该点的通货膨胀率为 5.5%，产出回到 $Y^P = 10$ 万亿美元。（参考资料"确定经济对总需求曲线向右移动的反应的代数方法"利用代数方法得到了均衡产出和均衡通货膨胀率的值。）虽然总需求曲线向右移动最初的短期影响是通货膨胀率和产出的上升，但是最终的长期影响是仅有通货膨胀率上升，因为产出将回到最初水平 Y^P。[①]

我们接下来将总需求和总供给模型应用于需求冲击，作为我们辛苦建立这一模型的收益。在本章接下来的部分，我们将总供给和总需求分析应用于过去 40 年间美国和其他外国国家的许多经济周期事件。为了简化分析，我们在所有的例子中都假设总产出最初处于潜在产出水平。

▶ 参考资料 确定经济对总需求曲线向右移动的反应的代数方法

和在图形分析中一样，在考察总需求增加对经济的影响的代数方法中，我们假定总

---

① 注意这里的分析假设这些正向需求冲击中的每一个都是在其他条件保持不变的情况下发生的，这种"其他条件保持不变"（ceteris paribus）的假设是供给和需求分析中的标准假设。具体来说，这一假设意味着中央银行面对需求冲击不做出任何反应。在第 13 章，我们将放松这一假设，允许货币政策制定者对这些冲击做出反应。正如我们将看到的，如果货币政策制定者在面对正向需求冲击时想要阻止通货膨胀率上升，他们将通过使用货币政策的自发收紧和向上移动货币政策曲线来做出反应。

需求曲线向右移动 1.75 万亿美元，到达 AD_2 的位置，AD_2 用方程表示为 $Y=12.75-0.5\pi$。将这一方程代入表示 AS_1 曲线的方程 $\pi=2+1.5(Y-10)$，我们得到下式：

$$Y = 12.75-0.5[2+1.5(Y-10)]$$
$$=12.75-1-0.75Y+7.5$$
$$=19.25-0.75Y$$

将上式进行简单整理，即得：

$$Y(1+0.75) = 19.25$$

再将方程两边同时除以 1.75，我们就得到点 2 处的均衡产出为 19.25/1.75＝11 万亿美元。将均衡产出的这一数值代入短期总供给方程 $\pi=2+1.5(Y-10)$，得到下式：

$$\pi = 2+1.5\times(11-10) = 3.5$$

因此均衡通货膨胀率为 3.5%。

长期总产出会达到潜在产出水平，因此 $Y=Y^P=10$ 万亿美元。将这一数值代入总需求曲线 AD_2，即 $Y=12.75-0.5\pi$，可得：

$$10 = 12.75-0.5\pi$$

它可以被改写成：

$$0.5\pi = 12.75-10 = 2.75$$

将上式两边同时除以 0.5，我们可以得到 $\pi=5.5$。因此，在图 12-3 中的长期均衡点点 3 处，通货膨胀率为 5.5%。

应用 ☞

沃尔克反通货膨胀，1980—1986 年

当保罗·沃尔克（Paul Volcker）在 1979 年 8 月成为联储的主席时，通货膨胀率已经失去了控制，超过了 10%。沃尔克下定决心要降低通货膨胀率。到 1981 年年初，联储已经将联邦基金利率提高到 20% 以上，这导致实际利率急剧上升。确实，沃尔克成功地降低了通货膨胀率，正如图 12-4（b）所表明的那样，通货膨胀率从 1980 年的 13.5% 下降到 1986 年的 1.9%。通货膨胀率的下降付出了很高的代价：经济经历了从第二次世界大战到当时为止最为严重的衰退，失业率在 1982 年上升到 9.7%。

这一结果正是总需求和总供给分析所预测的。货币政策的自发收紧降低了总需求，导致总需求曲线从 AD_1 向左移动到 AD_2，正如图 12-4（a）中所表示的那样。经济移动到点 2，表明失业率会上升，通货膨胀率会下降。由于失业率高于自然失业率，产出低于潜在产出水平，短期总供给曲线会向右下方移动到 AS_3。经济向长期均衡点点 3 移动，通货膨胀率继续下降，产出回升到潜在产出水平，失业率回到自然失业率水平。图 12-4（b）显示，到 1986 年，失业率已经下降到 7%，通货膨胀率为 1.9%，正如我们的总需求-总供给分析所预测的那样。

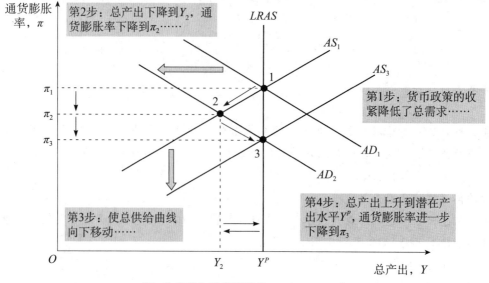

(a) 总需求－总供给分析

第2步：总产出下降到Y_2，通货膨胀率下降到π_2……

第1步：货币政策的收紧降低了总需求……

第3步：使总供给曲线向下移动……

第4步：总产出上升到潜在产出水平Y^P，通货膨胀率进一步下降到π_3

(b) 失业率和通货膨胀率，1980—1986年

年份	失业率（％）	通货膨胀率（％）
1980	7.1	13.5
1981	7.6	10.3
1982	9.7	6.2
1983	9.6	3.2
1984	7.5	4.3
1985	7.2	3.6
1986	7.0	1.9

资料来源：Economic Report of the President.

图 12 - 4　沃尔克反通货膨胀

图 12 - 4（a）显示联储主席沃尔克旨在降低通货膨胀率的措施是成功的，但是付出了很高的代价：自发的货币政策收紧导致负向需求冲击，这降低了总需求，进而降低了通货膨胀率，结果失业率飙升。图 12 - 4（b）的数据为这一分析提供了支持：注意通货膨胀率从 1980 年的 13.5％下降到 1986 年的 1.9％，而失业率上升，在 1982 年高达 9.7％。

我们接下来考察 2001—2004 年，这一时期也出现了负向需求冲击，而且是三种负向需求冲击同时发生。

应用☞

负向需求冲击，2000—2004 年

在 2000 年，美国经济在正扩张时突然遭受了一系列负向的总需求冲击。

1. "技术泡沫"在 2000 年 3 月破裂，股票市场急剧下跌。

2. 2001 年 9 月 11 日的恐怖袭击降低了消费者和企业的信心。

3. 2001 年年末安然公司的破产和 2002 年其他公司的会计丑闻表明公司的金融数据

并不可信，所以金融摩擦加大。结果，公司债券的利率上升，这使得公司为投资进行融资的成本更高了。

所有这些负向需求冲击都导致了家庭和企业支出的下降，从而降低了总需求，导致总需求曲线从 AD_1 向左移动到 AD_2，如图 12 - 5（a）所示。在点 2，正如我们的总需求-总供给分析所预测的那样，失业率上升，通货膨胀率下降。图 12 - 5（b）显示失业率从 2000 年的 4% 上升到 2003 年的 6%，而年通货膨胀率从 2000 年的 3.4% 下降到 2002 年的 1.6%。由于失业率高于自然失业率（估计约为 5%），产出低于潜在产出水平，短期总供给曲线向下移动到 AS_3，如图 12 - 5（a）所示。经济会移向点 3，通货膨胀率下降，产出上升并回到潜在产出水平，同时失业率回到自然失业率水平。到 2004 年，总需求-总供给分析的自我纠正机制开始发挥作用，失业率下降到 5.5% ［见图 12 - 5（b）］。

(a) 总需求-总供给分析

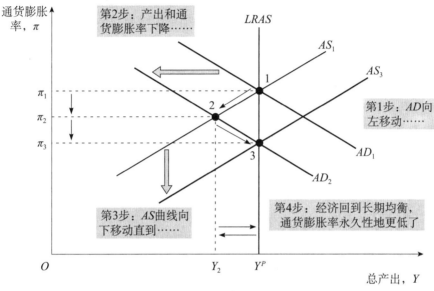

(b) 失业率和通货膨胀率，2000—2004 年

年份	失业率（%）	通货膨胀率（%）
2000	4.0	3.4
2001	4.7	2.8
2002	5.8	1.6
2003	6.0	2.3
2004	5.5	2.7

资料来源：Economic Report of the President.

图 12 - 5　负向需求冲击，2000—2004 年

图 12 - 5（a）显示 2000—2004 年的负向需求冲击降低了消费支出和投资，导致总需求曲线从 AD_1 向左移动到 AD_2。经济移动到点 2，总产出下降，失业率上升，通货膨胀率下降。总产出小于潜在产出水平所产生的负的产出缺口使短期总供给曲线向下移动到 AS_3。经济向点 3 移动，在该点，总产出回到潜在产出水平，通货膨胀率进一步下降到 π_3，失业率再次下降到自然失业率水平——大约 5%。图 12 - 5（b）中的数据为这一分析提供了支持：通货膨胀率下降到 2% 左右，失业率在 2004 年已经下降到 5.5%。

均衡的变动：总供给（价格）冲击

暂时性的供给（价格）冲击和永久性的供给冲击都会使短期总供给曲线发生移动，但前者不会使长期总供给曲线发生移动，而后者会使长期总供给曲线发生移动。我们将依次考察这两种类型的供给冲击。

□ 暂时性的供给冲击

在第 11 章关于菲利普斯曲线的讨论中，我们得知，当存在暂时性的供给冲击（例如导致价格上升或下降的石油供给的变化）时，通货膨胀率会发生独立于劳动市场的景气程度和预期通货膨胀率的变化。当暂时性的供给冲击涉及供给的限制时，我们将这种类型的供给冲击称为负的（或者不利的）供给冲击，这会导致商品价格的上升（回忆我们在第 3 章讨论了与技术、自然环境和能源有关的负向供给冲击）。暂时性的负向供给冲击的例子包括石油供给的中断，（当一国通货价值下降时）进口品价格的上升或者工人要求的工资上升超过生产率的提高导致了成本推动的冲击从而推高了成本和通货膨胀率。当供给冲击涉及供给的增加时，这被称为正向（或者有利的）供给冲击。例如，特别好的农作物收成或者进口价格的下降就是暂时性的正向供给冲击。

为了使用总需求-总供给分析来理解暂时性的供给冲击如何影响经济，我们首先假设经济处于图 12-6 的点 1，产出量等于潜在水平 10 万亿美元，通货膨胀率为 2%。假定由于中东战争出现了暂时性的负向供给冲击。当经济中出现这种负向供给冲击和石油价格上升时，价格冲击项 ρ 导致通货膨胀率上升到 2% 以上，短期总供给曲线从 AS_1 向左上方移动到 AS_2，如图 12-6 所示。

经济将沿着总需求曲线从点 1 向上移动到点 2，此时通货膨胀率高于 2%，但是总产出降到低于 10 万亿美元。我们将这种通货膨胀率上升但总产出下降的状况称为**滞胀**（stagflation）（停滞和通货膨胀这两个词的结合）。由于这里的供给冲击是暂时性的，经济的生产能力没有发生改变，因此 Y^P 和长期总供给曲线 $LRAS$ 保持不变，仍为 10 万亿美元。在图 12-6 的点 2，总产出（比如说为 9 万亿美元）低于潜在产出水平，因此通货膨胀率下降，使短期总供给曲线移回原来的位置 AS_1。经济（均衡）沿着总需求曲线 AD_1 向下移动（假设总需求曲线仍处于相同的位置），回到长期均衡点点 1，此时总产出再次为 10 万亿美元，通货膨胀率为 2%。

虽然暂时性的负向供给冲击会导致短期总供给曲线向左上方移动，这最初会提高通货膨胀率和降低产出，但是最终的长期影响是产出和通货膨胀率保持不变。

有利的（正向）供给冲击——例如中西部地区的小麦有了极好的收成——会导致图 12-6 中的所有曲线向相反的方向移动，因此会产生相反的影响。暂时性的正向供给冲击会导致短期总供给曲线向右下方移动，最初会降低通货膨胀率和提高产出。然而，在长期，产出和通货膨胀率将保持不变（在总需求曲线不变的条件下）。

我们现在将再次应用总需求-总供给模型，这次分析的是暂时性的供给冲击。我们

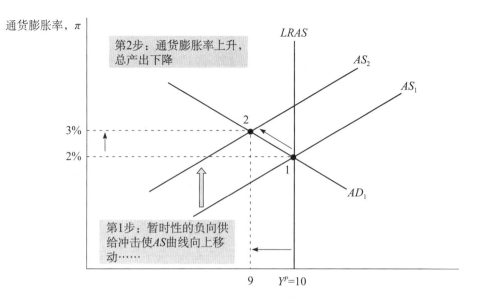

通货膨胀率, π

第2步：通货膨胀率上升，总产出下降

LRAS

AS_2

AS_1

2

3%

2%

1

AD_1

第1步：暂时性的负向供给冲击使AS曲线向上移动……

9　Y^p=10

总产出, Y (万亿美元)

图 12-6　暂时性的负向供给冲击

暂时性的负向供给冲击使得总供给曲线从 AS_1 移动到 AS_2，经济从点 1 移动到点 2。在点 2，通货膨胀率上升到 3%，总产出下降到 9 万亿美元。由于产出低于潜在产出水平，短期总供给曲线开始向下往回移动，最终回到 AS_1 处，经济再次回到最初的长期均衡点点 1。

首先分析 1973—1975 年和 1978—1980 年的负向供给冲击。（记住，我们假设总产出最初处于自然产出水平。）

应用☞

负向供给冲击，1973—1975 年和 1978—1980 年

在 1973 年，美国经济遭受了一连串的负向供给冲击：

1. 由于 1973 年阿拉伯-以色列战争引起的石油禁运，石油输出国组织（OPEC）通过限制石油生产使石油价格上升到原来的 4 倍。

2. 世界范围内的农作物收成不好导致粮食价格急剧上升。

3. 1973 年和 1974 年美国工资和价格控制被终止，导致工人原本被抑制的提高工资的要求得到释放。

这些事件的发生导致了短期总供给曲线大幅度地从 AS_1 向左上方移动到 AS_2，如图 12-7（a）所示，经济移动到点 2。正如图 12-7 的总需求-总供给图形所预测的那样，通货膨胀率和失业率都上升了［通货膨胀率增加 2.9 个百分点，失业率增加 3.5 个百分点，如图 12-7（b）所示］。

1978—1980 年这段时期几乎是 1973—1975 年这段时期的翻版。到 1978 年，经济刚刚从 1973—1975 年的供给冲击中完全恢复，这时农作物的坏收成以及石油价格的翻倍（伊朗的王权被推翻的结果）导致了短期总供给曲线在 1979 年再次大幅度地向左上方移动。图 12-7 预测的模式再次发生了——通货膨胀率和失业率都急速上升。

(a) 总需求-总供给分析

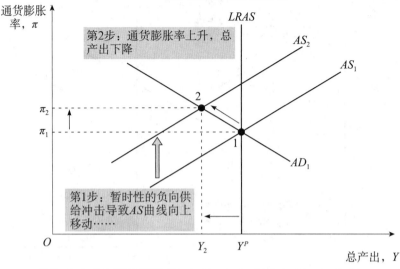

(b) 失业率和通货膨胀率, 1973—1975 年和 1978—1980 年

年份	失业率（%）	通货膨胀率（%）
1973	4.8	6.2
1974	5.5	11.0
1975	8.3	9.1
1978	6.0	7.6
1979	5.8	11.3
1980	7.1	13.5

资料来源：Economic Report of the President.

图 12-7　负向供给冲击, 1973—1975 年和 1978—1980 年

图 12-7（a）显示 1973 年和 1979 年暂时性的负向供给冲击导致短期总供给曲线从 AS_1 向上移动到 AS_2。经济移动到点 2, 总产出下降, 失业率和通货膨胀率都上升。图 12-7（b）的数据为这一分析提供了支持：注意通货膨胀率从 1973 年的 6.2% 上升到 1975 年的 9.1%, 失业率从 1973 年的 4.8% 上升到 1975 年的 8.3%。在 1978—1980 年的冲击下, 通货膨胀率从 1978 年的 7.6% 上升到 1980 年的 13.5%, 而失业率从 1978 年的 6.0% 上升到 1980 年的 7.1%。

□ 永久性的供给冲击

但是, 如果供给冲击不是暂时性的, 又会对经济有什么影响呢？永久性的负向供给冲击——例如导致经济效率降低从而降低供给的不当管制的增加——会使潜在产出水平下降, 比如说从 $Y_1^P = 10$ 万亿美元下降到 $Y_2^P = 8$ 万亿美元, 使长期总供给曲线从 $LRAS_1$ 向左移动到 $LRAS_2$, 如图 12-8 所示。

由于永久性的供给冲击会导致更高的价格, 通货膨胀率会立即上升——例如从之前的 2% 上升到 3%, 因此短期总供给曲线从 AS_1 向左上方移动到 AS_2。虽然点 2 处的总产出已经下降到 9 万亿美元, 它仍然高于 $Y_2^P = 8$ 万亿美元：正的产出缺口意味着总供给曲线又会向左上方移动。总供给曲线会持续移动, 直至达到 AS_3 处, 与总需求曲线 AD 和长期总供给曲线相交于点 3。现在, 由于在点 3 处产出为 $Y_2^P = 8$ 万亿美元, 所以产出缺口为 0。此时的通货膨胀率为 4%, 不存在任何上升的压力。

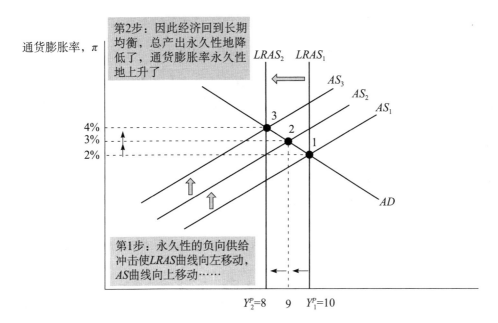

图 12-8 永久性的负向供给冲击

永久性的负向供给冲击起初会导致总产出的下降和通货膨胀率的上升。在长期，这一冲击导致产出的永久性下降和通货膨胀率的永久性上升，正如图中点 3 所表明的那样，在该点，通货膨胀率上升到 4%，总产出下降到 8 万亿美元。

当总需求曲线保持不变时，图 12-8 得到了如下结果：永久性的负向供给冲击最初导致产出的下降和通货膨胀率的上升。然而，与暂时性的供给冲击不同，在长期，导致潜在产出水平下降的负向供给冲击导致了产出的永久性下降和通货膨胀率的永久性上升。[1]

当存在正向供给冲击时，结论正好相反。提高了生产率的新技术的开发和劳动供给的增加都是正向供给冲击的例子。永久性的正向供给冲击在长期和短期都会降低通货膨胀率和提高总产出。

到目前为止，我们一直假设潜在产出水平 Y^P 是给定的，从而长期总供给曲线也是给定的。然而，随着时间的推移，潜在产出水平会由于经济增长而提高（这是第 6 章和第 7 章的主题）。例如，如果经济的生产能力每年以 3% 的稳定速率增长，那么 Y^P 每年都会增长 3%，长期总供给曲线每年将向右移动 3%。为了简化分析，当 Y^P 以稳定速率增长时，我们在总需求-总供给图形中将 Y^P 和长期总供给曲线表示为固定不变。可是，需要谨记，在这些图中所表示的总产出水平实际上应当被看做是相对于正常增长率（趋势）的总产出水平。

1995—1999 年这段时期提供了一个永久性的正向供给冲击的例子，正如以下的应用案例所表明的那样。

---

① 对永久性供给冲击的影响的讨论假设货币政策不发生改变，从而货币政策（MP）曲线和总需求曲线保持不变。然而，如果货币政策制定者想要移动总需求曲线以保证通货膨胀率水平不变，那么他们也许会移动货币政策曲线。参见第 13 章。

正向供给冲击，1995—1999 年

在 1994 年 2 月，联储开始提高利率。联储认为经济将在 1995 年达到潜在产出水平和自然失业率水平，随后经济也许会过热，即产出高于潜在产出水平同时通货膨胀率上升。可是，正如我们在图 12-9 (b) 中所看到的那样，经济持续快速增长，失业率在 1997 年降到 5% 以下。然而通货膨胀率继续下降，在 1998 年下降到大约 1.6%。

总需求-总供给分析可以解释所发生的这一切吗？在 20 世纪 90 年代末，经济遭受了两个永久性的正向供给冲击。

1. 卫生保健行业的变化——例如健康维护组织（HMOs）的出现——极大地降低了就医相对于其他产品和服务的成本。

2. 计算机革命最终开始对生产率产生积极的影响，提高了经济的潜在增长率（被新闻媒体称为"新经济"）。

另外，我们将在第 20 章讨论的人口因素导致了自然失业率的下降。这些因素导致长期总供给曲线向右移动到 $LRAS_2$，短期总供给曲线从 AS_1 向右下方移动到 AS_2，如图 12-9 (a) 所示。总产出上升，失业率下降，而通货膨胀率也下降。

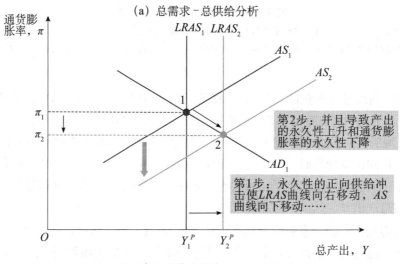

(a) 总需求-总供给分析

(b) 失业率和通货膨胀率，1995—1999 年

年份	失业率（%）	通货膨胀率（%）
1995	5.6	2.8
1996	5.4	3.0
1997	4.9	2.3
1998	4.5	1.6
1999	4.2	2.2

资料来源：Economic Report of the President.

图 12-9　正向供给冲击，1995—1999 年

图 12-9 (a) 显示卫生保健成本的下降和由计算机革命所导致的生产率上升这两个正向供给冲击导致长期总供给曲线从 $LRAS_1$ 向右移动到 $LRAS_2$，以及短期总供给曲线从 AS_1 向下移动到 AS_2。经济移动到点 2，总产出上升，失业率和通货膨胀率下降。图 12-9 (b) 的数据为这一分析提供了支持：失业率从 1995 年的 5.6% 下降到 1999 年的 4.2%，而通货膨胀率从 1995 年的 2.8% 下降到 1999 年的 2.2%。

□ 结论

总需求-总供给分析得到了如下结论：

1. 经济具有自我纠正机制，该机制使经济随着时间的推移回到潜在产出水平和自然失业率。

2. 自发货币政策的改变（在任何给定的通货膨胀率下，实际利率都改变）、政府购买、税收、自发净出口、自发消费支出、自发投资支出和金融摩擦的变化都会导致总需求曲线发生移动。总需求曲线的移动只在短期影响总产出，在长期则没有影响。而且，通货膨胀率的初始变化小于当短期总供给曲线已经完全调整时通货膨胀率的长期变化。

3. 暂时性的供给冲击只在短期影响产出和通货膨胀率，在长期没有影响（在总需求曲线保持不变的条件下）。

4. 永久性的供给冲击在短期和在长期都影响产出和通货膨胀率。

我们将以最后一个应用案例结束这一节的讨论。在这个应用案例中既有供给冲击，又有需求冲击，这正是 2007—2009 年金融危机的特征。

应用☞

负向供给和需求冲击以及 2007—2009 年金融危机

我们在本章的开始描述了 2007—2009 年经济经历的巨大风暴。在 2007 年年初，中国和印度等快速发展的发展中国家对石油的需求增加，同时墨西哥、俄罗斯和尼日利亚这些国家的石油产量下降，推动了石油价格从大约 60 美元每桶急剧上升。到 2007 年年末，石油价格已经上升到 100 美元每桶，并且在 2008 年 7 月达到了最高值——超过 140 美元每桶。石油价格的飙升以及其他产品价格的上升导致了负向供给冲击，这使得短期总供给曲线从 AS_1 急剧地向上移动到 AS_2，如图 12-10（a）所示。使局面更加恶化的是，2007 年 8 月爆发的金融危机重创了美国经济，导致金融摩擦急剧增加，后者又导致家庭和企业支出减少（更多的细节见第 15 章）。这一负向需求冲击使总需求曲线从 AD_1 向左移动到 AD_2，如图 12-10（a）所示，经济移动到点 2。这些冲击导致失业率上升、通货膨胀率上升和总产出下降，正如点 2 所表明的那样。正如总需求-总供给分析所预测的，这一系列负向冲击导致了始于 2007 年 12 月的经济衰退，失业率从 2006 年和 2007 年的 4.6% 上升到 2008 年 6 月的 5.5%，通货膨胀率从 2006 年的 2.5% 上升到 2008 年 6 月的 5%〔如图 12-10（b）所示〕。

2008 年 7 月之后，石油价格急剧下降，使短期总供给曲线向下移动。然而，在 2008 年秋季，伴随着雷曼兄弟公司的破产，金融危机进入了一个特别致命的阶段，总需求大幅度下降。结果，经济的失业率快速上升，到 2009 年年末失业率已经增长到 10.0%，而通货膨胀率下降到 2.8%〔见图 12-10（b）〕。

(a) 总需求-总供给分析

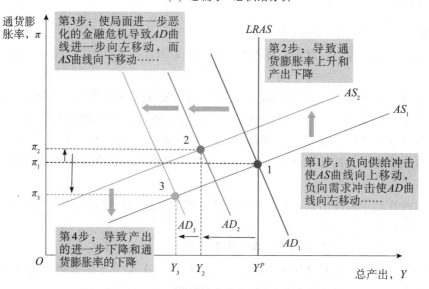

(b) 在 2007—2009 年风暴中的失业率和通货膨胀率

时期	失业率（%）	通货膨胀率（以年计算）（%）
2006 年	4.6	2.5
2007 年	4.6	4.1
2008 年 6 月	5.5	5.0
2008 年 12 月	7.2	0.1
2009 年 6 月	9.5	−1.2
2009 年 12 月	10.0	2.8

资料来源：Economic Report of the President.

图 12 - 10　负向供给和需求冲击以及 2007—2009 年危机

图 12-10 (a) 显示石油价格上升这一负向价格冲击使短期总供给曲线从 AS_1 向上移动到 AS_2，而由金融危机所引发的负向需求冲击导致支出的急剧缩减，总需求曲线从 AD_1 移动到 AD_2。因此，经济移动到点 2，总产出出现了急剧缩减，下降到 Y_2，失业率上升，而通货膨胀率上升到 π_2。石油价格的下降使得短期总供给曲线往回移动到 AS_1，而金融危机的加重导致总需求曲线移动到 AD_3。结果，经济移动到点 3，在该点，通货膨胀率下降到 π_3，产出下降到 Y_3。图 12-10 (b) 的数据为这一分析提供了支持：注意失业率从 2006 年的 4.6% 上升到 2008 年 6 月的 5.5%，而通货膨胀率从 2.5% 上升到 5.0%。

国外经济周期事件的 *AD - AS* 分析

　　总需求-总供给分析也可以帮助我们理解国外的经济周期事件。这里我们将考察两个案例：在 2007—2009 年金融危机中英国的经济周期经历以及在同一时期中国完全不同的经历。

英国与 2007—2009 年金融危机

和美国的情况一样，2007 年石油价格的上升产生了负向供给冲击。在图 12-11 (a) 中，英国的短期总供给曲线从 AS_1 向上移动到 AS_2。起初，金融危机并没有对支出产生很大的影响，因此总需求曲线并没有发生移动，均衡从 AD_1 上的点 1 移动到点 2。总需求-总供给的框架表明通货膨胀率会上升，这也是实际发生的情况 [在图 12-11 (b) 中，2007 年的通货膨胀率为 2.3%，在 2008 年 12 月通货膨胀率上升到 3.9%]。由于产出小于潜在产出水平，石油价格在 2008 年 7 月之后开始下降，短期总供给曲线向下移动到 AS_1。同时，在雷曼兄弟破产之后，金融危机影响着全世界范围内的支出，导致了负向需求冲击，使总需求曲线向左移动到 AD_2。现在，经济移动到点 3，产出进一步下降，失业率上升，通货膨胀率下降。正如总需求-总供给分析所预测的那样，英国的失业率在 2009 年年末之前上升到 7.8%，通货膨胀率下降到 2.1%。

(a)总需求-总供给分析

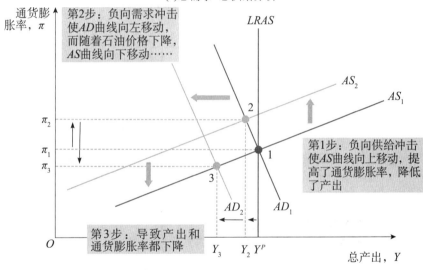

(b) 失业率和通货膨胀率，2006—2009 年

时期	失业率（%）	通货膨胀率（以年计算）（%）
2006 年	5.4	2.3
2007 年	5.3	2.3
2008 年 6 月	5.3	3.4
2008 年 12 月	6.4	3.9
2009 年 6 月	7.8	2.1
2009 年 12 月	7.8	2.1

资料来源：Office of National Statistics，UK. www. statistics. gov. uk/statbase/tsdtimezone. asp.

图 12-11　英国金融危机，2007—2009 年

图 12-11 (a) 显示 2007 年石油价格的上升所导致的供给冲击使英国的短期总供给曲线从 AS_1 向左上方移动到 AS_2。经济移动到点 2。由于产出小于潜在产出水平并且石油价格在 2008 年 7 月之后开始下降，短期总供给曲线开始向下移动到 AS_1。在雷曼兄弟公司破产之后，恶化的金融危机产生了负向需求冲击，使总需求曲线向左移动到 AD_2。经济现在移动到点 3，此时产出下降到 Y_3，失业率上升，通货膨胀率下降到 π_3。图 12-11 (b) 的数据为这一分析提供了支持：失业率从 2006 年的 5.4% 上升到 2009 年 12 月的 7.8%，而在这段时期通货膨胀率从 2.3% 上升到 3.9% 然后又下降到 2.1%。

中国与 2007—2009 年金融危机

始于 2007 年 8 月的金融危机起初对中国几乎没有什么影响。在 2008 年秋季，伴随着雷曼兄弟公司的破产，美国的金融危机恶化，一切都不一样了。中国经济过去一直由极度强劲的出口增长驱动，直到 2008 年 9 月，中国的出口年增长率超过 20%。从 2008 年 10 月开始，中国的出口大幅下降，直到 2009 年 8 月，中国的出口以大约 20% 的年速率下降。

源于出口下降的负向需求冲击导致了总需求的下降，使总需求曲线移动到 AD_2，经济从点 1 移动到点 2，如图 12 - 12（a）所示。正如总需求-总供给分析所表明的，中国经济增长减慢，增长率从 2008 年上半年的超过 11% 下降到下半年的低于 5%，而通货膨胀率从 7.9% 下降到 3.9%，此后变为负数［见图 12 - 12（b）］。

(a) 总需求-总供给分析

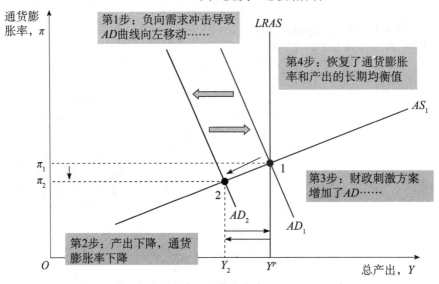

(b) 中国产出增长率和通货膨胀率，2006—2009 年

时期	总产出增长率（%）	通货膨胀率（以年计算）（%）
2006 年	11.8	1.5
2007 年	12.4	4.8
2008 年 6 月	11.2	7.9
2008 年 12 月	4.4	3.9
2009 年 6 月	11.1	−1.1
2009 年 12 月	10.4	−0.3

资料来源：International Monetary Fund. International Financial Statistics. Country Tables. http：//www. imf. org/external/data. htm.

图 12 - 12　中国与金融危机，2007—2009 年

图 12 - 12（a）显示从 2008 年开始中国出口的下降导致了负向需求冲击，使总需求曲线移动到 AD_2，经济移动到点 2，总产出小于潜在产出水平，通货膨胀率下降。数额巨大的财政刺激方案和货币政策的自发放松使总需求曲线往回移动到 AD_1，经济很快地往回移动到长期均衡点 1。图 12 - 12（b）中的数据为这一分析提供了支持：产出增长率减慢但是很快又回到高水平，而通货膨胀率大幅下降。

中国政府并没有只依靠经济的自我纠正机制，而是在 2008 年实行了巨额的财政刺激方案，金额高达 5 800 亿美元，占 GDP 的 12.5％，与美国的财政刺激方案的金额占 GDP 的比例相比高了三倍。（我们将在第 13 章讨论美国的财政刺激方案。）另外，中国的中央银行，即中国人民银行，开始采取措施自发性地放松货币政策。这一系列果断的行动使总需求曲线回到了 AD_1，同时中国经济很快地回到了点 1。因此，中国经济顺利地挨过了这次金融危机，2009 年的产出增长率快速上升，此后通货膨胀率也变成正数。

本章小结

1. 总需求曲线表明了在每一通货膨胀率下总产出的需求量，它是向下倾斜的。导致总需求曲线发生移动的主要来源有：(1) 自发的货币政策，(2) 政府购买，(3) 税收，(4) 净出口，(5) 自发消费支出，(6) 自发投资，以及 (7) 金融摩擦。

　　长期总供给曲线在潜在产出水平处垂直于横轴。当技术变化、劳动或者资本数量发生长期变化或者自然失业率发生改变时，长期总供给曲线都会发生移动。短期总供给曲线向上倾斜，原因是当产出相对于潜在产出水平上升时，通货膨胀率也上升。当存在价格冲击、预期通货膨胀率发生变化或者有持续性的产出缺口时，短期总供给曲线会发生移动。

2. 在总需求曲线与短期总供给曲线的交点，经济达到短期均衡。尽管该点是经济暂时的运行目标，但是自我纠正机制会使经济最终达到长期

均衡点，在该点，总产出等于潜在产出水平。总需求曲线或者短期总供给曲线的移动都会导致总产出和通货膨胀率的变化。

3. 正向需求冲击会使总需求曲线向右移动，起初会导致通货膨胀率和总产出都上升。然而，在长期，它只会导致通货膨胀率的上升，因为总产出会回到它的初始水平 Y^P。

4. 暂时性的正向供给冲击会导致短期总供给曲线向右下方移动，起初这会降低通货膨胀率和提高产出。然而，在长期，总产出和通货膨胀率不会改变。永久性的正向供给冲击起初会导致总产出的上升和通货膨胀率的下降。然而，与暂时性的供给冲击不同，在长期，导致潜在产出上升的永久性正向供给冲击会使总产出永久性上升和通货膨胀率永久性下降。

5. 总需求和总供给分析在国外和国内的经济周期事件的分析中同样有用。

关键术语

一般均衡　　　　自我纠正机制　　　　需求冲击　　　　滞胀

复习题

总需求和总供给曲线的简要回顾

1. 解释总需求曲线向下倾斜和短期总供给曲线向上倾斜的原因。

2. 列举使总需求曲线向右移动的三个因素的变动，以及使总需求曲线向左移动的另三个因素的变动。

3. 英格兰银行（英国的中央银行）实行的宽松货币政策导致了预期通货膨胀率的增加，这会影响英国的短期总供给曲线吗？这会影响长期总供给曲线吗？请解释原因。

总需求-总供给分析中的均衡

4. 短期均衡的条件与长期均衡的条件有什么不同？

5. 如果经济的短期均衡产出高于潜在产出水平，描述经济向长期均衡调整的机制。

均衡的变动：总需求冲击

6. 2013 年日本的扩张性财政政策和货币政策旨在影响需求还是供给？怎么影响？

7. 假定经济一开始处于长期均衡，正向需求冲击的短期和长期影响分别是什么？

均衡的变动：总供给（价格）冲击

8. 2007—2008 年的油价上涨是一个负向供给冲击。你认为它是暂时性的还是永久性的？为什么？

9. 假定经济一开始处于长期均衡，暂时性的负向供给冲击的短期和长期影响分别是什么？

10. 假定经济一开始处于长期均衡，永久性的负向供给冲击的短期和长期影响分别是什么？

习题

总需求和总供给曲线的简要回顾

1. 对中小企业的新设备投资的税收激励会有助于英国经济在短期更快增长和迅速从大衰退中复苏吗？

    （a）这些税收激励会影响需求还是供给呢？

    （b）用图形表示你的答案。

2. 在安倍首相领导下的日本政府在 2013 年采取的经济措施包括使日元贬值。为什么这可能会刺激日本经济呢？

3. 假定意大利政府决定在不削减其他领域的政府支出的前提下增加军费开支，从而为境外军事任务提供资金。

    （a）谈谈这一措施对总需求的影响。

    （b）用图形表示你的答案。

4. 从 2007 年冬季开始石油价格连续上升了好几个月。到了 2008 年夏季，石油价格开始下降。只考虑石油价格的下降，解释这对短期总供给曲线和长期总供给曲线的影响（如果有的话）。

均衡的变动：总需求冲击

5. 假设为了减少目前联邦政府的预算赤字，白宫决定大幅度削减政府支出。假设经济正处于长期均衡，仔细解释这一政策的短期影响和长期影响。

6. 根据总需求-总供给分析，一个众所周知对反通货膨胀毫无兴趣的联储主席的就职会产生什么影响？

7. 《华尔街日报》的一篇文章曾报道，近些年来，经通货膨胀调整的工资大幅下降。这一陈述与关于美国最近的经济危机的总需求-总供给分析结果是否一致？请解释原因。

均衡的变动：总供给（价格）冲击

8. 气候变化对经济的影响是媒体经常讨论的话题。假定一系列野火摧毁了西部一些州的庄

宏观经济学：政策与实践（第二版）

稼，同时飓风摧毁了墨西哥湾的精炼厂。

(a) 使用总需求-总供给分析，解释在长期和短期产出和通货膨胀率会受到怎样的影响。

(b) 用图形表示你的答案。

数据分析题

1. 访问圣路易斯联邦储备银行 FRED 数据库，找到实际政府支出（GCEC1）、实际 GDP（GDPC1）、税收（W006RC1Q027SBEA）和个人消费支出价格指数（PCECTPI，价格指数的一种测度）的数据。把所有数据下载到一个表格中，然后将税收数据转化为实际税收数据，方法是把每个季度的税收除以价格指数再乘以 100。

(a) 计算可获得数据的最近四个季度期间实际 GDP 的变化值，再计算这之前的四个季度期间实际 GDP 的变化值。

(b) 分别计算可获得数据的最近四个季度期间实际政府支出和实际税收的变化值，再分别计算这之前的四个季度期间实际政府支出和实际税收的变化值。

(c) 以上结果与你的预期一致吗？你在问题（b）中的答案是如何帮助解释问题（a）中的答案的（如果有帮助的话）？解释时要联系 IS 曲线和 AD 曲线。

2. 访问圣路易斯联邦储备银行 FRED 数据库，找到关于如下变量的数据：实际人均可支配收入（DPIC96）、家庭净值的一种测度（TNWBSHNO）、个人消费支出价格指数（PCECTPI，价格指数的一种测度）、密歇根大学消费者情绪指数（UMCSENT）、个人消费支出（PCEC）以及实际 GDP（CDPC1）。设置频率，将 UMCSENT 数据转化为季度数据。将所有数据下载到一个表格里，然后将家庭净值序列转化为实际家庭净值，方法是将每个季度的家庭净值除以价格指数再乘以 100。（注意：你可能需要调整家庭净值序列的行，从而与其他数据的相应季度对齐。）

9. 假定美国总统成功地促成了鼓励在新技术研发上的投资的立法获得通过。假设这一政策导致美国经济出现正向技术变化，总需求-总供给分析预测通货膨胀率和产出会怎么变化？

(a) 计算可获得数据的最近四个季度期间实际 GDP 的变化值，再计算这之前的四个季度期间实际 GDP 的变化值。

(b) 分别计算可获得数据的最近四个季度期间实际人均可支配收入、实际家庭净值、消费者情绪指数和个人消费支出的变化值，再分别计算这之前的四个季度期间这些变量的变化值。

(c) 以上结果与你的预期一致吗？你在问题（b）中的答案是如何帮助解释问题（a）中的答案的（如果有帮助的话）？解释时要联系 IS 曲线和 AD 曲线。

3. 访问圣路易斯联邦储备银行 FRED 数据库，找到关于如下变量的数据：实际 GDP（GDPC1）、实际私人国内投资（GPDI）、公司利润（CP）、价格水平的一种测度（PCECTPI）、经济不确定性指数（USEPUINDXM）以及实际利率的一种测度（FII5）。设置频率，将实际利率和不确定性这两个序列转化为季度数据。将所有数据下载到一个表格里，然后将公司利润序列转化为实际公司利润，方法是将每个季度的公司利润除以价格指数再乘以 100。

(a) 计算可获得数据的最近四个季度期间实际 GDP 的变化值，再计算这之前的四个季度期间实际 GDP 的变化值。

(b) 分别计算可获得数据的最近四个季度期间实际公司利润、经济不确定性指数、实际利率和实际私人国内投资的变化值，再分别计算这之前的四个季度期间这些变量的变化值。

(c) 以上结果与你的预期一致吗？你在问题（b）中的答案是如何帮助解释问题（a）

中的答案的（如果有帮助的话）？解释时要联系 IS 曲线和 AD 曲线。

4. 访问圣路易斯联邦储备银行 FRED 数据库，找到关于如下变量的数据：价格水平的一种测度（PCECTPI）、实际时薪（COMPRNFB）、工人生产率的一种测度（OPHNFB）、石油每桶价格（OILPRICE）以及密歇根大学的通货膨胀预期调查（MICH）。将石油每桶价格和通货膨胀预期数据序列的频率调成季度，并将价格指数的单位调成"与前一年相比的百分比变化"。将所有数据序列下载到一个表格里，然后将实际时薪和工人生产率转化为一个指标，方法是将每个季度的实际时薪数值减去工人生产率数值，将其称为"超出生产率的净工资"。

(a) 计算可获得数据的最近四个季度期间通货膨胀率的变化值，再计算这之前的四个季度期间通货膨胀率的变化值。

(b) 分别计算可获得数据的最近四个季度期间超出生产率的净工资、石油价格和通货膨胀预期的变化值，再分别计算这之前的四

个季度期间这些变量的变化值。

(c) 以上结果与你的预期一致吗？你在问题（b）中的答案是如何帮助解释问题（a）中的答案的（如果有帮助的话）？解释时要联系短期总供给曲线。

5. 访问圣路易斯联邦储备银行 FRED 数据库，找到实际 GDP（GDPC1）和个人消费支出价格指数（PCECTPI，价格指数的一种测度）的数据。将价格指数转化为通货膨胀率，方法是把价格指数序列的单位调成"与前一年相比的百分比变化"。将所有数据下载到一个表格里。

(a) 计算可获得数据的最近四个季度期间实际 GDP 和通货膨胀率的变化值，再计算这之前的四个季度期间这些变量的变化值。

(b) 根据你在本题问题（a）以及第 1～4 题的答案，使用基本的总需求-总供给分析来解释经济怎么会出现问题（a）得到的产出和通货膨胀率结果。

网络附录"泰勒原理和通货膨胀的不稳定性"、"宏观经济冲击对资产价格的影响"以及"总需求-总供给模型的代数推导"可以在与本书配套的网站 www. pearsonglobaleditions. com/mishkin 找到。

第 13 章　宏观经济政策和总需求-总供给分析

预览

在 2007 年 9 月到 2008 年 12 月期间，联储降低了它的政策利率即联邦基金目标利率，从 5.25％一直下降到 0。为什么联储会如此激进地降低利率？更低的利率缓解了始于 2007 年 12 月的衰退所带来的影响吗？它们会引发不合意的通货膨胀吗？

在前几章中建立的总需求-总供给（AD-AS）框架可以为这些问题提供见解。但是为了应用这一框架，我们还需要加入一类重要的参与人：政策制定者，他们在经济周期波动中起到了显著的作用。在本章，我们在分析中加入政策制定者，探讨他们如何使用宏观经济政策来稳定通货膨胀和总产出波动。虽然本章也会讨论财政政策，但是我们还是主要集中讨论货币政策，这是政策制定者在稳定经济中最常使用的工具。在概述宏观经济政策的目标后，我们使用总需求-总供给框架来回答四个重大问题：通货膨胀的根源是什么？稳定通货膨胀的政策可以稳定总产出吗？政策应当是积极主义的——对于经济活动波动做出激进的反应——还是应当是消极的和非积极主义的？当利率下降到零时，货币政策如何发挥作用？

宏观经济政策的目标

货币政策和普遍的宏观经济政策有两个主要目标：稳定经济活动和稳定通货膨胀于某一较低水平。[①]

---

① 第 15 章表明金融体系的不稳定会导致经济活动的急剧收缩。因此稳定经济活动的目标也意味着政策制定者应该把金融体系的稳定作为目标，从而金融体系的稳定是稳定经济活动这一目标的一部分。保持金融体系的稳定不仅涉及在面临金融冲击时提高总需求的宏观经济政策措施，也涉及金融监管。更多有关金融监管和金融体系的稳定目标的讨论，可以参阅 Frederic S. Mishkin，*The Economics of Money*，*Banking*，*and Financial Markets*，10th edition（Boston：Pearson Addison-Wesley，2013）。

□ 稳定经济活动

我们在第 2 章介绍过的失业率是一个衡量经济活动的关键指标，它对于货币政策的制定是很关键的，主要原因有以下两个：（1）高失业率会使许多人的生活变得艰难；（2）高失业率会导致许多工人、厂房和其他资源闲置，因而会降低产出。

自然失业率。 如果失业率对于经济会产生如此消极的影响，那么政策制定者应当把零失业率（人人都有工作）作为目标吗？实际上，当经济中存在很低水平的摩擦性失业时，经济运行状况会更好。**摩擦性失业**（frictional unemployment）出现的原因是工人和企业需要时间进行合适的匹配。堪萨斯城的一名律师专职助手如果想找一份待遇更好的法律顾问的工作，也许需要辞去他现在的工作才有时间找新工作。类似地，一名加利福尼亚州的警官辞职在家照顾小孩，两年后如果他再回到劳动力大军中，很可能需要至少几周或者几个月的时间来找合适的工作。另外一种不合意的但是具有持续性的失业来源被称为结构性失业。**结构性失业**（structural unemployment）源于工作要求和本地工人的技能不匹配或工人缺乏技能。货币政策对摩擦性失业和结构性失业的影响有限。

政策制定者的失业率目标是一个与最高的可持续性就业水平相一致的高于零的值，此时通货膨胀率没有上升或下降的趋势。这一失业率水平被称为自然失业率，该概念我们在第 11 章讨论菲利普斯曲线时就遇到了。（我们将在第 20 章更广泛地讨论劳动市场中摩擦性失业和结构性失业的来源。）

实践中的失业率。 确定自然失业率水平并不像表面看上去那样简单。显然，高于 20% 的失业率水平——正如在大萧条期间所观察到的那样——太高了。但是 4% 的失业率是不是太低了呢？在 20 世纪 60 年代，政策制定者成功地使失业率降到了 4%，但是也导致了加速上升的通货膨胀率。现在，大多数经济学家认为自然失业率为 5%～6%，但是这一估计有很多不确定性和不同意见。此外，自然失业率会随着时间发生改变。例如，一个传播工作空缺信息的政府项目以及培训项目都可能降低结构性失业率，从而降低自然失业率。

总的来说，达到自然失业率水平等价于稳定经济。在自然失业率水平，经济会达到自然产出水平——我们更经常地将其称为潜在产出水平。为了达到最高的可持续性就业，总产出（Y）必须移动到接近潜在产出水平（Y^P）的位置，因此产出缺口（$Y-Y^P$）稳定在 0 附近。将失业率稳定在自然失业率水平附近的货币政策也会将总产出稳定在潜在产出水平附近，我们称将总产出稳定在潜在产出水平附近为稳定经济活动。[①]

□ 稳定通货膨胀：价格稳定性

越来越多的证据表明高通货膨胀率——总是伴随着通货膨胀率的高度可变性——会使经济增长降低并且对社会造成损害。消费者、企业和政府都会费力地解释快速变化的产品和服务价格所传递的信息。[②] 父母会发现为子女的教育成本做计划变得更加困难。公众对

---

① 注意，稳定经济活动和达到最高的可持续性就业仍然允许在永久性的供给冲击导致潜在产出发生波动时经济产出发生波动。

② 例如，参见论文 Stanley Fischer，"The Role of Macroeconomic Factors in Growth," *Journal of Monetary Economics* 32（1993）：485 - 512 中的一项调查。

通货膨胀变得很有敌意，当很多人跟上上升的价格水平很费力时，社会群体就会出现分裂。

在过去的几十年中，由于对以上所述的成本认识越来越深刻，越来越多的中央银行开始将价格稳定政策作为货币政策的中心目标。**价格稳定**（price stability）是指低且稳定的通货膨胀率。中央银行在确定通货膨胀目标时需要非常谨慎：将通货膨胀率为 0 作为目标会提高负通货膨胀即通货紧缩的风险，通货紧缩自身会有一些有害的问题。（我们将在第 15 章进一步讨论通货紧缩。）即使在通货膨胀率高于 0 的情况下，通货膨胀率仍然可能过低。过低的通货膨胀率可能会导致名义利率达到 0 从而不可能进一步下降的情形更多地出现，2008—2013 年美国就出现了这样的情形，这种情形限制了中央银行自发放松货币政策和降低实际利率的能力。

中央银行追求价格稳定的目标，其目的是将通货膨胀率 π 保持在接近目标水平 π^T 的水平，π^T 被称为**通货膨胀目标**（inflation target），它略高于 0。大多数中央银行将 π^T 设定在 1%～3%。另外一种看待价格稳定目标的方式是货币政策应当力图最小化通货膨胀率与通货膨胀目标之差（$\pi-\pi^T$），即**通货膨胀缺口**（inflation gap）。[1]

□ 阶梯目标和双重目标

价格稳定应当成为经济政策的主要目标还是仅仅是众多目标中的一个？中央银行对于这个问题的看法存在差异。创立了欧洲中央银行的《马斯特里赫特条约》规定欧洲中央银行的"首要目标······应当是保持价格稳定"。这一条约也提到欧洲中央银行"应当支持欧盟的总体经济政策"——包括高水平的就业和可持续的无通货膨胀的增长——但是只有在"不损害价格稳定目标"的前提下。**阶梯目标**（hierarchical mandate）要求把价格稳定作为追求其他目标的条件。除了欧洲中央银行外，阶梯目标还指导着英格兰银行、加拿大银行以及新西兰储备银行的行为。

相反，确定了联储使命的法律规定联储应该"有效地促进最高的就业、稳定的价格以及适度的利率这些目标"。由于长期的利率仅仅在高通货膨胀率的情形下才会非常高，并且在长期就业不会高于它的最高的可持续水平，因此这一陈述实际上表明了两个同等重要的目标：稳定的通货膨胀率和最高的可持续性就业。将价格稳定和最高的可持续性就业视为同等重要的目标被称为**双重目标**（dual mandate）。经济在阶梯目标下还是在双重目标下运行得更好？为了回答这个问题，我们需要考察政策如何同时稳定经济活动和通货膨胀。

稳定通货膨胀和稳定经济活动之间的关系

在第 12 章的总需求-总供给分析中，我们考察了三种经济冲击——需求冲击、暂时

---

① 学术文献从数学上描述货币政策的两个目标，即稳定经济活动和保持价格稳定，它们认为货币当局在现在和将来的所有时期都力图最小化损失函数 L：

$$L = \alpha (\pi-\pi^T)^2 + (1-\alpha)(Y-Y^P)^2$$

其中，α 表示政策制定者在稳定通货膨胀与稳定产出之间的权衡。$\alpha=1$ 代表货币当局只关心通货膨胀的稳定而不关心产出的稳定。$\alpha=0$ 代表货币当局只关心产出的稳定而不关心通货膨胀的稳定。

性的供给冲击以及永久性的供给冲击——及这些冲击对通货膨胀和产出的影响。在本节，我们将描述当面对这几种冲击时中央银行的适当政策反应。当同时面对需求冲击和永久性的供给冲击时，中央银行可以同时追求价格的稳定性和经济活动的稳定性。然而当面对暂时性的供给冲击时，政策制定者只能实现价格稳定或经济活动稳定，而不能同时实现这两个目标。这种权衡为双重目标制下的中央银行带来了一个棘手的难题。在考虑政策反应之前，我们先更深入地探究一下通货膨胀与实际利率之间的关系，以此作为考虑政策反应的背景知识。

□ 货币政策和均衡实际利率

在长期均衡，当经济生产的产出等于其潜在水平且通货膨胀率与价格稳定相一致时，我们把此时的实际利率称为**均衡实际利率**（equilibrium real interest rate，又称**自然实际利率**，natural real interest rate），记为 r^*。均衡实际利率保证了总产出的需求量等于潜在产出水平，因此总产出缺口为 0。因为正如我们在前一章所看到的那样，总产出在长期等于潜在产出水平，因此均衡实际利率也是经济的长期实际利率。

我们在图 13-1 中表示出了均衡实际利率。图 13-1（b）中的总需求-总供给图表

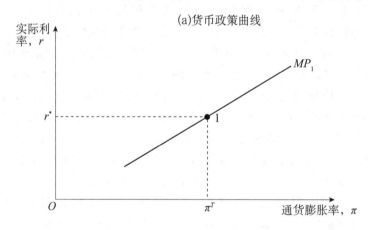

(a)货币政策曲线

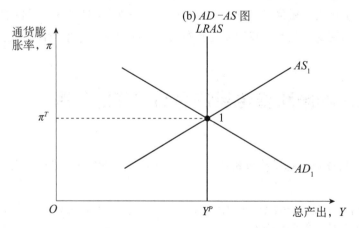

(b) AD-AS 图

图 13-1 货币政策曲线和均衡实际利率 r^*

在图（a）的点 1 处，通货膨胀率为 π^T，货币政策曲线上的实际利率等于均衡实际利率 r^*。这一利率水平使得经济处于图（b）中的点 1 处，此时产出缺口为 0，经济达到了长期均衡。

宏观经济学：政策与实践（第二版）

示了一个处于点 1 的经济。在该点，总产出等于潜在产出水平 Y^P，这使总产出缺口为 0；通货膨胀率为 π^T，它是与价格稳定相一致的通货膨胀率水平。图 13-1（a）表示了最初的货币政策曲线 MP_1，由它可以得到图 13-1（b）中的总需求曲线 AD_1。注意，在图 13-1（a）中的点 1 处，通货膨胀率等于通货膨胀目标 π^T，实际利率为 r^*，即均衡实际利率。

中央银行广泛使用均衡实际利率，正如政策与实践案例"联储对均衡实际利率 r^* 的使用"所描述的那样。

回忆货币政策曲线表明了联储设定的实际利率与通货膨胀率之间的关系。当联储实行货币政策的自发收紧时，联储提高了任意给定通货膨胀率下的联邦基金利率，这提高了 r 并导致了总需求的降低。当联储实行货币政策的自发放松时，联储降低了任意给定通货膨胀率下的联邦基金利率，这降低了 r 并导致了总需求的上升。有了货币政策曲线的分析，我们现在可以利用总需求-总供给分析来分析货币政策对各种冲击的反应。

政策与实践

联储对均衡实际利率 r^* 的使用

联邦储备理事会和储备银行的主席们每 6 周在华盛顿开会，目的在于制定出政策利率的目标值。在联邦公开市场委员会（FOMC）会议之前，理事会的经济学家使用一个关于经济的高级计算机模型来模拟不同的利率决策在一个为期三年的时间段内（三年的时间足够货币政策充分地影响总产出）的影响。在被模拟的时间段内使总产出缺口为 0 的利率就成为理事会所估计的均衡实际利率，实际上理事会将其称为 r^*。理事会的工作人员会将 r^* 的预测值在与会前一周告诉 FOMC 的成员，该预测值包含在一本青色封皮的经济预测和货币政策选项的纲要中，这本纲要被称为"青皮书"（Teal Book）。[①]

在 FOMC 的货币政策商讨中，政策制定者会积极讨论 r^* 的预测值。如果联储设定的当前实际政策利率——实际联邦基金利率——低于 r^*，那么实际 GDP 可能在未来超过潜在 GDP 水平，这意味着通货膨胀率会上升。如果当前的实际政策利率高于 r^*，那么实际 GDP 可能下降到低于潜在 GDP 水平，这样的经济不景气可能会降低通货膨胀率。若经济中出现导致 r^* 的水平发生变化的冲击，FOMC 的与会者就应该考虑改变联邦基金目标利率。

□ 对总需求冲击的反应

首先，我们将考虑总需求冲击的影响。始于 2007 年 8 月的金融市场崩溃导致了消费支出和企业支出的同时下降，这就是总需求冲击的一个例子。经济最初处于点 1，此时

---

① 直到 2010 年，理事会的经济预测和货币政策选项都是被写在两个不同的文件中的，一个封面是绿色的，另一个是蓝色的。在 2010 年，这两份文件才被合并成为一份深青色封面的文件（深青色是绿色和蓝色的结合），因此这份文件被称为"青皮书"。所有这些 FOMC 的文件在五年之后都会被公布，具体内容可以在 www. federalreserve. gov/monetarypolicy/fomc _ historical. htm 找到。

总产出为 Y^P，通货膨胀率为 π^T，实际利率等于均衡实际利率 r_1^*。负向需求冲击降低了总需求，导致图 13-2（b）中的总需求曲线从 AD_1 向左移动到 AD_2。政策制定者对这种冲击的反应有两种可能的方式，概述如下。

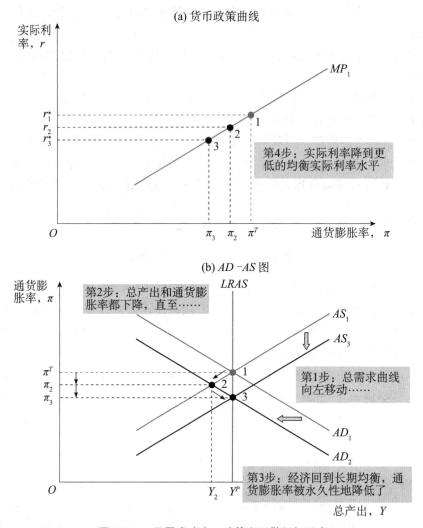

图 13-2　总需求冲击：政策上不做任何反应

总需求冲击使总需求曲线从 AD_1 向左移动到 AD_2 处，如图（b）所示，经济从点 1 移动到点 2，在该点，总产出下降到 Y_2 而通货膨胀率下降到 π_2。由于此时产出小于潜在产出水平，因此短期总供给曲线向下移动到 AS_3 处，经济移动到点 3，在该点，总产出回到 Y^P，但是通货膨胀率下降到 π_3。图（a）表明在这一过程中出现了沿着 MP 曲线的运动，实际利率从 r_1^* 下降到 r_2 再下降到 r_3^*，r_3^* 为新的均衡实际利率。

政策上不做任何反应。 在这个阶段，如果中央银行保持货币政策曲线不变，仍为图 13-2（a）所示的 MP_1，那么经济从点 1 移动到点 2，点 2 是图 13-2（b）中 AD_2 曲线和 AS_1 曲线的交点。此时总产出下降到 Y_2，小于潜在产出水平 Y^P，通货膨胀率下降到 π_2，低于通货膨胀目标 π^T。我们看到在图 13-2（a）中，由于通货膨胀率已经下降到 π_2，因此出现了沿着 MP 曲线的向下运动，实际利率下降到 r_2。（注意这里的 r_2 没有星号上标：这并不是均衡实际利率，因为点 2 处的产出是 Y_2 而不是 Y^P。）由于产出小于潜在产出水平，在劳动市场和产品市场中都会出现不景气，这会降低通货膨胀率。再看图

13-2（b），短期总供给曲线将向右下方移动到 AS_3，经济会移动到点 3。产出再次回到其潜在水平，而通货膨胀率将下降到更低的水平 π_3。在更低的通货膨胀率 π_3，图 13-2（a）中出现了沿着 MP 曲线的进一步运动，实际利率下降到更低的均衡实际利率水平 r_3^*。乍一看，这一结果是有利的——通货膨胀率更低并且总产出回到了潜在产出水平。但是总产出在一段时期内都低于潜在产出水平，而且如果通货膨胀率起初等于其目标水平，那么通货膨胀率的下降就是不合意的。

采取在短期稳定经济活动的政策。 政策制定者可以通过实施将总需求提高至最初水平和使经济回到冲击前的状态的政策来消除产出缺口和通货膨胀缺口。正如我们在第 12 章所讨论的那样，一种方法是通过减税或提高政府购买来推行扩张性的财政政策。[①] 但是财政措施需要花费时间才能实现，相较于货币政策来说，政策制定者较少使用财政政策来稳定经济。因此，更常见的是，政策制定者通过在任意给定通货膨胀率下降低实际利率来自发性地放松货币政策。这一措施使图 13-3（a）中的货币政策曲线从 MP_1 向下移动到 MP_3，在任何给定的通货膨胀率下都刺激了投资支出和提高了总产出需求量。结果是，图 13-3（b）中的总需求曲线从 AD_2 向右移动到 AD_1，经济回到点 1。（从 2007 年 9 月开始，在 15 个月的时间内，联储将联邦基金利率从 5% 降低至 0.25% 再降低至 0，采取的正是这些措施。）

在图 13-3（a）中，我们发现当货币政策曲线向下移动时，实际利率最终为 r_3^*。当经济处于图 13-3（b）中的点 1 时，总产出回到潜在产出水平，由于负向需求冲击的影响，在图 13-3（a）中的点 3 处的均衡实际利率现在为一个更低的水平 r_3^*。换句话说，是 r_3^* 而不是 r_1^* 保证了总产出缺口为 0 并且通货膨胀率等于目标水平 π^T。这一均衡实际利率等于我们在图 13-2（a）中所看到的存在负向需求冲击但没有任何政策反应情形下的均衡实际利率。因此，这说明了一个重要的结论：货币政策对均衡实际利率即实际利率的长期水平没有影响。均衡实际利率是由经济中的基本面——如储蓄和投资的平衡——而不是由货币政策决定的。[②]

我们对这一货币政策反应的分析也表明：在发生总需求冲击的情况下，在追求价格稳定和追求经济活动稳定之间不存在权衡。对稳定通货膨胀的关注与对稳定经济活动的关注所导致的货币政策反应相同。在稳定通货膨胀和稳定经济活动的双重目标之间不存在冲突，这个结果被奥利弗·布兰查德（Olivier Blanchard）（之前任职于麻省理工学院，现在就职于国际货币基金组织）称为**神圣的一致性**（divine coincidence）。

---

① 如果政策制定者采用扩张性的财政政策（减税或者增加政府购买）以使总需求曲线往回移动到 AD_1，那么图 13-2（a）中的货币政策曲线将保持不变，均衡利率将保持在 r_1^*。

② 因为均衡实际利率是经济达到长期均衡时的实际利率，它也是在本书第 4 章中当产出为潜在产出水平时令储蓄与投资相等得到的长期均衡实际利率。使总产出需求量等于潜在产出的实际利率也是 IS 曲线上均衡总产出水平等于潜在产出水平时的实际利率。正如我们在第 9 章所证明的那样，由 IS 曲线所给出的产品市场均衡和由储蓄等于投资所给出的产品市场均衡是相同的：当我们使用其中任何一个框架来讨论当产出等于潜在产出水平时的产品市场均衡时，我们所得到的均衡实际利率是相同的。注意，由于货币政策曲线的自发移动不会影响 IS 曲线，因此在图 13-2（a）和图 13-3（a）中点 3 的均衡实际利率必须相等。

(a) 货币政策曲线

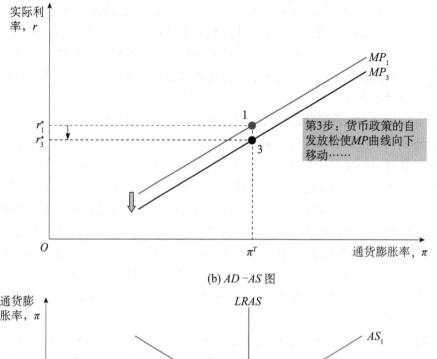

(b) AD-AS 图

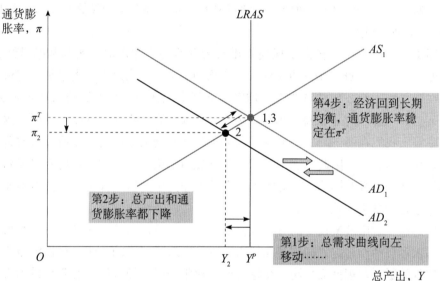

图 13-3　总需求冲击：在短期稳定经济活动的政策*

　　总需求冲击使总需求曲线从 AD_1 向左移动到 AD_2，如图（b）所示，经济从点 1 移动到点 2，此时总产出下降到 Y_2，而通货膨胀率下降到 π_2。货币政策的自发放松使得在任意给定通货膨胀率下的实际利率都下降，因此货币政策曲线从 MP_1 移动到 MP_3，如图（a）所示。在图（b）中，AD 曲线往回移动到 AD_1，总产出回到点 1 的潜在产出水平。货币政策通过将实际利率降到图（a）中点 3 所对应的均衡实际利率 r_3^* 达到了将通货膨胀率稳定在 π^T 的目的。

□ 对永久性供给冲击的反应

　　我们在图 13-4 中说明了永久性的供给冲击。经济再次开始处于图 13-4（b）中的

---

　　* 原图不够精确。应将 MP_3 的位置再向下移一点儿，点 3 的纵坐标应与图 13-2（a）中点 3 的纵坐标相同。——译者注

宏观经济学：政策与实践（第二版）

点 1，此时总产出为自然率水平 Y_1^P，通货膨胀率为 π^T。假定由于监管的加强导致潜在产出水平永久性地减少，因此经济遭受了永久性的负向供给冲击。潜在产出水平从 Y_1^P 下降到 Y_3^P，长期总供给曲线从 $LRAS_1$ 向左移动到 $LRAS_3$。这一永久性的供给冲击引发了价格冲击，价格冲击使短期总供给曲线从 AS_1 向上移动到 AS_2。政策制定者对这种永久性供给冲击的反应有以下两种可能的方式。

(a)货币政策曲线

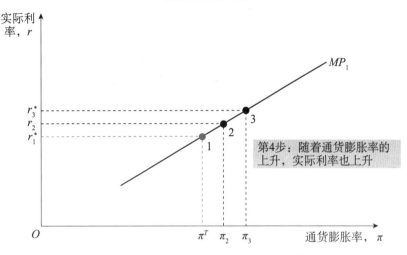

(b) AD - AS 图

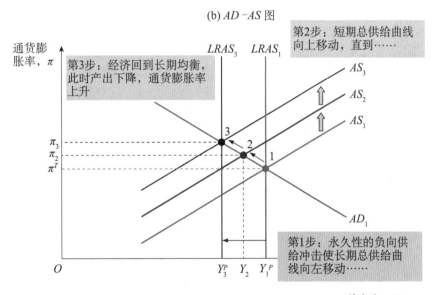

图 13 - 4　永久性供给冲击：政策上不做任何反应

永久性的负向供给冲击使潜在产出水平从 Y_1^P 下降到 Y_3^P，在图（b）中，长期总供给曲线从 $LRAS_1$ 向左移动到 $LRAS_3$，而短期总供给曲线从 AS_1 向上移动到 AS_2。经济移动到点 2，通货膨胀率上升到 π_2，总产出下降到 Y_2。由于此时总产出仍然高于潜在产出水平，因而短期总供给曲线将持续移动，直到总产出缺口为 0，也就是达到 AS_3。经济移动到点 3，通货膨胀率上升到 π_3，总产出下降到 Y_3^P。在图（a）中，随着通货膨胀率从 π^T 上升到 π_2 再上升到 π_3，实际利率从 r_1^* 上升到 r_2 再上升到 r_3^*。

政策上不做任何反应。如果政策制定者保持货币政策曲线不变，仍为图 13 - 4（a）中的 MP_1，那么经济将移动到图 13 - 4（b）中的点 2，此时通货膨胀率将上升到 π_2，总产出将下降到 Y_2。由于这一产出水平仍然高于潜在产出水平 Y_3^P，因此短期总供给曲线会继续向左上方移动，直到达到 AS_3，AS_3 与 AD_1 相交，且交点位于 $LRAS_3$ 上。经济移动到点 3，产出缺口消失了，但是通货膨胀率与初始状态相比更高了，为 π_3，产出则更低了，为 Y_3^P。在图 13 - 4（a）中，我们看到，通货膨胀率从 π^T 到 π_2 再到 π_3 的上升导致了沿着 MP 曲线的运动，实际利率从 r_1^* 上升到 r_2 再上升到 r_3^*。

采取稳定通货膨胀的政策。 参看图 13 - 5（b），货币当局可以通过减少总需求将通货膨胀率保持在通货膨胀目标水平和稳定通货膨胀。目的是将总需求曲线向左移动到 AD_3，AD_3 与短期总供给曲线 AS_2 以及长期总供给曲线 $LRAS_3$ 的交点所对应的通货膨胀率为通货膨胀目标 π^T。由于保证产出缺口为 0 的均衡利率从 r_1^* 上升到 r_3^*，货币当局将自发收紧货币政策，使图 13 - 5（a）中的货币政策曲线从 MP_1 向上移动到 MP_3。在任意给定的通货膨胀率水平下实际利率都上升了，这使总需求曲线向左移动到图 13 - 5（b）中的 AD_3。在图 13 - 5（b）中的点 3，产出缺口为 0，通货膨胀率为目标水平 π^T。图 13 - 5（a）显示，在点 3 处，实际利率上升到更高的均衡实际利率水平 r_3^*。

再一次地，保证通货膨胀缺口为 0 会导致总产出缺口为 0，因此稳定通货膨胀的政策也稳定了经济活动。[①] 当出现永久性供给冲击时，神圣的一致性仍然成立：在稳定通货膨胀和稳定经济活动的双重目标之间不存在权衡。

(a)货币政策曲线

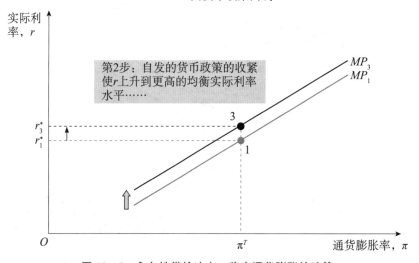

图 13 - 5　永久性供给冲击：稳定通货膨胀的政策

———————————

[①]　当永久性的供给冲击发生时，总需求曲线会立即移动到 AD_3 处，因此如果预期通货膨胀率仍然保持在 π^T 水平上，那么经济会立即移动到图 13 - 5（b）中的点 3 处。正如我们在第 12 章所阐述的那样，短期总供给曲线与长期总供给曲线的交点所对应的通货膨胀率与预期通货膨胀率相等。如果企业和家庭预期货币政策会保证通货膨胀率稳定在 π^T，那么短期供给曲线必须与长期总供给曲线向左移动相同的幅度，正如图 13 - 5（b）中的 AS_2 曲线所示。那么当货币当局自发收紧货币政策并且使总需求曲线移动到 AD_3 时，经济会立即移动到点 3，此时总产出缺口和通货膨胀缺口都等于 0。

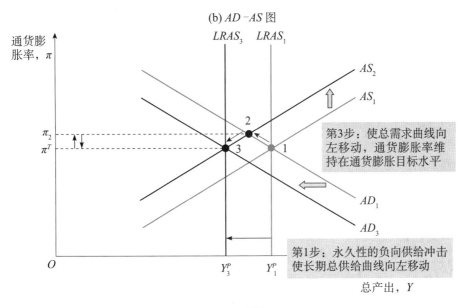

(b) AD-AS 图

通货膨胀率，π

LRAS₃ LRAS₁

AS₂

AS₁

π₂

πᵀ

第3步：使总需求曲线向
左移动，通货膨胀率维
持在通货膨胀目标水平

AD₁

AD₃

第1步：永久性的负向供给冲击
使长期总供给曲线向左移动

O Y_3^P Y_1^P 总产出，Y

图 13-5（续）*

永久性的负向供给冲击会导致潜在产出水平从 Y_1^P 下降到 Y_3^P，长期总供给曲线从 $LRAS_1$ 向左移动到 $LRAS_3$，如图（b）所示，而短期总供给曲线从 AS_1 向上移动到 AS_2。货币政策的自发收紧使图（a）中的货币政策曲线从 MP_1 移动到 MP_3，这导致图（b）中的总需求曲线向左移动到 AD_3，因而保证了通货膨胀率处于点3所对应的 π^T 水平。在图（a）的点3处，实际利率上升到更高的均衡实际利率水平 r_3^*。

□ 对暂时性供给冲击的反应

如果供给冲击是暂时的——例如由中东地区政治动荡所导致的石油价格上涨，那么神圣的一致性就并非总是成立。政策制定者面临着在稳定通货膨胀和稳定经济活动之间的短期权衡。为了说明这一点，我们假设经济一开始处于图 13-6（b）中的点1，此时总产出为自然率水平 Y^P，通货膨胀率为 π^T。负向供给冲击会导致短期总供给曲线从 AS_1 向左上方移动到 AS_2，但是由于这一冲击是暂时性的，所以长期总供给曲线保持不变。经济移动到点2，通货膨胀率上升到 π_2，产出下降到 Y_2。政策制定者对暂时性的供给冲击的反应有三种可能的方式。

政策上不做任何反应。一种政策选择是货币政策不做自发性的改变，因此货币政策曲线将保持不变，仍为图 13-6（a）中的 MP_1。因为总产出小于潜在产出水平 Y^P，因此最终短期总供给曲线会向右下方移动，回到 AS_1。经济将回到点1，产出和通货膨胀率分别回到最初水平 Y^P 和 π^T，于是产出缺口和通货膨胀缺口都消失。在长期，通货膨胀和经济活动都保持稳定。可是，在等待经济到达长期的过程中，经济会遭受一段产出减少和通货膨胀率升高的痛苦时期。这为通过货币政策在短期稳定经济活动或者通货膨胀提供了理由。

---

* 原图不够精确。应将 MP_3 的位置再向上移一点儿，点3的纵坐标应与图 13-4（a）中点3的纵坐标相同，即为 r_3^*。——译者注

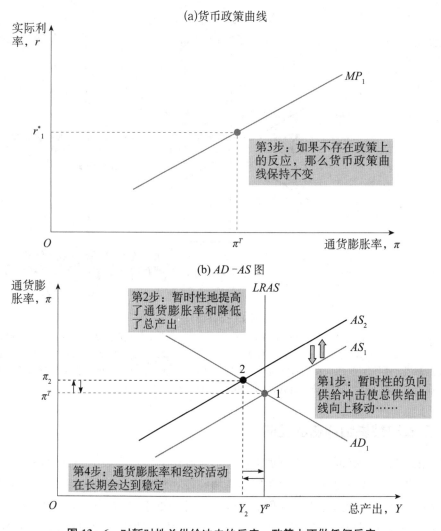

(a)货币政策曲线

(b) AD – AS 图

图 13 – 6　对暂时性总供给冲击的反应：政策上不做任何反应

　　暂时性的负向供给冲击使图（b）中的短期总供给曲线从 AS_1 向上移动到 AS_2，经济移动到点 2，通货膨胀率上升到 π_2，总产出下降到 Y_2。如果货币政策曲线仍保持在图（a）中的 MP_1 位置，那么图（b）中的短期总供给曲线在长期会向右下方移动，最终回到 AS_1，经济回到点 1 处。

　　采取在短期稳定通货膨胀的政策。货币当局为了在短期将通货膨胀率保持在目标水平 π^T 可以采用的另一个政策选项是自发地收紧货币政策，即在任意给定的通货膨胀率下都提高实际利率。这样做会导致货币政策曲线向上移动到 MP_3，如图 13 – 7（a）所示，经济移动到点 3，通货膨胀率回到 π^T，实际利率上升到 r_3。在任何给定通货膨胀率下更高的利率抑制了投资支出，因而在任何给定通货膨胀率下的总产出都降低了。在图 13 – 7（b）中，总需求曲线向左移动到 AD_3，与短期总供给曲线 AS_2 相交于点 3，该点的通货膨胀率为 π^T。由于图 13 – 7（b）中点 3 处的产出低于潜在产出水平，所以经济不景气会使短期总供给曲线向下移动，回到 AS_1。为了将通货膨胀率保持在 π^T，货币当局需要通过逆转货币政策的自发收紧（即自发地放松货币政策）和使货币政策曲线回到 MP_1 来使短期总需求曲线回到 AD_1。最终，经济将回到图 13 – 7（b）中的点 1，此时实际利率为图 13 – 7（a）中点 1 的 r_1^*。

正如图 13-7 所说明的，稳定通货膨胀的政策在短期使总产出下降到 Y_3，总产出只是随着时间的推移才回到潜在产出水平 Y^P。为应对暂时性的供给冲击所采取的稳定通货膨胀的政策会导致总产出更大幅度地偏离潜在产出水平，因此这一措施并没有稳定经济活动。

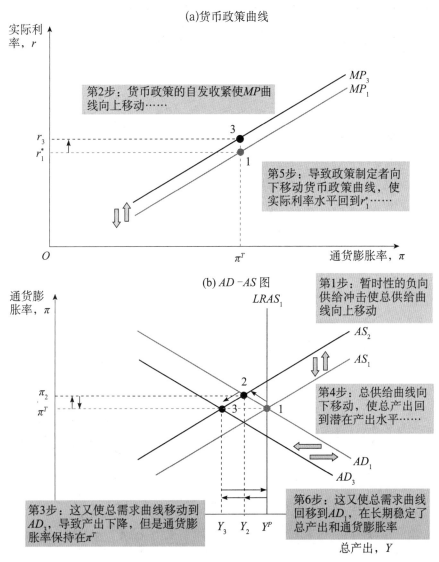

图 13-7　对暂时性总供给冲击的反应：在短期稳定通货膨胀的政策

暂时性的负向供给冲击使短期总供给曲线从图（b）中的 AS_1 移动到 AS_2，经济移动到点 2，此时通货膨胀率上升到 π_2，产出下降到 Y_2。货币政策的自发收紧使货币政策曲线向上移动到图（a）的 MP_3，实际利率上升到点 3 的 r_3。图（b）中的总需求曲线向左移动到 AD_3，经济移动到点 3，通货膨胀率为 π^T。由于点 3 的产出低于潜在产出水平，因此短期总供给曲线会移回到 AS_1。为了将通货膨胀率保持在 π^T，MP 曲线被移回到 MP_1，这又使总需求曲线移回到 AD_1，经济回到图（a）和图（b）中的点 1。

采取在短期稳定经济活动的政策。 第三个政策选项是货币政策制定者通过增加总需求在短期稳定经济活动而非通货膨胀。参见图 13-8，现在货币政策制定者将使总需求曲线向右移动到图 13-8（b）中的 AD_3，AD_3 与短期总供给曲线 AS_2 以及长期总供给曲线相交于点 3。为了做到这一点，政策制定者将不得不自发地放松货币政策，即在任何给定的通货膨胀率下降低实际利率，使货币政策曲线向下移动到图 13-8（a）中的 MP_3。在图 13-8（b）的点 3 处，产出缺口回到 0，因此货币政策稳定了经济活动。然而，通货膨胀率上升到 π_3，它高于 π^T，因此通货膨胀并没有被稳定。为应对暂时性供给冲击所采取的稳定经济活动的政策会导致通货膨胀率上升，因此并没有稳定通货膨胀。

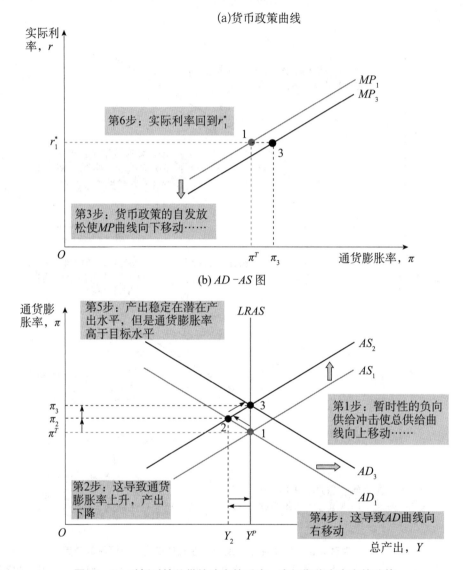

图 13-8　对暂时性总供给冲击的反应：在短期稳定产出的政策

　　暂时性的负向供给冲击使短期总供给曲线从图（b）中的 AS_1 移动到 AS_2，经济移动到点 2，此时通货膨胀率上升到 π_2，产出下降到 Y_2。为了稳定产出，货币政策的自发放松使货币政策曲线从图（a）中的 MP_1 向下移动到 MP_3，这又会使总需求曲线向右移动到 AD_3。在点 3 处，货币政策措施已经稳定了经济活动，但是通货膨胀率为 π_3，高于 π^T。

□ 结论：稳定通货膨胀和稳定经济活动之间的关系

从以上分析中，我们可以得到以下结论：

1. 如果大多数对宏观经济的冲击是总需求冲击或者永久性的总供给冲击，那么稳定通货膨胀的政策也会稳定经济活动，哪怕是在短期。

2. 如果暂时性的供给冲击更常见，那么在短期，中央银行必须在两个稳定目标之间进行选择。

政策制定者应该多积极地努力去稳定经济活动

所有的经济学家都有相似的政策目的（促进高就业和价格稳定），然而他们对实现这些目的的最好方式常常持有不同意见。假定由于负向需求或者供给冲击降低了总产出，政策制定者面临的经济存在很高的失业。**非积极主义者**（nonactivist）认为工资和价格非常具有灵活性从而认为自我纠正机制会很快起作用。他们认为短期总供给曲线将向下移动，使经济很快地回到充分就业状态。因此这部分经济学家属于古典学派，他们认为旨在消除失业的政府措施是没有必要的。**积极主义者**（activist）认为通过工资和价格调整起作用的自我纠正机制会因工资和价格的黏性而很缓慢。许多积极主义者是凯恩斯的追随者，因此被称为凯恩斯主义者。他们认为达到长期需要很长时间，信奉凯恩斯的著名格言："在长期，我们都死了。"因此，他们认为，在高失业出现时，政府有必要实施积极的政策消除高失业。

□ 时滞和政策执行

如果政策制定者可以立即移动总需求曲线，那么积极主义者的政策可以立即实施以使经济回到充分就业水平，正如我们在前一节看到的那样。然而，几种类型的时滞会阻碍这种移动的发生，并且这些时滞的长度在货币政策和财政政策中有差别。

1. **数据时滞**（data lag）是指政策制定者获得反映经济当前运行情况的数据所花费的时间。例如，关于 GDP 的精确数据直到某个给定季度结束后的几个月之后才可以获得。

2. **认识时滞**（recognition lag）是指政策制定者确定数据传达的关于经济未来运行方向的信号所花的时间。例如，为了减少误差，美国国家经济研究局（正式地界定经济周期的私人机构）在确定经济衰退已经开始后至少 6 个月才会宣布经济陷入了衰退。

3. **立法时滞**（legislative lag）是指为实施某一特定政策而通过立法所花的时间。立法时滞对大多数货币政策——例如降低利率——来说都是不存在的。然而，这种时滞对财政政策的实施很重要，这是因为有时候可能需要花费 6 个月到 1 年的时间才能通过改变税收或者政府采购的法律。

4. **执行时滞**（implementation lag）是指政策制定者一旦决定采用新政策后改变政策工具所花的时间。再一次地，相较于财政政策的实施，这种时滞对于货币政策来说不那么重要，原因是联储可以立即改变它的政策利率。可是，实际执行财政政策可能会花费很多的时间；例如，让政府机构改变它们的支出习惯需要花费时间，改变税收表格也一样。

5. **效果时滞**（effectiveness lag）是指政策对经济产生实际影响所花的时间。效果时滞时间很长（经常是一年或者更长）而且可变（即这种时滞的时间长度有很多不确定性）。

所有这些类型的时滞的存在极大地增加了政策制定者工作的难度，从而减弱了支持积极主义的理由。当失业率高时，向右移动总需求曲线以使经济恢复到完全就业可能不会产生合意的结果。确实，如果上述的政策时滞时间很长，那么在总需求曲线向右移动之前，自我纠正机制也许已经使经济回到了完全就业，因此当积极主义政策付诸实施时，也许会导致产出高于潜在产出水平，从而导致通货膨胀率的上升。在政策时滞时间比自我纠正机制发生作用的时间更长的情形下，非积极主义的政策或许会产生更合意的结果。

在奥巴马政府 2009 年入主白宫提出财政刺激方案时，积极主义者和非积极主义者对此进行了激烈的争论，正如下面的政策与实践案例所表明的那样。我们在第 21 章讨论预期在宏观经济政策中的作用时将回到政策应该多积极的问题。

政策与实践

积极主义者和非积极主义者对奥巴马财政刺激方案的争论

当 2009 年 1 月奥巴马总统入主白宫时，他面临着一次非常严重的衰退，失业率超过了 7% 且迅速攀升。尽管政策制定者已经很激进地使用货币政策来稳定经济了（见第 10 章），但是许多积极主义者认为政府需要做更多的事情，需要执行一个大规模的财政刺激方案。当时的货币政策已经将联邦基金利率降到了接近零的水平，从而不能再进一步降低名义利率了，因此这些积极主义者认为货币政策无法将总需求提高到充分就业水平。另外，非积极主义者反对这一财政刺激方案，他们认为由于执行时滞时间很长，财政刺激需要太长的时间才会起作用。他们警告说，如果经济已经复苏后财政刺激才发挥作用，那么财政刺激可能会增加通货膨胀和经济活动的不稳定性。

经济学界对财政刺激的合意性有很大的意见分歧。大约有 200 名支持财政刺激方案的经济学家联名写了一封请愿书，发表在 2009 年 1 月 28 日的《华尔街日报》和《纽约时报》上。而 2 月 8 日登出的一封表示反对的请愿书也有大约 200 位经济学家签名。奥巴马政府站在了积极主义者的一边，提议了 2009 年《美国复苏与再投资法案》，它是一个金额达 7 870 亿美元的财政刺激方案，于 2009 年 2 月 13 日在国会通过（见第 9 章）。在众议院，投票比是 246 对 183，反对这一法案的包括 176 名共和党议员和 7 名民主党议员，而在参议院投票比为 60 对 38，所有民主党议员和 3 名共和党议员支持这一法案。即使在这一法案通过之后，关于 2009 年刺激方案的合意性的激烈争论仍在继续，一些人认为它对稳定经济起到了作用，而另一些人则认为它并没有效果。

泰勒规则

我们基于货币政策曲线对稳定政策的分析说明了联储这样的中央银行如何移动货币政策曲线来应对经济冲击。现在我们来描述由斯坦福大学的约翰·泰勒（John Taylor）提出的另一种货币政策方法，它就是大家熟知的泰勒规则。[①]

[①] John Taylor, "Discretion Versus Policy Rules in Practice," *Carnegie-Rochester Conference Series on Public Policy* (1993): 195-214.

宏观经济学：政策与实践（第二版）

☐ 泰勒规则方程

泰勒规则（Taylor rule）建议联储将实际联邦基金利率即它的政策工具设定为其历史平均值 2% 加上通货膨胀缺口和产出缺口的加权平均值。（泰勒规则与第 10 章介绍的泰勒原理是有区别的，参考资料"泰勒规则和泰勒原理之间的区别"对此进行了阐述。）联储所选择的通货膨胀缺口和产出缺口（两者均用百分比来表示）的权重相等，均为 1/2。我们将泰勒规则写成如下形式，其中 r 代表实际联邦基金利率，$Y - Y^P$ 代表产出缺口（用百分比表示）：

$$r = 2.0 + \frac{1}{2}(\pi - \pi^T) + \frac{1}{2}(Y - Y^P) \tag{1}$$

泰勒规则通常用名义利率而非实际利率来表示。意识到名义联邦基金利率 i 等于实际联邦基金利率 r 加上通货膨胀率 π，即 $i = r + \pi$，并在方程（1）两边加上 π，我们就可以用名义联邦基金利率来表示泰勒规则，或简称联邦基金利率，其形式如下：

$$联邦基金利率 = \pi + 2.0 + \frac{1}{2}(\pi - \pi^T) + \frac{1}{2}(Y - Y^P) \tag{2}$$

用文字表述就是：

$$联邦基金利率 = 通货膨胀率 + 实际联邦基金利率的历史平均值$$
$$+ \frac{1}{2} \times 通货膨胀缺口 + \frac{1}{2} \times 产出缺口$$

为了说明泰勒规则的使用，假定通货膨胀目标是 2%，而目前通货膨胀率为 3%。并假定 1%（=3%−2%）的正通货膨胀缺口将实际 GDP 推高到比潜在水平高出 1%，产生了 1% 的正产出缺口。泰勒规则建议联储应该将联邦基金利率设定为 6%（=3%+2%+$\frac{1}{2}\times 1\% + \frac{1}{2}\times 1\%$）。

~~~~~~

▶ **参考资料**　　　　　　　**泰勒规则和泰勒原理之间的区别**

这里讨论的泰勒规则很容易与之前章节讨论的泰勒原理混淆。泰勒规则描述货币政策当局应该如何设定实际利率以对产出水平和通货膨胀做出反应，是对货币当局在各种情况下如何制定货币政策的完整描述。与此相反，泰勒原理只描述了实际利率的设定如何对通货膨胀水平做出反应（并未涉及产出水平），只是对货币政策制定的一个部分描述。在本章前面只依赖泰勒原理的分析中，货币政策当局在如何应对冲击上是有选择余地的，是对中央银行行为的一种更为现实的描述。相反，如果货币政策当局采用了泰勒规则，那么它们的决策就完全是自动的，没有任何相机抉择的余地。

~~~~~~

☐ 泰勒规则与货币政策曲线

通过纳入通货膨胀缺口和产出缺口，泰勒规则给出的政策行动建议同本章描述的相似。泰勒规则的通货膨胀项表明，随着通货膨胀率的上升，联储应该提高实际利率。同样的结论也可以从向上倾斜的货币政策曲线中得到，因为实际利率随着通货膨胀缺口的增加而上升（沿着 MP 曲线的运动）。我们在图 13－3 中所做的稳定政策分析也认为，如果存在总需求冲击，那么为了稳定通货膨胀，联储应该用联邦基金利率政策工具调整货币政策，使 MP 曲线上移（自发收紧）或下移（自发放松），以应对产出缺口的变化。因此，即使中央银行只关心稳定通货膨胀，产出缺口和实际联邦基金利率之间也存在正相关关系，正如泰勒规则所建议的那样。

图 13－8 的分析为实际联邦基金利率与产出缺口之间的正相关关系提供了另一个理由。如果存在暂时性的负向总供给冲击且中央银行希望通过提高总需求来稳定经济活动，那么中央银行就会自发地放松货币政策和降低实际利率以消除负的产出缺口（$Y<Y^p$），其代价是更高的通货膨胀。因为联储的双重目标要求它必须同时关注经济活动和通货膨胀，所以总供给冲击的出现为泰勒规则中实际联邦基金利率和产出缺口的正相关关系提供了理由。

□ 实践中的泰勒规则

如图 13－9 所示，泰勒规则大致描述了 1987 年后在艾伦·格林斯潘和本·伯南克两位主席领导下的联储对联邦基金利率的控制。然而，在 1995—1999 年、2003—2006 年以及 2011—2013 年等时期出现了大的偏离。（在 20 世纪 70 年代，当通货膨胀率上升时联储并没有提高实际利率，与泰勒规则的偏离甚至更大，正如我们所知道的，结果非常糟糕。）我们将在下面的政策与实践案例中讨论联储对泰勒规则的使用。

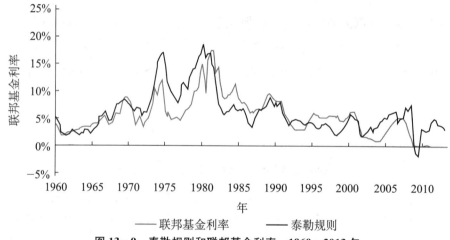

图 13－9　泰勒规则和联邦基金利率，1960—2013 年

泰勒规则大致描述了从 1987 年到 2013 年在艾伦·格林斯潘和本·伯南克任主席期间的联邦基金利率。然而，实际联邦基金利率与泰勒规则仍然存在大的偏离。

资料来源：作者的计算和联储的网站 www.federalreserve.gov/releases。

政策与实践

联储对泰勒规则的使用

为什么联储没有依靠一台电脑按照泰勒规则来自动设定联邦基金利率呢？联储不采取这样极端的行动有几点原因。首先，也是最重要的，不存在完美的经济模型，所以即便是最好的、最聪明的经济学家也不是在任何时候都能很确定地知道当前的通货膨胀率和产出缺口。此外，由于经济时刻都在变化，泰勒规则的系数不太可能保持不变。

即使我们可以确切地确定这些缺口，由于货币政策真正影响经济需要很长时间，因而货币政策需要前瞻性。好的货币政策要求联储相当准确地预测未来的通货膨胀率和经济活动，然后相应地调整政策工具。因此，联储制定政策时需要观察更为广泛的信息，而不是只观察当前的通货膨胀缺口和产出缺口就够了。换句话说，货币政策的实施不仅是一门科学，也是一门艺术，它同时需要仔细的分析和人工判断。泰勒规则去除了所有的艺术，所以不太可能得到最好的货币政策结果。例如，金融危机，如2007—2009年发生的这一次，要求采取复杂的货币政策行动，因为金融摩擦的变化（它会影响信贷利差，即有信用风险和没有信用风险的证券利率之差）可能改变联邦基金利率影响投资决策，从而影响经济活动的方式。

结论是按照固定系数的泰勒规则来设定货币政策是一个坏主意。但是，泰勒规则可以用作货币政策的指导。如果联邦基金利率这一政策工具的设定与泰勒规则所建议的很不一样，那么政策制定者就应该问问他们偏离这个规则是否有好的理由。如果没有，就像20世纪70年代伯恩斯担任主席时期那样，那么他们可能正在犯错误。事实上，联邦公开市场委员会（FOMC）就是这样使用泰勒规则的估计量的，它们用泰勒规则的估计量指导它们关于联邦基金目标利率的决策。[1]

通货膨胀时时处处都是一种货币现象

在第5章，我们讨论过米尔顿·弗里德曼的著名言论：在长期，"通货膨胀时时处处都是一种货币现象"。由于它表明政策制定者可以通过自发性的货币政策移动货币政策曲线从而在长期达到任何通货膨胀目标，因而总需求-总供给分析也支持了这一结论。为了说明这一点，考虑图 13 - 10，经济位于点 1 处，实际利率为图 13 - 10（a）中的 r_1^*，总产出等于潜在产出，即图 13 - 10（b）中的 Y^P，图 13 - 10（a）和图 13 - 10（b）中的通货膨胀率都等于初始的通货膨胀目标 π^T。

假定中央银行认为这个通货膨胀目标太低了因而想将它提升至 π_3^T。此时中央银行会自发地放松货币政策，其方式是降低任何给定通货膨胀率下的实际利率，使图 13 - 10（a）中的货币政策曲线从 MP_1 移动到 MP_3。在任何给定通货膨胀率下实际利率都降低意味着投资支出和总产出的需求总量都增加，从而增加了总需求。在图 13 - 10（b）中，总需求曲线移到 AD_3。于是经济移动到图 13 - 10（b）中 AD_3 和 AS_1 的交点点 2，此时通货膨胀率上升到 π_2，实际利率为图 13 - 10（a）中的 r_2。因为总产出大于潜在产出（$Y_2 > Y^P$），图 13 - 10（b）中的短期总供给曲线将向左上方移动，最终在 AS_3 处停止，此时通货膨胀率达到更高的目标水平 π_3^T，产出缺口回到 0。当产出缺口为 0 和通货膨胀率为

---

[1] 关于实践中 FOMC 在政策研讨中对泰勒规则的使用的更深入讨论，参见 Pier Francesco Asso, George A. Kahn, and Robert Leeson, "The Taylor Rule and the Practice of Central Banking," Federal Reserve Bank of Kansas City Working Paper RWP 10 - 05 (February 2010)。

π_3^T 时，实际利率将上升并且回到 r_1^* ，正如图 13-10（a）中的点 3 所表明的那样。[1]

图 13-10 中的分析证明了关键的几点：

1. 货币当局利用自发性的货币政策调整在长期可以达到任何通货膨胀目标。
2. 尽管货币政策在长期能够控制通货膨胀，但是它不能决定均衡实际利率。
3. 潜在产出——长期能够生产的总产出数量——独立于货币政策。

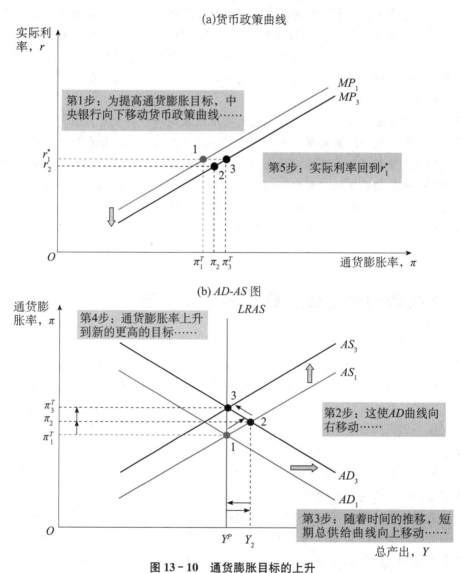

图 13-10 通货膨胀目标的上升

为将通货膨胀目标提高至 π_3^T，中央银行实行了货币政策的自发放松，使图（a）中的 MP 曲线从 MP_1 移动到 MP_3，图（b）中的总需求曲线向右移动到 AD_3。经济将移动到点 2，短期总供给曲线将向左上方移动，最终在 AS_3 处停住，这又使经济移动到点 3，在该点，产出缺口为 0，通货膨胀率为 π_3^T，而实际利率为图（a）中点 3 处的 r_1^*。

---

[1] 为了明白当通货膨胀率达到更高的目标值 π_3^T 以及产出缺口为 0 时实际利率为 r_1^*，注意 IS 曲线没有理由发生移动，而且均衡利率 r_1^* 是 IS 曲线上总产出等于 Y^P 的点的纵坐标。因此，在货币政策曲线下移到 MP_3 从而实际利率起初下降后，通货膨胀率会上升，这导致实际利率的上升（沿着 MP_3 曲线的运动）。当实际利率重新回到 r_1^* 时（IS 曲线表明总产出也重新回到 Y^P），实际利率才会停止上升。

后两点反映了第 5 章中描述的两个概念：古典二分法和货币中性。这两个概念在长期都是正确的，哪怕我们是在价格黏性的框架里用总需求-总供给分析来推导它们。回忆古典二分法表明当价格具有完全弹性时实际变量不会受名义变量的影响，从而实际变量不会受货币政策的影响（货币中性）。这正是上面第 2 点和第 3 点告诉我们的，这两点表明货币政策对长期均衡利率或产出没有任何影响。

通货膨胀型货币政策的原因

如果每个人都同意高通货膨胀对经济不好，那么我们怎么会看到如此多的高通货膨胀呢？政府是有意采取通货膨胀型货币政策吗？我们已经看到货币当局可以在长期设定通货膨胀率，所以肯定是为了实现其他目标，政府最终采用了过度扩张的货币政策进而导致了高通货膨胀。在这一节，我们将考察一些作为通货膨胀最常见的来源的政府政策。

□ 高就业目标和通货膨胀

大部分政府的主要目标是高就业，而追求这一目标会带来高通货膨胀。在美国，法律 [1946 年的《就业法案》（Employment Act）和 1978 年的《汉弗莱-霍金斯法案》（Humphrey-Hawkins Act）] 规定了政府有责任采取积极主义者的政策来促进高就业。两项法案都要求致力于与稳定通货膨胀相一致的高就业，然而在实践中，美国政策和联储往往追求高就业的目标而极少关心政策的通货膨胀后果。这种倾向确实存在，特别是在 20 世纪 60 年代中期和 70 年代，当时政府和联储开始积极地稳定失业。

促进高就业的积极主义稳定政策会产生两种类型的通货膨胀：

1. **成本推动型通货膨胀**（cost-push inflation）产生于暂时的负向供给冲击或工人要求的工资增加超过了与生产率提高对应的合理水平。

2. **需求拉动型通货膨胀**（demand-pull inflation）源于政策制定者采取增加总需求的政策。

我们将用总需求-总供给分析框架来考察高就业目标对这两种类型的通货膨胀的影响。

成本推动型通货膨胀。考虑图 13-11 中的经济，初始点为总需求曲线 AD_1 和短期总供给曲线 AS_1 的交点点 1。假设工人因为想要比生产率提高所对应的合理水平更高的实际工资（用能够购买的产品和服务来表示的工资），或者因为预期通货膨胀率会很高而希望工资能跟上通货膨胀，工人要求提高工资并且取得了成功。这种成本推动的冲击，类似于暂时性的负向供给冲击，提高了通货膨胀率，使短期总供给曲线向左上方移动到 AS_2。如果中央银行不采取任何措施来改变均衡利率且货币政策曲线保持不变，那么经济就会移到新的短期总供给曲线 AS_2 和总需求曲线 AD_1 的交点点 2'。产出将下降到 Y'，小于潜在产出，通货膨胀率上升到 $\pi_{2'}$，引起了失业率的上升。

相反，有着高就业目标的积极主义政策制定者将会实施一些政策（如减税、增加政府购买或货币政策的自发放松）去提高总需求。这些政策将使图13-11中的总需求曲线移动到 AD_2，经济迅速回到点2的潜在产出水平，通货膨胀率上升到 π_2。工人们的境况相当不错，工资更高了，而且政府政策阻止了失业的增加。

工人们的成功可能会鼓励他们进一步追求更高的工资。另外，其他工人现在可能意识到他们的工资相对于同行下降了，这促使他们也寻求涨工资。结果就会产生另一次提高价格水平的暂时性负向供给冲击，可能引起图13-11中短期总供给曲线再次向左上方移动到 AS_3。当经济移动到点 $3'$ 时，失业再次出现，促使积极主义政策再一次向右移动总需求曲线至 AD_3，经济重新回到充分就业水平，但通货膨胀率达到了更高的水平 π_3。如果这个过程一直继续，结果就会是通货膨胀率持续上升，即成本推动型通货膨胀。

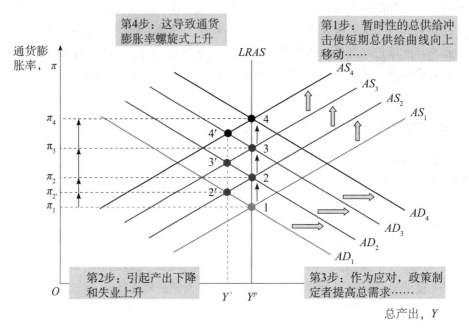

图 13-11 成本推动型通货膨胀

一次成本推动冲击（类似于一次暂时性的负向供给冲击）使短期总供给曲线向左上方移动到 AS_2，经济移动到点 $2'$。为了将总产出维持在 Y^P 的水平和降低失业率，政策制定者将总需求曲线移动到 AD_2 以便经济将很快地回到潜在产出水平，即点2处，通货膨胀率变成 π_2。短期总供给曲线进一步向左上方移动 AS_3 等位置，促使政策制定者继续提高总需求，导致通货膨胀率持续上升，即成本推动型通货膨胀。

需求拉动型通货膨胀。 高就业的目标可能以另一种方式导致通货膨胀型的财政政策和货币政策。由于劳动市场的摩擦复杂化了失业工人和雇主之间的匹配，即使经济处于充分就业状态，也总是存在一些失业。结果，充分就业状态时的失业率（自然失业率）依然大于零。当政策制定者错误地低估了自然失业率从而设定了一个过低的失业率目标（也就是低于自然失业率）时，他们就为制造通货膨胀的扩张性货币政策搭建好了舞台。

图13-12利用总需求-总供给分析显示了这种情景是如何展开的。如果政策制定者设定了一个4%的失业率目标，而自然失业率为5%，他们将会努力去实现一个比潜

在产出水平更高的产出目标。我们在图 13-12 中将这一目标产出水平标为 Y^T。假定我们最初在点 1：经济在潜在产出水平，但是低于目标产出水平 Y^T。为了实现 4% 的失业率目标，政策制定者必须制定政策来提高总需求，如扩张性的财政政策或自发放松的货币政策等。图 13-12 中总需求曲线向右移动直至达到 AD_2，经济移动到点 $2'$，此处产出为 Y^T，政策制定者实现了失业率为 4% 的目标——但是故事并没有结束。由于产出为 Y^T，4% 的失业率低于自然失业率水平，这引起工资上升。短期总供给曲线将向左上方移动，最终达到 AS_2，经济从点 $2'$ 移动到点 2，此处产出回到潜在产出水平但通货膨胀率上升到 π_2。我们想在这里打住，但是因为失业率再一次高出目标值，政策制定者将再次向右移动总需求曲线到 AD_3，以使经济达到点 $3'$ 处的产出目标——整个过程会一直继续，使得经济移动到点 3 然后继续移动。总体的结果就是通货膨胀率稳步上升。

因此，追求太低的失业率目标或（等价地）太高的产出目标导致了通货膨胀型的货币政策或财政政策。政策制定者在如下两个方面失败了：其一，他们没有实现他们的失业率目标；其二，他们引起了高通货膨胀。然而，如果目标失业率低于自然失业率，那么我们在图 13-12 中看到的过程就会继续下去，直到政策制定者意识到自己的错误为止。

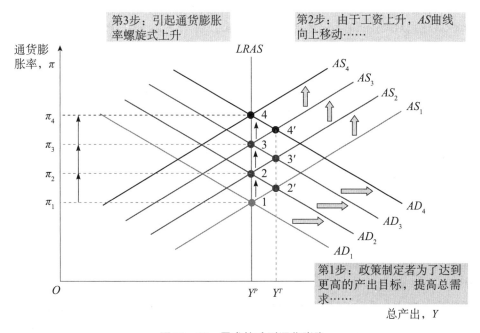

图 13-12　需求拉动型通货膨胀

太低的失业率目标（太高的产出目标 Y^T）引起政府提高总需求，使 AD 曲线从 AD_1 向右移动到 AD_2，再到 AD_3 等。因为失业率低于自然失业率水平，工资将上升，短期总供给曲线将从 AS_1 向左上方移动到 AS_2，再到 AS_3 等位置。结果就是通货膨胀率持续上升，这被称为需求拉动型通货膨胀。

成本推动型和需求拉动型通货膨胀。当通货膨胀发生时，我们怎么知道它是需求拉动型还是成本推动型的通货膨胀呢？当失业率低于自然失业率时，我们通常预期会出现需求拉动型通货膨胀，而当失业率高于自然失业率时，我们则预期会出现成本推动型通货膨胀。遗憾的是，经济学家和政策制定者还没有弄明白如何精确地测度自然失业率。使问题更加复杂的是，成本推动型通货膨胀可能是由需求拉动型通货膨胀引起的，这就使两者的区分更为模糊。当一次需求拉动型通货膨胀引起了更高的通货膨胀率时，预期通货膨胀率最终将上升，促使工人要求更高的工资（需求拉动型通货膨胀）以便他们的实际工资不会下降。最后，扩张性的货币政策和财政政策制造了这两种类型的通货膨胀，因此我们不能据此区分它们。

在美国，正如我们将在下面的应用案例中看到的那样，通货膨胀型政策的主要原因是政策制定者对高就业目标的执着。在第 16 章我们将看到，持续的政府预算赤字也会导致高通货膨胀的出现。

应用 ☞

大通胀

既然我们已经分析了通货膨胀型货币政策的根源，那么我们就可以探究 1965—1982 年（一段被称为"大通胀"的时期）美国通货膨胀率上升的原因了。

图 13 - 13 (a) 描绘出了那些年通货膨胀率的上升。就在大通胀刚开始之前，年通货膨胀率还不到 2%；到 20 世纪 70 年代末，平均值达到了 8% 左右，峰值出现在 1979 年石油价格冲击后的 1980 年，达到了 14% 以上。图 13 - 13 (b) 比较了真实失业率和自然失业率的估计值。注意，在 1960—1973 年期间，除了一年以外，其他年份里经济经历的失业率均低于自然失业率，这种情况在图中用阴影表示出来了。这个发现表明在 1965—1973 年期间，美国经济经历了我们在图 13 - 12 中描述的需求拉动型通货膨胀。也就是说，政策制定者实施了货币政策的自发放松，力图实现过高的产出目标，这使总需求曲线向右移动，从而提高了通货膨胀率。20 世纪 60 年代中期，政策制定者、经济学家和政治家们都致力于 4% 的失业率目标，他们认为这是与价格稳定相一致的失业水平。事后来看，今天的大部分经济学家都同意这一时期的自然失业率要高得多，为 5%～6%，如图 13 - 13 (b) 所示。不适当的 4% 的失业率目标引发了美国历史上持续时间最长的通货膨胀。

图 13 - 13 (b) 显示，除了 1978 年和 1979 年这一段短暂的时期，1974 年后的失业率通常高于自然失业率（见深色阴影部分）。然而，通货膨胀率持续上升，如图 13 - 13 (a) 所示，这是我们在图 13 - 11 中描述的成本推动型通货膨胀的现象。（这次成本推动型通货膨胀的动力是早前的需求拉动型通货膨胀。）公众知道政府政策坚定地以高就业为目标，这解释了通货膨胀的持续。由需求拉动型通货膨胀引起的更高的通货膨胀预期使得图 13 - 11 中的短期总供给曲线向左上方移动，这引起失业率上升，而政策制定者力图通过货币政策的自发放松来消除增加的失业，从而使总需求曲线向右移动。结果就造成了通货膨胀率的持续上升。

直到在保罗·沃尔克主席领导下的联储承诺实施反通货膨胀的货币政策，将联邦基金利率拉高到 20% 的水平时，通货膨胀率才开始下降，大通胀时期宣告结束（见第 12 章）。

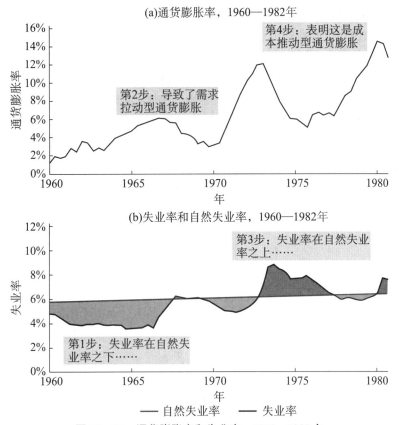

(a)通货膨胀率，1960—1982年

第4步：表明这是成本推动型通货膨胀

第2步：导致了需求拉动型通货膨胀

(b)失业率和自然失业率，1960—1982年

第3步：失业率在自然失业率之上……

第1步：失业率在自然失业率之下……

—— 自然失业率　　—— 失业率

图 13-13　通货膨胀率和失业率，1960—1982 年

如图（a）所示，20 世纪 60 年代早期的基于 CPI 计算的年通货膨胀率低于 2%，但是到 20 世纪 70 年代末，平均值达到了 8% 左右，峰值出现在 1979 年石油价格冲击后的 1980 年，达到了 14% 以上。如图（b）所示，在 1960—1973 年期间，除了一年以外，其他年份里经济经历的失业率均低于自然失业率，这是图 13-12 所描述的需求拉动型通货膨胀。1974 年后，失业率通常都在自然失业率之上，这是图 13-11 中所描述的成本推动通货膨胀。

资料来源：Economic Report of the President.

零下限下的货币政策

到目前为止，我们一直假设在通货膨胀率下降时中央银行总是能够通过降低政策利率（联邦基金利率）来降低实际利率，从而货币政策曲线 MP 总是向上倾斜的。然而，由于联邦基金利率是一个名义利率，它不可能降到零以下。负的联邦基金利率意味着金融机构愿意在联邦基金市场出借资金以赚取比持有现金的零收益更低的收益。政策利率的最小值为零，它被称为**零下限**（zero lower bound）。我们接下来会看到，零下限给货币政策的实施带来了一个特别的问题。

□ 推导带有零下限的总需求曲线

为了看出零下限给货币政策的实施造成了什么问题，我们先来考察一下当中央银行不能将政策利率降到零以下时总需求曲线会怎样变化。图 13 - 14（a）显示了一条在零下限下的 MP 曲线。出于我们的目的，让我们假设预期通货膨胀率与图 13 - 14（a）横轴代表的现实通货膨胀率同步变化，这也是通常情况。我们从 MP 曲线上的点 3 开始，通货膨胀率为 3%，实际利率为 2%。现在让我们看看当通货膨胀率从 3% 下降到 2% 时会发生什么。根据泰勒原理，当通货膨胀率为 2% 时，货币政策当局将希望实际利率为点 2 的水平，即图中的 -2%，这就要求政策利率要降到 0（$r = 0 - 2\% = -2\%$）。在图 13 - 14（a）中的点 2，MP 曲线已经触及零下限。到目前为止，我们的分析同第 10 章一样，MP 曲线也与通常一样向上倾斜。

（a）MP 曲线

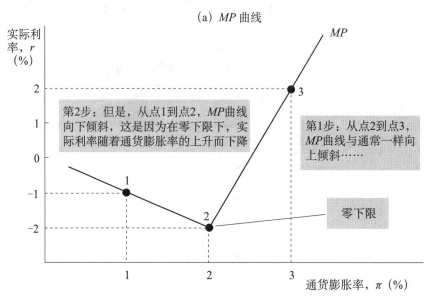

（b）总需求曲线

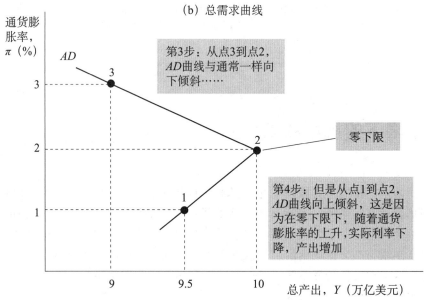

图 13 - 14　带有零下限的总需求曲线的推导

在图（a）中，从点 2 到点 3，MP 曲线与通常一样向上倾斜，但是在点 1 到点 2 的部分向下倾斜，这是因为当政策利率为零时，随着通货膨胀率和预期通货膨胀率下降，实际利率将会上升。在图（b）中，从点 3 到点 2，AD 曲线与通常一样向下倾斜，但是从点 1 到点 2 向上倾斜，这是因为随着通货膨胀率的上升，实际利率下降，均衡产出增加。

宏观经济学：政策与实践（第二版）

如果通货膨胀率进一步下降到（比如说）1％会怎样呢？货币政策当局想通过降低政策利率来降低实际利率，但是由于政策利率已经触及零下限，所以货币政策当局不能这么做。的确，正如 MP 曲线上的点 1 所示，在 1％的通货膨胀率下，实际利率已经上升到了 −1％（$r=0-1\%=-1\%$）。因此 MP 曲线上从点 2 到点 1 的部分是向下倾斜的，与我们在第 10 章看到的情形相反。

下面我们来看图 13 - 14（b）中的总需求曲线。假定在通货膨胀率为 3％和实际利率为 2％时，即在图 13 - 14（a）MP 曲线上的点 3，均衡产出为 9 万亿美元，在图 13 - 14（b）总需求曲线上标记为点 3。接下来，当通货膨胀率下降到 2％和实际利率为 −2％时，即图 13 - 14（a）MP 曲线上的点 2，由于计划投资支出随着实际利率下降而增加，总产出上升到 10 万亿美元。2％的通货膨胀率和 10 万亿美元的产出这个组合就是图 13 - 14（b）AD 曲线上的点 2，也被标记为 AD 曲线上的零下限点。

如果通货膨胀率降到 1％，图 13 - 14（a）MP 曲线上的点 1 表明实际利率上升到了 −1％，所以计划投资支出下降，均衡产出水平下降到（比如说）9.5 万亿美元，图 13 - 14（b）AD 曲线上的点 1 表示了这个结果。在图 13 - 14（b）中，从点 1 到点 2，总需求曲线向上而不是向下倾斜。因此零下限的存在会产生如图 13 - 14（b）所示的带拐点的总需求曲线。

☐ 零下限下自我纠正机制的消失

下面我们来分析当经济遭受了全球金融危机（详见第 15 章）期间出现的那种大规模负向冲击以至利率触及零下限时总需求-总供给图会发生什么变化。在这种情况下，最初的短期总供给曲线与总需求曲线向上倾斜的部分相交于图 13 - 15 中的点 1，此时总产出低于潜在产出水平。由于 $Y_1<Y^P$，经济不景气，所以短期总供给曲线会下降到 AS_2，经济也会移动到 AS_2 与 AD 曲线的交点，即点 2，此时通货膨胀率和总产出将分别下降到 π_2 和 Y_2。由于 Y_2 小于 Y^P（与 Y_1 相比，Y_2 比 Y^P 小得更多），所以短期总供给曲线会进一步下降到 AS_3。经济将移动到点 3，此时通货膨胀率和总产出也分别进一步下降到了 π_3 和 Y_3。

图 13 - 15 揭示了两个关键结论：

第一，自我纠正机制不再运转。当经济处于均衡产出低于潜在水平且政策利率已经触及零下限的这种局面时，如果政策制定者什么都不做，那么产出就不会恢复到潜在水平。确实，相反的情况会发生，经济陷入下行螺旋。

第二，在这种局面下，经济陷入通货膨胀下行螺旋，即通货膨胀率持续下降。

上述两个结论背后的直觉是相当直接的。当总产出低于潜在水平且政策利率触及了零下限时，由此导致的通货膨胀率下降将导致实际利率上升，这会进一步抑制产出，造成通货膨胀率进一步下降，如此等等。这个机制可以表示如下：

$$Y<Y^P \Rightarrow \pi\downarrow \Rightarrow r\uparrow \Rightarrow Y\downarrow \Rightarrow Y\ll Y^P \Rightarrow \pi\downarrow \Rightarrow r\uparrow \Rightarrow Y\downarrow$$

结果，总产出和通货膨胀率都陷入下行螺旋。

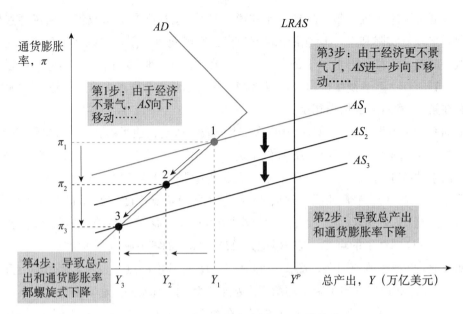

图 13 - 15　零下限下自我纠正机制的缺失

　　在最初的均衡点 1，$Y_1 < Y^P$，因此，短期总供给曲线会向下移动到 AS_2，经济移动到点 2，此时通货膨胀率和总产出分别下降到 π_2 和 Y_2。由于与 Y_1 相比，Y_2 比 Y^P 小得更多，所以，短期总供给曲线会进一步向下移动到 AS_3。经济将移动到点 3，此时通货膨胀率和总产出也分别进一步下降到了 π_3 和 Y_3。因此，总产出和通货膨胀率都螺旋式下降。

应用 👉

非传统货币政策和量化宽松

　　在零下限下，传统的扩张性货币政策不再是一个选项，这是因为货币政策当局不能再降低政策利率。那么货币政策还能被用来扩张经济从而避免图 13 - 15 所描述的总产出和通货膨胀率的下行螺旋吗？

　　运用总需求曲线分析，我们可以看到答案是肯定的，原因是货币政策当局还有其他不要求降低政策利率的宽松货币政策的选项。这些选项被称为**非传统货币政策**（nonconventional monetary policy），有三种形式：流动性供给、资产购买和预期管理。为了弄清每种形式是如何起作用的，回忆第 9 章我们讲到投资的实际利率不仅反映了由中央银行设定的短期实际利率 r，还有被称为金融摩擦的另外一项 $\bar{f}$，也就是说：

$$r_i = r + \bar{f} \tag{3}$$

非传统货币政策的每一项措施都是通过降低上一章描述的 AD-AS 模型中的 $\bar{f}$ 来帮助提高总产出和通货膨胀率的。下面我们依次考察这些措施。（第 15 章会详细讲述在全球金融危机期间和危机过后联储实际上是如何实施这些非传统货币政策措施的。）

流动性供给

　　图 13 - 16 所示的零下限局面常常在信贷市场运转不畅（比如最近的金融危机期间）和流动性突然紧缺时发生。流动性紧缺导致金融摩擦急剧增加，这使总需求曲线处于 AD_1 的位置。AD_1 与总供给曲线在点 1 处相交，在点 1，政策利率触及零下限而且产出

宏观经济学：政策与实践（第二版）

低于潜在水平。一种减小金融摩擦的直接方式是中央银行增加借贷工具，为功能受损的市场提供流动性以使市场恢复正常运转，从而减小 $\bar{f}$。正如我们在第 12 章看到的，金融摩擦的减小会降低投资的实际利率，$r_i = r + \bar{f}$，从而会减少在任何给定的通货膨胀率下的均衡产出。因此，总需求曲线向右移动到 AD_2，经济移动到点 2，总产出和通货膨胀率都增加了。的确，如果流动性的供给足够成功，经济可以回到总产出等于潜在产出的充分就业水平，即图 13-16 的点 2。

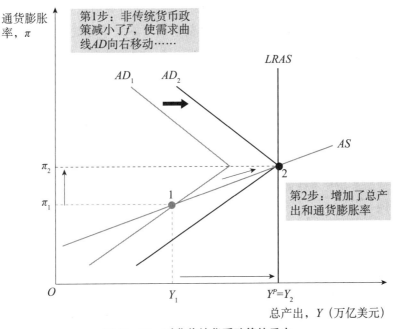

图 13-16 对非传统货币政策的反应

　　非传统货币政策，不管是流动性供给、资产购买还是预期管理，都减小了 $\bar{f}$，从而降低了在任何给定通货膨胀率下投资的实际利率，使总需求曲线移动到 AD_2。经济移动到点 2，总产出和通货膨胀率分别上升到 Y_2 和 π_2。

资产购买

　　货币政策当局也可以通过购买私人资产来降低信贷利差，从而减小 $\bar{f}$。当货币政策当局购买私人发行的证券时，这样的购买提高了该证券的价格，因此降低了它的利率，从而减小了信贷利差，于是就减小了 $\bar{f}$，降低了投资的实际利率。在任何给定通货膨胀率下投资实际利率的下降会使总需求曲线向右移动，如图 13-16 所示，总产出和通货膨胀率都上升。

　　因为投资通常是为了长期项目，所以投资的实际利率可能是一种长期利率，从而有别于短期实际利率 r。因此，方程（3）中的 $\bar{f}$ 可以被认为不仅反映了金融摩擦和信贷利差，还反映了长期利率与短期利率之差。这意味着购买长期政府债券（而非通常所购买的短期政府债券）能够降低投资的实际利率。例如，当联储购买美国长期国债时，这将提高其价格和降低长期利率，使 $\bar{f}$ 和投资实际利率在任何给定通货膨胀率下都下降。此举也将使总需求曲线向右移动到图 13-16 中的 AD_2，从而提高总产出和通货膨胀率。

量化宽松与信贷宽松

　　当中央银行采取流动性供给或资产购买的措施时，其资产负债表必然会扩张。确实，正如我们将在第 15 章看到的，从 2007 年 9 月金融危机发生之前到 2013 年，联储的资产总额从 8 000 亿美元上升到了 3.8 万亿美元以上。这种资产负债表的扩张被称为**量化宽松**（quantitative easing），这是因为它导致经济中流动性的巨大增加。它是一种在短期内刺激经济并导致将来可能出现通货膨胀的强大力量。

然而，中央银行资产负债表的扩张本身并不会自然而然地刺激经济。正如我们在零下限的 AD - AS 分析中看到的，除非量化宽松能降低投资的实际利率，否则它将不会影响总需求曲线，从而不会影响总产出和通货膨胀率。如果资产购买计划只包括购买短期政府证券，那么信贷利差和长期与短期利率之差都不太可能受到影响，所以 $\overline{f}$ 和投资的实际利率也就不会改变。结果是对总体经济的影响将会微乎其微。[①] 确实，这正是日本出现的情况：日本的中央银行实行了一个大规模资产购买计划，但主要是购买短期政府债券，结果不仅没有出现经济复苏，反而出现了通货紧缩。

导致联储资产负债表扩张的流动性供给和资产购买计划本身并不是为了要扩张联储的资产负债表。相反，联储的这些计划的目的是为了改变联储资产负债表的构成，从而降低投资的实际利率。的确，当时的联储主席伯南克坚定地认为联储的政策不应当被描述为量化宽松，而应被称作"信贷宽松"；并且这些政策在降低投资的实际利率从而帮助稳定经济方面是高度有效的，正如图 13 - 16 所描述的那样。

预期管理

承诺在很长一段时间内将政策利率保持在低位是使长期利率相对于短期利率下降从而减小 $\overline{f}$ 和降低投资的实际利率的另一种方式。由于投资者既可以选择投资于长期债券，也可以选择连续投资于短期债券，所以长期债券的利率与在该长期债券的期限内市场预期的短期利率平均值密切相关。[②] 通过对在很长一段时期内将联邦基金利率保持为零这样一项政策做出承诺，中央银行可以降低市场对未来短期利率的预期，从而使长期利率下降。结果是 $\overline{f}$ 减小和投资的实际利率下降，这将使总需求曲线向右移动，如图 13 - 16 所示，提高总产出和通货膨胀率。哥伦比亚大学的迈克尔·伍德福德（Michael Woodford）将此策略称为**预期管理**（management of expectation）。

到目前为止，非传统货币政策产生效果的机制是通过减小 $\overline{f}$ 和向右移动总需求曲线起作用，如图 13 - 16 所表明的那样。然而，预期管理还可以通过提高通货膨胀预期来移动短期总供给曲线起作用，如图 13 - 17 所示。正如我们在第 12 章看到的，通货膨胀预期的提高（比如说由于中央银行承诺会采取一切必要的行动来提高未来的通货膨胀率），会使短期总供给曲线向上移动到图 13 - 17 的 AS_2 位置，使经济移动到点 2，产出和通货膨胀率分别上升到 Y_2 和 π_2。这一结果背后的经济学直觉是显然易见的：在政策利率为零的情况下，通货膨胀预期的提高会导致实际利率的下降，这导致在经济沿着总需求曲线从点 1 上行到点 2（如图 13 - 17 所示）时投资支出和总产出上升。然而，这个策略存在一个问题：公众必须要相信通货膨胀率将来确实会提高。如果中央银行提高通货膨胀率

---

① 量化宽松本身不一定起到刺激作用还有其他原因。中央银行资产负债表的大规模扩张并不一定会导致货币供给的大幅增加。正如第 5 章附录中的应用所表明的，这正是美国 2007—2013 年发生的情况。当时联储资产负债表和基础货币的巨大扩张没有引起货币供给和银行贷款的大规模增加，原因是大部分钱只是变成了银行的超额储备金。

② 关于长期和短期利率之间关系的进一步讨论，参见弗雷德里克·S. 米什金（Frederic S. Mishkin）所著的《货币金融学（第 10 版）》一书的第 6 章"利率的风险和期限结构"。

的承诺不具有可信性，那么，通货膨胀预期可能不会上升，这种类型的预期管理也就不会起作用。

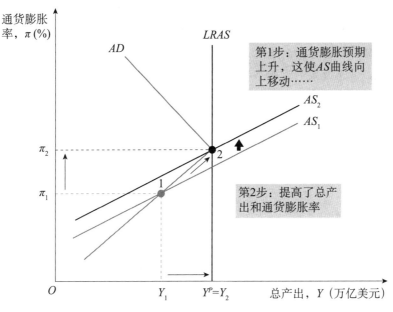

图 13 - 17　对预期通货膨胀率上升的反应

通货膨胀预期的上升导致短期总供给曲线向上移动到 AS_2，经济移动到点 2，在该点，总产出和通货膨胀率分别上升到 Y_2 和 π_2。

政策与实践

安倍经济学和 2013 年日本货币政策的转变

到 2012 年，日本经济低迷已经持续十多年了，经济增长十分缓慢，政策利率到了零下限，并且出现了通货紧缩。在这种背景下，安倍晋三于 2012 年 12 月赢得日本大选。为了刺激经济增长，安倍晋三就职后对经济政策做出了重大转变，媒体称之为"安倍经济学"。安倍经济学的一个核心要素是货币政策的彻底变革。安倍在 2013 年 1 月向日本央行施压，要求将通货膨胀目标从 1% 增至 2%。这遭到了日本央行前行长的反对，他随后在 3 月份辞职。2013 年 3 月，新任日本央行行长黑田东彦在就职后宣布对央行执行货币政策的方式进行重大调整。第一，与从未对实现 1% 的通货膨胀目标做出承诺的前任行长不同，黑田东彦承诺将在两年内实现更高的 2% 的通货膨胀目标。第二，他表示日本央行将会实施大规模资产购买（量化宽松）计划，这不仅会使央行的资产负债表规模加倍，而且购买的资产也与以前大不相同。具体来说，现在的日本央行将会购买长期债券，包括像房地产投资信托这样的私人证券，而非购买短期政府债券。

运用上一节的分析，我们可以看到货币政策的这一转变将如何影响日本经济。第一，与之前的量化宽松不同的是，既通过购买私人证券降低信贷利差，又通过购买长期政府债券降低长期利率，安倍经济学计划将减小 $\bar{f}$。我们已经看到，在政策利率处于零下限的情况下，对 $\overline{f}$ 的这两种影响将会降低投资的实际利率，从而将总需求曲线向右移动到 AD_2，如图 13-18 所示。

第二，通货膨胀目标的提高和黑田东彦对实现这一更高目标的更为坚定的承诺（后者甚至更为重要）将提高通货膨胀预期，从而将使短期总供给曲线移动到 AS_2。从图 13-18可知，经济将会移动到点2，产出会增加，通货膨胀率会上升。

换句话说，货币政策的这两个将会长时间起作用的转变既会通过资产购买计划直接降低投资的实际利率，又会直接提高通货膨胀预期，从而提供另一个压低实际利率的因素。这些机制将协同起作用，促进经济扩张并结束日本持续了15年之久的通货紧缩环境。这一策略的实际效果如何在本书写作时还未可知，但是安倍经济学的货币政策部分是改变日本经济动态学的重要尝试。

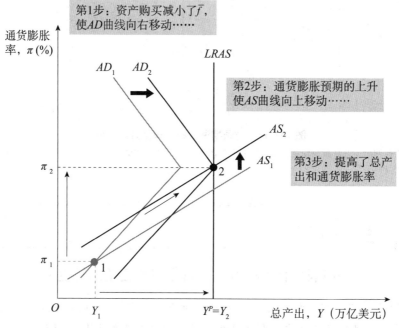

图 13-18　对 2013 年日本货币政策转变的反应

　　日本央行的资产购买计划减小了 $\overline{f}$，从而降低了在任何给定通货膨胀率下的投资实际利率，并使总需求曲线向右移动到 AD_2。通货膨胀预期的提高会使短期总供给曲线向上移动到 AS_2。经济随之移动到点2，在该点，总产出和通货膨胀率分别上升到 Y_2 和 π_2。

▓ **本章小结**

1. 一般来说，货币政策和宏观经济政策有两个主要目标：稳定通货膨胀于某一低水平附近（价格稳定）和稳定经济活动。

2. 对于大部分冲击——也就是总需求冲击或永久性的供给冲击——来说，价格稳定和经济活动稳定目标是一致的：即使在短期，稳定通货膨胀的政策也会稳定经济活动。然而，对于暂时性的冲击，在短期，稳定通货膨胀和稳定经济活动之间存在权衡。但是，在长期，稳定通货膨胀和稳定经济活动之间不存在冲突。

3. 积极主义者认为通过工资和价格调整起作用的自我纠正机制是非常缓慢的，因此认为在出现高失业时政府需要采取积极的适应性政策。相反，非积极主义者则认为自我纠正机制迅速起作用从而倡议政府应该避免旨在消除失业的积极政策。

4. 泰勒规则 $r = 2.0 + \frac{1}{2}(\pi - \pi^T) + \frac{1}{2}(Y - Y^P)$ 表明实际联邦基金利率，即联储的政策工具，应该被设定成2%（实际联邦基金利率的历史平均值）加上通货膨胀缺口和产出缺口的加权平均，每个缺口的权重都为 $\frac{1}{2}$。泰勒规则很好地刻画了格林斯潘和伯南克担任主席时期联储对联邦基金利率的设定。

5. 米尔顿·弗里德曼认为，在长期，通货膨胀时时处处都是一种货币现象。这个观点得到了总需求-总供给分析的支持：它表明货币政策制定者在长期可以通过自发的货币政策实现任何通货膨胀目标，自发的货币政策使用联邦基金利率政策工具来调整均衡实际利率从而改变总需求水平。

6. 促进高就业的积极主义者稳定政策可以引起两种类型的通货膨胀：成本推动型通货膨胀和需求拉动型通货膨胀。前者产生于负向总供给冲击或工人要求的工资增加超过了与生产率提高对应的合理水平，后者源于政策制定者通过增加总需求的政策来追求高产出和就业的目标。需求拉动型通货膨胀和成本推动型通货膨胀两者共同导致了1965—1982年的大通胀。

7. 当政策利率触及零下限时，总需求曲线会向上倾斜，这意味着能使经济恢复到充分就业状态的自我纠正机制不再起作用。在利率零下限下，为了提高总产出和通货膨胀率，货币政策当局必须采取非传统政策。非传统政策有三种形式：流动性供给，资产购买（通常被称为量化宽松），以及预期管理。

关键术语

摩擦性失业	结构性失业	价格稳定
通货膨胀目标	通货膨胀缺口	阶梯目标
双重目标	均衡实际利率	自然实际利率
神圣的一致性	非积极主义者	积极主义者
数据时滞	认识时滞	立法时滞
执行时滞	效果时滞	泰勒规则
成本推动型通货膨胀	需求拉动型通货膨胀	零下限
非传统货币政策	量化宽松	预期管理

复习题

宏观经济政策的目标

1. 描述宏观经济稳定政策的两个主要目标。

2. 美联储、欧洲央行和日本央行都将通货膨胀目标设定为2%。为什么不设定成0呢？

3. 区分阶梯目标和双重目标。哪个能最好地描述美国的政策制定环境？

稳定通货膨胀和稳定经济活动之间的关系

4. 假定发生了负向总需求冲击。政策制定者对这一冲击可能的反应是什么?

5. 稳定政策更可能通过货币政策还是财政政策来实施? 为什么?

6. 为什么神圣的一致性简化了制定政策的工作? 在什么情况下神圣的一致性成立? 为什么?

政策制定者应该多积极地努力去稳定经济活动

7. 总结积极主义者和非积极主义者争论的主要分歧点。

8. 为什么积极主义者认为经济的自我纠正机制是缓慢的?

9. 在英国, GDP 数据需要大概四个月才能编制出来, 而且最初发布的数据在接下来的几个月里通常会被数次修正。对政策制定者来说, 为什么这是一个问题呢?

泰勒规则

10. 泰勒规则与货币政策曲线有什么关系?

11. 货币政策制定者只依据泰勒规则设定联邦基金利率是一个好主意吗?

通货膨胀时时处处都是一种货币现象

12. 直到 2012 年, 日本央行都一直以 1% 作为通货膨胀目标。但是, 在 2013 年, 它将通货膨胀目标改为 2%。货币政策当局可以设定任意水平的通货膨胀率作为目标吗?

通货膨胀型货币政策的原因

13. 解释成本推动型通货膨胀和需求拉动型通货膨胀的过程。宏观经济学家怎么区分这两类通货膨胀?

零下限下的货币政策

14. 触及零下限的政策利率是如何导致总需求曲线向上倾斜的?

15. 为什么当政策利率触及零下限时, 自我纠正机制就不再起作用了呢?

16. 哪些非传统货币政策会使总需求曲线发生移动? 这些政策如何起作用?

习题

宏观经济政策的目标

1. 根据 1989 年《新西兰储备银行法案》(Reserve Bank of New Zealand Act) (第 8 节): "本银行的主要作用是形成和实施需要的货币政策以实现和维持总体价格水平稳定的经济目标。"

   (a) 你认为这句陈述构成了货币政策实施的阶梯目标还是双重目标?

   (b) 这个目标与正的通货膨胀率目标一致吗?

稳定通货膨胀和稳定经济活动之间的关系

2. 假定目前的政府决定减少政府支出, 以此作为降低现有政府预算赤字的一种手段。

   (a) 根据总需求-总供给分析, 在短期, 这种措施的影响是什么? 描述通货膨胀率和产出水平的变化。

   (b) 如果联储决定稳定通货膨胀, 这对实际利率、通货膨胀率和产出水平的影响是什么?

3. 关于运用财政政策来影响经济的争论常常集中在公共支出和税收的短期影响上。对经济效率的影响却很少被考虑。你认为这是一个错误吗? (提示: 考虑经济效率的长期影响。)

4. 下表列出了某个经济在连续 4 个时期的通货膨胀率和产出水平。在时期 1, 经济处于长期均衡 (也就是通货膨胀率等于目标值且产出等于潜在产出)。在时期 2, 出现了一次暂时性的供给冲击 (例如, 能源价格上升)。

时期	通货膨胀率 (%)	产出 (万亿美元)
1	2.5	8
2	4.5	7
3	2.5	6
4	2.5	8

   (a) 基于该表, 判断政策制定者实施了哪种类型的应对政策 (例如, 没有政策反应、稳定通货膨胀的政策或稳定经济活动的政策)。

   (b) 作图说明你的答案 (画出 MP 曲线和与表格中数据一致的 AD - AS 图)。

政策制定者应该多积极地努力去稳定经济活动

5. 假定某个人可以测量消除经济中的产出（和失业）波动所带来的福利收益。假设这些收益对普通个人相对很小，你认为这个结论对积极主

6. 下图描述了两条不同的短期总供给曲线：哪种情形下支持非积极主义者的政策的理由更充分？请解释原因。

义者和非积极主义者之间的争论有何影响？

(a)

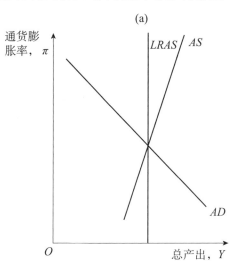

(b)

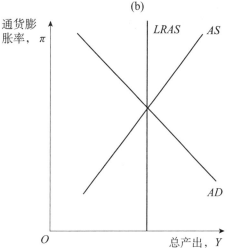

泰勒规则

7. 假设政策制定者使用如正文中方程（1）所示的泰勒规则作为政策变化的依据。对于以下每种情形，说明实际利率、产出水平和通货膨胀率在短期和长期怎么变化。使用 *IS* 图形和 *AD - AS* 图形，并在 *MP* 图形中表示出泰勒规则。

   (a) 在 1973 年，美国经历了前所未有的生产

率下降，这减少了潜在产出。

   (b) 美国经济在 20 世纪 70 年代后期经历了高通货膨胀。为了与高通货膨胀做斗争，保罗·沃尔克主席领导的联储大幅降低了通货膨胀目标。

通货膨胀型货币政策的原因

8. 下表列出了 1972—1982 年期间加拿大的失业率和通货膨胀率：

	1972	1973	1974	1975	1976	1977	1978	1979	1980	1981	1982
失业率（%）	6.2	5.6	5.3	6.9	7.1	8.1	8.4	7.6	7.6	7.6	11
通货膨胀率（%）	4.98	7.48	10.99	10.67	7.54	7.97	8.97	9.14	10.12	12.47	10.76

资料来源：OECD Statistics.

   (a) 作图表示这一时期加拿大的失业率。在同一幅图中，画一条 7.3% 位置的水平线，它代表加拿大的自然失业率估计值。

   (b) 观察这个图，你将怎样描述加拿大在1972—1982 年期间的通货膨胀型政策？

9. 根据一些研究人员的观点，1972 年后英格兰银行的行动可以用几种不同形式的泰勒规则来拟合。给定泰勒规则建议当产出缺口为正时应该提高政策利率目标。你认为泰勒规则是鼓励了需求拉动型通货膨胀吗？

零下限下的货币政策

10. 零下限使得货币政策的实施变得复杂。本质

上，大规模的负向冲击可能不会自我纠正，以至经济陷入下行螺旋，通货膨胀率持续下降。在 2007—2009 年金融危机之后，大多数发达国家一直面临着零下限环境，而且联储和英格兰银行等中央银行开始求助于非传统货币政策。

   (a) 描述流动性供给和资产购买是如何发挥作用的。

   (b) 阐释量化宽松和信贷宽松的区别。

11. 假定 *f* 是由两个因素决定的：金融恐慌和资产购买。

   (a) 运用 *MP* 曲线和 *AD - AS* 图，说明一场

规模足够大的金融恐慌将如何使经济跌到零下限以下并陷入导致经济不稳定的通货膨胀下行螺旋。

(b) 运用 MP 曲线和 AD - AS 图，说明一笔规模足够大的资产购买将如何逆转问题（a）中描述的金融恐慌的后果。

数据分析题

1. 2013 年 1 月 29 日，联储发布了一项特殊声明。这项声明澄清了它的"价格稳定"和"最大化就业"的目标。具体来说，声明称，"委员会断定 2％的通货膨胀率（由个人消费支出价格指数的年度百分比变化衡量）在更长时期内是与联储的法定使命最为一致的"，而且"FOMC 成员对于更长时期内正常失业率的估计值有向 5.2～6％集中的趋势"。假设这项声明意味着自然失业率被认为是 5.6％。访问圣路易斯联邦储备银行 FRED 数据库，找到如下变量的数据：个人消费支出价格指数（PCECTPI）、失业率（UNRATE）、实际 GDP（GDPC1）和潜在 GDP 估计值（GDPPOT）。对于价格指数，将单位设置为"与前一年相比的百分比变化"；然后将数据下载到一个表格中。

(a) 对于可获得数据的最近 4 个季度，使用联储提到的 2％作为通货膨胀目标，计算每个季度的通货膨胀缺口。再算出这 4 个季度的平均通货膨胀缺口。

(b) 对于可获得数据的最近 4 个季度，使用实际 GDP 和潜在 GDP 估计值的数据，计算每个季度的 GDP 缺口。缺口以实际产出相对于潜在产出水平的偏离百分比来表示。再算出这 4 个季度的平均 GDP 缺口。

(c) 对于可获得数据的最近 12 个月，将 5.6％作为自然失业率，计算每个月的失业率缺口，再算出这 12 个月的平均失业率缺口。

(d) 根据问题（a）至问题（c）的回答，你认为神圣的一致性适用于当前的经济形势吗？为什么？对于当前的经济冲击的来源，这说明了什么？请简要解释。

2. 访问圣路易斯联邦储备银行 FRED 数据库，找到如下变量的数据：个人消费支出价格指数（PCECTPI）、失业率（UNRATE）和自然失业率的估计值（NROU）。对于价格指数，将单位设置为"与前一年相比的百分比变化"。选择从 2000 年到最新时期的数据并下载，然后将这三个变量绘制在同一幅图中。运用这幅图找出需求拉动型通货膨胀和成本推动型通货膨胀时期。简要解释你的推理。

3. 访问圣路易斯联邦储备银行 FRED 数据库，找到如下变量的数据：个人消费支出价格指数（PCECTPI）、失业率（UNRATE）、实际 GDP（GDPC1）、潜在 GDP 估计值（GDPPOT）以及联邦基金利率（DFF）。对于价格指数，将单位设置为"与前一年相比的百分比变化"，从而将它转化成通货膨胀率。对于联邦基金利率，把频率设置为季度。将数据下载到一个表格中。假设通货膨胀目标是 2％，计算从 2000 年到可获得数据的最新时期之间每个季度的通货膨胀缺口和产出缺口。其中，产出缺口以实际产出相对于潜在产出水平的偏离百分比来表示。

(a) 对于每个季度，运用产出缺口和通货膨胀缺口计算泰勒规则对联邦基金利率的预测值。假设稳定通货膨胀和稳定产出的权重均为 1/2（见本章公式）。比较当前的联邦基金利率（季度平均）与泰勒规则的预测值。泰勒规则能准确预测当前的联邦基金利率吗？请简要谈谈你的看法。

(b) 作图来比较泰勒规则的预测值和现实的联邦基金利率的季度平均值。泰勒规则的预测与现实的联邦基金利率平均值的拟合程度有多好？请简要说明。

(c) 根据 2008—2009 年期间的结果，解释使用泰勒规则作为正式政策工具的局限性。这些局限性如何帮助解释在这段时期非传统货币政策的使用？

(d) 假定国会将联储目标改成了阶梯目标，新的目标规定稳定通货膨胀优先于稳定产出。在这种背景下，假设稳定通货膨胀的权重是 3/4 而稳定产出的权重为 1/4，重新计算 2000 年以后每个季度的泰勒规则预测值。作图来表示问题（a）中的泰勒规则、新的"阶梯式"泰勒规则，以及现实的联邦基金利率。联储目标的变动如何影响被预测的政策路径（如果有影响的话）？联邦基金利率又将如何受到影响？请简要说明。

第 5 篇

金融和宏观经济

既然我们在第 2、3 和 4 篇中已经建立了分析长期和短期经济的框架，我们可以转到金融在长期和短期的宏观经济中所起的重要作用上来。第 14 章将注意力集中于长期，显示了运转良好的金融系统如何促进经济增长。该章还介绍了第 15 章用于考察金融在短期如何影响经济的工具。当金融体系突然停止良好运转时，也就是金融体系经历金融危机时，它导致经济活动的急剧收缩。第 15 章建立了分析金融危机动态学的框架，然后将分析应用于解释最近世界范围的金融危机和历史上早些时候的危机。在本书配套网站（www. pearsonglobaleditions. com/mishkin）上的一章，这一分析被拓展到新兴市场经济体中的金融危机。所谓新兴市场经济体，就是处于市场发展早期阶段和近来对国际市场开放产品、服务和资本的流动的经济体。

为了在理论和实践之间建立重要的联系，我们将考察如下应用案例：

■ 抵押品的暴政

■ 中国是金融发展对经济增长有重要作用的一个反例吗

■ 所有金融危机之母：大萧条

■ 2007—2009 年全球金融危机

在保持对关键政策议题和政策制定者在实践中使用的技术的关注的同时，我们还将在政策与实践案例中分析如下具体例子：

■ 联储应该因住房价格泡沫而受到责备吗

■ 全球金融危机期间联储的非传统货币政策和量化宽松

■ 日本失去的十年，1992—2002 年

■ 关于中央银行对泡沫的反应的争论

第14章 金融体系和经济增长

预览

普通人（和许多经济学家）低估了金融体系的重要性，这是容易理解的。毕竟，投资银行家和其他金融从业人员到底生产了什么，值得获取如此高的工资和奖金呢（有时候甚至数以百万美元计）？为什么在2007—2009年金融危机期间政府以巨大的代价救援金融企业，却听任其他行业的企业破产呢？

在本章和下一章，我们考察金融体系在经济中所起的作用。本章关注长期，即金融体系在促进经济增长中的作用。本章讨论了为什么一个运转良好的金融体系是经济高速增长的一个关键条件。下一章关注短期，即当金融体系突然停止良好运转时会发生什么（这会导致金融活动的急剧收缩）。

在本章，我们首先概述金融体系在转移经济内部的资金中所起的作用。然后，我们描述金融体系内资金流动中会出现的两种类型的信息问题，以及银行和政府在解决这些问题中的作用。我们介绍的分析工具将被用于下一章对金融危机的讨论。最后，我们回顾表明运转良好的金融体系和健康运行的经济之间存在联系的经验证据。

金融体系的作用

拥有剩余资金可以投资的家庭和企业要求参与新企业、产品和思想的生产性投资机会。社会如何将拥有剩余资金的一方和拥有可行投资机会而又需要资金的另一方匹配起来呢？社会如何保证资金转移到有价值的投资机会上从而不会浪费资源呢？

通过履行将资金从拥有剩余资金的家庭和企业转移到资金短缺但拥有生产性投资机

会的个人和企业这一重要的协调职能，金融体系能够起到经济大脑的作用。运转良好的金融体系引导资金流向最有价值的用途，促进经济的稳定和增长。

通过金融体系有效地转移资金是一项复杂的任务，正如图14-1这一概要图所说明的那样。贷款人-储蓄者——那些拥有剩余资金可供投资的人——在图的左方，拥有生产性投资机会的借款人-支出者在图的右方：资金通过两种主要渠道在这两方之间流动。

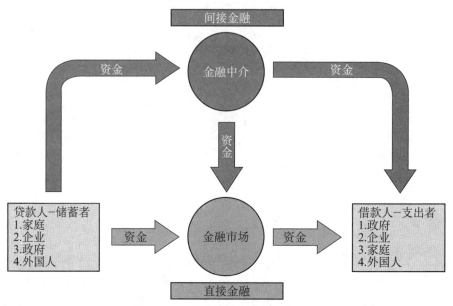

图 14-1　资金通过金融体系的流动

直接金融，即底部所示的路线，涉及借款人直接从储蓄者那里借款。间接金融，即储蓄者和借款人之间存在金融中介，则不那么直接，它通过两种不同的路线起作用：（1）金融中介从储蓄者那里获得资金，然后用这些资金放贷给借款人（图中顶端的箭头）；（2）金融中介用从储蓄者那里得到的资金购买借款人发行的证券（如从金融中介到金融市场的箭头所示）。

直接金融

资金通过金融市场直接从贷款人-储蓄者（投资者）流向借款人-支出者的一种方式是通过直接金融路线，如图14-1中底部所示。在直接金融中，借款人通过在金融市场上出售证券直接从储蓄者那里借款。**证券**（securities，也称**金融工具**，financial instruments）是对借款人未来收入或资产的索取权，其形式有普通股票和债券。证券是购买证券的企业或个人的资产，是出售（发行）证券的企业或个人的**负债**（liabilities，IOU或债务）。例如，如果马来西亚的一家纺织品公司需要借款来建造一个生产衬衫的新工厂，它可能会从美国投资者那里获取资金，其方式可能是售卖**股权**（equities），如售卖代表公司所有权份额的普通股，也可能是发行**债券**（bonds），即在一个固定的时期提供支付流的债务证券。参与直接金融的金融机构为金融市场中的交易提供便利。这些金融机构包括**交易所**（exchanges），即证券买卖双方（或其代理人、经纪人）为进行交易而汇聚在一起的中心场所，以及**投资银行**（investment banks），即从事证券交易并通过保证证券不低于某一价格水平而后出售这些证券来帮助企业发行证券的银行。

□ 间接金融

大多数资金通过图 14 - 1 顶端所示的不那么直接的间接金融路线转移到借款人手中。在间接金融中，正如图 14 - 1 顶端部分所表明的那样，储蓄者和借款人之间存在**金融中介**（financial intermediary），这种类型的金融机构包括银行、保险公司、财务公司、共同基金或养老金。（对各种类型的金融中介的描述见参考资料"金融中介"。）换句话说，金融中介扮演的角色就是贷款人-储蓄者和借款人-支出者之间的中介。例如，一家银行通过吸收存款从储蓄者那里获取资金，然后用这些资金发放贷款，如贷款给一对年轻夫妇买房。保险公司通过提供保险和收取保费获取资金，然后贷款给一家公司建造酒店，这又是一个例子。

图 14 - 1 有箭头表示资金从金融中介流向金融市场，然后从金融市场流向借款人-支出者，这个箭头描述了金融中介在贷款人-储蓄者和借款人-支出者之间起作用的另一种方式。例如，共同基金从投资者那里获取资金，然后用这些资金购买金融市场中的普通股票等证券。养老金从雇员及其雇主那里收到资金然后购买金融市场中的债券等证券，这又是一个例子。这种通过金融中介联结借款人-支出者和贷款人-储蓄者的过程被称为**金融中介化**（financial intermediation）。

发达国家中的大多数借款人通过金融中介获得资金。金融中介是一个比证券市场更重要的企业融资来源，它提供的资金接近流向非金融企业的资金的 60%。金融中介购买了金融市场中的大多数债券和大约一半股票（图 14 - 1 中向下的箭头）。

在股票和债券市场常常规模极小甚至不存在的发展中国家，几乎所有的借贷都是通过金融中介完成的。在这些国家，家庭和企业通过农村的放贷人、储蓄和贷款协会、家庭网络或**小额信贷**（microcredit，即提供很小金额贷款——常常少于 100 美元——的项目）项目借款。

~~~~~~

▶ **参考资料**　　　　　　　　　　**金融中介**

有 6 种基本的金融中介类型。

1. **银行**（banks），也称为存款机构，包括商业银行、储蓄和贷款协会、共同储蓄银行和信用社。这类金融中介通过吸收存款获得资金，并将这些资金用于发放贷款。

2. **保险公司**（insurance companies），包括人寿保险公司、火灾和意外伤害保险公司，通过收取投保人缴纳的保费获取资金，给投保人提供保险以应对死亡等财务危机或因盗窃、火灾或事故引发的损失。

3. **养老金**（pension funds），包括私人和政府养老金，通过雇主和雇员的缴款获取资金，给参与养老计划的雇员提供退休收入。

4. **财务公司**（finance companies），通过销售商业票据（一种短期债务工具）和发行股票或债券筹集资金，然后将资金贷给消费者和企业。

5. **共同基金**（mutual funds），通过向个人出售份额获取资金，将资金用于购买股票和债券等证券。

6. **对冲基金**（hedge funds），一种特殊类型的共同基金，也是通过销售份额获取资金，但是只出售给很富裕的人，因此这类基金受到的监管比共同基金少。然后，对冲基金用这些资金购买证券，参与复杂的金融交易。

为了更好地理解这些金融中介，我们可以考察它们的**资产负债表**（balance sheet），即机构的资产和负债的列表。顾名思义，这个表是平衡的，也就是说，它具有如下特征：

$$总资产＝总负债＋资本$$

换句话说，**资本**（capital，也称**净值**，net worth）等于机构的资产价值减去其负债价值。在负债价值不变的条件下，如果资产价值下降，那么机构的净值或资本下降。通过描述这些金融中介的主要资产（资金的用途）和主要负债（资金的来源），表14-1提供了对这些金融中介的概览。

表 14-1　　　　　　　　　　　金融中介的主要资产和负债

金融中介的类型	主要资产（资金运用）	主要负债（资金来源）
银行	企业和消费者贷款、抵押贷款、政府证券	存款
保险公司	公司债券、抵押贷款、企业贷款、政府证券	保单的保费
养老金	公司债券、抵押贷款、企业贷款、政府证券	雇主与雇员的缴款
财务公司	企业和消费者贷款	商业票据、股票和债券
共同基金	股票和债券	份额
对冲基金	众多类型的证券和金融衍生品	份额

信息挑战和金融体系

为什么更多的资金不是直接流向需要资金的企业和个人而是要经由中介呢？为什么我们需要金融中介呢？为了回答这些问题，我们先确定金融体系良好运转存在的障碍，然后讨论跨越这些障碍的方法。金融体系良好运转存在的障碍被称为金融摩擦。

信息不对称

信息不对称（asymmetric information），交易的一方拥有的信息不如另一方精确这样一种情形，阻碍了资金直接转移到拥有最好投资机会的企业和个人手里。考虑一家俄罗斯公司的管理者和公司的投资者（拥有这家公司的股东和借了钱给该公司的债券持有者）。谁更清楚管理者是否诚实呢？谁更清楚公司的经营状况呢？显然是管理者自己更清楚。如果股东和债券持有者是外国人且不知道在俄罗斯做生意的细节，那么这种不均衡就尤其严重。类似地，一个寻求贷款买车的人知道其偿付月供的能力，但银行这样的潜在贷款人可能无法知道。父母给孩子钱去买午餐，但孩子可能去买糖果。

在金融体系里，信息不对称引起了两种类型的问题：逆向选择和道德风险。这些问题使得资金难以转移到最有生产性的用途上，在进入交易之前和交易之后都是如此。

逆向选择。 当最迫切参与交易的人恰恰是最可能造成对另一方而言不合意的（不利的）结果的人时，**逆向选择**（adverse selection）就产生了。它在交易完成前发生，使得贷款更可能发放给信贷风险高的人。结果，贷款人可能决定根本就不发放任何贷款，哪怕市场上存在信贷风险低的人。

为了说明问题，假定有两家企业想从你那里借钱。第一家企业是 Rock Solid，它很保守，只有在投资项目几乎肯定能成功的情况下才会借款。另一家企业是 Risky Ventures，它喜欢冒高风险追求高收益。哪一家企业更可能联系你要求贷款呢？当然是 Risky Ventures，因为如果投资成功了，该企业就可以大赚一笔。然而，你并不愿意贷款给这家企业：该企业的投资很可能会失败，那样该企业就没有还钱给你的能力。如果你非常了解这两家企业——也就是说，你们之间的信息是对称的，从而你和两家企业的管理者拥有相同的信息，那么，你就会知道 Risk Ventures 的风险很高，不会借钱给它。然而，假定你并不是很了解这两家企业。由于 Risk Ventures 更可能申请贷款，你更可能贷款给 Risk Ventures 而非 Rock Solid。逆向选择的可能性也许会导致你决定不把钱借给任何一家企业，尽管 Rock Solid 这样一家信贷风险很低的企业可能十分需要贷款来投资于一个有价值的项目。

道德风险。 道德风险（moral hazard）是信息不对称所导致的第二个问题，指交易的一方从事对交易的另一方不利的（不道德的）活动的风险。它产生在交易发生之后。

例如，假定你贷款 1 万美元给 Rock Solid 用于对其账单业务进行计算机化管理。然而，一旦你提供了这笔贷款，Rock Solid 很可能决定把钱用于风险更高的业务，如在股票市场上投机。如果这一投机成功了，Rock Solid 用你的钱赚到了 10 万美元，它就能够还给你 1 万美元，自己留下 9 万美元。但是，如果投机失败了——这是很可能的，Rock Solid 就无法还钱给你。Rock Solid 失去的只是作为一家保守型企业的声誉：它有用你的钱去从事高风险活动的激励。如果你知晓 Rock Solid 的下一步行动，你也许能够阻止它去股票市场投机，从而防止道德风险。然而，由于信息不对称的存在，你很难总是知道 Rock Solid 的行动。因此，道德风险的存在可能阻止你给 Rock Solid 提供 1 万美元的贷款，即使你确信该企业如果将资金用于购买计算机就会把钱还给你。

□ 搭便车问题

贷款人和投资者如何避免信息不对称导致的逆向选择和道德风险问题呢？答案很清楚：他们需要搜集信息以消除信息不对称，但是如何执行就不清楚了。

信息搜集的一个重要障碍是**搭便车问题**（free-rider problem）：没有在信息搜集上花费资源的私人投资者能够利用（搭便车于）其他投资者搜集的信息。为了理解搭便车问题，想象你是沃伦·巴菲特，你花了许多时间和金钱搜集信息，这些信息告诉你哪些企业值得投资、哪些企业不值得。你相信你花费的资源是值得的，因为你通过购买你发现的价值被低估的好企业的股票可以收回获取信息的成本。可是，在你开始买股票的那一刻，那些知道你获得了有价值的信息的聪明的投资者就会搭便车，跟着你买股票——毕竟，你是沃伦·巴菲特，即使他们并没有为你搜集的任何信息付钱。对价值被低估的好证券的需求增加，促使其价格在你买到你想买的数量之前就立即被推高到反映它们真实价值的水平。

由于所有这些搭便车者的存在，你无法获取与你搜集到的信息相联系的大部分利润，因此你会减少花在获取信息上的资源数量。（当然这并不意味着你不会变富，只是你不会变得与在搭便车者不存在情形下一样富有。）其他可能想花费资源搜集信息的投资者也会意识到同样的问题，他们也会减少信息搜集。从信息搜集上获取全部利润的能力的缺乏限制了市场上可获得的信息数量，因此信息不对称问题还是很严重。

□ 金融中介处理信息不对称问题

运转良好的金融中介在解决信息不对称问题和减少金融摩擦中起着关键作用。搜集信息以克服逆向选择和道德风险问题正是金融中介所从事的业务。

私人贷款的作用。 金融中介主要通过发放私人贷款来克服搭便车问题。由于私人贷款不能在金融市场中交易，其他人难以搭便车于金融中介的信息搜集活动。因此，金融中介从其信息搜集活动中获益，从而发现继续搜集信息是有利可图的。从信息搜集中获利的能力使得涉及金融中介的间接金融成为家庭和企业最普遍的资金来源。

银行的优势。 在所有类型的金融中介中，银行是最重要的。它们最重要的业务是吸收存款和将这些资金用于发放贷款。在美国，银行机构（包括商业银行、储蓄和贷款协会、共同储蓄银行和信用社）是最重要的金融中介类型。图14－2显示，2012年年末银行机构持有价值19.4万亿美元的资产，而第二大类型的金融中介——共同基金——持有的资产价值为13.0万亿美元。图14－3显示，银行的优势地位在其他国家甚至更加引人注目。在美国，银行提供给非金融企业的资金占非金融企业所有外部资金的比例只有18％，而这一比例在加拿大、德国和日本分别为56％、76％和78％。[①]

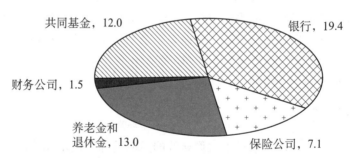

图14－2 美国不同金融中介的资产，2012年

银行机构是最重要的金融中介，2012年其持有的总资产为19.4万亿美元。

资料来源：Federal Reserve Flow of Funds Accounts. www.federalreserve.gov/releases/z1.

银行在金融体系中特别重要，这是因为它们在如下几种解决信息不对称问题和减少金融摩擦的实践中相对于其他金融中介具有独特的优势。

1. 筛选。在交易发生前搜集关于潜在借款人的信息以避免逆向选择问题，这被称为

---

① 关于不同金融中介的相对规模以及它们在不同的经济体中提供了多少资金的讨论，参见弗雷德里克·S. 米什金所著的《货币金融学（第10版）》第2章"金融体系概览"和第8章"金融结构的经济学分析"。

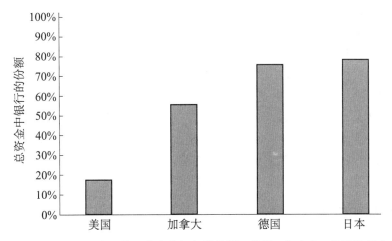

图 14 - 3　提供给非金融企业的总资金中银行的份额：美国、加拿大、德国和日本的比较

银行在其他国家的金融体系中比在美国甚至更为重要。在美国，银行提供给非金融企业的资金占非金融企业所有外部资金的比例为 18%，这一比例在加拿大、德国和日本分别为 56%、76% 和 78%。

资料来源：Andreas Hackethal and Reinhard H. Schmidt. 2004. Financing patterns：Measurement concepts and empirical results. Johann Wolfgang Goethe-Universitat Working Paper No. 125，January. 数据的时间为 1970—2000 年，数据是银行提供的流量资金占总量的百分比，总量不包括贸易和其他信贷数据，这些数据无法获得。

筛选（screening）。正在考虑是否给你发放抵押贷款的银行会询问你的收入、雇佣记录、银行账户、房产价值等信息。由于银行和潜在借款人建立了长期关系，它们特别善于筛选。[①] 这些长期关系使银行能够了解它们的客户，可以以较低的成本筛选出信贷风险高的借款人。

2. 监督。在交易发生后搜集信息以防止道德风险，这被称为监督。在金融机构发放贷款之后，信贷员会核查借款人将如何使用其所借资金，并跟踪任何表明风险性行为的信号。由于银行能够观察企业的支票账户，而这提供了许多关于借款人财务状况的信息，因此银行在监督借款企业的行为上有天然的优势。例如，借款人支票账户余额的持续下降可能标志着借款人正面临财务困难。异常的账户活动可能意味着借款人正在从事高风险的活动。企业支票的收款人所表明的供应商变动可能意味着企业正在开发新的业务。银行与其客户的长期关系也赋予银行在监督借款人上的优势。如果借款人以前从某家银行借过款，那么该银行已经建立了监督该客户的程序，这降低了监督新贷款的成本。

3. 限制性条款。银行还通过在债务合同中写上限制借款人行为的条款——被称为**限制性条款**（restrictive covenants）——尽力防止道德风险。例如，银行常常依靠法律专业人员在贷款合同中写上限制性条款，这些条款或禁止借款人从事高风险业务，或促进合意行为，或要求借款人定期提供会计报表。例如，贷款合同可能要求企业保留相当于企业资产一定比例的现金从而企业更有可能偿还贷款。但是，如果银行将限制性条款写进贷款合同时没有考虑到每种可能性，那又会如何呢？银行终止未来贷款的能力给了借

[①]　关于银行如何筛选和建立长期关系的讨论，参见弗雷德里克·S. 米什金所著的《货币金融学（第 10 版）》第 10 章 "银行业与金融机构的管理"。

款人举止得体的激励。

不同经济发展水平下银行的作用。 由于信息不对称的存在，发展中国家面临着特别困难的挑战。由于这些国家的会计标准和信息技术通常都很落后，投资者难以获得关于私人企业的信息。因此，发展中国家的证券市场往往欠发达，而在避免搭便车问题上有特别优势的银行在金融体系中的优势地位更为明显。

随着金融体系的发展，获取关于企业的信息变得更为容易，因此信息不对称问题的严重性下降，企业发行证券变得更容易。于是，银行在金融体系中的重要性开始减弱。在过去 20 年里，我们在美国就看到了这种趋势。在此期间，美国的信息技术出现了令人难以置信的提高，银行在贷款总额中所占的份额逐渐下降。

□ 抵押品和信息不对称问题

金融中介解决逆向选择和道德风险问题所使用的另一种工具是**抵押品**（collateral），即借款人在贷款合同中承诺如拖欠债务就归贷款人所有的财产。大部分家庭债务都是有抵押品的：住房是抵押贷款的抵押品，汽车是汽车贷款的抵押品。（家庭不存在抵押品的贷款形式只有一种：信用卡债务。）在美国，以财产作为抵押品的商业抵押贷款和农业抵押贷款占非金融企业总借款的约 1/4；公司债券和其他种类的银行贷款中也常常要求以财产作为抵押品。

抵押品在贷款合同中普遍存在，这是因为抵押品缓解了逆向选择和道德风险问题。只有在借款人拖欠债务导致贷款人蒙受损失时，逆向选择才阻碍金融市场的运转。抵押品减轻了逆向选择的后果，这是因为，如果借款人拖欠贷款，那么贷款人能够出售抵押品，然后用出售所得弥补贷款的损失。例如，如果你无法偿还住房抵押贷款，贷款人就可以取得你的住房的所有权，将其拍卖，用拍卖所得来偿付贷款。借款人愿意提供抵押品，这是因为，贷款人承受的风险的降低使得借款人更有可能获得贷款，并且也许是以更低的利率获得贷款。

通过降低借款人冒太大风险的激励，抵押品也降低了道德风险。当借款人将财产用作贷款的抵押品时，一旦他们不能归还贷款人，他们会失去的东西（有时候称其为"在其中的利益"）就会更多，因此他们自然更加不愿意参与高风险活动。律师在从借款人那里收取抵押品的事情上发挥着关键作用。

应用 ☞

抵押品的暴政

为了把土地或资本等财产用作抵押品，人们必须在法律上拥有财产。遗憾的是，正如赫尔南多·德索托在《资本的秘密》一书中所记载的那样，对发展中国家的穷人来说，要想使财产所有权合法化是极其昂贵和消耗时间的。例如，在菲律宾，获得在城市土地上建造的住房法律上的所有权包括 168 个行政步骤，涉及 53 个公共和私人机构，这一过程需要耗时 13～25 年。在埃及，获得沙漠土地的法律上的所有权需要 77 个步骤，涉及 31 个公共和私人机构，耗时 5～14 年。在海地，为了合法地购买政府土地，普通公民不得不在 9 年时间里经历 176 个步骤。这些障碍不意味着穷人不会投资：他们仍然建造住房和购买设备，即使他们对这些资产没有法律上的所有权。按照德索托的计算，"第三世界和前社会主义国家的穷人持有的但在法律上没有所有权的房产的总价值至少为9.3万亿美元"。[1]

可是，没有法律上的所有权，这些财产全都不能用作借钱的抵押品，而抵押品是大多数贷款人的要求之一。甚至在人们对其财产拥有法律上的所有权时，大多数发展中国家的法律体系效率如此低下，以至抵押品的意义并不大。债权人通常必须先起诉拖欠的债务人，要求债务人进行支付，这需要耗费好几年。然后，一旦获得有利的判决，债权人为了获得对抵押品的所有权又得再次起诉。这一过程所耗费的时间常常在5年以上。到贷款人获得抵押品时，很可能抵押品已经被人遗忘或被偷了，从而毫无价值了。此外，对于在政治上强势的社会部门，如农业部门，政府常常禁止贷款人取消借款人赎回抵押品的权利。

当金融体系不能有效率地使用抵押品时，逆向选择问题会更加严重，因为贷款人需要更多关于借款人质量的信息才能够区分一笔贷款的优劣。从而，借贷数量会更少，特别是在需要抵押品的交易中（如住房抵押贷款）。例如，在秘鲁，抵押贷款相对于经济规模的价值只有美国的不到1/20。

穷人甚至更难获得贷款，因为穷人要获得财产的所有权成本很高从而没有抵押品可以提供，这导致了被芝加哥大学的拉古拉迈·拉詹（Raghuram Rajan）和路易吉·津加莱斯（Luigi Zingales）称为"抵押品的暴政"的现象。[2] 甚至在穷人有好的商业点子并且愿意努力工作时，他们也不能获得所需的资金，这使他们难以摆脱贫困。

政府对金融部门的监管和监督

我们已经看到，搜集的信息越多，信息不对称的程度就越低，金融体系运行得就越平稳。可是，我们也已经看到，搭便车问题是信息搜集的一个严重障碍。政府干预在金融体系中能够起作用吗？在这一节，我们将讨论提高金融市场中信息质量的三种基于政府的方法。（正如参考资料"政府导向的信贷"所讨论的，政府也通过为信贷提供导向来干预信贷市场。）

▶ **参考资料**   **政府导向的信贷**

许多政府，特别是贫穷的发展中国家的政府，都有指导信贷流向特定经济部门的项

---

① Hernando De Soto, *The Mystery of Capital*：*Why Capitalism Triumphs in the West and Fails Everywhere Else*（New York：Basic Books，2000），35.

② Raghuram Rajan and Luigi Zingales, *Saving Capitalism from the Capitalists*：*Unleashing the Power of Financial Markets to Create Wealth and Spread Opportunity*（New York：Crown Business，2003）.

目。通过创立金融机构来以低利率发放特定类型的贷款，或者指导现有机构贷款给经济的特定实体或部门，政府为信贷提供导向。政府也能通过拥有银行有效地为信贷提供导向：国有银行在许多发展中国家是非常普遍的。

政府导向的信贷帮助经济中那些作为经济发展关键驱动力的部门——如制造业或高科技部门——获得资金。然而，与政府相对的是，私人机构有激励解决逆向选择和道德风险问题，有激励贷款给那些拥有最具生产性投资机会的借款人。如果私人机构不明智地发放贷款，它们就赚不到任何利润。政府缺乏这种利润激励。政府导向的信贷不大可能把资金转移到促进经济高速增长的部门；相反，它们常常导致阻碍增长的低效率投资。

研究已经发现，为信贷提供导向的大型项目和银行所有权的大规模国有制与落后的金融发展和低增长率相联系。[1] 国有银行的负面特性使世界银行一项大规模研究得出了如下结论："无论其初始目标为何，银行的国有制倾向于阻碍金融部门的发展，从而降低了经济增长速度。"[2]

□ 旨在促进透明度的政府监管

通过直接促进透明度，政府能够降低信息不对称。具体而言，政府能够监管金融市场，要求企业发布充分和精确的信息以便投资者能够评价企业的实际绩效。美国证券交易委员会（Securities and Exchange Commission，SEC）要求在公开市场销售证券的企业披露有关销售量、资产和营业收入的信息。政府在法律上强制企业遵守有助于核实利润的标准会计准则，对通过隐瞒和骗取利润进行欺诈的个人施以严格的刑事和民事惩罚。

尽管旨在促进透明度的政府监管对降低逆向选择和道德风险问题至关重要，但是业绩差的企业和执行官有很强的激励篡改报表。业绩看上去很强的企业的证券能卖高价。当企业通过篡改财务数据伪造良好业绩时，执行官能够拿到更高的报酬。毫不令人奇怪，政府监管并不总能解决这一问题，正如安然公司 2001 年的破产事件（在参考资料"安然公司的破产"中讨论）和之后不久美国的世通公司、欧洲的帕玛拉特公司和荷兰皇家壳牌公司等其他公司曝出的会计丑闻所表明的那样。

---

[1] 例如，参见 Edward Kane, "Good Intentions and Unintended Evil: The Case against Selective Credit Allocation," *Journal of Money, Credit and Banking* 9 (1977): 55 - 69; World Bank, *Finance for Growth: Policy Choices in a Volatile World* (Oxford: World Bank and Oxford University Press, 2001); Rafael La Porta et al., "Government Ownership of Banks," *Journal of Finance* 57 (2002): 265 - 301; James R. Barth, Gerard Caprio, Jr. and Ross Levine, "Banking Systems Around the Globe: Do Regulation and Ownership Affect Performance and Stability?" in *Prudential Regulation and Supervision: What Works and What Doesn't*, ed. Frederic S. Mishkin (Chicago: University of Chicago Press, 2001), 31 - 97。

[2] World Bank, *Finance for Growth: Policy Choices in a Volatile World* (Oxford: World Bank and Oxford University Press, 2001), 123.

安然公司的破产

在 2001 年之前，作为一家专门在能源市场交易的公司，安然公司看上去十分成功。2000 年 8 月（距离其破产只有一年多一点儿的时间），该公司控制了能源交易市场 1/4 的份额，市值高达 770 亿美元，是当时美国的第七大公司。然而，在接近 2001 年年底的时候，安然公司就全面崩溃了。2001 年 10 月，该公司公布其第 3 季度亏损高达 6.18 亿美元，同时披露其会计操作"失误"。之后，美国证券交易委员会开始正式调查安然公司与前任财务总监领导的合伙企业之间的金融交易。调查发现，安然公司参与了许多复杂的交易，将巨额债务和金融合同从资产负债表中剥离出来。这些交易使得该公司得以掩盖其财务困难的状况。虽然从摩根大通和花旗集团获取了多达 15 亿美元的新融资，安然公司仍然被迫于 2001 年 12 月宣布破产，这也成为到当时为止美国历史上最大的破产案。

安然公司的破产说明，政府监管能够缓解但无法消除信息不对称问题。管理者具有强烈的动机隐瞒公司的问题，使得投资者很难判断公司的真实价值。安然公司的破产不仅加深了金融市场对公司所提供的会计信息质量的担忧，而且给公司许多前雇员带来了苦难，他们发现自己的养老金已经一文不值。公众对安然公司执行官们的欺诈行为的愤怒情绪高涨，几个执行官被起诉了，其中一些被定罪和被捕入狱。

政府安全网

我们已经看到，银行特别适合于解决逆向选择和道德风险问题，这是由于银行发放私人贷款且私人贷款避免了搭便车问题。可是，这个方案在银行体系中引起了两个额外的问题。第一，如果储户不能容易地辨别银行管理者是否参与高道德风险的活动或承担了太多风险，以及是不是纯粹的骗子的话，他们可能不愿意把钱存入银行。第二，储户缺乏关于银行资产的质量的信息可能导致许多银行同时破产，我们在第 15 章中将会看到，这是金融危机的中心元素。如果没有银行来解决逆向选择和道德风险问题，借贷和投资就会减少，经济就会陷入急剧衰退，正如 20 世纪 30 年代大萧条期间美国所发生的情况。

通过鼓励储户把钱存入银行和通过为储户设置安全网从而防止许多银行同时破产，政府可以对金融体系进行干预。政府可以提供存款保险（例如美国的联邦存款保险公司提供的保险），也可以直接向陷入麻烦的金融机构注资。安全网能够实现两个目标。如果储户受到保护并且确信他们在银行破产时也不会遭受任何损失，那么他们就会更加愿意给银行提供资金。储户受到保护也意味着储户不再有理由一看到银行陷入麻烦就把钱取出来，哪怕他们无法确定银行最终的财务健康状况。因此，储户受到保护极大地降低了一家银行破产导致另一家银行破产这种传染的可能性。

储户保险这一政府安全网可能有负面后果。它增加了道德风险问题，因为如果有了安全网而储户怀疑银行承担了太多风险，他们从银行取款的激励会更低。政府安全网的存在增加了银行承担更多风险的激励，因为如果银行后来破产了，纳税人会买单。

□ 审慎监管和监督的作用

给定政府安全网导致的道德风险激励，就有了审慎监管的必要。**审慎监管**（prudential regulation）是指政府制定规则以防止银行承担太多风险。政府能够限制银行的风险水平，方法是采取促进银行披露其活动的监管措施。有了这样的信息，市场更有可能从参与高风险活动的银行把钱取出来。政府也能够制定监管措施来限制它认为对银行来说风险过高的活动和资产类型，鼓励银行多样化经营，促进银行向市场准确披露其财务状况，并要求银行持有某一最低水平的资本作为对劣质贷款的缓冲。

为了确保这些监管措施得到实施，政府也必须进行**审慎监督**（prudential supervision），即通过定期检查银行来监控它们。为了使金融体系良好运行，有效的审慎监管和监督是有必要的。但是，如果政府官员自己的工作完成得不好又会如何呢？当政府监管和监督不足时，金融体系就不能将资金转移到那些有生产性投资机会的企业和个人手里，这对金融体系会产生负面冲击，正如我们将在第 15 章讨论的那样。

金融发展和经济增长：证据

建立支持促进经济增长的一个强大的金融体系所需要的所有基础机构是一项艰巨的任务。[①] 所有的努力都是值得的吗？让我们来看证据。

金融发展（常常被称为**金融深化**，financial deepening）和经济增长相互联系的证据是很强的。[②] 罗伯特·金（Robert King）和罗斯·莱文（Ross Levine）利用 80 个国家的样本数据做了一项开创性研究，发现 1960 年金融部门大的国家在随后 30 年的经济增长速度比 1960 年金融部门小的国家更快。[③] 后来一些学者用更复杂的技术所做的研究证实了这一结果，发现发展中国家私人信贷规模增加一倍就会导致年度经济增长率平均上升 2 个百分点。[④] 按照复利计算，每年上升 2 个百分点就会导致国民收入在 35 年后增加 1 倍。[⑤] 研究证明了如下几个关键的见解：

[①] 本章的一个网络附录可以在与本书配套的网站 www.pearsonglobaledition.com/mishkin 找到。该附录讨论了自由贸易和金融全球化如何帮助促进了金融发展和经济增长。

[②] 要想阅读最近的一项关于金融和经济增长之间联系的杰出的综述性研究，参见 Asli Demirguc-Kunt, "Finance and Economic Development: The Role of Government," in *The Oxford Handbook of Banking*, eds. Alan N. Berger, Philip Molyneux, and John Wilson (Oxford: Oxford University Press, 2010), 641–662.

[③] Robert King and Ross Levine, "Finance and Growth: Schumpeter Might Be Right," *Quarterly Journal of Economics* 108 (1993): 717–737.

[④] 例如，参见 Ross Levine et al., "Financial Intermediation and Growth: Causality and Causes," *Journal of Monetary Economics* 46 (2000): 31–77; Ross Levine and Sara Zervos, "Stock Markets, Banks, and Economic Growth," *American Economic Review* 88 (1998): 537–538; Thorsten Beck et al., "Finance and the Sources of Growth," *Journal of Financial Economics* 58 (2000): 261–300.

[⑤] 为了明白复利是如何起作用的，注意到 2% 的增长率意味着 1 年后的国民收入是初始年份收入的 1.02 倍，2 年后是初始年份收入的 $1.02 \times 1.02 = 1.02^2 = 1.040\,4$ 倍，3 年后是初始年份收入的 $1.02^3 = 1.061\,2$ 倍。因此，35 年后是初始年份收入的 $1.02^{35} = 2$ 倍。

1. 高度依赖外部资金来源的行业和企业会极大地受益于金融深化，它们在金融更发达的国家增长得更快。[1]

2. 在金融系统更发达的国家比金融系统落后的国家会有更多新企业涌现出来。

3. 金融发展对经济增长的刺激更多的是通过它对资源配置的改善（这提高了全要素生产率）而不是通过它对更高投资水平的鼓励。[2]

这些结果使得前世界银行研究员、现任爱尔兰中央银行理事会理事的帕特里克·霍诺翰（Patrick Honohan）断言："金融和增长之间的因果联系是过去十年发现的最吸引人的实证宏观经济关系之一。"[3]

尽管金融深化提高了一个经济体的经济增长率，但是从理论上来说，由于经济增长可能导致更大的收入不平等，因此贫困程度保持不变甚至增加也是可能的。可是，研究没有发现这一效应的证据。在金融发达的国家，最贫穷的 1/5 人口的收入实际上比人均 GDP 增长得更快，清楚地表明金融发展与贫困的减少以及童工使用的减少相联系。[4] 这一发现与经济理论的预测相一致：金融发展增加了穷人获得信贷的机会，而信贷以前基本上只有富人才能得到。

尽管本章显示金融发展在长期是促进经济增长的强大力量，但它也有其阴暗的一面。我们将在下一章和本书网站上的一章探讨那一面。在这两章，我们将会看到，当金融发展导致危机，产生急剧经济收缩时，它有短期的负面影响。[5]

应用 ☞

中国是金融发展对经济增长有重要作用的一个反例吗

虽然中国正在崛起成为经济强国，但它的金融发展仍然处于早期阶段。该国的法律体系较为薄弱，使得关于借款人的高质量信息较难获取。银行体系的监管还处于形成阶段，大型国有银行主导了银行部门。然而，在最近 20 年里，中国是全世界经济增长速度最快的经济体之一。在金融发展水平如此低的条件下，中国经济为何能够如此迅速地

---

[1] 参见 Raghuram Rajan and Luigi Zingales, "Financial Dependence and Growth," *American Economic Review* 88 (1998): 559-586; Asli Demirguc-Kunt and Vojislav Maksimovic, "Law, Finance and Firm Growth," *Journal of Finance* 53 (1998): 2107-2137。

[2] 关于金融发展和全要素生产率增长之间的联系的证据可在如下论文中找到: Thorsten Beck et al., "Finance and the Sources of Growth," *Journal of Financial Economics* 58 (2000); William Easterly and Ross Levine, "It's Not Factor Accumulation: Stylized Facts and Growth Models," *World Bank Economic Review* 15 (2001): 177-219; Ross Levine, "Finance and Growth: Theory and Evidence," in *Handbook of Economic Growth*, eds. Philippe Aghion and Steven Durlauf (Amsterdam: Elsevier Science, 2005), 865-934。

[3] Patrick Honohan, "Financial Development, Growth and Poverty: How Close Are the Links?" World Bank Policy Working Paper 3203 (February 2004), 2.

[4] 参见 Hongyi Li, "Explaining International and Intertemporal Variations in Income Inequality," *Economic Journal* 108 (2001): 26-43; Thorsten Beck, Asli Demirguc-Kunt and Ross Levine, "Finance, Inequality and Poverty: Cross-Country Evidence," World Bank, mimeo (April 2004); Patrick Honohan, "Financial Development, Growth and Poverty: How Close Are the Links?" World Bank Policy Working Paper 3203 (February 2004); Rajeev H. Dehejia and Roberta Gatti, "Child Labor: The Role of Income Variability and Access to Credit in a Cross Section of Countries," World Bank Policy Research Paper 2767 (January 2002)。

[5] 网络章 "新兴市场经济体中的金融危机" 可以在本书配套网站 www.pearsonglobaleditions.com/mishkin 找到。

增长呢?

中国现在的人均收入大约为 7 000 美元,是美国的 1/6。但是,该国的储蓄率非常高,过去 20 年平均在 40% 左右,因而能够迅速积累资本存量,将大量利用不充分的劳动力从仅能糊口的农业部门转移到需要利用资本且生产率更高的活动中来。即使金融体系没有把可用的储蓄分配到最具生产性的用途上,资本的大量增加,加之劳动力从生产效率低下的、仅能糊口的农业活动中转移出来所带来的生产率的提高,足以产生很高的增长速度。

然而,随着中国的逐渐富有,这种战略不大可能持续发挥作用。为什么这么说呢?苏联提供了一个生动的案例。在 20 世纪 50 年代和 60 年代,苏联有许多特征与今天的中国十分相似:由高储蓄率推动的经济高速增长、资本的大量积累以及从仅能糊口的农业部门转移到制造业的大量没有充分利用的劳动力。在这个高速增长的阶段,苏联没能建立起使金融体系有效配置资本所需的机构。仅能糊口的劳动力储备一被耗尽,苏联的经济增长速度就大幅下降,它不再能跟上西方经济体的步伐。现在,没有人认为苏联是一个经济成功的案例,这个超级大国覆灭的一个重要原因就是它没有建立起维持增长所需的金融体系中的必要机构。

为了推进到经济发展的下一个阶段,中国需要更为有效地配置资本,这对其金融体系的改善提出了要求。中国的领导人十分清楚这个挑战:2003 年,中国政府宣布了对国有商业银行进行股份制改革的计划。此外,政府致力于改革法律体系以提升金融合同的执行力。例如,中国已经制定了新的破产法,这使贷款人能够接管那些无法履行贷款合同的公司的资产。

本章小结

1. 由于金融体系有助于把资金从贷款人-储蓄者转移到拥有生产性投资机会的借款人-支出者手里,它对经济增长很重要。在直接金融中,借款人-支出者通过金融市场直接从贷款人-储蓄者那里得到资金。可是,大多数资金是通过间接金融到达借款人手里的。在间接金融中,金融中介从贷款人-储蓄者手里获得资金,然后把这些资金贷给借款人或者在金融市场中购买证券。

2. 要想使金融体系运转良好,要求解决信息不对称问题(逆向选择和道德风险)。由于银行通

过发放私人贷款避免了搭便车问题,防止其他人利用(搭便车于)它们搜集的信息,因此银行在解决信息不对称问题上特别有效率。银行通过筛选、监督和利用抵押品来克服逆向选择和道德风险问题。

3. 通过旨在促进透明度的监管措施以及旨在减少过度冒险的审慎监管和审慎监督,政府能够提高金融体系的运行效率。

4. 有很强的证据表明,金融发展(也被称为金融深化)刺激了经济增长。

关键术语

证券	金融工具	负债
股权	债券	交易所
投资银行	金融中介	金融中介化
小额信贷	银行	保险公司
养老金	财务公司	共同基金
对冲基金	资产负债表	资本
净值	信息不对称	逆向选择
道德风险	搭便车问题	筛选
限制性条款	抵押品	审慎监管
审慎监督	金融深化	

复习题

金融体系的作用

1. 金融体系在促进经济增长中起什么作用？

2. 直接金融与间接金融有什么区别？什么是小额信贷？它属于直接金融还是间接金融？

信息挑战和金融体系

3. 阐述金融体系中的信息不对称问题。你认为这个问题在发展中国家更严重还是在发达国家更严重？请解释。

4. 为什么金融中介愿意从事信息搜集活动而金融市场中的投资者可能不愿意这么做？

5. 金融中介采用什么特定的程序来减少借贷中的信息不对称问题？

6. 为什么信息不对称问题在发展中国家特别具有挑战性？这对这些国家中的金融中介的重要性和银行的作用意味着什么？

政府对金融部门的监管和监督

7. 为了弱化信息不对称问题和帮助金融体系更平稳有效地运行，政府能做些什么？

8. 信息不对称问题如何能够导致银行恐慌？

9. 为什么政府为储户提供安全网？安全网的后果是什么？

金融发展和经济增长：证据

10. 金融深化对经济增长是有益的。鉴于这句陈述，你对中国的经济增长表现有何评论？

习题

金融体系的作用

1. 讨论如下陈述："金融体系促进了技术进步和创新。"

2. 假定乍得（世界上公共部门最为腐败的国家之

一）政府开始鼓励公民增加储蓄和将钱存入国有银行。结果，政府官员得到贷款去购买国外的奢侈品。你认为储蓄的增加会使乍得的经济增长吗？

信息挑战和金融体系

3. 确定如下每种情况所描述的信息不对称的类型：

(a) 在批准你的汽车贷款申请之前，信贷员要求你提供关于工作和信用历史的信息。

(b) 同一个信贷员向你解释，在你还清总的贷款之前，银行对你的汽车所有权有质押的权利。

(c) 足球队的老板和一个新足球明星签订一份合同。合同明确规定不允许该足球运动员滑雪。

4. 假定你去一家银行，想用你的储蓄购买一份定期存单。还有一名顾客要在本地银行申请汽车贷款。为什么你不会以高于银行付给你的定期存单利率（但低于银行收取的汽车贷款利率）的利率向该顾客提供贷款呢？

5. 2001 年 12 月，阿根廷宣布它不会偿还政府发行的主权债务。许多投资者持有的阿根廷债券的价格大幅下跌。几年后，阿根廷宣布它将偿还债券面值的 25％。谈谈信息不对称对政府债券市场的影响。你认为投资者现在愿意购买阿根廷政府发行的债券吗？

6. 抵押品（借款人在贷款合同中承诺如拖欠债务就归贷款人所有的财产）是一个解决逆向选择和道德风险问题的有用的工具。解释为什么在秘鲁和埃及这样的发展中国家这个工具有可能无法获得。

政府对金融部门的监管和监督

7. 金融监管机构一直在努力增加衍生品市场的透明度和降低其中的风险。你认为透明度的增加会如何影响从事衍生品交易的金融中介？你认为它会如何影响金融体系的总体绩效？

8. 许多发展中国家的政策制定者已经提议采用类似美国的存款保险体系。解释为什么这对发展中国家的金融体系非但不是解决方案反而可能引发更多问题。

金融发展和经济增长：证据

9. 金融深化的主要特征之一是更多个体参与到金融体系中来：更多人开设支票和储蓄账户，更多企业依赖金融中介作为资金来源。谈谈金融深化对中央银行实施货币政策的能力的影响。

10. 小额信贷项目（例如给特别贫穷的人提供的很少量的贷款）通常以妇女团体为目标对象，给妇女团体分配资金，前提是资金用途要由该团体的所有妇女共同做出决策。你认为这一程序会如何有助于解决信息不对称问题？

数据分析题

1. 访问圣路易斯联邦储备银行 FRED 数据库，找到美国 3 个月期国库券利率（TB3MS）、3 个月期 AA 级非金融商业票据利率（CPN3M）、3 个月期 AA 级金融商业票据利率（CPF3M）以及圣路易斯联储金融压力指数（STLFSI）的数据。使用该网站的频率设定功能把金融压力指数转换为月度数据。把数据下载到 Excel 表格中。

(a) 对两个商业票据序列，计算信贷利差，即商业票据利率与国库券利率之差。对于最新数据，利差是多少？金融和非金融利差有何不同（如果有的话）？

(b) 除报告用最新数据计算得到的当前利差外，同时报告一年前和 2008 年 10 月的利差。对利差的区别做出评论。信息不对称对解释利差的差别有何帮助？

(c) 画图表示自 2000 年以来的金融压力指数和信贷利差。比较两者的走势。给定金融压力指数表明了信息不对称问题（或不存在此问题），对于信息不对称和信贷利差之间的关系，你可以做出什么结论？

2. 访问圣路易斯联邦储备银行 FRED 数据库，找到圣路易斯联储金融压力指数（STLFSI）、工商业贷款中抵押贷款的百分比（ESAXDBNQ）和报称信贷标准收紧了的信贷员净百分比（DRTSCILM）的数据。使用该网站的频率设

宏观经济学：政策与实践（第二版）

定功能把金融压力指数转换为季度数据。把数据下载到表格中。

(a) 计算这三个序列在最近 4 个季度的平均值，以及之前 4 个季度的平均值。抵押贷款量、信贷标准和金融压力在这两个时期发生了什么变化？

(b) 通过计算 2007 年和 2008 年的平均值，重复问题（a）。

(c) 假设金融压力指数反映了信息不对称问题，谈谈你对抵押贷款量和信贷标准在信息不对称问题变化时如何变化的看法。这与你的预期一致吗？为什么？

3. 美国的传统基金会（Heritage Foundation）每年发布的经济自由度指数提供了一个对各国总体经济自由度的综合数值测度，其中包括反映金融市场总体质量的两个指标：金融自由度和投资自由度（要想获得更多的信息，访问 heritage. org/index）。下表给出了 1995 年、2005 年和 2013 年这两个指标得分的平均值。得分接近 100 分的国家被认为是"自由"国家；50 分以下的国家则被认为对该特定指标方面有所"抑制"。利用表中的投资自由度和金融自由度数据，访问圣路易斯联邦储备银行 FRED 数据库，找到英国（GBRRGDPC）、澳大利亚（AUSRGDPC）、捷克（CZERGDPC）、美国（USARGDPC）、意大利（ITARGDPC）和法国（FRARGDPC）等国的人均实际 GDP 的数据。把数据下载到表格中。

投资和金融自由度平均得分

	1995 年	2005 年	2013 年
英国	80	90	85
澳大利亚	80	80	85
捷克	80	80	75
美国	70	80	70
意大利	60	70	70
法国	50	60	67.5

(a) 对于每个国家，计算 1995—2005 年和 2005 年至最新数据所在年份这两个时期的人均实际 GDP 年均增长率。为此，用各时期初的数值减去该时期末的数值再除以该时期初的数值。接下来乘以 100 使之变成百分数，再除以该时期所包含的年数。[*] 报告每个国家每个时期的增长率。

(b) 利用问题（a）中得到的两个时期的人均实际 GDP 年均增长率，计算表中前 3 个国家和后 3 个国家的平均值。你发现金融自由度和经济增长之间有什么关系吗？请简要解释。

(c) 在 1995—2005 年，美国、意大利、法国和英国的得分都提高了 10 分，而澳大利亚和捷克的得分没有变化。谈谈你对一国得分的提高对经济增长的影响的看法，并与总体得分水平对经济增长的影响进行比较。

---

[*] 原文如此！但以使用复利计算为宜。——译者注

第 15 章

金融危机和经济

 预览

回忆第 1 章讲到金融危机是以资产价格暴跌和公司破产为特征的金融市场的大规模崩溃。从 2007 年 8 月开始,抵押贷款市场中次级借款人(信用记录差的借款人)的拖欠造成了金融市场的剧烈震荡,导致了美国自大萧条以来最为严重的金融危机。美联储前任主席艾伦·格林斯潘把 2007—2009 年金融危机描述为"百年不遇的信贷海啸"。华尔街的公司和商业银行遭受了数以千亿美元计的损失。家庭和企业发现借款利率更高了,获得信贷的难度增加了许多。世界各地的股票市场都出现了崩盘,美国股票市场相比 2007 年 10 月的顶峰下跌了多达一半。包括商业银行、投资银行和保险公司在内的许多金融企业倒闭了。从 2007 年 12 月开始的衰退在 2008 年秋季恶化了,导致经济活动急剧减少。

金融危机是经济波动的主要来源。确实,所有深度衰退和萧条都与大的金融危机相联系。2007—2009 年的金融危机为什么会发生?美国与世界历史上为什么会频频发生金融危机?为什么金融危机之后往往会紧随着出现经济活动的严重收缩?

在本章,我们将使用第 12 章建立的总需求-总供给模型以及从第 14 章得到的对金融体系和信息问题的理解,作为考察美国等发达国家的金融危机动态学的背景。我们将把对金融危机动态学的分析运用于美国在过去 100 年里两次最严重的金融危机——1930—1933 年的大萧条和 2007—2009 年的金融危机,解释这些危机是如何演进的以及如何影响经济的。[1]

---

[1] 在本书配套网站 www.pearsonglobaleditions.com/mishkin 上的一个网络章"新兴市场经济体中的金融危机",我们把分析拓展到了新兴市场经济体。新兴市场经济体是指处于市场发展早期阶段和近来对国际市场开放产品、服务和资本的流动的经济体。

信息不对称和金融危机

我们在第 14 章已经证明，一个运行良好的金融体系对强劲的经济是至关重要的。金融体系执行了把资金转移到拥有生产性投资机会的个人或企业手里的重要职能。如果资本没有配置到最佳用途或者根本就不流动，那么经济运行效率就低，甚至会陷入衰退。

□ 信息不对称问题

在第 14 章我们看到，当金融交易的一方对另一方或另一方的投资了解得不够多以至无法做出准确的决策时，金融市场的平稳运行是如何受到阻碍的。从该章我们还看到，信息的这种缺乏，被称为信息不对称，在金融体系中引起了两种基本类型的问题：

1. 逆向选择：贷款人必须从诸多风险高的信贷项目中进行选择，这是因为最不合意的潜在借款人在寻求获得贷款上是最积极的。

2. 道德风险：存在这样的风险，相比贷款人而言，借款人对自己是否会从事从贷款人的角度来看不合意的（不道德的）活动有更好的信息。

由于逆向选择和道德风险问题使借款人偿还贷款的可能性降低，贷款人可能决定还不如不放贷，哪怕市场上存在风险低的信贷项目。换言之，金融市场有效运行的壁垒上升了，因此金融摩擦增加了。

□ 什么是金融危机

金融学文献把对信息不对称如何会导致逆向选择和道德风险问题的分析称为**代理理论**（agency theory）。代理理论为我们对金融危机的定义提供了基础。当信息不对称问题加重从而金融摩擦增加时，贷款人更难确定借款人的信用可靠程度。考虑到借款人有不偿还贷款的可能性，贷款人需要收取更高的利率以保护自己的利益，这导致了更高的信贷利差。**信贷利差**（credit spread）是给企业提供的贷款利率与确定会偿还的完全安全的资产的利率之差。

当金融市场中的信息流动经历了特别大的崩溃并导致金融摩擦和信贷利差急剧增加且金融市场停止运行时，**金融危机**（financial crisis）就发生了。

金融危机的动态学

最近的金融危机是新闻媒体关注的焦点，但它只是历史上美国等工业国家发生的若干次金融危机中的一次。这些经验帮助经济学家获得了对现在的经济混乱的一些见解。

发达经济体中的金融危机一般经历两个阶段，有时是三个阶段。图 15-1 描述了工业经济体中金融危机的几个阶段，有助于我们理解危机是怎么发展的。

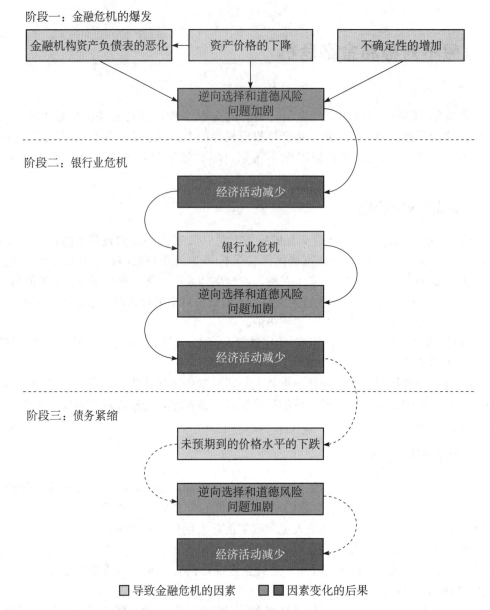

阶段一：金融危机的爆发

金融机构资产负债表的恶化 ← 资产价格的下降   不确定性的增加

逆向选择和道德风险
问题加剧

阶段二：银行业危机

经济活动减少

银行业危机

逆向选择和道德风险
问题加剧

经济活动减少

阶段三：债务紧缩

未预期到的价格水平的下跌

逆向选择和道德风险
问题加剧

经济活动减少

☐ 导致金融危机的因素   ■ 因素变化的后果

图 15 - 1 发达经济体金融危机中事件发展的顺序

实箭头表示典型的金融危机中事件发展的顺序，虚箭头表示如果危机发展到债务紧缩阶段会发生的其他事件。由水平虚线隔离开来的各个部分表示了金融危机的不同阶段。

☐ **阶段一：金融危机的爆发**

金融危机的开始可能有几种方式：信贷繁荣和衰落，资产价格的大涨和大跌，大型金融机构破产引起不确定性的普遍增加。

信贷繁荣和衰落。当一个经济体引入新类型的贷款或其他金融产品——被称为**金融创新**（financial innovation）——时，或者当国家致力于**金融自由化**（financial liberalization）——取消对国内金融市场和机构的限制——时，往往就播下了金融危机的种子。

（回忆第14章讲到，金融机构有两种类型：作为储蓄者和借款人之间中介的金融中介，如银行，以及为金融市场中的交易提供便利的其他金融机构，如投资银行。）在长期，金融自由化促进了金融发展，提升了金融体系配置资本的效率。然而，金融自由化还有阴暗的一面：在短期，它会促使金融机构疯狂放贷，这被称为**信贷繁荣**（credit boom）。遗憾的是，贷款人可能没有适当地管理这些新业务中的风险的专长和激励。即使管理得当，信贷繁荣最终会超出金融机构和政府监管机构筛选和监督信贷风险的能力，导致贷款风险过高。

诸如存款保险这样的政府安全网弱化了市场对银行的约束，增加了银行承担更多风险的道德风险激励。由于贷款人-储蓄者知道政府担保的保险保护他们免受损失，他们会向银行提供资金，哪怕这些银行没有受到市场的约束。银行和其他金融机构会向借款人-支出者提供高风险高利率贷款。如果贷款得到偿还，银行和其他金融机构就得到可观的利润；如果借款人-支出者拖欠，它们就依靠纳税人出资的政府存款保险。没有适当的监督，冒险的增长就毫无控制。

最终，在贷款上的损失开始积累，贷款的价值（资产负债表的资产方）相对于负债下降，从而促使银行和其他金融机构的净值（资本）随之减少。资本减少迫使这些金融机构不得不减少发放给借款人-支出者的贷款，这一过程被称为**去杠杆化**（deleveraging）。此外，由于资本减少，银行和其他金融机构的风险更高了，导致贷款人-储蓄者和这些机构的其他潜在贷款人抽回他们的资金。更少的资金意味着用于为生产性投资融资的贷款更少了，从而出现信用紧缩：贷款繁荣发展成为贷款崩溃，形成了所谓的**杠杆周期**（leverage cycle）。

当金融机构停止搜集信息和发放贷款时，金融机构处理逆向选择和道德风险这些信息不对称问题的能力就受到了限制（如图15-1中从第一行第一个因素"金融机构资产负债表的恶化"出发的箭头所示）。金融摩擦的增加提高了投资的实际利率，这导致任何给定通货膨胀率下的投资支出都减少，因此图15-2中的总需求曲线向左移动到AD_2，经济从点1移动到点2，产出和通货膨胀率都下降。

资产价格的大涨和大跌。受投资者心理的驱动，股票市场与房地产的资产价格可以远远超过其**基本面经济价值**（fundamental economic values），即基于对资产未来收入流切合实际的期望的价值。资产价格上升到超出其基本面经济价值是一种**资产价格泡沫**（asset-price bubble）。资产价格泡沫的例子包括20世纪90年代末期的高科技股票市场泡沫和我们本章后面要讨论的近来的房地产市场泡沫。资产价格泡沫的驱动因素常常还包括信贷繁荣。在信贷繁荣中，大量增加的信贷被用于购买资产，从而推高资产价格。

当泡沫破灭时，资产价格回归其基本面经济价值，股票和房地产价格暴跌，公司的净值（公司的资产和负债之差）下降，它们抵押的物品的价值也下降。现在，这些公司在其中的利益更少了，从而可失去的更少了，这使它们更可能从事高风险的投资，即发生道德风险问题。结果，金融摩擦增加，金融机构收紧给借款人-支出者的放贷标准和放贷合同（如图15-1中从第一行第二个因素"资产价格的下降"出发的向下的箭头所示）。

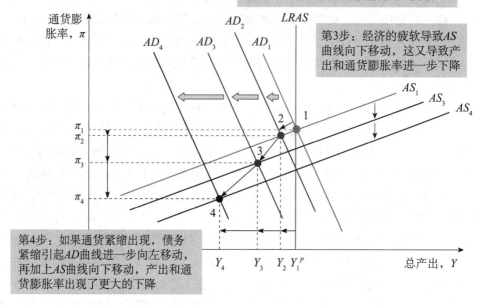

第2步：银行业危机使AD曲线进一步向左移动

第1步：金融机构资产负债表的恶化、资产价格的下降和不确定性的增加使AD曲线向左移动，导致产出和通货膨胀率的下降

第3步：经济的疲软导致AS曲线向下移动，这又导致产出和通货膨胀率进一步下降

第4步：如果通货紧缩出现，债务紧缩引起AD曲线进一步向左移动，再加上AS曲线向下移动，产出和通货膨胀率出现了更大的下降

图 15 - 2　金融危机的总需求-总供给分析

在阶段一，金融机构资产负债表的恶化、资产价格的下降和不确定性的增加三个因素增加了金融摩擦，使总需求曲线从 AD_1 移动到 AD_2，经济从点 1 移动到点 2，产出和通货膨胀率下降。在阶段二，银行恐慌进一步增加了金融摩擦，使总需求曲线从 AD_2 移动到 AD_3。经济的疲软使短期总供给曲线从 AS_1 移动到 AS_3，经济从点 2 移动到点 3，产出和通货膨胀率进一步下降。如果通货膨胀率的下降足够大，它就转变成通货紧缩，这导致债务紧缩。债务紧缩使需求曲线进一步向左移动，从 AD_3 移动到 AD_4。它还使短期总供给曲线进一步从 AS_3 移动到 AS_4。如果这种情况发生了，经济就从点 3 移动到点 4，导致经济收缩的延长。

资产价格的下降还引起了金融机构的资产价值的下降，从而引起它们的净值下降和资产负债表的恶化（如图 15 - 1 中从第一行第二个因素指向第一个因素的箭头所示），这引起金融机构去杠杆化。去杠杆化和放贷标准的收紧以及由此导致的金融摩擦的增加为图 15 - 2 中所示的总需求曲线到 AD_2 的向左移动提供了更多的理由，这导致了经济活动的减少和通货膨胀率的下降。

不确定性的增加。美国金融危机通常爆发于高不确定性的时期，例如衰退刚刚开始、股票市场崩盘或大型金融机构倒闭。如下公司的破产都引起了金融危机：1857 年俄亥俄人寿保险和信托公司、1873 年杰伊·库克金融公司、1884 年格兰特与沃德公司、1907 年尼克伯克信托公司、1930 年美国银行以及 2008 年贝尔斯登、雷曼兄弟和美国国际集团。高不确定性时期很难获取信息，逆向选择和道德风险问题增加，导致贷款和经济活动的收缩（如图 15 - 1 中从第一行最后一个因素"不确定性的增加"出发的箭头所示）。

□ 阶段二：银行业危机

不断恶化的资产负债表和更艰难的经营状况导致一些金融机构的净值变成负数，从而无法清偿债务。由于不能偿还存款人或其他债权人的债务，一些银行破产。如果足够严重的话，这些因素能够导致**银行恐慌**（bank panic），即许多银行同时破产。

为了理解银行恐慌为什么会发生，考虑如下局面。假定经济发生了逆向冲击，结果5％的银行在贷款上发生了重大损失，以至它们不能清偿债务了。由于信息不对称，贷款人-储蓄者不能区分他们存钱的银行是经营状况好的银行还是属于那5％的不能清偿债务的银行。差银行和好银行的存款人（贷款人-储蓄者）都认为他们可能无法百分之百地取回存款（要么因为没有存款保险，要么因为存款保险的数量有限），所以他们想取出存款。银行的业务原则是"先到者先接受服务"，因此储户就有很强的动机最先赶赴银行：如果排在队伍靠后的位置，那么一旦银行资金耗尽，就什么也得不到。关于银行体系总体健康性的不确定性可能导致好银行和差银行都出现挤兑，这迫使银行迅速出售资产以筹集必需的资金。资产的**降价销售**（fire sale）可能导致资产价格下降得太多以至银行变得资不抵债，然后由此产生的传染可能导致多家银行破产和全面的银行恐慌。

随着从事业务的银行数目的减少，关于借款人-支出者的信用的信息逐渐减少。金融市场中逆向选择和道德风险问题的日益恶化深化了金融危机，引起资产价格的下跌和整个经济中那些虽有生产性投资机会但缺乏资金的企业全面破产。图 15-1 中的第二阶段反映了这一过程。银行恐慌是美国 19 世纪和 20 世纪第二次世界大战之前所有金融危机的共同特征。在此期间，美国每 20 年左右发生一次金融危机：1819 年、1837 年、1857 年、1873 年、1884 年、1893 年、1907 年与 1930—1933 年。[①]

金融危机的第二个阶段导致金融市场运行效率进一步急剧下降，由此引起的金融摩擦的增加导致任何给定通货膨胀率下的投资支出减少，这使图 15-2 中的总需求曲线进一步向左移动到 AD_3。此外，经济的疲软使短期总供给曲线从 AS_1 移动到 AS_3。经济现在进一步恶化，从点 2 移动到点 3，总产出和通货膨胀率进一步下降。

最终，公共和私人机构关闭了资不抵债的企业，把它们卖掉并予以清算。金融市场中的不确定性下降，股票市场复苏，资产负债表得到改善。逆向选择和道德风险问题减少，金融危机消退了。随着金融市场能够重新发挥作用，经济复苏的条件就具备了。

□ 阶段三：债务紧缩

然而，如果经济衰退引起通货膨胀率出现足够急剧的下降，那么，通货膨胀率就变成负的，价格水平下降，从而复苏的过程就会"短路"。在图 15-1 中的阶段三，当价格水平出现未预期到的大幅下降时，由于债务负担加重，企业的净值进一步恶化，**债务紧缩**（debt deflation）就出现了。

在有着温和通货膨胀的经济体中（大多数发达国家就是如此），许多利率固定的债务合同一般都有很长的期限，通常为十年甚至更长。由于债务的偿付在合同中是以名义值固定的，价格水平未预期到的下降提高了借款企业负债的实际价值（增加了债务负担）但没有提高借款企业资产的实际价值。从而，借款企业净值的实际价值（资产和负债实际价值之差）下降。

---

① 关于美国 19 世纪和 20 世纪银行业和金融危机的讨论，参见 Frederic S. Mishkin，"Asymmetric Information and Financial Crises：A Historical Perspective，" in *Financial Markets and Financial Crises*，ed. R. Glenn Hubbard（Chicago：University of Chicago Press 1991），69-108。

为了更好地理解净值的这种下降是如何发生的，考虑一家企业在 2015 年有 1 亿美元的资产（用 2015 年美元计算）和 9 000 万美元的长期负债，从而有 1 000 万美元的净值。如果价格水平在 2015 年下降 10%，负债的实际价值将上升到 9 900 万美元（用 2015 年美元计算），而资产的实际价值仍然保持在 1 亿美元。结果是，用 2015 年美元计的实际净值将从 1 000 万美元下降到 100 万美元（1 亿美元减去 9 900 万美元）。

价格水平突然下降导致借款人实际净值的大幅下降，这又引起贷款人面临的逆向选择和道德风险问题增加，从而导致放贷收缩和图 15-2 中的总需求曲线从 AD_3 到 AD_4 的进一步向左移动。经济的疲软使短期总供给曲线进一步从 AS_3 向下移动到 AS_4，经济从点 3 移动到点 4，总产出和通货膨胀率进一步下降。因此，放贷和经济活动在长期呈现萎缩状态。包含债务紧缩阶段的最严重的金融危机是大萧条，这也是美国历史上最严重的经济收缩。

应用☞

所有金融危机之母：大萧条

有了理解金融危机的框架，我们就可以分析大萧条期间金融危机是如何逐步演变的以及金融危机如何导致了美国历史上最严重的经济衰退。

股票市场崩盘

1928 年和 1929 年美国股票市场的价格翻倍了。联储官员将股票市场繁荣看成过度投机的结果。为了控制股市的高涨，他们采取了货币政策的自发收紧措施来提高利率和降低总需求。1929 年 10 月股票市场开始崩盘，到 1929 年年末股价下跌了 40%（如图 15-3 所示），这超出了联储的目标。

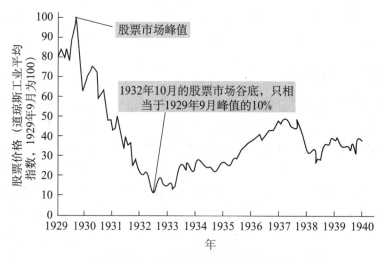

图 15-3　大萧条时期的股票价格数据

1929 年股票价格崩盘，到 1929 年年末下跌了 40%，然后继续下跌，到 1932 年时只相当于峰值的 10%。

资料来源：Dow-Jones Industrial Average（DJIA）. Global Financial Data. www. globalfinancialdata. com/index _ tabs. php？action＝detailedinfo&id=1165.

银行恐慌

到 1930 年年中，股票的复苏已经挽回了大约一半的损失，信贷市场状况稳定下来。可是，当时中西部的严重干旱导致农业产量急剧下降，结果农民无法偿还他们的银行贷款，这使得一次原本正常的经济衰退演变成严重得多的状况。农场抵押贷款的拖欠导致农村地区银行资产负债表上出现重大贷款损失。经济的普遍疲软，特别是农村地区的银行的糟糕状况，促使人们从银行取出大量存款，到 1930 年 11 月和 12 月发展成全面的恐慌，股票市场急剧下跌。尽管银行恐慌不断蔓延，演变成美国历史上最严重的大面积恐慌，但是联储在两年多的时间里一直在静观其变，什么也没做。在 1933 年 3 月出现了大萧条时期最后一次恐慌后，富兰克林·罗斯福总统宣布银行放假，暂时关闭了所有银行。罗斯福告诉全国："我们唯一要恐惧的就是恐惧本身。"

可是，损失已经造成，超过 1/3 的美国商业银行都破产了。

逆向选择和道德风险问题加剧

股票价格继续下跌。到 1932 年年中，股票价格已经下降到 1929 年峰值的 10%，如图 15-3 所示。经济收缩导致的变幻莫测的商业状况进而引起不确定性的增加，使得金融市场中逆向选择和道德风险问题加剧。随着仍在营业的金融中介数量的大幅下降，逆向选择和道德风险问题甚至进一步加剧了，削弱了金融市场将资产转移给拥有生产性投资机会的借款人-支出者的能力。

金融机构开始向企业收取高得多的利率以保护自己免受信贷损失。由此导致的信贷利差的上升表示在图 15-4 中，该图显示了 Baa 评级（中等质量）的公司债券的利率与相似到期期限的国库券利率之差。由于金融摩擦的增加，1929—1933 年，未清偿商业贷款的数量下降了一半，投资支出极度萎缩，相比 1929 年的水平下降了 90%。我们在上一节所做的总需求-总供给分析表明了金融摩擦的这些增加会如何导致总产出和通货膨胀率的下降。确实，总需求的收缩引起实际 GDP 以如此快的速度下降，以至价格水平开始以每年 10% 的速度下降。

图 15-4 大萧条时期的信贷利差

在大萧条时期，信贷利差（Baa 评级的公司债券的利率和美国国库券利率之差）急剧上升。

资料来源：Federal Reserve Bank of St. Louis，FRED Database. http：//research. stlouisfed. org/fred2/.

债务紧缩

从 1930 年开始的持续的通货紧缩最终导致价格水平下降了 25%。这一紧缩使得在大多数衰退中发生的正常复苏过程"短路"。价格的深度下跌引发了债务紧缩，企业的净值由于企业承受的债务负担加重而下降。净值的下降以及由此导致的信贷市场上的逆向选择和道德风险问题的增加，连同我们上面讨论过的总需求收缩，导致经济收缩的时间延长，失业率上升到 25%。大萧条时期的金融危机是美国历史上经历的危机中最为严重的一次。[①]

复苏开始

富兰克林·罗斯福总统就职后，金融市场终于开始复苏。如图 15-3 所示，股票市场牛市开启，信贷利差和金融摩擦开始减小。随之，总需求开始上升，总产出和通货膨胀率也开始上升，同时失业率出现了下降。

国际维度

尽管大萧条发端于美国，它并不是美国独有的现象。美国的银行恐慌也蔓延到世界其他地方，美国经济的收缩急剧减少了对外国产品的需求。全世界的经济体都出现了总需求的收缩，导致其他国家面临着与图 15-2 所描绘的相似局面。世界范围内的萧条带来了很大的苦难，数以百万计的工人失业，由此引发的不满情绪导致了法西斯主义的兴起和第二次世界大战。大萧条金融危机的后果是灾难性的。

应用 ☞

2007—2009 年全球金融危机

大多数经济学家认为大萧条期间经历的那种类型的金融危机在美国已经成为过去。遗憾的是，2007—2009 年肆虐了整个世界的金融危机证明这些经济学家错了。

2007—2009 年金融危机的起因

我们对 2007—2009 年金融危机的分析从考察导致信用繁荣和资产价格大涨的如下三个中心因素开始：抵押市场上的金融创新、抵押市场上的代理问题以及信用评级过程中信息不对称的作用。

抵押市场上的金融创新。 在 2000 年之前，只有信誉非常好的优质借款人才能获得住房抵押贷款。然而，计算机技术的进步与新的统计技术（被称为数据挖掘）使得银行能够对新类型的高风险住房抵押贷款的信贷风险进行更好的定量评估。具有信用记录的家庭现在可以被赋予一个信用评分的数值，被称为 FICO 分数（以该分数的开发公司 Fair Isaac Corporation 命名），这个分数会预测该家庭拖欠贷款偿付的可能性。此外，通过节约交易成本，计算机技术使得银行能够把一揽子规模较小的贷款（如抵押贷款）打

[①] 对于信息不对称问题在大萧条时期所扮演的角色的讨论，参见 Ben Bernanke, "Nonmonetary Effects of the Financial Crisis in the Propagation of the Great Depression," *American Economic Review* 73 (1983): 257 - 276; Charles Calomiris, "Financial Factors and the Great Depression," *Journal of Economic Perspectives* (Spring 1993): 61 - 85。

包成标准化债务证券，这个过程被称为**证券化**（securitization）。这些因素使得银行向信用记录较差的借款人提供**次级抵押贷款**（subprime mortgage）成为可能。

低成本地量化作为标的的高风险住房抵押贷款的违约风险并将它们打包成一种被称为**抵押贷款担保证券**（mortgage-backed securities）的标准化债务证券的能力为这些抵押贷款的融资提供了一种新来源。金融创新并没有就此止步。**金融工程**（financial engineering），即新型而又复杂的金融工具产品的开发，创造出了**结构化信贷产品**（structured credit product）。结构化信贷产品将标的资产的收入流支付给持有者，它们被设计成具有特定的风险特征以吸引具有不同偏好的投资者。最声名狼藉的结构化信贷产品是抵押债务凭证（collateralized debt obligation，CDO），具体的描述见参考资料。

▶ **参考资料**　　　　　　　　**抵押债务凭证**

抵押债务凭证的创造涉及一个被称为特别目的机构（special purpose vehicle，SPV）的公司实体，该机构购买很多资产，如公司债券和贷款、商业房地产债券与抵押贷款担保证券。然后，SPV 把这些资产的收入流分成很多级别。级别最高的被称为超优先级，它们首先得到偿付，因而风险最低。超优先级 CDO 是一种把这些现金流支付给投资者的债券，由于它的风险最低，其利率也最低。下一级别的现金流被称为优先级，它们的偿付顺序排在超优先级之后，因此风险和利率都要高一点。再下一级别的现金流被称为中间级，偿付顺序排在超优先级和优先级之后，因此风险和利率就更高了。最低级别的 CDO 被称为权益级，这是在标的资产被拖欠从而不再产生收入时第一组不会得到偿付的现金流。这一级别的 CDO 风险最高，常常不会发生交易。

如果这些听起来很复杂，那的确是事实。甚至还有 CDO^2 与 CDO^3，它们对风险进行进一步的拆分，将 CDO 产生的现金流支付给 CDO^2 的持有者，将 CDO^2 产生的现金流支付给 CDO^3 的持有者。尽管金融工程有创造与投资者风险偏好相匹配的产品和服务的潜在好处，但它也有阴暗的一面。CDO、CDO^2、CDO^3 等结构化产品可能会十分复杂，以至很难评估证券标的资产的现金流或确定资产的实际所有人。确实，在 2007 年 10 月的一次演讲中，美联储前主席本·伯南克调侃道，他"想知道这些可恶的东西有什么价值"。换句话说，结构性产品复杂性的增加实际上降低了金融市场中的信息量，从而加剧了金融体系中的信息不对称问题，增加了逆向选择与道德风险问题的严重程度。

抵押市场上的代理问题。 发放贷款的抵押贷款经纪人常常没有费大气力去评估借款人是否能够偿还贷款，因为他们会很快地把这些抵押贷款以抵押贷款担保证券的形式卖（分销）给投资者。这种**发起-分销**（originate-to-distribute）的商业模式存在**委托-代理问题**（principal-agent problem），有时也将其简称为**代理问题**（agency problem）：抵押贷款经纪人作为投资者（委托人）的代理人，但并不把投资者的最佳利益放在心上。一旦抵押贷款经纪人赚取了其佣金，经纪人还有什么必要去关心借款人是否能偿还贷款呢？经纪人发放的贷款越多，他赚得也越多。

毫不令人奇怪的是，逆向选择成为一个大问题。喜欢风险的投资者排队申请贷款去买房：如果房产价格上涨，利润就非常可观；即使房产价格下跌，他只需要"走人"就行了（即让银行收回住房）。委托-代理问题还使得抵押贷款经纪人有激励去鼓励家庭申请超出其负担能力的抵押贷款，或者铤而走险，窜改借款人抵押贷款申请表上的信息以便他们能够获得抵押贷款。对发起人疏于监管加重了这一问题，监管者没有要求发起人向借款人披露本来可以帮助他们评估自己是否能够负担贷款的相关信息。

代理问题还不止于此。通过承销抵押贷款担保证券与抵押债务凭证等结构化信用产品赚取高额收入的商业银行与投资银行也没有多少激励去确保这些证券的最终持有人可以得到偿付。从提供被称为**信用违约互换**（credit default swap）的金融保险合同——这类金融保险合同在债券违约时向债券持有者提供支付——中赚取的大量收入也驱使美国国际集团这样的保险公司提供价值数千亿美元的这类高风险合同。

信息不对称和信用评级机构。信用评级机构是根据违约的概率对债务证券的质量进行评级的机构，这类机构加重了金融市场中的信息不对称问题。评级机构就如何结构化CDO这样的复杂金融产品向客户提供建议，同时对这些产品进行评级。评级机构从向客户提供如何结构化产品的建议中赚取大量收入，而对这些产品进行评级的也是它们，这意味着它们缺乏足够的激励去保证评级的准确性，因此评级机构面临利益冲突的问题。结果，评级往往偏高，这使复杂的金融产品能够卖得出去而且其风险远高于投资者所意识到的风险。

2007—2009 年金融危机的影响

消费者和投资者都深受 2007—2009 年金融危机所害。这次金融危机的影响在以下五个关键领域是最明显的：美国居民住房市场、金融机构的资产负债表、影子银行体系、全球金融市场、金融行业大企业引人注目的破产。

居民住房价格：大涨和大跌。美国经济在 2001 年走出衰退后，靠着从中国和印度这样的国家流入美国的巨额现金所增加的流动性以及低利率的住房抵押贷款，次级抵押贷款市场得以迅速发展。到 2007 年，次级抵押贷款市场的规模已达上万亿美元。次级抵押贷款市场的发展得到了政治家的积极鼓励，他们声称这一市场导致了"信用民主化"，帮助美国的住房自有率提高至历史最高水平。[1] 2000—2001 年衰退结束后开始的住房价格的大涨（见图 15-5）也帮助刺激了次级抵押贷款市场的增长。高房价意味着次级借款人可以在房产升值时借到更多的贷款来为住房进行再融资。住房价格上升了，次级借款人就不大可能违约，这是因为他们总是可以卖掉住房来偿还贷款。这就保证了来自次级抵押贷款的现金流所担保的证券有很高的收益率，因而投资者十分满意。次级抵押贷款市场的信贷繁荣又增加了对住房的需求，从而进一步提高了住房价格，导致住房价格泡沫。

由于住房价格上升以及住房抵押贷款使贷款发起人和贷款人都获利颇丰，次级贷款的放贷标准下降到越来越低的水平。高风险的借款人能够获得抵押贷款，抵押贷款数量相对于住房的价值即按揭成数（loan-to-value ratio，LTV）上升。只要首套房的贷款抵

---

① 对于政府在鼓励住房市场繁荣（它导致了住房市场的衰落）中作用的讨论，参见 Thomas Sowell, *The Housing Boom and Bust*, Revised Edition (New York: Basic Books, 2010)。

押率达到 80%，借款人常常还能申请到第二套房、第三套房、第四套房的抵押贷款，以至借款人购买房产几乎不用投入多少资金。然而，当资产价格上升到远远超出其基本面经济价值（对于住房而言，是指购房成本相对于租房成本有多高，或购房成本相对于家庭中位数收入有多高）时，价格必然要下跌。最终住房价格的泡沫破灭了，导致信贷衰落。住房价格在 2006 年上升至顶峰后开始下跌（见图 15 - 5），金融体系的问题开始显现出来。住房价格的下跌导致很多次级借款人发现其抵押贷款已经"溺水"，也就是说，住房的价值下降到抵押贷款金额以下。当这种情况发生时，苦苦挣扎的住房业主有非常大的激励选择走人，放弃住房转而把钥匙交给贷款人。抵押贷款违约率急剧上升，最终数以百万计的抵押贷款丧失了赎回抵押品的权利。

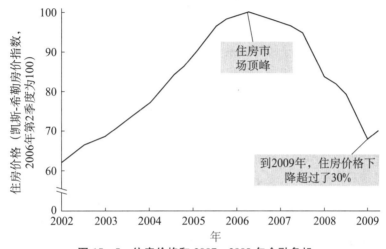

图 15 - 5　住房价格和 2007—2009 年金融危机

住房价格从 2002 年到 2006 年大涨，推动了次级抵押贷款市场的发展，形成了资产价格泡沫。住房价格从 2006 年开始下跌，随后下跌超过 30%，这导致次级抵押贷款持有者违约。

资料来源：凯斯-希勒房价指数，见 www. macromarkets. com/csi _ housing/index. asp.

> **政策与实践**

联储应该因住房价格泡沫而受到责备吗

一些经济学家——最著名的是斯坦福大学的约翰·泰勒——认为，联储 2003—2006 年这一时期的低利率政策导致了住房价格泡沫。[1] 在这一时期，联储依赖货币政策的自发收紧来设定联邦基金利率，使其远低于第 13 章所讨论的泰勒规则所认为的适当的水平。泰勒认为，低联邦基金利率导致低住房抵押贷款利率，低住房抵押贷款利率刺激了住房需求和抵押贷款的发放，而这两者导致了住房价格的上升和泡沫的形成。

在 2010 年 1 月的一次演讲中，时任联储主席的本·伯南克驳斥了这一观点。[2] 他的

---

① John Taylor，"Housing and Monetary Policy," in Federal Reserve Bank of Kansas City, *Housing*, *Housing Finance and Monetary Policy* (Kansas City：Federal Reserve Bank of Kansas City，2007)，463 - 476.

② Ben S. Bernanke，"Monetary Policy and the Housing Bubble," speech given at the annual meeting of the American Economic Association，Atlanta，Georgia，January 3，2010，www. federalreserve. gov/newsevents/speech/bernanke20100103a. htm.

结论是，住房价格泡沫不能怪货币政策。他说，联邦基金利率是否低于泰勒规则所认为的合适的水平这一点并非那么清楚。只有在将总产出和通货膨胀率的当前值而非预测值用于泰勒规则的计算时，联邦基金利率看起来才低。而且，真正的罪魁祸首是降低了住房抵押贷款初始还款额的新抵押贷款产品的激增、导致更多买者进入住房市场的贷款标准的放松、来自中国和印度等新兴市场国家的资金流入。伯南克的演讲争议很大，关于货币政策是否应该因住房价格泡沫而受到责备的争论持续至今。

金融机构的资产负债表恶化。美国住房价格的下跌导致住房抵押贷款违约增加。结果，抵押贷款担保证券与 CDO 的价值急剧下降，导致银行和其他金融机构的资产价值减少和净值下降。由于资产负债表恶化，这些银行和其他金融机构开始去杠杆化，卖出资产，限制家庭和企业获得信贷的可能性。由于没有其他机构取而代之去搜集信息和发放贷款，银行贷款的减少意味着金融市场中的逆向选择和道德风险问题增加。

影子银行体系挤兑。影子银行体系（shadow banking system）由对冲基金、投资银行和其他非储蓄性金融企业组成，它们受到的监管要比银行宽松。住房抵押贷款和其他金融资产价值的急剧下降引发了影子银行体系挤兑。来自影子银行的资金在金融体系中流动，许多年以来这些资金支持着低利率住房抵押贷款和汽车贷款的发放。

这些证券主要由回购协议提供资金。**回购协议**（repurchase agreement，repo）本质上是用抵押贷款担保证券这样的资产作为抵押品的短期借款协议。对金融机构资产负债表的关注度的增加导致贷款人要求更大数量的抵押品，这被称为**折减**（haircut）。例如，一个借款人在一个回购协议中贷款 1 亿美元，他也许不得不提供 1.05 亿美元的抵押贷款担保证券作为抵押品，这种情形下的折减为 5%。

随着住房抵押贷款的违约增加，抵押贷款担保证券的价值下降了，这又导致折减的上升。在危机之初，折减接近于零，但最终上升到接近 50%。[①] 结果，相同数量的抵押品只能让金融机构借到一半的资金。因此，为了筹措资金，金融机构不得不降价销售，非常迅速地卖掉资产。由于迅速卖掉资产要求降价，降价销售导致金融机构的资产价值进一步下降。这进一步降低了抵押品的价值，提高了折减，从而迫使金融机构更加激烈地竞争流动性。结果与大萧条期间发生的银行体系挤兑相似，引起了对贷款的限制和经济活动的减少。

股票市场资产价格的下跌（如图 15-6 所示，从 2007 年 10 月到 2009 年 3 月下跌了超过 50%）和居民住房价格超过 30% 的下降（如图 15-5 所示），加上影子银行体系挤兑所导致的降价销售，恶化了企业和家庭的资产负债表。信息不对称问题的加剧淋漓尽致地体现在不断扩大的信贷利差上，这使得家庭和企业贷款成本上升以及贷款标准收紧。由此导致的贷款减少意味着消费支出和投资都下降，引起总需求收缩，根据我们在图 15-2 所做的分析，这导致总产出和通货膨胀率都下降。

全球金融市场。虽然问题起初发生在美国，但金融危机的警报最先在欧洲拉响，这也是金融市场全球化的程度有多深的一个信号。在惠誉与标准普尔宣布降低总额超过 100 亿美元的抵押贷款担保证券与 CDO 的信用评级之后，2007 年 8 月 7 日，法国投资

---

① Gary Gorton and Andrew Metrick，"Securitized Banking and the Run on Repo，" National Bureau of Economic Research Working Paper No. 15223（August 2009）.

银行巴黎银行宣布暂停旗下几只已经蒙受大量损失的货币市场基金的赎回。影子银行体系挤兑开始了，随着时间的推移每况愈下。虽然欧洲中央银行和美联储向金融体系注入巨额流动性（本章后面会予以讨论），但是银行开始储藏现金，不愿意相互拆借。信贷市场的枯竭导致了英国100多年来的首例大银行破产：依靠在回购协议市场中的短期借款而非存款作为资金来源的北岩银行（Northern Rock）于2007年9月破产。后来，一连串其他欧洲金融机构也破产了。受到特别重创的是爱尔兰等国，爱尔兰在这次危机之前还被看成是欧洲最成功的国家之一，经济增长率很高（参见参考资料"爱尔兰和2007—2009年金融危机"）。实际上，欧洲国家经历的经济衰退比美国更加严重。

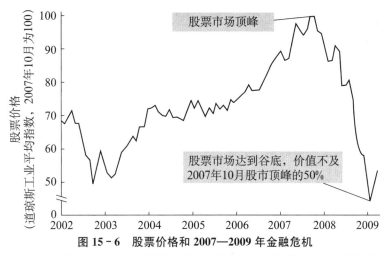

图 15 - 6　股票价格和 2007—2009 年金融危机

资料来源：Dow-Jones Industrial Average（DJIA），Federal Reserve Bank of St. Louis，FRED Database. http：//research. stlouisfed. org/fred2/.

▶ <u>参考资料</u>　　　　　　　　**爱尔兰和2007—2009年金融危机**

　　1995—2007年，爱尔兰的经济增长率属于全世界前几名，实际GDP年均增长率达6.3%。因此，爱尔兰获得了"凯尔特之虎"（Celtic Tiger）的美称，成为欧洲最富裕的国家之一，人均拥有奔驰轿车的数量超过德国。但是，在这些光鲜的背后，住房价格的飙升和抵押贷款的激增埋下了2008年重创该国的大型金融危机的种子，这场危机使爱尔兰经济陷入了严重衰退。

　　爱尔兰银行降低了贷款标准，提供的贷款占住房成本的比例更高了，期限也更长了。就像在美国发生的情况那样，在爱尔兰出现了住房价格泡沫，爱尔兰的住房价值上升速度甚至更快，在1995—2000年翻了一倍，然后在2000—2007年又翻了一倍。到2007年，住房价值占GDP的13%，是其他富国平均水平的两倍，爱尔兰银行的住房抵押贷款一年增长了25%。

　　2007年年末金融危机爆发后，住房价格急剧下降——下降了接近20%，这是世界上住房价格下降最快的案例之一。由于爱尔兰银行的住房抵押贷款业务，再加上其资金来源是回购协议市场上的短期借款，爱尔兰银行特别脆弱。资金来源更紧了，再加上资产价格的下降，给银行招致了巨大的损失。2008年10月，爱尔兰政府给所有存款提供了担保。到2009年年初，政府国有化了一家属于三家最大银行之一的银行，还向另外两家银行注入了资本。银行依旧很赢弱，政府宣布了一个将"有毒"的银行资产转移进一个政府融资平台的计划。

爱尔兰的金融危机引发了痛苦的衰退，这一衰退是爱尔兰现代史上最严重的衰退之一。失业率从危机前的 4.5% 上升到 12% 以上，而 GDP 水平则暴跌了 10% 以上。税收收入下降，而银行部门的损失又继续增加，这导致了政府预算赤字达到一个天文数字，超过了 2010 年 GDP 的 30%。处于水深火热之中的爱尔兰不得不接受欧盟和国际货币基金组织（IMF）的救助。

知名企业破产。 金融危机对企业资产负债表的冲击迫使金融市场中的大企业采取激烈的行动。2008 年 3 月，美国第五大投资银行贝尔斯登由于大量投资于与次贷相关的证券，其回购协议的资金遭到挤兑，它不得不将自身卖给 J. P. 摩根，价格还不到一年前公司价值的 5%。为了促成这笔交易，联储不得不接收贝尔斯登 300 多亿美元的难以估价的资产。7 月，房地美和房利美（这是两家由政府担保的私人企业，它们一共为超过 5 万亿美元的抵押贷款或者由抵押贷款担保的资产提供保险）在因持有次贷证券遭受巨额损失后，不得不接受美国财政部和联储的救助。2008 年 9 月初，两家公司被接管（实际上变成由政府经营）。

2008 年 9 月 15 日，星期一，雷曼兄弟这家资产超过 6 000 亿美元、雇员超过 2.5 万人的美国第四大投资银行（按资产规模）在次贷市场上遭受严重损失后申请破产，这也成为美国历史上最大的破产事件。一天前，由于持有次贷证券也出现严重损失的美国第三大投资银行美林公司宣布以不到一年前价值 60% 的价格出售给美国银行。9 月 16 日，星期二，资产超过 1 万亿美元的保险业巨头美国国际集团（AIG）由于信用评级被下调遭遇了严重的流动性危机。它之前提供了超过 4 000 亿美元的保险合同（信用违约互换），现在不得不对由于次级抵押证券可能出现的损失做出赔付。联储随后介入，向 AIG 提供了 850 亿美元的贷款以维持其经营（政府提供的总贷款后来增加到了 1 730 亿美元）。

2007—2009 年金融危机的顶峰

2008 年 9 月，由于担心招致对救助华尔街不满的选民的愤怒情绪，众议院否决了布什政府提议的 7 000 亿美元的一揽子救助方案，金融危机随后达到了顶峰。最终，《紧急经济稳定方案》(Emergency Economic Stabilization Act) 在近一周后得以通过。股票市场加速崩盘，从 2008 年 10 月 6 日开始的一周是美国历史上跌幅最大的一周。在接下来的三周里，信贷利差急剧上升，Baa 评级公司债券（正好高于投资评级的那个评级）与美国国库券利率之差超过了 5.5 个百分点（550 个基点），如图 15-7 所示。

受到损害的金融市场和借款人-支出者面临的高利率导致消费支出和投资急剧下降，这又严重减少了总需求。正如我们在图 15-2 所做的总需求-总供给分析所表明的，总产出和通货膨胀率都进一步下降，经济从点 2 移动到点 3。实际 GDP 急剧下降，实际 GDP 增长率 2008 年第 3 季度达到了 -1.3%，而接下来两个季度则达到了 -5.4% 和 -6.4%（按年率计算）。失业率也在飙升，2009 年年末甚至超过了 10%。始于 2007 年 12 月的衰退变成了第二次世界大战以来美国最严重的经济收缩。由此导致的经济疲软则使通货膨胀率继续下降，在 2009 年甚至一度变为负的。

从 2009 年 3 月开始，股票市场开始了一轮牛市（见图 15-6），信贷利差开始下降（见图 15-7）。① 伴随着金融市场的复苏，总需求开始增加，总产出和通货膨胀率开始上升。

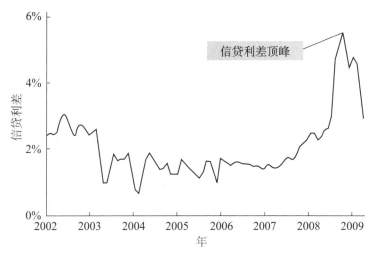

图 15-7　信贷利差和 2007—2009 年金融危机

在这次危机期间，信贷利差（Baa 评级的公司债券利率和美国国库券利率之差）上升了 4 个百分点（400 个基点）以上。关于救助方案的争论和股票市场的崩盘引起信贷利差于 2008 年 12 月达到顶峰。

资料来源：Federal Reserve Bank of St. Louis，FRED Database. http：//research. stlouisfed. org/fred2/.

为什么 2007—2009 年金融危机没有导致萧条

尽管从 2007 年 8 月开始的金融危机引起的衰退很严重，经济并没有经历大萧条时期发生的极端的总需求下降。为什么 2007—2009 年金融危机中经济收缩和通货膨胀率的下降没有大萧条时那么严重呢？答案是，美国政府和联储并没有像在大萧条时期那样毫无作为。美国和国外都出现了政府对金融市场的大量干预，这支撑了金融市场，刺激了总需求。

---

① 美国财政部 2009 年 2 月宣布要求 19 家最大的银行机构进行银行压力测试（监管资本评估项目，Supervisory Capital Assessment Program，SCAP），这推动了金融市场的复苏。压力测试是一项对这些银行的资产负债表状况的监管评估，以确保它们有充足的资本来应对糟糕的宏观经济状况。这一测试由联储牵头，货币监理署和联邦存款保险公司（FDIC）配合执行。财政部 5 月初公布了压力测试的结果，市场参与者很好地消化了这一结果，这使得这些银行能够从私人资本市场筹措大量资本。压力测试是帮助增加市场中的信息量和改善金融机构的资产负债表从而减少信息不对称与逆向选择和道德风险问题的一个关键因素。

☐ 激进的联储行动

2007—2009 年金融危机期间，联储采取了包括货币政策和提供流动性等非常行动来控制这场危机。

常规性货币政策。 联储积极主动的政策对危机的控制是至关重要的。当金融危机于 2007 年 8 月爆发时，美国经济正在强劲增长。由于意识到金融危机的收缩性影响，联储及其主席本·伯南克采取了货币政策的自发放松策略：尽管通货膨胀率在上升，但联邦基金目标利率下降了 0.5 个百分点，从 5.25％下降到 4.75％，如图 15-8 所示。货币政策曲线的向下移动导致实际利率在任何给定通货膨胀率下都降低了，这会增加总需求，使总需求曲线向右移动。给定经济的强劲发展和通货膨胀率的上升，这一政策行动是高度不寻常的：过去，联储的货币政策一般只在经济增长显著变慢或者经济已经进入衰退时才进入宽松周期。

在 2007 年 10 月和 11 月的公开市场委员会会议上，联储每次都把联邦基金目标利率降低 0.25 个百分点。当金融危机加深时，联储对联邦基金利率的削减甚至更为激进，仅在 2008 年 1 月就下降了 1.25 个百分点。然后，联储继续稳步地降低联邦基金利率，直至 2008 年 4 月 2％的水平。雷曼兄弟公司破产之后，联储在降低利率上变得更为激进，在 2008 年 12 月把联邦基金利率的目标区域设定在 0～0.25％。现在，联邦基金利率已经到了零下限，低到不能再低了。

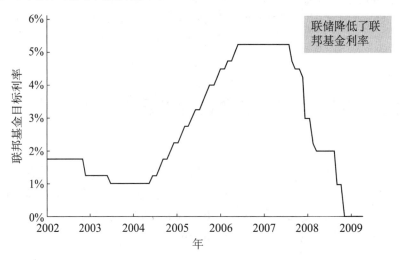

图 15-8　2007—2009 年金融危机期间的联储政策利率

作为对金融危机的反应，2007 年 8 月联储开始降低联邦基金利率，联邦基金利率最终在 2008 年 12 月下降到 0。

资料来源：Federal Reserve Board. www.federalreserve.gov/fomc/fundsrate.htm.

非传统货币政策。 金融危机的收缩性影响在继续，要求进一步刺激总需求，但是，联邦基金政策利率已经到了零下限。在不能进一步降低联邦基金利率的条件下，联储不得不诉诸我们在第 13 章讨论过的非传统货币政策工具来刺激经济。如下的政策与实践案例描述了联储采用的实际措施的细节。

全球金融危机期间联储的非传统货币政策和量化宽松

提供流动性

在全球金融危机期间，联储史无前例地增加了它的贷款工具来为金融市场提供流动性。

1. 贴现窗口扩展：在 2007 年 8 月中旬这次危机爆发之际，联储降低了贴现率（它提供给银行的贷款所收取的利率），从正常的比联邦基金目标利率高 100 个基点降低到高 50 个基点（0.50 个百分点）。2009 年 3 月，它再次降低贴现率，下降到只比联邦基金目标利率高 25 个基点。

2. 短期标售工具：为了鼓励额外的借款，联储设置了临时性的短期标售工具（Term Auction Facility，TAF），按照由竞争性拍卖确定的利率来发放贷款。该工具的使用比贴现窗口更为广泛，因为它使银行能够以低于贴现率的利率借款，这个利率是通过竞争确定的，而非一个惩罚性利率。短期标售工具的规模最初是 200 亿美元，但随着危机的恶化，联储大幅提高了其规模，总的未清偿数量超过 4 000 亿美元。（欧洲中央银行也采取了类似的操作，仅 2008 年 6 月的一次拍卖就超过 4 000 亿欧元。）

3. 新贷款项目：除了向银行业机构提供贷款这一传统做法之外，联储还向银行业以外的金融体系提供流动性。这些行动包括给投资银行提供贷款以及为推动商业票据、抵押贷款担保证券和其他资产担保证券的购买而提供贷款。此外，联储还为 AIG 提供贷款以防止其破产。确实，在 2007—2009 年金融危机期间联储贷款项目的增加是特别值得一提的，它使联储资产负债表的规模到 2008 年年底时增加了 1 万亿美元以上，并且在 2009 年进一步增加。

资产购买（量化宽松）

在正常情况下，联储的公开市场操作涉及的只是对政府证券的购买，特别是短期政府证券。但是，在这次危机期间，联储启动了两个新的资产购买项目以降低特定信贷类型的利率。

1. 2008 年 11 月，联储推出了政府资助实体购买项目。联储通过这个项目最终购买了 1.25 万亿美元由房利美和房地美担保的抵押贷款担保证券。通过这些购买，联储希望支持抵押贷款担保证券市场，降低住房抵押贷款的利率以刺激房地产市场。

2. 2010 年 11 月，联储宣布它将购买总额达 6 000 亿美元的长期国债，每月购买约 750 亿美元。这个购买项目被称为第二轮量化宽松，即 QE2（Quantitative Easing 2），其意图在于降低长期利率。尽管国债的短期利率在全球金融危机期间下降到了零下限，但长期利率并没有。由于投资项目寿命长，长期利率比短期利率对投资决策更为重要。因此，联储为降低长期利率而购买长期国债可能有助于刺激投资支出和经济。

3. 2012 年 9 月，联储宣布第三个资产购买项目，这被称为第三轮量化宽松，即 QE3。它结合了 QE1 和 QE2 的元素，每月购买 400 亿美元的抵押贷款担保证券和 450 亿美元的长期国债。但是，QE3 与之前的量化宽松项目有一个重大的区别：其总量不固定，也没有固定期限，"如果劳动市场的前景没有显著改善"，这个购买计划就将继续。

这些提供流动性的项目和资产购买项目导致联储的资产负债表规模扩大到了原来的4倍,达到了史无前例的水平(如图15-9所示)。

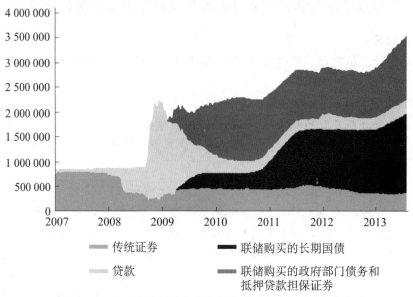

图例:
- 传统证券
- 贷款
- 联储购买的长期国债
- 联储购买的政府部门债务和抵押贷款担保证券

图 15-9 全球金融危机期间和之后联储资产负债表的扩张

每个阴影区域分别表示了联储持有的四种不同类型资产的数量。这四种类型是:传统证券、联储购买的长期国债、贷款、联储购买的政府部门债务和抵押贷款担保证券。联储的放贷和资产购买项目导致其资产负债表规模扩大到了原来的4倍。

资料来源:Federal Reserve Bank of Cleveland. www. clevelandfed. org/research/data/credit _ easing/index. cfm.

预期管理:对未来政策行动的承诺

尽管在全球金融危机后短期利率不能降低到零以下,但是,联储可以采取另一条路线:它可以降低长期利率以刺激经济。这条路线需要联储承诺将联邦基金利率长期维持在零的水平,其目的是降低市场对未来短期利率的预期,从而导致长期利率下降。正如我们在第13章看到的,这个战略被称为预期管理。

联储在2008年12月16日的联邦公开市场委员会(FOMC)会议后宣布它将不仅把联邦基金目标利率降到0~0.25%,而且"委员会预期疲软的经济状况可能有必要使联邦基金利率在一段时期内维持在超低水平"。联储这么做就是在实行预期管理战略。联储在此后几年的FOMC声明中继续使用这一语言,后来转而宣布具体日期,最终声明"超低水平的联邦基金利率可能有必要维持到2015年年中"。尽管在这些声明后国债的长期利率随后确实出现了下降,但这一下降有多少是由于联储管理预期的努力又有多少是由于经济的疲软还不清楚。

对未来政策行动的承诺有两种类型:有条件的和无条件的。从2008年开始联储所做的在更长时期内将联邦基金利率保持在零的这一承诺是有条件的,这是因为联储提到该决定是以经济继续疲软为前提条件的。FOMC暗示,如果经济环境发生变化,它就可能放弃这个承诺。联储本来是可以做出一个无条件的承诺的,它只要声明它将在更长时期内将联邦基金利率保持在零而不指出该决定将基于未来的经济状况就可以了。无条件的承诺的优势是它比有条件的承诺更为坚定,因为它没有暗示承诺会被放弃从而很可能对长期利率有更大的影响。遗憾的是，它也有一个劣势：即使环境发生了使放弃承诺成为更好政策选择的变化，但联储可能觉得它不能食言，因而利率仍然保持不变。

联储在 2003—2006 年期间的经历阐释了无条件承诺存在的问题。2003 年，联储开始担心通货膨胀率太低了且出现通货紧缩的可能性很大。在 2003 年 8 月 12 日的 FOMC 会议后，FOMC 声称："鉴于这样的环境，本委员会认为，适应性政策可以维持相当长时间。"后来，当联储在 2004 年 6 月 30 日的 FOMC 会议开始收紧政策时，它将其声明更改为："适应性政策可以按慎重有序的步伐被取消。"在此后直到 2006 年 6 月的 10 次 FOMC 会议上，联储在每次会议上都把联邦基金目标利率提高 0.25 个百分点。市场把 FOMC 的声明解读为表明了一个无条件承诺，这正是联储可能觉得在每次 FOMC 会议上其政策行动一旦偏离 0.25 个百分点就会不自在的原因。回想起来，这一承诺导致了过长时间过于宽松的货币政策，结果后来通货膨胀率上升到合意水平之上，而且，正如本章前面讨论过的，它可能帮助促进了房地产泡沫的形成，而这一泡沫的破灭给经济带来了毁灭性后果。

当联储宣布退出超低利率的具体日期时，许多市场参与者把这一声明看做一个无条件承诺，尽管联储对此表示反对。为了避免与无条件承诺相联系的问题，2012 年 12 月联储将其声明变更成了一个更清晰的有条件声明，它声称："只要失业率仍然高于 6.5% 且接下来一两年的通货膨胀率预计比本委员会的长期目标 2% 高出不到 0.5%（即不超过 2.5%），那么联邦基金利率的超低区间就是合适的。"尽管这一声明相对于固定日期的承诺有所改善，但是，这种基于阈值的有条件的方法也有其问题。第一，它可能被看成是联储对实现某一具体失业率做出的承诺而无论实现这一目标需要多少货币上的刺激。正如我们在第 13 章看到的，正是这种承诺使联储在 20 世纪 70 年代陷入了困境和产生了被称为"大通胀"的通货膨胀率的上升。第二，这种方法可能被看成把通货膨胀目标从 2% 提高到 2.5% 的一种尝试或者被看成联储保持低且稳定的通货膨胀率这一承诺的可信性的弱化。正如我们将在第 21 章看到的，这种可信性的丧失可能导致在尝试稳定通货膨胀和经济活动时出现糟糕的结果。

□ 世界范围内通过救助进行的政府干预

美国政府在向金融机构提供流动性上的积极作用是金融体系在 2007—2009 年金融危机期间仍能继续运转的关键。类似努力的跨国协调则是控制这次金融危机对全球经济的冲击的关键因素。

2008 年 10 月国会通过了布什政府提出的 2008 年《经济复苏法案》（Economic Recovery Act）。该法案最重要的条款是提出了财政部资产救助计划（Treasury Asset Relief Plan，TARP），这一计划授权财政部花费 7 000 亿美元从身陷困境的金融机构手中购买次级抵押资产或者向银行机构注入流动性。此外，为了限制从银行取款，该法案将联邦存款保险的限额从 10 万美元临时上调为 25 万美元。稍后，联邦存款保险公司为银行新近发行的某些类型的债务提供了担保，而财政部则为货币市场共同基金在 1 年内按照面值赎回提供了担保。

2008 年秋季欧洲四处蔓延的银行破产引发了对金融机构的救助行动，具体细节见

表 15-1。这些救助计划的规模总额超过 10 万亿美元，涉及 20 多个国家。其规模和国际协调程度都是史无前例的。

表 15-1　　　　　　　　　2007—2009 年金融危机期间世界范围内的政府救助

国家	政府救助行动
法国	提供 4 000 亿美元为银行债务做担保和向金融体系注入资产
德国	向许珀不动产（Hypo Real Estate Holdings）公司提供 500 亿美元，提供 5 000 亿美元为银行债务做担保和向金融体系注入资产
希腊	为商业银行的所有存款和银行间的贷款提供担保
冰岛	接管本国 3 家最大的银行
爱尔兰	为商业银行的所有存款和银行间的贷款提供担保
荷兰、比利时、卢森堡	向欧洲的富通银行（Fortis）提供 160 亿美元
荷兰	向银行与保险业巨头荷兰国际集团（ING）提供 130 亿美元
韩国	提供 1 000 亿美元为银行债务做担保和向金融体系注入资产
西班牙	向银行提供 700 亿美元
瑞典	提供 2 000 亿美元为银行债务做担保和向金融体系注入资产
瑞士	向世界十大银行之一的瑞士联合银行（UBS）提供 650 亿美元
英国	提供 6 000 亿美元用于为银行负债提供担保、允许银行将问题资产交换为政府债券以及供英国政府购买银行股权

□ 激进的财政政策

　　直接增加总需求的财政刺激是美国政府对危机所做出的反应的另一个关键部分。2008 年 2 月，国会通过布什政府的 2008 年的《经济刺激法案》以增加总需求。该法案决定于当年第 2 季度给每个纳税人寄送 600 美元的支票，这样就一次性返税 780 亿美元。可是，正如我们将在第 16 章讨论的，这一财政刺激的影响实际上很小。

　　奥巴马政府提出了一个规模大得多的 7 870 亿美元的财政刺激计划，其最终作为 2009 年《美国复苏与再投资法案》在国会获得通过（见第 13 章）。这一计划包括 2 880 亿美元的减税和 4 990 亿美元的政府支出增加。这一财政刺激计划无疑帮助刺激了总需求，但是由于大多数增加的政府支出要到 2010 年才会生效，它在这次金融危机期间的综合影响有限。大多数经济学家相信，就预防这次金融危机令经济陷入萧条而言，联储的行动和美国财政部对银行业体系的救助比财政政策重要得多。

　　下面的政策与实践案例描述了 1992—2002 年的日本经济，它阐释了当政府的政策制定者没有为控制金融危机采取激进行动时出现的后果。

政策与实践

日本失去的十年，1992—2002 年

　　20 世纪 90 年代初期，日本看起来准备代替美国成为世界上最富裕的国家。1991 年日本人均收入为美国的 86%，而在 1981 年只有 73%。但是，日本的经济推动力在 20 世

纪 90 年代其余时间里浪费了，GDP 年均只增长 1%。我们常常低估金融部门问题的规模，而日本失去的十年为此提供了一个及时的教训。

日本在 1992 年经历了一场大的银行业危机，这使经济发展减速并降低了通货膨胀率。日本财政部非但没有按照我们的金融危机分析框架所建议的那样关闭资不抵债的银行和为存活下来的金融机构提供充足的资本，反而选择了宽容管制的道路。政府允许资不抵债的银行人为高报其资产价值，对所持有的股票的估值远高于历史水平，以便这些银行看上去的经营状况很健康。有了监管者的默许，银行就对资产负债表肆意处理，就好像给资不抵债的"僵尸企业"发放的贷款也能偿还一样。政府为适当地对银行体系进行资产重组所配置的钱也很少。[①]

毫不令人奇怪，经济增长停止了，通货膨胀率出现了下降。在 1995 年和 1996 年，通货紧缩出现，1998 年再度出现并且持续了好几年。2003 年，日本政府最终大刀阔斧地处理其受到严重损害的银行体系，危机结束了。到那时为止，损害已经造成：2003 年，日本人均收入降回到了美国的 74%。

对资产价格泡沫的政策反应

资产价格泡沫是近几百年来经济的一个特征。[②] 从我们对 2007—2009 年金融危机的讨论中得到的教训之一是资产价格泡沫的代价可能有多大。当住房市场中的资产价格泡沫破灭时，它严重阻碍了资金在金融体系中的流动，导致经济的下滑、失业的增加，以及被剥夺抵押品赎回权后被迫离开住房的团体和家庭遭受的艰难困苦。资产价格泡沫的高成本提出了如下问题：政策制定者未来应该使用何种政策来处理它们？为了回答这个问题，我们首先需要确定泡沫的不同类型以及适当的政策反应。

资产价格泡沫的类型

资产价格泡沫有两种类型：一种是由信贷所驱动的，另一种是纯粹由过分乐观的预期所驱动的。

信贷驱动型泡沫。 当信贷繁荣开始时，由于个人和企业能够使用容易获得的信贷购买特定资产从而推高它们的价格，信贷繁荣能够导致资产价格泡沫。资产价值的上升又鼓励银行发放更多用于购买这些资产的贷款，这既是因为资产价值的上升增加了抵押品

---

① 宽容管制是一种常见现象，美国在 20 世纪 80 年代的储蓄和贷款危机期间也出现过。关于对宽容管制为什么会发生以及为什么在美国发生了的讨论，参见弗雷德里克·S. 米什金所著的《货币金融学（第 10 版）》第 11 章的网络附录"储蓄和贷款危机及其后果"，该附录可以在该书的配套网站 http：//wps. aw. com/bp_mishkin_econmbfm_10/找到。关于对日本政府的宽容管制以及在 2003 年政策的变化的讨论，参见 Takeo Hoshi and Anil Kashyap，"Will the U. S. Bank Recapitalization Succeed? Eight Lessons from Japan," NBER Working Paper NO. 14401 (2009)，*Journal of Financial Economics*，September 2010，vol. 97 (3)，pp. 398 - 417.

② 要想了解资产价格泡沫和金融危机的经典历史，参见 Charles P. Kindleberger, *Manias, Panics, and Crashes：A History of Financial Crises*，5th edition (New York：Wiley, 2005).

的价值，使借款更加容易，也是因为资产价值的上升增加了金融机构的资本价值，而这改善了它们的资产负债表状况并扩张了它们贷款的能力。然后，银行发放的用于购买这些资产的贷款又进一步增加了对这些资产的需求，从而进一步推高了价格。这一反馈回路——信贷繁荣推高了资产价格，更高的资产价格又促使信贷繁荣更上一层楼，后者又把资产价格推向更高的水平，等等——会导致资产价格上升到远远超过其基本面经济价值的水平，从而产生泡沫。

近来的金融危机通过住房市场表明，信贷驱动型泡沫十分危险。当泡沫破灭时，资产价格的暴跌会导致反馈回路的逆转：贷款出现损失，贷款人削减信贷供给，资产需求进一步下降，价格进一步下降。

乐观预期（非理性繁荣）驱动的泡沫。 相反，纯粹由过度乐观的预期（联储前主席艾伦·格林斯潘称之为"非理性繁荣"）驱动的泡沫给金融体系带来的风险要小于信贷驱动型泡沫。例如，20 世纪 90 年代末的科技股泡沫不是由信贷驱动的，科技股泡沫的破灭没有恶化金融机构的资产负债表。科技股泡沫的破灭对经济没有产生很严重的冲击，紧随其后的衰退也很温和。

政策与实践

关于中央银行对泡沫的反应的争论

在艾伦·格林斯潘领导下的联储（直到 2006 年）立场坚定地表明它不应该对由非理性繁荣驱动的资产价格泡沫做出反应，股票市场中的泡沫通常就属于这种泡沫。格林斯潘认为，这样的泡沫几乎不可能被识别。如果中央银行或者政府官员知道泡沫正在形成，为什么市场参与者会不知道？如果市场参与者知道，那么泡沫就不大可能充分发展，因为市场参与者将会知道价格已经高于其基本面经济价值从而不会购买这些资产。除非中央银行或者政府官员比市场参与者精明（考虑到市场参与者拿到的工资那么高，这又不大可能），否则他们不大可能在这种类型的泡沫正在形成时将它们识别出来。

在 2007—2009 年金融危机发生之后，中央银行家和学术界的经济学家都质疑格林斯潘的观点，这引发了关于中央银行对资产价格泡沫应该做些什么的积极争论。那些不同意格林斯潘观点的人认为，在信贷大增同时资产价格快速上升时，资产价格很可能正在偏离其基本面经济价值。在这种情况下，中央银行或政府官员比市场参与者更有可能确定泡沫正在形成。这正是美国住房市场在泡沫期间所发生的情况：政府官员知道金融机构已经降低了贷款标准并且住房抵押贷款市场上的信贷扩张正在以异常高的速度上升。信贷驱动型泡沫的确看起来是有可能被识别的，如果任由其发展，它们能对经济造成严重损害。

因此，有很强的理由说明中央银行应当对可能的信贷驱动型泡沫做出反应。但最佳的政策反应是什么呢？有三个强有力的论据反对运用货币政策的自发收紧去挤破资产价格泡沫。

1. 更高的实际利率对信贷驱动型资产价格泡沫有着高度不确定的影响。一方面，当市场参与者继续预期购买信贷驱动型泡沫资产可以获取非常高的收益时，更高的实际利率对于限制泡沫可能是无效的。另一方面，如果更高的实际利率成功地挤破了泡沫，这可能会引发对经济的重大破坏，正如 1929 年所发生的那样。

2. 泡沫可能只存在于少部分资产中，但货币政策的自发收紧则倾向于降低许多资产的价格。

3. 为了挤破泡沫，实际利率可能需要提高到足够高的水平以至总需求的下降和由此导致的经济收缩将带来许多苦难，例如失业或通货膨胀率降低到合意水平以下。

尽管上面的推理表明货币政策不应该被用于挤破泡沫，联储前主席本·伯南克和联储的其他高级官员一直以来也是这个观点，但是学术界和中央银行都有相反的观点。[1] 如果资产价格泡沫代价如此之高而货币政策的自发收紧又有助于限制这类泡沫，那么就有理由支持采用货币政策控制泡沫了。[2]

□ 对资产泡沫的监管政策反应

影响信贷市场总体状况的监管政策被称为**宏观审慎监管**（macroprudential regulation），与货币政策的自发收紧相比，它是处理资产价格泡沫的一个争议更少的工具。

中央银行或者其他政府机构持续的金融监管和监督能够防止可以直接引发信贷繁荣进而导致资产价格泡沫的过度冒险行为。伴随着信贷繁荣的资产价格快速上升提供了表明泡沫可能正在形成的一个信号，这时中央银行和其他政府监管机构可以考虑实施直接控制信贷增长的政策或者采取措施以保证信贷标准足够高。因此，恰当的宏观审慎监管有助于限制信贷驱动型泡沫，提高金融体系和经济的绩效。[3]

▌ 本章小结

1. 当金融体系的崩溃引起信息不对称问题的增加以至逆向选择和道德风险问题变得严重得多从而使金融市场无法将资金转移给具有生产性投资机会的家庭和企业进而引起经济活动的收缩时，金融危机就发生了。

2. 在美国等发达国家中，金融危机的开始可能有几种方式：信贷繁荣和衰落、资产价格的大涨和大跌、大型金融机构破产引起的不确定性的普遍增加。结果，逆向选择和道德风险问题显著增加，引起贷款减少和经济活动下滑。然后，恶化的经营条件和银行资产负债表引发了金融危机的第二个阶段，许多银行业机构同时破产，也就是出现银行业危机。由此引发的银行数目的减少导致了信息资本的减少，进而引起了贷款进一步减少和经济活动的螺旋式下滑。在一些情况下，经济下滑导致价格急剧下

---

① 例如，参见 2006 年 3 月 16—17 日欧洲中央银行在法兰克福举行的讨论 "Monetary Policy: A Journey from Theory to Practice"; William Dudley, "Asset Bubbles and the Implications for Central Bank Policy" (2010 年 4 月 7 日在纽约经济俱乐部的演讲), http://www.newyorkfed.org/newsevents/speeches/2010/dud100407.html; Tobias Adrian, Arturo Estrella, and Hyun Song Shin, "Monetary Cycles, Financial Cycles, and the Business Cycle," Federal Reserve Bank of New York, *Staff Reports*, No. 421 (2010)。

② 注意，即使运用货币政策来控制资产价格泡沫是不明智的，仍然有强有力的理由支持货币政策对资产价格的波动做出反应以稳定经济。资产价格水平确实影响总需求（对消费和投资的影响详见第 18 章和第 19 章），从而影响经济的发展。由于资产价格的波动影响通货膨胀和经济活动，货币政策应该对资产价格的波动做出反应。

③ 对限制资产价格泡沫可以使用的监管和监督措施的类型的更广泛讨论，参见弗雷德里克·S. 米什金所著的《货币金融学（第 10 版）》第 11 章和第 16 章。

降，这增加了企业和家庭的实际负债，从而降低了它们的净值，导致债务紧缩。借款人净值的进一步下降加剧了逆向选择和道德风险问题，因此贷款、投资支出和总体经济活动在很长一段时期内持续萎靡不振。

3. 美国历史上最严重的金融危机引发了大萧条，它包括如下几个阶段：股票市场崩盘、银行恐慌、信息不对称问题加剧和最后的债务紧缩。

4. 2007—2009年金融危机的爆发是由于对次级住房抵押贷款等金融创新的不当管理和住房价格泡沫的破灭。这次危机蔓延到了全球，银行和其他金融机构的资产负债表严重恶化，影子银行体系出现了挤兑，许多知名企业破产。

5. 由于联储的激进行动、世界范围内通过救助进行的政府干预以及激进的财政政策，2007—2009年的金融危机没有导致萧条。

6. 资产价格的大涨和大跌在引起危机中的作用导致了一场关于中央银行应该如何对资产价格泡沫做出反应的积极争论。

关键术语

代理理论	信贷利差	金融危机
金融创新	金融自由化	信贷繁荣
去杠杆化	杠杆周期	基本面经济价值
资产价格泡沫	银行恐慌	降价销售
债务紧缩	证券化	次级抵押贷款
抵押贷款担保证券	金融工程	结构化信贷产品
发起-分销	委托-代理问题	代理问题
信用违约互换	影子银行体系	回购协议
折减	宏观审慎监管	

复习题

信息不对称和金融危机

1. 信息不对称如何帮助我们定义金融危机？

金融危机的动态学

2. 为什么金融危机可能导致经济活动的收缩？

3. 描述常见的引起金融危机的三个因素，解释每个因素如何引发金融危机。

4. 是什么引起了银行恐慌？为什么银行恐慌加剧了金融危机？

5. 比尔·卢卡雷利（Bill Lucarelli）博士在一篇文章中称债务紧缩可能使欧洲主权债务危机变得更严重。请解释原因。

应用：所有金融危机之母：大萧条

6. 什么是信贷利差？为什么信贷利差在金融危机期间会变大？

应用：2007—2009年全球金融危机

7. 2007—2009年金融危机发端于美国的住房抵押贷款市场。它是怎么蔓延到世界其他地方的？

8. 发起-分销的抵押贷款放贷模式导致了什么样的委托-代理问题？

为什么2007—2009年金融危机没有导致萧条

9. 是什么防止了2007—2009年金融危机演变成一次萧条？

宏观经济学：政策与实践（第二版）

对资产价格泡沫的政策反应

10. 资产价格泡沫有哪两种类型？哪种类型对金融体系有更大的威胁？为什么？

11. 世界上主要的中央银行都不对资产价格泡沫做出反应。为什么？

习题

信息不对称和金融危机

1. 假定你要买一辆汽车，你要求看到汽车的历史报告以了解该汽车以前出过的事故或问题。当你被告知这样的信息无法获得时，你决定不买该汽车。

   (a) 你认为这个例子说明了逆向选择问题还是道德风险问题？

   (b) 信息缺乏和发生交易的概率之间有何联系？

金融危机的动态学

2. 下图来自联储给国会所做的货币政策报告（2009 年 7 月 21 日），它显示了 2007 年至 2009 年第 2 季度美国的抵押贷款担保证券（MBS）的总发行量。对美国这一期间 MBS 的总发行量的巨大变化做出评论。

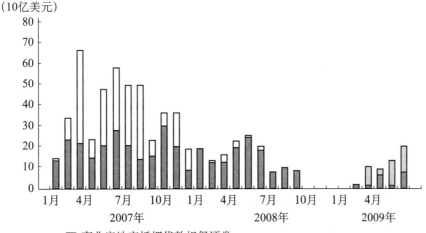

（10亿美元）

☐ 商业房地产抵押贷款担保证券
▨ 定期资产担保证券贷款工具提供贷款的消费者资产担保证券
▩ 定期资产担保证券贷款工具不提供贷款的消费者资产担保证券

资料来源：Bajaj，Vikas. 2007. Home prices fall in more than half of nation's biggest markets. *New York Times*，February 16. www. nytimes. com/2007/02/16/business/16home. html.

3. 随着 2007—2009 年金融危机的影响变得更加普遍，立法者和政策制定者就联储作为监管机构的作用展开了辩论。当联储主张对金融体系进行更多监督时，一些政策制定者宣称联储作为监管机构未能起到应有的作用从而主张撤去联储对金融体系进行监管的权力。运用信息不对称的概念，解释为什么这一辩论的中心是对金融体系的监管。你认为联储未能适当地实施现有的监管措施吗？

4. 2007—2009 年金融危机重创了爱尔兰及其银

行业部门。该国中央银行行长帕特里克·霍诺翰将这次金融危机描述成世界历史上代价最大的银行业危机之一。与此同时，住房市场崩溃了，住房价格下降了 50%，有些地方甚至下降得更多。解释房地产市场状况和银行体系破产之间的联系。

5. 下页图来自联储给国会的货币政策报告（2009 年 7 月 21 日），它显示了 2001—2009 年美国的住房抵押贷款拖欠率。

   (a) 解释为什么次级住房抵押贷款的拖欠率更高。

(b) 解释为什么利率可调整的住房抵押贷款的拖 欠率更高。

次级

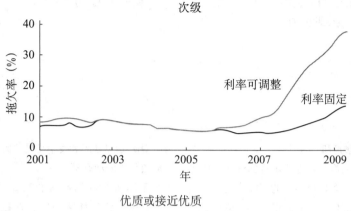

优质或接近优质

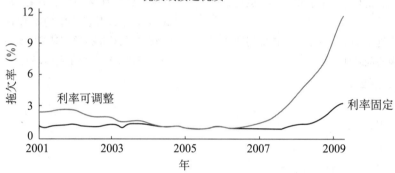

资料来源：联储给国会的货币政策报告（2009年7月21日），www.federalreserve.gov/monetarypolicy/mpr_20090721_part1.htm.

为什么 2007—2009 年金融危机没有导致萧条

6. 根据 1913 年《联邦储备法案》（Federal Reserve Act）（第 13.3 节），"在异常和紧急情况下，联邦储备体系理事会……在理事会可以确定的时期，可以授权任何联邦储备银行……向任何个人、合伙企业或公司提供贷款"。在 2007—2009 年金融危机期间，联储官向公司和个体市场参与人（最引人注目的是在商业票据市场中）提供流动性而受到大量批评。你认为联储是按照法律赋予的权力在行动还是错误地运用了支持金融体系的能力？

7. 2013 年，一些批评联储的人警告联储将联邦基金利率长时间维持在零附近这一承诺可能提高通货膨胀预期。解释为什么低水平的利率可能提高通货膨胀预期以及联储应该做些什么来避免这样的预期。

对资产价格泡沫的政策反应

8. 假定中央银行发现流向花卉产业的贷款增加了。特别地，许多小企业正在很激进地借款用于进口郁金香。当市场参与者观察到郁金香的价格急剧上升时，中央银行会考虑它的行动。

(a) 这说明了哪种类型的价格泡沫？

(b) 你认为中央银行应该做些什么？

(c) 如果流向花卉产业的贷款并没有增加但郁金香的价格还是急剧上升，你对问题（b）的回答会如何改变？

9. 阐述关于中央银行应对资产价格泡沫这一议题的争论。

10. 资产价格泡沫的解决方法之一是实行宏观审慎监管。金融机构总是有激励去寻求盈利机会，而这常常意味着设计新金融工具，甚至规避现有的监管。你认为金融创新过程如何影响宏观审慎监管的效率？

11. 中央银行在处理资产价格泡沫时可能会犯错误。同时，正如 2007—2009 年金融危机所证明的，泡沫可能对经济产生毁灭性的影响。对这个主题进行讨论，并就中央银行是否应该对资产泡沫进行干预表明立场。

数据分析题

1. 访问圣路易斯联邦储备银行 FRED 数据库,找到住房价格(SPCS20RSA)、股票价格(SP500)、家庭净财富的一个指标(TNWB-SHNO)以及个人消费支出(PCEC)的数据。对于这四个指标,把频率调为季度。把数据下载到表格中。对于这 4 个序列,对每个季度计算与上个季度相比的年化增长率。方法是把当期数据减去上个季度的数据,然后除以上个季度的数据。接下来乘以 100 使之变成百分比,再乘以 4 以便使增长率变为年化增长率。

   (a) 对于这 4 个序列,计算可获得数据的最近 4 个季度的平均增长率。对住房价格、股票价格、家庭净财富以及消费之间的关系,谈谈你的看法。

   (b) 对 2005 年的 4 个季度和 2008 年第 3 季度至 2009 年第 2 季度这两个时期,重复计算问题(a)。对危机前和危机期间住房价格、股票价格、家庭净财富以及消费之间的关系,谈谈你的看法。

   (c) 当前的家庭数据与危机前和危机期间相比有何变化? 你认为当前的数据表明存在泡沫吗?

2. 访问圣路易斯联邦储备银行 FRED 数据库,找到非金融企业的公司净值(TNWMVB-SNNCB)、私人国内投资(GPDIC1)以及圣路易斯联储金融压力指数(STLFSI,金融摩擦的一个指标)的数据。对于这三个指标,把频率调为季度。把数据下载到表格中。对公司净值和私人国内投资,对每个季度,计算与上个季度相比的年化增长率。方法是把当期数据减去上个季度的数据,然后除以上个季度的数据。接下来乘以 100 使之变成百分比,再乘以 4 以便使增长率变为年化增长率。

   (a) 对公司净值和私人国内投资,计算可获得数据的最近 4 个季度的平均增长率。对金融压力指数计算最近一个季度和一年前的数值之差。对金融压力、公司净值以及私人国内投资之间的关系,谈谈你的看法。

   (b) 对 2005 年的 4 个季度和 2008 年第 3 季度至 2009 年第 2 季度这两个时期,重复计算问题(a)。对危机前和危机期间金融压力、公司净值以及私人国内投资之间的关系,谈谈你的看法。假设金融压力指标反映了信息不对称问题,对危机期的数据与金融危机的典型动态学之间的关系,谈谈你的看法。

   (c) 当前的投资数据与危机前和危机期间相比有何变化? 你认为当前的数据表明存在泡沫吗?

3. 访问圣路易斯联邦储备银行 FRED 数据库,找到美国 3 个月期国库券利率(TB3MS)、3 个月期 AA 级非金融商业票据利率(CPN3M)、联邦基金利率(FEDFUNDS)以及联储资产负债表中资产总量(WALCL)的数据。对于资产负债表的数据,把频率调为月度。把数据下载到表格中。对每个月,计算信贷利差,即商业票据利率与国库券利率之差。对于联储的资产负债表中的资产总量,对每个月计算与一年前同一个月相比其数值的百分比变化,由此创建一个表示其年增长率的序列。

   (a) 利用最新数据,计算上一年联储的资产负债表的平均增长率、联邦基金利率与一年前同一月份的水平变化、上一年信贷利差的平均值。

   (b) 对 2007 年 1 月至 2008 年 1 月(危机前)和 2008 年 9 月至 2009 年 9 月(危机中)这两个时期,重复计算问题(a)。

   (c) 比较最近时期、危机前时期和危机中时期的货币政策反应。

第 6 篇

宏观经济政策

本书这一部分更深入地研究宏观经济政策。第 16 章及其附录讨论财政政策：这一章首先将考察政府预算及其与政府债务的关系，然后再考察预算赤字、减税和政府支出的长期和短期影响。第 17 章及其附录则将通过建立决定汇率的供给与需求分析来考察国际经济政策，并讨论汇率波动对经济的影响。

为了在理论和实践之间建立重要的联系，我们将考察如下应用案例：

■ 全球金融危机和美元
■ 为什么汇率如此不稳定
■ 中国是如何积累超过 3 万亿美元的国际储备的

在保持对关键政策议题和政策制定者在实践中使用的技术的关注的同时，我们还将在政策与实践案例中分析如下具体例子：

■ 关于政府津贴的讨论：社会保障以及医疗保险和医疗补助计划
■ 欧洲主权债务危机
■ 税收平滑化
■ 2009 年关于基于税收还是基于支出的财政刺激方案的争论
■ 扩张性财政紧缩的两个例子：丹麦和爱尔兰
■ 关于欧洲财政紧缩的争论
■ 布什政府的减税政策和李嘉图等价
■ 欧元会存活下去吗
■ 阿根廷货币局制度的瓦解

第 16 章
财政政策和政府预算

 预览

当 2009 年年初经济正处于严重衰退中时，奥巴马总统签署了一项 7 870 亿美元的财政刺激方案，旨在创造出数百万工作岗位和升级现有基础设施以促进未来经济增长。这一名为复苏法案的法律削减了税收和增加了政府支出，从而使得美国政府的财政赤字在 2009 年高达 1.2 万亿美元，相当于美国 GDP 的近 9％。财政赤字占经济总产出的比例如此之高，达到了自第二次世界大战以来的最高水平。

像复苏法案这样的财政刺激方案真的创造了就业机会并提高了产出吗？这些方案会使政府破产吗，或者会产生更高的通货膨胀率或更低的经济产出等其他不合意的影响吗？同样的问题也适用于正在实施的最大规模的政府项目：医疗保险和社会保障。

从广义上讲，财政政策包含了关于政府支出和税收的决策。在本章，我们首先分析政府预算与政府债务增长之间的关系。然后再来看预算赤字、减税和政府支出增加的长期与短期经济影响。

政府预算

和任何一个家庭或办公室预算一样，政府预算反映了花费（以政府支出的形式）和收入（以税收的形式）两个方面。为更好地了解引起预算赤字的原因，我们先详细探究这两部分。（回忆第 1 章可知，预算赤字就是政府支出超出收入的部分；当政府收入大于支出时就会出现盈余。）然后，我们再分析预算赤字以及政府是如何为预算赤字融资的。

□ 政府支出

2012 年，各级政府的总支出为 61 014 亿美元（见表 16 - 1），接近人均 2 万美元。媒体通常特别关注联邦政府支出，但事实上联邦政府的支出在总支出中的比例只有大约 60%，剩余的支出都是州政府和地方政府的支出。政府支出有四大组成部分：政府购买、转移支付、财政援助和净利息支付。

1. **政府购买**（government purchase，G）是指政府在产品和服务上的花费，2012 年这一项支出占到了联邦政府支出的 26.2%，在州政府和地方政府支出的比例则高达 66.7%。政府购买包括两部分：政府投资（G_I），即政府在如高速公路和学校等增加资本存量和促进经济增长的资本品上的支出；以及政府消费（G_C）。换言之，

$$G = G_C + G_I$$

政府购买中大约 5/6 是政府消费，1/6 是政府投资。联邦政府消费中超过 2/3 是国防支出。

表 16 - 1

2012 年政府预算

	联邦政府		州政府和地方政府		总计	
	（10 亿美元）	（%）	（10 亿美元）	（%）	（10 亿美元）	（%）
当前支出						
政府购买	993.9	26.2%	1 544.3	66.7%	2 538.2	41.6%
转移支付	1 910.6	50.4%	554.2	24.0%	2 464.8	40.4%
财政援助	448.4	11.8%	0.0	0.0%	448.4	7.3%
净利息支付	434.7	11.5%	215.5	9.3%	650.2	10.7%
总计	3 787.5	100.0%	2 313.9	100.0%	6 101.4	100.0%
当前收入						
个人税	1 194.0	44.1%	358.8	15.5%	1 552.8	32.6%
社会保险缴款	955.3	35.3%	17.3	0.7%	972.6	20.4%
对生产和进口征收的税	118.0	4.4%	1 088.3	43.6%	1 126.3	23.6%
公司税	347.9	12.8%	51.3	2.2%	399.2	8.4%
财政援助	0.0	0.0%	448.4	19.4%	448.4	9.4%
其他	93.8	3.5%	175.6	7.6%	269.4	5.6%
总计	2 709.0	100.0%	2 059.7	100.0%	4 768.7	100.0%
赤字	1 078.5		254.2		1 332.7	
占 GDP 的百分比	6.6%		1.5%		8.1%	

资料来源：National Income and Product Accounts. Bureau of Economic Analysis，Tables 3.2 and 3.3 at www.bea.gov/national/nipaweb/SelectTable.asp? Selected=N♯S3. 注意补贴包含在转移支付里，而政府投资、资本转移支付、非生产的产品的净购买以及固定资本的购买都包含在政府购买里。

2. **转移支付**（transfer payments，*TRANSFERS*）是指政府直接给个人的不以交换产品和服务为目的的支付，例如失业保险津贴、社会保障津贴、医疗补贴或福利款。转

移支付在政府预算中的比例随着时间的推移而上升，2012年占到了联邦政府支出的50.4%，州政府和地方政府支出的24%。转移支付通常被称为**政府津贴**（entitlement），因为它们不是相机抉择的，而是由之前的法律规定的。

3. **财政援助**（grants in aid）反映了联邦政府对州政府和地方政府的协助。财政援助在联邦政府支出中的比例为11.8%。

4. **净利息支付**（net interest payment，*INTEREST*）等于向美国国库券等政府债券持有者支付的利息减去政府从学生贷款等外放债务中收到的利息。净利息支付在联邦政府支出中的比例为11.5%，在州政府和地方政府中的比例为9.3%。

表16-1给出了每一个组成部分占联邦政府、州政府和地方政府支出的比例。

考虑到媒体在批判大政府上投入的注意力，你可能会认为美国的支出巨大。但是，如图16-1所示，在33个工业化国家的比较中，美国政府支出占GDP的比例低于其中25个国家。

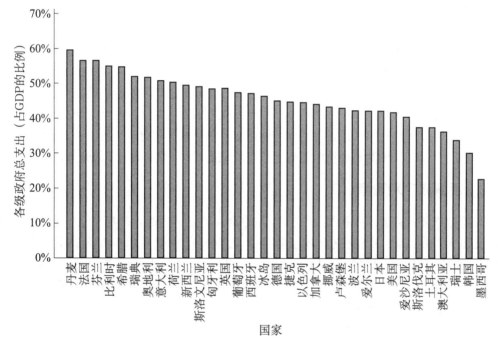

图16-1　2012年33个发达国家政府支出占GDP的比例

美国政府支出占GDP的比例低于其中25个工业化国家。

资料来源：2011年数据，各级政府总支出除以GDP。OECD Stats，Organization of Economic Cooperation and Development at http：//stats. oecd. org/.

□ 收入

税收收入是政府预算的另一面。[①] 我们在这里将讨论税收收入（*TAXES*）的四个主要组成部分。表16-1中显示了2012年每个部分对总收入的贡献。

1. **个人税**（personal taxes）由收入税和财产税组成，是政府总收入的一个重要来

---

① 我们忽略国家公园的门票等收费对收入的贡献，因为那些收费只是政府收入中的极小一部分。

源，在 2012 年占联邦政府总收入的 44.1%，占州政府和地方政府总收入的 15.5%。在 1913 年美国《宪法第 16 次修正案》通过之前，联邦政府的收入税是违宪的。在第二次世界大战之前收入税一直很低，而现在已成为联邦税收收入的主要来源。

2. **社会保险缴款**（contribution for social insurance）主要是按工人工资的一个固定百分比征收的社会保障税收，最多不超过一个固定的上限（封顶）。这些税收开始于 1935 年联邦政府建立社会保障体系的时候。对于大部分工人来说，雇主付此税收的一半，另一半则从工人的工资中扣除。2012 年，总的社会保险缴款占联邦政府收入的 35.3%，但只占州政府和地方政府的 0.7%。

3. **对生产和进口征收的税**（taxes on production and imports）主要是销售税，但也包括对进口品征收的税收，即**关税**（tariff）。现在这类税收为联邦政府收入贡献了 4.4%，而对州政府和地方政府收入的贡献则大得多，高达 43.6%。在早期的美国历史上，关税是联邦政府税收收入最重要的来源，但是现在只占一个很小的比例了。州政府和地方政府的税收收入比联邦政府更依赖于销售税。事实上，销售税是州政府和地方政府最重要的收入来源。

4. **公司税**（corporate taxes）主要是对公司利润征收的税金。公司税是政府收入中最小的来源之一，在 2012 年仅占联邦政府收入的 12.8%、州政府和地方政府收入的 2.2%。

5. **财政援助**（grants in aid）是联邦政府对州政府和地方政府的协助，对于州政府和地方政府来说这部分是收入，而对于联邦政府来说这部分是支出。财政援助在州政府和地方政府收入中占到了 19.4%。在总的政府预算中，联邦政府在财政援助上的支出刚好等于州政府和地方政府在财政援助上的收入，因此这些援助不会改变政府预算余额的总体规模。

预算赤字和盈余

联邦政府并没被要求平衡预算。当政府的收入超过支出时，政府就会有盈余。当政府的支出大于收入时，政府就出现了赤字。联邦政府的预算赤字在美国是一种常态（2012 年达到了 10 785 亿美元，如表 16-1 底部所示），这是因为联邦政府的支出通常都会大于税收收入。唯一的例外是 20 世纪 90 年代末，当时政府的预算存在盈余。

政府预算赤字的公式如下[①]：

赤字＝支出－税收收入

＝（政府购买＋转移支付＋净利息支付）－税收收入

$$= (G + TRANSFERS + INTEREST) - TAXES \qquad (1)$$

政府预算约束

尽管政府可以有赤字，但它仍然必须偿还债务。为提高用以购买产品和服务的收入，政府可以选择增加税收。政府还可以选择通过借贷来为赤字融资。由于政府通过（向公众或中央银行）出售（发行）债券来借款，从而增加了未清偿的政府债券的数量，因此，赤字等于政府债券存量的变化 ΔB。

---

① 政府预算赤字也有其他的衡量指标，本章的网络附录描述了这些衡量指标，见 www.pearsonglobaleditions.com/mishkin。

$$赤字 = \Delta B \tag{2}$$

更正式地，这个方程被称为**政府预算约束**（government budget constraint）。

政府债务的规模

一国负债总额的一个好指标是债务相对于可用于偿还债务的收入的量，其测度方式为名义债务相对于名义 GDP 的量，即**债务-GDP 比**（debt-to-GDP ratio）。

债务-GDP 比的变动有两个来源。第一，正如政府预算约束所表明的，更高的赤字导致了更大数量的未清偿政府债务，从而增加了债务-GDP 比（如果名义 GDP 保持不变）。第二，如果名义 GDP 增长（要么是因为实际 GDP 增长，要么是因为高通货膨胀），那么，保持政府债务数量不变就导致了债务-GDP 比的下降。

现在我们就来看看相对于美国 GDP 的美国政府债务是如何增长、下降后来又再次增长的。我们将会看到，在债务-GDP 比的这些波动中，赤字和名义 GDP 的增长都有重要作用。然后我们比较美国和其他主要工业化国家的债务水平。

□ 美国政府债务随时间的增长

预算赤字是历史上重大事件的反映，映射出战争、萧条以及政治意识形态改变等的影响。现在我们通过讲述从 1940 年到现在的预算赤字历史来回顾美国近来的历史。图 16-2 显示了 1940—2013 年的美国联邦政府赤字-GDP 比和债务-GDP 比。

在 1939—1945 年的第二次世界大战期间，为了打败德国和日本，美国联邦政府的支出翻了两番。赤字最高时占到 GDP 的 30%。部分增加的支出来自政府增加的税收，但是政府不想让当时的纳税人承担战争的所有费用。因此它借债来支付剩下的战争支出，从而使第二次世界大战期间联邦政府赤字-GDP 比达到了 20%～30%。如政府预算约束表明的那样，债务-GDP 比一飞冲天，超过了 100%。

在 1945 年第二次世界大战结束后，政府开始节制支出，预算回归平衡，从而政府债务存量基本保持不变。但高的实际 GDP 增长率和通货膨胀共同导致了名义 GDP 快速增长，这使债务-GDP 比在 20 世纪 70 年代中期降到了 30% 左右。

在 20 世纪 80 年代，大规模的赤字又卷土重来。在里根政府时期，大规模的收入税缩减政策使得这 10 年的平均赤字-GDP 比接近 4%。到 1993 年，债务-GDP 比上升到了 60% 以上。而克林顿政府大规模地提高税收使得政府获得了如此多的新收入，以至在 1997—2001 年联邦政府预算回到了盈余状态。债务-GDP 比下降到 55%。当 2002 年第二次伊拉克战争爆发时，政府支出再次激增。使赤字问题更为严重的是，布什政府实施了减税政策，导致在 2009 年他任期结束时赤字-GDP 比达到了 10%。于是，债务-GDP 比再次开始攀升，又由于奥巴马政府通过了一个大规模的财政刺激方案，因此债务-GDP 比在奥巴马政府执政的前几年里进一步上升。到 2012 年，债务-GDP 比达到 99%，并且这一比值预计未来还会进一步上升。在接下来 50 年里预算的前景很让人担心，正如下面的政策与实践案例表明的那样。

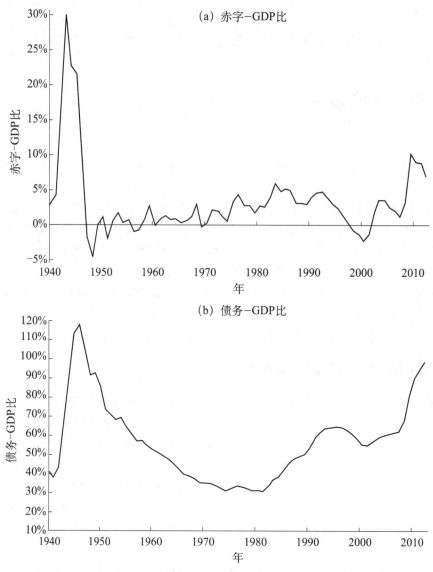

图 16 - 2　美国联邦政府赤字- GDP 比、债务- GDP 比，1940—2013 年

当预算赤字非常高的时候，如第二次世界大战和最近，债务- GDP 比上升。当赤字低的时候，高的实际 GDP 增长和通货膨胀使得债务- GDP 比下降。

资料来源：Economic Report of the President，Table B-79 at www.gpoaccess.gov/eop/tables09.html.

关于政府津贴的讨论：社会保障以及医疗保险和医疗补助计划

　　对联邦政府预算的公共讨论通常集中于现有的赤字。另一个考虑则是法律规定的提高养老金和医疗支出的政府责任，法律规定了政府在社会保障、医疗保险和医疗补助计划等项目上的支出。这些政府津贴项目的规模已经增长到占联邦政府支出的近一半。

　　在 1935 年社会保障项目建立时，它本来打算像养老金计划那样运作。工人需要将工资的一部分缴纳给一个信托基金，这个信托基金投资和维护这些钱直到工人们达到退休年龄。而事实上，社会保障总署立即将工人缴纳的大部分钱都发给了现已退休的人。只要有足够多工人的缴款足以支付全部的社会保障金，那么这种"现收现付"体系就可以运作得很好。

然而，从社会保障体系建立初期以来，人口状况发生了重大的改变：

1. 现在的退休人员比 20 世纪 30 年代的退休人员活得更长了，因此他们享受社会保障津贴的时间要长得多。

2. 现在有多得多的退休人员，这是第二次世界大战后出现的"婴儿潮"的结果。

3. 近些年来美国出生率在不断地下降，提高了**抚养比**（dependency ratio），即退休人员与缴纳社会保障金的工人之比。

由于以上原因，国会预算办公室预测，社会保障支出将从 2013 年占 GDP 的 4.9%提高到 2050 年的 5.9%，增加幅度在 20%以上，医疗保险和医疗补助计划的支出增长率预计甚至更高（更多细节参见图 16-3）。

近些年来，政策制定者和民选官员已经在讨论如何最佳地应对这一挑战并提出了多种改革方案。社会保障体系的改革方案有三种形式：（1）将社会保障信托基金投资于高收益（从而高风险）的资产；（2）将工人的社会保障税翻倍；（3）减少 1/3 的养老金。这三种方式都伴随着痛苦的权衡。如果社会保障信托基金投资于私人资产，而非低收益的美国国库券，那么如果资产价格突然下降，信托基金就会面临危机。社会保障税率的提高最终会将税收提高到如此高的水平以至工人们缺乏工作的激励。如果改革削减太多养老金或者将（退休后）能拿到养老金所要求的最低年龄提高得太多的话，那么社会保障体系这一安全网将会令很多老年人失望。然而，如果政策制定者什么都不做，预算赤字又几乎肯定会一飞冲天。[1]

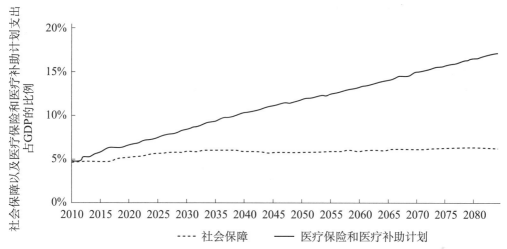

图 16-3 社会保障以及医疗保险和医疗补助计划支出占 GDP 的比例，2013—2080 年

据预测，社会保障支出估计值将从 2013 年占 GDP 的 4.9%提高到 2050 年的 5.9%，而医疗保险和医疗补助计划上的政府支出将从 2013 年占 GDP 的 5%提高到 2050 年占 GDP 的 12%。

资料来源：Long-Term Budget Outlook, Congressional Budget Office, 2011, at http：//www.cbo.gov/publication/42465.

---

[1] Martin Feldstein, "Structural Reform of Social Security," *Journal of Economic Perspectives* (Spring 2005)：33-55.

面临如此艰难的选择，就很容易理解为什么社会保障常常被描述为"政治的第三条轨道"了：碰到它就是死路一条。社会保障体系改革花的时间越长，问题就越严重，解决这个问题所需要的措施就越激烈。

保健成本的增长和政府医疗福利的增加使得医疗保险和医疗补助等卫生保健津贴面临着类似的问题，尽管这些项目的增长在未来对政府预算的影响比社会保障项目对政府预算的影响要大得多。据估计，这两个卫生保健项目的支出预计会从2013年占GDP的5％左右上升到2050年的12％，如图16-3所示。经过一场漫长的非常激烈的政治争论后，国会于2010年初通过了一项医疗改革方案，该方案使医疗保险的覆盖范围增加了3 000万人，同时提高了工资税，并且削减了对某些卫生保健提供者的补贴。这项法律会如何影响未来的卫生保健政府支出目前还不清楚。

□ 国际比较：政府债务的规模

相对于经济规模而言，美国政府债务数量高且在上升。美国政府债务与其他发达国家相比如何呢？自2007—2009年全球金融危机以来，各个国家的政府债务一直在变化。表16-2提供了2011年（撰写本书时能得到的最新数据）政府债务占GDP比例的国际比较。注意许多国家的债务-GDP比远高于美国，例如日本和意大利。可是，还有一些国家的债务-GDP比非常低，不到50％，例如挪威和卢森堡。美国的政府负债规模位列前1/3，2011年的政府债务-GDP比为103％。

表16-2　　　　　　　　30个发达国家2011年政府债务相对规模的国际比较

	国家	债务（占GDP的百分比）		国家	债务（占GDP的百分比）
1	日本	228	16	荷兰	76
2	冰岛	134	17	波兰	64
3	意大利	120	18	丹麦	62
4	加拿大	106	19	芬兰	58
5	英国	104	20	新西兰	49
6	爱尔兰	104	21	瑞典	49
7	希腊	104	22	斯洛伐克	48
8	美国	103	23	捷克	48
9	比利时	102	24	澳大利亚	47
10	法国	100	25	瑞士*	44
11	葡萄牙	98	26	土耳其	40
12	德国	86	27	墨西哥*	38
13	匈牙利	86	28	韩国	36
14	奥地利	80	29	挪威	34
15	西班牙	77	30	卢森堡	26

资料来源：Finance, OECD Stats, Organization of Economic Cooperation and Development at http：//stats. oecd. org/index. aspx. ＊标记的国家（瑞士和墨西哥）的数据是2009年的。

主权债务危机

主权债务危机（sovereign debt crisis）是指一国政府债务市场的崩盘。正如哈佛大学的卡门·莱恩哈特（Carmen Reinhart）和肯尼思·罗格夫（Kenneth Rogoff）在他们的经典著作《这次不一样：八百年金融危机史》（*This Time Is Different：Eight Centuries of Financial Folly*，Princeton，NJ：Princeton University Press，2009）中所记载的，主权债务危机已经伴随我们好几个世纪了。

为了理解主权债务危机是如何发展的，我们首先利用上一节的分析：该节表明，如果预算赤字增加或名义 GDP 下降，那么，一国的债务-GDP 比就会上升。然而，如果一个主权政府的债务-GDP 比上升到投资者开始担心该主权政府无法偿还其债务的点，那么，一个不利的反馈回路就会形成，从而引发主权债务危机。随着违约概率的上升，投资者纷纷抛售该国债券，由此引起的价格下降导致债务利率急剧上升。然后，政府对新发行的债务的利息支付也急剧上升，导致预算赤字的大量增加，这又导致债务-GDP 比的上升并使该国政府债务违约的可能性加大。这种局面可以用如下的示意图表示：

债务-GDP 比↑⇒违约概率↑⇒利息支付↑⇒赤字↑⇒债务-GDP 比↑⇒违约概率↑
⇒利息支付↑⇒赤字↑，等等

以上的发展动态最终导致这一主权债务市场崩盘和该国债务违约，对该国经济可能产生灾难性影响。正如如下的政策与实践案例所表明的，近来欧洲就出现了这种情景。

政策与实践

欧洲主权债务危机

2007—2009 年全球金融危机不仅导致了世界范围内的衰退，还导致了一场时下还威胁着欧洲稳定的主权债务危机。直到 2007 年，欧元区所有国家的利率都在向很低的水平趋同。然而，在这次全球金融危机中，欧元区有几个国家因经济活动的收缩而遭受重创，这减少了税收收入，而与此同时，政府对破产金融机构的紧急救援又要求额外的政府支出。由此产生的预算赤字的大增和债务-GDP 比的快速上升又导致了上面描述的不利反馈回路。[①]

欧洲第一张倒下的多米诺骨牌是希腊。2009 年 9 月，在经济已经因税收收入下降和支出需求增加而疲弱不堪的情况下，希腊政府预计该年的预算赤字将达到 GDP 的 6％且债务-GDP 比将接近 100％。然而，该年 10 月选举产生的新政府发现，由于前政府提供

---

① 对主权债务危机的动态学的讨论和欧洲债务危机的案例研究，参见 James D. Hamilton, Frederic S. Mishkin, and Peter Hooper, "Crunch Time：Fiscal Crises and the Role of Monetary Policy," *U. S. Monetary Policy Forum* (Chicago：Chicago Booth Initiative on Global Markets, 2013)。

的关于预算赤字和政府债务量的数字具有误导性，预算状况比任何人想象的都要糟糕得多：预算赤字与 GDP 之比至少是原来所报告的 6％ 的两倍，债务-GDP 比也比之前的报告值高 10 个百分点。尽管该国采取了意图大幅削减政府支出和提高税收的紧缩措施，但是，希腊债务的利率大涨，最终达到了接近 40％，2012 年债务-GDP 比攀升到了 160％。尽管有来自欧洲其他国家的救援和欧洲中央银行提供的流动性支持，希腊还是被迫将私人持有的希腊债务价值减记一半以上，该国也出现了民众暴乱和大规模罢工，总理也被迫辞职。

主权债务危机从希腊蔓延到了爱尔兰、葡萄牙、西班牙和意大利，这些国家的政府被迫采取紧缩措施以支持其公共财政，而利率也上升到了两位数的水平。直到欧洲中央银行行长马里奥·德拉吉在 2012 年 7 月的一次演讲中誓言不惜一切代价拯救欧元之后，市场才开始平静下来。不过，尽管利率急剧下降，这些国家还是经历了严重的衰退，失业率上升到了两位数的水平，西班牙甚至超过了 25％。欧洲主权债务危机给欧元区造成的压力引起了人们对欧元是否会存活下去的质疑，我们将在第 17 章回到这个主题。

财政政策和长期中的经济

美国的人均政府债务超过 50 000 美元且还在增长。偿付这些债务会损害经济吗？现在我们考虑关于长期债务对子孙后代负担的争论双方的观点。

□ 为什么高的政府债务不是一种负担

这场争论的一方认为，基于政府支出的方式，大量债务可能并不是乍看起来那么严重的一个问题。例如，为投资于**政府资本**（government capital）如高速公路、宽带网络或学校等实物资产而发行的政府债务将会提高经济未来的生产率。如教育等**人力资本**（human capital）投资则会提高工人的生产率，从而提高工资，这会产生额外的税收收入用于偿还政府债务。此外，政府最终将对美国家庭和企业（以政府债券的形式）持有的政府债务进行偿付，其方式是把未来的税收收入转移给这些债券持有者。如果那些缴税的家庭和企业也就是持有债券的家庭和企业，那么一只手缴纳的税收正好支付给了另一只手。

□ 为什么高的政府债务是一种负担

这场争论的另一方则有许多非常有力的论据指向不断上升的政府债务所带来的负担。

国民储蓄减少。我们从第 4 章的储蓄用途恒等式中了解到，国民储蓄，即私人储蓄与政府储蓄之和，等于投资加上净出口：

$$S = (Y - T - C) + (T - G) = I + NX \qquad (3)$$

$$国民储蓄＝私人储蓄＋政府储蓄＝投资＋净出口$$

当政府储蓄（$T-G$）因大量的预算赤字而为负时，国民储蓄就会降低，投资与净出口的总和就会降低。因此，由预算赤字导致的国民储蓄的减少可能降低私人投资，这种现象被称作**挤出**（crowding out）。由私人投资减少导致的资本存量的下降意味着经济在未来生产出的产品和服务将会更少，从而未来子孙的境况会更糟糕。

政府资本投资的价值。有理由怀疑政府利用债务进行的实物和人力资本投资是明智的。首先，大部分政府支出用于政府消费，即不会增加资本存量的政府现期支出（如在医疗保健和军事人员上的支出），或失业保险和社会保障支付等转移支付。其次，政府投资可能是没有生产性的。一些批评家嘲笑美国的政府支出充斥着政治分肥或浪费性支出。一个臭名昭著的政治分肥例子就是用来联结格拉维纳岛（Gravina Island）上 50 个居民与阿拉斯加的凯奇坎镇（Ketchikan）的"通向荒野之桥"，这个项目是立法委员于 2005 年向国会提出的，预计耗资 3.98 亿美元（也就是平均每个居民 800 万美元）。国会最终取消了关于这座桥的议案。但是，政府批准了很多这样的政治分肥型投资，这就意味着政府投资中的相当一部分不是很有生产性。

外债。尽管许多国家债务是欠本国人的，但方程（3）表明国民储蓄的减少也可能降低净出口，从而提高美国的外债。如我们在第 4 章中看到的那样，负的净出口是由国外对美国资产（特别是政府债券）的购买来提供资金的。导致国民储蓄下降的预算赤字随着时间的推移就可能增加美国的外债。中国已经成为美国国债的最大持有者，这代表子孙后代的负担相当大。

再分配效应。前面提到，认为高的政府债务不是一种负担的人的一个论据是，由于许多国家债务是欠政府自己的，因而赤字和不断上升的政府债务并不是一种负担。这个论据没有考虑到交税的人与持有政府债券的人可能并不相同。那些没有持有债券的人不得不交更高的赋税来偿还政府债券的本金和利息，而那些持有债券的人得到的利息与本金支付比他们交的税收要多。因此政府预算赤字与不断增加的政府债务涉及未来财富向政府债券持有者的转移。又因为债券持有者往往比没有持有债券的人富有，所以不断增加的政府债务导致了从相对贫穷的人到相对富有的人的财产再分配，这会使收入不平等加重。[①]

债务不耐。当政府债务相对于经济规模而言达到一定程度时，投资者可能开始担心政府拖欠债务和不能全额偿还债务，这被称为**债务拒付**（debt repudiation）。政府债务相对于经济规模达到何种程度时这种情况会发生则依赖于该国财政政策的历史。许多国家，如阿根廷就是一个重要的例子，一次又一次地拖欠债务。这样的国家常常被称为"违约惯犯"。之后，这些国家就会经历**债务不耐**（debt intolerance），这些国家即使在政府债务-GDP 比处于相对低水平时也不能出售它们的债务，因此这些国家在政府债务-GDP比处于很低的水平时也会有很大的可能性拖欠它们的政府债务。[②]许多新兴市

---

① 这种再分配现在甚至更严重，因为收入不平等近几年因为其他原因一直在加重，正如我们将在第 20 章讨论的那样。当然，其他增加富人税收的政策可以抵消这种收入不平等的加重。

② Carmen Reinhart，Kenneths S. Rogoff，and Miguel A. Savastano，"Debt Intolerance，" *Brookings Papers on Economic Activity* Vol. 1 （Spring 2003）：1-74.

场国家遭受了债务不耐：一次政府债务违约可以使这些国家陷入金融危机，从而对经济产生灾难性的影响。[1] 因此大规模的预算赤字和不断增加的政府债务会给这些新兴市场经济的健康运行带来很大的威胁。

负面激励效应。导致大量政府债务的高预算赤字增加了政府为了偿还债务而提高未来税收的需要。如果更高的税收产生了**扭曲**（distortion）——经济对最有效率的经济结果的偏离，那么更高的税收会伴随着经济的隐性成本。为了说明问题，考虑 40％的收入税。对于你挣到的每 1 美元，你自己只能拿到 60 美分，因此你可能会不那么努力工作，经济产出也会减少。类似地，如果一个投资者要为他在投资上所得的利润交 20％的资本利得税，那么这个投资者的投资愿意就会降低，因此资本存量和经济增长都会更低。随着时间的推移，这些所谓的**税收楔子**（tax wedge）——人们的劳动或投资所赚取的税后收益和税前收益之差——会降低经济效率和经济增长。

从本节中的讨论得到的结论是：尽管有理由认为不断增加的政府债务可能并不总是一种负担，但是它的确给经济带来了一些非常高的成本。

政策与实践

税收平滑化

高税率导致的扭曲为税收平滑化提供了一个很好的理由。**税收平滑化**（tax smoothing）是指在政府支出波动时保持税率相对稳定这样一项政策。考虑这样一个政府的融资选择，该政府计划对高速公路进行五年的巨资投入，然后在接下来的五年里恢复正常支出。这个政府有两种筹集资金的方法：（1）在接下来的五年里将税率从 20％提高到 30％，然后一旦高速公路支出完成就将税率调回到 20％；（2）将税收的增加平滑化，设定新的税率 25％，持续十年。这样政府将在整个十年的时间里平衡预算，但是在前五年政府会有很大的赤字，在后五年有很大的盈余。设定一个不变税率可以消除在这两个五年期间税率从 20％提高到 30％所带来的扭曲。

当政府支出可能只是暂时性偏高时，税收平滑化可以证明赤字的合理性。例如，在第二次世界大战期间，美国政府的预算赤字高达 GDP 的 20％～30％，正如税收平滑化所预测的那样。然而，当支出的上升被预期为永久性的时，税收平滑化并不能证明大规模政府赤字的合理性。政府支出的预期永久性上升必须通过税率上升来买单。否则，由此导致的预算赤字并不会有未来的盈余与之相抵消，从而导致政府债务的永久性上升，这将给子孙后代带来相当大的负担。因为这个原因，许多经济学家都支持现在提高税收来帮助支付未来在社会保障和医疗保险等政府津贴项目上的高支出。

---

[1] 这个议题在本书的一个网络章"新兴市场经济体中的金融危机"有进一步的讨论，见本书配套网站 www.pearsonglobaleditions.com/mishkin。

财政政策和短期内的经济

我们已经分析过了财政政策在长期如何影响经济。财政政策在短期也会对经济产生重要影响。我们在第 12 章中看到，扩张性财政政策，无论是减税还是政府支出的增加，都会使总需求上升，因而使总产出和通货膨胀率在短期内都上升。然而，这可能仅仅是故事的一部分。让我们用总需求-总供给分析来更深入地考察财政政策（如奥巴马 2009 年的刺激法案）对经济的影响。

□ 总需求和财政政策

图 16-4 显示了财政政策对经济的短期影响。例如，假定总需求下降且经济位于图中的点 1，此时总需求曲线为 AD_1，总产出为 Y_1，低于潜在产出水平 Y^P。政府可以采取以下两种政策之一，使在任意给定的通货膨胀率下总产出的需求量上升：政府可以减税或增加政府支出。收入税的减少可以提高家庭的可支配收入，从而导致更高的消费支出。政府支出的增加也直接增加了总需求。因此，总需求曲线从 AD_1 向右移动到 AD_2，如图 16-4 所示。减税和更高的支出都会使经济从点 1 移动到点 2。在点 2 处，总产出上升，回到潜在水平 Y^P，通货膨胀率上升到 π_2。

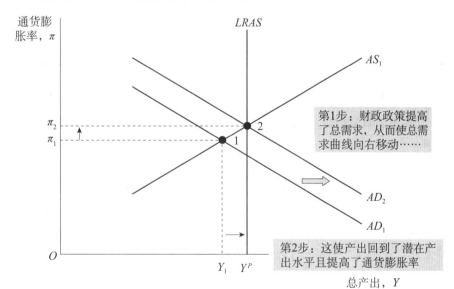

图 16-4 财政政策的扩张和短期内的经济

减税或政府支出的增加提高了总需求，使总需求曲线从 AD_1 向右移动到 AD_2，经济从点 1 移动到点 2。总产出从 Y_1 上升到 Y^P，且通货膨胀率从 π_1 上升到 π_2。

□ 支出乘数和税收乘数

在第 9 章，我们发现，当实际利率保持不变时，政府支出增加 1 万亿美元会导致均衡产出增加 2.5 万亿美元，乘数为 2.5。该章的方程（12）将这一乘数的一般形式写为

$1/$（$1-mpc$），由于边际消费倾向小于 1，所以这个值总是大于 1。我们把政府购买的变动引起的均衡产出的变动 $\Delta Y/\Delta G$ 称为**支出乘数**（expenditure multiplier）。

在第 9 章，我们也发现税收增加 1 万亿美元会使均衡产出减少 1.5 万亿美元，乘数为 1.5，它小于 2.5。**税收乘数**（tax multiplier）是指税收变动所引起的均衡产出的变动 $\Delta Y/\Delta T$，其绝对值总是小于支出乘数，因为支出的最初变动总是通过消费支出而发生的，这种由税收变动引起的消费支出的变动会小于税收本身的变动（变动比例等于边际消费倾向）。

许多凯恩斯主义经济学家认为支出乘数大于 1 且大于税收乘数的绝对值，但是其他经济学家并不同意。有两个原因可能导致支出乘数比第 9 章的分析所表明的要小：

1. 第 9 章的分析假设当政府购买或税收变动时实际利率保持不变。然而，我们在第 10～12 章的分析表明这一假设通常是不对的。当政府购买增加时，通货膨胀率上升，因此实际利率上升，这导致在投资、消费支出和净出口上私人支出的减少（被称为挤出），从而均衡产出只有一个更小的增加。[①]

2. 支出乘数可能更小的另一个原因是，家庭和企业预期到更高的政府购买将会导致更高的预算赤字，而更高的预算赤字需要用更高的税收来融资。结果，家庭和企业将会减少支出，再次导致一个更小的支出乘数。

这两个论据表明支出乘数可能比凯恩斯主义经济学家认为的要小。它可能小于税收乘数的绝对值，甚至可能小于 1。对支出和税收乘数的不同估计导致了对 2007—2009 年金融危机期间财政刺激方案的作用的不同观点，正如下面的政策与实践案例所讨论的那样。

政策与实践

2009 年关于基于税收还是基于支出的财政刺激方案的争论

在 2009 年上台执政时，奥巴马政府提出了一个财政刺激方案以快速启动经济。一场激烈的争论接踵而来，这场争论围绕着支出和税收乘数的相对大小以及应该通过减税还是增加政府支出来为经济提供更多刺激等话题展开。

共和党人更偏好于减税。他们认为减税可以立即提高可支配收入和刺激支出，并减少经济中的扭曲从而提高未来的潜在产出。而民主党人则认为增加政府支出可以直接增加总需求，因而比减税更能有效地刺激经济。民主党人还认为实物和人力资本的不足加重了经济衰退，这促使他们提出了增加政府在教育上的投资、改善卫生保健和应对全球变暖等方面的提案。

这些相反的观点得到了在不同部门工作的经济学家的支持。经济顾问委员会的主席同时也是奥巴马政府中的一员的克里斯蒂娜·罗默（Christina Romer）认为支出乘数远大于 1，在 1.5 的量级，比税收乘数的绝对值大。而其他一些不在奥巴马政府中的经济

[①] 在第 12 章的网络附录中给出了 AD-AS 模型的代数形式，该网络附录的方程（6）说明，$\Delta Y/\Delta G=1/$［$1-mpc+(c+d+\chi)\lambda\gamma$］，该值小于 $1/$［$1-mpc$］。在分母中多出的项 $(c+d+\chi)\lambda\gamma$ 表明，当产出上升时，通货膨胀率会上升，从而实际利率也会上升。

学家的研究得到了不同的结论：支出乘数小于 1，在 0.5 的量级，且小于税收乘数的绝对值。[1]

关于支出和税收乘数的规模的激烈争论最终达成了妥协：2009 年 2 月通过了一项 7 870 亿美元的财政刺激方案，即《美国复苏与再投资法案》，这项法案包含了 2 880 亿美元的减税和 4 990 亿美元的政府支出增加。

□ 零下限下的财政乘数

我们在第 13 章看到，当货币政策利率达到其零下限时（正如近些年发生的情况），货币政策所起的作用就大不一样。财政政策也是一样。这里我们考察当政策利率达到零下限时财政乘数如何变化（参见图 16-5）。

回忆第 13 章讲过，当达到零下限时，总需求曲线斜率为正而不是通常的为负，从而就产生了如图 16-5 所示的带拐点的总需求曲线。我们现在考察在如下两种情况下扩张性财政政策对总产出的影响，两种情况下总产出的初始水平均为 Y_1：

情形 1：起初，短期总供给曲线 AS_1 与总需求曲线 AD_1 相交于点 1，在该点，政策利率高于零，因此总需求曲线为通常的向下倾斜的形状。

情形 2：起初，短期总供给曲线 AS_1 与总需求曲线 AD_1 相交于点 1′，在该点，政策利率达到了零下限，因此总需求曲线为向上倾斜的形状。

让我们看看在每种情况下会发生什么。

扩张性财政政策，比如说政府支出的增加，将使图 16-5 中的总需求曲线向右移动到 AD_2。对于情形 1，经济移动到 AD_2 和 AS_1 的交点，总产出从 Y_1 上升到 Y_2。对于情形 2，经济移动到 AD_2 和 AS_1 的交点，总产出从 Y_1 上升到 $Y_{2'}$。

你立即会注意到 $Y_{2'}$ 比 Y_2 大得多，于是有如下结论：政策利率达到零下限时的财政乘数比没达到零下限时大得多。这一结论背后的直觉是什么呢？在情形 1，当扩张性财政政策导致通货膨胀率从 π_1 上升到 π_2 时，在经济从点 1 移动到点 2 的过程中，货币当局遵循泰勒原理从而实际利率上升。实际利率的这一上升抑制了投资，因此总产出的增加更小。这一分析可以用如下的示意图描述：

$$G\uparrow \Rightarrow \pi\uparrow \Rightarrow r\uparrow \Rightarrow I\downarrow \Rightarrow Y\uparrow \text{增加更小数量}$$

相反，当政策利率达到零下限时，货币当局希望政策利率比零还低，因此，当通货膨胀率上升时，它们把政策利率固定在零的水平。现在，当通货膨胀率从 $\pi_{1'}$ 上升到 $\pi_{2'}$ 时，实际利率下降，从而刺激了投资，这使总产出进一步增加。这一分析可以用如下的示意图描述：

$$G\uparrow \Rightarrow \pi\uparrow \Rightarrow \text{政策利率固定在零} \Rightarrow r\downarrow \Rightarrow I\uparrow \Rightarrow Y\uparrow \text{增加更大数量}$$

当政策利率达到了零下限时财政乘数应该大得多这一结论可以解释为什么近些年里经济学家对财政乘数的大小有不同的观点。那些分析了政策利率达到了零下限时财政政策的影响的经济学家更可能认为财政乘数大于 1，而那些对政策利率高于零的时期的财

---

① 这场争论以及关于支出和税收乘数的大小的研究在下面的论文中进行了讨论：Sylvain Leduc, "Fighting Downturns with Fiscal Policy," *Federal Reserve Bank of San Francisco Economic Letter*，2009 - 2020（June 19, 2009），该论文在 www.frbsf.org/publications/economics/letter/2009/el2009-20.html 可以找到。

政政策影响进行分析的经济学家更可能认为财政乘数小于1。因此，对零下限下的财政乘数所做的分析与关于2009年财政刺激方案的争论密切相关，它对关于近些年来欧洲主权债务危机后欧洲出现的财政紧缩的争论尤为重要。我们将在本节稍后的一个政策与实践案例中对欧洲的财政紧缩进行讨论。

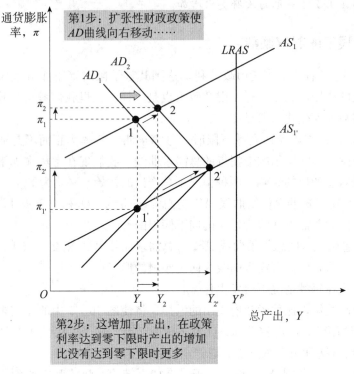

图 16 - 5　财政扩张和零下限

扩张性财政政策使得总需求曲线从 AD_1 向右移动到 AD_2。在情形 1，经济初始位置为点 1，此时政策利率高于零下限，经济移动到点 2，总产出上升到 Y_2。在情形 2，经济初始位置为点 1'，此时政策利率达到了零下限，经济移动到点 2'，总产出上升到 $Y_{2'}$，它高于 Y_2。因此，本图证明，当政策利率达到零下限时财政乘数更高。

□ 总供给和财政政策

现在我们将说明财政政策也会影响总供给。具体来说，减税可能会影响短期和长期的总供给曲线。考虑经济位于图 16 - 6 中点 1 的情形，此时总产出 Y_1 低于潜在产出水平 Y^P。**工资税**（payroll tax）（如社会保障税等对工资征收的税收）的暂时性削减所起的作用如同我们在第 12 章介绍过的暂时性正向供给冲击：它减少了生产的工资成本，降低了每个总产出水平下的通货膨胀率，因此图 16 - 6 中的短期总供给曲线向右下方移动，从 AS_1 移动到 AS_2。[1] 因为工资税的削减提高了可支配收入从而提高了消费支出，所以它也增加了总需求，使图 16 - 6 中的总需求曲线从 AD_1 向右移动到 AD_2。因此，经济从

---

[1]　这里分析的是工资税的暂时性削减。如果工资税削减是永久性的，那么我们得到相同的结论：产出上升，通货膨胀率可能下降。然而，永久性的工资税削减可能有更有利的影响。在这种情况下，企业的劳动成本的永久性下降可能导致长期总供给曲线向右移动，由此产生的更高的未来收入又可能引致家庭和企业支出更多，从而进一步增加总需求。结果将会是产出增加更多而通货膨胀率下降更多。

点 1 移动到点 2，在点 2 处总产出上升到 Y^P，但是与图 16 - 4 不同的是，通货膨胀率不一定会上升。如果总供给曲线向右下方移动的幅度充分大，通货膨胀率甚至可能下降，从而通货膨胀率 π_2 就会低于最初的水平 π_1，如图 16 - 6 所示。

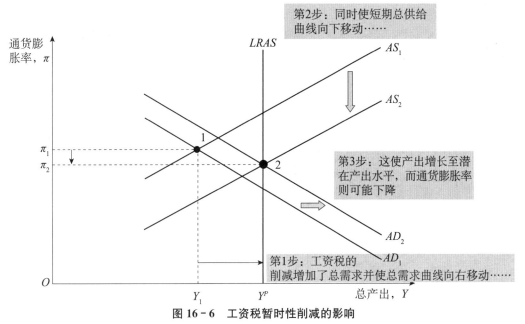

图 16 - 6　工资税暂时性削减的影响

　　工资税的削减使总需求曲线从 AD_1 向右移动到 AD_2，同时也使短期总供给曲线向右下方移动，从 AS_1 移动到 AS_2。因此，经济从点 1 移动到点 2，总供给曲线向右下方移动的幅度可能充分大从而使点 2 处的通货膨胀率 π_2 低于最初的水平 π_1。

□ 供给侧经济学和财政政策

　　一些**供给学派**（supply-sider）的经济学家认为减税对总供给的有利影响更大，阿瑟·拉弗（Arthur Laffer）是其中最著名的代表。供给学派相信，哪怕是没有直接降低成本的税率削减（如削减收入税）也会提高总供给和总需求。我们在图 16 - 7 中展示了减税的供给侧分析。收入税削减使图中的总需求曲线从 AD_1 向右移动到 AD_2，同时引致了更多的投资，提高了工作努力程度，从而对总供给产生了一个大且正向的永久性影响。在第 12 章中我们分析了永久性总供给冲击的影响。收入税税率的削减提高了长期总供给，使长期总供给曲线从 $LRAS_1$ 移动到 $LRAS_2$，如图 16 - 7 所示。然后，通货膨胀率的下降会增加短期总供给，使短期总供给曲线从 AS_1 向右下方移动到 AS_2。因此，同时提高了总需求和总供给的税率削减是高度扩张性的。在图 16 - 7 中的点 2，总产出上升到 Y_2，而通货膨胀率 π_2 可能低于初始水平 π_1。[①]

　　一些供给学派的经济学家（如阿瑟·拉弗）相信，由税率削减导致的总产出的增长是如此之大以至税基（应纳税收入）将增加得足够多，从而使税收收入在税率削减的情况下反而增加。因而税率的削减就可以实现自我融资：减税不会增加预算赤字。这种

---

　　① 通货膨胀率下降是如下假设的结果：长期总供给曲线移动得比总需求曲线多。

"鱼与熊掌可以兼得"的描述是饱受争议的。尽管税率削减对总供给可能有一些永久性的影响，但大部分经济学家相信税基的增加不足以抵消税率的降低，因而税收收入很可能会下降而非上升。但是，供给学派的推理表明因降低税率导致的税收收入减少有可能会被部分抵消。

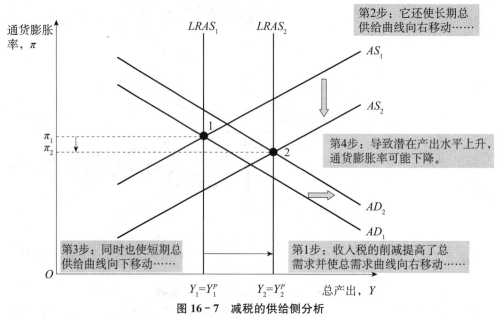

图 16-7　减税的供给侧分析

供给学派相信收入税的削减同时提高了总需求和长期总供给。总需求曲线从 AD_1 向右移动到 AD_2，长期总供给曲线从 $LRAS_1$ 向右移动到 $LRAS_2$，短期总供给曲线从 AS_1 向右向下方移动到 AS_2。经济从点 1 移动到点 2：总产出从 Y_1 大幅上升到 Y_2，通货膨胀率甚至可能从 π_1 下降到 π_2。

□ 平衡预算：扩张性的还是紧缩性的

我们对财政政策的影响所做的总需求-总供给分析表明，由减税或政府支出增加引起的预算赤字上升在短期内是扩张性的。于是，我们会预期平衡政府预算会是紧缩性的，因为这要求我们降低总需求。

这种观点是否总是正确的？不一定：它并没有考虑平衡预算可能会产生有利的未来效应，这些有利的未来效应将会影响家庭和企业今天的行为，特别是在用来平衡预算的政策可持续的条件下。预算赤字的持续性减少意味着政府不必增加税收来为未来的赤字融资。因而预算赤字的持续性减少，不管是由政府支出的减少还是由税收的上升引起的，都意味着未来税收会更低。因为低税收将增加资本形成和减少经济中的扭曲，正如我们将在第 19 章看到的那样，所以平衡预算的措施所起的作用就像是一次永久性的正向供给冲击。图 16-7 显示，一次永久性的正向供给冲击增加了长期总供给，引起短期总供给曲线向右下方移动。然而，当家庭和企业看到了政府支出的永久性缩减时，它们会预期总产出将增加，原因是长期总供给增加了。这种对未来总产出增加的预期可能会抵消政府支出缩减或税收增加对总需求的负面影响，所以家庭和企业就会充分提高它们的支出以增加总需求。这样的话，这里的分析就和我们在图 16-7 中看到的完全一样了，经济移动到点 2，总产出增加到 Y_2。这种情况并不只是理论上的，正如下面的政策与实践案例所表明的那样。

扩张性财政紧缩的两个例子：丹麦和爱尔兰

在 1982 年的丹麦，一个保守派政府开始执政，开始实施一个重要的财政紧缩计划，这使预算赤字占 GDP 的比例在接下来的四年里降低了 15%。这项措施并没有如传统分析所表明的那样引起经济活动的收缩；相反，在 1983—1986 年，实际 GDP 平均增长率高达 3.6%。尽管更高的税收引起了可支配收入的减少，但是消费支出快速增长，同时投资也大增。

几年后的爱尔兰也有类似的经历。1987 年新总理查尔斯·豪伊（Charles Haughey）实施了一项严厉的紧缩计划，这个计划使赤字占 GDP 的比例减少了 7%。之前陷入滞胀的爱尔兰经济开始增长。在这次财政紧缩之后，爱尔兰经历了所谓的"爱尔兰奇迹"，爱尔兰也因其经济有着如此让人印象深刻的增长率而获得了"凯尔特之虎"的美称。

这两个案例都表明财政紧缩可能是扩张性的，因为财政紧缩降低了未来的税收并增加了总需求与长期总供给。虽然对于这是不是丹麦和爱尔兰经历背后的全部故事还存在争论，但是它确实说明，真的有可能存在一个机制使原本是紧缩性的财政政策对经济活动具有扩张性的效果。[①]

关于欧洲财政紧缩的争论

作为提供金融救助的一个条件，希腊、爱尔兰、意大利和西班牙等经历了本章前面描述的主权债务危机的欧洲国家被要求立即通过削减支出和增加税收来减少各自的预算赤字。这些紧缩措施在欧洲引起了经济学家、公众和政治家之间的激烈争论。

支持紧缩措施的人看到了紧缩的三个重要好处。第一，平衡的预算将消除对债务违约的忧虑，从而有助于降低利率，这将刺激总需求和有助于增加经济活动。第二，赤字的下降将导致主权债务危机的结束，从而降低关于市场可能崩盘的不确定性，这应该有助于刺激投资支出。第三，今天控制支出意味着不需要用未来的税收来为之买单，对未来更低的税率的预期又将鼓励家庭和企业今天支出更多。正如前一个政策与实践案例所讨论的，过去有些财政紧缩可能是扩张性的。

批评财政紧缩的人认为，为了减少预算赤字而削减支出和增加税收并没有达到预期目标，原因是紧缩导致的经济收缩已经造成了许多艰难困苦。他们认为财政乘数很高，特别是对政策利率已经接近于零下限的那些欧元区国家来说尤其如此。整个欧元区的政策利率被设定在某一特定水平，因而对每个国家来说是固定的。由于一国的紧缩性财政政策不但直接减少了支出而且导致该国的实际利率在通货膨胀率下降时上升，从而减少

[①] 对这两个例子的分析可参见 Francesco Giavazzi and Marco Pagano，"Can Severe Fiscal Contractions Be Expansionary? Tales of Two Small European Countries," *NBER Macroeconomics Annual* （1990）：75 - 122。

了支出并使总供给曲线进一步向左移动，因此对零下限下的财政乘数的分析是重要的。

批评财政紧缩的人还担心，过于紧缩的财政政策可能因为如下两个原因不会导致财政上的巩固。第一，紧缩导致的经济活动的减少可能大量减少税收收入以至预算赤字不会下降。第二，哪怕预算赤字大幅减少了，但是，经济活动的减少降低了名义 GDP，从而导致债务-GDP 比上升。

关于欧洲的财政紧缩的争论不仅出现在神圣的学术界和政策制定机构，还出现在街道上。罢工和（有时是带有暴力的）游行示威在欧洲频繁出现，一些反对紧缩措施的曾经不知名的政党在政治选举中获得了惊人的成功。

预算赤字和通货膨胀

增加预算赤字的扩张性财政政策，不管是减税还是政府支出的增加，都会使通货膨胀率在短期内上升。然而，如我们在第 13 章讨论的那样，只要货币政策关注价格稳定并采取措施控制通货膨胀，那么通货膨胀率在长期就不会上升。但是，当预算赤字太大的时候，货币当局就不能在长期控制通货膨胀了，正如我们在本节中将看到的那样。

□ 政府发行的货币

为了说明通货膨胀率和预算赤字面临的挑战，让我们回到方程（2）所表示的政府预算约束（赤字＝ΔB）。我们将对这个方程进行修改以反映为债务融资所发行的债券（ΔB）要么卖给私人投资者（$\Delta B_{投资者}$）要么卖给中央银行（$\Delta B_{中央银行}$）。也就是说：

$$赤字＝\Delta B＝\Delta B_{投资者}＋\Delta B_{中央银行} \tag{4}$$

如果私人投资者不愿意购买政府为债务融资而需要发行的所有政府债券，同时中央银行要么愿意要么被迫购买剩下的政府债券，那么，$\Delta B_{中央银行}$ 就是正的，中央银行将通过发行货币 ΔM 来为购买债券买单。[①] 也就是说：

$$\Delta B_{中央银行}＝\Delta M$$

用 ΔM 替换方程（4）中的 $\Delta B_{中央银行}$，我们就得到了对政府预算约束的一个新刻画：

$$赤字＝\Delta B＝\Delta B_{投资者}＋\Delta M \tag{5}$$

这个政府预算约束方程告诉我们，政府预算赤字要么通过向私人投资者出售政府债券（$\Delta B_{投资者}$）来融资，要么通过发行货币（ΔM）来融资。我们更经常地把发行货币的方式称为**印钞**（printing money）。用"印"这个词是有点误导性的——重要的不是印钞票，而是中央银行发行货币使政府能够购买产品和服务。我们将政府从发行货币中得到的收入称为**货币铸造税**（seignorage）。[②] 由于中央银行实际上是通过购买政府债券并用货币为其买单的方式发行货币的，所以印钞被称为**债务货币化**（monetizing the debt）。

---

① 更确切地说，这里所说的货币 M 被称为高能货币，它等于流通中的通货加上银行系统的准备金总额。高能货币通过货币乘数直接与货币供给相联系，我们在第 5 章的附录对此有讨论。

② 这个词来自法语单词"seigneur"，它在法语中的意思是"封建领主"，在中世纪领主有铸造货币的权力。

现在让我们来看一下，如果政府想购买 1 000 亿美元的医疗保险，但又不想通过增加税收来为其买单，而且民众也不愿购买其债券，将会发生什么？政府将会通过中央银行印钞，发行 1 000 亿美元的通货来为医疗保险买单。

正如我们在第 5 章中看到的那样，印钞会影响通货膨胀。在长期，通货膨胀率与货币供给增长率的运动非常接近：

$$\pi = \Delta M / M \tag{6}$$

因此由印钞来融资的大规模预算赤字会导致高通货膨胀。确实，在第 5 章我们引用过近期津巴布韦恶性通货膨胀的例子。在恶性通货膨胀的所有例子中，通货膨胀的根源都是由大规模的预算赤字导致的非常高速的货币增长。

□ 来自货币铸造税的收入

政府从货币铸造税中能得到多少实际收入呢？为回答这个问题，我们需要整理方程（6）。首先，在方程（6）两边同时乘以 M，得到：

$$\Delta M = \pi \times M \tag{7}$$

然后两边同时除以价格水平 P，我们得到：

$$\Delta M / P = \pi \times (M / P) \tag{8}$$

方程（8）告诉我们，从印钞得到的实际收入（$\Delta M / P$）等于通货膨胀率（π）乘以实际货币余额量（M / P）。这个方程解释了为什么经济学家也把货币铸造税称为**通货膨胀税**（inflation tax），这是因为增发货币引起的更高的通货膨胀率相当于对货币余额的持有者征税，货币余额的实际价值下降了。对于任何税收，实际收入都等于税率乘以实际税基。在方程（8）中我们看到了这种关系，在这里，税率就是通货膨胀率，实际税基就是实际货币余额量。

直觉上，如果我们意识到家庭和企业持有的货币余额的价值每年会以通货膨胀率的速度下降，那么我们就可以看到政府在征收这种通货膨胀税。货币余额持有者损失的实际值总计等于方程（8）的右边，这就相当于对货币余额持有者征税。政府通过通货膨胀税得到的收入等于方程（8）的左边，因为政府已经用实际价值为 $\Delta M / P$ 的新印货币购买了实际的产品和服务。

当政府有着高预算赤字时，人们就会担心政府会利用通货膨胀税来取得收入。这种忧虑导致人们呼吁采取旨在防止高政府预算赤字的措施。

预算赤字和李嘉图等价

到目前为止，我们讨论了财政政策和预算赤字在短期和长期如何影响经济的传统观点。然而，哈佛大学的罗伯特·巴罗（Robert Barro）教授认为某些类型的财政政策，特别是由减税引起的预算赤字，可能不会对经济产生多大的影响。他的论点——他以讨论了这种可能性的 19 世纪的伟大经济学家大卫·李嘉图的名字将其命名为**李嘉图等价**

（Ricardian equivalence）——表明减税对支出和国民储蓄没有影响。

李嘉图等价是建立在消费者对他们的行为非常具有前瞻性并且在支出决策中会将现有可支配收入和未来收入都考虑进去这一观点之上的。[①] 为理解李嘉图等价背后的原理，假定政府今天减税，且不改变政府现在和未来的支出。具有前瞻性的消费者将会意识到现在的预算赤字将由未来更高的税收来买单。当消费者意识到自己在未来不得不支付这些税收时，他们明白尽管现在的可支配收入 $Y-T$ 上升了，但未来的可支配收入会下降。因此，他们不会改变支出行为，而是现在多储蓄用于支付那些未来的税收。

□ 李嘉图等价的启示

李嘉图等价的观点对税收的改变如何影响（1）总需求、（2）国民储蓄和子孙后代的负担以及（3）通货膨胀有很重要的启示。

总需求。李嘉图等价暗示着减税对家庭支出影响甚微，从而不会导致总需求的上升。因此李嘉图等价对减税是否通过增加消费支出产生扩张性影响（如图 16-4 中总需求-总供给分析表明的那样）提出了质疑。李嘉图等价并没有排除具有影响总供给特征的减税对产出和通货膨胀会产生供给侧影响。

国民储蓄和子孙后代的负担。李嘉图等价也暗示，由于减税不会影响国民储蓄，由此导致的预算赤字（如果政府支出不改变）不会成为子孙后代的负担。也就是说，减税对消费支出和总产出没有什么影响：当税收减少从而政府储蓄（$T-G$）也减少时，私人储蓄（$Y-T-C$）会上升同样的数量。因此，国民储蓄，即政府储蓄与私人储蓄之和，将保持不变。正如我们从方程（3）可以看到的，因为国民储蓄保持不变，减税不会挤出私人投资或导致必须由更多外债来融资的更低的净出口。

通货膨胀。第三个启示是只有当政府用于为预算赤字融资的债券卖不出去时，由减税引起的预算赤字才会引起通货膨胀。当减税引起预算赤字上升时，通货膨胀率不会上升：现在的税收减少会使消费支出维持不变并引致更多的储蓄。但家庭会将增加的储蓄放在哪里呢？它们会将储蓄放入债券市场。因此，今天的减税导致家庭购买更多的政府债券，从而政府就没有必要印钞来为减税引起的预算赤字融资。于是，减税没有导致更高的货币供给增长，也就不会产生通货膨胀。

□ 对李嘉图等价的反对意见

尽管李嘉图等价是一个非常漂亮的理论，但是有几条重要的反对意见支持"减税会增加消费支出、降低国民储蓄以及给子孙后代造成负担"这一传统观点。

短视。李嘉图等价要求人们意识到今天更低的税收就意味着明天更高的税收，因此事实上人们的境况并没有变好也就不会改变他们的支出计划。但是如果人们是短视的或者就是不明白今天更低的税收意味着明天更高的税收呢？更低的税收很可能会让大部分人感觉境况改善了，于是他们会支出更多。这样一来，与李嘉图等价的结论相反，不仅减税是扩张性的，而且私人储蓄的增加量会小于政府储蓄的减少量，从而导致国民储蓄

[①] 在第 18 章我们将更为详细地探究关于消费的这一观点。

的下降。这样，减税和由此产生的预算赤字就会对子孙后代造成负担。

借款约束。 即使人们具有前瞻性且意识到了今天更低的税收就意味着明天更高的税收，当今天因为缴纳的税收减少而有了更高的可支配收入时，他们仍然有可能会支出更多。当他们面临**借款约束**（borrowing constraint，这一约束阻止人们全额借到他们想要的借款）时，支出增加就会发生。假定勒罗伊（Leroy）面临着借款约束，且他未来的收入比现在的收入高很多，这也是很多学生面临的问题。因为他没有办法借到钱，所以他的支出不可能大于他现有的收入。而现在减税增加了他的现有收入，使他愿意也能够支出更多。如果人口中有相当一部分人面临着借款约束（这看起来是合理的），那么减税就会刺激支出并且降低国民储蓄。

对子孙后代的关心。 现在的减税并不会意味着政府会在不久的将来增加税收。事实上，到开始提高税收来支付预算赤字的时候，现在那些享受减税好处的人有许多可能已经不在人世了。今天这些人支出更多就会非常开心。毕竟，如果现在的人不关心未来的子孙后代，他们的境况就会因为减税而变好。于是，减税造福于现在的人，不过却是以子孙后代为代价的。

罗伯特·巴罗通过指出我们确实关心我们的子孙后代来反驳这一论点。事实上，很多人都会给他们的子孙后代留下大笔遗产，这表明他们将子孙后代的福利看得和自己的一样重要。在这种情况下，今天更低的税收会使他们今天储蓄更多且不会提高支出。然而，也有很多人不会留下遗产，这可能是因为他们没有财产、没有孩子或不爱他们的孩子，或者预期他们的孩子会比他们更富有。当现在的减税给了他们更多收入时，他们不会增加自己的储蓄而是支出更多，这给子孙后代造成了更大的负担。

☐ 李嘉图等价的结论

对减税是不是扩张性的、是否会导致国民储蓄的下降的争论都集中在消费者的行为上。如果他们具有前瞻性，没有受到借款约束的限制，很关心他们的子孙后代，那么李嘉图等价就是成立的，减税就不会给子孙后代带来负担。相反，如果他们是短视的，或面临着借款约束，或不关心子孙后代，那么减税就会增加消费支出，降低国民储蓄，并且给子孙后代带来负担。关于李嘉图等价的经验证据是混合的，正如下面的政策与实践案例所表明的那样。

政策与实践

布什政府的减税政策和李嘉图等价

2001 年和 2003 年，国会通过了布什政府提出的永久性减税法案。李嘉图等价预期家庭储蓄应该会怎么变化呢？

根据李嘉图等价理论，为了支付更高的预算赤字所要求的未来税收的增加，家庭应该储蓄更多。然而，2003 年就已经低到只有个人可支配收入的 3.5％ 的家庭储蓄在 2004—2007 年期间甚至进一步下降到平均只有 2.2％。乍一看，家庭并没有像李嘉图等价暗示的那样行动。人们的行为看起来很符合关于财政政策和政府赤字如何影响经济的传统观点。

然而，跟经济学中的常见情形一样，由于其他因素的存在，这一时期的证据不是决定性的。住房价格的上涨和股票市场的繁荣增加了人们的财富，这可能引致了家庭减少储蓄。或者，也许是因为人们预期更低的税收会导致未来的政府支出下降，如布什总统承诺的那样，于是他们觉得减税会使他们的境况变好（因为未来的可支配收入会更高）。对于是传统观点还是李嘉图等价占主导地位的争论仍在继续。

本章小结

1. 政府赤字等于政府支出减去税收收入：赤字＝支出－税收收入＝$(G + TRANSFERS + INTEREST) - TAXES$。政府预算约束告诉我们，政府可以通过卖债券给私人投资者或印钞来为赤字融资，即赤字＝公众和中央银行手中债券（债务）的变化量＝ΔB。

2. 在第二次世界大战期间，联邦政府支出大幅度增加了预算赤字，使债务－GDP 比超过了 100%。后来，因为 GDP 的迅速增长且政府的债务存量相对没怎么变化，债务－GDP 比开始下降。近些年来，大规模的预算赤字提高了债务－GDP 比。因为社会保障以及医疗保险和医疗补助计划等政府津贴，这一比例可能会进一步上升。尽管近些年政府的债务相对于经济规模而言有所上升，但美国的债务－GDP 比仍然比许多其他国家低。

3. 充分高的债务－GDP 比提高了债务违约的概率，这导致债务利率急剧上升，后者又提高了政府的利息支付和赤字，这又引起债务－GDP 比上升，如此等等，直到政府债务市场崩盘。主权债务危机就发生了。

4. 尽管一些政府支出投资于资本且许多政府债务由美国家庭持有，这暗示着政府债务可能不会给子孙后代带来负担，但是由于其他原因，政府债务会成为一种负担。第一，政府预算赤字可能挤出私人投资从而降低未来的资本存量，导致未来生产的产品和服务减少。第二，并不是所有的美国政府债务都由美国家庭持有，由外国持有的政府债务是子孙后代的负担。第三，不断上升的政府债务涉及未来对债券持有者的偿付，而债券持有者往往比不持有债券的

人更富有，所以这就涉及从较贫穷的人到较富有的人的再分配。第四，政府可能遭受债务不耐，以至不断上升的债务会导致债务违约，而债务违约可能引发对经济产生灾难性影响的金融危机。第五，高的政府债务水平会使未来税收增加从而导致经济效率下降。这种由高税率引起的扭曲为税收平滑化提供了依据，税收平滑化是指当政府支出暂时性波动时保持税率相对稳定。

5. 在短期财政政策对经济有重要影响。传统观点认为扩张性财政政策如减税或政府支出增加会提高总需求，从而导致更高的产出和更高的通货膨胀率。当政策利率达到零下限时，财政乘数可能会更大。减税对总供给可能产生的影响有可能使减税更具扩张性，原因是减税导致长期总供给增加。供给学派认为减税的扩张性影响如此之大以至减税可能不会增加预算赤字。这种观点是饱受争议的。总供给效应确实表明某些时候平衡预算可能会是扩张性的。

6. 如果政府不能通过发行债券为其预算赤字融资而只能运用印钞的方式，那么预算赤字会导致通货膨胀。通过印钞为赤字融资被称为通货膨胀税，因为由此产生的更高的通货膨胀率相当于对货币余额持有者征税（这些货币余额的实际价值会降低）。从印钞得到的实际收入是 $\Delta M/P = \pi \times (M/P)$。

7. 与认为减税会导致支出增加的传统观点相反，李嘉图等价认为减税对支出没有影响。李嘉图等价基于这样一个观点：消费者非常具有前瞻性，因此今天的减税会引起对未来税收增加的预期。当消费者意识到在长期减税不会使他们

更富有时，他们就不会支出更多。李嘉图等价暗示着减税不会影响总需求，导致的私人储蓄增加量等于政府储蓄的减少量，于是国民储蓄不变。因此，减税不会给子孙后代带来负担。李嘉图等价也预示着减税不会导致通货膨胀率的上升，因为由此引起的私人储蓄的上升使政府可以通过卖债券而非印钞的方式为其赤字融资。对李嘉图等价的反对意见包括：消费者是短视的，会面临借款约束，不关心子孙后代。

关键术语

政府购买	转移支付	政府津贴
财政援助	净利息支付	个人税
社会保险缴款	对生产和进口征收的税	关税
公司税	政府预算约束	债务-GDP 比
抚养比	主权债务危机	政府资本
人力资本	挤出	债务拒付
债务不耐	扭曲	税收楔子
税收平滑化	支出乘数	税收乘数
工资税	供给学派	印钞
货币铸造税	债务货币化	通货膨胀税
李嘉图等价	借款约束	

复习题

政府预算

1. 阐述政府支出的组成，然后试着找到图 16-1 所示的政府支出跨国差别的原因。

2. 定义预算赤字并阐述它与公共债务的关系。

政府债务的规模

3. 看一下表 16-2 中的数据。对于经济增长缓慢从而财政刺激可能很有用的国家（如意大利和希腊），债务-GDP 比高意味着什么？

财政政策和长期中的经济

4. 评估政府债务对子孙后代的负担应考虑哪些论据？

财政政策和短期内的经济

5. 政府通过改变政府支出和税收如何能提高总产出的需求量？为什么支出乘数与税收乘数会不同？

6. 减税影响的供给侧分析与只关注减税对总需求影响的分析有何不同？

7. 平衡预算是不是一项紧缩性的宏观经济政策？

8. 为什么政策利率达到零下限时财政乘数更高？

预算赤字和通货膨胀

9. 什么决定了预算赤字长期内是否会引起通货膨胀？

预算赤字和李嘉图等价

10. 关于减税（和预算赤字）影响的李嘉图等价观点与传统观点有何不同？对李嘉图等价观点的反对意见有哪些？

习题

政府预算

1. 2011 年印度政府支出为 3 050.75 亿美元，总收入为 1 945.77 亿美元。假定政府购买为 2 175.80 亿美元，转移支付为 500.00 亿美元，净利息支付是 374.95 亿美元。计算政府的赤字及其基本赤字（注：指不包括任何利息支付的赤字，正文中未提及此概念）。

2. 定义挤出，解释为什么在评估政府支出的经济影响时它很重要。一个相关的讨论是支出乘数和税收乘数的大小。为什么在决定危机后如何使用财政政策时这两个乘数的大小很重要。

3. 政府赤字的定义是一个有争议的问题。若将社会保障税看成是"强制性的给政府的贷款"，将福利支付（如医疗保险和社会保障福利等）看成是"本金与利息的偿还"，这对政府赤字的衡量有什么影响？

政府债务的规模

4. 一些经济学家认为，许多工业化国家的财政当局正在采取的政策是不可持续的。他们认为有必要采取猛烈的举措来控制当前和未来的政府负债的快速增长。这也会减轻它们对长期增长和货币稳定性的不利影响。请对这一表述进行评论。

财政政策和长期中的经济

5. 考虑英国政府的"英国超快宽带前景"计划，根据该计划，到 2015 年英国将建成欧洲最好的宽带网络。
   (a) 这个计划应该被认为是政府消费还是政府投资？
   (b) 描述这项支出对政府债务负担的影响。

6. 对美国政府为自己的预算赤字融资的能力的担忧可能导致美国国库券利率上升。
   (a) 解释美国国库券利率上升对政府赤字的影响。
   (b) 对美国政府为赤字融资能力的不信任有什么长期影响？

财政政策和短期内的经济

7. 假设支出乘数和税收乘数的估计值分别是 0.75 和 0.5。
   (a) 你会推荐基于减税还是基于政府支出增加的扩张性财政政策？
   (b) 假定现在有充分的证据证明经济中存在挤出效应，你对问题（a）的回答将如何改变？

8. 一个致力于长期财政克制（即低或零预算赤字）的政府通常在某个时间点上实施紧缩性财政政策来减少政府赤字。如果这样一个行为被理解为对长期财政克制的承诺，那么，
   (a) 描述对自发性消费和投资支出的影响。
   (b) 描述对通过发行债券来借款的成本的影响。

9. 对于以下问题（a）和问题（b）所描述的情形，使用 IS 图形、MP 图形和 AD - AS 图形说明减税对短期产出的影响。假设在两种情形中减税的规模相同，经济初始产出水平也相同。
   (a) 经济初始在零下限之上。
   (b) 经济初始在零下限之下。
   (c) 关于 2009 年《美国复苏与再投资法案》的潜在影响，问题（a）和问题（b）的答案提供了什么启示？

预算赤字和通货膨胀

10. 如果通货膨胀率非常高，来自货币铸造税的收入会怎么变化？〔提示：查看方程（8）并假设价格水平迅速上升。〕

预算赤字和李嘉图等价

11. 考虑在一个金融体系不发达的国家中减税的影响（在政府支出保持不变的条件下）。
    (a) 假设人们具有前瞻性（即李嘉图等价的观点成立），你认为在这种情况下国民储蓄会发生什么变化？
    (b) 你认为具有前瞻性的人们可能会如何克服不发达的金融体系带来的限制？

数据分析题

1. 访问圣路易斯联邦储备银行 FRED 数据库，找到总政府债务占 GDP 的百分比（GFDEGDQ188S）和 GDP（GDP）的数据。

   (a) 报告最新的债务 - GDP 比以及一年前和五年前的这一比率。基于这个序列的所有可获得数据，债务 - GDP 比上次达到峰值是什么时候？峰值是多少？将它与最新值进行比较。

   (b) 最近时期和一年前的债务 - GDP 比相差多少个百分点？最近时期和五年前呢？

   (c) 计算从一年前到最近时期 GDP 增加的百分比和从五年前到最近时期 GDP 增加的百分比。

   (d) 比较问题（b）和问题（c）提到的这两段时期债务 - GDP 比的变化和 GDP 增长率。关于过去一年债务和 GDP 的行为，你可以做出什么结论？关于过去五年债务和 GDP 的行为呢？

2. 访问圣路易斯联邦储备银行 FRED 数据库，找到联邦政府总公共债务（GFDEBTN）和外国与国际投资者持有的债务量（FDHBFIN）的数据。将数据下载到表格中，确保两个数据序列的单位相同（百万美元或 10 亿美元）。为此，如果一个序列的单位为百万美元而你要转换成 10 亿美元，那就除以 1 000。

   (a) 计算每个季度的外国与国际投资者持有的债务所占百分比。最近的数值是多少？对这一百分比的大小进行评论。

   (b) 画图表示从 1980 年到可获得数据的最新时期外国与国际投资者持有的债务所占百分比。这一百分比随时间如何变化？关于美国债务的负担，它告诉了我们什么（如果有的话）？

3. 访问圣路易斯联邦储备银行 FRED 数据库，找到预算赤字（FYFSD）、公众持有的联邦债务量（FYGFDPUN）和联储持有的联邦债务量（FDHBFRBN）的数据。对于后两个数据序列，把频率调成年度。把这三个序列的数据下载到表格中。确保各行数据对应的时期正确。注意，赤字序列中的负数表明是赤字；将该序列乘以 -1 从而用正数代表赤字。确保所有数据序列的单位相同（百万美元或 10 亿美元）。为此，如果一个序列的单位为百万美元而你要转换成 10 亿美元，那就除以 1 000。最后，对于每一年，通过取每年的债务持有量与前一年的债务持有量之差，把后两个序列转换成"公众/联储债务持有量的变化"序列。

   (a) 利用从 1980 年到最新时期的数据，用横轴表示赤字，纵轴表示公众债务持有量的变化，绘制散点图。在图中插入拟合线，对赤字与公众债务持有量的变化之间的关系进行评论。

   (b) 利用从 1980 年到最新时期的数据，用横轴表示赤字，纵轴表示联储债务持有量的变化，绘制散点图。在图中插入拟合线，对赤字与联储债务持有量的变化之间的关系进行评论。

   (c) 基于问题（a）和问题（b）的答案，对数据中体现的债务货币化（如果有的话）进行评论。你认为自 2008 年以来赤字与联储债务持有量的变化之间的关系发生变化了吗？为什么？

网络附录"政府预算赤字的其他测度"可以在与本书配套的网站 www.pearsonglobaleditions.com/mishkin 找到。

第 16 章 财政政策和政府预算

第 17 章

汇率和国际经济政策

预览

从 2000 年到 2008 年 7 月，美元相对于其他货币的价值下降了 17％以上。在 2007—2009 年全球金融危机期间波动特别大的几个月里，美元经历了戏剧性的复苏。到 2008 年年底美元相对于欧元的价值上升了 20％，相对于更广泛的一篮子通货的价值也上升了 15％。

一国通货用其他通货来表示的价格被称为汇率。汇率的波动如何影响经济活动？什么导致了汇率的波动？汇率波动如何影响宏观经济政策？

在本章，我们考察决定长期和短期汇率的金融市场，理解为什么汇率对我们的日常生活如此重要，从而回答这些问题。然后，我们建立一个供给与需求分析来看汇率是如何被决定的。最后，我们考察汇率波动对经济的影响并探究它们对宏观经济政策的影响。

外汇市场和汇率

世界上大部分国家都有确定的通货：美国用美元；欧洲货币联盟的成员国用欧元；巴西用雷亚尔；中国用人民币（元）。国家之间的贸易需要不同通货（或者更多时候是以不同通货计价的银行存款）之间的相互交换。例如，当一个美国公司买了国外的产品、服务或金融资产时，这个公司就必须将美元（一般是以美元计价的银行存款）换成外币（以外币计价的银行存款）。

通货和以特定通货计价的银行存款在**外汇市场**（foreign exchange market）上进行交易。外汇市场上的交易决定了个人和企业交换不同通货的汇率，这反过来又决定了购买国外产品和金融资产的成本。

□ 汇率

市场上存在两种外汇交易。占主导地位的一种被称为**即期交易**（spot transaction），影响银行存款的立即（两天）交易。**远期交易**（forward transaction）保证在未来某个约定日期进行银行存款交易。**即期汇率**（spot exchange rate）是即期交易中使用的汇率，**远期汇率**（forward exchange rate）则是远期交易中使用的汇率。

汇率报价被表示成每单位本币兑换的外币数或每单位外币兑换的本币数。例如，媒体一般会将日元的汇率说成每 1 美元可以兑换的日元数。100 日元/美元的汇率意味着你可以将 1 美元兑换成 100 日元。对于有些外币，如英镑或欧元，通货报价一般是每单位外币兑换的美元数。例如，1.5 美元/欧元的汇率意味着你可以用 1 欧元兑换 1.5 美元。

当一种通货相对于其他通货的价值上升时，它在**升值**（appreciation）；当它的价值下降时，它在**贬值**（depreciation）。在 1999 年年初，当欧元刚出现时，1 欧元的价值为 1.18 美元；正如新闻中的宏观经济学专栏"汇率"所表明的，在 2013 年 5 月 21 日，1 欧元的价值为 1.29 美元。欧元升值了 9%：（1.29－1.18)/1.18＝0.09＝9%。也就是说，当你将欧元兑换成美元时，你可以换更多的美元了。等价地，我们也可以说，从 1999 年年初的每 1 美元值 0.85 欧元到 2013 年 5 月 21 日每 1 美元值 0.77 欧元，美元贬值了 9%：（0.77－0.85)/0.85＝－0.09＝－9%。当你将美元兑换成欧元时，现在你可以换到的欧元变少了。

在本章，我们按照一个惯例来表示一种通货的汇率，记为 E。这个惯例是通货升值对应着汇率的上升。也就是说，对于美元，我们总是将汇率表示成每 1 美元可以兑换的外币数（如每 1 美元的日元数）。[①]

□ 实际和名义汇率的区别

我们可以用实际或名义的形式表示汇率，你将会看到两者有非常重要的区别。

名义汇率。精确地说，我们把通常所说的汇率，即一种通货用另一种通货来表示的相对价格，称为**名义汇率**（nominal exchange rate）。它是用名义值而非购买力来定义的。它没有告诉你这种通货可以买多少产品和服务。例如，如果美元与日元之间的汇率是 100 日元/美元，你可能会认为在日本你可以买到便宜货，因为 1 美元可以换如此多的日元。然而，任何一个到过东京的人都知道那是一个非常昂贵的目的地，因为在那里购买产品和服务要用很多日元。

实际汇率。实际汇率（real exchange rate）是指两国产品的相对价格，即用国内产

---

① 在专业著述中，许多经济学家将汇率表示成每 1 单位外币可以兑换的本币数，所以本币升值被描述为汇率下降。在本书正文中我们使用了相反的惯例，这是因为把本币升值看成汇率上升更为直观。

品与外国产品进行交换的比率。换个说法，你可以把它看做是国内产品用外币计价的价格与国外产品用外币计价的价格之比。它告诉你一种通货用其他通货的实际价值表示，也就是用购买力表示，有多贵。我们也将实际汇率称为**贸易条件**（terms of trade）。

为了解释实际汇率，假定一件 T 恤衫在纽约卖 20 美元，而在东京卖 4 000 日元。在名义汇率是 100 日元/美元的条件下，在纽约的一件 20 美元的 T 恤衫转换之后值 2 000 日元。尽管每 1 美元可换到的日元数很多，但 T 恤衫在纽约的价格与东京的比起来便宜了很多：在纽约买一件 T 恤衫花的钱只有在东京的一半。我们也可以这样说：纽约的一件 T 恤衫可以换 0.5 件东京的 T 恤衫，因此实际汇率 0.5 小于 1，表明美国的产品比日本的便宜。

我们可以将计算的过程表示如下：

$$\text{实际汇率} = \frac{100\ \text{日元/美元} \times 20\ \text{美元/美国 T 恤衫}}{4\ 000\ \text{日元/日本 T 恤衫}} = 0.5\ \frac{\text{日本 T 恤衫}}{\text{美国 T 恤衫}}$$

我们可以将这个计算过程扩展到一篮子产品。用 P 表示美国的价格水平（用美元衡量），用 P^* 表示日本的价格水平（用日元衡量），实际汇率 ε 为：

$$\varepsilon = E \times (P/P^*) \tag{1}$$

实际汇率＝名义汇率×相对价格水平

总结上述方程：实际汇率等于名义汇率乘以相对价格水平。当它较低时（小于 1），国内产品相对于国外产品更便宜；当它较高时（大于 1），国内产品相对于国外产品更贵。换句话说，实际汇率表明国内的产品与其他国家的产品相比相对便宜还是昂贵。

新闻中的宏观经济学

汇　率

报纸上每天都会刊登汇率。这里我们来看一个在《华尔街日报》"通货交易"专栏中的例子。汇率有两种报价方法：例如，2013 年 5 月 21 日，欧元与美元之间的即期汇率被报价为 1.290 7 美元/欧元和 0.774 8 欧元/美元。对于许多国家的通货，报纸上刊登的汇率通常还有三个其他条目，它们分别给出了用于未来 1 个月、3 个月和 6 个月远期交易的汇率（远期汇率）。

☐ 汇率的重要性

正如方程（1）所表明的，如果价格是黏性的——意思是价格水平随时间缓慢变动，短期内可以看做是给定的，那么汇率就会影响国内和国外产品的相对价格。确实，这正是我们从数据中看到的，正如图 17-1 所说明的。该图表示了日元/美元汇率（每 1 美元可以兑换多少日元）。我们看到，在短期，实际汇率和名义汇率一起变动。对一个美国消费者来说，日本产品的美元价格由两个因素——日本产品用日元计价的价格和日元/美元汇率——共同决定。

为了说明，假定一个美国人阿贝（Abe）决定在日本买一件上面提到的 T 恤衫，因为他觉得上面的标识很酷。在这件日本 T 恤衫的价格是 4 000 日元且日元汇率是 0.01 美元/日元（100 日元/美元）的条件下，这件 T 恤衫将花掉阿贝 40 美元。现在假定阿贝推迟一年购买，这个时候日元升值到了 0.015 美元/日元。如果日本的 T 恤衫价格因为价格黏性依然为 4 000 日元，那么它的美元价格就从 40 美元上升到了 60 美元。

然而，同样的通货升值却使国外产品在国内的价格下降。当汇率为 0.01 美元/日元时，一台标价 2 000 美元的苹果电脑在日本要花掉技术员塔卡（Taka）200 000 日元；当汇率为 0.015 美元/日元时，这台电脑就只要 133 333 日元了。

相反，日元的贬值降低了日本产品在美国的价格但是提高了美国产品在日本的价格。如果日元贬值到 0.005 美元/日元，那么阿贝在日本购买一件 T 恤衫就只需付 20 美元而非 40 美元，而苹果电脑则要花掉塔卡 400 000 日元而非 200 000 日元。

这些推理导致了如下结论：当一国的通货升值（相对于其他通货而言价值上升）且价格具有黏性时，该国的产品在国外变得更贵了而国外的产品在该国变得更便宜了（在两个国家国内价格不变的条件下）。反过来，当一国的通货贬值时，它的产品在国外更便宜了而国外的产品在该国则更贵了。

一种通货的贬值使国内的厂商在国外销售产品更容易了，且使国外产品在国内市场的竞争力减弱。在 2000—2008 年，美元的贬值帮助美国各行业卖出了更多产品，但是它损害了消费者的利益，因为国外的产品都更贵了。美元的疲软使日本 T 恤衫的价格和去国外旅游的成本都上升了。

图 17 - 1　实际和名义的日元/美元汇率，1975—2013 年

在短期，日元/美元的实际汇率和名义汇率是一起变动的。

资料来源：Federal Reserve Bank of St. Louis，FRED Database. http：//research. stlouisfed. org/fred2/.

□ 外汇交易

你不可能在一个具体的（物理）地点观察到外汇交易；通货不是在如纽约证券交易

所这样的交易所交易的。外汇市场是一个场外交易市场，在这个市场，几百个交易商（大部分是银行）随时准备买进或卖出以外币计价的银行存款。例如，交易商帮助实现某一固定数量的欧元银行存款与某一给定数量的美元银行存款之间的交换。因为这些交易商随时用电话和电脑联系，所以这个市场是高度竞争性的；事实上，它运作起来跟物理市场没有什么区别。

当银行、公司和政府在外汇市场上买进和卖出通货时，它们并不是把手里攥着的一大把美元钞票换成英镑纸钞。相反，大部分交易涉及以不同通货计价的银行存款的买进和卖出。当我们说一个银行在外汇市场上买进美元时，我们其实是指这个银行在买进以美元计价的存款。这个市场的交易量十分庞大，每天超过了 4 万亿美元。

外汇市场上的单笔交易超过 100 万美元，这些交易决定了我们之前在新闻中的宏观经济学专栏中提到的汇率。如果你因出国旅行而购买外币，你会去有交易商（如美国运通）的零售市场或者银行。因为零售市场上的零售价格会比外汇市场上的批发价格高，当我们作为个体购买外汇时，我们用 1 美元换取的外币会比汇率报价表明的少。

长期汇率

和自由市场上的任何产品或资产的价格一样，汇率是由供给和需求共同决定的。为了简化我们对自由市场上外汇的分析，我们将分析分成两个部分。首先，我们考察汇率在长期是如何被决定的；然后，我们在下一节中用关于长期汇率的决定因素的知识来理解汇率在短期是如何被决定的。理解长期汇率的起点是一价定律。

□ 一价定律

根据**一价定律**（law of one price），如果两个国家生产完全相同的产品并且运输成本和贸易障碍很低，那么无论该产品由哪个国家生产，其价格在两国应该相同。结果，我们就可以确定使这个产品在两个国家价格相等所需要的汇率。

为了说明问题，假定美国钢铁的价格是每吨 100 美元，同样的日本钢铁是每吨 10 000 日元。要使一价定律成立，日元与美元之间的汇率必须是 100 日元/美元（0.01 美元/日元），从而一吨美国钢铁在日本卖 10 000 日元（刚好是日本钢铁的价格）且一吨日本钢铁在美国卖 100 美元（刚好等于美国钢铁的价格）。实际汇率应该总是等于 1，从而我们用一吨美国钢铁刚好换一吨日本钢铁。

如果汇率是 200 日元/美元，那么日本钢铁在美国就会卖每吨 50 美元，是美国钢铁价格的一半，而美国钢铁在日本就会卖每吨 20 000 日元，是日本钢铁价格的两倍。因为在这两个国家的美国钢铁都比日本钢铁贵且这两种钢铁是一样的，所以对美国钢铁的需求就会变成零。在美国钢铁的美元价格固定的条件下，只有当汇率下降到 100 日元/美元时，美国钢铁的超额供给才会被消除。此时，美国钢铁和日本钢铁在两个国家的价格相等，实际汇率等于 1。

宏观经济学：政策与实践（第二版）

□ 购买力平价理论

关于一价定律的这一见解和汇率决定理论的关系是什么呢？最著名的汇率决定理论是**购买力平价理论**（theory of purchasing power parity，PPP），根据这种理论，任何两种通货之间的汇率将会调整以反映两国价格水平的变动。PPP 理论仅仅是一价定律在国家价格水平而非单个价格水平上的一个应用。假定相对于美国钢铁的美元价格（仍然为100 美元），日本钢铁的日元价格上升了 10%（到 11 000 日元）。为使一价定律成立和实际汇率仍然等于 1，汇率必须上升到每 1 美元 110 日元，即美元升值 10%。将一价定律应用到两个国家的价格水平就得到了购买力平价理论，该理论认为，如果日本价格水平相对于美国价格水平上升 10%，美元就将升值 10%。

另一种理解 PPP 的方式是认识到如下一点：如果 PPP 成立，那么实际汇率总是等于 1，因此美元的购买力与其他通货如日元或欧元的购买力相等。然后，运用方程（1），我们可以看到当 P^* 上升 10% 引起美国价格水平相对于日本价格水平下降 10% 时，E 必须上升 10% 以维持实际汇率等于 1。

尽管有证据表明 PPP 在非常长的时期成立，但是在短时期内 PPP 就很值得怀疑了，正如我们在参考资料"巨无霸汉堡包和 PPP"中讨论的那样。这一局限是合理的，原因是各个国家生产的产品并非同质：例如，丰田和雪佛兰明显是差别很大的汽车，因此一价定律就不会成立。而且，许多产品和服务是**非贸易品**（nontradable），也就是说，它们不能进行跨境贸易（但它们的价格被包括在一国价格水平的衡量指标之中）。住房、土地以及餐饮、理发、高尔夫课程等服务都是非贸易品。即使这些东西的价格可能上升和导致一国的价格水平相对于另一国上升，但是这些价格在短期对汇率很可能没有直接的影响。因此，我们需要一个供给与需求的框架来理解短期内是什么决定了汇率。

▶ **参考资料**　　　　　　　　　　巨无霸汉堡包和 PPP

《经济学人》杂志每年两次公布不同国家和地区的巨无霸汉堡包用当地通货表示的价格和美元价格。我们在表 17-1 中给出了 2013 年 7 月的数据。第二列是用当地通货表示的巨无霸汉堡包的价格，而第三列用每种通货的汇率将巨无霸汉堡包的价格换成了美元。如果 PPP 完全成立，那么实际汇率就会等于 1 且所有用美元表示的价格会相等。然而，我们可以看到事实并非如此，巨无霸汉堡包在一些国家和地区（例如挪威和瑞士）的价格远高于美国，而在其他一些国家和地区（例如中国大陆、印度尼西亚和马来西亚）则远低于美国。

尽管巨无霸汉堡包的价格表明 PPP 并不完全成立，但是 PPP 确实有助于预测这些国家的汇率。根据 PPP，当巨无霸汉堡包用当地通货表示的价格更高时，每 1 美元可以兑换的当地通货数应该更高。我们在表 17-1 的第四列和第五列可以看到这种关系。第四列是汇率预测值，该汇率使得当地的巨无霸汉堡包的价格等于美国巨无霸汉堡包的价格（实际汇率等于 1）。注意，当汇率预测值显示每 1 美元对应于大量的当地通货时，这种关系对第五列中的汇率现实值也成立。然而，汇率预测值往往大幅度偏离汇率现实值。例如，墨西哥的汇率预测值是 8.12 比索/美元，而汇率现实值是 12.94 比索/美元。

来自巨无霸汉堡包的价格的证据表明购买力平价能部分解释汇率值，但不能给出完全的解释。

表 17－1	《经济学人》杂志的巨无霸汉堡包指数，2013 年 7 月			
国家/地区	巨无霸汉堡包的价格		汇率（当地通货/美元）	
	当地通货	美元	预测值	现实值
挪威	46.00	7.51	10.10	6.13
瑞士	6.50	6.72	1.43	0.97
加拿大	5.53	5.26	1.21	1.05
欧元区	3.62	4.66	0.80	0.78
澳大利亚	5.04	4.62	1.10	1.09
美国	4.56	4.56	1.00	1.00
土耳其	8.50	4.34	1.87	1.96
英国	2.69	4.02	0.59	0.67
匈牙利	860.00	3.76	188.79	228.46
韩国	3 900.00	3.43	855.89	1 135.70
阿拉伯联合酋长国	12.00	3.27	2.63	3.67
日本	320.00	3.20	70.23	100.11
墨西哥	37.00	2.86	8.12	12.94
泰国	89.00	2.85	19.53	31.28
印度尼西亚	27 939.00	2.80	6 161.46	9 965.00
波兰	9.20	2.73	2.02	3.37
沙特阿拉伯	10.00	2.67	2.13	3.75
俄罗斯	87.00	2.64	19.09	32.94
中国台湾	79.00	2.63	17.34	30.03
中国	16.00	2.61	3.51	6.13
埃及	16.75	2.39	3.68	7.01
马来西亚	7.30	2.30	1.60	3.18
南非	18.33	1.82	4.02	10.05

资料来源：*The Economist*，July 2013，at http：//www.economist.com/content/big-mac-index.

短期汇率

　　理解汇率短期行为的关键是认识到汇率是国内资产（银行存款、债券、股票等以本币计价的资产）用国外资产（以外币计价的相似资产）表示的价格。因为汇率是一种资产用另一种资产表示的价格，所以我们利用资产市场方法来探究短期汇率的决定，这种资产市场方法强调了对国内资产存量的需求。①

　　分析汇率决定的传统方法强调短时期内对进出口流量的需求。这里所使用的资产市场方法会更精确，因为在任意给定时间内进出口交易相对于国内和国外资产数量而言很少。例如，美国每年的外汇交易是美国进出口量的 25 倍以上。因此，在短时期内，与

---

　　①　我们这里的分析是国内资产的供给与需求分析。另一种分析方法用到利息平价的概念，这种方法我们在本章的一个网络附录中将加以描述，见本书配套网站 www.pearsonglobaleditions.com/mishkin。

宏观经济学：政策与实践（第二版）

对进出口的需求相比，是否持有国内资产的决策在外汇决定中扮演着重要得多的角色。[1]

☐ 国内资产的供给曲线

我们从讨论国内资产的供给曲线开始。我们把美国作为母国，因此国内资产以美元计价。为简化起见，我们用欧元代表任意外币，因此国外资产以欧元计价。

美元资产的供给量主要是指在美国的银行存款、债券和股票的数量。实际上，我们可以把这个量看成是与汇率无关的固定量。对于任何汇率，美元资产的供给量都不改变，因此供给曲线 S 是垂直的，如图 17-2 所示。

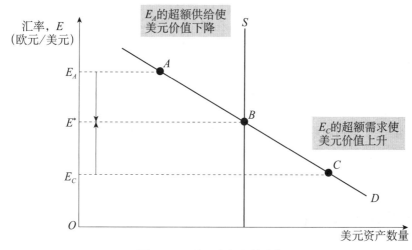

图 17-2　外汇市场上的均衡

在需求曲线 D 和供给曲线 S 的交点 B 处外汇市场达到均衡。均衡的汇率是 E^*，在此汇率下美元资产的需求量等于供给量。

☐ 国内资产的需求曲线

需求曲线描述了在其他所有条件（特别是对未来汇率的预期值）都相同的情况下在每一当前汇率水平下对国内资产的需求量。我们将当前汇率（即期汇率）记为 E_t，下一期汇率的预期值记为 E_{t+1}^e。如果存在**资本流动**（capital mobility），即资产可在国家间自由交易，那么国内（美元）资产需求量最重要的决定因素就是国内资产相对于国外资产的预期收益。一种资产的**预期收益**（expected return）是指来自这种资产的支付（如利息）和资产价值的任何预期的变化（表示为资产价格的一个比例）。

为了明白为什么图 17-2 中的需求曲线有着向下的斜率，我们从图中当前汇率为 E_A 的 A 点开始分析。如果我们将对未来汇率的预期值固定为 E_{t+1}^e，一个更低的汇率 E^* 意味着美元的价值更可能上升（升值）。预期的美元价值上升（升值）越多，美元（国内）资产的预期收益就越高。因为现在持有美元资产更有吸引力了，美元资产的需求量将上

———————————

① 要想进一步了解我们这里使用的这种汇率决定的现代资产市场方法，参见 Frederic S. Mishkin, *The Economics of Money, Banking, and Financial Markets*, 10th edition (Boston: Pearson Addison-Wesley, 2013); and Paul Krugman and Maurice Obstfeld, *International Economics*, 9th edition (Boston: Pearson Addison-Wesley, 2012).

升到图 17-2 中的 B 点。如果当前汇率甚至还要低，如图中的 E_C，那么美元就会存在一个更高的预期升值，美元资产就会有更高的预期收益，于是美元资产的需求量就会更大。图中的 C 点代表了这种情况。联结这些点得到需求曲线 D，它是向下倾斜的，表明当前汇率越低（其他因素保持不变），美元资产的需求量越大。

□ 外汇市场上的均衡

如通常的供给与需求分析一样，当美元资产的需求量等于供给量时，市场就达到了均衡。在图 17-2 中，均衡在需求曲线和供给曲线的交点 B 点处实现。在均衡点 B 点处，汇率等于 E^*。

假定汇率是 E_A，高于均衡汇率 E^*。在图 17-2 中，注意到此时美元资产的供给量大于需求量，即出现了超额供给。考虑到想要卖出美元资产的人比想要买入的更多，美元的价值就会下降。只要汇率还在均衡汇率之上，美元资产的超额供给就会持续存在，美元价值就会一直下降，直到汇率下降到均衡汇率 E^*。

类似地，如果汇率小于均衡汇率，为 E_C，美元资产的需求量就会大于供给量，即出现了超额需求。考虑到想要买入美元资产的人比想要卖出的更多，美元的价值就会上升，直到超额需求消失，美元的价值重新回到均衡汇率 E^*。

■ 汇率变动的分析

对外汇市场的供给与需求分析可以解释汇率如何变动以及为什么会变动。因为我们将美元资产的数量看成固定的，所以供给曲线是垂直的，固定在某个数量上不会移动。考虑到供给曲线不会移动，我们只需分析提高或降低美元资产需求的那些因素就可以解释汇率如何随时间变化。

□ 国内资产需求的变动

正如我们已经看到的那样，国内（美元）资产的需求量依赖于美元资产的相对预期收益。为理解美元资产的需求曲线如何移动，我们需要确定在汇率 E_t 保持不变的条件下，当其他因素变化时，需求量如何变动。

为了获得需求是上升还是下降的见解，假定你是一个正在考虑将资金投向国内（美元）资产的投资者。当一种因素改变时，你必须判断在任何给定的当前汇率水平且所有其他变量保持不变的条件下你投资于美元资产能够获得的收益相对于投资于国外资产的收益是更高了还是更低了。这个判断会告诉你是要持有更多还是更少的美元资产，从而决定了在每个汇率水平下，需求量是上升还是下降。在每个汇率水平下需求量变动的方向表明了需求曲线移动的方向：如果在当前汇率保持不变的条件下美元资产的相对预期收益上升，那么需求曲线向右移动；如果相对预期收益下降，那么美元资产的需求曲线向左移动。

国内实际利率，r^D。 在当前汇率 E_t 和其他因素保持不变的条件下，当美元资产的国内实际利率 r^D 上升时，美元资产的收益相对于国外资产上升，因此人们想要持有更多的美元资产。[①] 在任何汇率水平下，美元资产的需求量都上升，正如图17-3（a）中需求曲线从 D_1 向右移动到 D_2 所表示的那样。在新的均衡点点2，即 D_2 与 S 的交点，均衡汇率从 E_1 上升到 E_2。国内实际利率的上升使国内资产的需求曲线 D 向右移动，引起本币升值（$E\uparrow$）。

相反，如果 r^D 下降，美元资产的相对预期收益下降，需求曲线从 D_1 向左移动到 D_2，如图17-3（b）所示，汇率从 E_1 下降到 E_2。国内实际利率 r^D 的下降使国内资产需求曲线 D 向左移动，引起本币贬值（$E\downarrow$）。

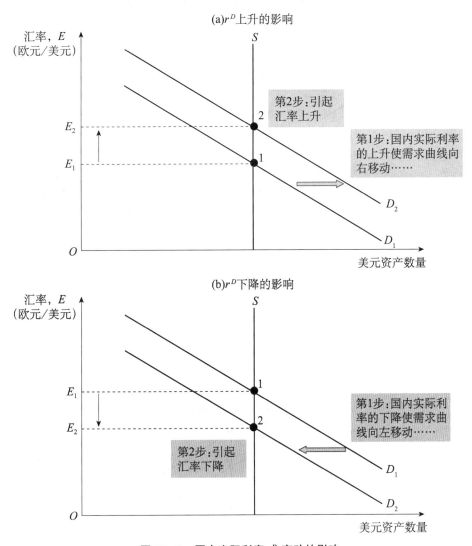

图17-3 国内实际利率 r^D 变动的影响

图（a）和图（b）表示了国内实际利率 r^D 变动的影响。在图（a）中，r^D 的上升提高了国内（美元）资产的相对预期收益，使需求曲线向右移动，均衡汇率从 E_1 上升到 E_2。在图（b）中，r^D 的下降降低了国内（美元）资产的相对预期收益，使需求曲线向左移动，均衡汇率从 E_1 下降到 E_2。

---

① 当包括预期通货膨胀率在内的其他因素保持不变时，国内实际利率的上升与名义利率上升一样。因此在正文中描述的关于实际利率变动对汇率的影响的结果也适用于名义利率的变动。在这里我们之所以考虑外汇市场对实际利率变动而非对名义利率变动的反应，是因为名义利率的上升通常伴随着预期通货膨胀率的上升，因此在名义利率发生变化的很多时候，假设其他所有因素都保持不变是不合适的。

国外实际利率，r^F。 在当前汇率 E_t 和其他因素保持不变的条件下，当国外实际利率 r^F 上升时，国外资产的收益相对于美元资产上升。因此美元资产的相对预期收益下降。于是现在人们想要持有更少的美元资产。在任何汇率水平下需求量下降，正如图 17-4（a）中需求曲线从 D_1 向左移动到 D_2 所表示的那样。在新的均衡点点 2，汇率下降了。相反，r^F 的下降提高了美元资产的相对预期收益，使需求曲线从 D_1 向右移动到 D_2，如图 17-4（b）所示，汇率上升。总而言之，国外实际利率 r^F 的上升使需求曲线 D 向左移动，引起本币贬值；国外实际利率 r^F 的下降使需求曲线 D 向右移动，引起本币升值。

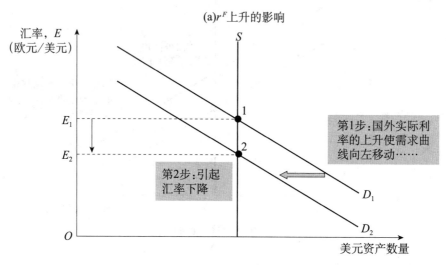

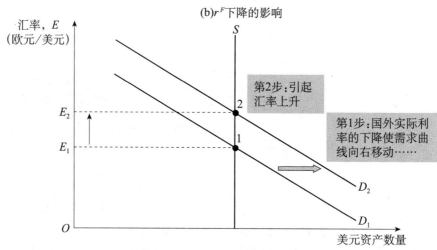

图 17-4　国外实际利率 r^F 变动的影响

图（a）和图（b）表示了国外实际利率 r^F 变动的影响。在图（a）中，r^F 的上升降低了国内（美元）资产的相对预期收益，使需求曲线向左移动，均衡汇率从 E_1 下降到 E_2。在图（b）中，r^F 的下降提高了国内（美元）资产的相对预期收益，使需求曲线向右移动，均衡汇率从 E_1 上升到 E_2。

全球金融危机和美元

自 2007 年 8 月全球金融危机爆发以来，美元的价值加速下降，到 2008 年 7 月中旬，它的价值相对于欧元下降了 9%，相对于更广泛的一篮子通货下降了 6%。在 2008 年 7 月 11 日美元相对于欧元的价值到达最低点后，美元的价值突然迅速上升，到 2008 年 10 月末，它的价值相对于欧元上升了 20%，相对于更广泛的一篮子通货上升了 15%。

全球金融危机是如何导致美元价值的大幅波动的呢？在这次危机的第一年，它对经济活动的负面影响主要局限于美国。为了抵消这次危机的紧缩性影响，联储做出了积极应对：它通过货币政策的自发放松降低利率，从 2007 年 9 月到 2008 年 4 月，将联邦基金目标利率下降了 325 个基点（3.25 个百分点）。与此相对的是，欧洲中央银行等其他中央银行并没有看到有降低利率的必要，特别是因为高的能源价格导致了通货膨胀率的急剧上升。因此，美元资产的相对预期收益下降，这使美元资产的需求曲线向左移动，如图 17-3（b）所示，这引起均衡汇率的下降。这样，我们对外汇市场的分析就解释了为什么早期阶段的全球金融危机导致了美元的价值下降。

我们的分析也解释了为什么此后美元的价值上升。从 2008 年夏季开始，这场全球危机对经济活动的影响开始在全球更广泛地蔓延。国外的中央银行开始通过货币政策的自发放松降低利率，而且人们预期这些中央银行未来还会继续降低利率。国外利率的预期下降又增加了美元资产的相对预期收益，导致了需求曲线的向右移动和均衡汇率的增加，如图 17-4（b）所示。

另一个促使美元升值的因素是当全球金融危机在 2008 年 9 月和 10 月进入一个非常严峻阶段时发生的安全投资转移（"flight to quality"）。现在，美国投资者和国外投资者都希望把自己的钱放在最安全的资产上：美国国库券。由此引起的对美元资产需求的上升使美元资产的需求曲线又多了一个向右移动的理由，从而导致了美元的迅速升值。

预期的未来汇率 E^e_{t+1} 的变化。 对未来汇率值的预期在使现期需求曲线移动中起着重要的作用，因为对国内资产的需求，如对金融资产或耐用品的需求，依赖于预期的未来转售价格。任何引起预期的未来汇率 E^e_{t+1} 上升的因素都增加了美元的升值预期。这就会使美元资产的相对预期收益上升，从而提高在任意汇率水平下的美元资产需求，使需求曲线向右移动，如图 17-5（a）中从 D_1 移动到 D_2。均衡汇率上升到点 2 处的 E_2。预期的未来汇率 E^e_{t+1} 的上升使需求曲线向右移动，引起本币升值。同理，在图 17-5（b）中，预期的未来汇率 E^e_{t+1} 的下降使需求曲线向左移动，引起本币贬值。

什么事件可能会影响预期的未来汇率呢？任何提高国内生产的贸易品相对于国外的贸易品的需求的因素，如出口品需求的上升，都会引起本币的长期升值，这是因为，在这种情况下，即便本币价值上升，国内的产品还会卖得很好。因此，预期的未来汇率 E^e_{t+1} 将会上升，导致美元资产的预期收益上升，使需求曲线向右移动，当前汇率上升，如图 17-5（a）所示。类似地，任何提高国外贸易品相对于国内贸易品的需求的因素，如进口品需求的上升，都会引起本币的长期贬值，E_{t+1}^e下降，如图 17-5（b）所示。于是，需求曲线向左移动，汇率下降。

现在让我们来分析如果日本价格水平相对于美国价格水平上升会发生什么。因为现在美国产品相对更便宜了，日本价格水平的上升提高了对美国产品的需求，最终引起美元汇率长期升值，从而预期的未来汇率E_{t+1}^e上升。由此引起的美元资产相对预期收益的上升使需求曲线向右移动，如图 17-5（a）所示，均衡汇率上升。事实上，这个结论与我们从购买力平价理论中得到的一致：国外价格水平相对于国内价格水平的上升会导致本币的升值。

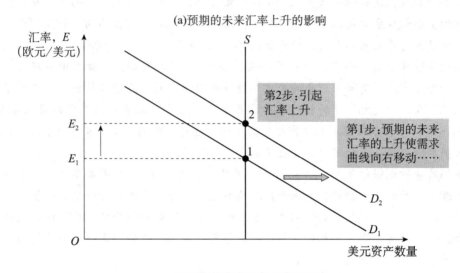

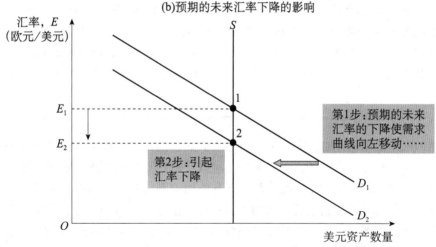

图 17-5　预期的未来汇率E_{t+1}^e变化的影响

图（a）和图（b）描述了预期的未来汇率E_{t+1}^e变化的影响。在图（a）中，E_{t+1}^e的上升提高了国内（美元）资产的相对预期收益，使需求曲线向右移动。均衡汇率从E_1上升到E_2。在图（b）中，E_{t+1}^e的下降降低了国内（美元）资产的相对预期收益，使需求曲线向左移动。均衡汇率从E_1下降到E_2。

为什么汇率如此不稳定

大约在 40 年前，经济学家们一般都认为自由市场上决定的汇率不会在数值上有很大的波动。近期的经验证明他们错了：汇率非常不稳定，通常一天之内就会有几个百分点的波动。

我们在本章中概述的汇率决定的资产市场方法为汇率如此不稳定提供了一个直截了当的解释。因为本币的预期升值会影响国内存款的相对预期收益，所以对未来的预期在汇率的决定中有重要作用。当这些预期变动时，我们的模型暗示这会对国内存款的预期收益从而对汇率产生一个即刻的影响。外汇市场就跟其他任何资产市场一样，在其中，对未来的预期很重要。因此，跟股票市场等其他资产市场一样，外汇市场表现出相当大的价格不稳定性，从而汇率预测异常困难。

汇率的不稳定性给政策制定者提出了挑战，因为它会引起国内产品相对于国外产品的价格出现波动。这种不确定性让你很难计划在美国度假还是去国外，同时也会大幅改变国内行业的竞争力，增加经济活动的不稳定性。

汇率和总需求-总供给分析

既然我们明白了外汇市场如何决定汇率，我们就可以用总需求-总供给框架分析汇率是如何影响产出和通货膨胀的。

在本章开始时，我们解释了为什么实际汇率的上升——本币的实际升值——会使国内产品相对于国外产品变得更贵。因为价格具有黏性且随时间变化缓慢，在短期，名义汇率的上升就意味着实际汇率的上升。因此，出口产品现在变得更贵，出口需求将会下降，而进口产品变得更便宜，进口需求将会上升。于是，汇率的外生性上升（$E\uparrow$）会导致净出口的下降（$NX\downarrow$），又因为净出口是总需求的一个组成部分，这就会导致均衡产出水平下降（$Y\downarrow$）：

$$E\uparrow \Rightarrow NX\downarrow \Rightarrow Y\downarrow$$

因此，在任意给定通货膨胀率下，本币的外生性升值将会降低均衡产出水平；结果，总需求曲线向左移动，如图 17-6 所示，从 AD_1 移动到 AD_2。

对短期总供给曲线而言，美元升值也起到了一种暂时性的正向供给冲击的作用，因为它使进口品更便宜了从而降低了通货膨胀率。于是，短期总供给曲线向右下方移动，从 AS_1 移动到 AS_2。因为短期总供给曲线的移动幅度一般会小于总需求曲线的移动幅度，如图 17-6 所示，所以经济从点 1 移动到 AD_2 和 AS_2 的交点点 2：总产出下降到 Y_2，通货膨胀率下降到 π_2。

如果货币当局想要同时稳定产出和通货膨胀率，那么应该采取什么样的措施来应对

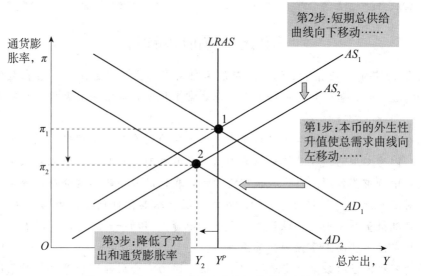

第2步:短期总供给曲线向下移动……

第1步:本币的外生性升值使总需求曲线向左移动……

第3步:降低了产出和通货膨胀率

图17-6　汇率上升对总产出和通货膨胀率的影响

　　名义汇率的上升提高了实际汇率,引起净出口从而总需求下降。于是,总需求曲线向左移动到AD_2。美元的升值起到了一种正向供给冲击的作用,使短期总产出向右下方移动到AS_2。经济移动到点2,总产出和通货膨胀率分别下降到Y_2和π_2。

汇率的升值呢?中央银行应该通过降低在任何给定通货膨胀率下的实际利率来自发地放松货币政策。正如我们在图17-3(b)中看到的,这种实际利率的下降将会降低国内资产的相对预期收益,从而使国内资产的需求曲线向左移动,引起汇率下降。然后,由此引起的进口品的价格上升会提高价格水平,使短期总供给曲线向上移动,而更多的净出口会增加总需求,使总需求曲线向右移动。另外,更低的实际利率会增加投资支出,总需求进一步增加。因此,这种货币政策措施将使经济重新回到图17-6中的点1。

　　从上面的分析中我们可以得到以下几点结论:汇率的外生性升值是紧缩性的,导致总产出和通货膨胀率同时下降。然而,货币政策的自发放松可以抵消由汇率升值带来的紧缩性冲击。类似地,通货的外生性贬值是扩张性的,同时提高了产出和通货膨胀率,但其影响可以被货币政策的自发收紧所抵消。[①] 因此,我们的分析解释了为什么中央银行在制定货币政策时要高度关注汇率的波动。

对外汇市场的干预

　　到目前为止,我们在分析外汇市场时一直把它看做是只对市场压力做出反应的完全自由的市场。然而,和许多其他市场一样,外汇市场也受到政府特别是中央银行的干

宏观经济学:政策与实践(第二版)

预。中央银行会经常参与国际金融交易来影响汇率，这被称为**外汇市场干预**（foreign exchange intervention）。在我们当前的国际环境中，汇率天天都在变化，但是中央银行试图通过买进和卖出通货来影响本国的汇率。例如，中国政府可能决定用人民币购买美元。我们可以用汇率的供给和需求分析方法去分析中央银行干预对外汇市场的影响。

□ 外汇市场干预

理解中央银行的外汇市场干预如何影响汇率的第一步是考察中央银行卖出一些以外币（如欧元）计价的资产（被称为**国际储备**，international reserve）对它的资产负债表的影响。（第 5 章的附录详细考察过中央银行的资产负债表。）假定联储要提高美元的价值，决定卖出 10 亿美元的欧元资产以换取 10 亿美元的美元资产。我们将这种交易描述成联储在外汇市场上卖出欧元和买进美元。（这类交易是在纽约联邦储备银行的外汇交易专柜完成的。）联储购买美元资产有两个影响：第一，它减少了联储 10 亿美元的国际储备；第二，它减少了金融体系的流动性，因为在联储的银行存款（即准备金）下降了。

为理解外汇市场干预是如何起作用的，我们采用一种被称为 T 账户的工具。它是一种简化的资产负债表，其形式像字母 T，只列举了资产负债表中的资产和负债相对于某种初始状态所发生的变动。和资产负债表一样，T 账户的两边必须平衡。

让我们来看看当联储卖出 10 亿美元的国外资产（国际储备）换取以美元计价的银行存款时会发生什么。联储的 T 账户中的"国外资产"项目减少了 10 亿美元。同时，联储还从银行在联储的存款中减去 10 亿美元。于是，准备金（在联储的存款）下降 10 亿美元，如下面的 T 账户所示。

联邦储备体系

资产		负债	
国外资产（国际储备）	−10 亿美元	在联储的存款（准备金）	−10 亿美元

联储买进美元和卖出欧元的行为导致国际储备和银行体系持有的准备金（在联储的存款）下降相同的数量。由此引起的银行持有的准备金下降降低了金融体系中的流动性，减少了货币供给，引起利率上升，正如我们在第 10 章的分析。我们将结论表述如下：中央银行在外汇市场上买进本币同时相应地卖出国外资产的行为导致中央银行持有的国际储备和银行体系持有的准备金下降相同的数量。银行体系持有的准备金的下降又导致利率上升。

□ 干预和汇率

既然我们理解了外汇市场干预对准备金和利率的影响，我们就能考察当中央银行在外汇市场上买进本币和卖出国外资产时会发生什么。如前面的 T 账户所表明的，联储的干预，即在外汇市场上买进美元和卖出国外资产，降低了金融体系的流动性，引起货币供给下降和利率上升。因为价格是具有黏性的，名义利率的上升提高了实际利率 r^D，由此引起的美元资产的相对预期收益的上升增加了对这些资产的需求，使需求曲线向右移动，如图 17-7 所示，从 D_1 移动到 D_2。均衡从点 1 移动到点 2，汇率从 E_1 上升到 E_2。

我们的上述分析可以得到以下几个关于外汇市场干预的结论①：中央银行通过买进本币进行的干预会降低国际储备，引起本币升值。如果干预是通过卖出本币和买进国外资产进行的，则结论相反。中央银行通过卖出本币和买进国外资产进行的干预会增加国际储备，引起本币贬值。

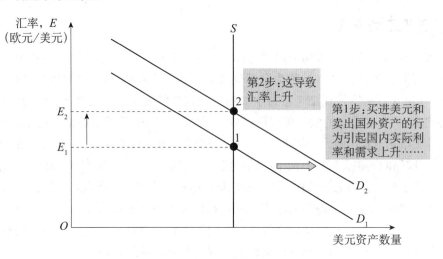

图 17 - 7 买进美元资产的影响

联储买进美元资产和卖出国外资产的行为降低了金融体系的流动性，提高了国内实际利率 r^D。由此引起的美元资产相对预期收益的上升使需求曲线向右移动，从 D_1 移动到 D_2，汇率从 E_1 上升到 E_2。

固定汇率制

在国际金融体系中汇率制度分成两种基本类型：固定的和浮动的。在**固定汇率制**（fixed exchange rate regime）中，一种通货的价值钉住另一种通货（被称为**锚货币**，anchor currency）的价值从而汇率是固定的。在一些固定汇率制中，政府只是简单地宣布它致力于采取必要的措施以保持本币相对于锚货币的价值固定。一类有着更强承诺的固定汇率制是**货币局制度**（currency board），在这种制度中，本币有 100％的锚货币作为储备来支持，无论公众何时提出要求，政府或中央银行随时准备以固定比率把本币换成锚货币。

在**浮动汇率制**［floating (flexible) exchange rate regime］中，一种通货的价值由外汇市场上的供给和需求来决定，没有汇率干预。当国家试图通过买进和卖出通货来影响汇率时，我们称这种制度为**有管理的浮动汇率制**（managed float regime）［或者**肮脏浮动**（dirty float）］。

---

① 这里我们描述的干预是指不冲销的干预，因为它导致了储备和利率的改变。然而，中央银行可以通过在国内债券上实行一种弥补性的公开市场操作来抵消汇率干预对储备的影响。在这种情况下，银行体系的准备金不会改变，这被称为冲销的干预。弗雷德里克·S. 米什金的《货币金融学（第 10 版）》的第 18 章证明，冲销的干预不太可能对汇率有很大的影响。

现在我们关注固定汇率制，考察它们的运行方式和面临的政策挑战。

□ 固定汇率制的动态学

图 17-8 表示了在实践中固定汇率制是如何运行的。图 17-8（a）描述了这样一种情形：本币与锚货币之间的汇率固定在 E_{par}。需求曲线 D_1 与供给曲线相交于汇率 E_1，它低于 E_{par}。在这种情况下，本币被高估了。为了使汇率保持在 E_{par} 的水平，中央银行必须干预外汇市场，其方式是通过卖出国外资产和买进本币，从而损失了国际储备。正如我们已经看到的那样，这种行动减少了金融体系的流动性，引起货币供给下降，并因此导致国内资产的实际利率 r^D 上升。国内实际利率的上升提高了国内资产的相对预期收益，使需求曲线向右移动。中央银行继续买进本币直到需求曲线达到 D_2，均衡汇率为图 17-8（a）中点 2 处的 E_{par}。

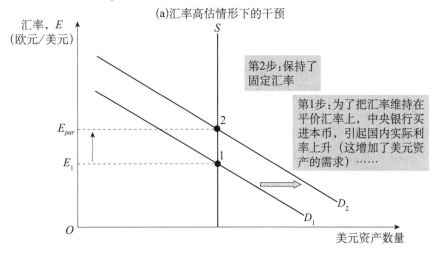

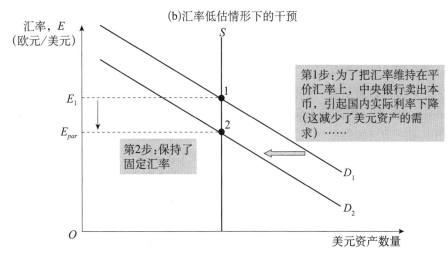

图 17-8 在固定汇率制下外汇市场上的干预

图（a）中的汇率 E_{par} 被高估了。为了保持汇率固定在 E_{par}（点 2 处），中央银行必须买进本币，使需求曲线移动到 D_2。图（b）中的汇率 E_{par} 被低估了，中央银行必须卖出本币，使需求曲线移动到 D_2，保持汇率固定在 E_{par}（点 2 处）。

因此，我们得到如下结论：当本币被高估时，中央银行必须买进本币以维持固定汇率，结果它损失了国际储备。

图 17-8 (b) 则描述了另一种情形：需求曲线 D_1 与供给曲线一开始相交于汇率 E_1，高于 E_{par}，从而本币被低估了。这时，中央银行必须卖出本币和买进国外资产，从而增加了国际储备。这种行为提高了金融体系的流动性，引起货币供给上升，从而降低了国内资产的实际利率。中央银行不断卖出本币和降低实际利率，直到需求曲线向左移到 D_2，均衡汇率为图 17-8 (b) 中点 2 处的 E_{par}。因此，我们得到如下结论：当本币被低估时，中央银行必须卖出本币以维持固定汇率，结果它增加了国际储备。

法定贬值和法定升值。 正如我们已经看到的，如果一个国家的通货被高估了，它的中央银行为了阻止通货贬值所采取的行动会降低国际储备。如果该国的中央银行最终用完了国际储备，那么它就不能阻止本币的贬值了，此时**法定贬值** (devaluation) 就会发生，即中央银行将平价汇率重新设定在一个更低的水平。

相反，如果一个国家的通货被低估了，中央银行为了阻止通货升值所进行的干预就会增加国际储备。中央银行可能并不想要这些国际储备，因此它可能将平价汇率重新设定在一个更高的水平，这就是**法定升值** (revaluation)。

资本完全流动。 如果存在资本完全流动——国内居民购买国外资产或外国人购买国内资产不存在任何障碍——且一个国家（本段以下称其为小国）将其与一个更大的国家（本段以下称其为大国）的锚货币之间的汇率固定，那么这个国家将失去对货币政策的控制。如果大国实施更加紧缩性的货币政策和提高实际利率，那么大国的通货就会升值，而小国的通货则遭受贬值。现在，将自己的汇率钉住锚货币的小国将发现本币被高估了，因此不得不卖出锚货币和买进本币以阻止本币贬值。于是，这种外汇市场干预降低了小国的国际储备和银行体系的流动性，提高了实际利率。因此，小国的实际利率与大国的实际利率一起变动，小国不再能控制本国的实际利率或货币政策。

☐ 政策三难

我们前面的分析表明一个国家或地区（或通货区，如欧元区）无法同时采取以下三项政策：(1) 资本的自由流动，(2) 固定汇率，以及 (3) 独立的货币政策。经济学家们把这个结果称为**政策三难** (policy trilemma)，或更生动地称之为**不可能三角** (impossible trinity)。图 17-9 表示了政策三难。一个国家或地区只能选择这三项政策中的两项，在图中用三角形的每条边表示。选项 1，一个国家或地区（或通货区）选择资本的自由流动和独立的货币政策，而没有固定汇率。欧元区和美国就是选择了这个选项。中国香港和伯利兹 (Belize，中美洲的一个国家) 则选择了选项 2，同时拥有自由的资本流动和固定汇率，因此这个国家或地区（或通货区）没有独立的货币政策。其他国家或地区，如中国，选择了选项 3，它们有着固定汇率和独立的货币政策但没有自由的资本流动。由于这些国家或地区有**资本控制** (capital control)，即对资本跨境自由流动施加限制，它们没有自由的资本流动。

因此，政策三难使国家或地区（或通货区）面临一个艰难的选择。到底是接受汇率波动（选项 1），放弃独立的货币政策（选项 2），还是限制资本的自由流动（选项 3）呢？

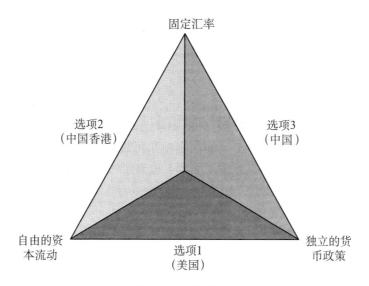

图 17-9 政策三难

一个国家或地区（或货币联盟）无法同时采取以下三项政策：（1）资本的自由流动，（2）固定汇率，以及（3）独立的货币政策。相反，它必须选择这三项政策中的两项，即选择三角形的一条边。

应用 ☞

中国是如何积累超过 3 万亿美元的国际储备的

到 2013 年，中国已经积累了超过 3 万亿美元的国际储备。中国是如何得到数量如此巨大的外国资产的呢？毕竟，中国还不算一个富裕的国家。

答案是中国在 1994 年将汇率钉住美元，固定在每 1 美元兑 8.28 元人民币。因为中国迅速增长的生产率导致了对其出口品需求的增加，人民币的长期价值上升，引起人民币资产的相对预期收益上升，这增加了对人民币资产的需求。结果，尽管存在一些对资本流动的限制，但中国人发现他们处于图 17-8（b）所描述的情形：人民币被低估了。为了阻止人民币升值，中国的中央银行大量买入美元资产。如今中国政府是世界上最大的美国政府债券持有者之一。

将人民币钉住美元给中国政府带来了一些问题。首先，中国现在拥有大量美国资产，特别是美国国库券，而这些资产的收益率很低。其次，人民币价值的低估使中国产品在国外如此便宜以至如果中国政府不允许人民币法定升值，许多国家威胁要针对中国产品建立贸易壁垒。最后，正如我们在本章前面所学到的，中国对美元资产的买进导致中国货币供给的大幅增加，这很可能在未来产生高通货膨胀。在 2005 年 7 月，中国最终稍微增加了钉住汇率政策的灵活性，让人民币的价值上升了 2.1%，随后又允许人民币逐步升值。中央银行还表明不再将人民币钉住美元，而是维持其相对于一篮子通货的价值。

尽管固定汇率引发了这些问题，为什么中国当局还要维持固定汇率呢？一个答案是它想通过保持出口产品的低价来维持出口部门的活跃。另一个答案可能是它想积累大量的国际储备作为"战争基金"，以备在未来的某一天需要卖出这些资产和买进人民币以阻止人民币贬值。考虑到美国和欧洲的政府官员对中国政府施压要求人民币进一步法定升值，中国未来的汇率政策很可能还会有进一步的调整。

☐ 货币联盟

固定汇率制的一个变体是**货币联盟**（monetary or currency union）。货币联盟是指一组国家决定采用同一种货币（通货）从而固定相互间的汇率。货币联盟的一个早期例子发生在 1787 年，当时 13 个殖民地组成了美国，放弃了各自的通货转而使用美元。最新形成的货币联盟是欧洲货币联盟（European Monetary Union，EMU）：1999 年 1 月，11 个初始成员国采用了欧元这种新的通货。

货币联盟的重要经济优势是它使跨境贸易更容易了，原因在于所有成员国的产品和服务现在都用同一种通货标价。然而，正如我们上面看到的，与任何选择了固定汇率制和资本的自由流动这两种政策的国家和地区一样，货币联盟意味着各成员国不再拥有各自独立的货币政策，也就不再能使用货币政策来处理总需求不足的问题了。货币联盟的这个劣势引起了关于欧元区是否会解体的问题，正如下面的政策与实践案例所讨论的那样。

政策与实践

欧元会存活下去吗

2007—2009 年全球金融危机导致了整个欧洲的经济收缩，欧元区南方一些国家遭受重创。受到重创的这些国家的失业率比北方国家上升得快得多（位处北方的德国甚至都没有出现严重的经济收缩）。而且，由于经济收缩，南方的许多国家开始出现大规模政府预算赤字和主权债务危机（第 16 章对此有过描述，在主权债务危机中，投资者减少对这些国家的债券的购买，使这些国家的债券的利率达到极其高的水平）。这导致了南方国家的经济崩盘。这意味着它们本可以从实行宽松的货币政策来刺激总需求中大量受益，但是，由于欧洲中央银行的货币政策是在整个欧元区实行的而整个欧元区的经济又不像南方国家那样差，所以这个政策选项无法获得。

欧元的这种"紧身衣"式影响导致南方国家对欧元的支持减弱，放弃欧元的声音越来越大。与此同时，由于经济形势更好的北方国家屡屡被要求对南方国家提供救助，所以这些国家对欧元的支持也在减弱。又由于经济形势更好的这些国家可能不想再提供救助从而限制给南方国家的转移支付资金量，而经济形势更差的国家又想放弃欧元从而能够采取更加扩张性的货币政策和让货币贬值以提振经济，所以，欧洲货币联盟能否存活下去存疑。然而，许多人把欧元看成建立一个更加团结和强大的欧洲的重要步骤，这种政治上的考虑为该货币联盟提供了强大的支持。

汇率钉住还是不钉住

固定汇率制有一段很长的历史。它可以采取将本币的价值固定于黄金等大宗商品的形式，这是19世纪后期和20世纪早期金本位的关键特征。在更近的时期里，固定汇率制将本币的价值钉住美国这样的低通货膨胀的大国（锚定国）的货币。另一种形式是**爬行钉住**（crawling peg），在这种汇率制度下，一种通货被允许以稳定的速率贬值，以便钉住国（实施该种汇率政策的国家）的通货膨胀率可以高于锚定国。

□ 钉住汇率的优势

钉住汇率有几个优势。它将在国际上进行贸易的商品的通货膨胀率和锚定国中这些商品的通货膨胀率绑定，从而有助于控制国内的通货膨胀率。在国际上进行贸易的商品的国外价格是在世界市场上决定的，而这些商品的国内价格是由钉住汇率固定的。例如，在2002年之前的阿根廷，阿根廷比索对美元的汇率是1比索兑1美元，从而在国际上进行贸易的价格为5美元的1蒲式耳大麦在阿根廷的价格就是5比索。如果汇率目标是可信的（也就是预期会被坚持），那么钉住汇率就有一个额外的好处：将通货膨胀预期锚定在锚定国的通货膨胀率上。

钉住汇率也意味着钉住国实际上采用了锚定国的货币政策。如果锚定国的货币政策是非通货膨胀性的，那么钉住汇率将意味着钉住国的货币政策也是非通货膨胀性的。

给定这些优势，工业化国家已经用钉住汇率成功地控制了通货膨胀率也就不足为奇了。例如，通过将通货的价值与德国马克绑定的方式，法国和英国成功地利用钉住汇率降低了通货膨胀率。1987年，当法国首先将该国的汇率钉住马克时，它的通货膨胀率是3%，比德国*的通货膨胀率高了2个百分点。到1992年，它的通货膨胀率下降到了2%，一个可以被认为与价格稳定一致的水平，甚至比当时德国的通货膨胀率还低。到1996年，法国和德国的通货膨胀率已经趋同于一个略低于2%的数字。类似地，在1990年钉住德国马克之后，英国成功地将通货膨胀率从10%下降到1992年的3%（在1992年英国被迫放弃了钉住汇率）。

钉住汇率在新兴市场国家也是一种降低通货膨胀率的有效方式。例如，在1994年墨西哥的货币法定贬值之前，它的钉住汇率成功地将通货膨胀率从1988年的100%以上降到了1994年的10%以下。

□ 钉住汇率的劣势

尽管钉住汇率有一些内在的优势，但是对这种战略也存在几点严重的批评。正如我

---

* 1990年两德合并前指联邦德国，下同。——译者注

们在本章前面内容中看到的，在资本流动的条件下，钉住国不再能够实行独立的货币政策以应对那些与锚定国所遭受的冲击无关的国内冲击了。而且，钉住汇率意味着对锚定国的冲击将会直接传递到钉住国，因为锚定国的利率变化会引起钉住国利率的相应变化。

这些问题的一个引人注目的例子发生在 1990 年两德统一的时候。出于对由两德统一和重建民主德国所要求的大规模财政扩张引起的通货膨胀压力的忧虑，德国采取了应对措施，长期实际利率在 1991 年 2 月前持续上升，短期实际利率在 1991 年 12 月前持续上升。德国（锚定国）实际利率的上升直接传递给了那些将通货钉住马克（德国在采用欧元之前的通货）的其他国家，它们的实际利率与德国同步上升。法国等坚持钉住汇率的国家出现了经济增长减速和失业增加。

钉住汇率也会使钉住国容易遭受对本币的**投机性攻击**（speculative attack）——对弱通货的大量抛售导致此种弱通货的汇率急剧下降。[①] 事实上，两德统一的一个后果是 1992 年 9 月的外汇危机。两德统一之后德国实际利率的上升意味着那些钉住马克的国家面临着一次负向需求冲击，导致经济增长放慢和失业率上升。在这样的情况下，这些国家的政府完全可以维持相对于马克的固定汇率和允许本国的实际利率上升。但是，投机者开始怀疑这些国家对钉住汇率的承诺是否会削弱。投机者的推理是，这些国家要抵挡对其通货的攻击，必须保持足够高的利率，由此所引起的失业率上升是这些国家的政府不会容忍的。在这种情况下，投机者实际上下了单向赌注，因为法国、西班牙、瑞典、意大利和英国等国家的通货只会向一个方向变动，即相对于马克贬值。在可能的贬值出现之前卖出这些通货给了投机者一个有着潜在高预期收益的诱人的获利机会。结果出现了 1992 年 9 月的投机性攻击。只有在法国，钉住汇率的承诺才足够强，从而法国的货币没有法定贬值。其他国家的政府不愿意不计成本地捍卫本国的通货，最终允许其通货贬值。

法国和英国对 1992 年 9 月汇率危机的不同反应说明了钉住汇率的潜在成本。在继续将本币钉住马克也因此无法使用货币政策应对国内经济状况的法国，1992 年后经济增长仍然缓慢，失业率上升。相反，放弃钉住汇率的英国经济表现好得多：经济增长更快，失业率下降，而且通货膨胀率也没有比法国高很多。

与工业化国家相反，新兴市场国家（包括东欧的转轨国家）在采用钉住汇率政策时放弃独立的货币政策可能没有多少损失。因为许多新兴市场国家还没有建立起能够成功运用相机抉择的货币政策的政治或货币制度，所以它们从独立的货币政策中可能得到的很少而可能失去的却很多。因此，实际上，它们通过钉住汇率采用其他国家（如美国）的货币政策会比实行自己的独立政策更好。这是如此多新兴市场国家采用钉住汇率的原因之一。

尽管如此，钉住汇率对这些国家是相当危险的，因为它会使这些国家容易遭受投机性攻击，而且投机性攻击给这些国家带来的后果比给工业化国家带来的后果严重得多。这是阿根廷学到的沉痛教训，我们将在政策与实践案例"阿根廷货币局制度的瓦解"中讨论这个教训。

---

① 对投机性攻击动态学的更详细的讨论可以在本章的第二个网络附录中找到，见本书配套网站 www. pearsonglobaleditions. com/mishkin。

阿根廷货币局制度的瓦解

阿根廷有一段很长的货币不稳定的历史，通货膨胀率大幅波动，有时甚至飙升到每年 1 000％以上。为了结束这种通货膨胀剧烈波动的循环，阿根廷在 1991 年 4 月决定采用货币局制度。阿根廷货币局制度通过将比索和美元之间的汇率固定在 1 比 1 的方式运行。任何时候公众都可以到阿根廷中央银行用 1 比索兑 1 美元，或者 1 美元兑 1 比索。

在刚开始的几年，阿根廷的货币局制度看上去极其成功。1990 年年通货膨胀率为 800％，在 1994 年年末就下降到低于 5％的水平，经济迅速增长，在 1991—1994 年期间平均增长率接近每年 8％。然而，在墨西哥比索危机之后，对阿根廷经济健康的担忧导致公众纷纷从银行提款（存款下降了 18％）和将阿根廷比索兑换成美元，于是引起了阿根廷通货供给的收缩。紧接着阿根廷经济活动开始迅速下滑，1995 年实际 GDP 缩水了 5％以上，失业率攀升到 15％以上。1996 年经济才开始复苏。

因为阿根廷的中央银行在货币局制度下无法控制货币政策，它相对无力抵消由公众行为导致的紧缩性货币政策。而且，因为货币局制度不允许中央银行发行新比索并将它们借给银行，它几乎没有能力承担最后贷款人的职责。1995 年，IMF、世界银行和泛美开发银行等国际组织给阿根廷提供了超过 50 亿美元的贷款用于支持该国的银行体系，在它们的帮助下，阿根廷的货币局制度才得以幸存。

然而，1998 年阿根廷陷入了另一次衰退，这次不但严重而且持续时间很长。到 2001 年年底，失业率达到近 20％，相当于 20 世纪 30 年代美国在大萧条时经历的失业率水平。结果，国内出现动乱，民选政府下台，还发生了一次严重的银行危机，近 1 500 亿美元的政府债务违约。因为在货币局制度下阿根廷中央银行对货币政策没有任何控制，它不能使用货币政策来扩张经济和摆脱衰退。2002 年 1 月，货币局制度最终瓦解，比索贬值幅度超过 70％。结果，阿根廷爆发了一次全面的金融危机，通货膨胀率迅速上升，经济陷入极端严重的萧条。显然，阿根廷民众不再像以前那样迷恋货币局制度了。[①]

本章小结

1. 汇率（一个国家的通货用另一种通货表示的价格）非常重要，因为它们会影响国内生产的在国外出售的产品的价格以及在国内购买的国外产品的价格。实际汇率，即名义汇率乘以相对价格水平，表明一个国家的产品是相对便宜还是相对昂贵。

2. 一价定律表明，如果两个国家生产完全相同的产品并且运输成本和贸易障碍很低，那么无论该产品由哪个国家生产，其价格在全世界应该相同。将一价定律应用到国家价格水平上就得

---

① 本书的一个网络章"新兴市场经济体中的金融危机"讨论了阿根廷金融危机，见本书配套网站 www.pearsonglobaleditions.com/mishkin。

到了购买力平价理论。购买力平价理论认为，两国之间汇率的长期变化受到两国相对价格水平变化的影响。

3. 当美元资产的需求量等于供给量时，外汇市场达到均衡。

4. 在短期，汇率由国内资产的相对预期收益的变化决定，这种变化会引起需求曲线移动。任何改变国内资产相对预期收益的因素都将引起汇率的变化。这些因素包括国内和国外资产的实际利率的变化，以及预期的未来汇率的变化。

5. 汇率的升值是紧缩性的，会同时降低总产出和通货膨胀率，而贬值则会有相反的扩张性影响。货币政策可以抵消由汇率改变引起的冲击。

6. 中央银行通过卖出本币和买进国外资产进行的干预将会增加国际储备和流动性，降低国内利率，从而引起本币贬值。

7. 在固定汇率制下，当本币被高估时，中央银行必须买进本币以维持汇率固定。而如果是被低估，那么中央银行就必须卖出本币。政策三难表明一个国家或地区（或通货区）不能同时实施以下三项政策：（1）资本的自由流动，（2）固定汇率，以及（3）独立的货币政策。

8. 钉住汇率对钉住国有以下优势：（1）它将在国际上进行贸易的产品的通货膨胀率和锚定国中这些产品的通货膨胀率绑定，从而直接控制了国内的通货膨胀；（2）它采用锚定国的货币政策，这就意味着如果锚定国的货币政策是非通货膨胀性的，那么钉住国的货币政策也是非通货膨胀性的。钉住汇率也有一些严重的劣势：（1）它使钉住国失去了独立的货币政策；（2）它使钉住国容易遭受投机性攻击。

关键术语

外汇市场	即期交易	远期交易
即期汇率	远期汇率	升值
贬值	名义汇率	实际汇率
贸易条件	一价定律	购买力平价理论
非贸易品	资本流动	预期收益
外汇市场干预	国际储备	固定汇率制
锚货币	货币局制度	浮动汇率制
有管理的浮动汇率制	肮脏浮动	法定贬值
法定升值	政策三难	不可能三角
资本控制	货币联盟	爬行钉住
投机性攻击		

复习题

外汇市场和汇率

1. 什么是外汇市场？描述发生在该市场的两种类型的交易。

2. 区分美元与欧元之间的名义汇率和实际汇率。

这两种汇率会一起变化吗？为什么实际汇率的升值或贬值很重要？

长期汇率

3. 购买力平价理论（PPP）与一价定律有什么关

系？为什么 PPP 在短期不成立？

短期汇率

4. 为什么当美元的汇率高于或低于均衡汇率时外汇市场会向均衡移动？

汇率变动的分析

5. 欧洲中央银行提高利率（假设没有通货膨胀方面的后果）对欧元与美元间的汇率有什么影响？

汇率和总需求-总供给分析

6. 本币升值或贬值对总产出和通货膨胀率的短期影响是什么？

对外汇市场的干预

7. 为什么中央银行会对外汇市场进行干预？这些干预是如何影响国际储备和汇率的？

固定汇率制

8. 固定汇率制、浮动汇率制和有管理的浮动汇率制（肮脏浮动）之间有什么不同？

9. 解释在固定汇率制下如果一种通货被高估了会发生什么。你如何能够判断人民币是否被高估了？通货被高估的后果是什么？

10. 什么是政策三难？

汇率钉住还是不钉住

11. 谈谈你对关于 20 世纪 90 年代阿根廷的案例中提到的钉住汇率的优势和劣势的看法。

习题

外汇市场和汇率

1. 假定在德国一台笔记本电脑卖 1 000 欧元，在英国卖 600 英镑。假定名义汇率是 0.80 英镑/欧元，

   (a) 计算英国笔记本电脑和德国笔记本电脑之间的实际汇率。

   (b) 如果德国笔记本电脑的国内价格现在下降为 700 欧元，计算英国笔记本电脑和德国笔记本电脑之间的实际汇率。

长期汇率

2. 一杯星巴克咖啡在北京卖 10 元，在芝加哥卖 2 美元。

   (a) 如果一价定律成立，计算名义汇率。

   (b) 假设当前的名义汇率是 7 元/美元。购买力平价理论对未来的名义利率值的预测是什么？（提示：什么样的名义汇率会使实际汇率等于 1?）

3. 在以下每个例子中一价定律都不成立（即在当前名义汇率下，这些产品或服务的价格不同）。解释在每一个例子里是什么使一价定律不成立。

   (a) 美国的一吨糖和巴西的一吨糖。

   (b) 曼哈顿的一套带三间卧室的屋顶阁楼和墨西哥城的一套带三间卧室的公寓。

   (c) 一磅最好的瑞士巧克力和一磅好时巧克力。

汇率变动的分析

4. 2013 年 6 月 19 日，在联邦公开市场委员的定期政策会议后，该委员会主席在新闻发布会上的声明被广泛解读为联储可能会比预期更快地开始缩减目前每月 850 亿美元的资产购买规模。

   (a) 这一声明对利率和美元汇率会产生什么影响（如果有的话）？

   (b) 在这次新闻发布会后的日子里，联储担心市场做出过度反应，包括该主席在内的几个联储官员强烈重申只有在经济状况许可的情况下才会开始减少资产购买，这表明资产购买的缩减可能不会比预期更快。这一声明对利率和美元汇率会产生什么影响（如果有的话）？

5. 下表列出了不同时间点上美元和欧元的名义汇率（美元/欧元）。

2012 年 11 月	2012 年 12 月	2013 年 1 月	2013 年 2 月	2013 年 3 月
1.295 3	1.302 5	1.298 3	1.319 7	1.305 9

资料来源：Federal Reserve Bank of St. Louis，FRED Database. http：//research. stlouisfed. org/fred2/.

(a) 画出名义汇率的变化图，并判断在此期间美元相对于欧元是升值了还是贬值了。注意汇率是用每1欧元多少美元表示的。

(b) 计算从2012年11月到2012年12月和从2013年1月到2013年2月汇率变化的百分比，并对这些波动的大小进行评论。

6. 假定日本中央银行将会变得无法说服公众相信关于在未来反高通货膨胀的承诺。

(a) 这会对日元的汇率预期造成什么影响？

(b) 这会对日元的即期汇率造成什么影响？用图解释你的答案。

汇率和总需求-总供给分析

7. 巴西宣布发现了巨大的石油储备，这可能会使巴西成为一个大的石油出口国。

(a) 石油出口收入的上升对巴西的汇率会产生什么影响？

(b) 这会如何影响巴西的其他出口？整体上，这对巴西来说是一个合意的结果吗？

对外汇市场的干预

8. 下面的T账户描绘了欧洲中央银行对外汇市场的一次干预。

	资产	负债
国外资产	+100亿欧元	准备金 +100亿欧元

(a) 欧洲中央银行买进了欧元还是卖出了欧元？

(b) 这次干预对汇率的影响是什么？

固定汇率制

9. 解释为什么中央银行可能要对外汇市场进行干预来阻止其通货的过度升值，即使它之前曾经说过它会允许其通货对外汇市场上的供给和需求状况做出反应。

汇率钉住还是不钉住

10. 假设一个国家将其通货的价值钉住了另一个国家的通货，并且锚定国提高了它的利率。

(a) 描述锚定国提高利率对钉住国的出口部门的影响。

(b) 如果钉住国被迫对其通货进行法定贬值，且大部分债务是以外币（锚货币）计价，描述锚定国提高利率对钉住国的家庭净值的影响。

数据分析题

1. 访问圣路易斯联邦储备银行FRED数据库，找到每天美元对如下货币的汇率数据：欧元（DEXUSEU）、英镑（DEXUSUK）、日元（DEXJPUS）、人民币（DEXCHUS）和加拿大元（DEXCAUS）。

(a) 报告可获得数据的最近一天以及与一年前最接近的那一天的汇率。

(b) 哪种货币对美元升值了，哪种贬值了？基于这些结果，你预期从美国的角度来看，对这五个国家和地区的出口和从这五个国家和地区的进口发生了什么变化？

2. 访问圣路易斯联邦储备银行FRED数据库，找到美元对英镑的汇率（DEXUSUK）。一辆宝马迷你车在英国伦敦卖17 685英镑，在美国波士顿卖23 495美元。

(a) 利用可获得的最新汇率计算伦敦迷你车和波士顿迷你车之间的实际汇率。

(b) 基于问题（a）的答案，迷你车在波士顿还是在伦敦相对更贵？

(c) 在所有其他条件都不变的情况下，迷你车卖多少英镑才会使在这两个地方的价格相同？

3. 访问圣路易斯联邦储备银行FRED数据库，找到每天美元对如下货币的汇率数据：欧元（DEXUSEU）、英镑（DEXUSUK）和日元（DEXJPUS）。此外，还找到每天如下货币的3个月期伦敦银行间同业拆借利率（LIBOR）：美元（USD3MTD156N）、欧元（EUR3MTD156N）、英镑（GBP3MTD156N）和日元（JPY3MTD156N）。LIBOR是以每个国家各自货币计价的利率衡量指标。

(a) 计算一年前美国的LIBOR和其他三个国

家或地区的 LIBOR 之差。

(b) 基于利率差，一年前的你会预期美元相对于其他三种货币将贬值还是升值？

(c) 报告过去一年里汇率的百分比变化。你在问题（b）的预测与实际汇率行为一致吗？

4. 访问圣路易斯联邦储备银行 FRED 数据库，找到每月美元对如下货币的汇率数据：人民币、加拿大元和韩元。把数据下载到 Excel 表格中。

(a) 在可获得数据的最近五年间，使用 Excel 的平均值、最大值、最小值和标准差函数功能计算美元对这三种货币的汇率的平均值、最大值、最小值和标准差。（标准差是对汇率波动性的一个绝对衡量指标。）

(b) 利用这五年间每种汇率的最大值和最小值，计算两者之差与汇率平均值之比（乘以 100% 将其表示为百分比）。这个数值给出了一个衡量汇率变动余地的指标。基于你的结果，三种货币中哪种最有可能是钉住美元的？将这种货币的汇率变动余地与另外两种进行比较。

(c) 计算这五年间汇率的标准差与汇率平均值之比（乘以 100% 将其表示为百分比）。这个数值给出了一个衡量汇率波动性的指标。基于你的结果，三种货币中哪种最有可能是钉住美元的？将这种货币的汇率波动性与另外两种进行比较。

网络附录“利率平价条件”和“投机性攻击和外汇危机”可以在与本书配套的网站 www.pearsonglobaleditions.com/mishkin 找到。

第 7 篇

宏观经济学的微观经济基础

为了更深入地理解本书前面所刻画的宏观经济关系，本书的这一部分对家庭和企业的行为进行微观经济分析。第 18 章讨论了消费和储蓄的微观经济基础。第 19 章建立了投资行为的微观经济模型，应用这些模型解释近来的经济历史和政策制定者用来影响投资支出的工具。第 20 章对劳动市场进行了供给-需求分析，用此分析解释妇女劳动参与率的提高、近些年来教育收益的增加、收入不平等的增加以及失业的来源。

为了在理论和实践之间建立重要的联系，我们将考察如下应用案例：

■ 消费者信心和经济周期
■ 2008 年和 2009 年的住房市场、股票市场以及消费的减少
■ 股票市场崩盘和衰退
■ 为什么妇女的劳动力参与率提高了
■ 为什么收入不平等和教育收益在增加
■ 为什么欧洲的失业率一般比美国高得多

在保持对关键政策议题和政策制定者在实践中使用的技术的关注的同时，我们还将在政策与实践案例中分析如下具体例子：

■ 2008 年的返税
■ 增加储蓄的行为性政策
■ 美国政府的政策和住房市场
■ 失业保险和失业
■ 最低工资法

第18章

消费和储蓄

 预览

    2001—2007 年，家庭以每年 3% 的速率迅速增加消费支出。在 2008 年和 2009 年，家庭开始储蓄更多收入，消费支出下降，2008 年降低了 0.25%，2009 年降低了 0.6%。由于消费支出占经济中总支出的 70%，消费支出的减少是这两年经济活动收缩的主要因素，结果导致了战后时期最严重的衰退。

    为什么家庭突然决定储蓄更多收入和削减支出呢？为了回答这个问题，我们需要深入探究是什么在影响消费者的支出和储蓄决策。在本章，我们通过讨论消费和储蓄行为的微观经济基础来做这件事。我们首先讨论欧文·费雪建立的一个基础消费理论，该理论解释了跨期选择，即关于今天和明天消费多少的决策。然后，我们考察今天使用的三种最常见的消费理论：一种是我们在第 9 章讨论过的约翰·梅纳德·凯恩斯建立的理论，即凯恩斯消费函数；另外两种是永久收入假说和生命周期假说，分别由米尔顿·弗里德曼和弗朗科·莫迪利亚尼提出，两人都因对消费理论的研究获得了诺贝尔经济学奖。这些理论随着时间的推移得到了进一步的精炼，给我们提供了对消费者行为的理解，而消费者行为是本书其余部分宏观经济分析的基本区块。

消费和储蓄之间的关系

    我们今天消费掉的收入不能储蓄到明天。以这种方式来看，消费和储蓄实际上是一枚硬币的两面。**储蓄**（saving），S，是一个人可用于支出的收入和他当前的支出之差。可用于支出的收入被称为**可支配收入**（disposable income），等于总的毛收入减去税收。

这里，为了简单起见，我们用 Y 表示可支配收入。[1] 对一个家庭来说，当前支出就是消费支出，因此我们用如下恒等式来定义储蓄：

$$S = Y - C \qquad (1)$$

将可支配收入水平 Y 视为给定，我们能够通过建立储蓄（S）理论来决定消费支出（C）。或者说，如果我们有了储蓄理论，那么方程（1）告诉我们也就有了消费理论。因此，在本章，当我们说到如何决定消费时，我们也在谈论如何决定储蓄，反之亦然。

跨期选择和消费

伟大的美国经济学家欧文·费雪建立了基本的消费理论。费雪用微观经济分析来解释跨期选择，即关于今天和明天的支出的决策。他的理论发表于 1930 年，被称为**跨期选择理论**（theory of intertemporal choice）。该理论描述了在一个仅有两个时期——今天（时期 1）和未来（时期 2）——的简化世界里的消费决策。在这样一个世界，消费者把他当前和未来的可支配收入以及财富都视为给定。[2] 他想在时期 2 结束前花掉所有的钱，不给配偶或子女留下任何遗产。消费者借款或储蓄的利率均给定，为 r。

接下来，费雪的理论分三步推进。第一，它定义了**跨期预算约束**（intertemporal budget constraint），它决定了一个消费者在总资源给定的情况下今天和明天能够消费多少。第二，它描述了消费者对今天和明天的消费的偏好。第三，它说明了消费者在预算约束和偏好给定的情况下如何实现最优化（最大化幸福程度）。我们现在将详细考察这三步。

在开始之前，谨记本模型对所有金钱数量和利率的描述都是实际量。也就是说，金钱数量代表这些金钱的实际购买力，利率表示贷款人租赁金钱必须被付给的额外实际购买力数量。

□ 跨期预算约束

我们首先考虑消费者卡门西塔（Carmencita）的消费约束。她今天的收入（Y_1）为 50 000 美元，预期明天的收入（Y_2）为 52 000 美元，初始财富（资产）（W）为 10 000 美元。她面临的借贷利率（r）为 4%。[3]

如果卡门西塔计划在时期 1 支出 C_1，我们可以确定她在时期 2 的消费 C_2。在时期 1 开始时，她可以把她的初始财富 W 和不在时期 1 支出的收入 $Y_1 - C_1$——加起来是 $W+$

---

[1] 注意，在第 2、4 和 9 章，我们区分了可支配收入和总收入，前者扣减了税收，后者没有。在这里，为了简单起见，我们用 Y 代表可支配收入而不是总收入（不同于那几章）。此外，与第 2 章和第 4 章相反，这里的 S 表示私人储蓄而不是国民储蓄（它包括政府储蓄）。

[2] Irving Fisher, *The Theory of Interest* (New York: Macmillan, 1930).

[3] 时期 2 的收入 Y_2 不包括储蓄赚得的利息收入，因为利息收入已经通过 $r(W+Y_1-C_1)$ 包括在方程（2）所示的跨期预算约束中。这么判断的另一种方式是 Y 只是指劳动收入。

$Y_1 - C_1$——存入银行账户并赚取利息。这样，她在时期 2 就拥有 $(1+r)(W+Y_1-C_1)$ 加上她在时期 2 赚的收入 Y_2。（记住，所有变量都是已经过通货膨胀调整的实际变量。）由于卡门西塔不打算留下遗产，她将在时期 2 花掉所有的钱。因此，她在时期 2 的消费 C_2 为：

$$C_2 = (1+r)(W+Y_1-C_1)+Y_2 \tag{2}$$

方程（2）是她涵盖这两期的预算约束，即跨期预算约束。为了使我们的分析更加具体，让我们用前面给出的数字来考虑三种情形，说明满足跨期预算约束的时期 1 和时期 2 消费的组合（见图 18-1）。首先，假设卡门西塔只在未来消费，因此 $C_1 = 0$。代入变量 r、Y_1、Y_2 和 W 的具体数字，她在时期 2 的消费就是：

$$C_2 = (1+0.04)\times(10\ 000+50\ 000-0)+52\ 000 = 114\ 400\ （美元）$$

这样我们得到组合 $C_2 = 114\ 400$ 美元和 $C_1 = 0$，在图 18-1 中标记出来，得到 A 点。

现在假定卡门西塔想在时期 1 花光所有的钱，但不想陷入债务。因此，$W+Y_1-C_1=0$。从而，$C_1 = W+Y_1 = 50\ 000$ 美元 $+10\ 000$ 美元 $=60\ 000$ 美元。根据方程（2），有：

$$C_2 = (1+0.04)\times 0 + 52\ 000 = 52\ 000\ （美元）$$

这样我们得到组合 $C_2 = 52\ 000$ 美元和 $C_1 = 60\ 000$ 美元，在图 18-1 中标记出来，得到 B 点。B 点的特别之处在于卡门西塔的行为符合一句格言："既不做借款人也不做贷款人。"

假定卡门西塔只在时期 1 消费，因此 $C_2 = 0$。从方程（2）解得 C_1，得到 $C_1 = W+Y_1+[Y_2/(1+r)] = 10\ 000+50\ 000+[52\ 000/(1+0.04)] = 110\ 000$ 美元。图 18-1 中的 C 点就表示这个组合 $C_1 = 110\ 000$ 美元和 $C_2 = 0$。

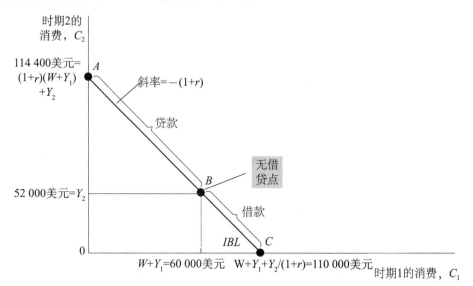

图 18-1　预算约束线

　　预算约束线被标记为 IBL，它是向下倾斜的一条直线，斜率为 $-(1+r)$。它说明了当前消费和未来消费之间存在权衡：你今天支出得越多，可供明天支出的就越少。注意 B 点是无借贷点，B 点左边会发生贷款，B 点右边会发生借款。

　　联结这三个点且满足跨期预算约束的直线是**跨期预算线**（intertemporal budget line），在图 18-1 中标记为 IBL。它是一条向下倾斜的直线，斜率为 $-(1+r)$；也就是说，在实际利率为 4%（即 0.04）时，今天消费的每 1 美元会使明天的消费减少 1.04 美元；今天储蓄的每 1 美元会使明天的消费增加 1.04 美元。它说明了当前消费和未来消费之间存在权衡：你今天支出得越多，可供明天支出的就越少。在 B 点左边和上方的点，时期 1 的消费 C_1 少于 $W+Y_1$，因此卡门西塔有剩余的资金可供贷款（利率为 r）。在 B 点右边和下方的点，时期 1 的消费 C_1 多于 $W+Y_1$，因此卡门西塔必须以 r 的利率借款。

□ 用现值表示的跨期预算约束

我们也可以这样来写跨期预算约束：重新排列方程（2）中的各项，把消费放在左边，其余各项放在右边，再将方程两边同时除以 $1+r$。这样，我们得到：

$$C_1 + \frac{C_2}{1+r} = W + Y_1 + \frac{Y_2}{1+r} \tag{3}$$

我们将用现值的概念来看待该方程的两边。所谓**现值**（present value，或称**贴现现值**，present discounted value）概念就是明天收到的 1 美元比今天收到的 1 美元价值要低这样一种常识性概念。你可以把今天的 1 美元存入付息的储蓄账户（也就是说，你可以把这 1 美元借给银行），明天你就能得到超过 1 美元。如果利率为 r，那么今天的 1 美元将变成明天的 $1+r$ 美元；若利率为 4%，今天的 1 美元在明天值 1.04 美元。或者，注意到明天的 1.04 美元等价于今天的 1 美元，你就可以把下一期的所有支出或收入转换成当前的价值，这只需除以 $1+r$ 就行了，该过程被称为**贴现**（discounting）。（时期 1 的支出和收入的当前贴现价值是 C_1 和 Y_1。）把所有这些贴现值加总在一起就得到支出、财富和收入的贴现现值。这么来看的话，方程（3）所表示的跨期预算约束的左边是消费支出的贴现现值，而右边是初始财富加上收入的贴现现值——我们可以称之为一生资源。换句话说，我们可以把方程（3）所表示的跨期预算约束描述成：

消费的现值 ＝ 一生资源的现值

□ 偏好

偏好涉及对今天消费和明天消费的各种可能的选择进行排序。撇开预算约束不谈，我们通过问自己今天支出和明天支出的哪些组合会使我们同等幸福来描述偏好。然后，我们可以把这些组合作图表示出来，得到**无差异曲线**（indifference curve），它表示了带给我们同一总体幸福水平［**效用**（utility）或**福利**（welfare）］的当前和未来消费（C_1 和 C_2）的所有可能的组合。一条特定无差异曲线上的任何点都与该曲线上任何别的点代表着相同的效用水平。卡门西塔的无差异曲线表示在图 18-2 中。

无差异曲线有三个特征。[1]

1. 无差异曲线离原点越远，效用越高。参看图 18-2，考虑更高位置的无差异曲线 IC_2 上的 Z 点，它在 X 点的右上方，而 X 点位于更低位置的无差异曲线 IC_1 上。与 X 点相比，Z 点在时期 1 和时期 2 的消费都更高（$C_1^Z > C_1^X$ 和 $C_2^Z > C_2^X$）。由于我们假设更多

---

[1] 注意，由于今天消费和明天消费的一个特定组合不可能代表两个不同的效用水平，无差异曲线不能相交。如果无差异曲线相交了，那么交点将意味着今天消费和明天消费的一个特定组合有两个不同的效用水平。

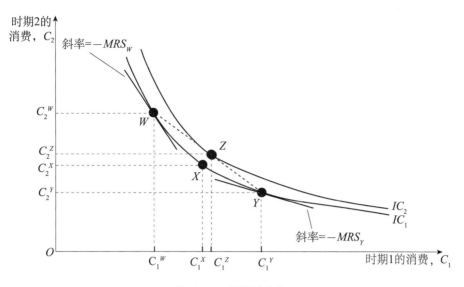

图 18 - 2　无差异曲线

无差异曲线有 3 个特征。无差异曲线越高（从 IC_1 移动到 IC_2），效用越高；它们向下倾斜；它们凸向原点。

的消费总是更好，卡门西塔在 Z 点必然比在 X 点要幸福。由于 IC_2 上的每一点都在 IC_1 上相应点的右上方，更高位置的无差异曲线 IC_2 必然比更低位置的无差异曲线 IC_1 有着更高的效用。

2. 无差异曲线向下倾斜。考虑图 18 - 2 中的 W 点和 X 点。由于它们位于同一无差异曲线 IC_1 上，这两点使卡门西塔同样幸福。但是，在 W 点，卡门西塔在时期 2 的支出为 C_2^W，而在 X 点，她的支出 C_2^X 要少一些。她怎么会在这两点同样幸福呢？为了使卡门西塔同样幸福，更低的时期 2 的消费所带来的幸福损失必须由更高的时期 1 的消费来抵消。确实，在 X 点，C_1^X 要高于 C_1^W。要使卡门西塔感觉无差异，随着时期 2 的消费的下降，时期 1 的消费必须上升。因此，无差异曲线向下倾斜，这反映了今天消费和明天消费之间的权衡，当我们从 W 点移动到 X 点再移动到 Y 点时就可以看到这种权衡。

3. 无差异曲线凸向原点。图 18 - 2 中无差异曲线凸向原点的形状被称为**凸性**（convexity），它源于典型消费者不喜欢消费从一个时期到下一个时期出现大幅波动。一般来说，人们喜欢在不同时期平滑消费。谁想在一个时期吃烤里脊肉片和开奔驰而在另一个时期吃拉面和坐公交呢？

考虑图 18 - 2 中的 3 个点 W、Y 和 Z。在 W 点和 Y 点联结成的直线上，Z 点位于两点之间的中点。也就是说，Z 点对应的两个时期的消费都是 W 点和 Y 点对应的两个时期的消费的平均值。因此，Z 点所代表的消费比 W 点和 Y 点都平滑得多。对平滑消费的偏好意味着 Z 点的效用比 W 点和 Y 点都要高。因此，对平滑消费的偏好意味着无差异曲线是凸的。

我们也可以利用边际替代率的概念来描述第三个特征。跨期消费问题中的**边际替代率**（marginal rate of substitution），也称为**跨期边际替代率**（intertemporal marginal rate of substitution），是指消费者为了增加时期 1 的消费而愿意放弃的时期 2 的消费的比率。在任何给定的点，这个比率，$-\Delta C_2/\Delta C_1$，是经过该点的无差异曲线斜率的相反数。由于消费者偏好在不同时期平滑消费（因此越来越不愿意放弃时期 2 的消费），随着时期 2 消费的下降，边际替代率变小，从而无差异曲线具有凸的形状。正如我们在图 18-2 中看到的，MRS_W 小于 MRS_Y，从而无差异曲线的斜率（为负）的绝对值在减小。

□ 最优化

有了跨期预算线和无差异曲线之后，我们就能够确定两个时期的最优消费水平。我们都想尽可能幸福，因此我们想达到最高的无差异曲线。另外，我们不得不受到跨期预算约束的限制。图 18-3 画出了卡门西塔的预算线和许多无差异曲线，显示了如何确定两个时期的最优消费水平。

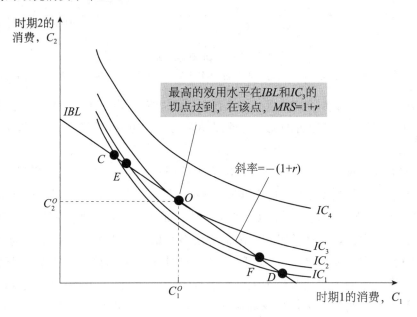

图 18-3　消费者的最优化

最高的效用水平在无差异曲线 IC_3 达到，IC_3 和跨期预算线相切于 O 点。在最优点 O 点，IC_3 的斜率等于跨期预算线的斜率，前者等于边际替代率的相反数，后者等于 $-(1+r)$，从而有 $MRS=1+r$。

因为图 18-3 中无差异曲线 IC_1 上的 C 点和 D 点都在卡门西塔的跨期预算线 IBL 上，她当然可以获得与 IC_1 相联系的效用水平。事实上，由于无差异曲线 IC_2 上的 E 点和 F 点也都在跨期预算线上，卡门西塔通过向 IC_2 移动还可以获得更高的效用。另外，由于无差异曲线 IC_4 上没有一个点满足跨期预算约束，她不能获得与 IC_4 相联系的效用水平。在给定预算约束下最优的无差异曲线是 IC_3，它与跨期预算线相切于 O 点。在 O 点，时期 1 的消费是 C_1^O，时期 2 的消费是 C_2^O。在卡门西塔的最优点 O 点，无差异曲线的斜率（或边际替代率的相反数）等于跨期预算线的斜率，也就是 $-MRS=-(1+r)$。两边同时乘以 -1 就得到：

$$MRS=1+r \tag{4}$$

方程（4）表明，卡门西塔选择两个时期的消费水平使边际替代率等于 1 加上实际利率，也就是无差异曲线的斜率等于跨期预算线 *IBL* 的斜率。

运用跨期选择模型：收入和财富

既然我们已经理解了卡门西塔如何就跨期选择做出决策，我们可以运用这个模型来回答一些关于消费如何对收入和财富的变动做出反应的问题。稍后，我们将转到利率。

☐ 消费对收入的反应

我们首先分析在时期 1 或时期 2 收入上升时会发生什么。

当期收入上升。 假定卡门西塔的工作业绩很好，她的老板今天给她发了 1 000 美元的奖金。她的一生资源的现值增加了 1 000 美元，因此方程（3）表明她能够增加两个时期的消费。确实，由于实际利率不变，跨期预算线的斜率保持不变，因此跨期预算线向右平行移动，从图 18 - 4 中的 IBL_1 移动到 IBL_2。[更具体地说，根据方程（3），一生资源的现值增加 1 000 美元意味着，对于任何给定的时期 2 的消费，时期 1 的消费可以增加 1 000 美元，从而跨期预算线向右移动 1 000 美元的距离。]无差异曲线和跨期预算线相切的最优点从 A 点移动到 B 点，两期的消费都增加了（从 C_1^A 到 C_1^B 和从 C_2^A 到 C_2^B）。由于卡门西塔现在处于更高位置的无差异曲线上，从 IC_1 移动到了 IC_2，她无疑更幸福了。

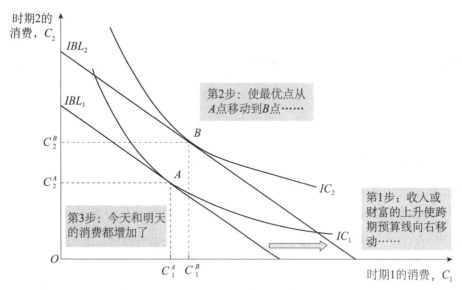

图 18 - 4 对当期收入、未来收入或财富上升的反应

由于利率 r 保持不变从而跨期预算线的斜率不变，当期收入、未来收入或财富的上升都使跨期预算线从 IBL_1 平行向上移动到 IBL_2。最优点从 A 点移动到 B 点，消费的增加分摊到两期，这种现象被称为消费平滑化。

未来收入上升。 假定卡门西塔的老板告诉她，她的工作业绩很好，但是他因资金问题要到明年才能给她发这 1 000 美元奖金。不过，他明年发的奖金数额会和今天的 1 000

美元有相同的现值。若利率为 4%，这意味着他明年会给卡门西塔发 1 040 ［＝1 000×(1＋0.04)］美元的奖金。那么，结果与图 18 - 4 所描述的完全相同：一生资源的现值增加了 1 000 美元，跨期预算线向右移动，两期的消费都增加了。

□ 消费对财富的反应

我们对收入的分析同样适用于评价消费对财富的反应。假定卡门西塔拥有苹果电脑公司的股份，价值增加了 1 000 美元。现在，卡门西塔发现自己的财富多了 1 000 美元，因此她的一生资源现值增加了 1 000 美元，和图 18 - 4 所描述的情形一样。因此，分析也完全相同：她的跨期预算线向右移动，两期的消费都增加了。

□ 消费平滑化

我们对消费如何对收入和财富做出反应的分析揭示了两个重要的事实：

1. 当一生资源的现值增加时，不论其来源为何（当期收入、未来收入或财富），消费增加。

2. 消费者会把消费的增加分摊到今天和明天，即使消费增加的唯一来源是当期收入的增加。这一特征被称为**消费平滑化**（consumption smoothing）。

消费平滑化是跨期选择模型的两个要素——无差异曲线的凸性和消费者借贷的能力——的合乎逻辑的结果。确实，由于消费的波动远小于 GDP，消费平滑化是历史数据的一个重要特征。

运用跨期选择模型：利率

我们现在将考虑实际利率的变动对跨期预算线和消费的影响。

□ 利率和跨期预算线

为了明白当利率从 r_1 上升到 r_2 时会发生什么，让我们先来看看图 18 - 5 中的 B 点。B 点位于初始跨期预算线 IBL_1 上，在该点，当期消费等于初始财富加上时期 1 的收入，即 $C_1＝W＋Y_1$。在这种特殊情况下，卡门西塔既不借入也不借出，因此时期 2 的消费等于时期 2 的收入，即 $C_2＝Y_2$。因此，我们把图 18 - 5 中的 B 点标记为"无借贷点"。当利率上升到 r_2 时，B 点仍然在新跨期预算线 IBL_2 上，因为在无借贷点，利率水平无关紧要，总是有 $C_1＝W＋Y_1$ 和 $C_2＝Y_2$。

不过，当利率上升到 r_2 时，预算线的斜率变得更负，为 $-(1＋r_2)$，因此跨期预算线 IBL_2 变得更陡。由于它仍然经过 B 点，这意味着跨期预算线围绕 B 点顺时针旋转，如图 18 - 5 所示。

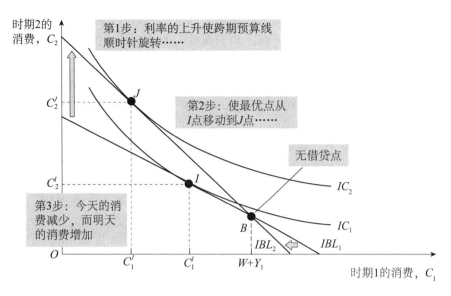

图 18 - 5　对利率上升的反应

当利率从 r_1 上升到 r_2 时，跨期预算线围绕无借贷点 B 点从 IBL_1 顺时针旋转到 IBL_2。最优点从 I 点移动到 J 点。替代效应大于收入效应，因此时期 1 的消费减少，而时期 2 的消费增加。

□ 最优的消费水平和跨期预算线

由于平均而言消费者储蓄部分收入，我们将考察卡门西塔的最优消费在图 18 - 5 中 I 点的情况，在 I 点有 $C_1^I < W + Y_1$。在这种情况下，跨期预算线 IBL_1 和无差异曲线 IC_1 的切点 I 点在无借贷点 B 点的左上方。当利率上升到 r_2 和跨期预算线旋转到 IBL_2 时，我们看到，J 点的最优消费水平位于更高的无差异曲线 IC_2 上。时期 1 的消费下降到 C_1^J，而时期 2 的消费上升到 C_2^J。

收入效应和替代效应。 我们可以区分利率变动对消费的两种不同的效应：收入效应和替代效应。**收入效应**（income effect）是由收入变动引起的消费变动，**替代效应**（substitution effect）是由两个时期的消费的相对价格变动引起的消费变动。（你可以回忆微观经济学课程对收入效应和替代效应的更一般的讨论。回忆不起来的读者可参考本书配套网站 www. pearsonglobaleditions. com/mishkin 的本章附录。）

在图 18 - 5 所示的情形下，卡门西塔有储蓄，因此她把时期 1 的钱借给时期 2（很可能通过把资金存入银行账户的方式）。利率越高，她赚的利息越多，这给了她更多可用于消费的资源。因此，她可以在两期都花费更多。对储蓄者来说，当利率上升时，收入效应增加了两期的消费。

利率升高，时期 2 消费的贴现现值下降，因此时期 2 的消费相对时期 1 的消费变得更便宜了。结果，卡门西塔会选择减少时期 1 的消费和增加时期 2 的消费。更高利率的替代效应导致时期 1 的消费减少，但时期 2 的消费增加。

我们也可以从储蓄的角度来考虑替代效应。当利率上升时，储蓄的收益更高了，因此消费者在时期 1 会通过减少消费量增加储蓄，这使她在时期 2 可以支出更多（消费增加）。

结合收入效应和替代效应。当利率上升时，收入效应和替代效应都增加了时期 2 的消费。但是，在时期 1，替代效应降低了消费而收入效应提高了消费。今天消费的变动其最终方向取决于两种效应的相对大小。

在实践中，我们通常假设替代效应超过收入效应，如图 18-5 所示。在这种情况下，利率的上升降低了今天的消费（增加了储蓄），但增加了未来的消费。

我们之所以做出这个假设是因为，现实生活中的数据支持"更高的利率与今天更高的储蓄和更低的消费相联系"这一观点。可是，关于利率与消费和储蓄之间的关系的经验证据并不是足够强。正如我们在这里所看到的，这个问题在理论上并没有得到解决。[①]

☐ 借款约束

到目前为止我们假设消费者能够以相同的利率借款和贷款。可是，并不是所有消费者的信贷风险都低。财富很少甚至没有财富的消费者发现他们无法获得贷款。让我们假设卡门西塔就是这样一个消费者，考察这个约束对我们的分析有什么影响。

如果卡门西塔没有财富从而不能借款，她的支出不能超过她的收入。我们把她的支出所受到的这一约束写成[*]：

$$C_1 \leqslant Y_1$$

这个不等式表明，今天的消费必须小于或等于今天的收入。我们把卡门西塔受到的这一约束称为**借款约束**（borrowing constraint）或**流动性约束**（liquidity constraint）。为了看出这一约束对卡门西塔的消费选择的启示，让我们首先来看借款约束对卡门西塔的跨期预算线的影响。

有借款约束时的跨期预算线。假定在没有借款约束时卡门西塔的跨期预算线是图 18-6（a）和图 18-6（b）中联结 A、B 和 C 点的直线，斜率为 $-(1+r)$。可是，在有借款约束时，卡门西塔的支出不能超过她的当期收入。也就是说，C_1 不能超过 Y_1。在 B 点，$C_1 = Y_1$，跨期预算线变成垂线。借款约束使跨期预算线在 B 点有一个角，或者说是一个节点。我们把这条线在图 18-6（a）和图 18-6（b）中均标记为 IBL_{BC}。

有借款约束时的最优消费。借款约束会如何改变卡门西塔的消费选择呢？我们考虑两种情况。

在图 18-6（a）所示的第一种情况下，卡门西塔的时期 1 的消费的最优水平低于 Y_1。也就是说，她不需要借款。结果，她不会受到缺乏借款能力的约束，我们说借款约束不是紧的。确实，在图 18-6（a）中，与 IBL_{BC} 相切的无差异曲线给出了两期消费的最优组合 D 点，它位于 IBL_{BC} 上的 A 点和 B 点之间。她能达到的最高无差异曲线与没有借款约束时相同，在 D 点有 $MRS = 1+r$，因此结果与图 18-3 至图 18-5 中也相同。与这些图形一样，一生资源的增加，不论其来源为何，都增加了两个时期的消费。

---

① 对于消费者没有储蓄从而有借款的情况，我们可以做同样的分析。在这种情况下，由于更高的利率意味着借款成本更高从而消费者可供支出的资源更少，消费者在两期都消费得更少，故收入效应为负。由于对今天的消费的收入效应和替代效应方向相同，因此利率上升对今天的消费的效应是一清二楚的。由于收入效应和替代效应都表明今天的消费下降，更高的利率导致今天的消费降低。（另外，时期 2 的消费如何变动则不确定。在这种情况下，收入效应和替代效应的方向相反。收入效应表明时期 2 的消费应该下降，而替代效应表明它应该上升。）

* 已经假设财富 W 为零。——译者注

宏观经济学：政策与实践（第二版）

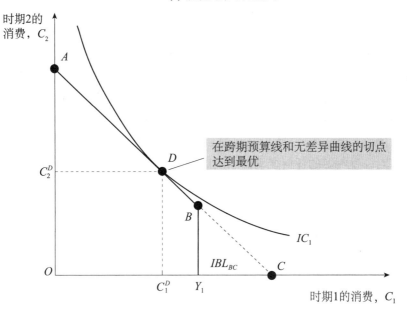

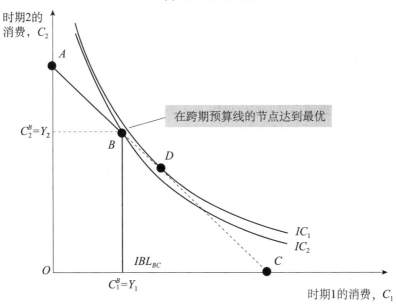

图 18 - 6　有借款约束时的最优化

　　有借款约束时的跨期预算线在 B 点有一个节点，在图（a）和图（b）中均标记为 IBL_{BC}。在图（a）中，借款约束不是紧的，与 IBL_{BC} 相切的无差异曲线给出了两期消费的最优组合 D 点，它位于 IBL_{BC} 上的 A 点和 B 点之间。在图（b）中，借款约束是紧的，能达到的最高无差异曲线是 IC_2，它与 IBL_{BC} 相交于 B 点，但与 IBL_{BC} 不相切。

　　我们现在考虑借款约束为紧的情况。在图 18-6（b）中，我们可以看到，当没有借款约束时，卡门西塔的最优选择为 D 点（即无差异曲线 IC_1 与跨期预算线相切的切点），它在 B 点的右边。遗憾的是，卡门西塔借不到钱，也就是说她在时期 1 的消费不能超过

Y_1，因此它不能达到无差异曲线 IC_1。相反，她能达到的最高无差异曲线是 IC_2，它与 IBL_{BC} 相交于 B 点，低于无差异曲线 IC_1。

从这一分析中我们可以得到一些重要的结论。对借款约束为紧的消费者来说，任一时期的消费只由他们该期的收入决定。也就是说，在最优化后，边际替代率不再等于 1 加上利率。相反，无差异曲线在 B 点的斜率比 $-(1+r)$ 更陡，从而 $MRS > 1+r$。

此外，我们也能看到，借款约束区分了两种不同类型的消费者。对于相当一部分受到借款约束限制的消费者——在美国可能占总人口的 20%[①]——来说，消费完全由当期收入决定，因此 $C_1 = Y_1$，$C_2 = Y_2$。可是，大部分美国人能够将消费平滑化，今天和未来的消费将对一生资源的任何变动做出反应，哪怕一生资源的变动来自未来收入而非当期收入的上升。

凯恩斯消费理论

我们已经介绍了一个基本的跨期选择的消费理论，现在可以用它与三种最流行的消费理论进行比较了。我们从凯恩斯消费函数开始。凯恩斯消费函数最早在第 9 章讨论过，下面我们更全面地予以介绍。

□ 凯恩斯消费函数：区块

约翰·梅纳德·凯恩斯在 1936 年出版的《就业、利息和货币通论》中建立的消费理论并非基于跨期选择理论，但是他得到了有几分相似的结论。凯恩斯的消费理论基于三个简单的猜测：

1. 当可支配收入 Y 上升时，家庭支出增加。

2. 当家庭的收入上升时，支出的增加少于收入的增加。正式地说，**边际消费倾向**（marginal propensity to consume），即可支配收入增加 1 美元所引起的消费支出的增加（$\Delta C / \Delta Y$），介于 0 和 1 之间。例如，如果某个人的收入增加 10 美元且支出增加 7 美元，那么边际消费倾向就是 $0.7 = 7/10$。

3. 消费与收入之比（C/Y），即**平均消费倾向**（average propensity to consume），随收入的增加而下降。例如，如果某个人的收入从 25 000 美元增加到 50 000 美元，消费支出从 20 000 美元增加到 35 000 美元，那么他的平均消费倾向就从 0.8（$= 20\,000/25\,000$）下降到 0.7（$= 35\,000/50\,000$）。

凯恩斯根据他观察到的一个事实得出了以上三个猜测：富人的储蓄占收入的比例高于穷人。用微观经济学的术语来说，储蓄像是一种奢侈品。这个观点意味着，**平均储蓄**

---

① 例如，参见 Robert E. Hall and Frederic S. Mishkin，"The Sensitivity of Consumption to Transitory Income：Estimates from Panel Data on Households," *Econometrica*（March 1982）：461–481；John Y. Campbell and N. Gregory Mankiw，"Consumption，Income，and Interest Rates：Reinterpreting the Time Series Evidence," in *NBER Macroeconomic Annual*，eds. Olivier Blanchard and Stanley Fischer（Cambridge，MA：MIT Press，1989），185–216.

倾向（average propensity to save），也称为**储蓄率**（saving rate），即储蓄与可支配收入之比（S/Y）应该随收入的增加而上升。将方程（1）（$S=Y-C$）两边除以 Y，我们可以将平均储蓄倾向改写为：

$$S/Y=（Y-C）/Y=1-\frac{C}{Y}$$

要使平均储蓄倾向（S/Y）像凯恩斯认为的那样随收入的增加而上升，平均消费倾向（C/Y）必须随收入的增加而下降。

□ 凯恩斯消费函数

将这三个猜测联合起来，凯恩斯写出了消费支出和可支配收入之间的一种线性关系，他称之为**消费函数**（consumption function）：

$$C=\overline{C}+mpc\times Y \tag{5}$$

在方程（5）中，mpc 是介于 0 和 1 之间的常数（$0<mpc<1$），$\overline{C}$ 为大于 0 的常数（$\overline{C}>0$），被称为**自发消费支出**（autonomous consumption expenditure）。

方程（5）所表示的线性消费函数满足凯恩斯的三个猜测。第一，由于 $mpc>0$，随着可支配收入的增加（$Y\uparrow$），消费也增加（$C\uparrow$）。第二，$0<mpc<1$，它告诉我们可支配收入 Y 增加 1 美元时消费增加多少，因此它等于边际消费倾向，就像凯恩斯猜测的那样，边际消费倾向在 0~1 之间。第三，将方程（5）两边同时除以 Y 得到：

$$\frac{C}{Y}=\frac{\overline{C}+mpc\times Y}{Y}=\frac{\overline{C}}{Y}+mpc$$

由于 $\overline{C}$ 和 mpc 均为常数且当 Y 增加时 $\overline{C}/Y$ 下降，因此平均消费倾向 C/Y 也下降，这与凯恩斯的第三个猜测（储蓄率 S/Y 随收入的增加而上升）一致。

□ 凯恩斯消费函数和跨期选择之间的关系

凯恩斯提出的消费函数表明，消费只与当期收入相关，因此它没有表现出消费平滑化的性质。在这个意义上，对借款约束为紧的家庭来说，它与跨期选择理论一致，但对借款约束不紧的家庭来说，它与跨期选择理论就不一致了。

■ 永久收入假说

由于借款约束只适用于少部分家庭，米尔顿·弗里德曼在他 1957 年出版的一本里程碑式著作《消费函数理论》（*A Theory of Consumption Function*）[1] 中提出，消费平滑化是消费行为的一个关键特征。他用跨期选择理论来发展**永久收入假说**（permanent income hypothesis）。该假说宣称，消费取决于**永久收入**（permanent income），即预期可以持续很长时期从而代表了消费者的一生资源的收入水平。这与凯恩斯消费函数不

---

[1]　Milton Friedman，*A Theory of Consumption Function*（Princeton：Princeton University Press，1957）.

同，后者认为消费只取决于当期收入。

更具体地说，弗里德曼把收入分成两部分：永久收入 Y_P 和暂时收入 Y_T：

$$Y=Y_P+Y_T \tag{6}$$

暂时收入（transitory income）与永久收入相反，它是收入中不能长期持续的那一部分，因此会有暂时性的波动。

例如，如果你获得 MBA 学位，你也许预期在整个职业生涯中每年会多赚（比如说）10 000 美元。因此，你的永久收入和一生资源将比你在没有获得 MBA 学位的情况下要高很多。相反，如果你去了拉斯维加斯，在老虎机赌博中获得 10 000 美元的大奖，你会预期这笔收入是临时的，因此你会把它看做暂时收入，它虽然会增加你的一生资源，但增加的量比前一例子要少得多。

根据跨期选择理论的消费平滑化启示，弗里德曼推测消费者对收入暂时变动的反应是平滑化消费支出。换句话说，消费者不会因为更高的暂时收入（如获得大奖）而大幅增加消费，相反，他们会把大部分增加的暂时收入储蓄起来，在许多年里每年多消费一点儿。另外，如果（比如说）由于高学位导致永久收入增加，消费就会高得多。

□ 永久收入消费函数

永久收入假说意味着，我们可以把消费函数看做永久收入的函数[①]：

$$C=cY_P \tag{7}$$

在方程（7）中，c 为比例常数，它代表永久收入的边际消费倾向。换句话说，永久收入假说表明，消费与永久收入成比例。

应用☞
─────────────────────────────

消费者信心和经济周期

每月，美国经济咨商局（Conference Board，一个私立经济研究机构）都发布消费者信心指数。密歇根大学和汤森路透集团发布消费者情绪指数。下页的新闻中的宏观经济学专栏描述了这两个指数。这两个指数位于经济预测者最密切跟踪的数据之列。消费者信心如何影响经济周期呢？永久收入假说提供了一个答案。

正如我们已经看到的，永久收入是对未来的一生资源的一个前瞻性测度。当消费者信心上升时，消费者预期他们未来的收入会更高，因此，他们的一生资源和永久收入上升。永久收入假说告诉我们，自发性消费将上升，总需求曲线将向右移动，如图18-7的总需求-总供给（AD-AS）图形所示。结果，经济从点1移动到点2，总产出和通货膨胀率都上升。因此，永久收入假说赋予消费者信心在对经济周期波动的解释中以重要的作用，这解释了为什么新闻媒体对消费者信心水平的发布总是浓墨重彩地加以报道。

─────────────────────────────

[①] 弗里德曼假设暂时收入导致的一生资源的增加是如此之小以至可以被忽略，因此不会导致消费的增加。可是，由于暂时收入可能导致一生资源小幅增加，消费函数可以被改写为：

$$C=c(Y_P+ \theta Y_T)$$

其中，正如跨期选择理论所表明的，θ 是一个小于1的很小的数字。

宏观经济学：政策与实践（第二版）

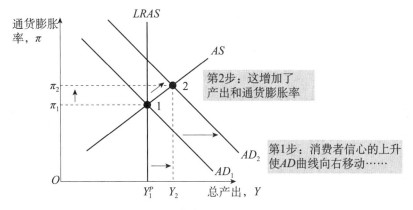

图18-7　消费者信心和AD-AS图形

消费者信心的上升使AD曲线向右移功，经济从点1移动到点2，产出和通货膨胀率都上升了。

消费者信心和消费者情绪指数

美国经济咨商局发布的消费者信心指数是根据5 000个美国家庭对5个关于目前经济景气状况、目前就业状况以及接下来6个月的家庭总收入等问题的回答编制的。密歇根大学消费者情绪指数是另一个消费者信心指数，它是由密歇根大学社会研究所编制、汤森路透集团发布的。这个消费者信心指数是根据至少500个家庭关于自身财务状况、短期整体经济状况和长期整体经济状况的观点编制的。这两个指标都每月发布一次，受到财经媒体的广泛关注，美联储和其他政府机构、制造商、零售商、金融机构和私人经济预测机构都密切监控这两个指标。

□ 永久收入假说和跨期选择之间的关系

利用永久收入的概念，我们可以看出跨期选择理论如何得到了"消费对永久收入的上升所做出的反应超过对暂时收入上升所做出的反应"这一相同的结论。在跨期选择理论中，消费对未来收入流的现值做出反应，这一现值在我们的两期模型中是$Y_1 + Y_2/(1+r)$。收入的永久上升提高了Y_1和Y_2，从而提高了一生资源且增加了今天和明天的消费。相反，收入的暂时上升只提高了Y_1而没有提高Y_2，一生资源（和今天的消费）增加的量要小得多。

由于永久收入假说是在一个多期框架中推导的，所以利用与跨期选择理论类似的推理，该假说得到了一个更强的结论：消费主要对永久收入做出反应，而对暂时收入基本上没什么反应。永久收入的上升意味着收入在很长一段时期里都更高，因此一生资源上升很多，这表明消费也会上升很多。相反，如果收入的增加是暂时的，那么收入上升只有一个时期，而在随后的许多时期里收入保持不变。在这种情况下，一生资源的变动相对很小，意味着消费的变动也很小，大部分暂时收入会被储蓄起来。

2008年的返税

2008年2月，国会通过了《经济刺激法案》以快速启动美国经济，当时美国经济已经深受始于 2007 年夏季的全球金融危机的重创。这一法律的主要条款是总额高达 780 亿美元的一次性返税的分发，其实施方式是在该年第 2 季度给所有个体纳税人发放 600 美元的支票。这些返税对支出应该有多大的影响呢？

永久收入假说暗示这对支出的影响会很小：返税显然是临时性的因而是暂时收入。在这种局势下，收到返税支票的人将在许多年里分摊支出，当期支出只有轻微的增加。换言之，可以预计，在临时性返税后储蓄率会急剧上升。这正是实际发生的情况。正如你可以从图 18-8 中看到的，在返税支票被寄送出去的 2008 年第 2 季度，储蓄率急剧上升。可是，与永久收入假说的预测相反，作为返税的结果，支出确实出现了一定的增加。一些估计表明 10%～20%的返税支票转化成了增加的支出，还有一些估计甚至表明支出有更大的反应，12%～30%的返税支票变成了消费，50%～90%变成了消费支出（包括在耐用品上的支出）。不过，对收到返税支票的人所进行的调查表明，半数以上的人并非把返税支票用于消费而是用于偿还债务，这与永久收入假说的预测一致。[1]

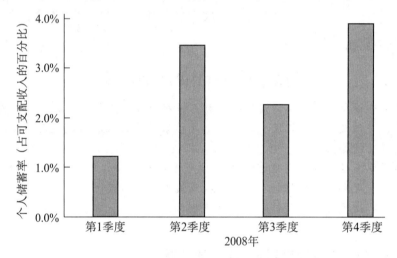

图 18-8 储蓄率和 2008 年的返税

在返税支票被分发出去的 2008 年第 2 季度，储蓄率急剧上升。

资料来源：Bureau of Economic Analysis. National Income and Product Accounts，available at www. bea. gov.

生命周期假说

弗朗科·莫迪利亚尼在与其合作者于 20 世纪 50 年代中期所写的一系列文章中将跨期选择模型拓展到许多时期，建立了**生命周期假说**（life-cycle hypothesis）。对大多数人

---

[1] 参见 Martin Feldstein，"The Tax Rebate Was a Flop. Obama's Stimulus Plan Won't Work Either," *Wall Street Journal*，August 6，2009；Claudia R，Sahm，Matthew D. Shapiro, and Joel B. Slemrod，"Did the 2008 Tax Rebates Stimulate Spending?" *American Economic Review*：*Papers and Proceedings* 99，no. 2（May 2009）：374-379；Jonathan A. Parker，Nicholas S. Souleles，David S. Johnson，and Robert McClelland，"Consumer Spending and the Economic Stimulus Payments of 2008，" *American Economic Review* 103（October 2013）：2530-2553。

宏观经济学：政策与实践（第二版）

来说，收入在一生中系统地变动，最显著的是退休后收入下降。正如这一理论所暗示的，人们倾向于在他们的生命周期中平滑消费。

□ 生命周期消费函数

为了说明生命周期假说，我们来看一个很简单的例子。卡门西塔在时间 $T=0$（成年期开始的年岁，比如说 20 岁）开始赚钱，一直工作到 R 年后退休（比如说 $45=65-20$）。她预期成年后还可以活 L 年（比如说 $60=80-20$）。

和遵从跨期选择理论的思想来最优化的任何消费者一样，卡门西塔希望在她的一生平滑消费。为了简单起见，我们将假设利率为零，从而所有的未来收入和消费流都和当期收入或消费有相同的贴现现值。直到时期 R，卡门西塔每年赚取工资 $\bar{Y}$，但是当她在时期 R 退休时，她的收入下降到零。在任何给定时点 T，卡门西塔的一生资源由两部分组成：(1) 她的财富 W，以及 (2) 她剩下的工作年数乘以她的工资，即 $(R-T)\bar{Y}$。[1] 把这两个组成部分加在一起就得到她在时间 T 的一生资源，$W+(R-T)\bar{Y}$。由于卡门西塔想平滑化她的消费，也就是想在余生的每一年有相同的消费，她会用她的一生资源除以剩下的寿命年数 $L-T$ 来确定她的消费：

$$C=\frac{W+(R-T)\bar{Y}}{L-T}=\frac{1}{L-T}W+\frac{R-T}{L-T}\bar{Y} \tag{8}$$

这一消费函数把财富和收入区分成了两项。我们可以把它改写为：

$$C=\omega W+c\bar{Y} \tag{9}$$

其中，

$$\omega=\frac{1}{L-T} \tag{10}$$

$$c=\frac{R-T}{L-T} \tag{11}$$

生命周期假说得到了一个我们从对跨期选择的分析中已经看到的结论：消费的变动是由收入和财富的变动驱动的。

这一生命周期方程告诉了我们一些有趣的东西。首先，让我们假定卡门西塔很年轻，比如说 25 岁，从而 $T=5$，还假定她 65 岁退休，从而 $R=45$，预期寿命为 80 岁，从而 $L=60$。把这些数值代入方程 (9)（$\omega=1/55=0.02$，$c=40/55=0.73$），我们得到：

$$C=0.02\times W+0.73\times\bar{Y}$$

当卡门西塔很年轻时，她的边际消费倾向为：每 1 美元的财富消费 2 美分，每 1 美元的收入消费 73 美分。

当卡门西塔已经 60 岁了因而 5 年后就会退休又会怎么样呢？现在，方程 (9)（$\omega=1/20=0.05$，$c=5/20=0.25$）给出了如下消费函数：

$$C=0.05\times W+0.25\times\bar{Y}$$

她现在的边际消费倾向为：每 1 美元的财富消费 5 美分，每 1 美元的收入消费 25 美分。

这两个例子说明了生命周期假说的另一个重要结论：随着消费者逐渐变老，财富的

---

[1] 与前面的跨期选择模型相同，我们把收入 Y 看做只包括劳动收入，这是因为它不包括利息，虽然在这个例子中利息为零。

边际消费倾向上升，而收入的边际消费倾向下降。这一结论背后的直觉如下：随着消费者逐渐变老，他们剩下的寿命越来越短，因此每年会消费更大比例的财富；与此相反，他们赚取收入的时间越来越少，因此一生资源的增加相对于年收入来说会越来越少，他们就会花费更少的收入。

□ 生命周期中的储蓄和财富

生命周期假说有助于我们理解储蓄和财富在人们的一生中如何演变。为了说明问题，我们来看一个很简单的例子。卡门西塔每年工作赚取相同的收入 $\bar{Y}$，实际利率为 0，她的财富既不存在资本利得也不存在损失，从而任意年份的财富变动等于她储蓄的数量：

$$\Delta W = S = Y - C$$

由于卡门西塔想平滑消费，她希望每个时期的消费都相同，记为 $\bar{C}$，它等于她的一生资源除以她活着的年数：

$$\bar{C} = (R/L) \times \bar{Y} = (45/60) \times \bar{Y} = 0.75\bar{Y}$$

如果卡门西塔的工资为 50 000 美元，那么她每年将消费 37 500 美元。

现在我们来看储蓄和财富随时间会怎么变化。卡门西塔一生的前 45 年每年储蓄 $\bar{Y} - \bar{C} = \bar{Y} - 0.75\bar{Y} = 0.25\bar{Y}$（即工资的 1/4），在图 18-9 (a) 中用浅色阴影部分表示。在每年工资为 50 000 美元的情况下，卡门西塔在退休前每年储蓄 12 500 美元。她的财富每年增加这一数量，直到她 65 岁退休，这在图 18-9 (b) 中表示为财富线性递增，斜率为 $0.25\bar{Y} = 12\,500$。退休时，她的总财富（储蓄）累计为 562 500 美元，这是一个不小的数目。

当卡门西塔退休时，她不再赚取工资了，这个时候她在负储蓄。也就是说，她的负储蓄量等于她的消费，$\bar{C} = 0.75\bar{Y} = 37\,500$ 美元，在图 18-9 (a) 中用深色阴影部分表示。

但是，她的财富每年减少这一数量，直到生命终结时耗尽所有储蓄，这表示在图 18-9 (b) 中。生命周期假说有如下额外的启示：随着人们在退休前逐步变老，他们的财富逐渐增加，然后在退休后财富逐渐减少。这一结果解释了数据中发现的一个重要事实：老年人倾向于比年轻人拥有更多的资产（股票、债券和住房）。

应用 ☞

2008 年和 2009 年的住房市场、股票市场以及消费的减少

生命周期假说预测当财富突然减少时消费会下降。2007—2009 年全球金融危机期间就出现了财富突然减少的情况：股票市场损失了大约 50% 的价值，住房价格暴跌。确实，在 2008 年，美国消费者的财富下降了 11.1 万亿美元，这创下了财富下降的纪录。生命周期假说把财富看做是生命资源的一个重要组成部分。引起财富波动的资产价格变动是消费波动的主要来源。确实，财富的边际消费倾向的估计值在每 1 美元 3.5 美分左右。[1] 因此，

---

[1] 例如，参见如下论文中的调查：Frederic S. Mishkin, "Housing and the Monetary Transmission Mechanism," Federal Reserve Bank of Kansas City, *Housing*, *Housing Finance*, *and Monetary Policy*, *2007 Jackson Hole Symposium* (Federal Reserve Bank of Kansan City, Kansas City, 2007): 359-413。

生命周期假说表明 2008 年 11.1 万亿美元的财富减少会导致消费下降近 4 000 亿美元。确实，正如生命周期假说所预测的，美国的消费在 2008 年和 2009 年大幅下降，使这次衰退成为自第二次世界大战以来最严重的衰退。

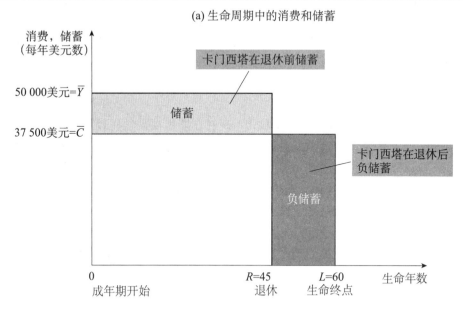

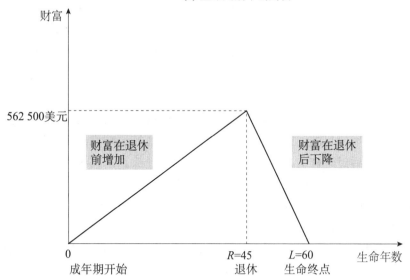

图 18 - 9 生命周期中的消费、储蓄和财富

卡门西塔工作时的年工资收入为 $\bar{Y}=50\,000$ 美元，而她一生中每年消费为 $\bar{C}=0.75\bar{Y}=37\,500$ 美元。她的前 45 年每年储蓄 $0.25\,\bar{Y}=12\,500$ 美元，在图 18 - 9（a）中用浅色阴影部分表示。她退休后在负储蓄：她的负储蓄量等于她的消费 $\bar{C}=0.75\bar{Y}=37\,500$ 美元，用深色阴影部分表示。图（b）表示了财富发生的变动，在卡门西塔退休前线性增加，退休时达到最高值 562 500 美元，然后逐步下降，直到生命终结时变成零。

理论的两个修正：随机游走假说和行为经济学

近来的研究导致了对消费理论的两个调整：随机游走假说和行为经济学在消费行为中的应用。

□ 随机游走假说

1978 年，罗伯特·霍尔（Robert Hall，现在在斯坦福大学任教）发表了一篇具有开创性贡献的论文，该文以生命周期假说和永久收入假说为基础，认为消费的变动是不可预测的。[1] 当一个变量的变动不可预测时，我们就说这个变量遵循**随机游走**（random walk），这正是霍尔的理论被称为**随机游走假说**（random walk hypothesis）的原因。

随机游走假说背后的推理从下面三个步骤开始：

1. 生命周期和永久收入假说（以及跨期选择理论）意味着消费者具有前瞻性。也就是说，他们的消费决策基于他们现在对未来收入（这决定了他们的一生资源）的预期。

2. 只有在对未来收入的预期变动时，对一生资源的预期才会变动。

3. 由于当期消费由对一生资源的预期的变动来决定，消费的变动应该只在这些预期变动时才会变动。

第 4 步是理性预期假设，我们将在第 21 章更加详细地讨论理性预期的概念。理性预期假设是说，由于预期的形成利用了所有可以获得的信息，所以只有新信息，也就是意料之外的信息，才会引起预期变化。因此，对一生资源的预期和当前消费只有在存在意料之外的新信息时才会变动，从而消费的变动是不可预期的。也就是说，消费的变动遵循随机游走。

随机游走假说的这一启示意味着，税收政策不能被用于控制消费的波动进而达到减小经济活动起伏幅度的目的。假定在经济衰退时国会通过了减税法案，但是由于国会在以前的衰退中总是通过这样的减税法案，这一减税已经被预期到了。减税不会改变对一生资源的预期，从而不会引起消费变动。只有出其不意的减税才会提高消费。事实上，低于公众预期的减税甚至会引起消费下降而不是上升。由于公众预期他们的可支配收入本来会因为更大规模的减税而更高，所以现在更小规模的减税会导致公众向下修正他们对一生资源的预期。这样，随机游走假说断定，税收政策对消费的影响是高度不确定的，原因是它对消费的影响取决于实际政策相对于公众对政策的预期而非实际政策本身。

□ 行为经济学和消费

近些年来，**行为经济学**（behavioral economics），一个将人类学、社会学和（特别

---

[1]　Robert E. Hall, "Stochastic Implications of the Life Cycle-Permanent Income Hypothesis: Theory and Evidence," *Journal of Political Economy* 86 (December 1978): 971 - 987.

宏观经济学：政策与实践（第二版）

是）心理学等其他社会科学的概念应用于经济行为研究的领域，成为经济研究的一个重要部分。近来，经济学家已经将这些思想应用于消费行为，指出消费者的最优化行为——我们已经讨论的所有消费理论中的一个关键假设——可能并不是对消费者实际行为的完全精确的刻画。

由于行为经济学这一领域相对年轻，我们只是对它在消费理论中的应用稍做介绍。行为经济学的一个启示是，消费者可能会受到即时满足的影响，因此他们的决策可能不会充分考虑到未来。哈佛大学的戴维·莱布森（David Laibson）把这一现象称为双曲线贴现。该名词抓住了这一思想：消费者随着时间的推移对未来的贴现不会像跨期选择理论中假设的那样具有一致性。[1] 具体而言，尽管消费者知道他们应该有合理的低贴现率，不应该对未来过度贴现，但是当他们做决策时，他们情不自禁地追求即时满足。结果，消费者的行为表现得好像他们有很高的贴现率，哪怕他们知道他们的贴现率应该低得多。

我们无时无刻不在经历这种行为。即使我们知道为了更加长寿我们应该健康饮食和避免暴饮暴食，但我们许多人在看见覆盖有软糖和奶油的漂亮的香蕉圣代时就会控制不住自己。结果，许多人比在理性选择的情况下要胖得多。

屈服于即时满足从而在过高的贴现率下进行决策的结果之一是消费者可能对当期收入反应过度和没有充分地平滑消费。追求即时满足所产生的另一个问题是消费者的储蓄率可能远低于被认为的最优水平。这一见解使一些行为经济学家建议政策制定者帮助引导人们更多地储蓄，正如我们在下面的政策与实践案例中讨论的那样。

政策与实践

增加储蓄的行为性政策

储蓄不足已经成为美国的一个大忧虑。正如我们在第 4 章和第 6 章讨论过的，太低的储蓄率导致投资短缺进而降低经济增长速度。低储蓄率也能导致对外债务增加，这可能使我们在未来变穷。而且，调查表明，大多数美国工人相信他们没有为退休储蓄足够多的钱。

戴维·莱布森和芝加哥大学的理查德·泰勒（Richard Thaler）等行为经济学家相信消费者没有进行最优的决策，因此他们建议，为了消费者自身利益考虑，消费者的选择应该受到限制。这种方法被称为自由主义家长式统治：持有自由主义者的观点，人们应该自由选择，但是通过在决策过度复杂或受到即时满足的影响时为人们的正确选择提供导向，该方法还引入了家长式统治的元素。

这些思想在提高储蓄率问题上的一个应用是，改变储蓄计划的默认选项以鼓励更多的储蓄。[2] 例如，许多具有税收优惠的退休储蓄计划，如经由雇主可参与的 401(k) 计划，要求工人选择参与这一计划，也就是说，他们的默认选择是不参与这一计划，要参

---

[1] David Laibson, "Golden Eggs and Hyperbolic Discounting," *Quarterly Journal of Economics* 62 (May 1997).

[2] 例如，参见 James J. Choi, David I. Laibson, Brigitte Madrian, and Andrew Metrick, "Defined Contribution Pensions: Plan Rules, Participant Decisions, and the Path of Least Resistance," *Tax Policy and the Economy* 16 (2002), pp. 67 – 113; Richard H. Thaler and Cass R. Sunstein, *Nudge: Improving Decisions on Health, Wealth, and Happiness* (New Haven, CT: Yale University Press, 2008).

与这一计划就必须选择参与这一选项。自由主义家长式统治论者倡导工人应该自动参与这一计划，因此存在储蓄更多的强迫力量——这是家长式统治的部分，但是他们也可以选择不参与这一计划——这是自由主义的部分。其思想是，消费者可能需要政策制定者推动到更多储蓄的正确方向，但他们还是应该能够行使不参与的选择权。

奥巴马政府吸收了行为经济学的这些思想，在2009年的经济刺激方案中增加了这样的条款：要求没有提供退休计划的雇主为工人建立退休账户并从工人工资里自动划款到退休账户。雇员也可以选择退出这些直接存款的计划。

行为经济学是很年轻的领域，上面提及的这类提议是否真能增加储蓄和提高生活水平仍然没有答案。给定储蓄的重要性，评估鼓励更多储蓄的最佳方法将是未来研究的一个活跃的主题。

■ 本章小结

1. 由于储蓄是可支配收入和消费之差，消费理论也是储蓄理论，反之亦然。

2. 跨期选择理论显示，通过选择跨期预算线和无差异曲线相切的切点，消费者实现了效用最大化。此时，边际替代率等于1加上利率。

3. 跨期选择理论表明，不管一生资源现值增加的来源为何——当期收入、未来收入还是财富的增加，消费的增加都分摊到当前和未来两期，这一现象被称为消费平滑化。

4. 利率上升对消费有两种效应：对有储蓄的消费者的收入效应是两个时期的消费都上升，而替代效应是时期1的消费下降但时期2的消费上升。由于通常假设替代效应强于收入效应，利率的上升导致今天的消费下降（储蓄上升），但未来的消费上升。借款约束的存在意味着有些消费者的借款约束是紧的，他们的消费由当期收入决定。

5. 凯恩斯消费函数指出消费支出和可支配收入之间存在线性关系。它与凯恩斯的三个猜测一致：（1）收入越高，人们支出得越多；（2）当收入上升时，支出的增加少于收入的增加；以及（3）平均消费倾向——消费与收入之比——随收入的增加而下降。

6. 永久收入假说表明，消费与永久收入成比例，而对暂时收入的反应甚微。

7. 生命周期假说认为，消费的变动是由收入的变动和财富的变动驱动的。而且，随着消费者逐渐变老，收入的边际消费倾向下降，而财富的边际消费倾向上升。

8. 随机游走假说告诉我们，由于对一生资源的预期和当前消费只有在存在意料之外的新信息时才会变动，从而消费的变动是不可预期的。也就是说，消费的变动遵循随机游走。行为经济学认为，消费者可能没有像在跨期选择理论、永久收入假说和生命周期假说中那样充分地最优化。一些行为经济学家建议政策制定者应该帮助引导人们更多地储蓄以抵消人们追求即时满足的倾向。

■ 关键术语

储蓄	可支配收入	跨期选择理论

跨期预算约束	跨期预算线	现值
贴现现值	贴现	无差异曲线
效用	福利	凸性
边际替代率	跨期边际替代率	消费平滑化
收入效应	替代效应	借款约束
流动性约束	边际消费倾向	平均消费倾向
平均储蓄倾向	储蓄率	消费函数
自发消费支出	永久收入假说	永久收入
暂时收入	生命周期假说	随机游走
随机游走假说	行为经济学	

复习题

消费和储蓄之间的关系

1. 你会如何解释消费和储蓄之间的关系？

跨期选择和消费

2. 跨期预算约束背后的逻辑是什么？它基于什么假设？它的斜率做何解释？

3. 无差异曲线上的当期消费和未来消费的组合具有什么特征？为什么无差异曲线向下倾斜？为什么它们是凸的？

4. 解释跨期预算约束和无差异曲线如何用于求得消费者对当期消费和未来消费的最优选择。

运用跨期选择模型：收入和财富

5. 未来收入和财富的增加如何影响跨期预算线 *IBL*？它如何影响当期消费和未来消费？

运用跨期选择模型：利率

6. 实际利率的变动如何影响 *IBL*、当期消费和未来消费？

7. 紧的借款约束如何影响 *IBL*、当期消费和未来消费？

凯恩斯消费理论

8. 简要描述凯恩斯消费理论的区块。

永久收入假说

9. 什么是永久收入假说？它的消费函数与跨期选择有什么关系？

生命周期假说

10. 描述生命周期假说及其与跨期选择之间的关系。

理论的两个修正：随机游走假说和行为经济学

11. 随机游走假说和行为经济学对跨期选择理论做了哪些修正？

习题

跨期选择和消费

1. 假定普拉卡什（Prakash）今天的收入为 30 000美元，预期时期 2 的收入为 35 000 美元，初始财富为 5 000 美元。他面临的利率为 5%。

(a) 画出普拉卡什的跨期预算线。标出跨期预算线分别与横轴和纵轴相交的交点 C_1 和 C_2 的值。

(b) 在跨期预算线上标出普拉卡什在时期 1 结束时没有钱也不向任何人借款的点。

2. 假定玛丽亚（Maria）的偏好没有平滑消费的特征。特别地，同一无差异曲线上两个消费组合的平均给玛丽亚带来同一效用水平（也就是说，代表平均组合的点与另外两个点处于同一无差异曲线上）。

(a) 画出玛丽亚的无差异曲线。

(b) 玛丽亚的偏好对边际替代率有什么启示？

运用跨期选择模型：收入和财富

3. 描述下一时期收入增加对跨期预算约束的影响。如果明年的收入增加 3 000 美元，利率为 5%，跨期预算线移动多少？

4. 下图代表了一位房产业主的最优化问题，他的住房现在价值 250 000 美元。

(a) 确定最优的消费点（即令该房产业主最幸福的 C_1 和 C_2 的值）。

(b) 如果住房价值下降到 200 000 美元，确定新的最优消费点。

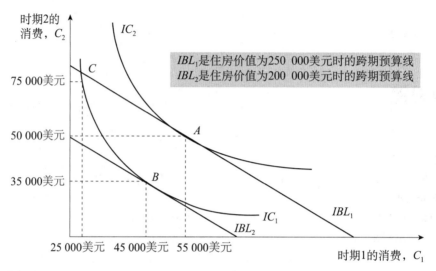

IBL₁是住房价值为250 000美元时的跨期预算线
IBL₂是住房价值为200 000美元时的跨期预算线

运用跨期选择模型：利率

5. 作图表示当实际利率变动时替代效应和收入效应对跨期预算线和消费的重要性。

凯恩斯消费理论

6. 假定妮科尔（Nicole）在 15 岁时年收入为 5 000 美元，25 岁时年收入为 35 000 美元，50 岁时年收入为 70 000 美元（所有这些数字都是未来收入的现值）。假定妮科尔的自发消费支出为 20 000 美元，边际消费倾向为 0.75。

(a) 画出妮科尔的消费函数（用横轴衡量收入，纵轴衡量消费），标出其一生的上述三个时点。如果她的自发消费支出下降到 15 000 美元，画出妮科尔的消费函数。

(b) 仍然假定自发消费支出为 20 000 美元，计算妮科尔在 15 岁、25 岁和 50 岁时的平均消费倾向。

7. 基于凯恩斯消费理论，你预期德国和尼泊尔哪国的平均消费倾向更高？如何解释大多数发达国家储蓄率相对较低这一事实？

生命周期假说

8. 2010 年 5 月，希腊预算赤字的规模增加了其违约的概率，在欧元区引发了一场危机。为了降低预算赤字，希腊政府提出了许多措施。其中一些涉及减少退休人员的养老金和/或福利费。用生命周期假说评估退休后收入出现意料之外的减少所产生的影响。

理论的两个修正：随机游走假说和行为经济学

9. 对于以下每种情形，用随机游走假说解释当期消费会如何变动。

(a) 政府为了减少预算赤字增加了税收，但增税的规模低于预期。

(b) 你获得了理学学士学位并找到了一个增加你一生收入的工作。

(c) 股票市场崩盘减少了家庭的财富。

10. 牙买加是世界上储蓄率最低的国家之一。设想牙买加政府开始实行对个人储蓄的利息（至少部分地）免税的政策。根据行为经济学的观点，你认为这一措施会对该国储蓄率产生显著影响吗？

宏观经济学：政策与实践（第二版）

数据分析题

1. 访问圣路易斯联邦储备银行 FRED 数据库，找到实际个人消费支出（PCECCA）和 10 年期通货膨胀指数化国债利率（FII10，实际利率的一个指标）的数据。对于 FII10 数据序列，把频率调成年度。把数据下载到 Excel 表格中。

   (a) 报告可获得数据的最近两年的消费水平以及这两年的平均实际利率。

   (b) 利用这两年的平均实际利率，计算最近一年的消费用之前一年的贴现现值表示的数值。

   (c) 利用这两年的平均实际利率，之前一年的消费在最近一年价值多少？

2. 访问圣路易斯联邦储备银行 FRED 数据库，找到个人可支配收入（DPI）、个人储蓄（PSAVE）和个人消费支出（PCEC）的数据。把数据下载到 Excel 表格中。对于每个季度，计算平均消费倾向 APC 和平均储蓄倾向 APS。计算可获得数据的最近四个季度的平均 APC 和平均 APS，以及再之前的四个季度的平均 APC 和平均 APS。对可获得数据的最近四个季度以及再之前的四个季度，分别计算平均可支配收入。对于收入和 APC 及 APS 的关系，数据支持凯恩斯的猜测吗？请简要解释。

3. 访问圣路易斯联邦储备银行 FRED 数据库，找到平民人口（CNP16OV）和 55 岁及以上平民人口（LNU00024230）的数据。对于这两个人口数据序列，把频率调成季度。把数据下载到 Excel 表格中。创建一个序列，计算每个季度 55 岁及以上人口占总人口的比例，将其表示成百分比。

   (a) 对于 20 世纪 80 年代、90 年代和 21 世纪第一个十年以及从 2010 年到可获得数据的最近一个季度，计算 55 岁及以上人口所占比例的平均值。

   (b) 基于各个年代的结果，假设生命周期假说成立，你预期永久收入的边际消费倾向会发生什么变化？请简要解释。

   (c) 假定某次冲击造成 20 世纪 80 年代和今天的家庭财富出现同样大小的减少，但永久收入不受影响。基于问题（a）的答案，根据生命周期假说，这一减少将如何影响每个时期的消费？请简要解释。

4. 访问圣路易斯联邦储备银行 FRED 数据库，找到密歇根大学的消费者情绪指数（UMC-SENT）和实际个人消费支出（PCECC96）的数据。对于消费者情绪指数，把频率调成季度，并下载数据。利用最新数据，计算消费者情绪指数与一年前同一时间的水平变动以及消费与一年前同一时间的百分比变动。这些数值的变动与你的预期一致吗？基于消费者情绪的变动，永久收入应该发生了什么变动？请简要解释。

网上附录"收入效应和替代效应：一个图形分析"见本书的配套网站 www. pearsonglobaleditions. com/mishkin。

第 19 章

投 资

 预览

投资支出只占 GDP 的 15％左右，在 GDP 各组成部分中位于消费支出之后，消费支出通常占到了总产出的 70％。然而，投资支出并非无足轻重。在衰退期间，投资支出的变动给经济以重创，占到了总支出下降的一半以上。当经济好转时，企业存货、工厂和其他投资项目上的支出激增，推动经济走上复苏之路。例如，在 2001—2007 年的经济周期扩张期间，投资支出每年增加 4％。然后，在 2007 年 12 月，投资急剧下跌，从 2007 年 12 月到 2009 年 12 月以每年 15％的速度下跌。

是什么决定了经济的投资支出水平呢？为什么投资从 2007 年开始急跌？

在本章，我们通过建立两个投资行为模型来回答这些问题。这两个模型是新古典模型和托宾 q 值理论，前者将投资与利率及税收政策联系起来，后者考虑资产价格的影响。然后，我们描述可供政策制定者用于影响投资支出的工具。

关于投资支出的数据

我们从列出投资支出的三个基本组成部分（之前在第 2 章提到过）开始我们对投资的讨论。

1. **企业固定投资**（business fixed investment），包括企业在用于生产的设备（如计算机、卡车和机器）和建筑物（如工厂、购物中心和医院）上的支出。

2. **存货投资**（inventory investment），包括企业在额外持有的原料、生产部件和制成品上的支出。

3. **住房投资**（residential investment），包括业主为自住和房东为出租而在购买新住房上的支出。

图 19-1 表示了 1960—2013 年投资的这些组成部分。注意，所有这三个组成部分都是高度顺周期的。也就是说，它们在经济扩张时上升，在经济收缩时（用阴影区域表示）下降。我们在建立模型时将回到投资的这一重要特征上来。

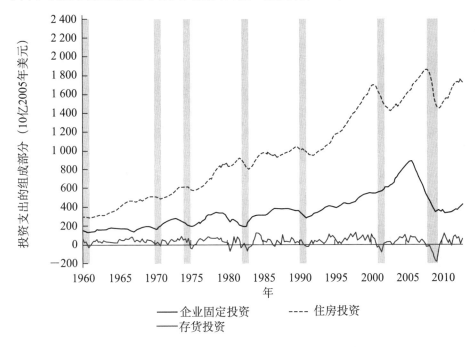

图 19-1　投资支出的组成部分，1960—2013 年

所有三种类型的投资支出以及总投资支出都是顺周期的且可变性很高。阴影区域代表衰退时期。

资料来源：Federal Reserve Bank of St. Louis，FRED Database. http：//research. stlouisfed. org/fred2/.

新古典投资理论

哈佛大学的戴尔·乔根森（Dale Jorgenson）在 20 世纪 60 年代早期建立了描述投资行为的基本模型，即**新古典投资理论**（neoclassical theory of investment）。它的名字来源于新古典微观经济理论（我们在第 3 章讨论过），建立在新古典思想"资本的使用者成本影响合意资本存量"的基础上。这一理论最初是为解释企业固定投资而建立的，但只要适当修改也同样适用于存货和住房投资。

□ 确定资本存量水平

我们在第 3 章最初讨论新古典理论时描述了一个很简单的经济：工人和机器数量均为固定。给定这些数量，我们确定了这些生产投入的成本——工资率（对劳动而言）和资本租赁成本（对机器而言）。这里，我们放宽资本存量为固定的假设。现在我们要问：

给定租赁机器的特定成本，经济中合意的机器数量是多少？换句话说，对于给定的资本租赁成本，合意的资本存量是多少？

我们在第3章证明了一个重要的结论：利润最大化企业会一直获得资本直到资本的边际产量——一单位额外的资本带来的产出——等于资本的实际租赁成本。

$$MPK = \frac{R}{P} = r_C \tag{1}$$

在方程（1）中，$\frac{R}{P}$ 是用产品和服务表示的资本的租赁成本，也就是资本的实际租赁成本，我们用 r_C 来表示它，区别于实际利率 r。

为什么方程（1）成立？如果 MPK 超过 r_C，那么增加额外一单位资本的收益超过其成本，利润上升。企业继续增加资本，但是随着资本的增加，由于边际报酬递减，资本的边际产量开始下降。最终，资本的边际产量下降到等于资本的实际租赁成本，$MPK = r_C$。类似地，如果企业的资本过多，那么资本的实际租赁成本将超过资本的边际产量。当企业意识到它们因持有过多资本导致损失时，它们会继续削减资本量直到资本的边际产量 MPK 上升到等于资本的实际租赁成本 r_C。

☐ 资本的使用者成本

乔根森的见解是利用资本的使用者成本的概念建立一个衡量资本的租赁成本的指标。**资本的使用者成本**（user cost of capital）是在某一特定时期内使用一单位资本的预期实际成本，用 uc 表示。资本的任何所有者都不得不考虑使用资本的三种可能的成本。

1. 通过借款来为资本付款的资本使用者必须支付贷款的利息。因此，使用者成本的第一个组成部分是实际利率 r 乘以资本的实际价格 p_k，也就是 rp_k。[1] 即使使用者手头有充足的现金来为资本付款，使用者也面临等于实际利率的机会成本。使用者可以把钱存入储蓄账户从而赚取实际利率 r，因此资本的这一部分租赁成本还是 rp_k。

2. 资本的所有者必须考虑资本的实际价格可能变动。如果资本的实际价格预期要上升，那么所有者会预期得到实际价格上升的收益 Δp_k^e。由于收益与成本相对，它对使用者成本的影响是 $-\Delta p_k^e$。

3. 资本在使用过程中会有损耗，因此它每一期都会丧失部分价值，丧失的比例就是折旧率 δ。一单位资本的实际折旧成本是折旧率乘以单位资本的实际价格，即 δp_k。

把这三个组成部分结合在一起，我们把资本的使用者成本 uc 写成：

$$uc = rp_k - \Delta p_k^e + \delta p_k$$

这可以改写成：

$$uc = p_k \times \left(r - \frac{\Delta p_k^e}{p_k} + \delta \right) \tag{2}$$

使用者成本＝资本的实际价格×（实际利率－资本实际价格预期变动率＋折旧率）

例如，假定机器的成本为 $p_k = 1\,000$ 美元（按不变美元计），实际利率为 $r = 12\%$，机器的实际价格预期上涨的比率为 $\Delta p_k^e / p_k = 2\%$，折旧率为 $\delta = 5\%$。该机器这一年的使

---

[1] 注意，为了简单起见，我们此处假设没有金融摩擦，从而实际利率 r 也是投资的实际利率。

用者成本为 $1\,000×(0.12-0.02+0.05)=1\,000×0.15=150$ 美元。

使用者成本方程带来如下重要结论：资本的使用者成本与实际利率和折旧率正相关，而与资本实际价格的预期变动率负相关。

□ 确定合意的资本水平

把乔根森的资本使用者成本作为我们对 r_C 的测度，合意的资本水平是使资本的边际产量 MPK 等于资本的使用者成本 uc 的资本存量：

$$MPK=uc \qquad (3)$$

我们在图 19-2 中表示了时期 $t+1$ 的合意资本存量水平 K_{t+1}^* 是如何决定的。这里我们假设经济中的产出预期为 $Y^e=10$ 万亿美元，资本价格为 1.0，r、$\dfrac{\Delta p_k^e}{p_k}$ 和 δ 的数值均和前面的例子相同。于是资本的使用者成本为 0.15。回忆第 3 章中讲到的资本的边际产量，对于柯布-道格拉斯生产函数 $Y=AK^{0.3}L^{0.7}$，资本的边际产量为：

$$MPK=\frac{0.3Y}{K}$$

由于我们感兴趣的是决定下一时期合意的资本水平 K_{t+1}^*，我们需要考察的边际产量是预期的下一时期的资本边际产量 MPK^e：

$$MPK^e=\frac{0.3Y_{t+1}^e}{K_{t+1}}=0.3×(10\,\text{万亿美元}/K_{t+1}) \qquad (4)$$

图 19-2 画出了这条预期的资本边际产量曲线，它向下倾斜。K_{t+1} 在分母的位置，因此预期的资本边际产量曲线具有资本的边际报酬递减的性质，资本的边际产量随资本的增加而下降。资本的使用者成本不依赖于资本水平，因此使用者成本曲线是其值固定为 0.15 的一条直线。

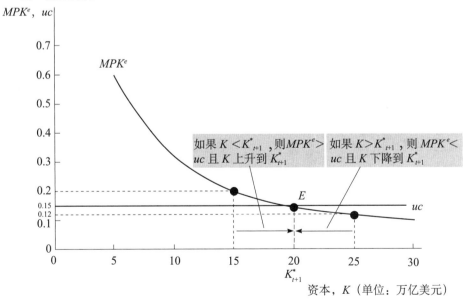

图 19-2　合意的资本存量水平的决定

预期的资本边际产量曲线向下倾斜，而资本的使用者成本曲线是一条水平直线。它们相交于 E 点，在该点，合意的资本水平 K_{t+1}^* 为 20 万亿美元，企业在最大化它们的利润。

在图 19-2 中，MPK^e 曲线和使用者成本曲线 uc 相交于 E 点，在该点，合意的资本水平 K^*_{t+1} 为 20 万亿美元。如果资本的数量为 15 万亿美元，那么资本的边际产量将是 0.20，这高于使用者成本 0.15。在这种情况下，增加更多的资本将提高企业的利润，因此企业将继续增加资本直到资本的边际产量下降到 0.15，这发生在 $K^*_{t+1}=20$ 万亿美元处。相反，如果资本数量为 25 万亿美元，那么资本的边际产量将是 0.12，这低于资本的使用者成本。现在，企业会发现一单位资本的边际收益低于成本，因此它们将减少资本直到资本的边际产量回升到 0.15，这发生在 $K^*_{t+1}=20$ 万亿美元处。因此，合意的资本水平将是 20 万亿美元，这时企业在最大化它们的利润。

□ 从合意的资本水平到投资

一旦我们确定了合意的资本水平，我们就能确定需要进行的投资以达到合意的资本水平。比如说现在有 18 万亿美元资本存量但是明年的合意资本存量为 20 万亿美元。为了达到合意的资本水平，我们就需要投资以保证合意的变动量为 2 万亿美元。资本的合意变动被称为**净投资**（net investment）。然后，我们需要更换预计这一年将会磨损（或者由于过时而报废）的资本品。由于资本品磨损（或者因过时而报废）而产生的资本损失被称为**折旧**（depreciation）。在新资本品上的总支出，更准确地可以称其为**总投资**（gross investment），等于净投资加上折旧：

$$总投资＝净投资＋折旧 \tag{5}$$

图 19-3 显示了 1929—2012 年总投资和净投资之间的关系。除了大萧条期间的几年总投资很低且低于折旧外，净投资总是正的。（为了简单起见，"投资"一词在本书中是指总投资。）

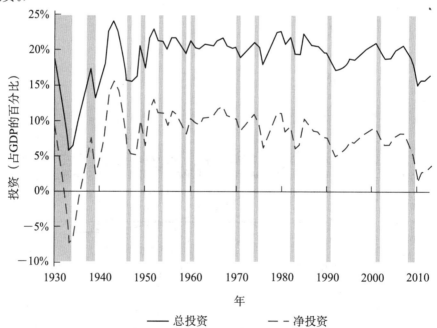

图 19-3 总投资和净投资之间的关系，1929—2012 年

除了大萧条期间总投资很低且低于折旧外，净投资总是正的。

资料来源：Federal Reserve Bank of St. Louis，FRED Database. http：//research. stlouisfed. org/fred2/.

我们把折旧看成是年初资本存量——记为 K_t——的一个比例，从而：

$$折旧 = \delta K_t \tag{6}$$

其中，δ 被称为**折旧率**（depreciation rate），它是每年磨损的资本的比例。

净投资是一年间资本的变动，也就是：

$$净投资 = K_{t+1} - K_t = \Delta K_t \tag{7}$$

把方程（6）和（7）代入方程（5），我们就可以把总投资 I_t 写成：

$$I_t = K_{t+1} - K_t + \delta K_t \tag{8}$$

假定增加资本很容易从而企业能够立即使实际资本存量等于合意资本存量，后者我们将用 K^*_{t+1} 来表示。那么用 K^*_{t+1} 代替 K_{t+1} 就得到方程（9）[①]：

$$I_t = K^*_{t+1} - K_t + \delta K_t \tag{9}$$

方程（9）显示了合意资本和投资之间的联系以及如下重要结论：合意资本存量的增加导致投资的上升。

□ 合意的资本存量水平的变动

当 MPK^e 或 uc 曲线移动时，合意的资本存量水平 K^*_{t+1} 发生变动。让我们看一下每种情况下会发生什么。

资本边际产量曲线的移动。我们在图 19-4 中表示资本边际产量曲线移动的影响。正如方程（4）所表明的，当预期未来收入 Y^e_{t+1} 变动时，预期边际产量曲线发生移动。假定预期的未来收入上升到 11 万亿美元。这一上升可能是因为人们预期生产率会提高，也可能是因为经济正处于繁荣时期从而人们预期生产会通过雇用更多劳动而增加。在这种情况下，MPK^e 曲线从图 19-4 中的 MPK^e_1 上移到 MPK^e_2，从而在原有的合意资本存量 $K^{*1}_{t+1} = 20$ 万亿美元处，资本的边际产量为 0.165（高于使用者成本 0.15）。因此，企业将通过增加更多的资本直到到达点 2，即 $K^{*2}_{t+1} = 22$ 万亿美元，来增加它们的利润。在 $K^{*2}_{t+1} = 22$ 万亿美元时，资本的边际产量回到 0.15，等于资本的使用者成本。由于下一时期合意资本水平的上升导致今天投资的上升[正如方程（9）所表示的那样]，我们有如下结论：由于生产率提高或经济繁荣引起的预期未来产出的增加导致了更高的合意资本水平和更高的投资。

前面的结果解释了我们在图 19-1 中看到的投资的顺周期性：当经济周期处于扩张阶段时，预期未来产出上升，因此合意资本存量以及投资支出都随之上升。

资本的使用者成本曲线的移动。我们在图 19-5 中表示了资本的使用者成本曲线移动的影响。使用者成本方程（2）表明，资本的使用者成本由资本的实际价格、实际利

[①] 一个更现实的假设是，增加资本需要花费时间和金钱。例如，建一个工厂或购物中心可能需要几年的时间。结果，资本存量缓慢地向合意水平调整。运用一个所谓的部分调整模型，我们考虑调整成本并将资本存量的变动与合意资本水平联系起来。部分调整模型认为，资本存量每个时期只是移动了趋近其合意水平的部分距离。我们把这个模型写成如下的代数形式：

$$\Delta K_t = \phi(K^*_{t+1} - K_t)$$

该方程是说，时期 t 的资本存量变动是合意的资本存量变动的一个小于 1 的比例 ϕ。把这个方程代入方程（8），我们得到投资方程：

$$I_t = \phi(K^*_{t+1} - K_t) + \delta K_t$$

这个方程和正文中的方程（9）一样，也得到了"合意的资本存量的增加导致投资的上升"这一结论。

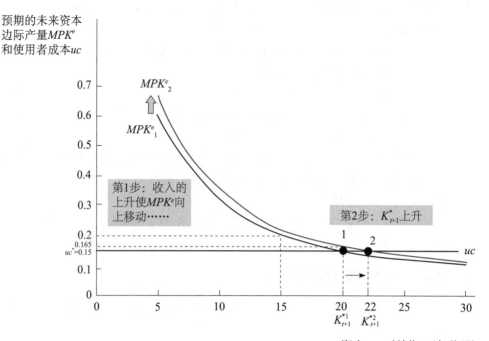

图 19-4　资本边际产量曲线的移动

预期未来收入的上升使 MPK^e 曲线从 MPK^e_1 上移到 MPK^e_2，合意的资本存量从 $K^{*1}_{t+1} = 20$ 万亿美元增加到 $K^{*2}_{t+1} = 22$ 万亿美元，在 $K^{*2}_{t+1} = 22$ 万亿美元时，资本的边际产量回到 0.15，等于资本的使用者成本（后者保持不变）。

率、资本实际价格预期变动率和折旧率决定。假定由于货币政策紧缩，实际利率上升了 2 个百分点，从 12% 上升到 14%。在其他因素不变的情况下，资本的使用者成本从 0.15 上升到 0.17，uc 曲线从 uc_1 上移到 uc_2。现在，在原来的点 1，资本边际产量为 0.15，小于使用者成本 0.17。由于一单位资本的收益低于成本，因此企业将要减少资本。合意的资本存量将从 $K^{*1}_{t+1} = 20$ 万亿美元下降到点 2 的 $K^{*2}_{t+1} = 17.6$ 万亿美元，此时预期的资本边际产量已经上升到等于新的资本使用者成本 0.17。资本的使用者成本与资本的实际价格、实际利率和折旧率正相关，而与资本实际价格的预期变动率负相关。结果，我们得到如下结论：资本的实际价格、实际利率和折旧率等的上升导致合意资本水平的减少和投资的减少，而资本实际价格的预期变动率的上升则导致合意资本存量的上升和投资的上升。

税收和资本的使用者成本。 由于人的一生唯一确定的事情就是死亡和税收，企业也必须考虑税收如何影响投资决策。

为了理解税收如何影响投资，让我们简单地假设企业的税收是企业收益的一个百分比。例如，企业可能被征收 30% 的收益，从而税率为 $\tau = 0.30$：收益为 1 亿美元的企业将要缴纳 3 000 万美元的税收。现在，一单位资本的税后收益不再等于资本的边际产量了，而是这一数量的 $1 - \tau$ 倍，在我们的例子中就是边际产量的 70%。为了决定合意的资本水平，企业不再是比较资本的边际产量和使用者成本，而是不得不比较税收边际产量 $(1 - \tau) MPK^e$ 和使用者成本 uc。于是，合意的资本存量水平将是满足如下方程的水平：

$$(1 - \tau) MPK^e = uc$$

也就是使税后边际产量等于使用者成本的水平。

将前一方程的两边同时除以 $1 - \tau$，我们得到：

宏观经济学：政策与实践（第二版）

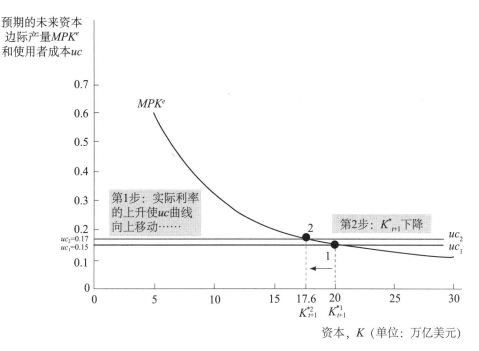

图 19-5 资本的使用者成本曲线的移动

实际利率从 12% 上升到 14%，使资本使用者成本从 0.15 上升到 0.17，因此 uc 曲线从 uc_1 上移到 uc_2。合意的资本存量将从 $K_{t+1}^{*1}=20$ 万亿美元下降到点 2 的 $K_{t+1}^{*2}=17.6$ 万亿美元，此时预期的资本边际产量已经上升到等于新的资本使用者成本 0.17。

$$MPK^e = \frac{uc}{1-\tau} = p_k \frac{r - \Delta p_k / p_k + \delta}{1-\tau} \tag{10}$$

方程（10）中 $uc/(1-\tau)$ 这一项被称为**经过税收调整的资本的使用者成本**（tax-adjusted cost of capital）：它是企业为决定合意的资本水平用来与税前资本边际产量相比较的资本的使用者成本。如果企业收益的税率 τ 上升，那么方程（10）中的分母减小，于是经过税收调整的资本的使用者成本上升。结果，经过税收调整的资本的使用者成本的上升引起图 19-5 中使用者成本曲线的上移。因此，合意的资本水平下降。这样，我们得到了又一个投资决定因素：企业税率的上升导致合意资本水平的下降和投资的下降。[①]

融资约束。在推导新古典投资模型的过程中，我们假设企业能够顺利借款。如果资本的边际产量高于使用者成本，企业能够从信贷市场借到它们购买新资本所需的所有资金。可是，就像我们在第 18 章看到的消费者受到借款约束一样，企业可能受到**融资约束**（financing constraint）：由于金融摩擦增加了，企业不再能够在金融市场筹集资金。

---

① 对企业的征税实际上比简单的收益税要复杂得多。最重要的企业税是企业所得税，它是对企业利润而非对收益征收的税。由于利润和收益一般是正相关的，更高的企业所得税税率增加了企业缴纳的收益税，从而提高了资本的税后使用者成本。

利润的定义并不总是直截了当的，这个主题最好留给会计师来处理。但是有两个影响利润的项目与旨在鼓励投资支出的政府政策相关。第一个是折旧补贴，即对企业从税收中扣除的折旧提供补贴，第二个是投资税收抵免，它允许企业减少企业税，少缴的数量为企业在新资本上的支出量的某一百分比。例如，若投资税收抵免为 10%，那么购买了价值 10 万美元机器的企业就可以从税单上扣除 1 万美元。折旧补贴和投资税收抵免的增加都降低了对企业征收的税收，从而导致更高的投资。

当融资约束为紧时，就算企业的投资有利可图也无法获得所需的资金，因此投资就不会发生。这就像资本的使用者成本上升了一样。这一推理表明了对新古典模型的一个修正：融资约束为紧的可能性越大，投资支出越低。

□ 总结：新古典投资理论

新古典投资理论表明，投资决策受到如下因素的影响：

■ 预期的未来产出（它受到未来生产率和经济周期的影响）；
■ 资本的实际价格；
■ 实际利率；
■ 资本实际价格的预期变动率；
■ 折旧率；
■ 企业的税率；
■ 融资约束（它反映了金融摩擦）。

表 19-1 总结了这些决定因素中的每一个对合意资本水平和投资的影响。

在新古典理论中，货币政策和财政政策在投资决定中起重要作用。货币政策通过它对实际利率的影响而影响投资，而财政政策通过对企业的税率的影响而影响投资支出。

表 19-1		投资的决定因素	
决定因素	决定因素的变动	K_{t+1}^* 和投资的变动	
预期的未来产出，Y^e	↑	↑	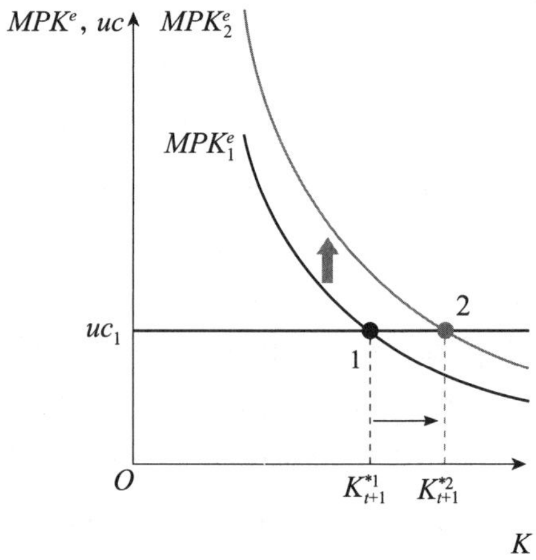
资本的实际价格，p_k	↑	↓	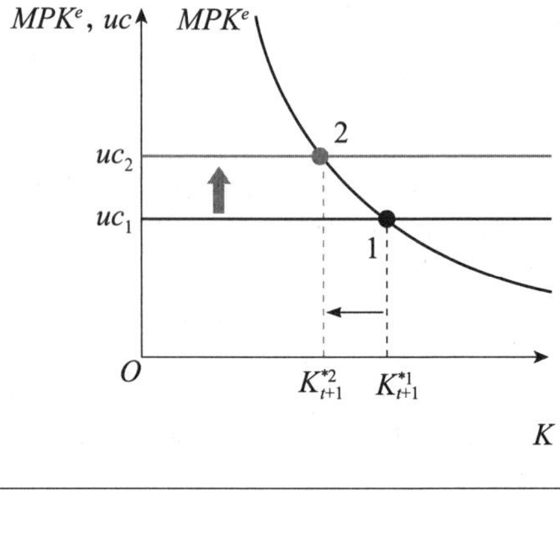

决定因素	决定因素的变动	K^*_{t+1} 和投资的变动	
实际利率，r	↑	↓	
资本实际价格的预期变动率，$\Delta p_k / p_k$	↑	↑	
折旧率，δ	↑	↓	
企业的税率	↑	↓	

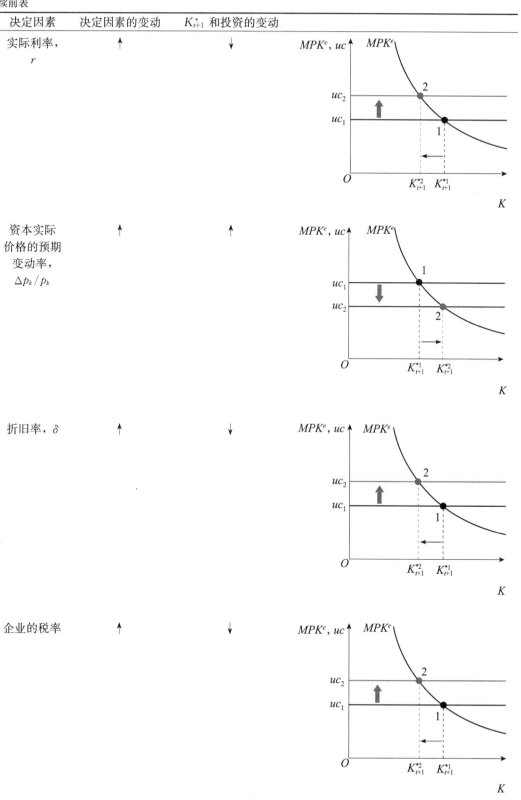

决定因素	决定因素的变动	K_{t+1}^* 和投资的变动	
融资约束	↑	↓	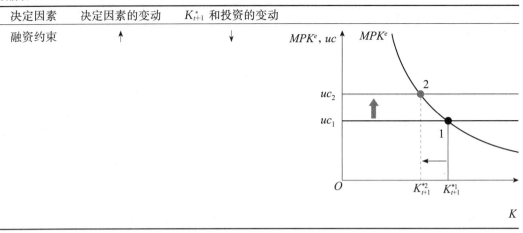

注：这里只显示了决定因素上升的情况。决定因素下降对投资的影响与第三列和图形表明的方向恰好相反。

存货投资

正如图 19-1 所示，存货投资是总投资支出波动性最大的组成部分，它在经济周期的变化中受到密切关注。

□ 持有存货的动机

原材料、零部件和制成品（这三者组成存货）的持有是一种有助于企业生产产品和服务的资本形式。为了理解为何存货在生产中是有用的，让我们来考察企业为什么持有它们。

作为一种生产要素的存货。 制造业企业需要钢材等原料的存货来生产汽车等产品。它们也需要挡风板等零配件来生产小汽车等产品。零售商店为了销售产品需要在货架上备有成品。

近些年来计算机技术的提高使制造商能够进行**即时生产**（just-in-time production）：它们只是在需要存货时才订购存货用于生产。结果，企业持有的存货水平相对于生产而言大幅减少，这使存货投资的波动在经济周期中的重要性减弱了。

在制品。 生产通常涉及许多步骤。企业拥有在制品的存货。所谓**在制品**（work in process）是指部分完成的组件，这些组件经过后续工序后将转换成最终产品。企业不得不持有在制品存货，储存这些组件直到需要使用时为止。

生产平滑化。 企业在不同时期平滑化生产，这常常是有道理的。许多企业，如汽车制造商，经历着需求的大幅临时性波动。如果它们只在有订单时才生产产品和服务，那么它们的生产周期就会有大幅波动，销售量低时工人和机器使用率低甚至闲置，而销售量高时则过度使用。生产的波动幅度过大对企业来说是代价很高的，因此企业想在不同时期平滑化生产。**生产平滑化**（production smoothing）是指企业在销售暂时性低迷时保持生产，将生产的产品加入存货，然后在销售暂时性高涨时不提高产量而是通过减少存货来满足更高的需求。汽车公司在一年中销售量低时（如夏季）会生产汽车并将汽车存放在车库，然后在销售量高时（如秋季）提取这些存货。

避免脱销。 持有存货的第四个原因是企业无法总是预期它们的销售有多强劲。当销售量出乎意料地高时，企业的产品可能会卖光，顾客将去其他地方购买，从而企业会损失其销售量。为了避免损失这些销售量，企业持有存货，因此它们的产品不会全部卖光，这正是这种持有存货的动机被称为**避免脱销**（stock-out avoidance）的原因。例如，汽车经销商常常在车库存放大量的汽车，以便不会将顾客流失给拥有顾客需要的品牌和型号的另一经销商。

□ 存货投资理论

由于存货在生产中所起的作用与企业固定投资相似，我们前面建立的新古典理论同样适用于存货投资（即存货持有量在某一给定时期的变动）。具体来说，存在一个合意的存货水平，它取决于存货的边际产量和使用者成本之间的关系。

让我们考虑汽车经销商卡尔（Carl）的例子，他是福特的经销商。卡尔必须决定他要在车库存放多少福特野马车（Ford Mustang）。如果他认为未来的销售量可能更高，那么，如果他没有充足的存货，就很有可能会损失销售量，因此，存货的边际产量变得很高。在这种情况下，存货的边际产量曲线将上移，正如图 19-4 所示的情形，卡尔会想要持有大量的野马车。结果，存货投资会更高。

或者，假定联储收紧了货币政策以对抗通货膨胀，从而卡尔现在面临着更高的实际利率。他为野马车存货融资的成本上升了，因此他的存货使用者成本上升了。如图 19-5 所示，资本的使用者成本曲线上移，他现在想在车库存放更少的野马车。结果，存货投资下降。[①]

托宾 *q* 值和投资

20 世纪 60 年代，诺贝尔经济学奖获得者詹姆斯·托宾（James Tobin）建立了一个与新古典理论密切相关的投资模型，但该模型着眼于资产价格，把它作为投资支出的一个驱动力。

□ 托宾 *q* 值理论

托宾从考虑两种衡量企业资本数量的方式开始。一种方法使用了企业拥有的资本的

[①] 融资约束也能影响存货投资。如果卡尔想在车库存放更多野马车但银行不给他提供所需的贷款，那么卡尔就不得不用更少的存货勉强对付，存货投资会下降。2008 年，在 2007—2009 年金融危机处于最严重阶段时，获得信贷极其困难。于是，融资约束开始变紧，存货投资急剧下降：存货投资从 2007 年到 2008 年下降了 259 亿美元（2005 年连锁美元）。存货投资的这种急剧减少是 2007—2009 年衰退变得如此严重的原因之一。

市场价值，也就是反映在股票市场中的企业的总体市场价值。另一种方法是考虑企业资本的重置成本，即今天安装那些资本将要花费的成本。企业拥有的资本的市场价值与重置成本可能有所区别，这是因为企业的资本作为整体可能比各部分之和更有价值。我们可以得到市场价值和重置成本的比值，这一概念现在被称为**托宾 q 值**（Tobin's q）：

$$q = \frac{\text{企业的市场价值}}{\text{已安装资本的重置成本}} \tag{11}$$

企业尽量增加它们的市场价值。因此，托宾这么推理：如果 q 大于 1，资本的市场价值相对于其重置资本就高，企业将从增加投资中获益。由于新资本的市场价值高于获取成本，购买新资本增加了企业的价值。净投资将为正。

另外，如果 q 小于 1，资本的市场价值将小于获取成本，因此，企业将不愿意购买任何资本。在这种情况下，企业希望缩减其资本水平。它希望净投资为负，因此它将听任已有资本磨损而不去重置。

资本的重置成本倾向于随着总体价格水平移动，而总体价格水平是相当稳定的。因此，托宾 q 值的大部分波动来源于股票价格所反映的企业市场价值的变动。当股票市场大涨时，托宾 q 值上升，投资繁荣。相反，当股票市场大跌时，托宾 q 值下降，投资支出也下降。因此，托宾 q 值理论得到了如下结果：股票价格的上升导致托宾 q 值上升和投资支出上升，而股票价格的下降导致托宾 q 值下降和投资支出下降。

□ 托宾 q 值理论与新古典理论

乍一看来，托宾 q 值理论似乎与本章前面建立的新古典理论很不相同，但是实际上，这两种理论是密切相关的。

由于股票价格反映了对资本产生的现期与预期利润的估值，托宾 q 值告诉了我们已安装资本是否被人们预期未来会产生高利润，也就是说，未来的资本边际产量相对于资本的使用者成本会不会高。在新古典理论中，当未来的资本边际产量相对于使用者成本较高时，合意的资本水平上升，投资很高。我们从托宾 q 值理论得到了同样的结论。

运用托宾 q 值理论，我们可以得到与新古典理论相同的如下结论：

1. 对未来的资本边际产量的预期越高，q 值越高，从而投资越高。

2. 实际利率的上升或有效税率的上升增加了资本的使用者成本，降低了 q 值，从而引起投资下降。

3. 资本的价格上升增加了资本的重置成本，这导致 q 值公式的分母增加，降低了 q 值，从而引起投资下降。

可是，托宾 q 值理论超越了新古典理论，因为它强调了资产价格波动——特别是股票价格的波动——对投资支出可能有重要而独立的影响。

应用 ☞

股票市场崩盘和衰退

托宾 q 值理论表明，股票市场崩盘可能是经济衰退的一个重要因素。我们可以使用

图 19-6 所示的总需求-总供给（AD-AS）框架来理解这一点。当股票市场下跌时，托宾 q 值理论表明自发投资将下降，这使图 19-6 中的总需求曲线向左移动。结果，经济从图中的点 1 移动到点 2，产出下降。因此，股票市场崩盘可以在产生衰退中起重要作用。确实，正如第 8 章所讨论的，股票市场崩盘被发现是经济周期的一个领先指标。正如图 19-6 所表明的，2007—2009 年股票市场的崩溃是大衰退期间产出和通货膨胀率下降的一个重要因素。

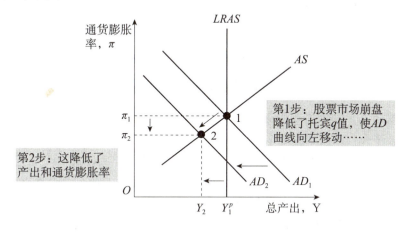

图 19-6　股票市场崩盘和 AD-AS 模型

股票市场崩盘降低了托宾 q 值，从而降低了投资支出，使 AD 曲线向左移动。经济从点 1 移动到点 2，产出下降，产生了衰退。

住房投资

由于大部分美国人拥有或将会拥有一栋住房或一套公寓，住房市场对美国消费者特别重要。又由于住房投资的波动常常在经济周期的波动中——特别是近些年来——起到显著的作用，住房市场显得特别重要。

住房只不过是另一种形式的资本，因此，住房投资可以被新古典投资理论解释，在这个理论中，投资由住房的边际产量和使用者成本决定。[①]

当存在更多的住房需要（由于人口增长或子女离开父母独立成家）或者家庭有更高的预期收入时，住房的边际产量上升，导致合意的住房存量上升。因此，家庭数量的增加或者预期收入的上升导致住房投资增加。

当住房抵押贷款的利率上升或住房价格预计要下降从而预期升值的比率下降时，资本的使用者成本上升，这降低了合意的住房存量。因此，住房抵押贷款利率的上升或住

---

① 若要进一步理解住房价格的决定因素以及它们如何影响住房投资，参见本书配套网站 www.pear-songlobaleditions.com/mishkin 上的本章附录。

房预期升值比率的下降导致住房投资减少。

融资约束在住房市场中所起的作用与在企业固定投资中类似。当获得住房抵押贷款变得更难时，融资约束变得更严格了，因此人们就无法买到他们想买的那么多数量的住房。因此，更严格的融资约束导致住房投资减少。

由于拥有住房被许多美国政治家认为与拥有母爱和苹果派同等重要，美国政府的政策一直积极鼓励拥有住房。下面的政策与实践案例讨论了这些政策，说明了它们是如何通过新古典投资理论中提出的使用者成本概念起作用的。

政策与实践

美国政府的政策和住房市场

美国的政治家常常把拥有住房置于与拥有母爱和苹果派同等重要的地位。结果，美国比世界上几乎任何别的国家都采用了更多政策来促进家庭拥有住房。

美国政府利用了税收政策来鼓励拥有住房。住房抵押贷款的前 100 万美元应付的利息是可以抵税的。因此，如果你有一笔名义利率为 5% 的住房抵押贷款和 20% 的税，那么，这一抵税政策就把你的税后抵押贷款利率降低了 20%。实际上，你的税后抵押贷款利率降到了 4%。因此，住房抵押贷款利息的抵税降低了住房的使用者成本，使家庭拥有住房更加便宜，从而鼓励了拥有住房。

政府通过一些机构发挥作用来提高住房拥有率。这些机构提供资金或者为抵押贷款债务提供担保。联邦住房协会（Federal Housing Association，FHA）提供住房抵押贷款保险，这种保险为个人抵押贷款的及时偿付提供担保从而贷款人没有任何信贷风险。此外，政府国民抵押贷款协会（Government National Mortgage Association，GNMA，又称吉利美，Ginnie Mae）为抵押贷款担保证券提供担保，我们在第 15 章描述了抵押贷款担保证券，这是一种由个人住房抵押贷款打包组成的标准化债务证券。美国政府也资助了一些作为私人公司运营但和政府有密切联系的住房抵押贷款机构。这些机构被称为**政府资助的企业**（government-sponsored enterprises，GSEs），包括联邦国民抵押贷款协会（Federal National Mortgage Association，FNMA，又称房利美，Fannie Mae）和联邦住房贷款抵押公司（Federal Home Loan Mortgage Corporation，FHLMC，又称房地美，Freddie Mac）。这两家政府资助的企业通过出售债券然后利用所得收入购买抵押贷款或抵押贷款担保证券为抵押贷款市场提供资金。联邦住房贷款银行（Federal Home Loan Banks）也是政府资助的企业，它们通过出售债券然后把所得收入借给发放住房抵押贷款的金融机构间接为抵押贷款市场提供资金。通过为抵押贷款市场提供担保和资金，这些政府机构和政府资助的企业帮助降低了抵押贷款利率，从而进一步降低了住房的使用者成本，这鼓励了拥有住房。

一些经济学家认为，鼓励拥有住房的政策扭曲了市场和鼓励了太多的住房建设。正如第 15 章讨论过的，在住房市场的泡沫破灭后，房利美和房地美这两家政府资助的企业要求政府救助，耗费了纳税人数十亿美元。

本章小结

1. 投资有三个基本的组成部分：企业固定投资、存货投资和住房投资。所有这三种类型的投资都是高度顺周期的和易变的。

2. 新古典投资理论从资本的边际产量等于资本的使用者成本这一条件得到了合意的资本水平。它表明预期的未来合意资本水平和投资支出与预期的未来产出、资本实际价格的预期变动率、折旧补贴和投资税收抵免等正相关，与资本的实际价格、实际利率和折旧率等负相关。

3. 持有存货有 4 个原因：它们是生产中使用的一种要素，它们是在制品，它们使生产平滑化，它们帮助企业避免脱销。由于存货在生产中与企业固定投资起着相似的作用，新古典理论同样适用于存货投资，结果也相同。

4. 托宾 q 值是已安装资本的市场价值和其重置成本之比。股票价格的上升导致托宾 q 值和投资支出的上升，而股票价格的下降导致托宾 q 值和投资支出的下降。

5. 住房投资与预期的未来收入、家庭增加的速度、住房价格的预期升值等正相关，与住房抵押贷款实际利率和更紧的融资约束负相关。

关键术语

企业固定投资	存货投资	住房投资
新古典投资理论	资本的使用者成本	净投资
折旧	总投资	折旧率
经过税收调整的资本的使用者成本	融资约束	即时生产
在制品	生产平滑化	避免脱销
托宾 q 值	政府资助的企业	

复习题

关于投资支出的数据

1. 投资支出的组成部分有哪些？曼纽尔（Manuel）刚刚决定在安达卢西亚买一栋海边的新建住房，你会将他支付的价钱归为西班牙的哪一类投资支出？

新古典投资理论

2. 什么决定了资本的使用者成本？利率的上升对它有什么影响？

3. 解释资本的使用者成本和资本的边际产量如何共同决定了合意的资本水平。

4. 根据新古典投资理论，一旦企业确定了合意的资本水平，它们如何确定最优的投资支出量？

5. 解释资本的边际产量、资本的使用者成本和税收等的变动如何影响合意的资本水平和投资。

存货投资

6. 定义即时生产方法。它与企业的存货有什么关系?

托宾 *q* 值和投资

7. 什么是托宾 *q* 值? 它是如何提供了一种投资支出理论的?

8. 托宾 *q* 值理论与新古典投资理论有什么关系?

住房投资

9. 住房投资的决定因素有哪些?

10. 美国政府采用了哪些类型的政策鼓励拥有住房,它们是如何实现这个目标的?

习题

新古典投资理论

1. 假定约科 (Yoko) 在考虑为他的公司投资购买计算机。日本的实际利率是 4%,计算机的价值是 10 万日元。计算机的价格预期在下一年不会变动。

(a) 假定计算机每年的折旧率为 20%,计算它的使用者成本。

(b) 假定由于每种未预见到的技术进步,计算机在三年后将不得不被更换,也就是说现在的折旧率为 33%。计算它的新使用者成本。

2. 利用资本的预期边际产量的表达式 $MPK^e = 3.6/K_{t+1}$ 绘出 MPK^e 曲线。如果使用者成本为 0.30 (假设资本价格正规化为 1.0),计算下一时期合意的资本水平 (单位:万亿美元)。

3. 根据新古典投资理论,解释下列每一事件对下一时期合意的资本存量水平有什么影响。

(a) 货币政策的自发放松。

(b) 资本折旧率的增加。

(c) 生产率的提高。

4. 在英国,出于税收目的,企业在计算利润时可以扣除最高达 175% 的研究和开发支出。根据理论和可获得的经验证据,这应该如何影响投资?

5. 发展中国家的一个共同特征是金融体系相对不发达。金融体系效率低下对发展中国家的投资水平有什么启示?

6. 墨西哥湾的离岸钻井平台的石油泄漏导致了对这种类型的石油开采更加严格的管制。

(a) 讨论这样的管制对资本的使用者成本的影响。

(b) 解释这样的管制对该行业的未来合意资本存量水平和投资的影响。

存货投资

7. 下图显示了 2007—2013 年美国私人存货的季度变化。(数字都是用 2005 年不变美元计算,单位为 10 亿美元。) 解释这一期间私人存货的变动。

私人存货的变化(10亿美元)

资料来源:BEA,Table 5.6.5B. www.bea.gov.

8. 股票价格长期的可观上升对企业投资可能的影响有哪些？用托宾 q 值理论回答这个问题。

住房投资

9. 包括美国在内的大多数发达国家出现了一个相对新的趋势：单人家庭的出现。讨论这一趋势对住房投资的短期影响和长期影响。

10. 联储承诺，作为从 2007—2009 年全球金融危机后采取的扩张性货币政策"退出战略"的一部分，在未来某个时候，它将提高利率。这一退出战略对住房投资将会产生什么影响？

数据分析题

1. 访问圣路易斯联邦储备银行 FRED 数据库，找到实际私人国内投资（GPDIC96）、实际住房投资（PRFIC96）和实际非住房（企业）固定投资（PNFIC96）的数据。

   (a) 利用这些数据，计算可获得数据的最近一个季度的存货投资。

   (b) 对于 2000 年以来的每个季度，计算存货投资占总投资的份额（表示为百分比），然后，计算从 2000 年到可获得数据的最新一个季度的存货投资占总投资的份额的平均值。这个数字是零吗？这一时间范围的平均值支持"存货有好处"这一思想吗？为什么？

2. 访问圣路易斯联邦储备银行 FRED 数据库，找到国内净投资（A557RC1Q027SBEA）和国内总投资（W170RC1Q027SBEA）的数据。

   (a) 对于每个序列，报告可获得数据的最近一个季度的数值。为什么这两个数值不相等？对这两个数值的相对大小进行评论。

   (b) 计算可获得数据的最近一个季度的折旧。

   (c) 假设折旧率为 10%，计算当前资本存量的总量。

3. 访问圣路易斯联邦储备银行 FRED 数据库，找到 30 年期住房抵押贷款利率（MORTG）、私人住房固定投资（PRFI）以及收紧住房抵押贷款信贷标准的银行家的净百分比（DRTSPM）的数据。对于 MORTG，把频率调成季度数据。把数据下载到 Excel 表格中。对于每个季度，计算住房投资相对于一年前相同时间的百分比变化。

   (a) 报告最新的以及一年前的 30 年期住房抵押贷款利率。将这些数字与住房投资相对于一年前相同时间的百分比变化进行比较，对这一关系进行评论（与资本的使用者成本联系起来）。

   (b) 利用从 2007 年第 2 季度到可获得数据的最新时期的数据，创建一幅散点图，横轴代表收紧住房抵押贷款信贷标准的银行家的净百分比，纵轴代表住房投资的百分比变化。对这两个变量之间的关系进行评论。

   (c) （较难）利用从 2007 年第 2 季度到可获得数据的最新时期的数据，用住房投资的百分比变化作为被解释变量并用信贷标准变量作为解释变量进行回归。报告拟合方程，并对拟合度进行评论。银行收紧信贷的百分点增加 10% 会如何影响住房投资增长？

网上附录"一个住房价格和住房投资的模型"见本书的配套网站 www.pearsonglobaleditions.com/mishkin。

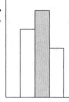

第20章

劳动市场、就业和失业

预览

在过去半个世纪里，美国社会所发生的变化像女性进入劳动力大军这么引人注目的很少。在20世纪50年代，人们都预期年轻女性早早结婚，然后相夫教子，操持家务，哪怕是从大学毕业的年轻女性也是如此。在1960年，主要工作年龄段（25～34岁）的年轻女性只有1/3在外工作或找工作。如果这个事实在今天听起来不可思议，那么女性进入劳动力大军的这个变化正是劳动市场发生改变的重要性的一个证明。劳动市场是与我们日常生活相互作用的最重要的市场，它决定了我们的工资、找到工作的能力和拥有的闲暇时间。经济学家研究劳动市场的目的是回答大局问题。为什么妇女的劳动力参与率提高了这么多？为什么欧洲的失业率一般比美国高？为什么大学教育现在的收益比以前高？为什么近些年收入不平等增加这么多？

本章首先来看过去半个世纪美国劳动市场的全貌。然后建立一个劳动市场的供给和需求模型，考察失业的来源。有了这些分析后，我们开始回答刚刚提及的许多问题。

美国劳动市场的发展

在诸多描述美国劳动市场的变量中，经济学家特别注意就业比、失业率和实际工资。

□ 就业比

劳动市场分析的首要关键问题之一是**就业人口比**（employment-to-population rati-

宏观经济学：政策与实践（第二版）

o），或者简称为**就业比**（employment ratio），它是工作年龄人口中就业者所占的百分比。正如你可以从图 20-1（a）中看到的，美国的就业比在过去 50 年有略微增加的趋势，16 岁以上的就业比从 1960 年的 56% 上升到 2013 年的 59%。

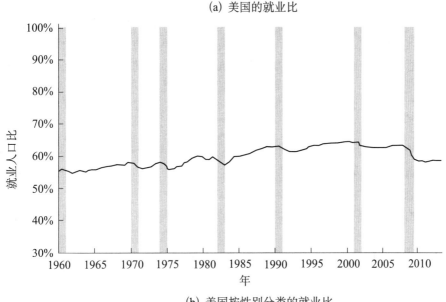

(a) 美国的就业比

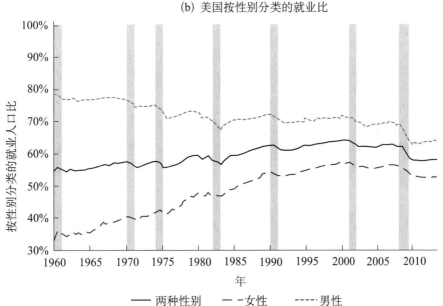

(b) 美国按性别分类的就业比

——— 两种性别　　－－女性　　┄┄┄ 男性

图 20-1　美国的就业比，1960—2013 年

图 (a) 显示美国的就业比在过去 50 年中有增加的趋势，但受到经济周期波动的影响：在经济扩张期间上升而在衰退期间（阴影区域）下降。图 (b) 显示总体就业比的增加趋势完全是由妇女就业比的增加趋势引起的。

资料来源：Federal Reserve Bank of St. Louis，FRED Database. http：//research. stlouisfed. org/fred2/.

就业比的增加趋势完全是由于妇女工作意愿的增强。注意在图 20-1（b）中从事工作的男人的百分比，即男性就业比，从 1960 年的 79% 下降到 2013 年的 64%。同时，从事工作的妇女的百分比，即女性就业比，从 1960 年的 35％上升到 2013 年的 53％。数据清楚地显示同一时期进入劳动力大军的妇女大量增加。

图 20-1 证明了就业随着经济周期而波动，在经济扩张期间上升而在衰退期间下降。在最近一次衰退期间，随着工作岗位变少，就业比出现了下降。到 2013 年年初，它下降到只有 58.6％，比 2007 年第 4 季度少了 4.2 个百分点。我们可以用减少的工作岗位数来量化就业比的这一下降。由于 2013 年美国工作年龄的总人口大约为 2.45 亿，4.2 个百分点就意味着减少了约 1 000 万个工作岗位。用衰退期间减少的工作岗位数来表示的成本确实是很高的，对最近的严重衰退来说尤其如此。

☐ 失业率

不是每个想工作的人都能找到工作。失业率衡量了劳动力中未被雇用的人所占的百分比。正如我们在第 2 章讨论的，如果一个人没有工作并且在过去四周内积极寻找工作，那么就被算作失业者。图 20-2 显示了 1960—2013 年美国的失业率。失业率总是为正；哪怕是在繁荣时期也有人找不到工作。我们需要一个劳动市场模型来解释这种现象。

失业率在经济周期内变动。2007 年 3 月，在衰退开始前，失业率为 4.4％。到 2009 年 10 月，它达到了峰值 10.1％，上升了 5.7 个百分点。这一失业率是第二次世界大战以来第二高的水平，仅次于 1982 年 11 月和 12 月的 10.8％。

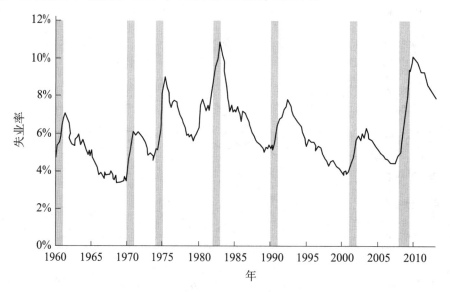

图 20-2　美国的失业率，1960—2013 年

失业率在经济周期内变动，在经济扩张期间下降而在衰退期间（阴影区域）上升。失业率总是为正，这表明哪怕是在繁荣时期也有人找不到工作。

资料来源：Federal Reserve Bank of St. Louis, FRED Database. http://research.stlouisfed.org/fred2/.

☐ 实际工资

直到 20 世纪 60 年代，随着时间的推移，工人变得更富了。可是，正如图 20-3 所示，从那时起，所有工人的平均实际工资实际上几乎没变化，1965—2013 年平均每年只增长了 0.2%。可是接受过大学教育的工人，特别是女性，实际工资出现了大幅增长。美国出现了收入不平等的增加，这令许多经济学家和政治家备受困扰。再一次地，一个劳动市场模型将有助于解释工资不平等的这一令人困扰的趋势。

(a) 所有工人的实际工资

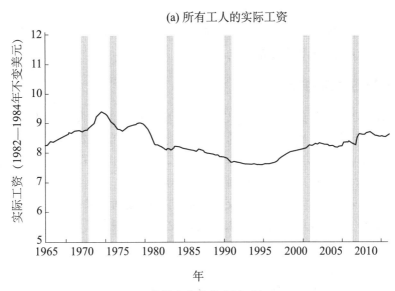

(b) 按教育分类的实际工资

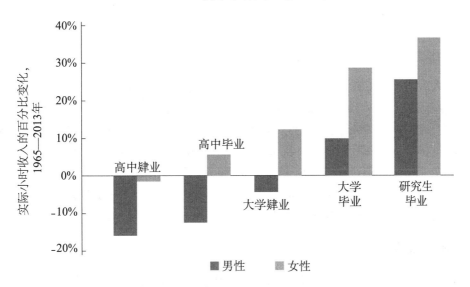

图 20 - 3　美国的实际工资，1965—2013 年

所有工人的实际工资没有增加的趋势，但接受过大学教育的工人的实际工资出现了大幅增长。

资料来源：图（a），所有工人的实际工资，平均小时收入，1982—1984 年不变美元，Federal Reserve Bank of St. Louis，FRED Database，http：//research. stlouisfed. org/fred2/。图（b），按教育分类的实际工资的百分比变化，David Autor， "The Polarization of Job Opportunities in the U. S. Labor Market：Implications for Employment and Earnings," Working Paper，Center for American Progress and The Hamilton Project，April 2010.

劳动市场的供给和需求

在第3章对劳动的简单讨论的基础上,我们推导劳动的需求曲线,然后推导供给曲线,最后讨论供给等于需求的市场均衡。

☐ 劳动需求曲线

在第3章我们学到,我们可以通过分析企业的利润最大化来推导劳动需求曲线。只要劳动的边际产量超过雇用工人的成本——也就是实际工资率 w,企业就会发现增加新工人是有利可图的。只有当劳动的边际产量下降到实际工资率从而再多雇用一个工人不会增加利润时,企业才会停止对额外劳动的需求。对于任何给定的实际工资率,通过查看边际产量曲线和实际工资线的交点,我们能够找到需求的劳动数量。在这个意义上,劳动的边际产量曲线就是劳动需求曲线,我们把这条曲线标成 D^L。由于劳动的边际产量具有报酬递减的性质——劳动的边际产量随着劳动的增加而下降,劳动的边际产量曲线和需求曲线都向下倾斜。

考虑第3章给出的数值例子:经济中的产出量为10万亿美元,劳动量用雇用的工人数量来表示。在该例子中我们看到,对于柯布-道格拉斯生产函数 $Y = AK^{0.3}L^{0.7}$,劳动的边际产量为:

$$MPL = \frac{0.7Y}{L} = 0.7 \times 10 \text{ 万亿美元}/L \tag{1}$$

当工人人均实际工资为 140 000 美元时,方程(1)表明对工人的需求量将是 50 百万(140 000 美元=0.7×10 万亿美元/50 百万,为了与图相对应,工人数量单位为百万),我们在图 20-4 中标记为 A 点。如果工人人均实际工资为 70 000 美元,那么对工人的需求量将是 100 百万(70 000 美元=0.7×10 万亿美元/100 百万),将这个点标记为 E 点。如果实际工资进一步下降到 35 000 美元,那么对工人的需求量将是 200 百万(35 000 美元=0.7×10 万亿美元/200 百万),这个点在图 20-4 中被标记为 D 点。正如你可以看到的,劳动需求曲线向下倾斜。

☐ 供给曲线

现在我们转到劳动的供给曲线。在第3章中,为了简化,我们假设工人数量固定。可是,在现实世界中,工人们选择工作或闲暇。经济学家把**闲暇**(leisure)定义成工作中不会发生的任何活动——吃饭、睡觉、看电视、聚会、休假和照顾小孩。[1](大学生都是闲暇这个主题方面的专家。)当实际工资高时,闲暇(不工作)的成本也高。因此,人们更愿意工作,劳动供给量上升,从而经过 B、E、C 点的劳动供给曲线 S^L 是向上倾

---

[1] 包括非市场化的工作在内的许多活动被归类为闲暇,如育儿和家务。

斜的。[1]

□ 劳动市场的均衡

和往常一样，供给和需求分析的最后一步是研究市场均衡。在某一给定实际工资率，企业愿意雇用（需求）的劳动量等于工人愿意提供（供给）的劳动量，这时就出现了市场均衡。在劳动市场，市场均衡出现在劳动需求量等于供给量的时候，即：

$$D^L = S^L \tag{2}$$

在图 20-4 中，劳动市场的均衡出现在 E 点，实际工资率为 $w^* =$ 工人人均 70 000 美元，劳动供给量为 $L^* = 100$ 百万工人。

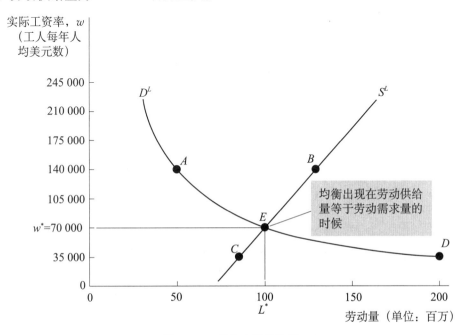

图 20-4　劳动市场的均衡

劳动需求曲线向下倾斜，而供给曲线向上倾斜。劳动市场的均衡出现在 E 点，此时劳动供给量等于劳动需求量，实际工资为 $w^* = 70\ 000$ 美元，生产使用的劳动量为 $L^* = 100$ 百万工人。

就业和工资对劳动需求和劳动供给变动的反应

在任何给定实际工资率下劳动需求量或供给量的变动都会导致劳动市场出现一个新均衡。我们将详细考察劳动需求量和供给量的变动对劳动市场模型的影响。然后，我们将在两个应用中运用劳动市场模型。

---

[1]　向上倾斜的劳动供给曲线假设更高的实际工资的替代效应超过收入效应。（我们在第 18 章讨论了收入效应和替代效应。）如果劳动供给曲线是基于未来工资被视为固定的假设而绘制的，从而当前工资的变化对长期收入只有很小的影响，进而使收入效应很小，那么替代效应就很可能超过收入效应。

□ 劳动需求的变动

我们首先考察劳动需求的变动。正如方程 1 所表明的，在实际工资固定不变时，产出增长将引起劳动的边际产量上升。产出增长可能是由于对生产的正向供给冲击，如生产率的增加，也可能是由于对产出的正向需求冲击，如引起生产增加的消费支出增加。无论是何种原因，更高的产出增加了劳动的边际产量，使劳动需求曲线向右移动，如图 20-5 所示从 D_1^L 移动到 D_2^L。因此，劳动市场均衡从点 1 移动到点 2：实际工资从 w_1 上升到 w_2，生产中使用的劳动量从 L_1 上升到 L_2。因此，我们的劳动市场供给和需求模型得到了如下结果：生产的正向供给或需求冲击引起的产出的增加导致了劳动需求的增加、更高的实际工资和更高的就业。

因此，我们的劳动市场供给和需求模型能够解释图 20-1 所显示的就业的顺周期性。当经济繁荣和产出上升时，就业将上升；如果经济收缩，产出将下降，就业也将下降。[1]

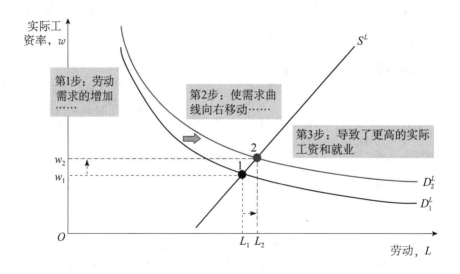

图 20-5 对劳动需求增加的反应

产出上升引起劳动需求增加，使劳动需求曲线从 D_1^L 右移到 D_2^L，均衡从点 1 移动到点 2。在新的均衡，实际工资从 w_1 上升到 w_2，生产中使用的劳动量从 L_1 上升到 L_2。

□ 劳动供给的变动

使在任何给定实际工资率下劳动供给量发生变动的任何事情都会引起劳动供给曲线移动，也导致劳动市场出现一个新均衡。让我们考察在任何给定实际工资率下劳动供给增加时会发生什么。劳动供给增加的一个可能的原因是移民增加，移民增加可能是由于

---

[1] 在第 3 章，我们考察了一个简化版本的劳动市场供给和需求模型的一个应用，发现石油价格上升引起的负向供给冲击导致实际工资的下降。运用本章的模型所做的分析将会使劳动需求曲线发生与第 3 章相同的移动，但是由于本章模型中的劳动供给曲线向上倾斜，它还将表明石油价格冲击会导致就业的下降。事实上，这正是 1973—1974 年、1979—1980 年和 2007—2008 年石油价格上升后所发生的情况。

移民法的执行不严格或移民法出现了允许更多合法移民的变动。正如图 20 - 6 所示，移民的增加使在任何实际工资率下劳动供给量都增加，从而使劳动供给曲线从 S_1^L 向右移动到 S_2^L。劳动市场均衡从点 1 移动到点 2。实际工资从 w_1 下降到 w_2，就业从 L_1 上升到 L_2。因此，我们有如下结果：增加劳动供给和使劳动供给曲线向右移动的任何事情（如移民增加）将引起实际工资下降和就业增加。

有了对劳动市场供给和需求的分析，我们能够通过一系列应用回答本章开头提出的许多问题。

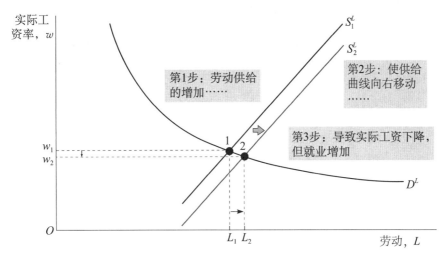

图 20 - 6　对劳动供给增加的反应

劳动供给的增加，比如说因为移民增加，使劳动供给曲线从 S_1^L 向右移动到 S_2^L，均衡从点 1 移动到点 2。结果，实际工资从 w_1 下降到 w_2，就业从 L_1 上升到 L_2。

应用

为什么妇女的劳动力参与率提高了

整个 20 世纪 70 年代，多数妇女并不在劳动力大军之列。说得更术语化一点，妇女的**劳动力参与率**（labor force participation）很低，即成年妇女中属于劳动力的百分比很低。结婚后的妇女常常离开劳动力大军，待在家里照顾孩子。直到 1970 年，25～34 岁的女性工作的可能性还低于比她们年轻 10 岁的女性。到 2013 年，妇女的就业比大幅上升到 53%。今天，所有的管理人员和专业人员中妇女的比例已经过半，在包括会计和社会工作在内的诸多领域妇女的从业人数超过男性。我们的劳动市场供给和需求模型能够解释这种现象吗？

答案是肯定的，就像图 20 - 7 所表明的那样。随着 20 世纪 60 年代避孕药的发明，妇女能够选择推迟生育和少生育。因此，闲暇（其定义包括照顾小孩这一非市场化活动在内，这可能是不公平的）的好处减少了。在任何给定实际工资率下，妇女愿意供给更多劳动，这使劳动供给曲线从 S_1^L 向右移动到 S_2^L。对女性的歧视减少使女性有了更多的机会接受教育和接触技术革新（这有利于大脑而非体力），增加了对女性劳动力的需求，使劳动需求曲线从 D_1^L 向右移动到 D_2^L。[为了看出自 20 世纪 60 年代早期以来职场发生了什么变动，只要收看电视系列节目《广告狂人》（*Mad Men*）就可以了。] 妇女的劳动供给和需求曲线的右移使经济从图 20-7 中的点 1 移动到点 2，妇女的就业从 L_1 增加到 L_2。（注意：图中所画出的情形是劳动需求曲线的移动超过劳动供给曲线的移动，结果妇女的实际工资上升，这正是实际发生的情况，女性的工资比男性上升得更快。）

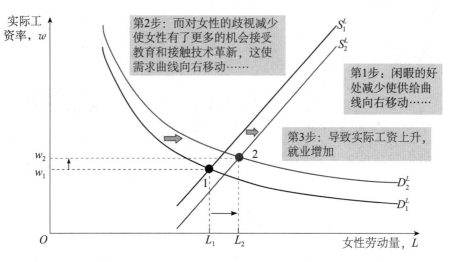

图 20-7　为什么妇女的劳动力参与率提高了

在 20 世纪 60 年代后，闲暇（包括照顾小孩）的好处减少了，因此妇女供给了更多劳动，劳动供给曲线从 S_1^L 向右移动到 S_2^L。技术的提高和对女性歧视的减少增加了对女性劳动力的需求，使劳动需求曲线从 D_1^L 向右移动到 D_2^L。妇女的劳动供给和需求曲线的右移使经济从点 1 移动到点 2，妇女的就业从 L_1 增加到 L_2。

应用 👉

为什么收入不平等和教育收益在增加

美国劳动市场的另一个引人注目的特征是接受教育较少的工人的工资增长落后于接受过大学教育的工人的工资增长，这增加了收入不平等。我们的劳动市场供给和需求模型如何能够解释这些现象呢？

图 20-8 显示了**大学工资溢价**（college wage premium），即表示接受过大学教育的工人和高中毕业生的平均工资的差异的百分比。在 20 世纪 60 年代早期，大学工资溢价大约为 50%，表明接受过大学教育的工人比高中毕业的工人多赚约 50% 的工资。正如你能够看到的，大学工资溢价近些年来大幅上升，达到了接近 100%（左纵轴）。教育收益的大幅增加证明了在大学读书和获得学位对你有多么重要。图 20-8 还画出了接受过大学教育的工人工作时间所占百分比，它从 20 世纪 60 年代早期的约 20% 上升到今天的近 50%。

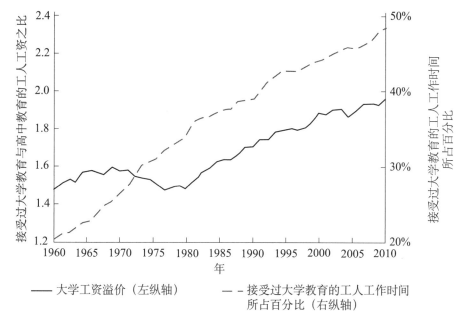

图 20-8 大学工资溢价和接受过大学教育的工人工作时间所占百分比

大学工资溢价近些年来大幅上升,从 20 世纪 60 年代早期的约 50%上升到近些年的接近 100%(左纵轴)。接受过大学教育的工人工作时间所占百分比从 20 世纪 60 年代早期的约 20%上升到今天的近 50%(右纵轴)。

资料来源:Daron Acemoglu and David H. Autor, "Skills, Tasks and Technologies:Implications for Employment and Earnings," *Handbook of Labor Economics* Volume 4, Orley Ashenfelter and David E. Card (eds.), Amsterdam:Elsevier, 2010.

乍一看来,图 20-8 中的趋势与我们的劳动市场供给和需求框架存在矛盾。接受过大学教育的工人的供给大幅增加了,这应该降低实际工资。但是,他们相对于其他工人的工资上升了。为了明白其中的原因,考虑图 20-9 中的大学毕业生劳动市场。(在该图中,工资不是绝对数量,而是大学毕业生相对于高中毕业生的工资。)图 20-9 所示的大学毕业生供给增加将导致劳动供给曲线从 S_1^L 向右移动到 S_2^L。如果其他条件不变,那么大学毕业生的相对工资将会下降。因此,必然是对大学毕业生的需求相对于对高中毕业生的需求也增加了。就像图 20-9 所示的那样,对大学毕业生的需求的增加超过供给的增加,从而劳动需求曲线从 D_1^L 到 D_2^L 的移动远远超过供给曲线从 S_1^L 到 S_2^L 的移动。结果,接受过大学教育的工人的工资相对于高中毕业生的工资上升。

但是,为什么对接受过大学教育的劳动的需求增加了这么多呢?有几种合理的假说。我们把第一种称为**偏向技能的技术变革**(skill-biased technical change)。这种思想认为,诸如计算机硬件、软件和互联网等新技术提高了接受过大学教育的工人的相对劳动生产率。大学毕业生的劳动边际产量增加得比受教育较少的工人要快得多,这使对大学毕业生的需求曲线大幅向右移动。第二个假说是**全球化**(globalization)。金融和贸易市场面向国际的开放使接受了很多教育的工人能够与欠发达国家的大量接受教育少的工人一起工作,从而使接受了很多教育的美国工人更有生产性。此外,全球化能够降低美国低技能工人的工资,这是因为他们面临着来自国外低技能工人的激烈竞争。

大学工资溢价的上升增加了收入不平等。由于接受过大学教育的工人一开始就有更高的收入,当他们表现得比受教育较少的工人更好时,收入不平等上升了。在美国,大

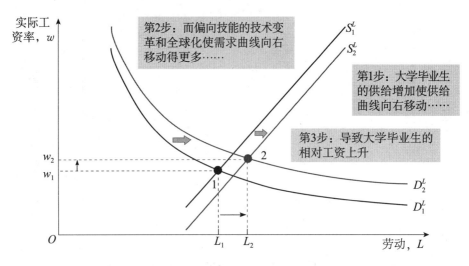

图 20 - 9　大学毕业生劳动市场

大学毕业生供给增加使劳动供给曲线从 S_1^L 向右移动到 S_2^L，而对大学毕业生的需求由于偏向技能的技术变革和全球化而上升，需求的增加超过供给的增加。劳动需求曲线从 D_1^L 到 D_2^L 的右移远远超过供给曲线从 S_1^L 到 S_2^L 的右移。均衡从点 1 移动到点 2，因此接受过大学教育的工人的工资相对于高中毕业生的工资上升。

学毕业生和拥有更高学位的工人的工资溢价一直在上升。高收入者通常是社会上接受教育最多的人，他们的相对工资上升的幅度如此之大以至收入不平等成为一个严重的政治问题。[①]

失业的动态学

到目前为止，我们用一个很有用的供给和需求模型框架研究了劳动市场。该模型假设在某一给定实际工资率下所有愿意供给劳动的工人都能找到工作。可是，该模型无法解释失业现象，即想工作的工人找不到工作。

为了理解为什么会有失业，我们必须首先更深入地研究劳动市场的动态学并观察工人进入和退出劳动市场的流动。

□ 雇佣状态的变动

工作年龄的人口可以按图 20 - 10 表示的三种雇佣状态分类：

1. 就业者，2013 年 7 月有 1.443 亿人归为此类；
2. 失业者，2013 年 7 月有 0.115 亿人归为此类；
3. 不属于劳动力者，2013 年 7 月有 0.900 亿人归为此类。

①　关于教育收益和收入不平等之间的联系的进一步讨论，参见 Claudia Goldin and Lawrence F. Katz，*The Race Between Education and Technology*（Cambridge，MA：Belknap Press，2011）。

工人从一种雇佣状态到另一种雇佣状态的转换时刻都在发生，正如图20-10中各种类型之间的箭头所表明的那样。每个箭头旁边的数字表明箭头出发处的类型在2013年7月有多少百分比的工人转换成箭头指向处的类型。例如，在2013年7月，20%的失业者，即230万工人，找到了新工作，转换成了就业者类型。相反，1%～1.5%的就业者，即200万工人，在这个月失去了工作但继续留在劳动力类型中，因此转换成了失业者类型。

　　工人也在进入和退出劳动力之间进行转换。在2013年7月，23%的失业者退出了劳动力类型。这些工人中有一些是**失去信心的工人**（discouraged workers），他们停止了找工作。这个月还有3%的就业者退出了劳动力类型，可能是因为不满意，也可能是因为要去从事其他活动，如去大学深造、育儿或退休。一些人重新进入了劳动力类型。在2013年7月，原来的不属于劳动力者有4%找到了工作，3%开始找工作，这3%变成了失业者类型。

　　图20-10表明，即使是在一个工作岗位数净变动很小的月份，新创造的工作和失去的工作岗位数目也会很大。例如，在2000—2012年，平均而言，新创造的工作岗位为2 960万个，失去的工作岗位为2 950万个，平均净增加10万个工作岗位。劳动市场的动态性是很强的：工作机会的创造和消失是理解失业原因的基础。

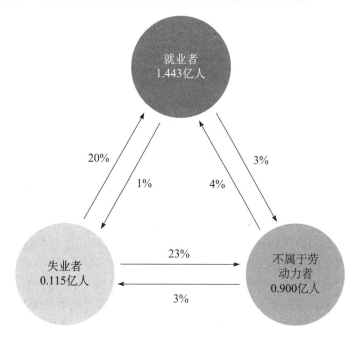

图20-10　雇佣状态的变动，2013年7月

　　有三种类型的雇佣状态：就业者，2013年7月有1.443亿人；失业者，2013年7月有0.115亿人；不属于劳动力者，2013年7月有0.900亿人。每个箭头旁边的数字表明箭头出发处的类型在2013年7月有多少百分比的工人转换成箭头指向处的类型。例如，在2013年7月，20%的失业者找到了新工作，转换成了就业者类型。相反，1%的就业者在这个月失去了工作但继续留在劳动力类型中，因此转换成了失业者类型。在这个月，23%的失业者退出了劳动力类型，3%的就业者退出了劳动力类型。有些不属于劳动力者重新进入了劳动力类型：4%找到了工作，3%开始找工作，这3%变成了失业者类型。

　　资料来源：Bureau of Labor Statistics，www. bls. gov/cps/cps _ flows _ current. pdf.

□ 失业的持续时间

劳动市场还有两个重要的关键特征。在一个典型的月份，大约 20% 的失业者找到工作。结果，对于大部分失业者来说，**失业时长**（unemployment spells），即工人失业状态维持的时间长度，不到 3 个月。另外，接近 40% 的失业者是**长期失业者**（chronically unemployed），也就是说，他们失业的持续时间超过 6 个月。

很大比例的失业来自长期失业者。给定大部分失业时长很短，大多数失业来自失业持续时间长的长期失业者这个事实看起来与直觉是矛盾的。考虑这么一种情况：有 10 个工人，8 个人失业了 2 个月，2 个人失业了 2 年。总计失业时间为 64（＝8×2＋2×24）个月。可是，尽管 80% 的工人失业持续时间很短，64 个月的失业时间中有 48 个月，也就是 3/4，来自长期失业者。

失业的原因

我们将运用劳动市场的动态学来理解为什么会有失业。有三种基本的失业来源：摩擦性失业、结构性失业和工资刚性。

□ 摩擦性失业

每年有如此多的新工作岗位被创造出来，又有如此多的原有工作岗位消失。毫不令人奇怪，工人和企业发现使工人与工作岗位相匹配并不容易。工人有不同的能力和地理上的偏好。玛丽可能是一个数学高手但是讨厌大城市，而乔治可能很有艺术天分但只想在加利福尼亚州生活。工作也有不同的属性，并不是所有潜在的工人都明白这些属性。一家企业可能很乐于对女性雇员提供支持，而另一家可能不然。而且，企业和工人的搜寻目标也不同。工人想要令人愉快的高薪工作，而企业则搜寻能够做好特定工作且索要的工资水平合理的好雇员。工作匹配需要时间，同时自愿或被迫离开工作岗位的工人将会经历一段失业的时间。

我们把与工作搜寻相关的失业称为**摩擦性失业**（frictional unemployment）。在一个动态的劳动市场，例如美国的劳动市场，工人持续地进入和离开，总是存在一些摩擦性失业。重要的是，某种程度的摩擦性失业实际上对经济是有利的。如果工人和企业不做彻底的搜寻，而是接受他们看到的第一份工作或面试的第一个求职者，那么就不大可能匹配得好。当搜寻不充分时，工人的表现不佳，经济也会受害。工作搜寻过程能够提高效率和提高经济的绩效。结论是：某种程度的摩擦性失业使经济运行得更好，从而是合意的。[1]

政策与实践

失业保险和失业

失业保险（unemployment insurance）是一个给失业的工人在失业后的一段时期内

---

[1] 可是，旨在减少搜寻摩擦的措施，如促进工作匹配的政府政策，不但能够提高经济的效率，而且能够减少摩擦性失业。

提供其工资一定百分比的补贴的政府项目。在美国，失业保险由每个州自行管理，通常失业者在 26 周内可以获得以前工资的 50% 的补贴，但是在衰退期间，获得补贴的时期常常会延长，就像最近的衰退期间所发生的那样。

失业保险的重要好处是为工人提供了安全网，减少了工人被解雇时所遭受的困苦。（在美国，工人只有被雇主解雇时才能获得失业保险津贴，如果自行辞职则不能获得。）尽管有给工人提供安全网这一好处，失业保险也有不利的一面：更高的失业率。

为了理解为什么失业保险增加了失业，我们运用对摩擦性失业的分析。由于搜寻工作的过程需要花费时间，所以会有摩擦性失业。失业保险在工人失业时给他们提供部分工资，这降低了工人失业的成本，鼓励他们花更多的时间以便找到工资更高的工作。此外，失业成本的降低会鼓励工人拒绝不够合意的工作。搜寻时间的增加和对工作更加挑剔都导致工人失业持续时间更长，失业时间的加长又会导致更多的失业和更高的失业率。

经验证据强有力地支持了失业保险增加了失业的观点。一旦工人在 26 周后不再有资格享受失业保险，他们接受工作的可能性翻倍了。在一个特别引人注目的实验中，随机选择的新的失业保险津贴申领者如果能在 11 周内找到工作，将获得 500 美元奖金。提供 500 美元奖金的小组工人平均失业持续时间比受控小组少 7%。[①] 由于这个发现来自所谓的受控实验，所以很可能是奖金而不是其他因素引起了失业持续时间的降低。这个实验提供了强有力的证据，证明失业保险提供的津贴对工人保持失业状态而非接受一个工作和离开失业状态的决定有重要的影响。

在最近的衰退中，围绕领取失业津贴的时期是否应该加长这一问题出现了激烈的争论，特别是因为失业持续时间已经急剧上升了，其中位数从大约 8 周上升到 20 周以上。对于延长失业津贴将会导致更高的失业率的忧虑使得布什政府决定停止延长失业者领取失业津贴的时间。可是，奥巴马政府执政后立即延长了失业者领取津贴的时间，原因是担心失业的增加引发太多的困苦。

☐ 结构性失业

长期失业者难于找到工作有两个基本的结构性原因。第一，他们可能缺乏做好任何事情的技巧。他们可能没接受过什么教育，或者缺乏正常地准时上班或上班时着装得体的生活技巧。这些低技能的工人将会发现难于找到好工作从而可能轻易地更换工作。或者不愿意接受工资低的工作。结果，他们失业持续的时间就会较长。

长期失业者难于找到工作的第二个原因是他们在某一行业工作时掌握了特定的技能或形成了特定的偏好。当该行业衰落和这些人失去工作时，他们可能缺乏在工作岗位众多的新兴行业工作的技能或偏好。例如，当通用汽车不得不关闭它的一些工厂时失去工作的汽车工人不大可能具有在快速发展的软件行业找到工作所需的技能。此外，在密歇根州为通用汽车工作的工人可能不愿意去加利福尼亚州的软件行业工作。

---

① 参见 Stephen A. Woodbury and Robert G. Spiegelman, "Bonuses to Workers and Employers to Reduce Unemployment：Randomized Trials in Illinois," *American Economic Review* 77 (September 1987)：513 - 530。

源于缺乏技能或者技能与工作机会不匹配的失业是劳动市场的一个结构性特征，从而被称为**结构性失业**（structural unemployment）。结构性失业出现在经济中出现**部门性变动**（sectoral shifts）时，即新行业成长和原有行业衰落时。当新兴行业要求工人具有原有行业中不常见的技能时，结构性失业引起的问题就更大了。

□ 工资刚性

结构性失业的一个来源是**工资刚性**（wage rigidity），即工资不能调整到使劳动市场上的供给等于需求从而消除失业的水平。

我们运用劳动市场供给和需求模型证明工资刚性如何能够导致失业。假定劳动的供给和需求曲线初始时相交于图 20-11 中的 A 点。在 A 点，劳动市场处于均衡——劳动需求量等于供给量从而没有失业，实际工资为 w_A。现在假定经济收缩和产出下降，因此劳动需求曲线从 D_1^L 向左移动到 D_2^L。如果工资具有大的弹性，那么劳动市场将移动到 B 点，实际工资将下降到 w_B，即劳动供给的数量等于劳动需求的数量从而没有失业时的**市场出清水平**（market clearing level）。可是，需要注意生产中使用的劳动量将从 L_A 下降到 L_B。

现在假定存在工资刚性，因此实际工资固定在 $\bar{w}=w_A$，不能下降到该水平之下。这是可能发生的，或者是由于工资调整缓慢且在当期正好不变动，或者是由于政府设定了工资下限，被称为**最低工资**（minimum wage），它不允许雇主向工人支付更低的工资。（我们将在接下来的政策与实践案例中讨论最低工资法的影响。）当实际工资保持在 $\bar{w}=w_A$ 时，该工资率下的劳动需求量 L_C 低于劳动供给量 L_A。现在，由于企业愿意雇用的劳动量只有 L_C，而工人愿意供给的劳动量为 L_A，所以愿意供给劳动的工人并不能全部被雇用。这时候存在失业，它等于劳动供给量 L_A 与企业愿意雇用的数量 L_C 之差。因此，工资刚性可能是失业的另一个来源。

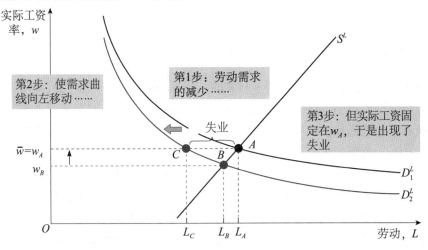

图 20-11　工资刚性和失业

假定劳动需求曲线从 D_1^L 向左移动到 D_2^L，但是存在工资刚性，因此实际工资固定在 $\bar{w}=w_A$，不能下降到该水平之下。该工资率下的劳动需求量 L_C 低于劳动供给量 L_A。现在，由于企业愿意雇用的劳动量只有 L_C，而工人愿意供给的劳动量为 L_A，所以愿意供给劳动的工人并不能全部被雇用。这时候存在数量为 L_A-L_C 的失业。

最低工资法

1938 年，美国联邦政府通过了最低工资法《公平劳动标准法案》，禁止雇主给工人支付低于法定最低工资的工资（最初设定在每小时 25 美分）。从那时起，联邦政府持续地通过最低工资立法，有些州也制定了自己的最低工资法，有时候州政府规定的最低工资高于联邦政府的规定。联邦政府规定的最低工资一般为制造业平均工资的 30%～50%，现在是每小时 7.25 美元（尽管奥巴马政府已经提议将它上升到每小时至少 9 美元）。由于大多数小时工资高于这一最低水平，因此最低工资法只对小部分美国工人有影响。

可是，对低工资工人来说，最低工资可能是紧的，阻止了工资向下调整，从而引起失业，正如图 20-11 的分析所证明的那样。最低工资对十几岁的青少年可能有很大的影响。由于许多青少年缺乏赚取高工资所需的技能，他们的工资很低。许多青少年发现接受一份低工资的工作、实习或学徒机会是值得的，因为这样能够学习和积累有助于未来赚取高得多的工资的技能和知识。事实上，许多实习岗位根本不支付任何工资。

作为一个群体，青少年的失业率是最高的，通常平均在 15% 以上。许多经济学家相信最低工资法是失业率如此高的一个来源。不过，并不是所有经济学家都同意。哈佛大学的劳伦斯·卡茨（Lawrence Katz）和普林斯顿大学的艾伦·克鲁格（Alan Krueger）研究了最低工资法对快餐行业青少年就业的影响。他们的结论是，最低工资法对青少年失业的影响微不足道。可是，他们的结论一直存在争议，关于最低工资是否导致更高的青少年失业率这个问题仍然存在激烈的争论。

政治上关于最低工资的争论常常是很激烈的。最低工资法的提倡者相信，最低工资法有助于给贫穷的工人带来更高的收入。因此，即使它们造成一些失业，由于有助于减少贫困和降低收入不平等，最低工资法仍是有价值的。最低工资法的反对者则认为，它们阻止了贫穷的工人得到能够增长技能和获得晋升的工作机会，从而损害了而非帮助了贫穷的工人。

效率工资。 工资刚性还有两个其他的来源。第一个是**效率工资**（efficiency wage）。效率工资高于供求相等时的市场出清水平，但这样的工资是有效的，因为它们诱使工人更加努力工作和提高生产效率。经典的例子是亨利·福特在 1914 年给汽车工人支付 5 美元的日工资（见参考资料"效率工资和亨利·福特"）。支付高工资可能引起劳动供给量超过劳动需求量，从而导致失业。可是，企业可能不想降低工资，因为担心工人一旦觉得低工资不公平就会旷工、降低工作努力程度甚至在工作中以次充好。因此，效率工资意味着工资可能存在向下的刚性，不能进行调整以消除失业。

▶ **参考资料**   效率工资和亨利·福特

1914 年亨利·福特把他的工人的工资提高到每天 5 美元，这震动了汽车行业。尽管按照今天的标准来看每天 5 美元并不多，但是在当时这是很大的手笔，是当时流行的工资的两倍。亨利·福特是一个利他主义者吗？尽管他知道他少花些钱也能雇用到工人，但是他认为支付 5 美元的日工资提高了福特汽车公司的利润。正如他自己所说的："这里面并不包含慈善……我们想支付这些工资，以便企业有一个持久的基础。我们在为未来而建设。低工资的企业总是不稳固的……为每天 8 小时支付 5 美元是我们所做出的最好的减少成本的行动之一"。[①] 换句话说，亨利·福特透彻地理解了支付效率工资的价值。

有证据表明福特的说法看起来是对的：缺勤减少了 75%，当时的报告发现劳动成本确实大幅下降了。据估计，福特工厂的生产率上升了 30%～50%。福特汽车公司变得非常成功，改变了美国企业界的景观。

工会和集体谈判。工资刚性的第二个来源是工会。工会能够执行某种程度的垄断力量，阻止工资向市场出清水平调整。工会设定工资的方式是通过**集体谈判**（collective bargaining），即同时为一大群工人的工资进行谈判而非让每个工人独自谈判这样一个谈判过程。工会能够把工资设定在市场出清水平之上，然后让企业决定雇用多少工人。企业雇用的劳动数量将低于工人愿意供给的数量，从而引起了部分失业。

自然失业率

我们对失业原因的分析表明失业就像死亡和税收一样总是伴随着我们。摩擦性失业、结构性失业以及本质上属于结构性的某些类型的工资刚性——如最低工资法、效率工资和工会——导致失业率高于零，哪怕是在工资有时间充分调整的长期也是如此。**自然失业率**（natural rate of unemployment）就是劳动市场上的工资充分调整时仍然存在的失业率水平。

正如我们在本书第 4 篇讨论的，产出和失业率在经济周期内围绕它们的自然水平而波动。我们把实际的失业率和自然失业率之差称为**周期性失业率**（cyclical unemployment rate，又称失业缺口，unemployment gap）。真实失业率是自然失业率和周期性失业率两者之和：

$$\text{真实失业率} = \text{自然失业率} + \text{周期性失业率} \tag{3}$$

在描述充分就业时的失业水平所用到的词语"自然"多少有些欠妥："自然"听起来好像这一失业水平是自然界的一个不会改变的法则，不会受到政府政策的影响。事实上，自然失业率随时间而变动，而且在不同国家也各不相同。在美国，它在 20 世纪 50 年代为 4%～5%，20 世纪 80 年代和 90 年代早期大约为 6%，到 21 世纪第一个十年中期下降到略低于 5%。

---

① Daniel G. Raff and Lawrence H. Summers, "Did Henry Ford Pay Efficiency Wages?" *Journal of Labor Economics*, Vol 5 (October 1987), pp. S57 - 86.

□ 自然失业率在 *AD - AS* 模型中的作用

自然失业率在我们在本书中大量使用的总需求-总供给（*AD - AS*）模型中起着中心作用，因此它是一个重要的概念。当自然失业率变动时，短期总供给曲线和长期总供给曲线都发生移动。例如，如果自然失业率上升，那么，对于给定的劳动力水平，可用于长期生产的劳动就更少了，因此，根据第 3 章提出的生产函数，潜在产出水平将下降。结果，长期总供给曲线将发生如图 20 - 12 所示的向左移动。潜在产出的下降将导致短期总供给曲线向上移动，这是因为，在同一产出水平，$Y - Y^P$ 将会更高，从而通货膨胀率将会更高。因此，正如我们在图 20 - 12 中看到的，经济将从点 1 移动到点 2，通货膨胀率上升，产出水平下降。因此，自然失业率的变动可以导致产出和通货膨胀率的波动。

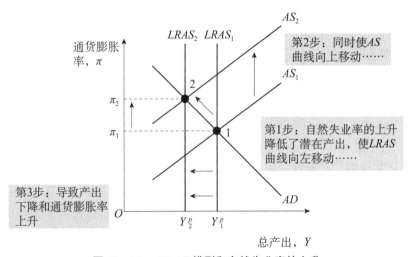

图 20 - 12 *AD-AS* 模型和自然失业率的上升

当自然失业率上升时，长期供给曲线从 $LRAS_1$ 向左移动到 $LRAS_2$，短期供给曲线从 AS_1 向上移动到 AS_2，经济从点 1 移动到点 2，总产出下降到 Y_2^P，通货膨胀率上升到 π_2。

□ 自然失业率的变动来源

自然失业率随着时间而变动有几个原因。

人口统计。 某些类型的工人更可能失业。例如，年轻人比年长者更换工作的频率要高得多。由于更换工作涉及搜寻从而导致更高的摩擦性失业，劳动力中年轻人所占百分比的增加会提高自然失业率。从 20 世纪 40 年代到 60 年代，美国的出生率急剧上升，导致了"婴儿潮"。20 年后这些年轻人开始成为劳动力，使 16～24 岁的工人在劳动力中所占的百分比从 1960 年的 16.5% 增加到 1980 年的 24%。许多经济学家认为这一百分比的增加解释了 1960—1980 年自然失业率增加的大部分。从 20 世纪 80 年代起，16～24 岁的年轻工人所占的百分比开始下降，到 2013 年下降到了 14% 以下。结果，自然失业率下降了略微超过 0.5 个百分点。[1]

---

[1] 关于人口统计和劳动力构成的其他变动对自然失业率的影响的这些估计值来自 Lawrence Katz and Alan Krueger，"The High-Pressure U. S. Labor Market of the 1990s," *Brookings Papers on Economic Activity* 1 (1999：1-87)。

劳动力的构成。劳动力的构成的三个其他的重要变动影响了自然失业率：囚犯的增加、领取残疾津贴的工人的增加、临时工使用的增加。

强有力的执法和更严厉的刑罚使美国的囚犯增加了，在美国，工作年龄人口中囚犯的百分比从 0.3% 上升到了现在的 1%。这些最终入狱的人通常本来就不大可能具有企业要求的技能，因此本来会遭受更高的结构性失业。所以，这些人入狱并离开劳动力类型应该会降低自然失业率。

从 1984 年以来，决定领取残疾津贴资格的联邦规则放宽了，这导致工作年龄人口中离开劳动力类型而去领取残疾津贴的人所占的比例从 1984 年的 2.2% 上升到今天的 4% 以上。由于申领残疾津贴的工人本来可能遭受更严峻的结构性失业，他们领取残疾津贴并离开劳动力类型也降低了自然失业率。

劳动市场的另一个变动是临时工使用的增加。雇佣机构雇用的临时工占总就业的比例从 1980 年的 0.5% 上升到了现在的 2% 以上。工人可以在做临时工的同时仍然寻找工作，而不是处于失业状态。临时就业机会的增加降低了自然失业率。

囚犯、领取残疾津贴的工人以及临时工的增加三者加起来对自然失业率有很大的影响，估计表明，从 20 世纪 80 年代以来这些因素使自然失业率降低了略微超过 1 个百分点。

生产率增长率的意外变动。正如我们在第 6 章讨论过的，生产率增长率在 1973 年后下降而后随着新经济的出现——计算机技术引起企业生产率激增——在 20 世纪 90 年代中期上升。生产率增长率的这种下降和上升引起了这段时期自然失业率类似的上升而后下降吗？标准的劳动市场供给和需求分析表明了这样一种联系。

更高的生产率增长率导致了更高的劳动需求，这提高了实际工资。理论上，这不应该导致自然失业率的下降。但实际上，有时候的确会导致自然失业率的下降。为了明白其中的原因，考虑当生产率增长率的变化并没有被工人马上意识到时会发生什么。例如，在 1973 年，生产率增长率开始下降了，但是工人过了很长时间才发现这一下降。结果，当企业（它们能够看出生产率增长率的下降）提供的工资增加额减小时，工人们觉得被欺骗了。于是，他们变得不满意并且寻求其他工作机会，这增加了自然失业率，就像 20 世纪 70 年代和 80 年代所发生的那样。相反，如果生产率增长加速了（就像 20 世纪 90 年代中期所发生的那样）但工人们并没有意识到，那么工人就不会预期工资大幅增加。可是，生产率增长加速的事实意味着企业愿意支付高于工人预期的实际工资，从而自然失业率会下降，就像 20 世纪 90 年代末期发生的那样。

工人对生产率增长率的错觉解释了 20 世纪 70 年代和 80 年代自然失业率的上升和 20 世纪 90 年代中期之后自然失业率的下降。现在则存在这样的忧虑：（第 15 章讨论过的）最近的金融危机对金融体系的打击和危机后管制的增加可能引起自然失业率再度上升到趋近 6%。

尽管我们对美国的高自然失业率感到忧虑，但是欧洲的自然失业率看起来比美国要高得多，我们将在下面的应用案例中对此加以讨论。

宏观经济学：政策与实践（第二版）

为什么欧洲的失业率一般比美国高得多

图 20-13 表示了最大的几个欧洲国家和美国在 1960—2013 年期间的失业率。注意，欧洲的平均失业率在 20 世纪 80 年代以前一般低于美国，但是欧洲许多国家的失业率现在一般比美国高得多。为什么这些欧洲国家的失业率上升了？为什么它们通常比美国要高这么多呢？

首先，由于经济周期上下起伏，我们可以说周期性失业率在长期平均接近于零。由于从 20 世纪 80 年代以来欧洲的失业率平均高于美国，这必然反映出自然失业率的相应上升。为什么欧洲国家的自然失业率现在高于美国？我们对失业起因的分析提出了三个理由。

1. 慷慨的欧洲失业保险津贴。欧洲国家付给失业工人的津贴相当于工资的百分比比美国要高得多，工人领取津贴的时间也要长得多，常常以年计算。欧洲的这些慷慨的津贴降低了工作搜寻的成本，增加了失业持续时间，反过来又提高了自然失业率。

2. 强大的欧洲工会。欧洲的工会比美国强大得多，就像表 20-1 所示的那样：在美国，工会在集体谈判中代表着不到 15% 的工人，而在法国、德国、意大利和西班牙这一比例高于 60%。事实上，在美国，工会所代表工人的百分比随着时间在下降。如图 20-11 所示，工会设定的高于市场出清水平的工资率使劳动需求量低于供给量，导致更高的失业水平。

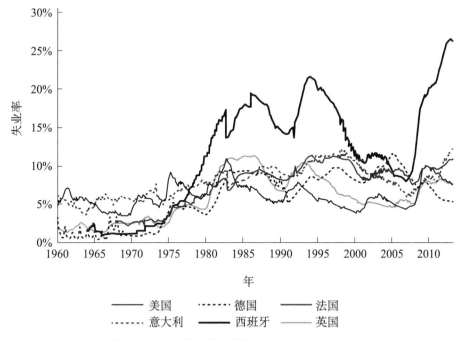

图 20-13 欧洲和美国的失业率，1960—2013 年

欧洲的平均失业率在 20 世纪 80 年代以前一般低于美国，但是后来一般要高一些。

资料来源：Eurostat, http://epp.eurostat.ec.europa.eu/portal/page/portal/eurostat/home/.

3. 严格的工作规则。欧洲政府给企业强加的工作规则能够增加失业。例如，欧洲企业解雇工人要比美国企业困难得多。结果，欧洲企业创造新工作岗位的意愿要弱得多，哪怕在成长行业也是如此。因此，在欧洲，在衰落行业丢掉工作的工人在成长行业找不到充足的新工作机会，从而结构性失业更高。

表 20-1　　　　　　　　　　　不同国家工会代表的工人百分比

国家	百分比（%）
法国	92
德国	61
意大利	85
西班牙	73
英国	31
美国	13

资料来源：ICTWSS：Database on Institutional Characteristics of Trade Unions, Wage Setting, State Intervention and Social Pact，http：//www.uva-aias.net/207. 英国和美国的数据为 2011 年的数据，德国、意大利和西班牙的数据为 2010 年的数据，法国的数据为 2008 年的数据。

这三个原因解释了为什么自 20 世纪 80 年代以来欧洲的平均失业率高于美国，但是它们没有解释为什么 20 世纪 60 年代欧洲的失业率低于美国（这三个条件当时就已经存在）以及为什么欧洲的失业率从 20 世纪 80 年代起上升了这么多。一些经济学家推测，欧洲的自然失业率的大幅上升是源于 20 世纪 80 年代经济所遭受的冲击和上面讨论的欧洲劳动市场特征的联合作用。

从 20 世纪 80 年代开始，由于出现了与廉价且高速的计算机的发展相联系的新技术，相对于对熟练工人的需求而言，对不熟练工人的需求减少了。在美国，这种需求变动没有导致更高的失业率，而是导致了不熟练工人相对于熟练工人的工资下降，正如我们前面已经看到的那样（前面讨论的教育收益增加的另一面）。但是，在欧洲，更高的失业保险津贴、更强大的工会势力和限制性工作规则等导致的劳动市场刚性意味着不熟练工人的工资不能像在美国那样向下调整，因此自然失业率大幅增加了。

本章小结

1. 在过去 50 年里就业人口比有上升的趋势，这是因为妇女提高了劳动力参与率。就业比和失业率都是周期性的：就业比在经济扩张期间上升，在衰退期间下降，而失业率则正好相反。尽管工人的平均实际工资上升了，但是受教育较多的工人的实际工资增长得比受教育较少的工人要高得多，这导致大学工资溢价增加和收入不平等增加。

2. 劳动需求曲线向下倾斜，而供给曲线向上倾斜。当劳动需求量等于劳动供给量时，劳动市场达到均衡。

3. 由于对生产的正向供给或需求冲击，产出上升，这引起劳动需求增加和需求曲线右移。需求曲线的右移又导致更高的实际工资和更高的就业。任何增加劳动供给和使劳动供给曲线右移的因素都将引起实际工资下降和就业率上升。

4. 劳动市场是非常具有动态性的，进入和退出失业状态的流动很多。大多数工人的失业持续时间很短，但长期失业者，即那些失业时间超过六个月的失业者，占到了失业的很大比例。

5. 失业是由于摩擦性失业、结构性失业和工资刚性。由于工人通过搜寻过程找到与自己匹配的合适的工作需要时间，就有了摩擦性失

业。结构性失业的发生则是因为长期失业者可能缺乏在富有工作机会的成长行业找到工作所需的技能。工资刚性导致失业是因为它们阻止了工资向市场出清水平调整，从而劳动需求量仍然低于工人愿意供给的数量。工资刚性的存在则是因为工资调整缓慢，或者因为最低工资法、效率工资或工会阻止了工资向下调整。

6. 自然失业率是当劳动市场有时间充分调整时仍然存在的失业率水平。真实失业率是自然失业率和周期性失业率之和。

关键术语

就业人口比	就业比	闲暇
劳动力参与率	大学工资溢价	偏向技能的技术变革
全球化	失去信心的工人	失业时长
长期失业者	摩擦性失业	失业保险
结构性失业	部门性变动	工资刚性
市场出清水平	最低工资	效率工资
集体谈判	自然失业率	周期性失业率

复习题

美国劳动市场的发展

1. 什么是就业比？过去 50 年里就业比有什么引人注目的趋势？

劳动市场的供给和需求

2. 假定澳大利亚的实际工资率最近上升了。它将如何影响劳动需求量？

3. 第 2 题提到的实际工资率上升将如何影响劳动供给量？

就业和工资对劳动需求和劳动供给变动的反应

4. 假定 2013 年日本的扩张性财政政策和货币政策措施（安倍经济学）实现了其目标。它们将如何影响就业和实际工资？

失业的动态学

5. 雇佣状态的三种类型是什么？失去信心的工人的存在导致了哪些类型之间的流动？

失业的原因

6. 什么是摩擦性失业？为什么摩擦性失业对工人、企业和经济可能是有好处的？

7. 为什么会有结构性失业？

8. 为什么实际工资刚性会增加失业？工资刚性的原因是什么？

自然失业率

9. 什么是自然失业率？是什么引起了自然失业率随时间变动？

10. 什么是周期性失业？

习题

劳动市场的供给和需求

1. 假设劳动边际产量为 $MPL = 0.65 \times 13$ 万亿美元/L，其中 L 为工人数量（单位为百万）。

   (a) 画出 MPL 曲线。

   (b) 如果实际工资为工人人均 50 000 美元，求出工人需求量。

2. 晓宇在中国赚的工资为最低小时工资，一周工作 40 小时。当她的老板给她涨薪 20% 时，晓宇接受了，决定每周继续工作 40 小时。晓宇的决策对劳动供给曲线的影响是什么？

就业和工资对劳动需求和劳动供给变动的反应

3. 利用图形分析过去几十年里提高了工人生产率的技术进步（如互联网）对劳动市场的影响。如果供给曲线不移动，它对实际工资和就业有什么影响？

4. 利用图形分析衰退和日托成本的增加对实际工资和就业的影响。

失业的动态学

5. 对于以下每种情况，解释劳动力和失业率如何变动。

   (a) 某人辞去了工作且不再找工作。

   (b) 某个不属于劳动力类型的人现在决定找工作。

6. 希腊是在最近的金融危机中受打击最大的国家之一。你认为自 2007 年以来希腊失去信心的工人的人数增加了还是减少了？

失业的原因

7. 讨论互联网对摩擦性失业的影响。你认为帮助雇员更有效地搜寻工作机会的网站会如何影响摩擦性失业？

8. 假定一国正在快速从一个以农业为基础的经济向大部分 GDP 来自制造业的经济转变。

   (a) 你认为这会如何影响结构性失业？

   (b) 在这种情况下，你能想出政府为影响结构性失业可能采取的任何措施吗？

9. 下图代表了某国的劳动市场。假设流行的实际工资是 w_1。

   (a) 用图形衡量失业。

   (b) 列举可能阻止该市场出清的三个原因。

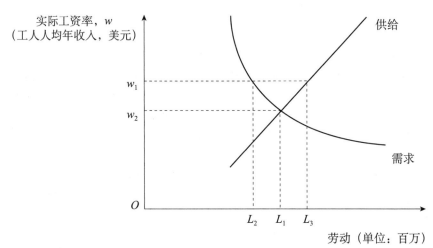

自然失业率

10. 欧洲的失业率通常高于美国，因此，可以假设自然失业率也有相应的差别。阐述可能导致这些差别的三个原因。

数据分析题

1. 访问圣路易斯联邦储备银行 FRED 数据库，找到平民就业人数（CE16OV）和非农企业部门实际工资的一个指标（COMPRNFB）的数据。对于就业人数数据序列，把频率调成季度。把数据下载到 Excel 表格中。

   (a) 计算实际工资和就业人数从上一个季度到最新时期的百分比变化。基于你的结果，劳动供给和劳动需求发生了什么样的变化（如果有的话）？

   (b) 计算实际工资和就业人数在最新时期与一年前同一时间的百分比变化。基于你的结果，劳动供给和劳动需求发生了什么样的变化（如果有的话）？

2. 访问圣路易斯联邦储备银行 FRED 数据库，找到平民就业者人数（CE16OV）、失业者人数（UNEMPLOY）和不属于劳动力者人数（LNS15000000）的数据。

   (a) 利用最新数据，计算劳动力、工作年龄人口和劳动力参与率。

   (b) 利用问题（a）的答案计算就业人口比。

3. 访问圣路易斯联邦储备银行 FRED 数据库，找到以下所列群体的劳动力参与率和失业率的数据。对于每对群体，利用最新数据、一年前数据和五年前数据，计算劳动力参与率之差和失业率之差。对这两个群体的劳动力参与率和失业率差别在不同时间的水平与变化进行评论。

   (a) 男性（LNS11300001）和女性（LNS11300002）的劳动力参与率；男性（LNS14000001）和女性（LNS14000002）的失业率。

   (b) 黑人或非洲裔美国人（LNS11300006）和白人（LNS11300003）的劳动力参与率；黑人或非洲裔美国人（LNS14000006）和白人（LNS14000003）的失业率。

   (c) 大学毕业生（LNS11327662）和高中毕业生（LNS11327660）的劳动力参与率；大学毕业生（LNS14027662）和高中毕业生（LNS14027660）的失业率。

4. 访问圣路易斯联邦储备银行 FRED 数据库，找到平民失业率（UNRATE）和自然失业率的一个指标（NROU）的数据。

   (a) 计算可获得数据的最近一个月、一年前、两年前的周期性失业率。

   (b) 给定周期性失业率在这些时期间的变化，你对经济增长可以得出什么结论？

第 8 篇

当代经济周期分析和宏观经济政策

我们通过讨论经济周期理论的最新发展来结束本书，这些最新的发展起源于对宏观经济分析的微观基础的更多关注。第21章描述了使用最广泛的预期形成理论——理性预期理论——并用它讨论预期是如何影响宏观经济政策的。第22章描述了两种相互竞争的经济周期理论：真实经济周期模型，它是一个假设价格和工资具有弹性的经典模型；新凯恩斯主义模型，它之所以是凯恩斯主义的，是因为它假设价格和工资具有黏性。这两种理论都是在理性预期理论之后建立起来的。结束语则概述了这些经济周期理论的新方法和关于驱动经济发展的最新研究如何影响了宏观经济学家在宏观经济政策应该如何实施这一问题上的共识和分歧。

　　为了在理论和实践之间建立重要的联系，我们将考察如下应用案例：

- 消费函数
- 三次石油价格冲击的故事

　　在保持对关键政策议题和政策制定者在实践中使用的技术的关注的同时，我们还将在政策与实践案例中分析如下具体例子：

- 政治性经济周期和理查德·尼克松
- 瑞士货币目标制的失败
- 伯南克和联储对通货膨胀目标制的采用
- 对通货膨胀鹰派人物保罗·沃尔克的任命

第 21 章   预期在宏观经济政策中的作用

预览

在 20 世纪 70 年代期间，当一次供给冲击使石油价格达到很高的水平时，通货膨胀率就跳升至两位数的百分数。然而 30 年后，在 2008 年，一次相似的供给冲击使石油价格上升到高达每桶 140 美元，但通货膨胀率的增长要温和得多。是什么导致这两次事件如此不同呢？

一个关键差别是公众对货币政策有效性的预期。在 20 世纪 70 年代，联储缺乏作为通货膨胀斗士的信誉。而到了 21 世纪初，中央银行已经赢得了这种信誉，这使公众对通货膨胀率的预期有了好得多的依据。

在本章，我们将看看公众对经济的预期是如何形成的，以及这些预期是如何影响经济的。在过去的 30 年里，公众预期的作用已经成为思考经济如何运行的前沿和重点。我们首先考虑理性预期理论，这是一种在描述企业与消费者预期形成方面使用最广泛的理论。在介绍了它的微观经济学理论基础之后，我们将探究这一理论突破如何影响了现在的政策决定模型和关于政策决定的争论。

理性预期和政策制定

在我们介绍理性预期理论之前，我们先描述一个更早的理论——适应性预期理论。它的缺点引出了一个更为稳定的且有着更坚固的微观经济原理基础的理论。

☐ 适应性预期

20 世纪 50 年代和 60 年代，经济学家接受了一个相当简单的观点，认为公众仅依据过去的经验来形成预期。如果通货膨胀率许多年来一直为 5%，那么经济学家推测，公众将预期价格继续上升 5%。当情况变化时，该理论认为公众将用过去事件的平均值来改变预期。例如，如果通货膨胀率上升到 10% 的稳定水平，对未来通货膨胀率的预期就会慢慢上升到 10%。在第一年，预期通货膨胀率只会上升到 6%，第二年到 7%，如此等等。这种关于预期形成的观点被称为适应性预期（在第 11 章介绍过），它表明当历史数据累积时，预期的变动只会随时间缓慢地发生。[①]

适应性预期理论尽管很直观，但没有牢固的微观经济基础。它假设预期只是通过机械地将历史数据平均来形成，认为人们将不会理会任何有关未来的信息。这是不现实的。例如，几乎可以肯定，公众对通货膨胀率的预期将会受到对未来货币政策的预测和现行的以及过去的货币政策的影响。另外，人们往往根据新信息很快地改变他们的预期，因此他们在形成预期时不只是依靠历史数据。

□ 理性预期

针对这些对适应性预期的批评，当时在卡内基·梅隆大学任教的约翰·穆特（John Muth）提出了另一种基于最优化行为的预期理论[②]，被称为**理性预期**（rational expectation），它可以表述为：预期与利用所有可获得的信息做出的最优预测（对未来的最佳猜测）相同。

为了说明这意味着什么，现在考虑学生萨米开车上下学的交通时间。在天气好时，学校与家之间这段路萨米平均花 20 分钟。取决于路况的不同，这段路可能得花 15 分钟，也可能要 25 分钟。然而，在下暴雨时，萨米对交通时间的最佳猜测——他的**最优预测**（optimal forecast）——是 25 分钟。根据理性预期理论，给定萨米所了解的所有关于天气的信息（和所有其他相关信息），如果他对未来交通时间的最佳猜测是 25 分钟，那么他就应该预期这段路会花 25 分钟。

如果萨米的预期是适应性的，且已连续三天为晴天，对过去的观察可能会使他预期今天又是一个晴天，他会预期上学路上需要花 20 分钟。然而，如果他听了天气预报，天气预报说今天会下雨，那么他对交通时间的最优预测应该是 25 分钟，而不是 20 分钟。他对交通时间的理性预期应该是 25 分钟，而适应性预期则会使他形成对交通时间的一个糟糕预测：20 分钟。

当然，即使萨米有理性预期，他对交通时间的预期必然也是不完美的。在一个雨天，这段路可能会因为一次偶然的交通事故花上 30 分钟，在另一个雨天可能只需 20 分

---

① 更正式地，适应性预期——比如对通货膨胀率的适应性预期——被写成历史通货膨胀率的加权平均：

$$\pi_t^e = (1-\lambda)\sum_{j=1}^{\infty}\lambda^j\pi_{t-j}$$

其中：

π_t^e = t 时期的适应性通货膨胀预期

π_{t-j} = $t-j$ 时期的通货膨胀率

λ = 0~1 之间的常数

② John Muth, "Rational Expectations and the Theory of Price Movements," *Econometrica* 29 (1961)：315 - 335.

钟。但是，25 分钟的预期就是不理性的吗？答案是否定的。在两种情形中，预测都偏离了 5 分钟。可是，预测是理性的并不需要它是完全准确的——它只需在给定所有可得信息的条件下是最佳的。也就是说，它必须在平均上是正确的，25 分钟的预期就满足这一要求。因为必然会有一些偶然因素，所以一个最优的预测不可能是完全准确的。

这个例子告诉了我们关于理性预期的如下要点：即使理性预期等于利用所有可以获得的信息做出的最优预测，基于此的预测也不会是完全准确的。

☐ 理性预期理论背后的微观经济原理

简单一点说，人们将他们的预期定在对未来的最佳猜测上，因为如果他们不这样做的话，成本是很高的。学生萨米有很强的动机去尽可能准确地预期驾车上学所花的时间。如果他低估了交通时间，他可能会上课迟到并受到责罚，这可能降低他的成绩。如果他的预期高估了，一般来说，平均而言，他将会浪费掉上课之前的时间，不必要地放弃闲暇时间。准确的预期是合意的，人们有很强的激励让预期等于利用所有可以获得的信息做出的最优预测。

我们可以将同样的原理应用于企业。假定一家汽车制造商，如福特，知道利率的变化会影响汽车的销售。如果福特对利率的预测非常差劲，它生产的汽车将要么过多，要么过少，从而利润下降。因此，在预测利率时，福特有很强的激励去获取和应用所有可以获得的信息。

尽管对家庭和企业来说拥有理性预期是合意的，但是关于家庭和企业在它们的预期中是不是完全理性的依然存在一些争议。毕竟，搜集和处理信息以得到最优预测是要花费时间和精力的，而家庭和企业可能并没有时间和精力这么做。因此，尽管宏观经济分析假设理性预期，但是有关描述预期如何形成的其他方式的研究依然很活跃。[①]

☐ 理性预期理论和宏观经济分析

理性预期理论对宏观经济分析有几个非常重要的启示。

1. 理性预期利用了所有可以获得的信息，包括任何关于政府政策的信息，如货币政策或财政政策的改变。如果家庭和企业知道政府政策未来很可能会改变，它们的预期将会考虑到这些信息。例如，如果消费者认为个税削减即将发生，甚至在减税实施之前的今天，他们就可能开始支出更多。

2. 只有新的信息才会引起预期改变。如果某条信息是早已被预料到的，那么当它被宣布时，它对理性预期将不会有任何影响。这条已被预料到的信息早已被纳入这些预期。只有那些未曾预料到的信息的宣布才会引起预期的改变。如果个税削减早已被预料到了，那么它实施的这一消息就不会对预期有任何影响。然而，如果新信息表明减税的幅度可能更大，那么对可支配收入的预期就会上升。

3. 如果一个变量变动的方式发生了变化，那么这个变量的预期形成方式也会随之改变。为了阐述这一观点，假定联储的政策利率，即联邦基金利率，设在一个异常低的水

① 关于支持和反对金融市场中的理性预期的证据的讨论，参见弗雷德里克·S. 米什金所著的《货币金融学（第 10 版）》一书的配套网站（http://wps.aw.com/aw_mishkin_econmbfm_9/）上的第 7 章附录。

平。我们将预期该利率在未来如何移动？如果联储所声明的政策是总会将它的政策利率恢复至"正常"水平，那么最优预测将认为这个利率最终会上升。于是，对利率的理性预期是认为它在未来会上升。但是如果联储改变它所声明的政策，从而当政策利率很低时就让它保持在低水平，又会如何呢？在这种情况下，对未来政策利率的最优预测，同时也是理性预期，是利率将保持在低位。因此，利率变量移动的路径发生的改变引起了未来政策利率预期形成方式的改变。我们可以将这里的理性预期分析推广到任何变量的预期。

□ 理性预期革命

在 20 世纪 70 年代期间，理性预期在宏观经济模型中的广泛采用改变了宏观经济学家思考问题的方式。现在这被称为**理性预期革命**（rational expectations revolution），它是由芝加哥大学的罗伯特·卢卡斯（Robert Lucas）、曾经在明尼苏达大学而现在在纽约大学的托马斯·萨金特（Thomas Sargent）、哈佛大学的罗伯特·巴罗（Robert Barro）以及卡内基·梅隆大学的贝内特·麦卡勒姆（Bennet McCallum）领导的。在本章剩下的部分，我们将考察理性预期革命是如何影响宏观经济思考的。

■ 政策评估的卢卡斯批判

在很长一段时间，经济学家用**宏观经济计量模型**（macroeconometric models）去预测经济活动和评估政策选项的潜在影响。本质上，这些模型是一些描述许多经济变量之间统计关系的方程的集合。经济学家可以将数据应用于这些模型，然后就得到一个预测或预期。

在罗伯特·卢卡斯的非常著名的论文《政策的计量经济评估：一个批判》（Econometric Policy Evaluation：A Critique）中，他针对当时评估政策所使用的宏观经济计量模型提出了具有毁灭性的批判，由此引发了理性预期革命。[1]

□ 政策的计量经济评估

为了理解卢卡斯的论点，首先我们必须理解计量经济政策评估是如何做的。例如，假定联储想要评估联邦基金利率偏离（比如说）5％的现行利率水平的潜在影响。应用传统的方法，联储的经济学家将不同联邦基金利率的选项——例如 4％和 6％——输入电脑版本的模型中。然后模型就会预测出在不同的情形下失业率和通货膨胀率将如何改变。之后，政策制定者就选择能够得到最合意结果的政策。

基于理性预期理论，卢卡斯指出，如果这个模型没有考虑理性预期（那时政策制定者所使用的宏观经济计量模型确实没有考虑理性预期），那么这种方法就存在推理错误。

---

[1] *Carnegie-Rochester Conference Series on Public Policy* 1 （1976）：19 - 46.

卢卡斯提出，当政策改变时，公众预期也会随之改变。例如，如果联储将联邦基金利率上调至 6％，这一行动可能会改变公众形成关于未来利率会是多少的预期的方式。正如我们已经看到的那样，这些变化的预期可能会对经济行为和结果有实际的影响。然而那些没有考虑理性预期的计量模型忽略了预期改变会产生的任何影响，因此对于评估政策选项来说，这些工具是不可靠的。

应用☞

消费函数

现在让我们将卢卡斯的观点应用于一个涉及一个具有非常大的影响力的宏观经济计量模型的具体实例：消费函数。作为对第18章的一个回顾，永久收入假说表明消费与永久收入相关，其中永久收入是未来的预期可支配收入的加权平均。

假定可支配收入之前从来没有偏离其趋势增长率很远。也就是说，如果某一特定年份收入增长率比正常时快得多或慢得多，那么在随后几年它的增长率总是倾向于回到正常增长率。在这样的假设下，理性预期理论表明任何对趋势的偏离都只是暂性时的，一次向上的冲击对永久收入以及消费都只有很小的影响。仅看过去的数据，使用消费函数的经济学家将预测，对可支配收入的向上冲击对消费只有微弱的影响。

现在假定政策制定者要评估永久性的个人收入税削减的影响。基于过去数据估计出来的消费函数将表明这次减税导致的可支配收入上升对消费只有很小的影响。但是，如果政策制定者清楚地表明这次减税是永久性的，那么理性预期理论表明，家庭就不会再预期由此导致的可支配收入的上升是暂时性的。相反，当个人收入税削减开始实施时，它们将预期可支配收入会永久性上升，从而它们将会较多地增加消费支出，而不是像估计的消费函数所预测的那样只会增加很少的消费。因此，使用仅仅以变量间过去的统计关系为依据的宏观经济计量模型评估税收政策变化可能产生的结果有可能具有高度的误导性。

本消费函数的应用案例说明了一项特定政策的影响是如何高度依赖于公众对这项政策的预期的。如果公众预期减税仅仅是短暂的，支出的反应就会很小。然而，如果公众预期减税是永久的，支出的反应就会大得多。卢卡斯批判指出，不仅用传统的计量模型对政策做出的评估可能是有误导性的，而且公众对政策的预期将会影响公众对该政策的反应和该政策的最终结果。

政策实施：规则或相机抉择

卢卡斯批判显示有必要建立反映理性预期理论的见解的新政策模型。在这里，我们将探究卢卡斯批判对经济学家之间长期以来争论不休的一个问题的启示。这个问题是：

货币政策制定者应该具有灵活性以根据不同的局面采取相应的不同政策，还是他们应该按照规则行事？这里所说的**规则**（rules）是指具体说明政策如何对诸如失业率和通货膨胀率等特定数据做出反应（或不做出反应）的有约束力的计划。

□ 相机抉择和时间不一致性问题

当政策制定者对未来的行动不做承诺，而是制定他们当时认为对形势而言最佳的政策时，政策制定者所采取的方式就是**相机抉择**（discretion）。允许政策制定者根据实际情况改变政策引入了复杂性。时间不一致性问题首先是在诺贝尔经济学奖获得者芬恩·基德兰德（Finn Kydland，加州大学圣巴巴拉分校）和爱德华·普雷斯科特（Edward Prescott，亚利桑那州立大学）以及吉勒莫·卡尔沃（Guillermo Calvo，哥伦比亚大学）的研究中被提出的。[①] **时间不一致性问题**（time-inconsistency problem）是指在做短期决策时偏离良好的长期计划的倾向，这也是我们日常生活中经常碰到的问题。我们往往有一个计划，我们知道这样的计划在长期会产生一个好结果，但是当明天来临时，我们就会情不自禁地违背计划，因为这样做是有短期收益的。例如，我们制定了一个新年的节食方案，但是很快我们就会无法抗拒地多咬一口士力架巧克力棒，然后另一口，再一口，很快体重开始反弹。换句话说，我们会发现自己不能始终如一地遵守一个好的计划；这个好的计划就被称为是时间不一致的，很快就会被放弃。

政策制定者总是特别想采取一种比企业或人们的预期更具扩张性的政策，因为这样一种政策在短期内可以提高经济产出和降低失业率。然而，最好的政策并不是采取扩张性的政策，原因是关于工资和价格的决定反映了工人和企业对政策的预期（理性预期革命的一个启示）。例如，当工人和企业看到中央银行采取相机抉择的扩张性政策时，他们将会意识到这可能会导致未来更高的通货膨胀率。因而，他们将提高对通货膨胀率的预期，推动工资和价格上升。工资和价格的上升会导致更高的通货膨胀率，但平均而言可能不会导致更高的产出和更低的失业率。

如果中央银行的政策不是试图用未被预期到的扩张性政策来让人们感到惊奇，而是控制住通货膨胀，那么这个政策长期内会有更好的通货膨胀表现。然而，即使政策制定者意识到相机抉择政策会导致差的结果（高通货膨胀，而只有很少的产出增加），但是他们可能还是无法采取更好的通货膨胀控制政策，原因是政治家们可能会对政策制定者施压，迫使他们用过度扩张性货币政策去提升短期内的产出。

我们如何处理时间不一致性问题呢？育儿书籍提供了好答案。父母明白总是满足孩子的需求会宠坏孩子。然而，当小孩哭闹时，特别是在公共场合，许多父母就会给小孩任何他想要的东西以便让这个小孩保持安静。因为父母并没有严格执行"永不妥协"计划，孩子就会预期不好的行为会得到奖励，于是就会一次又一次地哭闹。育儿书籍对这种时间不一致性问题（尽管他们没有这样称呼这个问题）提出了一个解决方法：为孩子

———————————

① Finn Kydland and Edward Prescott, "Rules Rather Than Discretion: The Inconsistency of Optimal Plans," *Journal of Political Economy* 85 (1977): 473–491; and Guillermo Calvo, "On the Time Consistency of Optimal Policy in the Monetary Economy," *Econometrica* 46 (November 1978): 1411–1428. 时间不一致性问题在货币政策中的经典应用，参见 Robert J. Barro and David Gordon, "A Positive Theory of Monetary Policy in a Natural Rate Model," *Journal of Political Economy* 91 (August 1983): 589–610.

制定行为规则，然后严格遵守。

□ 规则类型

与相机抉择相反，规则本质上是自动的。米尔顿·弗里德曼（Milton Friedman）等货币主义者所提倡的一种著名的规则类型是**固定货币增长率规则**（constant-money-growth-rate rule）：无论经济情况如何，货币供给均以固定速率增长。贝内特·麦卡勒姆和艾伦·梅尔泽（Alan Meltzer）等另一些货币主义者则提出了这个规则的一些变形，允许货币供给的增长率随货币流动速度的改变而有所调整（货币流通速度往往被发现在短期内是不稳定的）。因为这种类型的规则并不对经济活动做出反应，所以它们是非积极主义的。货币主义者倡导这种规则的原因是，他们相信货币是总需求波动的唯一来源，并且他们相信如果政策对失业做出积极的反应，那么货币政策效果的长而多变的时滞将会使经济活动和通货膨胀率的波动增加（如第 13 章中讨论的那样）。

相反，积极主义规则具体规定货币政策应该对产出水平和通货膨胀做出反应。这种类型的最著名的规则就是我们在第 13 章讨论过的泰勒规则。它规定，联储应该通过一个考虑到产出缺口（$Y-Y^P$）和通货膨胀缺口（$\pi-\pi^T$）的公式来设定联邦基金目标利率。

□ 支持规则的理由

正如我们对时间不一致性问题的讨论所表明的，相机抉择的货币政策会导致差的经济结果。如果货币政策制定者相机抉择，他们就会受到诱惑去采取能够提高短期内的就业但在长期引起更高的通货膨胀率（且就业也不会增加）的过度扩张性的货币政策。对泰勒规则或固定货币增长率规则这样的政策规则的承诺解决了时间不一致性问题，因为政策制定者不得不遵守已经设定的计划，而这样的计划不允许他们相机抉择及试图利用通货膨胀和失业之间的短期权衡。通过用政策规则来约束他们的手，政策制定者可以实现合意的长期结果。

支持规则的另一个论据是政策制定者和政治家是不能被信任的。米尔顿·弗里德曼和安娜·施瓦茨（Anna Schwartz）里程碑式的著作《美国货币史》（*A Monetary History of the United States*）[1] 记载了联储犯了严重政策错误的许多例子，最严重的发生在大萧条时期，当时的联储只是站在一边，听任银行体系和经济崩盘（第 5 章和第 15 章讨论了联储在大萧条时期的行动）。政治家们同样也不值得信任，因为他们有很强的激励去采取能帮助他们在下一次选举中胜出的政策。因此他们更可能关注增加短期的就业，而不担心他们的措施可能引起未来更高的通货膨胀。于是，他们对扩张性政策的倡导可能导致所谓的**政治性经济周期**（political business cycle），即在选举前实施扩张性财政政策和货币政策，导致随后出现更高的通货膨胀。下面的政策与实践案例就讨论了政治性经济周期。

---

[1] Milton Friedman and Anna Jacobson Schwartz, *A Monetary History of the United States*, *1867 - 1960* (Princeton, NJ：Princeton University Press, 1963).

政治性经济周期和理查德·尼克松

你也许知道理查德·尼克松和他的助手曾采取了一些极端的措施来确保在 1972 年的总统大选中获得压倒性的胜利，比如侵入竞争对手在水门酒店（Watergate Hotel）的办公室。选举前期他们在经济阵线上也有过类似的行动，只不过没有那么有名。尼克松政府在经济中施加了工资和价格控制，使通货膨胀率在选举前暂时性下降。在选举之后，相同的政策对引起通货膨胀率大幅上升起到了推波助澜的作用。尼克松还通过减税实施扩张性财政政策。有传言称当时的联储主席阿瑟·伯恩斯迫于直接来自尼克松的压力而将低利率维持到了选举日。后果是非常不好的。经济出现了过热，到 20 世纪 70 年代后期通货膨胀率上升到超过 10% 的水平。当然，在此期间的负向供给冲击也是一个重要原因（见第 12 章）。

尼克松的例子导致经济学家和政治学家从理论上阐明政治家在选举年份里会采取措施使自己看上去非常优秀。具体来说，这一理论认为，政治家会在选举前刺激经济，使经济出现繁荣且失业率下降，以此增加他们在选举中获胜的机会。遗憾的是，这些行为将导致日后出现更高的通货膨胀率，这又要求日后采取紧缩性的政策来控制通货膨胀，结果引起未来出现衰退。由此引起的经济起伏是政治的结果，于是被称为政治性经济周期。尽管尼克松的例子为政治性经济周期的存在提供了支持，但是关于这一现象是否普遍这一问题，研究还没有得到一个肯定的答案。[1]

□ 支持相机抉择的理由

尽管政策规则有重要的优势，但是它们的确有一些严重的缺点。第一，规则可能会太过死板，因为规则无法预见每种可能性。例如，几乎没有人能够预测到金融体系中的一个小部分——次级抵押贷款——的问题会导致一场 70 多年来最严重的金融危机，对经济产生如此具有毁灭性的影响。联储在危机期间为防止危机演变成萧条所采取的史无前例的措施（第 15 章有描述）不可能事前被写进政策规则中。于是，能够利用相机抉择政策灵活地采取行动可能是一项成功货币政策的关键。

政策规则的第二个问题则是它们不能容易地将判断的使用纳入进来。货币政策是一门科学，也是一门艺术。货币政策制定者需要查看大量的信息以便决定最好的货币政策方向，某些信息是不容易量化的。于是，判断成为好的货币政策中的重要因素，而它很难被写入规则中。只有有了相机抉择，货币政策才能将判断的作用体现出来。

第三，没有人真正地知道经济的真实模型是什么样子，因此任何基于特定模型的政策规则在模型本身错了时就会被证明是错的。当某政策规则的基础模型被证明错了时，相机抉择就可以避免错误政策的约束。

第四，即使模型是对的，经济的结构性变动也将引起模型系数的改变。卢卡斯批判

① William Nordhaus, "The Political Business Cycle," *Review of Economic Studies* 42 (1975): 169-190 这篇论文开启了关于政治性经济周期的研究。

就是一个例子，它指出政策的变化会改变宏观经济计量模型的系数。另一个例子是 20 世纪 80 年代由金融创新引起的各种货币总量，如 M1 和 M2，与总支出之间关系的瓦解。如果按照基于某一货币总量常数增长率的规则，那么就会造成非常严重的后果。事实上，这正是 20 世纪 80 年代后期和 90 年代早期瑞士发生的情况，当时对使用货币总量增长率的规则的坚守引起了通货膨胀率的上升（在下面的政策与实践案例中讨论）。相机抉择使政策制定者在经济经历结构性变动时能够改变政策设定。

政策与实践

瑞士货币目标制的失败

1975 年瑞士国家银行（瑞士中央银行）宣布了货币总量 M1 的增长率目标，开始采用货币目标制。从 1980 年开始，瑞士转而为基础货币这一更狭义的货币总量设定增长率目标。尽管瑞士的货币目标制在很多年里相当成功，但是在 1988 年，随着一种新的银行间支付系统——瑞士银行间同业清算（Swiss Interbank Clearing，SIC）——的引入和商业银行流动性要求的大范围修改，这项政策出现了严重的问题。这些结构性变动引起银行在瑞士国家银行的合意存款持有量急剧下降，而这些存款是基础货币的重要组成部分。现在需要的（相对于总支出而言的）基础货币量减少了，这改变了基础货币和总支出之间的关系，因此 2% 的基础货币增长率目标就变得过度具有扩张性了。瑞士的通货膨胀率随后上升到 5% 以上，远远超过了其他欧洲国家的通货膨胀率。

高通货膨胀吓坏了瑞士人。在这之前，即使在其他欧洲国家出现高通货膨胀时，瑞士都保持着低通货膨胀的环境，对此瑞士人总是引以为豪。货币目标制的这些问题导致瑞士在 20 世纪 90 年代转而采用了一个在货币政策实施方面灵活性高得多的框架。[1]

☐ 受约束的相机抉择

规则和相机抉择之间的区别强烈影响了几十年来学术界对货币政策的讨论。但是这种区别可能太鲜明了。正如我们已经看到的那样，规则和相机抉择都有很多问题，因此规则和相机抉择之间的两分法可能太简单而不能捕捉到宏观经济政策制定者面临的现实。相机抉择是一个程度问题。相机抉择可以是一种相对没有约束的方法，这种方法导致政策可以随着政策制定者的个人观点而改变，或是随着政治风向而改变。或者它可以在一个表述得更加清楚的框架内运行，在这个框架中，政策制定者的总体目标和策略——尽管不是他们的具体行动——是事先做出承诺了的。联储前主席本·伯南克和本书作者为这种类型的框架取了一个名字：**受约束的相机抉择**（constrained discretion）。[2] 受约束的相机抉择对政策制定者施加了一个概念上的结构和内在约束，但没有消除所有

---

[1] 关于瑞士货币目标制更进一步的讨论，参见 Ben S. Bernanke，Thomas Laubach，Frederic S. Mishkin, and Adam S. Posen，*Inflation Targeting：Lessons from the International Experience*（Princeton，NJ：Princeton University Press，1999）一书的第 4 章。

[2] 参见 Ben S. Bernanke and Frederic S. Mishkin, "Inflation Targeting：A New Framework for Monetary Policy?" *Journal of Economic Perspectives* 11（Spring 1997）：97 - 116。

的灵活性。它结合了规则的部分优点和相机抉择的部分优点。

可信性的作用和名义锚

约束相机抉择的一种很重要的方式就是对一个名义锚做出承诺。**名义锚**（nominal anchor）是指用来束缚价格水平或通货膨胀以实现价格稳定的名义变量，如通货膨胀率、货币供给或名义汇率。例如，如果某个中央银行有一个明确的通货膨胀率目标，比如2%，并采取措施以实现这个目标，那么这个通货膨胀率目标就成为一个名义锚。或者，某个政府可能承诺将本币与某一稳健通货（如美元）之间的汇率固定，这个固定的汇率就是一个名义锚。如果对一个名义锚的承诺具有**可信性**（credibility），即它被公众相信，那么它就会有很重要的好处。

□ 一个可信的名义锚的好处

首先，一个可信的名义锚有行为规则的元素。正如规则通过帮助成人拒绝采用妥协的相机抉择的政策来解决在育儿方面的时间不一致性问题，名义锚可能通过提供一种对相机抉择政策的期望约束来帮助克服时间不一致性问题。例如，如果货币政策制定者承诺实现一个具体的通货膨胀率目标（名义锚），比如2%，那么他们就会知道当他们没有达到目标或采取明显与目标不一致的政策——如太低的利率目标——时，他们将会面临公众的查验和批评。为了避免尴尬和可能的惩罚，他们短期内采取过分扩张的相机抉择政策——这与他们对名义锚的承诺不一致——的动机将减弱。

其次，对名义锚的可信承诺将有利于稳定通货膨胀预期，从而使通货膨胀率的波动更小。于是它为价格稳定做出了贡献，同时也稳定了总产出。因此，名义锚承诺的可信性是货币政策实现两个目标——稳定价格水平和稳定经济活动——的重要因素。换句话说，名义锚的可信性使货币政策更有效率。

我们将用总需求和总供给框架来说明为什么可信的名义锚有助于得到这种合意的结果。首先我们将考察稳定化政策对总需求冲击做出反应时其效果如何，然后考察它对总供给冲击做出反应时的效果。

□ 可信性和总需求冲击

现在我们来分析当存在正向和负向需求冲击时可信性在短期的重要性。

正向总需求冲击。首先让我们来看一下当存在正向总需求冲击时短期内会发生什么。例如，假定企业突然得到某些新的信息使它们对未来更加乐观，因此它们增加了投资支出。结果，这次正向需求冲击使总需求曲线向右移动，如图 21-1 (a) 所示，从 AD_1 移动到 AD_2，经济从点 1 移动到点 2。总产出上升到 Y_2，通货膨胀率也上升到 π_2，高于其目标值 π^T。如我们在第 13 章所看到的那样，为了使经济回到点 1，稳定通货膨胀和经济活动的合适反应是收紧货币政策，使短期总需求曲线移回 AD_1。然而，因为货币政策对总需求产生影响之前有很长的时滞，短期总需求曲线移回 AD_1 需要一段时间。

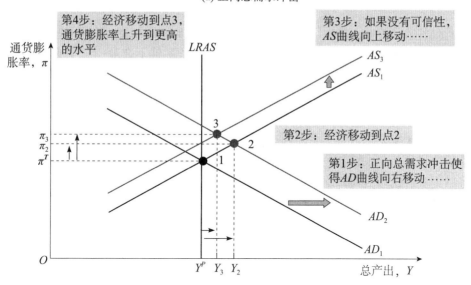

(a) 正向总需求冲击

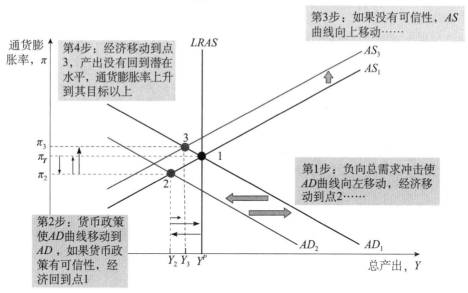

(b) 负向总需求冲击

图 21 - 1　可信性和总需求冲击

在图（a）中，正向总需求冲击使总需求曲线向右移动，从 AD_1 移动到 AD_2，经济从点 1 移动到点 2。如果货币政策是不可信的，预期通货膨胀率将会上升，从而短期总供给曲线上升，向左移动到 AS_3，经济移动到点 3 处，通货膨胀率进一步上升到 π_3。在图（b）中，负向总需求冲击使总需求曲线向左移动，从 AD_1 移动到 AD_2，经济从点 1 移动到点 2。货币政策使 AD 曲线移动到 AD_1，如果货币政策有可信性，经济回到点 1。如果货币政策是不可信的，预期通货膨胀率也许会上升，短期总供给曲线将上升，向左移动到 AS_3，经济移动到点 3 处，总产出没有回到潜在水平，通货膨胀率上升到其目标以上。

现在让我们来看看短期总供给曲线会发生什么。从第 11 章我们知道，短期总供给曲线如下：

$$\pi \quad = \quad \pi^e \quad + \quad \gamma(Y-Y^P) + \quad \rho \qquad (1)$$

通货膨胀率＝ 预期通货膨胀率＋γ× 产出缺口＋价格冲击

如果对名义锚的承诺是可信的，那么公众的预期通货膨胀率 π^e 就将保持不变，短期总供给曲线就将保持在 AS_1 的位置。因此，通货膨胀率就不会高于 π_2，随着时间的推移，当短期总需求曲线重新移回到 AD_1 时，通货膨胀率就会下降，回到其目标值 π^T。

但是，如果货币政策不可信呢？公众将会担心货币当局会接受比 π^T 高的通货膨胀率且不愿意快速将短期总需求曲线移回到 AD_1。在这种情况下，货币当局的低可信性将引起预期通货膨胀率 π^e 上升，于是短期总供给曲线将向上移动，从 AS_1 移动到 AS_3，使经济在短期内到达点 3，在此处通货膨胀率进一步上升到 π_3。即使货币当局紧缩了货币政策并将总需求曲线移回到 AD_1，损失仍然发生了：通货膨胀率上升的幅度大于中央银行有可信性时的上升幅度。因此，我们的总需求和总供给分析得到以下结论：当面临正向需求冲击时，货币政策可信性在短期内有稳定通货膨胀的好处。

负向需求冲击。 图 21-1（b）显示了负向需求冲击的情形。例如，假定消费者信心下降，消费支出减少。总需求曲线向左移动，从 AD_1 移动到 AD_2，经济在短期到达点 2 处，此时总产出下降到 Y_2，低于潜在产出 Y^P，通货膨胀率下降到 π_2，低于目标水平 π^T。为稳定产出和通货膨胀率，中央银行放宽货币政策，使总需求曲线回到 AD_1。如果中央银行有很高的可信性，预期通货膨胀率就将不变，短期总供给曲线就会保持在 AS_1 处，经济将回到点 1。

但是如果中央银行的可信性低呢？当公众看到货币宽松政策时，人们可能会担心中央银行正在背弃对名义锚的承诺并在未来采取通货膨胀型政策。在这种局面下，预期通货膨胀率可能上升，因此短期总供给曲线将上移到 AS_3，经济到达点 3 处，此时总产出为 Y_3，它低于潜在产出 Y^P，而通货膨胀率为 π_3，高于目标水平 π^T。由于中央银行的低可信性，对负向需求冲击做出反应的货币政策未能稳定通货膨胀率和产出。我们有如下结论：当面临负向需求冲击时，货币政策可信性在短期内有稳定经济活动的好处。

□ 可信性和总供给冲击

现在让我们通过图 21-2 来看看如果出现了负向总供给冲击会发生什么。如果能源价格上升，短期总供给曲线向左上方移动。然而，总供给曲线移动的幅度具体有多大取决于货币当局可信性的程度。如果名义锚的可信性非常强，通货膨胀预期不会改变，那么短期总供给曲线向左上方移动的幅度会很小，如移动到 AS_2。当短期内经济到达点 2 时，通货膨胀率上升到 π_2，上升幅度很小，产出下降到 Y_2，下降幅度也很小。相反，如果中央银行对名义锚承诺的可信性被认为非常微弱，那么通货膨胀预期就会大幅上升，总供给曲线向左上方的移动幅度就会大很多，如移动到 AS_3。现在，经济短期内将移动到点 3，通货膨胀率和产出的结果都更差，即更高的通货膨胀率 π_3 和更低的产出 Y_3。于是，我们得出以下结论：当面临负向供给冲击时，货币政策可信性在短期内有得到更好的通货膨胀率和产出结果的好处。

当经济受到负向供给冲击时，可信性的好处正是我们在数据里看到的，如接下来的应用案例所说明的那样。

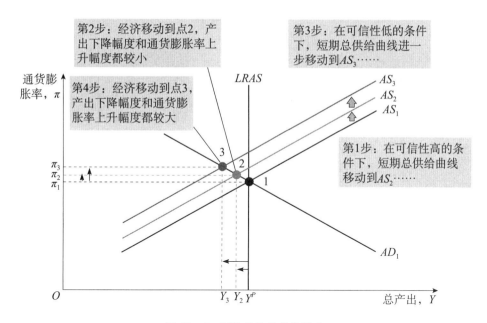

图 21-2 可信性和总供给冲击

如果货币政策的可信性高，负向供给冲击使短期总供给曲线仅移动到 AS_2，经济移动到点 2，此时通货膨胀率上升到 π_2，上升幅度很小，产出下降到 Y_2，下降幅度也很小。如果可信性低，那么预期通货膨胀率就会大幅上升，总供给曲线向上的移动幅度就会大很多，向左上方移动到 AS_3。经济将移动到点 3，通货膨胀率和产出的结果都更差，即更高的通货膨胀率 π_3 和更低的产出 Y_3。

应用 👉

三次石油价格冲击的故事

在 1973 年、1979 年以及 2007 年这三个不同的年份，当石油价格急剧上升时，美国经济都遭受了重大的负向供给冲击。在前两次通货膨胀率急剧上升，而在最近一次通货膨胀率上升幅度小得多，正如我们在图 21-3（a）中可以看到的。在前两次石油价格冲击发生时，货币政策的可信性极低，这是因为联储曾经因无法控制通货膨胀率而产生了高通货膨胀率。相反，当 2007—2008 年第三次石油价格冲击出现时，通货膨胀率已经在相当长一段时期内保持在低且稳定的水平，因此联储在控制通货膨胀率的能力上具有可信性。一些经济学家认为，可信的货币政策是最近一次石油价格冲击对通货膨胀率的影响看起来要比前两次冲击小得多的原因。我们的总需求和总供给分析给出了这种观点背后的推理。

在前两次石油价格冲击的例子中，联储对名义锚的承诺和可信性都很微弱，石油价格冲击引起通货膨胀预期上升，使短期总供给曲线大幅向左上方移动到图 21-2 所示的 AS_3。于是，总需求和总供给分析预测经济活动会急剧收缩且通货膨胀率会急剧上升。这正是我们在图 21-3（a）和图 21-3（b）中看到的。经济收缩非常严重，在 1973 年和 1979 年石油价格冲击之后，失业率上升到超过 8％。此外，通货膨胀率迅速上升到两位数的水平。

在 2007—2008 年的石油价格冲击的例子中，结果则很不一样。由于联储多年来建立了更高的政策可信性，当石油价格冲击发生时，预期通货膨胀率保持在原来的水平不变。结果，短期总供给曲线向左上方移动的幅度要小得多，只移动到图 21-2 中的 AS_2。

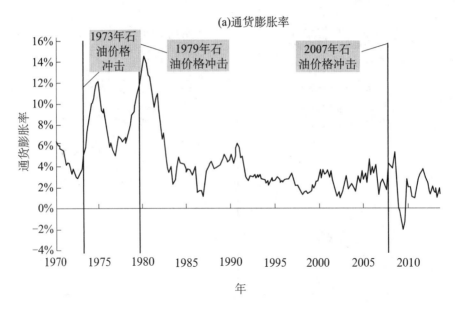

(a)通货膨胀率

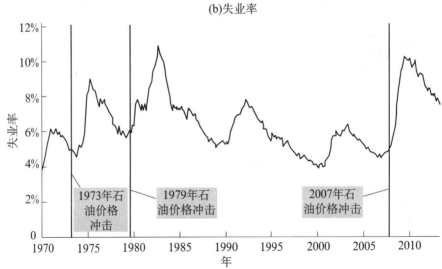

(b)失业率

图 21 - 3 1970—2013 年的通货膨胀率和失业率

  当 1973 年和 1979 年的石油价格冲击出现时，通货膨胀率起初就很高，联储对名义锚的承诺可信性很低，而在 2007 年的石油价格冲击出现时，通货膨胀率起初就低，联储的可信性高。结果，通货膨胀率和失业率在前两次石油价格冲击期间的上升幅度比最近一次的幅度大很多。在第三次冲击中，只是在 2007—2009 年的危机于 2008 年 10 月出现灾难性转折后，失业率才出现了急剧上升。

  资料来源：Bureau of Labor Statistics，www. bea. gov.

  总需求和总供给分析预测负向供给冲击造成的通货膨胀率上升幅度要小得多，同时经济活动的收缩也会小一些。确实，最近一次金融危机在 2008 年秋季进入最严重阶段之前的经济现实正是如此。通货膨胀率的上升幅度远远小于前两次石油价格冲击，同时经济运行得也很好，直到 2008 年 10 月金融危机出现灾难性转折（见第 15 章）。直到那时经济才逐步下行，但是很明显这并不是负向供给冲击的结果。通货膨胀率出现了快速下降，表明巨大的负向需求冲击才是这次经济活动急剧收缩的根源。

建立中央银行可信性的方法

我们的分析证明，一个可信的能够稳定通货膨胀预期的名义锚是货币政策成功的关键因素。但要如何获得这种可信性呢？一种方法就是通过一系列协调的政策行动持续成功地控制通货膨胀。上一个应用案例说明，这个方法被证实对在格林斯潘和伯南克领导下的联储是成功的。通货膨胀目标制并不是建立中央银行可信性的唯一方法。另一个已经被一些国家成功用于控制通货膨胀的名义锚是一国将其汇率钉住另一个有很强的名义锚的锚定国。我们在第 17 章讨论过这个方法，有时这个方法被称为汇率目标制。在这里我们要探究经济学家建议的建立中央银行可信性的几种其他方法。

☐ 通货膨胀目标制

其中一种建立中央银行可信性的方法是被称为**通货膨胀目标制**（inflation targeting）的货币政策战略，这个战略有几个要素：（1）公开宣布一个通货膨胀率的中期数值目标；（2）制度上承诺价格稳定是货币政策的首要和长期目标，以及承诺实现通货膨胀目标；（3）采用一种利用多种信息的方法，即政策制定者在做有关货币政策的决策时使用许多变量（不只是货币总量）；（4）通过与公众和市场就有关货币政策制定者的计划和目标进行沟通以提高货币政策战略的透明度；（5）增加中央银行对实现通货膨胀目标的责任。

通货膨胀目标制已经被全世界许多国家采用，特别是那些过去在稳定通货膨胀方面不如美国成功的国家。采用通货膨胀目标制的国家包括新西兰、澳大利亚、加拿大、挪威、瑞典、瑞士、英国、巴西、智利、捷克、匈牙利、以色列、墨西哥、秘鲁、菲律宾、波兰、南非和韩国等。在采用了通货膨胀目标制的国家，通货膨胀目标制已经表现出能够强化名义锚的可信性的能力，带来了我们在上一节所指出的好处。在这些国家，通货膨胀率已经下降，通货膨胀预期更为稳定，通货膨胀率和总产出也都更为稳定。[①]

美国在采用通货膨胀目标制上行动缓慢，但情况在 2012 年 1 月发生了改变，正如下面的政策与实践案例所表明的那样。

政策与实践

伯南克和联储对通货膨胀目标制的采用

2006 年 2 月，继 2002—2005 年期间担任联储理事会理事并在后来担任总统经济顾

---

① 关于通货膨胀目标制的表现的调查，参见 Frederic S. Mishkin and Klaus Schmidt-Hebbel，"Does Inflation Targeting Matter?" in *Monetary Policy Under Inflation Targeting*，eds. Frederic S. Mishkin and Klaus Schmidt-Hebbel（Central Bank of Chile：Santiago，2007），291 - 372；and Carl E. Walsh，"Inflation Targeting：What Have We Learned?" *International Finance* 12（Summer 2009）：195 - 234。

问委员会主席之后，曾在普林斯顿大学任职的教授本·伯南克成为联储的新任主席。伯南克是一名世界知名的货币政策专家，在学术界工作时写过大量关于通货膨胀目标制的著作，包括与本书作者合著的一些论文和一本书。[1]

伯南克的著作表明他是通货膨胀目标制和增强中央银行透明度的铁杆支持者。在2004年在圣路易斯联邦储备银行召开的会议上，伯南克发表了一次重要的演讲，他描述了联储通过宣布长期通货膨胀目标的具体数值可能如何逐步采用通货膨胀目标制。[2] 伯南克强调，宣布通货膨胀的数值目标与联储实现价格稳定和最大化就业的双重目标（见第13章）是完全一致的。由于测度的通货膨胀率目标会设定在0以上以避免对就业有害的通货紧缩并且测度的通货膨胀率很可能是被高估的，因此它可以被称为使命一致性通货膨胀目标。另外，它不是一个可能导致以过高的失业波动为代价对通货膨胀率进行太严格的控制的短期目标。

在就任联储主席之后，伯南克很明确地表示任何朝着通货膨胀目标制前进的行动必须是联储内部一致同意的结果，也必须与国会赋予联储的双重目标相一致。在伯南克主席设立一个讨论联邦储备体系沟通机制（包括关于宣布具体数值的通货膨胀目标的讨论）的子委员会之后，联邦公开市场委员会（FOMC）开始向通货膨胀目标制迈进。FOMC在2007年11月首先提出了它的新沟通战略（2009年1月有过一次修订），这一新战略提供了FOMC与会人员对未来1年、2年、3年甚至更长时期的通货膨胀预测值。对更长时期的通货膨胀预测值是在"适当政策"的假设下得到的，因此反映了每位与会人员的长期通货膨胀目标。由于所有FOMC与会人员的长期通货膨胀预测值最终都接近2%，因此，FOMC最终于2012年1月采用了通货膨胀目标制，一致同意为根据PCE平减指数计算出来的通货膨胀率设定值为2%的数值目标。不过，FOMC也明确表示，由于它除了要努力实现通货膨胀目标还要促进可持续性就业，它将采用与其双重目标一致的、灵活的通货膨胀目标制。

□ 名义 GDP 目标制

名义 GDP 目标制（nominal GDP targeting）是通货膨胀目标制的一种变形，它近来受到的关注程度不断增加。实行名义GDP目标制的中央银行宣布以达到某个特定的名义GDP（实际GDP乘以价格水平）增长率为目标。例如，如果中央银行的通货膨胀目标为2%，潜在GDP的预期年增长率为3%，那么，名义GDP目标制就意味着承诺实现5%的名义GDP增长率。由于名义GDP的目标路径反映了选定的通货膨胀的数值目标，

① Ben S. Bernanke and Frederic S. Mishkin, "Inflation Targeting: A New Framework for Monetary Policy," *Journal of Economic Perspectives*, vol. 11, no. 2 (1997); Ben S. Bernanke, Frederic S. Mishkin and Adam S. Posen, "Inflation Targeting: Fed Policy After Greenspan," *Milken Institute Review* (Fourth Quarter, 1999): 48 - 56; Ben S. Bernanke, Frederic S. Mishkin and Adam S. Posen, "What Happens When Greenspan is Gone?" *Wall Street Journal*, January 5, 2000: p. A22; and Ben S. Bernanke, Thomas Laubach, Frederic S. Mishkin and Adam S. Posen, *Inflation Targeting: Lessons from the International Experience* (Princeton, N. J.: Princeton University Press, 1999).

② Ben S. Bernanke, "Inflation Targeting," Federal Reserve Bank of St. Louis, *Review*, vol. 86, no. 4 (July/August 2004), pp. 165 - 168.

因此，名义 GDP 目标制有通货膨胀目标制的元素。然而，除此以外，名义 GDP 目标制意味着中央银行在通货膨胀没有下降的情况下会对实际经济的增长减速做出应对。为了理解这一点，注意到在通货膨胀率保持不变的条件下，实际 GDP 的增长减速将导致名义 GDP 的增长减速，这又将意味着货币当局要采取更加扩张性的政策。

名义 GDP 目标制有一个可能的优势：它明确聚焦于稳定实际 GDP 而不只是控制通货膨胀。另一个潜在的优势是，实际 GDP 增长率低于潜在水平或通货膨胀率低于数值目标都将使现实的名义 GDP 落到其目标以下，从而促使中央银行实行甚至更具扩张性的货币政策。对这种更具扩张性政策的预期将有助于刺激总需求，这在零下限问题出现时可能特别有用。我们在第 13 章讨论过，在零下限问题出现时，货币当局不能降低政策利率。

名义 GDP 目标制的批评家列举了它的两个重要劣势。第一，它要求对潜在 GDP 增长率有准确的估计，而这并不容易做到。第二，名义 GDP 目标制比通货膨胀目标制更难于向公众解释，从而可能让公众对中央银行的目标感到困惑。现在还没有哪家中央银行采用了名义 GDP 目标制，但这种情况在未来可能会改变。

□ 任命"保守的"央行行长

哈佛大学的肯尼思·罗格夫（Kenneth Rogoff）曾经提出了另一种建立中央银行可信性的方法：政府任命非常厌恶通货膨胀的央行行长。[1] 他将这类央行行长描述为"保守的"，尽管"坚决的"或"通货膨胀上的鹰派"可能是更好的描述。

当公众看到对一个"保守的"央行行长的任命时，人们就会预期他不太可能去采取扩张性的货币政策以利用通货膨胀和就业之间的短期权衡而会采取控制通货膨胀所需的任何行动。于是，通货膨胀预期和实际出现的通货膨胀可能更稳定，这将会带来我们之前描述过的好处。

这种解决可信性问题的方法存在一个问题：随着时间的推移它是否会持续起作用并不清楚。如果某个央行行长的偏好比公众还要"保守"，为什么公众不要求任命那些与自己的偏好更加接近的央行行长呢？毕竟，在一个民主的社会，政府官员应该代表人民的意愿。

政策与实践

对通货膨胀鹰派人物保罗·沃尔克的任命

对"保守的"央行行长的任命的最经典的例子是吉米·卡特（Jimmy Carter）总统于 1979 年 8 月任命保罗·沃尔克为联储主席。在这一任命之前，通货膨胀率一直处于稳定攀升的状态，到 1979 年 8 月，用 CPI 计算的年通货膨胀率达到了 11.8%。沃尔克是一个著名的通货膨胀鹰派人物，他曾明确向总统表示他将同通货膨胀较量并将它清除。在沃尔克上任之后不久，1979 年 10 月，FOMC 开始大幅度上调利率，将联邦基金利率

---

[1]　Kenneth Rogoff，"The Optimal Degree of Commitment to an Intermediary Monetary Target," *Quarterly Journal of Economics*（November 1985）：169 – 189.

提高了 8 个百分点以上，到 1980 年 4 月已经高达近 20%。然而，随着 1980 年 1 月经济开始急剧紧缩，沃尔克眨了眨眼睛，把脚从刹车板上挪开了，联邦基金利率开始下降，到经济开始复苏的 7 月时已经下降到近 10%。遗憾的是，这种货币政策的药方并没有效果，通货膨胀率依然很高，用 CPI 计算的通货膨胀率还维持在 13% 以上。之后沃尔克展现了他作为通货膨胀鹰派人物的气魄：联储提高联邦基金利率，到 1981 年 1 月已经提高到 20%，并且一直维持到了 7 月。然后，面对始于 1981 年 7 月的、当时看来是第二次世界大战后最严重的经济衰退，尽管失业率上升到了近 10%，联储依然将联邦基金利率维持在 15% 左右的水平，这一水平一直维持到了 1982 年 7 月。最后，当通货膨胀率在 1982 年 7 月开始下降时，联储才开始降低联邦基金利率。

沃尔克反通货膨胀的声誉此时已经完全建立起来。到 1983 年，通货膨胀率已经下降到低于 4%，直到 1987 年沃尔克离任联储主席，通货膨胀率一直保持在该水平附近。沃尔克重新建立了联储作为反通货膨胀斗士的可信性。结果，通货膨胀预期稳定了下来，结束了美国的高通货膨胀时期，这段时期后来被称为"大通胀"。沃尔克成为货币政策的英雄且从此被人推崇为历史上最优秀的央行行长之一。

□ 增加中央银行的独立性

另一种增加中央银行可信性的方法是让中央银行更加独立于政治过程。正如我们之前讨论的，时间不一致性问题可能起源于那些目光短浅的政治家，因为他们关注于采取有助于他们赢得下一次选举的政策。一个在政治上独立的中央银行更有可能关注长期的目标，从而成为价格稳定的捍卫者。

一个用来反驳增加中央银行独立性的观点是，它与民主原则是不一致的。货币政策（它影响经济中的几乎每个人）由不对任何人负责的一群精英（货币政策制定者）控制是不民主的。如果我们将这个观点延伸一下，假设由联储这样的精英群体控制的政策总是表现得更好，那么我们就会得到诸如此类的结论："参谋长联席会议应该决定军事预算"，"美国国税局应该制定税收政策而无须总统或国会的监督"。

另一个反对中央银行独立性的观点是，一个独立的中央银行并非总能成功地利用它的自主权。例如，作为所有美国政府机构中最独立的部门之一，联储在大萧条期间的政策就是一次惨痛的失败，它的独立性无疑也没有阻止它在 20 世纪 60 年代和 70 年代采取过度扩张的货币政策，从而导致了那一时期通货膨胀率的迅速上升。

尽管如此，中央银行独立性的支持者仍然相信，通过增加中央银行的独立性可以改善宏观经济的表现。哈佛大学的阿尔贝托·阿莱西纳（Alberto Alesina）和劳伦斯·萨默斯（Lawrence Summers）的研究似乎支持了这一推测[1]：当将中央银行从 1（最弱的独立性）至 4（最强的独立性）排序时，他们发现那些拥有最独立的中央银行的国家的通货膨胀表现最好。正如你在图 21-4 中看到的，德国和瑞士两国的中央银行最独立，在 1973—1988 年期间通货膨胀率也最低。相反，在那段时期通货膨胀率最高的国

---

[1]　Alberto Alesina and Lawrence H. Summers, "Central Bank Independence and Macroeconomic Performance: Some Comparative Evidence," *Journal of Money*, *Credit and Banking* 25 (1993): 151-162.

家——西班牙、新西兰、澳大利亚和意大利——也正是中央银行独立性最弱的国家。（近些年里出现了中央银行独立性大幅增加的趋势，因此那些曾经被认为独立性最弱的中央银行都移动到了独立性更高的类别。）尽管更为独立的中央银行看起来导致了更低的通货膨胀率，但这并不是以实际经济表现糟糕为代价的。与中央银行独立性更弱的国家相比，那些中央银行独立性更强的国家出现高失业的可能性并没有更大，也没有出现更大的产出波动。

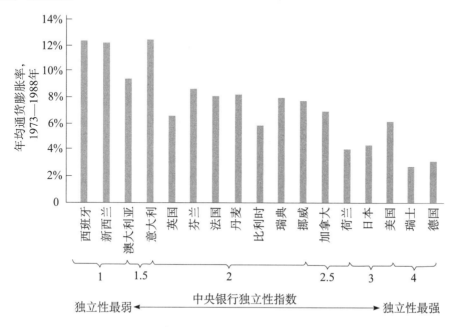

图 21-4　17 个国家的中央银行独立性和通货膨胀表现

在横轴，17 个国家从独立性最弱（1）至独立性最强（4）排序。在 1973—1988 年期间，更独立的中央银行一般有着比更不独立的中央银行更低的通货膨胀率。

资料来源：Alberto Alesina and Lawrence H. Summers，"Central Bank Independence and Macroeconomic Performance：Some Comparative Evidence," *Journal of Money*，*Credit and Banking*，Vol. 25，No. 2（May 1993），p. 154，Table 1.

本章小结

1. 理性预期理论认为，预期与利用所有可获得的信息的最优预测（对未来最优的猜测）相同。理性预期对宏观经济分析有几个启示：（1）理性预期会用到所有可获得的信息，这些信息包括关于政府政策的任何信息，比如货币政策或财政政策的改变；（2）只有新的信息会引起预期的变化；（3）如果一个变量变动的方式发生了变化，这个变量的预期形成方式也将发生

变化。

2. 从理性预期理论中推导出来的简单原理——当被预测变量的行为发生变化时其预期形成方式也会发生变化——引出了著名的对政策的计量经济评估的卢卡斯批判。卢卡斯认为，当政策改变时，预期形成也会发生变化；因此计量经济模型中的关系也将发生变化。一个基于历史数据估计出来的计量经济模型将不再是评估政

策改变带来的影响的正确模型，并且可能被证明是具有高度误导性的。卢卡斯批判还指出一个特定政策的影响极大地依赖于公众对该政策的预期。

3. 政策制定者趋向于违背旨在实现长期目标的政策，因为产生差的长期结果的扩张性政策存在短期收益。这个问题被称为时间不一致性问题。利用规则来执行货币政策的倡导者相信规则解决了时间不一致性问题，因为政策制定者不得不按照事先设定好的计划行事，而这样的计划使他们能够坚持计划和实现合意的长期结果。相机抉择的倡导者则认为规则太过死板，因为规则不能预见到每种可能性且不允许使用判断。受约束的相机抉择对政策制定者施加了一个概念上的结构和内在约束，但没有消除所有的灵活性。因此，它结合了规则的部分优点和相机抉择的部分优点。

4. 约束相机抉择的一个重要方式是对一个可信的名义锚做出承诺，名义锚是指用来束缚价格水平或通货膨胀以实现价格稳定目标的名义变量，如通货膨胀率、货币供给或名义汇率。一个可信的名义锚有助于解决时间不一致性问题和稳定通货膨胀预期。名义锚的可信性也有稳定产出和通货膨胀波动的好处。

5. 建立强有力的名义锚的一种流行方法是通货膨胀目标制，在这个制度下，政策制定者承诺实现通货膨胀率的中期数值目标。采用通货膨胀目标制的国家已经实现了更低的通货膨胀率、更为稳定的通货膨胀预期，以及更为稳定的总产出和通货膨胀率。建立中央银行可信性的其他方法包括名义 GDP 目标制和任命通货膨胀鹰派人物的"保守的"央行行长（如保罗·沃尔克）。更强的中央银行独立性也可以使中央银行能够抵制政治影响和更关注于捍卫价格稳定。

关键术语

理性预期	最优预测	理性预期革命
宏观经济计量模型	规则	相机抉择
时间不一致性问题	固定货币增长率规则	政治性经济周期
受约束的相机抉择	名义锚	可信性
通货膨胀目标制	名义 GDP 目标制	

复习题

理性预期和政策制定

1. 预测常常被描述为试图按盯着车后窗的某个人的指令开盲车。这一描述会让你想起适应性预期还是理性预期？请解释。

政策评估的卢卡斯批判

2. 计量经济的政策评估的卢卡斯批判的重要性何在？

政策实施：规则或相机抉择

3. 什么是时间不一致性问题？它在政策制定的相机抉择的倡导者和规则的倡导者之间的争论中起什么作用？

4. 支持和反对规则的论据有哪些？

可信性的作用和名义锚

5. 一个可信的名义锚有什么好处？

6. 一个可信的名义锚如何有助于改善由正向总需求冲击引起的经济结果？

建立中央银行可信性的方法

7. 定义通货膨胀目标制。为什么澳大利亚、瑞典、巴西和菲律宾等不同国家都采用了通货膨胀目标制？

8. 采用通货膨胀目标制的国家的一般经验是什么？

9. 根据图 21-4 中关于通货膨胀率和中央银行独立性的数据，你能得出什么结论？

习题

理性预期和政策制定

1. 假定在最近十年，妮科尔（Nicole）尽力预测未来的通货膨胀率以便与老板就自己的工资进行谈判。每年她利用所有可获得的信息，甚至包括关于货币政策实施的新闻。然而，她的预测有时高于真实值，有时低于真实值。妮科尔所形成的预期是不是理性预期？

2. 为什么理性预期可以被认为是最优预测？适应性预期和理性预期之间有何区别？

政策评估的卢卡斯批判

3. 假定基于历史数据的一个计量经济模型预测当联储提高联邦基金利率时，本国投资会小幅下降。假设联储正考虑提高联邦基金目标利率以控制通货膨胀和营造一个能够促进投资和经济增长的低通货膨胀经济环境。

   （a）如果人们将联邦基金目标利率的提高解释为联储将在长期把通货膨胀率维持在低水平的一个信号，讨论这对计量经济模型预测的启示。

   （b）对此模型的卢卡斯批判是什么？

政策实施：规则或相机抉择

4. 在以下每种情况下，坚持规则的好处是什么？成本是什么？这两种情况之中的每一种与经济政策的实施可以如何联系起来？

   （a）节食；

   （b）养育孩子。

5. 在一些国家，中央银行行长由总统选任。同一个总统可以解雇中央银行行长并随时用其他人代替。解释这种情况对货币政策实施的启示。你认为这样的中央银行将会遵守货币政策规则，还是实行相机抉择的货币政策？

可信性的作用和名义锚

6. 解释为什么对一个名义锚做出承诺可能是中央银行行长受约束的相机抉择的一种好方式，并列出对一个名义锚做出承诺的好处。

7. 作为对全球金融危机的反应的一部分，联储降低联邦基金目标利率，到 2008 年 12 月下调到了接近 0 的水平，这是一次非同寻常的货币政策放松。然而，调查发现，直至 2010 年 2 月，对 5～10 年通货膨胀率的预期一直维持在低水平。据此谈谈你对联储反通货膨胀的可信性的看法。

建立中央银行可信性的方法

8. 假定一个国家的统计部门测度通货膨胀率的工作做得很糟糕，报告的通货膨胀率好几个月都为 4%，而价格水平的真实上升大约在 2.5%。如果该国中央银行采用通货膨胀目标制且目标为 2%，允许有正负 0.5% 的波动，那么该国中央银行的可信性会受到什么影响？

9. 在新西兰的中央银行 1989 年采用通货膨胀目标制后，经济增长立即变缓，失业率也立即上升，且这一变化趋势维持了一段时间（直至 1992 年），但是后来经济增长恢复了且失业率也下降了。据此谈谈通货膨胀目标制与经济增长之间的关系。

10. 假定某一以反通货膨胀斗士著称的中央银行任命了大部分新理事，而且，众所周知，这些新理事对失业的关注超过对通货膨胀的关注。这会如何影响该中央银行的可信性？

数据分析题

1. 访问圣路易斯联邦储备银行 FRED 数据库，找到个人消费支出价格指数（PCECTPI）的数据。下载数据，然后构造一个通货膨胀率序列，方法如下：对于每个季度，计算该价格指数相比上个季度的百分比变化，接下来乘以 100 使之变成百分数，再乘以 4 把季度通货膨胀率数字变为年化通货膨胀率。现在再创建一个代表适应性通货膨胀预期的新序列，方法如下：对于每个季度，计算前 4 个季度通货膨胀率的平均值，以此作为通货膨胀预期。

   (a) 对可获得数据的最近一个季度，比较适应性预期下的通货膨胀预期与现实的通货膨胀率。

   (b) 对于每个季度，计算预测偏差，即现实的通货膨胀率和通货膨胀预期之差，然后计算并报告最近两年和最近五年预测偏差的平均值。

   (c) 如果预测者使用理性预期来形成最优预测，那么就会有如下启示：预测者不会犯系统性错误。因而，平均而言，预测偏差应该接近于 0。将问题（b）的答案与理性预期的预测进行比较并谈谈你的看法。

2. 访问圣路易斯联邦储备银行 FRED 数据库，找到个人消费支出价格指数（PCECTPI）的数据。将单位调成"与前一年相比的百分比变

化"，然后下载数据。从 2012 年 1 月开始，联储正式宣布了在"更长时期"内 2% 的通货膨胀目标。

   (a) 计算可获得数据的最近 4 个季度和最近 8 个季度的平均通货膨胀率。比较该平均通货膨胀率和 2% 的通货膨胀目标。

   (b) 关于联储的可信性，问题（a）的答案意味着什么（如果有的话）？

3. 访问圣路易斯联邦储备银行 FRED 数据库，找到 GDP 平减指数（GDPDEF）和石油价格（OILPRICE）的数据。对于 GDP 平减指数，把单位调成"与前一年相比的百分比变化"，下载数据。

   (a) 计算在可获得数据的最近 5 年里石油价格的平均百分比变化。为此，计算从期初到期末的百分比变化，然后除以 5。同一期间通货膨胀率的变动是多少？

   (b) 计算 1976 年 1 月—1981 年 1 月石油价格的平均百分比变化。为此，计算从期初到期末的百分比变化，然后除以 5。同一期间通货膨胀率的变动是多少？

   (c) 基于问题（a）和问题（b）的答案，对于当前货币政策的可信性和更早时期的货币政策的可信性的比较，你可以做出什么结论？

第 22 章

当代经济周期理论

预览

在第二次世界大战后，掌握了凯恩斯主义模型的经济学家制定了他们认为能在不引发通货膨胀的情况下减少经济周期波动的严重性的新经济政策蓝图。但是，在 20 世纪 60 年代和 70 年代，当他们最终有机会实施这些政策时，结果并不理想。正如我们在第 13 章中看到的那样，不仅失业水平上升了，而且通货膨胀率也加速上升到 10% 以上。

在这些政策失败之后，经济学家开始建立新的经济模型，这些新模型与凯恩斯主义模型不同，它们纳入了微观经济学原理，即每个个体在所有可获得的信息的基础上最优化自己的行为。两种相互竞争的经济周期理论出现了：真实经济周期模型，它是一个假设价格和工资具有较大弹性的古典模型；新凯恩斯主义模型，它之所以是凯恩斯主义的，是因为它假设价格和工资具有黏性，同时它也假设了理性预期。[①]

在本章，我们考察这两种理论，并将它们与早前的凯恩斯主义模型进行比较。这两种理论为宏观经济学中政策与实践的关键问题提供了完全不同的答案。联储可以通过降低利率来刺激经济活动吗？减税总是属于扩张性的政策吗？货币政策和财政政策如何能够减少产出和失业的波动？反通货膨胀政策在经济活动和就业方面的成本是什么？

---

① 真实经济周期模型和新凯恩斯主义模型的先驱是新古典模型。在新古典模型中，预期是理性的，所有工资和价格关于价格水平的预期变动和预期的变动是完全具有弹性的。本书配套网站 www. pearsonglobaleditions. com/mishkin 上的本章网络附录讨论了在 20 世纪 70 年代早期到中期这段时间里由芝加哥大学的罗伯特·卢卡斯和曾经在美国明尼苏达大学现在在纽约大学的托马斯·萨金特这两位诺贝尔经济学奖得主以及其他经济学家建立的新古典模型。

真实经济周期模型

真实经济周期模型（real business cycle model）最初是由诺贝尔经济学奖获得者爱德华·普雷斯科特和芬恩·基德兰德建立的。这一模型从假设所有的工资和价格都具有完全弹性开始。它认为对生产率或工人工作意愿的冲击——被称为**真实冲击**（real shock）——引起了潜在产出和长期总供给的波动。[①] 由于个体的工资和价格具有完全弹性，所以短期总供给曲线和长期总供给曲线是同一条曲线。因此，在如图 22-1 所示的真实经济周期的总需求和总供给分析中，只存在一条总供给曲线，*LRAS*。

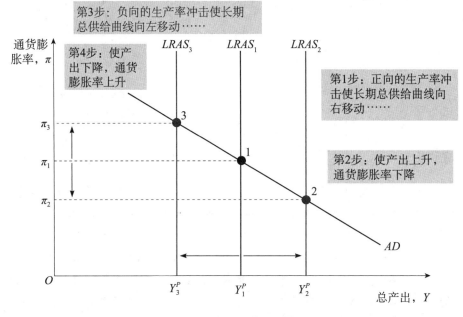

图 22-1 真实经济周期模型

在真实经济周期模型中，短期总供给曲线和长期总供给曲线总是同一条曲线；结果，在图中只存在一条总供给曲线 *LRAS*。正向的生产率冲击会引起长期总供给曲线向右移动，从 $LRAS_1$ 到 $LRAS_2$，因此经济移动到点 2，总产出从 Y_1^P 上升到 Y_2^P，而通货膨胀率从 π_1 下降到 π_2。负向供给冲击引起生产率下降，长期总供给曲线向左移动，从 $LRAS_1$ 到 $LRAS_3$，于是经济从点 1 移动到点 3，在点 3 处总产出下降到 Y_3^P，通货膨胀率上升到 π_3。

□ 生产率冲击和经济周期波动

真实经济周期框架中工资和价格的完全弹性意味着总产出总会等于潜在产出。另

① Finn E. Kydland and Edward C. Prescott, "Time to Build and Aggregate Fluctuations," *Econometrica* 51 (November 1982)：1345-1370. 要想找到有关真实经济周期研究的详细综述，参见 Charles Plosser, "Understanding Real Business Cycle," *Journal of Economic Perspectives* (Summer 1989)：51-78 and Sergio Rebelo, "Resuscitating Real Business Cycles," in *Handbook of Macroeconomics*, eds. J. Taylor and M. Woodford (Elsevier, 1999).

宏观经济学：政策与实践（第二版）

外，在这样一个模型中，经济周期波动全部来自潜在产出的波动。真实经济周期模型的关键方程是在第 3 章中介绍过的总生产函数：

$$Y^P = F(K,L) = AK_t^{0.3}L_t^{0.7} \tag{1}$$

其中：

$A=$ 全要素生产率

$K=$ 资本存量

$L=$ 劳动

$Y^P=$ 潜在产出

真实经济周期的理论家们将对生产率 A 的冲击看成潜在产出和长期总供给冲击的主要来源。正向的生产率冲击，如新的发明或能使经济更有效率的政府政策，将会提高 A，引起长期总供给曲线向右移动，从 $LRAS_1$ 移到 $LRAS_2$。如图 22-1 所示，如果总需求曲线不变，那么经济就会从点 1 移动到点 2，此时总产出从 Y_1^P 上升到 Y_2^P，而通货膨胀率从 π_1 下降到 π_2。

负向的供给冲击，如能源价格的永久性上升或会引起产量降低的政府对环境的严格管制，将降低生产率 A。长期总供给曲线向左移动，从 $LRAS_1$ 移到 $LRAS_3$。再次参考图 22-1，经济从点 1 移动到点 3，此时总产出下降到 Y_3^P，通货膨胀率上升到 π_3。[①]

□ 索洛残差和经济周期波动

真实经济周期理论家们的观点"生产率冲击是经济周期波动的主要来源"有多合理呢？一种评估真实经济周期模型可靠性的方式是用方程（1）所表示的生产函数估计出生产率。因为在真实经济周期模型中总产出 Y 总是等于潜在产出 Y^P，所以我们就可以从方程（1）中解出 A 的估计值 $\hat{A}$：

$$\hat{A} = \frac{Y_t}{K_t^{0.3}L_t^{0.7}}$$

生产率的这些估计值被称为**索洛残差**（Solow residual），是用诺贝尔经济学奖获得者罗伯特·索洛的名字命名的。索洛在他对经济增长理论的最初研究（我们在第 6 章讨论过）中使用了这个测度。

索洛残差的增长率和产出增长之间存在一个很紧密的对应。如图 22-2 所示，当衰退发生时（图中阴影部分），索洛残差的增长率急剧下降。真实经济周期理论家们认为，总产出和索洛残差的这种联动强有力地证实了他们的理论预测结果："生产率冲击是经济周期波动的主要来源"。

□ 真实经济周期模型中的就业和失业

真实经济周期模型使用跨期替代这一概念解释了就业和失业的波动。这里的**跨期替**

---

① 鼓励或抑制人们工作更长时间的税收变动会导致劳动供给的变动。在真实经济周期模型中，经济周期波动也可能因这样的劳动供给变动而产生。

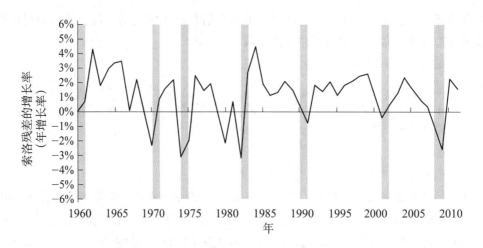

图 22 - 2　索洛残差的增长率，1960—2011 年

在经济周期收缩期间（阴影部分），索洛残差的增长率急剧下降。

资料来源：Bureau of Economic Analysis，at www. bea. gov/national/nipaweb/SelectTable. asp? Selected ＝ N，and Economic Report of the President at www. gpoaccess. gov/eop/tables10. html。索洛残差的算法与第 6 章绘制图 6 - 13 所使用的算法相同。

代（intertemporal substitution）是指当实际工资和实际利率变动时在不同时期转移工作努力的意愿。为了阐述跨期替代的作用，让我们假设你是一个正在为暑假做计划的学生。在接下来的两个暑假中，你打算在其中一个暑假去周游本国和游览所有的国家公园，但是你需要在另一个暑假去工作赚钱买车。如果你这个暑假工作，你将得到实际工资 W_1。如果你能赚到实际利率 r，那么你的工资就等价于下一个暑假拿到实际工资 $(1+r)W_1$。为了决定在哪一个暑假工作，你应该比较 $(1+r)W_1$ 和你如果在下一个暑假工作将得到的实际工资 W_2。当现在的工资 W_1 增加或实际利率 r 上升时，你就会有更大的激励在这个暑假用工作替代闲暇，即选择在这个暑假而不是下一个暑假去工作。

现在让我们来考虑一下当生产率上升从而经济移动到图 22 - 1 中的点 2 时（总产出上升到 Y_2^P）会发生什么。因为生产率上升了，工人们现在可能得到更高的实际工资，跨期替代告诉我们，他们将会愿意更多地工作。[①] 结果，当产出上升时，就业上升，失业下降。类似地，当存在负向的生产率冲击从而经济移动到点 3 时（产出下降到 Y_3^P），现在的实际工资下降，就业下降，失业上升。注意，在这两种情况下，失业率随着自然失业率变动，因此经济保持着充分就业，失业缺口为零。

在真实经济周期模型中，失业是自愿发生的。它源于工人为最大化自己的福利所做出的选择。这并不意味着衰退对工人是没有成本的。事实上是有的，他们的收入必然下降。因为实际工资下降了，他们自愿地选择了工作更少时间。

□ 对真实经济周期模型的反对意见

对真实经济周期分析有如下几点重要的批评。

---

① 生产率冲击对实际利率的影响是不确定的，因此，取决于模型的不同，这里描述的跨期替代效应可能会被削弱。

索洛残差和生产率冲击。 真实经济周期分析的批评者对来自索洛残差的证据提出了质疑。他们认为，当经济放缓和企业关门时，企业根本不会关闭每个闲置的工厂和裁掉每个不需要的工人。相反，它们往往储备资本和劳动，为经营活动最终的全面恢复做准备。这些作为**劳动储备**（labor hoarding）的工人们很多在工作时间都无所事事但在政府调查中仍被计入"就业者"。闲置的资本仍然在账簿上。于是，经济中真正被用于生产产出的机器和工人的数量被高估了，由此算出的工人人均产出和每 1 美元资本的产出就下降了。即便工人和机器的生产率跟有工作可做时一样，负向生产率冲击根本就不存在，对劳动和资本的储备也会造成负向生产率冲击的表象。

负向的生产率冲击。 真实经济周期的批评者还质疑生产率冲击是否可能为负。互联网等新事物会引起正向冲击。但是，因为一般来说技术会随着时间不断发展，很难想象为什么技术会有退步。真实经济周期模型的支持者给出了一些负向冲击的例子，例如，那些降低了产出的糟糕的政府政策，或者暂时性地降低了资本市场效率的金融危机。

顺周期的通货膨胀和就业。 正如我们在图 22-1 中看到的，真实经济周期模型表明，在总需求曲线不变的条件下，总产出的增加伴随着通货膨胀率的下降，而总产出的减少伴随着通货膨胀率的上升。正如我们在第 8 章中所看到的，数据中并没有发现这种效应。通货膨胀率往往在经济繁荣期间上升而在衰退期间下降。顺周期的通货膨胀与真实经济周期模型所表明的正好相反。真实经济周期模型的支持者则挑战了"通货膨胀是顺周期的"这一论断。爱德华·普雷斯科特和芬恩·基德兰德认为顺周期性不是第二次世界大战后时期的一个特征。例如，在 20 世纪 70 年代中期和后期的石油价格冲击之后的衰退期间，通货膨胀率急剧上升。[1]（然而，他们的观点并没有被真实经济周期分析的批评者所接受。）

市场出清假设。 许多经济学家对真实经济周期模型中的市场出清假设也表示怀疑。他们认为，经验证据说明了工资和价格远远不是具有完全弹性的。另外，他们发现真实经济周期分析中"失业是自愿的"这一观点是非常不现实的。如果试着去问某些失业的工人他们是不是自己选择更少地工作，你很有可能会得到一些不太愉快的但是在情理之中的回应。

新凯恩斯主义模型

随着经济学家逐渐接受"经济周期理论应该有坚实的微观基础"这一主张，他们开始采纳这样一种观点：理性预期为预期如何形成提供了一个很好的基准。另外，许多经济学家发现真实经济周期模型的分析技巧具有吸引力。但是，大量经济学家仍然不愿接受"工资和价格具有完全弹性"和"总需求冲击在经济周期中没有任何作用"的古典观点。这种推理使经济学家开始将理性预期和真实经济周期理论家的许多分析与有很好的

[1] Finn Kydland and Edward C. Prescott, "Business Cycles: Real Facts and a Monetary Myth," *Quarterly Review*, Federal Reserve Bank of Minneapolis (Spring 1990): 3-18.

微观经济基础并考虑了工资和价格黏性的模型相结合。凯恩斯主义经济学家建立了**新凯恩斯主义模型**（new Keynesian model），它基于与真实经济周期模型相似的微观经济基础但其分析中嵌入了黏性。这样的模型也被称为**动态随机一般均衡模型**［dynamic stochastic general equilibrium（DSGE）model］，这是因为它们允许经济随时间增长（动态的）和遭受冲击（随机的），同时又建立在一般均衡原理的基础之上。[①]

□ 新凯恩斯主义模型的区块

新凯恩斯主义模型有三个区块：总生产、新凯恩斯主义短期总供给曲线（菲利普斯曲线）和新凯恩斯主义总需求曲线（IS 曲线）。

总生产。 和真实经济周期框架一样，新凯恩斯主义模型的基本区块是我们在方程（1）看到的总生产函数：

$$Y^P = F(K, L) = A K_t^{0.3} L_t^{0.7}$$

新凯恩斯主义模型将对生产率 A 的冲击看成潜在产出波动和（从而）总供给波动的一个重要来源。因此，和在真实经济周期模型一样，长期总供给曲线会有波动。例如，如果一项技术创新引起 A 上升，那么长期总供给曲线就会从图 22-3 中的 $LRAS_1$ 移动到 $LRAS_3$。尽管新凯恩斯主义模型的这一特征与真实经济周期模型存在很多共同之处，但它与真实经济周期模型不同：它允许短期总供给曲线不同于长期总供给曲线。

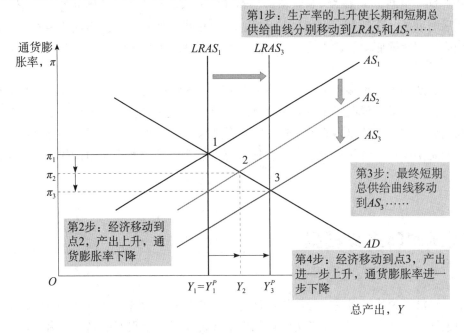

图 22-3　新凯恩斯主义模型

新凯恩斯主义模型中的短期总供给曲线是向上倾斜的，如 AS_1、AS_2 和 AS_3 所表明的那样。如果生产率上升，长期总供给曲线将会向右移动，从 $LRAS_1$ 移动到 $LRAS_3$。因为最初点 1 的总产出低于潜在产出（$Y_1 < Y_1^P$），于是短期总供给曲线从 AS_1 向下移动到 AS_2，经济移动到 AS_2 与 AD 的交点 2 处，总产出上升到 Y_2，通货膨胀率下降到 π_2。在点 2 处产出仍然低于潜在产出，因此最终短期总供给曲线向下移动到 AS_3，经济移动到 $LRAS_3$ 和 AD 的交点 3 处。

---

① 精确地说，真实经济周期模型也是 DSGE 模型，但这样的模型比新凯恩斯主义模型要狭义得多。

新凯恩斯主义短期总供给曲线（菲利普斯曲线）。与真实经济周期模型相反，新凯恩斯主义模型将价格视为黏性的，即它们变动得并不频繁。新凯恩斯主义理论提出了交错定价的概念，这一概念我们在第 8 章讨论过，指的是企业将自己的价格固定一段时间，但不和其他企业同时调整价格。交错定价意味着一个企业会设定能反映自己的产品现有和未来需求的价格，因为它意识到其他的企业可能在未来改变价格。当所有的企业都这么定价时，我们得到了一条与我们在第 11 章讨论的菲利普斯曲线相似但有些微妙区别的短期总供给曲线。通货膨胀不是依赖于今天的预期通货膨胀率、产出缺口和价格冲击（新凯恩斯主义者称之为加成冲击），而是依赖于明天的预期通货膨胀率、产出缺口和加成冲击，即[①]：

$$\pi_t = \beta E_t \pi_{t+1} + \gamma(Y_t - Y_t^P) + \rho_t \tag{2}$$

其中：

β＝表明对未来通货膨胀的预期如何影响现在通货膨胀的参数

$E_t \pi_{t+1}$＝时期 t 时（即今天）对下一期即 $t+1$ 期通货膨胀的预期

$Y_t - Y_t^P$＝产出缺口

γ＝描述通货膨胀对产出缺口敏感度的参数

ρ_t＝价格（加成）冲击项

注意我们在上一个方程描述短期总供给曲线时加入了时间下标，而在第 11 章并没有这样做。我们这样做是因为在理解新凯恩斯主义模型与第 12 章里介绍的总需求-总供给模型有何不同时，时序（时间顺序）变得非常重要。

经过一些代数运算，我们可以将方程（2）所代表的新凯恩斯主义短期总供给曲线（菲利普斯曲线）等价地写成[②]：

$$\pi_t = \sum_{j=0}^{\infty} \beta^j E_t \left[\gamma(Y_{t+j} - Y_{t+j}^P) + \rho_{t+j} \right] \tag{3}$$

这样，新凯恩斯主义短期总供给曲线（菲利普斯曲线）包含了交错定价的影响：企业将设定既反映现在的经济情况也反映未来的经济情况的价格（在这里，未来的经济情况由预期的未来产出缺口和加成冲击所代表）。

正如你在方程（2）中可以看到的，新凯恩斯主义菲利普斯曲线分析意味着短期总

---

① 推导出方程（2）是为了描述对通货膨胀率被固定在某一给定水平这种情况的偏离。在这种解释中，β 被认为是一个贴现率，即未来收入折现成现值的比率，因此，β 小于 1。注意，由于方程（2）描述的仅仅是在一个稳定的通货膨胀率附近的偏离，我们不能用这个方程来证明"由于预期通货膨胀率的系数不是 1，所以通货膨胀和产出之间存在永久的权衡"。

② 为了弄明白这个方程是怎么得到的，我们需要将方程（2）往前写一个时期，

$$\pi_{t+1} = \beta E_{t+1} \pi_{t+2} + \gamma(Y_{t+1} - Y_{t+1}^P) + \rho_{t+1}$$

然后将方程两边同时取期望，得到：

$$E_t \pi_{t+1} = \beta E_t \pi_{t+2} + E_t \gamma(Y_{t+1} - Y_{t+1}^P) + E_t \rho_{t+1}$$

现在将 $E_t \pi_{t+1}$ 的表达式代入方程（2），得到：

$$\pi_t = \gamma(Y_t - Y_t^P) + \rho_t + \beta E_t \left[\gamma(Y_{t+1} - Y_{t+1}^P) + \rho_{t+1} \right] + \beta^2 E_t \pi_{t+2}$$

继续类似的步骤，最终我们可以得到下面的方程：

$$\pi_t = \gamma(Y_t - Y_t^P) + \rho_t + \beta E_t \left[\gamma(Y_{t+1} - Y_{t+1}^P) + \rho_{t+1} \right] + \beta^2 E_t \left[\gamma(Y_{t+2} - Y_{t+2}^P) + \rho_{t+2} \right]$$
$$+ \beta^3 E_t \left[\gamma(Y_{t+3} - Y_{t+3}^P) + \rho_{t+3} \right] + \beta^4 E_t \left[\gamma(Y_{t+4} - Y_{t+4}^P) + \rho_{t+4} \right] + \cdots$$

这个方程用加总符号写出来时就是正文中的方程（3）。

供给曲线向上倾斜，且每条曲线对应于明天的预期通货膨胀率的一个特定水平。注意，在图 22-3 中今天的通货膨胀率和明天的预期通货膨胀率初始值均为 π_1。在这个预期通货膨胀率水平，$Y=Y^P$，因此短期总供给曲线 AS_1 经过点 1。然后，方程（2）说明真实通货膨胀率将等于 π_1，且预期它不会发生变化，因此明天的预期通货膨胀率也将等于 π_1。如果 Y 上升到超过 Y^P，那么真实通货膨胀率就会大于 π_1，因此短期总供给曲线是向上倾斜的。

新凯恩斯主义 *IS* 曲线和总需求曲线。 通过学习第 18 章和第 19 章中消费者和企业行为的微观基础，我们观察到消费者和企业都是具有前瞻性的。前瞻的行为表明消费支出和投资支出都会依赖于现在和未来的产出。毕竟，如果你预期未来会很美好，那么你现在就会愿意购买更多的产品和服务。类似地，如果企业也预期未来会很美好，它们知道对它们产品的需求将会上升，那么它们现在就会更多地投资以便它们明天可以生产更多的产品去卖。

我们在第 9 章中推导的 *IS* 曲线缺乏这种动态特征，但可以经过修正以包含对未来产出的预期和现在的实际利率。这种推理过程导出了下面的新凯恩斯主义 *IS* 曲线：

$$Y_t = \beta E_t Y_{t+1} - \delta r_t + d_t \qquad (4)$$

其中，β 是表明当对未来产出的预期变化时现期产出会变化多少的参数，δ 描述了产出对实际利率的敏感度，d_t 是源于我们在第 9 章中讨论过的消费支出、投资支出、净出口或财政政策的自发性变化的需求冲击。

和方程（2）一样，我们可以做一些代数变化将方程（4）改写成①：

$$Y_t = \sum_{j=0}^{\infty} \beta^j E_t(-\delta r_{t+j} + d_{t+j}) \qquad (5)$$

这条动态的 *IS* 曲线，再加上货币政策（*MP*）曲线，意味着总产出不仅如在第 9 章那样依赖于今天的货币政策（用现期的实际利率 r_t 来代表）和今天的需求冲击（d_t），而且依赖于对未来货币政策和需求冲击（即未来实际利率 r_{t+1}、r_{t+2} 等和 d_{t+1}、d_{t+2} 等）的预期。

方程（4）所代表的 *IS* 曲线就是我们在图 22-3 中看到的向下倾斜的总需求曲线。当通货膨胀率更高时，由于货币当局遵循泰勒原理，它们会提高实际利率，然后，更高的实际利率引起投资支出、消费支出和净出口下降和均衡产出下降，如总需求曲线 AD_1 所示。然而，注意总需求曲线依赖于对未来产出的预期。

---

① 参数 β 在这里仍然可以被认为是贴现率，与方程（2）和方程（3）中所用的 β 相同。为明白方程（5）是如何得到的，首先我们将方程（4）往前写一个时期，

$$Y_{t+1} = \beta E_{t+1} Y_{t+2} - \delta r_{t+1} + d_{t+1}$$

然后将方程两边同时取期望，得到：

$$E_t Y_{t+1} = \beta E_t Y_{t+2} + E_t[-\delta r_{t+1} + d_{t+1}]$$

现在将 $E_t Y_{t+1}$ 的表达式代入方程（4），得到：

$$Y_t = -\delta r_t + d_t + \beta E_t[-\delta r_{t+1} + d_{t+1}] + \beta^2 E_t Y_{t+2}$$

继续类似的步骤，最终我们可以得到下面的方程：

$$Y_t = -\delta r_t + d_t + \beta E_t[-\delta r_{t+1} + d_{t+1}] + \beta^2 E_t[-\delta r_{t+2} + d_{t+2}] + \beta^3 E_t[-\delta r_{t+3} + d_{t+3}]$$
$$+ \beta^4 E_t[-\delta r_{t+4} + d_{t+4}] + \beta^5 E_t[-\delta r_{t+5} + d_{t+5}] + \cdots$$

这个方程用加总符号写出来就是正文中的方程（5）。

宏观经济学：政策与实践（第二版）

□ 新凯恩斯主义模型中的经济周期波动

现在我们来看看当存在总供给或总需求冲击时，在新凯恩斯主义模型中，短期产出和通货膨胀率会发生什么变化。

总供给冲击的影响。 和在真实经济周期模型里一样，对长期总供给的冲击可能是经济周期波动的一个重要来源。参考图 22-3，假定经济初始时位于点 1，总产出为 Y_1，通货膨胀率为 π_1。如果生产率增长出现加速，例如因为新机器人技术使制造部门效率更高了，那么长期总供给曲线就会从 $LRAS_1$ 向右移动到 $LRAS_3$。因为初始状态点 1 处的总产出现在低于潜在产出，此时经济不景气（$Y_1 < Y_3^p$），所以短期供给曲线向右下方移动，从 AS_1 移动到 AS_2，经济移动到点 2，总产出上升到 Y_2，通货膨胀率下降到 π_2。[①]

因为在点 2 处经济仍然不景气（$Y_2 < Y_3^p$），短期总供给曲线会继续向下移动，直到经济到达点 3，即新的长期总供给曲线 $LRAS_3$ 和总需求曲线 AD 的交点。这一长期均衡点与真实经济周期模型中短期就会达到的点是同一个点，在该点，产出进一步上升，通货膨胀率进一步下降。

总需求冲击的影响。 现在让我们来考虑一下如果消费者的自信突然增加从而开始支出更多会发生什么。这种正向的需求冲击使总需求曲线从 AD_1 向右移动到 AD_2，如图 22-4 所示。如果这一冲击没有被预期到，那么对未来产出和通货膨胀的预期就不会发生变化，所以短期总供给曲线仍为 AS_1。于是经济将从点 1 移动到点 2，总产出上升到 Y_2，通货膨胀率上升到 π_2。

但是如果总需求冲击是被预期到的呢？现在，企业就会预期下一期的通货膨胀率会更高，所以短期总供给曲线将向上移动。但是，因为价格是黏性的，对下一期通货膨胀率的预期还不会上升到 π_4，尽管最终经济将移动到长期均衡点点 4，即总需求曲线和长期总供给曲线的交点。价格的缓慢调整意味着尽管在新凯恩斯主义模型中预期是理性的，但是短期总供给曲线不会像工资和价格具有完全弹性时那样直接向上移动到 AS_4，而是只向上移动到 AS_3。于是，经济在点 3 处达到均衡，总产出上升到 Y_3，通货膨胀率上升到 π_3。在图 22-4 中我们可以看到 Y_2 大于 Y_3，这意味着产出对未被预期到的总需求冲击的反应要大于对被预期到的总需求冲击的反应。这是因为，当总需求冲击未被预期到时，短期总供给曲线不会移动，从而使通货膨胀率更低而产出更高。新凯恩斯主义模型区分了被预期到的与未被预期到的总需求冲击的影响，发现未被预期到的冲击对产出有更大的影响。

□ 对新凯恩斯主义模型的反对意见

对新凯恩斯主义模型的反对意见是，价格黏性的程度可能不是那么高。例如，经验证据发现企业非常频繁地改变价格。现在仍不清楚，新凯恩斯主义菲利普斯曲线中的核心因素，即价格缓慢调整的假设，是不是有依据的。然而，另外一些研究指出，即使价格非常频繁地变动，它们对总需求冲击的调整可能依然是缓慢的。企业可能会发现，相比于对它们所卖的特定产品的冲击而言，总体冲击不是那么重要。于是，它们可能会发

---

① 注意，如果生产率冲击被预期到了，那么，短期总供给曲线会向下移动更多，而总需求曲线会因为未来的总产出会更高而向右移动。结果是产出甚至更高。

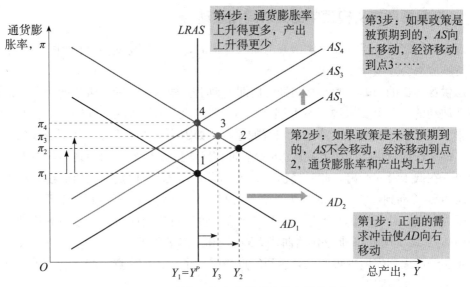

第4步：通货膨胀率上升得更多，产出上升得更少

第3步：如果政策是被预期到的，AS向上移动，经济移动到点3……

第2步：如果政策是未被预期到的，AS不会移动，经济移动到点2，通货膨胀率和产出均上升

第1步：正向的需求冲击使AD向右移动

图 22 - 4　新凯恩斯主义模型中的总需求冲击

　　由扩张性政策引起的正向需求冲击使总需求曲线从 AD_1 向右移动到 AD_2，但是如果政策是未被预期到的，那么短期总供给曲线仍为 AS_1。于是经济将从点 1 移动到点 2，总产出上升到 Y_2，通货膨胀率上升到 π_2。如果政策是被预期到的，那么短期总供给曲线就会向上移动到 AS_3（但不会直接上升到 AS_4，AS_4 是价格具有完全弹性而不是具有黏性时短期总供给曲线会达到的位置），经济移动到点 3，在该点，总产出上升到 Y_3（小于 Y_2），通货膨胀率上升到 π_3（高于 π_2）。

现在定价决策中关注总需求冲击是不值得的（从而，出于第 8 章中描述的原因，就可能选择理性疏忽）。在这种情况下，就会有相对总需求冲击的价格黏性，因而新凯恩斯主义模型仍然成立。

　　新凯恩斯主义模型虽然遇到了一些争议，但是它已经成为近些年政策讨论中占主导地位的模型。

经济周期模型的比较

　　为清楚地描述我们在本章讨论的这两种研究经济周期模型的新方法的影响，我们把它们与在第 12 章中概述的总需求和总供给的标准模型相比较。我们把后者称为**传统凯恩斯主义模型**（traditional Keynesian model）。然后，我们还将比较每个模型对政策制定者应该如何对产出缺口做出反应以及如何制定降低通货膨胀率的政策所持的观点。

模型之间有何不同

　　在传统凯恩斯主义模型中，预期不是理性的，而是适应性的和后顾的。另外，传统模型是凯恩斯主义的，这是因为作为短期总供给曲线的基础的菲利普斯曲线假设价格不会立即调整，因而是黏性的。相反，真实经济周期模型和新凯恩斯主义模型都假设预期是理性的。

我们可以把真实经济周期模型看成新凯恩斯主义模型的一个特例，在这个特例中，价格变得越来越有弹性。随着价格弹性的增加，在新凯恩斯主义菲利普斯曲线中通货膨胀对产出缺口的反应越来越快——换句话说，方程（2）中的系数 γ 上升，短期总供给曲线变得越来越陡，如同我们在图 22-5 看到的那样。确实，随着 γ 越来越大，短期供给曲线会一直旋转，直到它与长期总供给曲线重合。因此，随着价格变得越来越有弹性，新凯恩斯主义模型越来越接近真实经济周期模型。

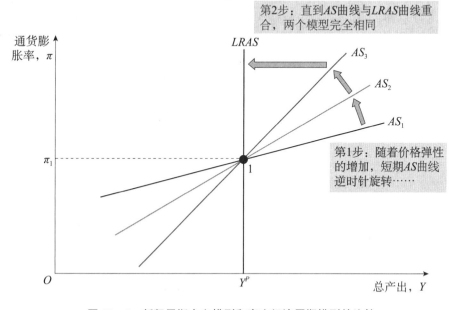

图 22-5　新凯恩斯主义模型和真实经济周期模型的比较

　　随着价格变得越来越有弹性，在新凯恩斯主义菲利普斯曲线中通货膨胀对产出缺口的反应越来越快，系数 γ 上升，短期总供给曲线变得越来越陡，从 AS_1 旋转到 AS_2，再到 AS_3。当价格具有完全弹性时，短期供给曲线变成垂直的，与真实经济周期模型中的长期总供给曲线重合。

　　新凯恩斯主义模型与真实经济周期模型还有一个相同的观点：长期供给冲击可以改变经济周期。新凯恩斯主义模型还认为需求冲击也可能是重要的。这两个模型唯一的区别在于程度：你偏好哪个模型取决于你认为在何种程度上经济周期波动是源于供给冲击而非需求冲击。

　　为了便于学习，我们在汇总表 22-1 中列出了经济周期模型之间的差别。

汇总表 22-1　　　　　　　　　三个经济周期模型的比较

模型	预期	价格弹性	长期供给冲击是不是经济周期波动的来源之一
真实经济周期模型	理性的	完全弹性	是，且是经济周期波动的唯一来源
新凯恩斯主义模型	理性的	黏性的	是，但是需求冲击也很重要
传统凯恩斯主义模型	适应性的	黏性的	不是

□ 短期产出和价格的反应：对稳定化政策的影响

　　为了更好地理解这三个模型，我们首先比较这三个模型就扩张性政策对产出和通货膨胀率的短期影响以及稳定性政策（稳定产出、就业和失业波动等的政策）的影响说了些什么。接着我们考察它们对旨在降低通货膨胀率的政策的启示。为了便于学习，我们在汇总表 22 - 2 中汇总了三个模型中短期内产出和通货膨胀率的不同反应以及由此得到的政策启示。

汇总表 22 - 2　　　　　　　　在三个经济周期模型中经济对政策的不同反应

模型	对未被预期到的扩张性政策的反应	对被预期到的扩张性政策的反应	相机抉择的政策有益吗	对未被预期到的反通货膨胀政策的反应	对被预期到的反通货膨胀政策的反应	可信性对反通货膨胀政策的成功是否很重要
真实经济周期模型	Y 不变化，$\pi\uparrow$	Y 不变化，$\pi\uparrow$	否	Y 不变化，$\pi\downarrow$	Y 不变化，$\pi\downarrow$	否
传统凯恩斯主义模型	$Y\uparrow$，$\pi\uparrow$	$Y\uparrow$，$\pi\uparrow$，上升的幅度与政策未被预期到的情形一样	是	$Y\downarrow$，$\pi\downarrow$	$Y\downarrow$，$\pi\downarrow$，下降的幅度与政策未被预期到的情形一样	否
新凯恩斯主义模型	$Y\uparrow$，$\pi\uparrow$	$Y\uparrow$，上升的幅度小于政策未被预期到的情形。$\pi\uparrow$，上升的幅度大于政策未被预期到的情形	是，但是制定一项有益的政策很困难	$Y\downarrow$，$\pi\downarrow$	$Y\downarrow$，下降的幅度小于政策未被预期到的情形。$\pi\downarrow$，下降的幅度大于政策未被预期到的情形	是

图 22 - 6 的三幅图形也比较了总产出和通货膨胀率对扩张性政策的反应。经济的初始点是点 1，即总需求曲线 AD_1 与长期总供给曲线 $LRAS$ 的交点，总产出为 $Y_1 = Y^P$。现在假定扩张性的政策，如货币政策的自发放松或政府支出的增加，使总需求曲线从 AD_1 向右移动到 AD_2。

真实经济周期模型。在图 22 - 6（a）描绘的真实经济周期模型中，价格具有完全弹性，所以短期总供给曲线与长期总供给曲线 $LRAS$ 相同。于是，扩张性政策使经济移动到点 2，即总需求曲线 AD_2 与长期总供给曲线 $LRAS$ 的交点。通货膨胀率立即上升到 π_2，而总产出保持不变，仍为 $Y_1 = Y^P$。因此，在真实经济周期模型中，扩张性政策只导致更高的通货膨胀率，而没有提高产出。

因此，移动总需求曲线的政策并不能影响总产出，总产出的变动是由能引起潜在产出和长期总供给曲线移动的真实冲击决定的。如此看来，传统的货币政策和财政政策对稳定产出、就业或失业波动就失去了作用。[①]

---

① 然而，能够影响长期总供给曲线的财政政策，如第 16 章讨论过的某些减税措施，可以用来稳定产出和失业波动。

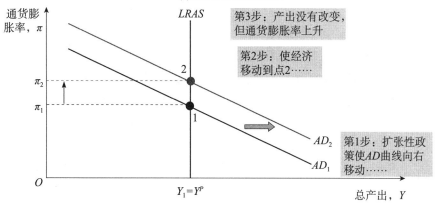

(a) 真实经济周期模型

通货膨胀率，π

LRAS

第3步：产出没有改变，但通货膨胀率上升

第2步：使经济移动到点2……

π_2
π_1

2

1

AD_2

AD_1

第1步：扩张性政策使AD曲线向右移动……

O

$Y_1 = Y^P$

总产出，Y

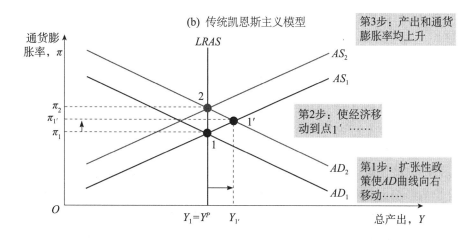

(b) 传统凯恩斯主义模型

第3步：产出和通货膨胀率均上升

通货膨胀率，π

LRAS

AS_2

AS_1

π_2
$\pi_{1'}$
π_1

2

1'

1

第2步：使经济移动到点1'……

AD_2

AD_1

第1步：扩张性政策使AD曲线向右移动……

O

$Y_1 = Y^P$　$Y_{1'}$

总产出，Y

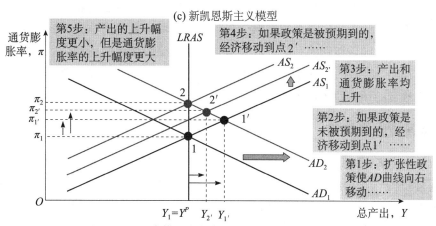

(c) 新凯恩斯主义模型

第5步：产出的上升幅度更小，但是通货膨胀率的上升幅度更大

通货膨胀率，π

LRAS

第4步：如果政策是被预期到的，经济移动到点2'……

AS_2　$AS_{2'}$

AS_1

第3步：产出和通货膨胀率均上升

π_2
$\pi_{2'}$
$\pi_{1'}$
π_1

2

2'

1'

1

第2步：如果政策是未被预期到的，经济移动到点1'……

AD_2

AD_1

第1步：扩张性政策使AD曲线向右移动……

O

$Y_1 = Y^P$　$Y_{2'}$ $Y_{1'}$

总产出，Y

图 22-6　三个模型短期内对扩张性政策的反应的比较

在图（a）、图（b）和图（c）表示的三个模型中，经济的初始点都是点 1。扩张性的政策使总需求曲线从 AD_1 移动到 AD_2。在图（a）所示的真实经济周期模型中，经济立即移动到点 2，即 AD_2 与 LRAS 的交点。在图（b）所示的传统凯恩斯主义模型中，不管政策是否被预期到，扩张性政策都使经济移动到点 1'。在图（c）所示的新凯恩斯主义模型中，如果政策是未被预期到的，扩张性的政策会使经济移动到点 1'，如果政策是被预期到的，经济则会移动到点 2'。

那么宏观经济政策制定者的作用是什么呢？真实经济周期模型描述的世界是我们在第 5 章中讨论的古典二分法完全成立的世界。货币政策对经济的实际值没有任何影响，只能用于控制通货膨胀。正如我们在第 5 章发现的那样，货币政策制定者将只关注控制货币供给以便通货膨胀率保持在低且稳定的水平。

传统凯恩斯主义模型。传统凯恩斯主义模型中的适应性预期和黏性价格意味着被预期到的政策对预期没有任何影响，从而对总供给也没有影响。因此，在图 22-6 (b) 所示的传统凯恩斯主义模型中，不管扩张性政策是否被预期到，短期总供给曲线仍然是 AS_1。在图 22-6 (b) 中的经济移动到点 1'，即 AD_2 与 AS_1 的交点，产出上升到 $Y_{1'}$，通货膨胀率上升到 $\pi_{1'}$。传统凯恩斯主义模型并没有区分被预期到的政策和未被预期到的政策的影响：两者对产出和通货膨胀率的影响相同。

新凯恩斯主义模型。在图 22-6 (c) 所示的新凯恩斯主义模型中，当扩张性政策是未被预期到的时，短期总供给曲线停留在 AS_1，经济移动到 AD_2 与 AS_1 的交点点 1'，产出上升到 $Y_{1'}$，通货膨胀率上升到 $\pi_{1'}$。然而，与传统凯恩斯主义模型不同的是，在新凯恩斯主义模型中，被预期到的政策会影响短期总供给曲线，就如早前分析的被预期到的总需求冲击一样。AS 曲线并不会直接移动到 AS_2：价格黏性使通货膨胀率在短期内无法对被预期到的政策做出充分的调整。相反，当扩张性政策是被预期到的时，短期总供给曲线只移动到 $AS_{2'}$，经济移动到点 2'，产出上升到 $Y_{2'}$，通货膨胀率上升到 $\pi_{2'}$。注意产出水平 $Y_{2'}$ 小于当扩张性政策未被预期到时的产出水平 $Y_{1'}$。新凯恩斯主义模型区分了被预期到的和未被预期到的政策带来的不同影响。在新凯恩斯主义模型中，被预期到的政策对产出的影响小于未被预期到的政策的影响。另外，在新凯恩斯主义模型中，被预期到的政策对通货膨胀的影响大于未被预期到的政策的影响。

与真实经济周期模型不同，新凯恩斯主义模型并没有排除政策制定者试图稳定经济活动的努力的有利影响。可是，信奉新凯恩斯主义模型的政策制定者还有一些大的困难需要克服。第一，政策制定者必须考虑公众预期。一项新政策的结果如何取决于计划是被预期到的还是未被预期到的。第二，政策制定者必须考虑他的行动会如何影响公众对未来政策的预期。在新凯恩斯主义 IS 曲线中，总需求不仅受到现在政策的影响，而且受到对未来政策的预期的影响。

□ 反通货膨胀政策

对政策制定者来说，采取政策来降低通货膨胀率是否值得是一个关键议题。一种衡量降低通货膨胀率的成本的方法是采用一个被称为牺牲率的概念。**牺牲率**（sacrifice ratio）是指为了降低一个百分点的通货膨胀率而必须放弃的实际 GDP 的百分点数。例如，如果降低 5 个百分点通货膨胀率的代价是实际 GDP 累计下降了 15 个百分点，那么，牺牲率就是 3（＝15/5）。牺牲率越高，政策制定者为降低通货膨胀率而采取紧缩性政策的成本就越高。

为了弄明白在每个模型中牺牲率可能有多高，让我们利用图 22-7 来看看当政策制定者力图降低通货膨胀率时会发生什么。假定经济开始时通货膨胀率为 10%，处于

总需求曲线 AD_1 和长期总供给曲线 $LRAS$ 的交点点 1。一位新的联储主席上任了，他决定必须把通货膨胀率降低到 2％ 的水平，这是他相信与价格稳定一致的水平。为了使通货膨胀率下降到这个水平，总需求曲线不得不向左移动到 AD_2（联储通过提高在任何通货膨胀率下的实际利率来做到这一点），以便经济最终移动到点 2，即 AD_2 与 $LRAS$ 的交点，此处通货膨胀率为 $\pi_2 = 2％$。我们将分析在每个模型中这一反通货膨胀政策的影响。

真实经济周期模型。 在如图 22 - 7（a）所示的真实经济周期模型中，价格是具有完全弹性的，短期总供给曲线与长期总供给曲线 $LRAS$ 相同。总需求曲线从 AD_1 到 AD_2 的移动使经济立即从点 1 移动到点 2，总产出保持在 Y^P 的水平。因此，在真实经济周期模型中，反通货膨胀政策降低了通货膨胀率，但没有改变实际产出。因此，真实经济周期模型意味着通货膨胀率的降低不必以降低产出为代价，从而牺牲率为零。

传统凯恩斯主义模型。 在如图 22 - 7（b）所示的传统凯恩斯主义模型中，不管反通货膨胀政策是被预期到的还是未被预期到的，短期总供给曲线都不会发生改变。于是，当总需求曲线从 AD_1 向左移动到 AD_2 时，经济移动到点 $2'$（AD_2 与 AS_1 的交点）。通货膨胀率确实下降到了 $\pi_{2'}$，但是产出也降低到 $Y_{2'}$，它低于潜在产出水平。在传统凯恩斯主义模型中，由于实现通货膨胀率的降低要求以产出下降为代价，因此，降低通货膨胀率是有成本的，从而牺牲率高。

当然，因为产出 Y 低于潜在产出水平 Y^P，最终经济不景气将会引起短期总供给曲线向下移动到 AS_2，通货膨胀率将下降到 2％ 的目标。

新凯恩斯主义模型。 在如图 22 - 7（c）所示的新凯恩斯主义模型中，当反通货膨胀政策是未被预期到的时，短期总供给曲线保持在 AS_1 的位置，经济将移动到点 $2'$，即 AS_1 和 AD_2 曲线的交点。此时总产出下降到 $Y_{2'}$，而通货膨胀率下降到 $\pi_{2'}$。然而，如果反通货膨胀政策是被预期到的，短期总供给曲线将从 AS_1 向下移动到 $AS_{2''}$，但不会像在真实经济周期模型中工资和价格都具有完全弹性时那样直接下降到 AS_2。因此，经济移动到点 $2''$，即 AD_2 和 $AS_{2''}$ 的交点。通货膨胀率下降到 $\pi_{2''}$，低于反通货膨胀政策是未被预期到的这种情况下的通货膨胀率 $\pi_{2'}$。总产出下降到 $Y_{2''}$，与政策是未被预期到的这种情况下总产出下降到 $Y_{2'}$ 相比，它下降得更少。在新凯恩斯主义模型中，反通货膨胀政策是以损失产出为代价的。可是，当反通货膨胀政策是被预期到的时，牺牲率更低。

因为产出 Y 小于潜在产出水平 Y^P，最终经济不景气会引起短期总供给曲线继续向下移动到 AS_2，通货膨胀率将下降到 2％ 的目标。然而，新凯恩斯主义模型有这样一个观点：反通货膨胀政策要想以最低的产出损失为代价成功地降低通货膨胀率，公众需要相信（预期）货币当局对降低通货膨胀率是非常严肃的。因此，为了使反通货膨胀政策获得最大的成功，当货币政策制定者采取反通货膨胀政策时，他们需要被公众信任。有鉴于此，新凯恩斯主义模型的支持者认为，中央银行获得可信性的方法，例如我们在第 21 章讨论过的通货膨胀目标制，对旨在稳定经济活动和通货膨胀的政策的效果是至关重要的。

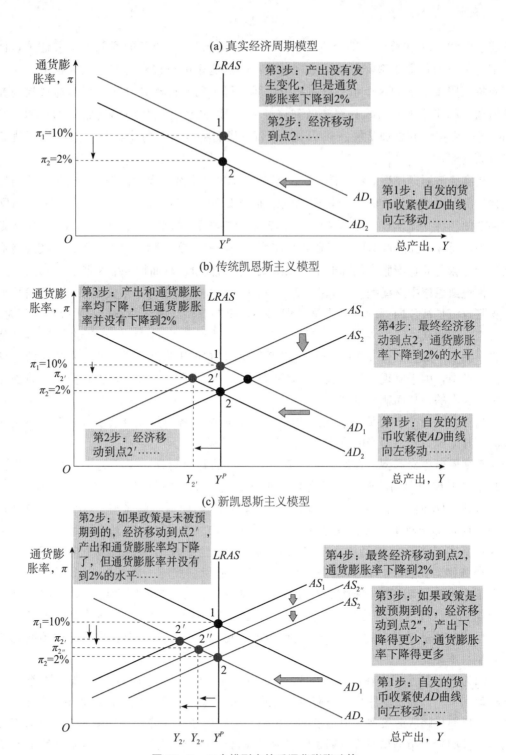

图 22 - 7　三个模型中的反通货膨胀政策

　　初始时，三个模型中的经济均处于均衡，即图（a）、图（b）和图（c）中的点 1。通货膨胀率为 $\pi_1 = 10\%$，总需求曲线从 AD_1 向左移动到 AD_2，从而最终经济移动到点 2，即 AD_2 和 $LRAS$ 的交点，此处通货膨胀率 $\pi_2 = 2\%$。在如图（a）所示的真实经济周期模型中，经济立即从点 1 移动到点 2，总产出维持在 Y^P 的水平。在如图（b）所示的传统凯恩斯主义模型中，不管政策是被预期到的还是未被预期到的，经济都会移动到点 2′。在如图（c）所示的新凯恩斯主义模型中，如果政策是未被预期到的，经济就会移动到点 2′，如果政策是被预期到的，经济就会移动到点 2″。

本章小结

1. 真实经济周期模型是非常古典的，因为它假设无论冲击是被预期到的还是未被预期到的，工资和价格都是具有完全弹性的。真实经济周期模型认为经济周期波动完全来自真实冲击，即对生产率或工人工作意愿的冲击，这些冲击引起了潜在产出和长期总供给的波动。

2. 新凯恩斯主义模型也假设预期是理性的，但是认为工资和价格是黏性的。新凯恩斯主义模型区分了被预期到的与未被预期到的政策的影响：被预期到的政策对总产出的影响比未被预期到的政策更小。然而，被预期到的政策对产出波动确实也很重要。

3. 真实经济周期模型认为相机抉择政策是达不到预期目标的，而传统和新凯恩斯主义模型则认为相机抉择可能是有好处的。但是，新凯恩斯主义模型表明特定政策的结果是不确定的，所以要设计一项有好处的相机抉择政策可能是非常困难的。在传统凯恩斯主义模型中，关于政策的预期对短期总供给曲线没有任何影响，因此没有区分被预期到的和未被预期到的政策的影响。这个模型支持相机抉择，因为特定政策的结果没有那么多不确定性。另外，传统凯恩斯主义模型认为反通货膨胀政策成本很高，而新凯恩斯主义模型则认为成本要低一些。真实经济周期模型则认为反通货膨胀政策没有任何成本。

关键术语

真实经济周期模型	真实冲击	索洛残差
跨期替代	劳动储备	新凯恩斯主义模型
动态随机一般均衡模型	传统凯恩斯主义模型	牺牲率

复习题

真实经济周期模型

1. 真实经济周期模型的关键思想是什么？它是怎么解释经济周期波动的？

2. 真实经济周期模型如何解释就业和失业的波动？

3. 对真实经济周期模型的反对意见有哪些？

新凯恩斯主义模型

4. 新凯恩斯主义模型的区块有哪些？简要解释这些区块。

5. 根据新凯恩斯主义框架，诸如某项革命性技术进步（如电子书的引入）引起的生产率提高之类的长期总供给冲击的影响是什么？

6. 根据新凯恩斯主义框架，当出现正向总需求冲击（例如消费者信心增加引起的总需求冲击）时，经济会发生什么变化？

经济周期模型的比较

7. 就预期、价格弹性和经济周期波动的潜在来源等方面比较传统凯恩斯主义模型、新凯恩斯主义模型和真实经济周期模型。

8. 传统凯恩斯主义模型、新凯恩斯主义模型和真实经济周期模型对扩张性政策的影响的分析有何不同？

9. 传统凯恩斯主义模型、新凯恩斯主义模型和真实经济周期模型对反通货膨胀政策的影响的分析有何不同？

10. 传统凯恩斯主义模型、新凯恩斯主义模型和真实经济周期模型对相机抉择政策的有效性的观点有何不同？

习题

真实经济周期模型

1. 假设生产函数为 $Y_t = AK_t^{0.4}L_t^{0.6}$。资本存量和产出的单位是万亿美元，劳动存量的单位是百万人。

变量	时期 1	时期 2	时期 3	时期 4	时期 5	时期 6
资本（K）	1	1	1.1	1	0.95	1
劳动（L）	32	33	32	32	32	32
产出（Y）	10.0	10.6	11.6	10.8	10.4	10.8
生产率（A）						

(a) 利用产出、资本和劳动存量的值计算每一期的索洛残差（生产率 A）及其增长率。注意：只计算时期 2～6 的增长率（时期 1 是初始时期，没有增长率）。

(b) 利用时期 2～6 的索洛残差（生产率）的增长率和产出的增长率画图。这个表构成支持真实经济周期理论的证据吗？为什么？

2. 真实经济周期模型是以如下思想为基础的：对生产率和工人工作意愿的冲击导致了潜在产出以及长期和短期总供给的波动。你会如何批评这种方法？

3. 下面是基于法国 2005—2012 年失业率和实际产出增长率的年度数据而绘制的图。关于产出和失业之间的关系，这些数据与真实经济周期理论一致吗？

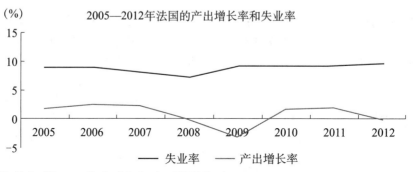

2005—2012年法国的产出增长率和失业率

资料来源：Federal Reserve Bank of St. Louis，FRED Database.

新凯恩斯主义模型

4. 利用新凯恩斯主义模型的图形表示，描述一次未被预期到的负向需求冲击的影响（将均衡标为点 2）。将这些影响与被预期到的负向需求冲击的影响（将其均衡标为点 3）进行比较。

5. 假定消费者信心急剧上升，这增加了消费者的支出意愿。用新凯恩斯主义模型描述消费者信心的急剧上升对产出和通货膨胀率的影响。要求区分消费者信心的急剧上升是被预期到的和未被预期到的这两种情形。

经济周期模型的比较

6. 在下面的例子中，判断哪个宏观经济模型更适合用来分析经济波动。

(a) 大部分工资都是集体谈判的结果，因此是相当刚性的。另外，预期的形成也是主要基于过去的数据。

(b) 极少数的价格是刚性的，经济主体的预期对变量变动以及影响宏观经济变量如何决定的政策变动反应非常迅速。

7. 中央银行官员做的演讲是中央银行的预期管理战略必不可少的一部分。在 2012 年 7 月，欧洲主权债务危机威胁到了欧洲货币联盟的存在。欧洲中央银行行长马里奥·德拉吉（Mario Draghi）发表了一次著名的演讲，发誓不惜一切代价拯救欧元。单是这次演讲就成功地降低了西班牙和意大利债券与德国债券之间令人担忧的高利差。谈谈这次演讲对公众对欧洲中央银行可信性的认识的影响。

8. 假定美国国会被迫提高税收来支付美国卫生保健改革的成本。如果经济主体完全预期到了这次增税，根据三个经济周期模型，描述这项政策的影响。

9. 在过去的 10 年，联储的透明度和与公众的沟通大幅改善了。关于联储在三个经济周期模型相关性上的观点，这说明了什么？

10. 下表显示了 20 世纪 80 年代早期沃尔克反通货膨胀期间的通货膨胀率和实际 GDP 水平。

时期	通货膨胀率	实际 GDP（10 亿美元）
1981 年第 1 季度	10.1%	6 628.6
1982 年第 4 季度	5.3%	6 486.2

(a) 利用表中数据计算牺牲率。

(b) 在沃尔克反通货膨胀之前，在公众眼里联储几乎没有可信性。给定这个背景和上表中的数据，关于三个经济周期模型在当时的相关性，你可以得出什么结论？

数据分析题

1. 访问圣路易斯联邦储备银行 FRED 数据库，找到实际 GDP（GDPC1）、劳动力（CLF16OV）以及固定资本实际消耗（A262RX1Q020SBEA，资本存量的一个衡量指标）的数据。把所有这些数据下载到 Excel 表格。对于 CLF16OV 序列，在下载前把频率调成季度。对于每个季度，计算索洛残差；然后，利用这些数值，计算索洛残差和实际 GDP 相比上个季度的百分比变化，再乘以 4 把季度增长率变为年化增长率。

(a) 对可获得数据的最近一个季度，实际 GDP 的增长率是多少？将它与索洛残差的增长率进行比较。

(b) 上次索洛残差增长率为负是什么时间？将它与 GDP 增长率进行比较。

(c) 利用 Excel 中的相关系数函数"= correl（）"计算可获得数据的最近五年里的 GDP 增长率和索洛残差增长率之间的相关系数。

(d) 你的计算支持还是否认了真实经济周期模型？请简要解释。

2. 访问圣路易斯联邦储备银行 FRED 数据库，找到平民就业人数（CE16OV）和个人消费支出价格指数（PCEPI）的数据。对于两个序列，将单位调成"与前一年相比的百分比变化"。

(a) 报告最近一个时期的通货膨胀率和就业增长率。

(b) 在上次衰退结束时，通货膨胀率和就业增长率为多少？

(c) 基于问题（a）和问题（b）的答案，数据支持还是否认了真实经济周期模型？请简要解释。

3. 访问圣路易斯联邦储备银行 FRED 数据库，找到实际 GDP（GDPC1）和 GDP 平减指数（GDPDEF）的数据。对于 GDP 平减指数，把单位调成"与前一年相比的百分比变化"，从而将其转换为通货膨胀率。下载数据。

(a) 基于过去 10 年的数据，找出通货膨胀率最低的时期。在该时期之前（但还是过去10 年之内），找出通货膨胀率最高的时期。这两个时期间的通货膨胀率的总变动是多少？

(b) 计算问题（a）找到的两个时期间实际 GDP 的百分比变化。

(c) 利用问题（a）和问题（b）的答案计算牺

性率。

(d) 从 1981 年第 1 季度到 1982 年第 4 季度，GDP 下降了 2.1%，通货膨胀率下降了 4.8 个百分点。比较这段时期的牺牲率与你在问题（c）计算得到的最近时期的牺牲率。

网上附录"新古典模型"见本书的配套网站 www. pearsonglobaleditions. com/mishkin。

结束语

政策与实践：宏观经济学家的共识和分歧

📖 预览

　　经济学家喜欢争论，宏观经济学家尤其如此。对于2007—2009年全球金融危机和大衰退，不同流派的宏观经济学家（古典学派和凯恩斯主义者）对政策制定者本来应该做些什么所持的观点大相径庭。凯恩斯主义经济学家认为联储和政府本来都应该采取积极的扩张性政策来刺激经济，且其中一些人认为现在已采取的措施还不够积极；而古典学派经济学家则认为联储和美国政府采取的这些措施是事与愿违的：它们对提高产出和就业没有什么帮助，反而可能导致更高的通货膨胀率。

　　有了理性预期革命、经济周期理论的新方法以及关于经济发展驱动因素的新研究，宏观经济学家对宏观经济政策实施的思考方式发生了很大的变化。尽管宏观经济学家对政策应该如何实施有一些重要的分歧，但是在宏观经济政策制定的一些关键原理上，他们的意见已经趋于一致。我们将讨论宏观经济学领域现在所处的状态以及宏观经济学家的共识和分歧。

宏观经济学家的共识

　　当代的古典经济周期理论和凯恩斯主义经济周期理论有着很多共同点。毫不令人奇怪的是，这些理论的发展和我们在本书中讨论的宏观经济学的其他研究中给出了一些关于政策与实践的原理。几乎所有当代宏观经济学家都同意这些原理，它们被称为"**新新古典综合**"（new neoclassical synthesis）。在此我们将看看近几十年宏观经济学领域是如

结束语　政策与实践：宏观经济学家的共识和分歧

545

何发展的，并且逐一考察新新古典综合中的每一条原理。①

□ 通货膨胀时时处处都是一种货币现象

受大萧条和 1936 年出版的凯恩斯的著作《就业、利息和货币通论》的影响，20 世纪 50 年代和 60 年代的大部分经济学家都成为凯恩斯主义者，他们不把货币政策看做总体经济发展的关键因素。米尔顿·弗里德曼和他的追随者（后来被称为货币主义者）的研究则认为货币供给的增长是总体经济活动的并且特别是通货膨胀的一个关键决定因素，原因我们在第 5 章中讨论过了。这导致米尔顿·弗里德曼发表了著名的观点"通货膨胀时时处处都是一种货币现象"，这一点我们在第 5 章也讨论过了。尽管宏观经济学界大部分人并不同意"货币增长总是决定短期通货膨胀走势的最重要的信息"这一观点，但宏观经济学界一致同意弗里德曼的名言，因为正如我们在第 13 章中看到的那样，货币政策决定了长期的通货膨胀率。②

□ 价格稳定的益处

由于 20 世纪 60 年代和 70 年代通货膨胀率的上升，不仅是经济学家，连政治家和公众都开始讨论通货膨胀的高成本。因为金融部门可以通过帮助个人和企业避免部分通货膨胀成本来赚取利润，所以高通货膨胀的环境导致了金融部门的过度投资，金融部门得到扩张。高通货膨胀，通常还伴随着通货膨胀率的高度可变性，导致了关于未来价格水平的不确定性，这使企业和个人对未来做计划并做出合适的决定变得更加困难，从而降低了经济效率。税收体系和通货膨胀的相互作用也提高了对经济活动有负面影响的扭曲。③ 对通货膨胀的高成本的认识引出了这样一个观点：价格稳定，即低且稳定的通货膨胀率，可以提高在经济中有效利用的资源水平，有助于提高经济增长率。

□ 失业和通货膨胀之间不存在长期权衡

凯恩斯主义的思想在 20 世纪 50 年代和 60 年代的主导地位源于这样一种观点：大萧条是当经济受到负向冲击时政策不作为的直接后果。这种见解使 20 世纪 60 年代出现了一个政策积极主义的时代，在此期间，凯恩斯主义经济学家论证说他们可以对经济进行微调，以轻微的通货膨胀为代价就可以实现高就业。这种思想中特别具有影响力的是诺

① "新新古典综合"的名称是 Marvin Goodfriend 和 Robert G. King 在 "The New Neoclassical Synthesis and the Role of Monetary Policy," *NBER Macroeconomics Annual* 12 (1997)：231 - 283 中提出的。关于新新古典综合和宏观经济学家的共识的一个最近的杰出综述，参见 Michael Woodford, "Convergence in Macroeconomics：Elements of the New Synthesis," *American Economics Journal：Macroeconomics* 1 (2009)：267 - 279。

② 尽管通货膨胀时时处处都是一种货币现象，但是，正如我们在第 16 章看到的那样，财政政策可能成为扩张性财政政策的最终来源。如果政府的预算赤字很大，那么，中央银行可能被迫购买这一债务，这导致货币供给扩张，后者又导致通货膨胀。

③ 关于通货膨胀成本的调查，参见 Stanley Fischer, "The Role of Macroeconomic Factors in Growth," *Journal of Monetary Economics* 32 (December 1993)：485 - 512；and Palle Anderson and David Gruen, "Macroeconomic Policies and Growth," in *Productivity and Growth：Proceedings of a Conference held at the H. C. Coombs Centre for Financial Studies, Kirribilli, Australia,* July 10 - 11, eds. Palle Anderson, Jacqueline Dwyer, and David Gruen (Sydney：Reserve Bank of Australia, 1995), 279 - 319。

贝尔经济学奖获得者保罗·萨缪尔森和罗伯特·索洛 1960 年发表的一篇文章①，这篇文章认为，菲利普斯曲线表明失业和通货膨胀之间存在长期权衡，这种权衡应该被利用起来。事实上，萨缪尔森和索洛甚至提到，一个非完美主义的 3% 的失业率目标可以在每年 4%～5% 的（他们认为的）低通货膨胀率环境下达到。萨缪尔森和索洛以及当时占主导地位的凯恩斯主义者的这种思想导致货币政策和财政政策变得更加积极，目的是将经济推进到充分就业状态并维持下去。然而，随后的经济记录并不令人欣慰：通货膨胀加速，在 20 世纪 70 年代美国和其他工业化国家的通货膨胀率最终攀升至 10% 以上，导致了"大通胀"（我们在第 13 章中讨论过）。与此同时，失业率也从 20 世纪 50 年代的水平开始上升。

1967 年和 1968 年，米尔顿·弗里德曼和另一位诺贝尔经济学奖得主、哥伦比亚大学的埃德蒙·费尔普斯论证了失业和通货膨胀之间不存在长期权衡：无论通货膨胀率是多少，经济在长期都会达到某个自然失业率。② 换句话说，长期菲利普斯曲线是垂直的，将失业率降低到自然失业率以下（或将产出提高到潜在产出以上）的努力只会导致更高的通货膨胀率。最终，经验研究也证实了失业和通货膨胀之间不存在长期权衡，于是宏观经济学家开始假设长期供给曲线是垂直的，我们在全书中用到的总需求-总供给分析中也是这么假设的。

□ 预期的重要作用

从 20 世纪 70 年代初开始，在第 21 章中讨论过的一系列论文中，罗伯特·卢卡斯发起了理性预期革命，理性预期革命证明，公众和市场对政策行动的预期对经济中几乎每个部门都有着重要影响。理性预期理论强调经济主体应该受到最优化行为的驱动，因而他们对未来变量的预期应该是利用所有可以获得的信息做出的最优预测（对未来的最优猜测）。因为由理性预期假设的最优化行为表明预期应该对新信息立即做出反应，所以理性预期理论表明到达长期不需要很长时间。因此，将失业率降至自然失业率水平之下的努力可能会迅速导致更高的通货膨胀率。另外，理性预期革命意味着货币政策对经济的影响极大地受到政策是否被预期到的影响。这个命题已经被广泛接受，是我们第 22 章讨论的所有当代经济周期理论的特征。

理性预期革命的另一个重要结论是：如新凯恩斯主义模型强调的那样，关于未来货币政策的预期对经济活动的发展有着重要的影响。这个结论意味着货币政策的实施需要涉及政策工具的当前设定以及对未来政策的预期管理。预期管理的重要作用（我们在第 22 章讨论过）已经被新凯恩斯主义理论家的领袖之一、哥伦比亚大学的迈克尔·伍德福德（Michael Woodford）反复强调。对预期管理是货币政策制定的关键元素的认识将货币政策当局的可信性带到了最重要的位置。而且，因为"行动胜于言辞"，预期管理还强调了货币当局的行动的重要性：只有货币当局的行动与它们想如何管理预期相一致，

---

① Paul A. Samuelson and Robert M. Solow, "Analytical Aspects of Anti-Inflation Policy," *American Economic Review* 50 (May 1960): 177-194.

② Milton Friedman, "The Role of Monetary Policy," *American Economic Review* 58 (March 1968): 1-17; and Edmund Phelps, "Money-Wage Dynamics and Labor-Market Equilibrium," *Journal of Political Economy* 76 (July/August 1967, Part 2): 687-711.

货币当局才会被信任。

□ 泰勒原理

对经济结果依赖于对货币政策的预期的这一认识表明政策评估需要比较不同货币政策规则下的经济表现。之前我们在第 13 章中讨论过的泰勒规则在货币政策方面的文献中得到了很多关注。它认为货币政策应该根据通货膨胀率对其合意水平或目标的偏离（通货膨胀缺口）和产出对潜在产出的偏离（产出缺口）情况来设定政策利率（联邦基金利率）。泰勒强调这种类型的规则有着合意的性质，特别地，只有当通货膨胀率的系数大于 1 时，它才可以稳定通货膨胀。这一结论被称为"泰勒原理"，它确立了这样一个观点：在通货膨胀率上升时，货币政策提高名义利率的量必须大于通货膨胀率上升的量，以便实际利率上升。虽然现在几乎所有的中央银行都遵循泰勒原理，但是在 20 世纪 60 年代后期和 70 年代，包括联储在内的许多中央银行都违反了泰勒原理，结果导致在 20 世纪 70 年代和 80 年代早期许多国家都经历了"大通胀"。事实上，在那个时期的美国，随着通货膨胀率的上升，实际利率下降了。近些年中央银行采用了泰勒原理，全球通货膨胀率保持在低水平。

□ 时间不一致性问题

理性预期革命引起的宏观经济学的另一个重要发展是发现了时间不一致性问题的重要性，这一问题是在芬恩·基德兰德、爱德华·普雷斯科特、吉勒莫·卡尔沃、罗伯特·巴罗和戴维·戈登等人的论文中被提出和讨论的。[①] 正如我们在第 21 章中讨论的那样，时间不一致性问题的产生是因为在相机抉择和逐日基础上执行的货币政策可能导致差的长期结果。然而，即便中央银行意识到了相机抉择政策会导致差的结果——高通货膨胀却没有产出增长——从而放弃这一政策，时间不一致性问题在政治压力下仍然会出现。在许多观察者看来，民主社会里的政治家是短视的，因为他们被赢得下一届选举的需求驱动着，从而不太可能关注如促进价格水平稳定等长期目标。相反，对于高失业率或高利率等问题，他们将通过要求中央银行用过度扩张性的货币政策来降低利率和失业率的方式来寻求短期解决方案。

□ 中央银行的独立性

中央银行的独立性可以帮助它们避免推行过度扩张性政策的政治压力，从而帮助它们避免时间不一致性问题。由于独立性使中央银行摆脱了短视（因为政治家有着在不久的将来赢得选举的考虑，短视往往是政治过程的一个特征），因而它应该导致更好的政策结果。正如我们在第 21 章中看到的那样，证据支持了这一推测：中央银行独立性越高，宏观经济表现就会越好。当对工业化国家按照中央银行独立性程度排序时，拥有最

---

① Finn Kydland and Edward Prescott, "Rules Rather Than Discretion: The Inconsistency of Optimal Plans," *Journal of Political Economy* 85 (1977): 473 - 491; and Guillermo Calvo, "On the Time Consistency of Optimal Policy in the Monetary Economy," *Econometrica* 46 (November 1978): 1411 - 1428. 货币政策的经典应用可以在下面的论文中找到：Robert J. Barro and David Gordon, "A Positive Theory of Monetary Policy in a Natural Rate Model," *Journal of Political Economy* 91 (August 1983): 589 - 610。

独立的中央银行的国家的通货膨胀表现最好。

□ 对名义锚的承诺

货币政策在长期提高就业率的无能为力、预期的重要性、价格稳定的益处和时间不一致性问题一起对为什么对名义锚的承诺——通货膨胀率、货币供给或汇率等名义变量的稳定化——对宏观经济政策的成功如此重要提供了合理的解释。

正如我们在第 21 章中看到的那样，通过确立名义锚的方式对价格稳定下制度性的承诺提供了一种对时间不一致性问题的制衡力量，因为它清楚地表明中央银行必须关注长期从而必须抵制推行与名义锚不一致的短期扩张性政策的诱惑。对名义锚的承诺也会鼓励政府在财政上更负责任，这也能降低高通货膨胀的可能性，正如我们在第 16 章中看到的那样。当一个政府对名义锚做出承诺时，推行高预算赤字的政策就很困难。政治家们更有可能意识到他们最终将不得不通过提高税收来为现在的赤字性支出买单，而不能诉诸所谓的通货膨胀税（即通过印钞来支付产品和服务，通货膨胀税会导致更高的通货膨胀率因而与价格稳定目标是不一致的）。

对名义锚的承诺还会导致促进价格稳定的政策行动，而价格稳定有助于提高经济效率和增长率。对名义锚的承诺有助于稳定通货膨胀预期，而稳定的通货膨胀预期又降低了真实的通货膨胀率的波动。因此，对名义锚的承诺对成功地管理预期是一个重要因素，且对名义锚的成功承诺已经被发现不仅导致了更稳定的通货膨胀，还减少了产出的波动性。[1]

□ 可信性

随着理性预期的出现，宏观经济学家明白了可信性对成功的政策制定的重要性。在第 21 章和第 22 章，我们看到货币政策的可信性有稳定通货膨胀以及经济周期波动的益处。在第 22 章中，我们还看到反通货膨胀政策的可信性对减少用产出损失来衡量的降低通货膨胀率的成本是至关重要的。

□ 制度规则

最近 20 年左右的研究（我们在第 7 章描述过）使宏观经济学家意识到基础性制度，如清晰界定的产权和没有腐败，对实现高经济增长率是非常关键的。这种观点被哈佛大学的丹尼·罗德里克（Dani Rodrik）描述成"制度规则"。但是如何使制度朝着积极的方向变动呢？制度改革不是轻而易举的事情，如何推行制度改革是研究经济发展和增长的经济学家面临的最困难的问题之一。

---

① 关于支持这一结论的实证研究的综述，参见 Frederic S. Mishkin and Klaus Schmidt-Hebbel，"Does Inflation Targeting Matter?" in *Monetary Policy Under Inflation Targeting*，eds. Frederic S. Mishkin and Klaus Schmidt-Hebbel（Santiago：Central Bank of Chile，2007），291 – 372。

宏观经济学家的分歧

尽管现在宏观经济学界在很多原理上达成了共识，但是正如本结束语以及早先一些章中表明的那样，大量的分歧仍然存在，特别是在经济周期分析和政策与实践方面。（事实上，这也是这个领域如此活跃和有趣的原因。）有如下 6 个基础领域存在分歧：(1) 工资和价格弹性有多大，(2) 到达长期需要多长时间，(3) 经济周期波动的来源，(4) 稳定化政策是否值得，(5) 降低通货膨胀率的成本有多大，(6) 预算赤字有多危险。经济学家在这些问题上大致分成两个阵营：古典学派和凯恩斯主义者。我们将讨论这两个立场的观点有何不同。

☐ 工资和价格的弹性

古典学派和凯恩斯主义者在工资和价格的弹性问题上观点迥异。

古典学派的观点。 正如我们已经看到的那样，古典学派经济学家，如真实经济周期理论家，认为工资和价格是非常具有弹性的。真实经济周期模型中工资和价格具有完全弹性的假设引出了古典二分法，即实际变量不会受到货币政策的影响从而总产出总是处于其潜在水平。古典学派认为经济主体会最优化他们的选择且市场出清非常迅速，从这个角度分析宏观经济问题是很合适的。在他们采用的框架里工资和价格是非常有弹性的，我们在本书的第 2 篇中描述过了。他们甚至还会用这些框架去考虑短期经济周期波动。

凯恩斯主义者的观点。 相反，凯恩斯主义经济学家，包括新凯恩斯主义者，认为短期内工资和价格是黏性的。他们不接受古典二分法，认为货币政策在短期对经济有重要的实际影响。他们觉得弹性价格的框架只适合长期分析。

☐ 到达长期需要多长时间

古典学派和凯恩斯主义宏观经济学家在到达长期需要多长时间方面也有分歧。

古典学派的观点。 因为他们假设工资和价格是具有弹性的，因此古典学派经济学家认为经济到达长期只需要很短的时间。具有弹性的工资和价格使经济很快地向长期移动。于是，古典学派经济学家认为用古典、长期的框架去思考宏观问题是合适的。

凯恩斯主义者的观点。 相反，一些凯恩斯主义经济学家则相信经济到达长期确实需要很长的时间，因为他们信奉凯恩斯的格言"在长期，我们都死了"。因为工资和价格随时间只是缓慢地进行调整，这些凯恩斯主义者相信经济需要花很长时间才能达到长期均衡。但是，由于理性预期的出现和对有着坚实微观经济基础的宏观模型的关注，新凯恩斯主义经济学家认为经济移动到长期的速度要比传统凯恩斯主义经济学家所认为的快很多，因为传统凯恩斯主义经济学家认为由于预期是适应性的，从而预期调整得可能很慢。而且，传统凯恩斯主义经济学家对动态随机一般均衡模型中用到的一些微观基础持怀疑态度，且拒绝使用长期模型去分析相机抉择政策的短期影响。

于是，不同的凯恩斯主义经济学家对经济到达长期所需的时间也有着不同的观点。一些凯恩斯主义经济学家觉得用本书第 2 篇中介绍的古典框架是合适的，因为他们相信经济到达长期不需要太长时间。另一些则认为用古典模型不合适，而更偏好于用总需求-总供给模型这样的模型去分析经济中发生的事情。

经济周期波动的来源

经济周期波动的来源是古典学派和凯恩斯主义经济学家对立的另一个地方。

古典学派的观点。真实经济周期理论家们认为经济活动中的波动只来自长期总供给冲击。由于他们认为经济波动不会来自总需求冲击，因此他们在分析经济周期波动时基本不考虑总需求。

凯恩斯主义者的观点。相反，凯恩斯主义经济学家认为由于短期总供给曲线不是垂直的，因此需求冲击是经济周期波动的一个重要来源。在这个问题上我们再次看到，存在不同类型的凯恩斯主义者。新凯恩斯主义经济学家认为短期总供给曲线的移动速度比传统凯恩斯主义经济学家所认为的要快，这是因为他们将理性预期的概念嵌入了他们的模型。这表明通货膨胀预期调整得很快，导致短期总供给曲线移动得更快。正如我们刚刚讨论的那样，不同类型的凯恩斯主义者在价格弹性上有不同的观点，从而他们对经济到达长期所需的时间也有不同的观点。

甚至新凯恩斯主义经济学家内部对价格弹性大小的观点都存在分歧；取决于他们对价格弹性的信念，他们的观点可能与真实经济周期理论家的观点而非传统凯恩斯主义经济学家的观点更为接近。事实上，我们已经看到，真实经济周期模型其实是新凯恩斯主义模型的一个特例。如果价格变成完全有弹性的，那么短期总供给曲线就会与长期总供给曲线重合。因此，新凯恩斯主义者对经济周期波动多大程度上来自需求冲击以及多大程度上来自供给冲击的观点可能迥异。一些新凯恩斯主义模型在解释经济周期波动时认为长期总供给波动扮演了重要角色，而另一些模型则认为总需求波动重要得多。

稳定化政策的效果

古典学派和凯恩斯主义经济学家还争论积极的政策制定对宏观经济健康的价值。

古典学派的观点。古典学派经济学家认为政策制定者对稳定实际经济活动几乎没有作用。由于在他们的模型中经济总是处于充分就业状态，因此显然没有必要用相机抉择政策来刺激总需求。在真实经济周期模型中，因为总产出只由长期总供给曲线的位置决定，而与总需求曲线的位置无关，所以稳定经济的政策对实际经济没有任何影响。使总需求曲线发生移动的宏观经济政策只是引起了通货膨胀率的波动。于是，真实经济周期模型的支持者认为第 12 章中描述的自我纠正机制是很迅速的，因此用于稳定实际经济活动的政策可能没什么作用。他们对积极的和相机抉择的稳定化政策持反对态度，因为这样的政策可能对通货膨胀有负面影响。

凯恩斯主义者的观点。传统凯恩斯主义经济学家认为稳定化政策是有益处的。他们认为经济到达长期需要很长时间，这样的观点意味着自我纠正机制是非常缓慢的。稳定经济波动的积极主义政策是非常有益的，因为这些政策可以减少经济波动和降低经济周期的严重性。因为传统凯恩斯主义经济学家不认为预期的改变很迅速，所以他们认为时间不一致并不是很大的问题。于是，与古典学派经济学家相比，他们认为相机抉择政策没有多大的问题。

在新凯恩斯主义模型中，旨在稳定实际经济活动的积极主义政策是有作用的，这是因为模型中预期到的政策对经济波动确实重要。政策制定者能期望他们的被预期到的政策有一些产出上的反应并利用这些反应来稳定经济。然而，由于新凯恩斯主义者信奉理性预期而理性预期意味着预期可以迅速改变，因此他们意识到设计稳定经济的积极主义政策远非易事。被预期到的和未被预期到的政策的影响很不一样。由于政策制定者不确定政策在多大程度上会被预期到，因此他们将面临更大的关于他们行动的结果的不确定性。于是积极主义的政策不太可能像所希望的那样起作用和完全实现其目标。而且，新凯恩斯主义者对理性预期的接受意味着他们将时间不一致性问题看得很严重，不会迷恋于相机抉择政策。此外，因为新凯恩斯主义者内部对工资和价格弹性的观点也不尽相同，所以他们对稳定化政策应该多积极也有分歧。

□ 降低通货膨胀率的成本

到 20 世纪 70 年代末，高通货膨胀率（超过了 10%）使降低通货膨胀率成为政策制定者首要关心的问题。以产出损失来衡量的降低通货膨胀率的成本被称为牺牲率，它是指为了降低一个百分点的通货膨胀率而必须放弃的实际 GDP 的百分点数。牺牲率越高，降低通货膨胀率的成本就越高，政策制定者就越不愿意用紧缩的政策来降低通货膨胀率。然而，古典学派和凯恩斯主义经济学家对降低通货膨胀率的成本有多大这一问题有着非常不同的观点。

古典学派的观点。 正如我们在对反通货膨胀政策的分析中看到的那样，有弹性价格假设的古典模型认为牺牲率和反通货膨胀政策的成本是很低的。在真实经济周期模型中，牺牲率甚至为零：用于降低通货膨胀率的紧缩政策没有任何成本，因为紧缩政策对总产出没有任何影响。

凯恩斯主义者的观点。 传统凯恩斯主义者的观点认为，因为价格是黏性的且通货膨胀预期调整缓慢，所以总供给曲线随时间的向下移动非常缓慢。于是，如我们之前看到的那样，反通货膨胀政策可能导致大的产出损失。传统凯恩斯主义者在 20 世纪 70 年代末和 80 年代初估计出来的牺牲率在 5 左右，即通货膨胀率下降一个百分点的代价是 5% 的产出损失。[①] 如果真是这样，降低通货膨胀率的代价的确很高。然而，新凯恩斯主义模型对反通货膨胀政策的成本要乐观得多，因为它们假设预期是理性的。如果反通货膨胀政策是可信的，新凯恩斯主义模型中的理性预期假设表明，政策的实施带来的产出下降量很少。

但是，在新凯恩斯主义模型中，如果反通货膨胀政策是不可信的，那么这些政策就会有很高的成本，牺牲率就会很高。但是要如何建立这些政策的可信性呢？你可能认为联储里的政策制定者只要公开声明他们计划采取反通货膨胀政策就可以了。公众就会预

---

① 例如，参见 Arthur M. Okun, "Efficient Disinflationary Policies," *American Economic Review* 68 (May 1978)：348–352；and Robert J. Gordon and Stephen R. King, "The Output Cost of Disinflation in Traditional and Vector Autoregressive Models," *Brookings Papers on Economic Activity* 1 (1982)：205–245。

期这一政策的实施，并采取相应的行动。然而，这个结论暗示着公众将会相信政策制定者的声明。遗憾的是，现实世界并非如此。例如，联储并没有总是按照它的声明行事。事实上，在 20 世纪 70 年代期间，联储理事会主席阿瑟·伯恩斯曾反复宣布联储将采取有力的反通货膨胀政策。然而它真正采取的政策有着截然不同的结果。伯恩斯时代的货币增长非常高且实际利率很低，甚至有几年变成了负数。这种宽松货币政策的结果是通货膨胀率飙升。这样的情节削弱了联储在公众眼中的可信性，从而如新凯恩斯主义模型预测的那样，1980—1983 年通货膨胀率的下降有着很高的成本。

□ 预算赤字的危险性

随着近些年美国和世界上许多其他国家的大规模政府预算赤字的出现（在很多国家预算赤字甚至超过了 GDP 的 10％），政府财政失衡已经成为宏观经济学家和普通大众讨论最多的话题之一。在第 16 章中，我们看到两派宏观经济学家对预算赤字是不是一个大问题所持的观点迥异。

大部分宏观经济学家认为预算赤字非常危险。他们相信政府预算赤字导致了国民储蓄的减少（这又导致了投资减少）和子孙后代负担的增加（因为预算赤字会提高未来的税收和增加对外国人的债务）。大部分经济学家还相信预算赤字是会引起通货膨胀的，因为在某个时间点上预算赤字会驱使货币当局货币化这些债务，导致一次货币供给的扩张，然后这又引起通货膨胀率上升。

极少数信奉李嘉图等价的宏观经济学家对政府预算赤字的态度则乐观得多。李嘉图等价表明，由减税带来的预算赤字的增加只会引致今天的私人储蓄增加，因为纳税人知道他们未来要交更高的税收，因此他们现在储蓄更多以备未来的税收缴纳。由于私人储蓄更高了，国民储蓄不会下降，因此减税并没有挤出私人投资或导致更低的净出口（更低的净出口必须由更多的外债来提供资金）。因此，李嘉图等价意味着由减税引起的预算赤字不会给子孙后代带来额外的负担。

李嘉图等价的拥护者还认为由减税引起的预算赤字也不会有通货膨胀的危险。因为现在更低的税收引致了更多的私人储蓄，更多的私人储蓄诱使家庭购买更多的政府债券，因此政府不必非得货币化债务和印钞来为减税引起的预算赤字融资。因此，减税并不会导致更高的货币供给增长，从而也不会引起通货膨胀。

经济周期理论的未来

我们对宏观经济学家的共识和分歧的讨论表明，未来的经济周期理论研究的关键主题是理解价格黏性的来源。两个问题——为什么价格黏性会发生，价格调整需要多长时间——是古典学派和凯恩斯主义者经济周期分析之间分歧的核心。确实，对价格黏性的研究一直在探讨价格调整的哪些成本可能导致价格调整缓慢。另一些研究者则关注理性疏忽：由于企业要弄清楚它们应该将价格改变多少是有成本的，从而企业不频繁地调整价格的做法是理性的。

因为预期的形成是经济周期分析以及政策与实践讨论的核心，所以宏观经济学家对预期形成的研究更加深入。理性预期理论的一个缺点是，它假设人们可以无成本地更新他们的预期。另一种观点则认为人们需要花上一些时间学习怎样最好地更新自己的预期。因此学习在预期中的作用已经成为一个活跃的研究领域。

我们在第15章学习过的最近的全球金融危机清晰地表明金融危机对经济活动有着灾难性的影响。另一个活跃的研究领域是考察金融体系的崩溃是如何影响宏观经济的。宏观经济学界的一个迫切任务是分析如何将金融摩擦包括到一般均衡宏观经济模型中，以便2007—2009年金融危机和衰退这样的事件可以得到更好的理解。

尽管经济周期理论有了很长时间的发展并且在很多问题上意见日趋一致，但是仍然有很多没有解答的问题需要宏观经济学家忙上好些年。成功的模型必须能够预测结果和解释为什么现代市场经济会有相当大的经济波动。

■ 本章小结

1. 在政策与实践方面存在一系列大部分经济学者都同意的原理，他们将其称为新新古典综合。这些原理是（1）通货膨胀时时处处都是一种货币现象，（2）价格稳定有着重要益处，（3）通货膨胀和失业不存在长期的权衡，（4）在宏观经济的政策与实践中预期有着关键的作用，（5）当通货膨胀率上升时中央银行必须遵循泰勒原理来提高实际利率，（6）时间不一致性问题对政策应该如何实施有着重要的启示，（7）中央银行应该独立，（8）对名义锚的承诺对好的政策结果很关键，（9）可信性对制定成功的政策很关键，（10）基础性制度，如清晰界定的产权和没有腐败，对实现高经济增长率很重要。

2. 宏观经济学家在以下问题上有分歧：（1）工资和价格的弹性，（2）经济到达长期所需的时间，（3）经济周期波动的来源，（4）稳定化政策的效果，（5）降低通货膨胀率的成本，（6）预算赤字的危险性。

3. 未来经济周期研究的关键话题将会是：（1）理解价格黏性的来源，（2）理解预期的形成，（3）考察金融体系的崩溃是如何影响宏观经济的。

■ 关键术语

新新古典综合

术语表

accelerationist Phillips curve（加速主义的菲利普斯曲线）：菲利普斯曲线方程的一种公式化表述，在这一表述中，自然失业率可以被解释为非加速通货膨胀的失业率（NAIRU）。

activist（积极主义者）：认为通过工资和价格调整起作用的自我纠正机制会因工资和价格的黏性而很缓慢的人。

acyclical（非周期的）：一个变量的上下运动与经济周期的上下运动不一致。

adaptive expectation（适应性预期）：通过观察过去而形成的预期，从而这种预期随时间的变动很缓慢。

adverse selection（逆向选择）：因为最迫切参与交易的人恰恰是最可能造成对你而言不合意的（不利的）结果的人而产生的问题。

adverse supply shock（不利供给冲击）：参见"负向供给冲击"（negative supply shock）。

agency problem（代理问题）：参见"委托-代理问题"（principal-agent problem）。

agency theory（代理理论）：对信息不对称如何会导致逆向选择和道德风险问题的分析。

aggregate demand（总需求）：经济需求的产出总量。

aggregate demand curve（总需求曲线）：当产品市场处于均衡时通货膨胀率和总产出之间的关系。

aggregate production function（总生产函数）：对给定数量的要素投入能够生产出多少产出的描述。

aggregate supply curve（总供给曲线）：它代表了企业愿意生产的总产出量和通货膨胀率之间的关系。

anchor currency（锚货币）：在固定汇率制中，另一国货币的价值所钉住的货币。

animal spirit（动物精神）：乐观主义和悲观主义的情绪波动。

appreciation（升值）：一种通货的价值增加。

asset-price bubble（资产价格泡沫）：资产价格上升到其基本面经济价值之上。

assets（资产）：包括债券、股票、艺术品、土地等在内的财产。

asymmetric information（信息不对称）：交易的一方拥有的信息不如另一方精确这样一种情形。

autonomous consumption（自发消费）：与可支配收入和实际利率都不相关的消费支出数量。

autonomous consumption expenditure（自发消费支出）：外生的（独立于模型中的变量，如可支配收入和利率）消费支出数量。

autonomous easing of monetary policy（货币政策的自发放松）：中央银行降低自发实际利率导致实际利率降低这样一种行动。

autonomous investment（自发投资）：计划投资支出的一个组成部分，它是完全外生的（不能被实际利率等模型中的变量所解释）。

autonomous net export（自发净出口）：被视为外生的净出口水平。

autonomous spending（自发支出）：与产出或实际利率等模型中的变量无关的外生支出。

autonomous tightening of monetary policy（货币政策的自发收紧）：中央银行增加自发实际利率的行动。

average propensity to consume（平均消费倾向）：消费与收入的比率。

average propensity to save（平均储蓄倾向）：储蓄与可支配收入的比率。

backward-looking expectation（后顾预期）：参见"适应性预期"（adaptive expectation）。

balance of payments accounts（国际收支平衡表）：记录与一国（私有部门和政府）和外国之间资金移动有直接关系的所有收支的簿记系统。

balance sheet（资产负债表）：家庭或机构的资产与负债的一览表。

balanced growth path（平衡增长路径）：以不变速率增长。

bank failure（银行破产）：银行无法还清储户和其他债权人的债务因而停止营业。

bank panic（银行恐慌）：许多银行同时破产。

banks（银行）：通过吸收存款获得资金和用这些资金发放贷款的金融机构。

behavioral economics（行为经济学）：一个将人类学、社会学和（特别是）心理学等其他社会科学的概念应用于经济行为研究的领域。

Board of Governors of the Federal Reserve System（联邦储备体系理事会）：在联邦储备体系内在决策过程中起领导作用的机构，由 7 名委员组成。

bonds（债券）：在一个固定时期中提供支付流的债务证券。

boom（繁荣）：参见"经济周期扩张"（business cycle expansion）。

borrowed reserves（借入储备金）：银行从联储得到的借款。

borrowing constraint（借款约束）：这一约束阻止人们全额借到他们想要的借款，因此今天的消费必然小于或等于今天的收入加上能够得到的借款。

budget surplus（预算盈余）：政府的税收收入减去其支出。

business cycle contraction（经济周期收缩）：经济活动的图中表示的从顶峰 P 到谷底 T 的这段时期（见图 8 - 1）。

business cycle expansion（经济周期扩张）：经济活动的图中表示的从谷底 T 到顶峰 P 的这段时期（见图 8 - 1）。

business cycle（经济周期）：总体经济活动的波动。在其中，许多经济活动以一种循环而非周期性的方式同时扩张和收缩。

business fixed investment（企业固定投资）：包括企业在用于生产的设备（如计算机、卡车和机器）和建筑物（如工厂、购物中心和医院）上的支出。

capital（资本）：工人用于生产产品和服务的建筑物和设备——如工厂、卡车和电脑——的数量。资产负债表上的资产与负债之差也被称为资本。

capital-accumulation equation（资本积累方程）：根据该方程，资本存量的变化等于投资减去折旧。

capital control（资本控制）：一国对资本跨境自由流动施加的限制。

capital dilution（资本稀释）：劳动力的增长导致工人人均资本的减少。

capital good（资本品）：当期生产出来的用于其他产品的生产的产品，并且在其他产品的生产阶段不会被耗尽。

capital-labor ratio（资本与劳动之比）：工人人均资本的数量；它在索洛模型中起到很突出的作用。

capital mobility（资本流动）：资产在国家间自由交易。

central bank（中央银行）：监控银行系统的政府机构。

chain-weighted measures（连锁加权衡量）：一种计算收入测度的方法，在这种方法中，基年价格不断地更新。

chronically unemployed（长期失业者）：失业持续

时间超过六个月的人。

classical dichotomy（古典二分法）： 认为经济的实际方面和名义方面在长期存在完全的分离这样一种观点。

classical model（古典模型）： 利用弹性价格框架的经济周期模型，认为价格迅速调整到长期均衡水平的经济学家偏爱这类模型。

classicals, classical economists（古典学派经济学家）： 假设工资和价格完全具有弹性——也就是说，它们会完全调整以达到供给等于需求的长期均衡——的经济学家。

closed economy（封闭经济）： 一个不进行国际贸易从而净出口为零的经济。

Cobb-Douglas production function（柯布-道格拉斯生产函数）： 一个劳动收入份额和资本收入份额都为常数的生产函数。

coincident variable（同步变量）： 与经济周期同时到达顶峰和谷底的宏观经济变量。

collateral（抵押品）： 借款人在贷款合同中承诺如拖欠债务就归贷款人所有的财产。

collective bargaining（集体谈判）： 同时为一大群工人的工资进行谈判而非让每个工人独自谈判的这样一个谈判过程。

college premium（大学溢价）： 大学毕业生相对于高中毕业生多得到的工资。

college wage premium（大学工资溢价）： 表示接受过大学教育的工人和高中毕业生的平均工资的差异的百分比。

common law（普通法）： 来源于英国法律的法律体系，在这一体系中，法律不断地被法官重新解释。

constant-money-growth-rate rule（固定货币增长率规则）： 无论经济情况如何，货币供给均以固定速率增长。

constant returns to scale（规模报酬不变）： 如果你将所有要素投入增加相同的百分比，那么，产出也以该比例增加。

constrained discretion（受约束的相机抉择）： 对政策制定者施加的一个概念上的结构和内在约束，但没有消除所有的灵活性。

consumer price index（CPI）（居民消费价格指数）： 消费者产品和服务平均价格的一种测度。

consumption（消费）： 参见"消费支出"（consumption expenditure）。

consumption expenditure（消费支出）： 在当期生产的消费者产品和服务（如汉堡包、iPods、摇滚音乐会、看医生）上的总支出。

consumption function（消费函数）： 可支配收入和消费支出之间的关系。

consumption smoothing（消费平滑化）： 消费者会将消费的增加分散到现在和未来，即使消费增加的唯一来源是当期收入的增加。

contribution for social insurance（社会保险缴款）： 主要是按工人工资的一个固定百分比征收的社会保障税收，最多不超过一个固定的上限（封顶）。

convergence（趋同）： 具有不同的初始人均收入水平的国家会趋向于相似的人均收入水平。

convexity（凸性）： 无差异曲线凸向原点的形状。这是源于典型消费者不喜欢消费从一个时期到下一个时期出现大幅波动。

corporate taxes（公司税）： 主要是对公司利润征收的税金。

cost-push inflation（成本推动型通货膨胀）： 这种通货膨胀产生于暂时的负向供给冲击或工人要求的工资增加超过了与生产率提高对应的合理水平。

cost-push shock（成本推动冲击）： 工人要求的工资增加超过生产率的提高，从而推高了成本和通货膨胀率。

countercyclical（逆周期的）： 经济变量的运动与总体经济活动相反，也就是说，在扩张中下降和在收缩中上升。

crawling peg（爬行钉住汇率）： 一种通货被允许以稳定的速率贬值以便钉住国（实施该种汇率政策的国家）的通货膨胀率可以高于锚定国。

credibility（可信性）： 为公众所相信。

credit boom（信贷繁荣）： 金融机构疯狂放贷。

credit default swap（信用违约互换）： 如果债券违约就向债券持有者提供支付的金融保险合同。

credit markets（信贷市场）： 家庭和企业相互之间获得资金（信贷）的市场。

credit spread（信贷利差）： 给企业提供的贷款利率与完全安全的资产的利率之差。

crowding out（挤出）： 当政府支出的上升（它降

低了国民储蓄和增加了政府赤字）减少了私人投资时发生的一种现象。

currency（通货）：以纸币和硬币形式出现的货币。

currency board（货币局制度）：一种固定汇率制，在这一制度中，本币有 100% 的锚货币作为储备来支持，无论公众何时提出要求，政府或中央银行随时准备以固定比率把本币换成锚货币。

cyclical unemployment rate（周期性失业率）：实际失业率与自然失业率之差。

data lag（数据时滞）：政策制定者获得反映经济当前运行情况的数据所花费的时间。

debt deflation（债务紧缩）：价格水平未预期到的大幅下降导致企业的净值由于债务负担加重而减少。

debt intolerance（债务不耐）：一些国家在政府债务 - GDP 比处于相对低水平时不能出售它们的债务，因此这些国家在政府债务 - GDP 比处于低得多的水平时有大得多的可能性拖欠它们的政府债务。

debt repudiation（债务拒付）：政府拖欠债务或者未能全额偿付债务。

debt-to-GDP ratio（债务 - GDP 比）：一国负债总额的一个指标，债务相对于可用于偿还债务的收入的量，用名义债务相对于名义 GDP 的量来衡量。

deflation（通货紧缩）：通货膨胀率为负和价格水平下降这样一种局面。

deleveraging（去杠杆化）：金融机构削减向借款人-支出者发放的贷款。

demand for money（货币需求）：人们想要持有的货币数量。

demand-pull inflation（需求拉动型通货膨胀）：这种通货膨胀产生于政策制定者采取增加总需求的政策。

demand shock（需求冲击）：引起总需求曲线移动的冲击。

dependency ratio（抚养比）：退休人员与缴纳社会保障金的工人之比。

depreciation（折旧）：由于资本品消磨（或者因过时而被废弃）而产生的资本损失。

depreciation（贬值）：一种通货价值下降，只能

值更少的美元。

depreciation rate（折旧率）：每年消磨的资本的比例。

depression（萧条）：实际 GDP 下降严重的衰退。

devaluation（法定贬值）：一国中央银行将平价汇率重新设定在一个更低的水平。

diminishing marginal product（边际产量递减）：在所有其他要素投入的数量不变的条件下，额外一单位要素投入带来的产出增量（它的边际产量）随着该要素投入数量的增加而减少。

discount rate（贴现率）：联储贷款给银行时所收取的利率。

discounting（贴现）：把所有未来的支出或收入通过除以 $(1+r)^T$ 转换成现值的过程，这里的 T 是未来距离当年的年数。

discouraged workers（失去信心的工人）：想工作但放弃寻找工作的人。

discretion（相机抉择）：政策制定者对未来的行动不做承诺，而是制定他们相信对当时形势而言最佳的政策。

disposable income（可支配收入）：可用于支出的总收入，它等于总的毛收入减去税收。

distortion（扭曲）：对最有效率的经济结果的偏离。

divine coincidence（神圣的一致性）：稳定通货膨胀和经济活动的双重目标之间无冲突。

dominated asset（劣势资产）：由于投资者能够持有其他收益更高且被认为同等安全的资产，诸如通货和支票存款等资产被认为是差的投资，这样的资产就是劣势资产。

dual mandate（双重目标）：将价格稳定和最高的可持续性就业作为两个处于同等地位的目标。

dynamic stochastic general equilibrium（DSGE）model（动态随机一般均衡模型）：允许经济随时间增长（动态的）和遭受冲击（随机的）并且基于一般均衡原理的模型。

economic model（经济模型）：经济现象的简化表现形式，其形式为数学形式或图表形式。

economic profit（经济利润）：销售产品和服务所得的收益减去投入的成本。

economic theory（经济理论）：解释某一特别经济现象的一个逻辑框架。

effectiveness lag（效果时滞）：政策对经济产生实际影响所花的时间。

efficiency wage（效率工资）：高于供求相等时的市场出清水平的工资，但这样的工资是有效的，因为它们诱使工人更加努力工作和提高生产效率。

employment ratio（就业比）：成年人口中就业者所占百分比。

employment-to-population ratio（就业人口比）：工作年龄人口中就业者所占百分比。

endogenous growth theory（内生增长理论）：解释为什么技术进步内生地（从体系内部）促进了可持续经济增长的理论。

endogenous variable（内生变量）：经济学家想要在其模型内部解释的变量。

entitlement（政府津贴）：先前立法规定的而非基于相机抉择的由政府发放的转移支付。

equation of exchange（交易方程式）：将名义收入与货币数量和流通速度联系起来的方程式 $M \times V = P \times Y$。

equilibrium real interest rate（均衡实际利率）：当经济生产的产出等于其潜在水平和通货膨胀率与价格稳定相一致时的实际利率。

equities（股权）：公司所有权的份额。

excess demand（超额需求）：需求数量超过供给数量的情形。

excess reserves（超额准备金）：银行选择持有的额外准备金。

excess supply（超额供给）：需求数量低于供给数量的情形。

exchange rate（汇率）：一种通货（如美元）用其他通货（如欧元）来表示的价格。

exchanges（交易所）：证券买卖双方（或其代理人、经纪人）为进行交易而汇聚在一起的中心场所。

excludability（排他性）：财产的所有者拒绝其他人在不付费的情况下使用该财产的能力。

exogenous variable（外生变量）：用于解释内生变量的、模型不加以解释的变量。

expectations-augmented Phillips curve（附加预期因素的菲利普斯曲线）：菲利普斯曲线的方程，它表明通货膨胀率与失业率和自然失业率之差负相关。

expected return（预期收益）：一种资产预期能够获得的收益，包括来自资产的支付（如利息）和资产价值的任何预期的变化（表示为资产价格的一个比例）。

expenditure approach（支出法）：通过衡量经济在当期生产的最终产品和服务上的总花费来计算 GDP 的一种方法。

expenditure multiplier（支出乘数）：政府购买的变动引起的均衡产出的变动。

factor accumulation（要素积累）：劳动和资本的增长。

factors of production（生产要素）：进入生产过程的投入。

favorable supply shock（有利供给冲击）：参见"正向供给冲击"（positive supply shock）。

federal funds rate（联邦基金利率）：银行之间的隔夜拆借利率。

Federal Open Market Committee（联邦公开市场委员会）：负责对公开市场操作的实施做决策的委员会；由联邦储备体系理事会的 7 位成员、纽约联邦储备银行行长以及 4 位其他地区储备银行行长（在 11 位行长间轮流分配）组成。

Federal Reserve System（联邦储备体系）：负责美国的货币政策的中央银行；由 12 家联邦储备银行和联邦储备体系理事会组成。

final goods and services（最终产品和服务）：生产过程的终端产品。

finance companies（财务公司）：它们通过销售商业票据（短期债务工具）和发行股票或债券来筹集资金。

financial crisis（金融危机）：以公司破产和资产价格暴跌为特征的金融市场的大规模崩溃。

financial deepening（金融深化）：增加企业获得外部资金来源的途径并且与经济增长有着强有力联系的金融发展。

financial engineering（金融工程）：新型而又复杂的金融工具产品的开发。

financial friction（金融摩擦）：由妨碍金融市场有效运行的壁垒造成的实际借款成本的增加。

financial innovation（金融创新）：经济体引入新类型的贷款和其他金融产品。

financial instruments（金融工具）：参见"证券"（securities）。

financial intermediary（金融中介）：一种金融机构的类型，如银行、保险公司、财务公司、共同基金或养老金。

financial intermediation（金融中介化）：通过金融中介联结借款人-支出者和贷款人-储蓄者的过程。

financial liberalization（金融自由化）：国家取消对国内金融机构和市场的限制。

financing constraint（融资约束）：由于信贷市场已经耗尽，企业不再能够在金融市场筹集资金。

fire sale（降价销售）：银行迅速卖掉资产。

fiscal policy（财政政策）：政策制定者改变政府支出或税收的决策。

Fisher effect（费雪效应）：当预期通货膨胀率上升时利率将上升这样一个结果，它是用经济学家欧文·费雪的名字命名的。

Fisher equation（费雪方程）：精确定义实际利率，规定名义利率 i 等于实际利率 r 与预期通货膨胀率 π^e 之和。

fixed exchange rate regime（固定汇率制）：一种汇率制度，一种通货的价值钉住另一种通货（被称为锚货币）的价值从而汇率固定。

fixed investment（固定投资）：企业在设备（机器、计算机和机场）和建筑物（工厂、办公楼、购物中心）上的计划支出和居民在新住房上的计划支出。

floating（flexible）exchange rate regime（浮动汇率制）：一种汇率制度，一种通货的价值由外汇市场上的供给和需求来决定。

flow（流量）：每单位时间内的数量。

foreign exchange intervention（外汇市场干预）：中央银行为影响汇率经常参与的国际金融交易。

foreign exchange market（外汇市场）：决定汇率、进行通货以及以特定通货计价的银行存款交易的市场。

forward exchange rate（远期汇率）：远期交易的汇率。

forward transaction（远期交易）：保证在未来某个约定日期进行银行存款交易的外汇交易类型。

free-rider problem（搭便车问题）：没有花费资源搜集信息的私人投资者能够利用（搭便车于）其他投资者搜集的信息。

frictional unemployment（摩擦性失业）：因工人和企业需要时间搜寻和进行恰当匹配而引起的失业。

fundamental economic values（基本面经济价值）：基于对资产未来收入流切合实际的期望的价值。

fundamental identity of national income accounting（国民收入核算基本恒等式）：它把 GDP 定义为消费支出、投资、政府购买和净出口之和，即 $Y = C + I + G + NX$。

GDP deflator（GDP 平减指数）：名义 GDP 与实际 GDP 之比。

general equilibrium（一般均衡）：在总产出的需求量等于总产出的供给量的点，所有市场同时处于均衡。

globalization（全球化）：金融和贸易市场向国际开放。

government budget constraint（政府预算约束）：政府预算赤字等于基础货币的变动和公众持有的政府债券的变动之和，这样一个要求就是政府预算约束。

government budget deficits（政府预算赤字）：政府支出超出收入的部分。

government capital（政府资本）：高速公路、宽带网络或学校等实物资产。

government consumption（政府消费）：政府对卫生保健和治安等当前产品和服务的购买。

government investment（政府投资）：政府在高速公路和学校等增加资本存量和促进经济增长的资本品上的支出。

government purchase（政府购买）：联邦政府、州政府或地方政府在当前生产的产品和服务上的支出。

government saving（政府储蓄）：它等于净政府收入减去政府消费。

government-sponsored enterprises（GSEs）（政府资助的企业）：作为私人公司运营但和政府有密切联系的政府资助的机构。

grants in aid（财政援助）：它反映了联邦政府对州政府和地方政府的协助。

Great Inflation（大通胀）：20 世纪 70 年代的高

通货膨胀率时期，最高超过 14%。

Great Moderation（大稳健）：20 世纪 80 年代中期到 21 世纪第一个 10 年中期的这一时期，美国和国外的实际 GDP 及其组成部分还有通货膨胀率的波动性都下降了。

gross domestic product（GDP）（国内生产总值）：一个经济生产的产品与服务的总价值。

gross investment（总投资）：在新资本品上的总支出。

gross national product（GNP）（国民生产总值）：它衡量了一国居民赚取的总收入。

growth accounting equation（增长核算方程）：生产函数的增长率版，根据该方程，产出的增长率等于全要素生产率的增长率加上来自资本和劳动增长的贡献。

haircut（折减）：贷款人要求更大数量的抵押。

hedge funds（对冲基金）：一种特殊的共同基金，它通过出售份额获得资金，但是只向非常富有的人出售，因此这种基金比其他共同基金受到的监管要少。

hierarchical mandate（阶梯目标）：中央银行的目标，要求把价格稳定作为追求其他目标的条件。

high-powered money（高能货币）：参见"基础货币"（monetary base）。

human capital（人力资本）：在能够增加工人生产率从而增加工资的知识和技能（如教育和培训项目）上的投资。

hyperinflation（恶性通货膨胀）：极高的通货膨胀率。

implementation lag（执行时滞）：政策制定者一旦决定采用新政策后改变政策工具所花的时间。

implicit price deflator for GDP（GDP 隐性价格平减指数）：参见"GDP 平减指数"（GDP deflator）。

impossible trinity（不可能三角）：参见"政策三难"（policy trilemma）。

imputed value（估算价值）：对不在市场上销售从而没有市场价格的产品或服务的价格的估算。

income（收入）：在单位时间段内收益的流量。

income approach（收入法）：将经济中家庭和企业收到的所有收入——包括利润和政府税收——加总来衡量 GDP 的一种方法。

income effect（收入效应）：由于收入变动引起的消费的变动。

index of leading indicators（领先指标指数）：经济学家用来预测经济变动的 10 个变量的组合。

indifference curve（无差异曲线）：表示带给我们同一总体幸福水平（效用或福利）的当前和未来消费的所有可能组合的一条曲线。

inflation（通货膨胀）：价格水平持续上升的状况。

inflation gap（通货膨胀缺口）：通货膨胀率和通货膨胀目标之差。

inflation hedge（通货膨胀对冲）：当通货膨胀率变动时实际收益比货币的实际收益所受影响小的资产。

inflation rate（通货膨胀率）：价格的变化率，通常以每年的百分比变化来衡量。

inflation target（通货膨胀目标）：中央银行追求价格稳定目标所用的通货膨胀率的目标水平。

inflation targeting（通货膨胀目标制）：一种货币政策的战略，在该战略下，中央银行公开宣布一个中期数值目标作为通货膨胀率的目标。

inflation tax（通货膨胀税）：货币铸造税。它导致更高的通货膨胀，并且由于货币余额的实际价值下降从而导致了对货币余额持有者的税收。

institutions（制度）：支配个人和企业行为的一套规则、体制和惯例。

insurance companies（保险公司）：从投保人支付的保险费获得资金并为投保人因死亡导致的财务危机或因失窃、火灾或事故所遭受损失提供保险的公司。

interest rate（利率）：借款的成本，或为租赁资金支付的价格。

intermediate goods and services（中间产品和服务）：生产阶段完全耗尽的产品和服务。

international reserve（国际储备）：中央银行持有的以外币计价的资产。

intertemporal budget constraint（跨期预算约束）：给定一个消费者的总资源，他今天和明天能够消费多少。

intertemporal budget line（跨期预算线）：表示当期消费和未来消费的权衡的一条曲线：你今天支出得越多，可供明天支出的就越少。

intertemporal marginal rate of substitution（跨期边际替代率）：参见"边际替代率"（marginal rate of substitution）。

intertemporal substitution（跨期替代）：当实际工资和实际利率变动时在不同时期转移工作努力的意愿。

inventories（存货）：企业持有的原料、半成品以及未出售的制成品。

inventory investment（存货投资）：企业在额外持有的原料、生产部件和制成品上的支出，用给定时期（如一年）所持有的这些存货项目的变动来计算。

investment（投资）：在用于未来一段时间内生产产品和服务的当期生产的资本品上的支出。

investment banks（投资银行）：既从事证券交易又通过保证证券不低于某一价格水平而后出售这些证券来帮助公司发行证券的银行。

investment function（投资函数）：表示当投资等于储蓄时人均投资和人均资本存量之间关系的函数。

investment tax credit（投资税收抵免）：当企业在实物资本上进行投资时给企业减税的这样一条规定。

IS **curve（*IS* 曲线）**：它表示当产品市场处于均衡时总产出和实际利率之间的关系。

just-in-time production（即时生产）：企业只是在需要存货时才订购存货用于生产。

Keynesian model（凯恩斯主义模型）：价格缓慢调整（黏性）的经济模型。

Keynesians（凯恩斯主义者）：约翰·梅纳德·凯恩斯的追随者，他们主张政府应该采取积极的政策以稳定经济。

labor（劳动）：人们工作时间的总和。

labor force（劳动力）：就业者和失业者之和。

labor force participation（劳动力参与率）：成年平民人口中劳动力的百分比。

labor hoarding（劳动储备）：工人们在很多工作时间都无所事事但在政府调查中仍被计入"就业者"。

labor productivity（劳动生产率）：每单位劳动生产的产出数量。

lagging variable（滞后变量）：在经济周期改变方向之后转折点才出现的宏观经济变量。

large open economy（大型开放经济）：开放贸易和资本流动的经济，但该经济足够大以至其储蓄和投资决策确实影响世界实际利率。

law of one price（一价定律）：根据该定律，如果两个国家生产完全相同的产品并且交易成本和贸易障碍很低，那么，无论该产品由哪个国家生产，其价格在两国应该相同。

leading variable（领先变量）：先于经济周期转折点达到顶峰或谷底的宏观经济变量。

legislative lag（立法时滞）：它代表为实施某一特定政策而通过立法所花的时间。

leisure（闲暇）：工作中不会发生的任何活动——吃饭、睡觉、看电视、聚会、休假和照顾小孩。

leverage cycle（杠杆周期）：贷款繁荣发展然后变成贷款崩溃。

liabilities（负债）：债务或借据，如个人或企业所出售（发行）的证券对他们来说就是负债。

life-cycle hypothesis（生命周期假说）：认为人们倾向于在他们的生命周期内平滑消费的一种理论。

liquid（流动性）：容易转化为现金。

liquidity（流动性）：一种资产相对于其他资产而言转换为现金的难易程度和速度。

liquidity constraint（流动性约束）：参见"借款约束"（borrowing constraint）。

liquidity preference framework（流动性偏好理论）：它通过令货币供给等于货币需求来决定均衡名义利率。

liquidity preference function（流动性偏好函数）：一个函数，它表明对实际货币余额的需求随着名义利率的上升而减少和随着收入的上升而增加。

liquidity trap（流动性陷阱）：货币需求对利率具有超级敏感性的一种极端情况。在这种情况下，由于货币供给的变动对利率没有效应，传统的货币政策对总支出没有直接效应。

logarithmic scale（对数刻度）：参见"比例刻度"（ratio scale）。

long-run Phillips curve（长期菲利普斯曲线）：联结通货膨胀率和失业率之间所有可能的长期关系的直线。

M1：一个货币衡量指标，在美国，它包括通货、旅行者支票、活期存款及支票账户存款。

M2：一个货币衡量指标，在美国，它包括 M1、货币市场存款账户、货币市场共同基金份额、小额定期存款、储蓄存款。

macroeconometric models（宏观经济计量模型）：用于预测经济活动和评估政策选项的潜在影响的模型。

macroeconomics（宏观经济学）：对一国或一个地区的整体经济的经济活动和价格的研究。

macroprudential regulation（宏观审慎监管）：影响信贷市场总体状况的监管政策。

managed float regime, dirty float（有管理的浮动汇率制，肮脏浮动）：一种汇率制度，国家通过买卖通货试图影响汇率。

management of expectation（预期管理）：与公众和市场进行沟通以影响他们对未来将采取何种政策行动的预期。

marginal product（边际产量）：每一单位额外投入带来的产出增量。

marginal product of capital（资本的边际产量）：表示每一单位额外资本带来的产出增量的生产函数的斜率。

marginal product of labor（劳动的边际产量）：表示每一单位额外劳动带来的产出增量的生产函数的斜率。

marginal propensity to consume（边际消费倾向）：可支配收入增加 1 美元所引起的消费支出的增加。

marginal rate of substitution（边际替代率）：在跨期选择理论中是指消费者为了增加时期 1 的消费而愿意放弃时期 2 的消费的比率。

market clearing level（市场出清水平）：在劳动市场中是指劳动供给的数量等于劳动需求的数量从而没有失业时的工资水平。

medium of exchange（交换媒介）：作为购买产品和服务的支付手段的任何东西。

menu cost（菜单成本）：企业改变其产品价格所承担的成本。

microcredit（小额信贷）：提供很小金额贷款——常常少于 100 美元——的项目。

microeconomics（微观经济学）：对个体企业、家庭或市场的行为的研究。

minimum wage（最低工资）：政府设定的工资下限。

monetary aggregate（货币总量）：中央银行使用的货币供给衡量指标（M1 和 M2）。

monetary base（基础货币）：联储的货币负债和美国财政部的货币负债之和。

monetary（currency）union（货币联盟）：一组国家决定采用同一种货币（通货）从而固定相互间的汇率这样一种情形。

monetary policy（货币政策）：对经济中的货币数量和利率的管理。

monetary policy（*MP*）curve（货币政策曲线）：它表明了中央银行设定的实际利率和通货膨胀率之间的关系。

monetizing the debt（债务货币化）：发行货币来为债务融资。

money（货币）：被经济学家定义为在产品和服务支付以及债务偿还中被普遍接受的资产。

money multiplier（货币乘数）：它告诉我们给定数量的基础货币的变动引起货币供给变动多少。

money supply（货币供给）：经济中货币的数量。

monopolistic competition（垄断竞争）：即使企业所在市场有大量的竞争，企业仍然可以设定价格，这样的市场状况就是垄断竞争。

moral hazard（道德风险）：交易的一方从事对交易的另一方不利的（不道德的）活动的风险。

mortgage-backed securities（抵押贷款担保证券）：由投资银行等证券公司将大量按揭贷款进行打包作为抵押的一种标准化债务证券。

multiple deposit creation（多倍存款创造）：当中央银行向银行体系外供给 1 美元准备金时，存款增加的数量数倍于 1 美元。

mutual funds（共同基金）：一种金融机构的类型，它们通过向个体出售份额来获得资金，然后用收入来购买股票和债券等证券。

national income（国民收入）：将一个经济的雇员报酬、其他收入（如自雇人员的收入）和公司利润加在一起得到的价值。

national income accounting（国民收入核算）：衡量经济活动及其构成的核算体系。

national income identity（国民收入恒等式）：参见"国民收入核算基本恒等式"（fundamental identity of national income accounting)。

national saving（国民储蓄）：私人储蓄与政府储蓄之和。

national saving rate（国民储蓄率）：政府和家庭储蓄占国民收入的份额。

national wealth（国民财富）：某一特定时点一国持有的资产减去负债。

natural rate of output（自然产出水平）：失业率等于自然失业率时供给的总产出水平。

natural rate of unemployment（自然失业率）：当劳动市场上的工资充分调整时仍然存在的失业率水平，它可以被解释为充分就业时的失业水平。

natural real interest rate（自然实际利率）：参见"均衡实际利率"（equilibrium real interest rate）。

negative supply shock（负向供给冲击）：导致给定数量的资本和劳动所生产的产出数量下降的冲击。

neoclassical theory of investment（新古典投资理论）：该理论建立于如下新古典思想之上：资本的使用者成本影响合意的资本存量。该理论用于解释企业固定投资、存货和住房投资。

net capital outflow（资本净流出）：储蓄与投资之差。

net capital outflow identity（资本净流出恒等式）：参见"资本净流出"（net capital outflow）。

net domestic product（国内生产净值）：一个衡量指标，它等于一个经济的 GDP 减去其折旧。

net export（净出口）：出口减去进口；也就是说，出口的（卖到其他国家的）当期生产的产品和服务的价值减去进口的（从国外购买的）产品和服务的价值。

net foreign assets（国外资产净额）：所持有的净国外资产（美国人拥有的外国股票、债券、银行账户、工厂等减去外国人持有的美国资产）。

net government income（政府收入净额）：政府能够支出的可支配收入。

net interest payment（净利息支付）：向美国国库券等政府债券持有者支付的利息减去政府从学生贷款等外放债务中收到的利息。

net investment（净投资）：资本存量的合意变动。

net worth（净值）：参见"资本"（capital）。

neutrality of money（货币中性）：货币供给的调整对实际变量没有影响这一启示。

new Keynesian model（新凯恩斯主义模型）：基于与真实经济周期模型相似的微观经济基础，但其分析中嵌入了黏性的这样一类模型。

new neoclassical synthesis（新新古典综合）：基本上所有现代宏观经济学家都赞成的一组原理。

nominal anchor（名义锚）：用来束缚价格水平或通货膨胀以实现价格稳定的名义变量，如通货膨胀率、货币供给或名义汇率。

nominal exchange rate（名义汇率）：一国通货相对于另一国通货的价格。

nominal GDP（名义 GDP）：未经调整以准确反映价格水平变化的 GDP 的一种测度。

nominal GDP targeting（名义 GDP 目标制）：通货膨胀目标制的一个变形，中央银行宣布以达到某个特定的名义 GDP 增长率为目标。

nominal interest rate（名义利率）：没有考虑到通货膨胀的利率，例如在报纸上读到的利率。

nominal variables（名义变量）：用当前市场价格衡量的变量。

non-accelerating inflation rate of unemployment (NAIRU)（非加速通货膨胀的失业率）：通货膨胀率停止加速（变化）时的失业率。

nonactivists（非积极主义者）：认为工资和价格很有灵活性从而认为自我纠正机制很快起作用的人。

nonborrowed monetary base（非借入基础货币）：基础货币减去银行持有的来自联储的借款。

nonconventional monetary policy（非传统货币政策）：当中央银行面临零下限问题时用于刺激总需求的非利率工具。

nonrival（非竞争性）：如果某物能够在一种以上的活动中被多个人同时使用，那么该物就是非竞争性的。

nontradable（非贸易品）：不能进行跨境贸易的东西。

Okun's law（奥肯定律）：它描述了失业率缺口与总产出缺口之间的负相关关系。

open economy（开放经济）：开放贸易和跨国资本流动的经济。

open market operation（公开市场操作）：联储在公开市场买卖政府债券。

open market purchase（公开市场购买）：联储购买债券。

open market sale（公开市场出售）：联储出售债券。

opportunity cost（机会成本）：持有货币而不是债券等替代性资产而损失的收入数量。

optimal forecast（最优预测）：利用所有可获得的信息所做出的对未来的最优估计。

originate-to-distribute（发起-分销）：抵押贷款经纪人发放贷款而后迅速将贷款以证券的形式卖给投资者的做法。

output gap（产出缺口）：实际产出和潜在产出之差。

patents（专利）：赋予发明人在一定时期内（通常大约是 20 年）独家享有使用权、生产权或授权他人使用的权利的法律权利。

payment technology（支付技术）：能够影响货币需求的新的支付方式，如信用卡。

payroll tax（工资税）：对工资征收的税收，如社会保障税。

peak（顶峰）：经济活动的高点。

pension funds（养老金）：从雇员及其雇主的缴款获得资金并为养老计划所覆盖的雇员提供退休收入的基金。

perfect capital mobility（完全资本流动性）：开放经济对国内和外国居民之间的双向资本流动没有任何限制的情形。

perfect competition（完全竞争）：由于买者和卖者都不够大型或不够有势力而不能对他们的产品或服务收取高于市场价格的价格，买者和卖者都是价格接受者，这样的市场就是完全竞争市场。

permanent income（永久收入）：预期可以持续很长时期从而代表了消费者的一生资源的收入水平。

permanent income hypothesis（永久收入假说）：一种假说。它宣称人的消费取决于永久收入。

personal consumption expenditure（个人消费支出）：参见"消费支出"（consumption expenditure）。

personal consumption expenditure（PCE）deflator（个人消费支出平减指数）：名义 PCE 除以实际 PCE。

personal taxes（个人税）：由收入税和财产税组成的税收，它是政府总收入的一个重要来源。

Phillips curve（菲利普斯曲线）：表示通货膨胀率与失业率之间的负相关关系的形成。

planned expenditure（计划支出）：家庭、企业、政府和外国人想花在国内生产的产品和服务上的支出总量。

planned investment spending（计划投资支出）：企业在新实物资本（如机器、计算机、工厂）上的总计划支出加上在新住房上的计划支出。

policy trilemma（政策三难）：一国或地区（或欧元区这样的货币联盟）不能同时采取如下三种政策的这一事实：（1）自由的资本流动，（2）固定汇率，以及（3）独立的货币政策。

political business cycle（政治性经济周期）：在选举前实施扩张性财政政策和货币政策，导致随后出现更高的通货膨胀。

portfolio theories（资产组合理论）：人们决定自己想持有多少某种资产（如货币）作为他们整体资产组合的一部分。

positive supply shock（正向供给冲击）：导致给定数量的资本和劳动所生产的产出数量增加的冲击。

potential output（潜在产出）：产出的自然水平，经济在长期可持续的生产水平。

present discounted value（贴现现值）：参见"现值"（present value）。

present value（现值）：明天收到的 1 美元比今天收到的 1 美元价值要低这样一种常识性概念。

price index（价格指数）：价格水平的不同测度。

price level（价格水平）：经济中价格的平均水平。

price shock（价格冲击）：独立于劳动市场的紧缺程度或预期通货膨胀率的通货膨胀率的变化。

price stability（价格稳定）：低且稳定的通货膨胀率。

principal-agent problem（委托-代理问题）：个体或机构作为投资者（委托人）的代理人，但是并不把投资者的最佳利益放在心上。

printing money（印钞）：用政府新印制的钞票来购买产品和服务。

private disposable income（私人可支配收入）：等于私人部门收到的收入加上政府向私人部门的支

付再减去支付给政府的税收。

private saving（私人储蓄）：等于私人可支配收入减去消费支出。

private saving rate（私人储蓄率）：私人储蓄占私人可支配收入的比例。

procyclical（顺周期的）：一个变量在经济扩张时上升，在经济收缩时下降，也就是说，与总体经济活动同方向运动。

production approach（生产法）：通过衡量在一固定时期内经济新生产的所有最终产品和服务的当前市场价值来计算GDP的一种方法。

production function（生产函数）：参见"总生产函数"（aggregate production function）。

production smoothing（生产平滑化）：企业在销售暂时性低迷时保持生产，将生产的产品加入存货，然后在销售暂时性高涨时不提高产量而是通过减少存货来满足更高的需求。

productivity（生产率）：衡量劳动和资本具有多高的生产性。

property rights（产权）：对财产的保护，以免被政府和其他人征用。

prudential regulation（审慎监管）：政府制定规则以防止银行承担太多风险。

prudential supervision（审慎监督）：政府通过定期检查银行来监控它们。

quantitative easing（量化宽松）：导致经济中流动性巨大增加的资产负债表扩张。

quantity theory of money（货币数量论）：认为名义收入（支出）仅仅由货币数量M的运动决定这一观点。

random walk（随机游走）：变量的变动不可预期。

random walk hypothesis（随机游走假说）：基于生命周期和永久收入的理论，它表明消费的变动是不可预期的。

ratio scale（比例刻度）：相等距离反映了相等的百分比变化的一种刻度。

rational expectation（理性预期）：与利用所有可获得的信息做出的最优预测（对未来的最优预测）相同的预期。

rational expectations revolution（理性预期革命）：理性预期理论在宏观经济模型中的广泛采用。

rational inattention（理性疏忽）：不会频繁做价格决策，因为考虑到做这些决策所要求的时间和努力，这样做是理性的。

real business cycle model（真实经济周期模型）：一种经济周期模型。它从假设所有的工资和价格具有完全弹性开始，然后论证真实冲击引起潜在产出和长期总供给的波动。

real exchange rate（实际汇率）：两国产品的相对价格，即用本国产品与外国产品进行交换的比率。

real GDP（实际GDP）：它测度一个经济在一段固定时期（通常为一年）生产的实际产品和服务的产出。

real interest rate（实际利率）：贷款人为租赁货币必须得到的额外购买力的补偿数量。

real money balance（实际货币余额）：实际意义上的货币量，即货币量除以价格水平。

real rental price（or cost）of capital（资本的实际租赁价格）：用产品和服务来表示的资本的租赁价格。

real shock（真实冲击）：对生产率或工人工作意愿的冲击，它们影响总供给。

real variable（实际变量）：用实际产品和服务的数量来表示的经济变量的一种测度。

real wage rate（实际工资率）：用产品和服务来表示的工资。

recession（衰退）：经济活动下滑和人均实际GDP下降的时期。

recognition lag（认识时滞）：政策制定者确定数据传达的关于经济未来运行方向的信号所花的时间。

rental price（cost）of capital（资本的租赁价格）：为租用资本所支付的价格。

repurchase agreements（repos）（回购协议）：本质上用抵押贷款担保证券这样的资产作为抵押品的短期借款。

required reserve ratio（法定准备金率）：中央银行（联储）要求作为准备金持有的存款比率。

required reserves（法定准备金）：中央银行（联储）要求银行持有的准备金。

reserves（准备金）：银行持有的在联储账户上的存款加上银行以实物形式持有的通货（库存现

金）。

residential investment（住房投资）：包括业主为自住和房东为出租而在购买新住房上的支出。

restrictive covenants（限制性条款）：限制借款人活动的债务合同。

revaluation（法定升值）：一国中央银行将平价汇率重新设定在一个更高的水平。

Ricardian equivalence（李嘉图等价）：这种论点认为减税对支出和国民储蓄没有效应。

risk（风险）：一种资产相对于其他资产的收益所具有的不确定性程度。

risk averse（风险厌恶）：大多数人不喜欢风险，因而风险性更高的资产的合意性更低。

rival（竞争性）：如果某物用于一种活动就不能被用于另一种活动，那么该物就是竞争性的。

Romer models（罗默模型）：即内生增长模型，解释为什么技术进步内生地（从体系内部）提高了可持续经济增长的理论。

rules（规则）：具体说明政策如何对诸如失业率和通货膨胀率等特定数据做出反应（或不做出反应）的有约束力的计划。

sacrifice ratio（牺牲率）：为了降低一个百分点的通货膨胀率而必须放弃的实际 GDP 的百分点数。

saving（储蓄）：一个人可用于支出的收入和他当前的支出之差。

saving-investment diagram（储蓄-投资图）：产品市场均衡的图形分析。

saving rate（储蓄率）：消费者每年的储蓄占收入的比例。

screening（筛选）：在交易发生前搜集关于潜在借款人的信息以避免逆向选择问题。

seasonally adjusted（季节性调整）：经济学家运用高级统计技术调整数据以剔除通常的季节性波动。

sectoral shifts（部门性变动）：新行业成长和原有行业衰落时劳动需求构成的变动。

securities（证券）：对借款人未来收入的索取权或普通股和债券形式的资产。

securitization（证券化）：将规模较小的贷款（如抵押贷款）打包成标准化债务证券的过程。

seigniorage（货币铸造税）：政府通过发行货币而得到的收入。

self-correcting mechanism（自我纠正机制）：由于短期总供给曲线向上或向下移动而使经济逐渐回到充分就业（潜在总产出）。

shadow banking system（影子银行体系）：对冲基金、投资银行和其他非储蓄性金融企业，它们受到的监管要比银行宽松。

shoe-leather cost（鞋底成本）：被经济学家用来表示在往返银行路上所花的时间和汽油的词语。

skill-biased technical change（偏向技能的技术变革）：诸如计算机硬件、软件和互联网等新技术提高了接受过大学教育的工人的相对劳动生产率这样一种思想。

small open economy（小型开放经济）：开放贸易和跨国资本流动的经济，但该经济相对于世界经济而言很小，以至该经济发生的任何事情对世界实际利率没有任何效应。

Solow diagram（索洛图）：基于索洛增长模型，图形化表示投资和资本与劳动之比的稳态水平的图形。

Solow growth model（索洛增长模型）：它解释储蓄率和人口增长如何决定资本积累，资本积累又如何决定经济增长。

Solow residual（索洛残差）：没有被资本或劳动增长解释的经济增长，它是全要素生产率的一个估计。

sovereign debt crisis（主权债务危机）：一国政府债务市场的崩盘。

speculative attack（投机性攻击）：导致一种弱通货汇率急剧下降的该种弱通货的大量抛售。

spot exchange rate（即期汇率）：即期交易所采用的汇率。

spot transaction（即期交易）：占主导地位的外汇交易，它引起银行存款的立即（两天）交割。

stabilization policy（稳定化政策）：旨在减少经济周期波动和稳定经济活动的公共政策。

stagflation（滞胀）：通货膨胀率上升但总产出水平下降的状况。

staggered price setting（交错定价）：竞争者在不同的时间间隔调整价格。

steady state（稳定状态，稳态）：工人人均资本停止变动的状态。

sticky price（黏性价格）：随时间缓慢向长期均衡

水平调整的价格。

stock（存量）：某一给定时点的数量。

stock-out avoidance（避免脱销）：持有存货以避免存货用尽从而丧失销售机会的动机。

store of value（价值储藏）：随着时间的推移能维持的对购买力的储藏。

structural unemployment（结构性失业）：源于缺乏技能或者技能与工作机会不匹配的失业。

structured credit product（结构化信贷产品）：将标的资产的收入流支付给持有者的金融工具。

subprime mortgage（次级抵押贷款）：向信用记录较差的借款人发放的抵押贷款。

substitution effect（替代效应）：由于两个时期消费的相对价格变动而引起的消费变动。

supply shock（供给冲击）：导致给定数量的资本和劳动所生产的产出量变动的冲击。

supply-sider（供给学派）：专注于减税对总供给的有利效应的经济学家。

T-account（T 账户）：只显示资产负债表变动的简化形式的资产负债表。

tariff（关税）：对进口品征收的税收。

tax-adjusted user cost of capital（经过税收调整的资本的使用者成本）：企业为决定合意的资本水平用来与税前资本边际产量相比较的资本的使用者成本。

tax multiplier（税收乘数）：税收变动所引起的均衡产出的变动。其绝对值总是小于支出乘数，这是因为支出的初始变动总是通过消费支出而发生的。

tax smoothing（税收平滑化）：在政府支出波动时保持税率相对稳定这样一项政策。

tax wedge（税收楔子）：人们的劳动或投资所赚取的税后收益和税前收益之差。

taxes on production and imports（对生产和进口征收的税收）：主要是销售税，但也包括对进口品征收的税收（即关税）。

Taylor principle（泰勒原理）：货币政策制定者提高名义利率的量超过通货膨胀率的预期上升量，从而使在通货膨胀率上升时实际利率也上升。

Taylor rule（泰勒规则）：对如何设定实际联邦基金利率这一政策工具提供指导的一项规则，这一规则规定，实际联邦基金利率等于其历史平均值

2%加上通货膨胀缺口和产出缺口的一个加权平均数。

technological spillover（技术外溢）：由于思想的非竞争性，技术从创新国扩散到其邻国并最终扩散至全世界。

terms of trade（贸易条件）：参见“实际汇率”（real exchange rate）。

theory of intertemporal choice（跨期选择理论）：欧文·费雪的理论，发表于 1930 年，它描述了在一个仅有两个时期——今天（时期 1）和未来（时期 2）——的简化世界里的消费决策。

theory of purchasing power parity（PPP）（购买力平价理论）：一种理论，根据该理论，任何两种通货之间的汇率将会调整以反映两国价格水平的变动。

time-inconsistency problem（时间不一致性问题）：在做短期决策时偏离良好的长期计划的倾向。

Tobin's *q*（托宾 *q* 值）：市场价值与其重置成本的比率。

total factor productivity（全要素生产率）：参见“生产率”（productivity）。

trade balance（贸易余额）：出口和进口之差，即净出口。

trade deficit（贸易赤字）：一个经济净出口为负的状况。

trade surplus（贸易盈余）：一个经济净出口为正的状况。

traditional Keynesian model（传统凯恩斯主义模型）：假定预期非理性和价格黏性的标准总需求模型。

transaction costs（交易成本）：交易产品和服务所花费的时间和货币。

transfer payments（转移支付）：政府直接给个体的不以交换产品与服务为目的的支付，例如，失业保险津贴、社会保障津贴、医疗补贴或福利款。

transfers（转移支付）：政府对社会保障、医疗和失业保险津贴等的支付，即转移支付。

transitory income（暂时收入）：收入中不能长期持续的那一部分，因此会有暂时性的波动。

trough（谷底）：经济活动的低点，可以在经济活动的图中表示出来（见图 8-1）。

twin deficits（双赤字）：贸易赤字和政府预算赤字并存的现象。

underground economy（地下经济）：为不让政府发现而隐蔽起来生产的产品和服务，或者是因为本身非法，或者是因为生产这些产品和服务的人想逃避所得税。

unemployment gap（失业缺口）：失业率和自然失业率之差。

unemployment insurance（失业保险）：一个政府项目，该项目给失业的工人在失业后的一段时期内提供其工资一定百分比的补贴。

unemployment rate（失业率）：它衡量在某一特定时点没有工作而正在寻找工作的人在劳动力中所占的百分比。

unemployment spells（失业时长）：工人失业状态维持的时间长度。

unit of account（计价单位）：经济中用于衡量价值的任何东西。

user cost of capital（资本的使用者成本）：在某一特定时期使用一单位资本的预期实际成本。

uses-of-saving identity（储蓄用途恒等式）：它告诉我们储蓄要么被用作投资——获得资本品和增加资本存量，要么被用作净出口——将产品卖给外国人以交换外币资产。

utility（效用）：总体满意度的测度。

value added（增加值）：企业产出的价值减去企业购买的中间产品的价值。

value-added tax（增值税）：对企业销售产品和服务所得与其成本之差所征收的税收。

velocity of money（货币流通速度）：货币周转率，每1美元在购买经济中所生产的最终产品和服务中每年使用的平均次数。

wage rate（工资率）：劳动的价格。

wage rigidity（工资刚性）：工资不能调整到使劳动市场上的供给等于需求从而消除失业的水平。

wealth（财富）：一个人拥有的资产（如债券、股票、住房和艺术品）减去其负债。

welfare（福利）：参见"效用"（utility）。

work in process（在制品）：部分完成的组件，经过后续工序后将转换成最终产品。

world real interest rate（世界实际利率）：世界市场通行的实际利率。

zero lower bound（零下限）：政策利率的最小值为零。

译后记

  《宏观经济学：政策与实践（第二版）》的作者弗雷德里克·S. 米什金教授是美国哥伦比亚大学教授，1994—1997 年，他担任美国纽约联邦储备银行的执行副总裁和研究主任以及美国联邦储备体系的联邦公开市场委员会的经济学家。2006 年 9 月—2008 年 8 月，他担任美联储理事会理事。作者在宏观经济政策制定上有大量的经验。

  《宏观经济学：政策与实践》的第一版在 2007—2009 年全球性金融危机后才问世，因此，该书的内容安排体现了对如何讲授宏观经济学课程的最新思考。该书将宏观经济学理论运用于很多应用以及政策与实践案例，包括 2007—2009 年金融危机期间美国和全世界许多其他国家实行的诸多政策，强调宏观经济学的政策与实践。这也正是该书书名包含"政策与实践"的原因。该书集中关注媒体和公众当前争论的政策议题，利用米什金教授在宏观经济政策制定上的大量经验，提供了适于讨论宏观经济学领域当下最重要的政策争论的理论框架，其中最重要的是动态总需求-总供给（AD-AS）模型。动态总需求-总供给模型的使用贯穿全书，令人印象深刻。

  该书第二版经过作者的认真修改，除了数据的更新外，还增加了一些新内容。其中最重要的是对零下限下的非传统货币政策，如量化宽松，进行了广泛的讨论。另外，第二版还新增了一些关于经济周期分析的内容和对欧元危机的讨论。

  本书的语言清晰易懂，内容深入浅出。本书对模型的推导很详细，读者阅读起来非常方便；而在理论的讲授之中贯穿着模型的应用，有利于读者加深对理论的理解。本书的内容全面，既有关于长期经济增长的理论，又讨论了总产出、失业和通货膨胀的短期经济波动。既有对宏观经济理论的介绍，又讨论了宏观经济模型的微观经济基础，还讨论了基于对宏观经济分析的微观基础更多关注而建立的最新的经济周期理论。本书最后的结束语总结了宏观经济学家对宏观经济政策实施的共识和分歧，对读者回顾全书的内容和了解宏观经济学领域的现状很有帮助。

  本书还有如下三大特点值得特别指出：

第一，本书的应用案例和政策与实践案例众多，在向学生展示如何应用宏观经济学理论来解释真实世界中的经济现象和宏观经济学理论如何影响政策制定的同时，也对时事、美国和全球问题、历史事件提供了极其重要的视角。本书的应用案例有 30 多个，涉及大萧条、1965—1982 年的大通胀、2007—2009 年的全球金融危机、非传统货币政策和量化宽松、三次石油价格冲击对经济的影响、为什么收入不平等随时间增加、人口增长与生活水平之间的关系、为什么一些国家富裕而另一些国家贫穷、为什么欧洲的失业率一般比美国高得多等。本书的政策与实践案例也有 30 多个，涉及联储对泰勒规则的运用、全球金融危机期间联储的非传统货币政策和量化宽松、政治性经济周期、刺激储蓄的政府政策、提高人力资本的政府措施等。

第二，本书高度关注金融与宏观经济之间的相互作用。这种关注是 2007—2009 年金融危机沉重打击了世界范围内的经济的必然结果。金融与宏观经济之间的联系从来没有像今天这么重要。本书的第 14～15 章讨论和分析了这种联系，提供了一种分析金融体系动态学和信息不对称等关键主题的连贯方法，考察了金融体系的动荡如何影响总需求和经济，特别强调了 2007—2009 年金融危机的根源、影响和政策反应。

第三，本书的主题覆盖和应用都结合了国际维度，这使本书的内容与美国以外其他国家的读者的相关性得以提高。例如，第 4 章对储蓄和投资的相互作用的分析一起讨论了开放经济和封闭经济，而不是分别在不同的章来讨论；国际贸易和净出口对总需求的影响出现在第 4 篇的 AD-AS 模型中，而不是出现在单独的一章；本书各章的应用和政策与实践案例涉及许多国家，例如 2007—2009 年金融危机在英国、爱尔兰和中国产生的影响，对欧元是否会存在下去的讨论，欧洲主权债务危机，日本失去的十年，安倍经济学和 2013 年日本货币政策的转变，发生在丹麦和爱尔兰的扩张性财政紧缩，瑞士货币目标制的失败，阿根廷货币局制度的瓦解，津巴布韦的恶性通货膨胀等。此外，本书的好几个应用和政策与实践案例与中国有关，例如"中国的独生子女政策和其他限制人口增长的政策""中国是金融发展对经济增长有重要作用的一个反例吗""中国是如何积累超过 3 万亿美元的国际储备的"等。

本书第 1、2、5、6、7 和 8 篇由卢远瞩翻译，第 3 和 4 篇由田小叶翻译。两位译者都审校了全书以保证术语翻译的一致性和翻译风格的统一。中央财经大学中国经济与管理研究院 2013 级硕士研究生党子扬和 2016 级本科生廖玥、由婧、陈威、陈翩翩、康增秀、孟林、刘学喜、侯懿纯、邹昊澜、李智等人阅读了本书的一些章节，提出了不少有价值的修改意见和建议，为保证译本语言的准确性做了大量工作。本次翻译参考了第一版的中译本，在此对第一版的另外两位译者张红和龚雅娴表示感谢。对于译本可能存在的错误，都由译者承担责任。由于水平有限，敬请读者批评指正。

最后，感谢中国人民大学出版社将翻译本书的任务交给我们，感谢中国人民大学出版社的信任和帮助。

卢远瞩　　田小叶

经济科学译丛

序号	书名	作者	Author	单价	出版年份	ISBN
1	宏观经济学:政策与实践(第二版)	弗雷德里克·S. 米什金	Frederic S. Mishkin	89.00	2019	978-7-300-26809-5
2	国际商务:亚洲视角	查尔斯·W. L. 希尔等	Charles W. L. Hill	108.00	2019	978-7-300-26791-3
3	统计学:在经济和管理中的应用(第10版)	杰拉德·凯勒	Gerald Keller	158.00	2019	978-7-300-26771-5
4	经济学精要(第五版)	R. 格伦·哈伯德等	R. Glenn Hubbard	99.00	2019	978-7-300-26561-2
5	环境经济学(第七版)	埃班·古德斯坦等	Eban Goodstein	78.00	2019	978-7-300-23867-8
6	美国经济史(第12版)	加里·M. 沃尔顿等	Gary M. Walton	98.00	2018	978-7-300-26473-8
7	管理者微观经济学	戴维·M. 克雷普斯	David M. Kreps	88.00	2019	978-7-300-22914-0
8	组织经济学:经济学分析方法在组织管理上的应用(第五版)	塞特斯·杜马等	Sytse Douma	62.00	2018	978-7-300-25545-3
9	经济理论的回顾(第五版)	马克·布劳格	Mark Blaug	88.00	2018	978-7-300-26252-9
10	实地实验:设计、分析与解释	艾伦·伯格等	Alan S. Gerber	69.80	2018	978-7-300-26319-9
11	金融学(第二版)	兹维·博迪等	Zvi Bodie	75.00	2018	978-7-300-26134-8
12	空间数据分析:模型、方法与技术	曼弗雷德·M. 费希尔等	Manfred M. Fischer	36.00	2018	978-7-300-25304-6
13	《宏观经济学》(第十二版)学习指导书	鲁迪格·多恩布什等	Rudiger Dornbusch	38.00	2018	978-7-300-26063-1
14	宏观经济学(第四版)	保罗·克鲁格曼等	Paul Krugman	68.00	2018	978-7-300-26068-6
15	计量经济学导论:现代观点(第六版)	杰弗里·M. 伍德里奇	Jeffrey M. Wooldridge	109.00	2018	978-7-300-25914-7
16	经济思想史:伦敦经济学院讲演录	莱昂内尔·罗宾斯	Lionel Robbins	59.80	2018	978-7-300-25258-2
17	空间计量经济学入门——在R中的应用	朱塞佩·阿尔比亚	Giuseppe Arbia	45.00	2018	978-7-300-25458-6
18	克鲁格曼经济学原理(第四版)	保罗·克鲁格曼等	Paul Krugman	88.00	2018	978-7-300-25639-9
19	发展经济学(第七版)	德怀特·H. 波金斯等	Dwight H. Perkins	98.00	2018	978-7-300-25506-4
20	线性与非线性规划(第四版)	戴维·G. 卢恩伯格等	David G. Luenberger	79.80	2018	978-7-300-25391-6
21	产业组织理论	让·梯若尔	Jean Tirole	110.00	2018	978-7-300-25170-7
22	经济学精要(第六版)	巴德、帕金	Bade, Parkin	89.00	2018	978-7-300-24749-6
23	空间计量经济学——空间数据的分位数回归	丹尼尔·P. 麦克米伦	Daniel P. McMillen	30.00	2018	978-7-300-23949-1
24	高级宏观经济学基础(第二版)	本·J. 海德拉	Ben J. Heijdra	88.00	2018	978-7-300-25147-9
25	税收经济学(第二版)	伯纳德·萨拉尼耶	Bernard Salanié	42.00	2018	978-7-300-23866-1
26	国际宏观经济学(第三版)	罗伯特·C. 芬斯特拉	Robert C. Feenstra	79.00	2017	978-7-300-25326-8
27	公司治理(第五版)	罗伯特·A. G. 蒙克斯	Robert A. G. Monks	69.80	2017	978-7-300-24972-8
28	国际经济学(第15版)	罗伯特·J. 凯伯	Robert J. Carbaugh	78.00	2017	978-7-300-24844-8
29	经济理论和方法史(第五版)	小罗伯特·B. 埃克伦德等	Robert B. Ekelund. Jr.	88.00	2017	978-7-300-22497-8
30	经济地理学	威廉·P. 安德森	William P. Anderson	59.80	2017	978-7-300-24544-7
31	博弈与信息:博弈论概论(第四版)	艾里克·拉斯穆森	Eric Rasmusen	79.80	2017	978-7-300-24546-1
32	MBA宏观经济学	莫里斯·A. 戴维斯	Morris A. Davis	38.00	2017	978-7-300-24268-2
33	经济学基础(第十六版)	弗兰克·V. 马斯切纳	Frank V. Mastrianna	42.00	2017	978-7-300-22607-1
34	高级微观经济学:选择与竞争性市场	戴维·M. 克雷普斯	David M. Kreps	79.80	2017	978-7-300-23674-2
35	博弈论与机制设计	Y. 内拉哈里	Y. Narahari	69.80	2017	978-7-300-24209-5
36	宏观经济学精要:理解新闻中的经济学(第三版)	彼得·肯尼迪	Peter Kennedy	45.00	2017	978-7-300-21617-1
37	宏观经济学(第十二版)	鲁迪格·多恩布什等	Rudiger Dornbusch	69.00	2017	978-7-300-23772-5
38	国际金融与开放宏观经济学:理论、历史与政策	亨德里克·范登伯格	Hendrik Van den Berg	68.00	2016	978-7-300-23380-2
39	经济学(微观部分)	达龙·阿西莫格鲁等	Daron Acemoglu	59.00	2016	978-7-300-21786-4
40	经济学(宏观部分)	达龙·阿西莫格鲁等	Daron Acemoglu	45.00	2016	978-7-300-21886-1
41	发展经济学	热若尔·罗兰	Gérard Roland	79.00	2016	978-7-300-23379-6
42	中级微观经济学——直觉思维与数理方法(上下册)	托马斯·J. 内契巴	Thomas J. Nechyba	128.00	2016	978-7-300-22363-6
43	环境与自然资源经济学(第十版)	汤姆·蒂坦伯格等	Tom Tietenberg	72.00	2016	978-7-300-22900-3
44	劳动经济学基础(第二版)	托马斯·海克拉克等	Thomas Hyclak	65.00	2016	978-7-300-23146-4
45	货币金融学(第十一版)	弗雷德里克·S. 米什金	Frederic S. Mishkin	85.00	2016	978-7-300-23001-6
46	动态优化——经济学和管理学中的变分法和最优控制(第二版)	莫顿·I. 凯曼等	Morton I. Kamien	48.00	2016	978-7-300-23167-9
47	用Excel学习中级微观经济学	温贝托·巴雷托	Humberto Barreto	65.00	2016	978-7-300-21628-7
48	宏观经济学(第九版)	N·格里高利·曼昆	N. Gregory Mankiw	79.00	2016	978-7-300-23038-2
49	国际经济学:理论与政策(第十版)	保罗·R. 克鲁格曼等	Paul R. Krugman	89.00	2016	978-7-300-22710-8
50	国际金融(第十版)	保罗·R. 克鲁格曼等	Paul R. Krugman	55.00	2016	978-7-300-22089-5
51	国际贸易(第十版)	保罗·R. 克鲁格曼等	Paul R. Krugman	42.00	2016	978-7-300-22088-8
52	经济学精要(第3版)	斯坦利·L. 布鲁伊等	Stanley L. Brue	58.00	2016	978-7-300-22301-8
53	经济分析史(第七版)	英格里德·H. 里马	Ingrid H. Rima	72.00	2016	978-7-300-22294-3
54	投资学精要(第九版)	兹维·博迪等	Zvi Bodie	108.00	2016	978-7-300-22236-3
55	环境经济学(第二版)	查尔斯·D. 科尔斯塔德	Charles D. Kolstad	68.00	2016	978-7-300-22255-4

经济科学译丛

序号	书名	作者	Author	单价	出版年份	ISBN
110	微观经济学(第二版)	保罗·克鲁格曼	Paul Krugman	69.80	2012	978‐7‐300‐14835‐9
111	克鲁格曼《微观经济学(第二版)》学习手册	伊丽莎白·索耶·凯利	Elizabeth Sawyer Kelly	58.00	2013	978‐7‐300‐17002‐2
112	克鲁格曼《宏观经济学(第二版)》学习手册	伊丽莎白·索耶·凯利	Elizabeth Sawyer Kelly	36.00	2013	978‐7‐300‐17024‐4
113	微观经济学(第十一版)	埃德温·曼斯菲尔德	Edwin Mansfield	88.00	2012	978‐7‐300‐15050‐5
114	卫生经济学(第六版)	舍曼·富兰德等	Sherman Folland	79.00	2011	978‐7‐300‐14645‐4
115	宏观经济学(第七版)	安德鲁·B·亚伯等	Andrew B. Abel	78.00	2011	978‐7‐300‐14223‐4
116	现代劳动经济学:理论与公共政策(第十版)	罗纳德·G·伊兰伯格等	Ronald G. Ehrenberg	69.00	2011	978‐7‐300‐14482‐5
117	宏观经济学:理论与政策(第九版)	理查德·T·弗罗恩	Richard T. Froyen	55.00	2011	978‐7‐300‐14108‐4
118	经济学原理(第四版)	威廉·博耶斯等	William Boyes	59.00	2011	978‐7‐300‐13518‐2
119	计量经济学基础(第五版)(上下册)	达摩达尔·N·古扎拉蒂	Damodar N. Gujarati	99.00	2011	978‐7‐300‐13693‐6
120	《计量经济学基础》(第五版)学生习题解答手册	达摩达尔·N·古扎拉蒂等	Damodar N. Gujarati	23.00	2012	978‐7‐300‐15080‐8
121	计量经济分析(第六版)(上下册)	威廉·H·格林	William H. Greene	128.00	2011	978‐7‐300‐12779‐8
122	国际贸易	罗伯特·C·芬斯特拉等	Robert C. Feenstra	49.00	2011	978‐7‐300‐13704‐9
123	经济增长(第二版)	戴维·N·韦尔	David N. Weil	63.00	2011	978‐7‐300‐12778‐1
124	投资科学	戴维·G·卢恩伯格	David G. Luenberger	58.00	2011	978‐7‐300‐14747‐5
125	博弈论	朱·弗登博格等	Drew Fudenberg	68.00	2010	978‐7‐300‐11785‐0

金融学译丛

序号	书名	作者	Author	单价	出版年份	ISBN
1	银行风险管理(第四版)	若埃尔·贝西	Joël Bessis	56.00	2019	978‐7‐300‐26496‐7
2	金融学原理(第八版)	阿瑟·J·基翁等	Arthur J. Keown	79.00	2018	978‐7‐300‐25638‐2
3	财务管理基础(第七版)	劳伦斯·J·吉特曼等	Lawrence J. Gitman	89.00	2018	978‐7‐300‐25339‐8
4	利率互换及其他衍生品	霍华德·科伯	Howard Corb	69.00	2018	978‐7‐300‐25294‐0
5	固定收益证券手册(第八版)	弗兰克·J·法博齐	Frank J. Fabozzi	228.00	2017	978‐7‐300‐24227‐9
6	金融市场与金融机构(第8版)	弗雷德里克·S·米什金等	Frederic S. Mishkin	86.00	2017	978‐7‐300‐24731‐1
7	兼并、收购和公司重组(第六版)	帕特里克·A·高根	Patrick A. Gaughan	89.00	2017	978‐7‐300‐24231‐6
8	债券市场:分析与策略(第九版)	弗兰克·J·法博齐	Frank J. Fabozzi	98.00	2016	978‐7‐300‐23495‐3
9	财务报表分析(第四版)	马丁·弗里德森	Martin Fridson	46.00	2016	978‐7‐300‐23037‐5
10	国际金融学	约瑟夫·P·丹尼尔斯等	Joseph P. Daniels	65.00	2016	978‐7‐300‐23037‐1
11	国际金融	阿德里安·巴克利	Adrian Buckley	88.00	2016	978‐7‐300‐22668‐2
12	个人理财(第六版)	阿瑟·J·基翁	Arthur J. Keown	85.00	2016	978‐7‐300‐22711‐5
13	投资学基础(第三版)	戈登·J·亚历山大等	Gordon J. Alexander	79.00	2015	978‐7‐300‐20274‐7
14	金融风险管理(第二版)	彼德·F·克里斯托弗森	Peter F. Christoffersen	46.00	2015	978‐7‐300‐21210‐4
15	风险管理与保险管理(第十二版)	乔治·E·瑞达等	George E. Rejda	95.00	2015	978‐7‐300‐21486‐3
16	个人理财(第五版)	杰夫·马杜拉	Jeff Madura	69.00	2015	978‐7‐300‐20583‐0
17	企业价值评估	罗伯特·A·G·蒙克斯等	Robert A. G. Monks	58.00	2015	978‐7‐300‐20582‐3
18	基于Excel的金融学原理(第二版)	西蒙·本尼卡	Simon Benninga	79.00	2014	978‐7‐300‐18899‐7
19	金融工程学原理(第二版)	萨利赫·N·内夫特奇	Salih N. Neftci	88.00	2014	978‐7‐300‐19348‐9
20	投资学导论(第十版)	赫伯特·B·梅奥	Herbert B. Mayo	69.00	2014	978‐7‐300‐18971‐0
21	国际金融市场导论(第六版)	斯蒂芬·瓦尔德斯等	Stephen Valdez	59.80	2014	978‐7‐300‐18896‐6
22	金融数学:金融工程引论(第二版)	马雷克·凯宾斯基等	Marek Capinski	42.00	2014	978‐7‐300‐17650‐5
23	财务管理(第二版)	雷蒙德·布鲁克斯	Raymond Brooks	69.00	2014	978‐7‐300‐19085‐3
24	期货与期权市场导论(第七版)	约翰·C·赫尔	John C. Hull	69.00	2014	978‐7‐300‐18994‐2
25	国际金融:理论与实务	皮特·塞尔居	Piet Sercu	88.00	2014	978‐7‐300‐18413‐5
26	货币、银行和金融体系	R·格伦·哈伯德等	R. Glenn Hubbard	75.00	2013	978‐7‐300‐17856‐1
27	并购创造价值(第二版)	萨德·苏达斯纳	Sudi Sudarsanam	89.00	2013	978‐7‐300‐17473‐0
28	个人理财——理财技能培养方法(第三版)	杰克·R·卡普尔等	Jack R. Kapoor	66.00	2013	978‐7‐300‐16687‐2
29	国际财务管理	吉尔特·贝克尔特	Geert Bekaert	95.00	2012	978‐7‐300‐16031‐3
30	应用公司财务(第三版)	阿斯沃思·达摩达兰	Aswath Damodaran	88.00	2012	978‐7‐300‐16034‐4
31	资本市场:机构与工具(第四版)	弗兰克·J·法博齐	Frank J. Fabozzi	85.00	2012	978‐7‐300‐13828‐2
32	衍生品市场(第二版)	罗伯特·L·麦克唐纳	Robert L. McDonald	98.00	2011	978‐7‐300‐13130‐6
33	跨国金融原理(第三版)	迈克尔·H·莫菲特等	Michael H. Moffett	78.00	2011	978‐7‐300‐12781‐1
34	统计与金融	戴维·鲁珀特	David Ruppert	48.00	2010	978‐7‐300‐11547‐4
35	国际投资(第六版)	布鲁诺·索尔尼克等	Bruno Solnik	62.00	2010	978‐7‐300‐11289‐3

图书在版编目（CIP）数据

宏观经济学：政策与实践：第二版／（美）弗雷德里克·S. 米什金（Frederic S. Mishkin）著；卢远瞩，田小叶译 .—北京：中国人民大学出版社，2019.4
（经济科学译丛）
ISBN 978-7-300-26809-5

Ⅰ.①宏… Ⅱ.①弗… ②卢… ③田… Ⅲ.①宏观经济学 Ⅳ.①F015

中国版本图书馆 CIP 数据核字（2019）第 045045 号

"十三五"国家重点出版物出版规划项目
经济科学译丛
宏观经济学：政策与实践（第二版）
弗雷德里克·S. 米什金（Frederic S. Mishkin） 著
卢远瞩 田小叶 译
Hongguan Jingjixue：Zhengce yu Shijian

出版发行	中国人民大学出版社				
社 址	北京中关村大街 31 号		**邮政编码**	100080	
电 话	010 - 62511242（总编室）		010 - 62511770（质管部）		
	010 - 82501766（邮购部）		010 - 62514148（门市部）		
	010 - 62515195（发行公司）		010 - 62515275（盗版举报）		
网 址	http://www.crup.com.cn				
	http://www.ttrnet.com（人大教研网）				
经 销	新华书店				
印 刷	涿州市星河印刷有限公司				
规 格	185 mm×260 mm 16 开本		**版 次**	2019 年 4 月第 1 版	
印 张	37.25 插页 2		**印 次**	2019 年 4 月第 1 次印刷	
字 数	880 000		**定 价**	89.00 元	

尊敬的老师：

您好！

为了确保您及时有效地获得培生整体教学资源，请您务必完整填写如下表格，加盖学院的公章后以电子扫描件等形式发给我们，我们将会在 2～3 个工作日内为您处理。

请填写所需教辅的信息：

采用教材				☐ 中文版　☐ 英文版　☐ 双语版
作　者			出版社	
版　次			ISBN	
课程时间	始于　　年　月　日		学生人数	
	止于　　年　月　日		学生年级	☐ 专科　　☐ 本科 1/2 年级 ☐ 研究生　☐ 本科 3/4 年级

请填写您的个人信息：

学　校			
院系/专业			
姓　名		职　称	☐ 助教 ☐ 讲师 ☐ 副教授 ☐ 教授
通信地址/邮编			
手　机		电　话	
传　真			
official email（必填） （eg：×××@ruc.edu.cn）		email （eg：×××@163.com）	
是否愿意接受我们定期的新书讯息通知：　☐ 是　☐ 否			

系/院主任：＿＿＿＿＿＿＿＿（签字）

（系／院办公室章）

＿＿年＿＿月＿＿日

资源介绍：

——教材、常规教辅资源（PPT、教师手册、题库等）：请访问 www.pearson.com/us/higher-education。　（免费）

——MyLabs/Mastering 系列在线平台：适合老师和学生共同使用；访问需要 Access Code。　（付费）

地址：北京市东城区北三环东路 36 号环球贸易中心 D 座 1208 室（100013）

Please send this form to：copub.hed@pearson.com

Website：www.pearson.com